M. J. Bach

UNIX® – Wie funktioniert das Betriebssystem?

Maurice J. Bach

UNIX®

Wie funktioniert das Betriebssystem?

Die deutsche Übersetzung besorgte
Systemanalytiker Rudolf J. Sauerer

HANSER

Eine Coedition der Verlage Carl Hanser und Prentice-Hall International

Titel der englischen Originalausgabe:
The Design of the UNIX® Operating System
by Maurice J. Bach

Original English language edition published by:
Prentice-Hall, Inc.
A division of Simon & Schuster
Englewood Cliffs, New Jersey 07632

Die Deutsche Bibliothek – CIP-Einheitsaufnahme

Bach, Maurice J.:
UNIX : wie funktioniert das Betriebssystem? / Maurice J. Bach.
Die dt. Übers. besorgte Rudolf J. Sauerer. – München ; Wien : Hanser ; London : Prentice-Hall Internat., 1991
Einheitssacht.: The design of the UNIX operating system <dt.>
ISBN 3-446-15693-3 (Hanser)
ISBN 0-13-201740-7 (Prentice Hall)

Eine Coedition der Verlage:
Carl Hanser Verlag München Wien
Prentice-Hall International Inc., London

Umschlagkonzeption: Hans Peter Willberg
Satz: Lichtsatz Gruber, Regensburg
Druck und Bindung: Graphische Kunstanstalt Jos. C. Huber KG, Dießen

Printed in Germany

Meinen Eltern für ihre Geduld und Hingabe,
meinen Töchtern Sarah und Rachel für ihr unbeschwertes Lachen,
meinem Sohn Joseph, der nach dem ersten Druck zur Welt kam,
und meiner Frau Debby für ihre Liebe und verständnisvolle Unterstützung.

Inhalt

Vorwort zur deutschen Ausgabe

Das Betriebssystem UNIX, in unterschiedlichsten Implementierungen auf dem Markt, gewinnt in letzter Zeit immer mehr an Bedeutung. Dies ist umso erstaunlicher, bedenkt man, daß es sich bei UNIX um ein System handelt, das immerhin gut zwanzig Jahre alt ist; dennoch kommt UNIX vorzugsweise gerade auf neuen und neuesten Rechnern vom PC bis zum Großrechner zum Einsatz.

Dieses Buch, das in Amerika inzwischen zu einem der Standardwerke der UNIX-Literatur geworden ist, behandelt die grundlegenden Strukturen und Strategien eines Betriebssystems, das wegen seiner Modularität und leichten Wartbarkeit, sowie wegen seiner Portabilität inzwischen auch an die neuesten Rechner angepaßt ist. Dieses Buch ist für einen Leserkreis bestimmt, der bereits einige Erfahrung im Umgang mit Computern, besonders aber mit UNIX sammeln konnte. Programmiererfahrung in einer höheren Programmiersprache ist unbedingt notwendig, Assemblerkenntnisse sind von Vorteil; zudem sollte der Leser auch die Programmiersprache C beherrschen, denn sowohl das Betriebssystem UNIX selbst als auch alle Beispiele in diesem Buch sind in C geschrieben.

An dieser Stelle möchte der Übersetzer allen danken, die ihm seine Arbeit erleichterten, darunter vor allem Regina Stich für ihr mitfühlendes Verständnis und Herrn Niclas vom Carl Hanser Verlag für seine Geduld.

Passau, April 1991

Rudolf J. Sauerer

Vorwort

Das System UNIX wurde erstmals 1974 in einem Aufsatz von Ken Thompson und Dennis Ritchie in den Communications of the ACM [Thompson 74] beschrieben. Von diesem Zeitpunkt an wurde es zunehmend populärer und fand quer durch die Computerindustrie Verbreitung, wo inzwischen immer mehr Hersteller Unterstützung für UNIX auf ihren Rechnern anbieten. Besonders verbreitet ist UNIX an Universitäten, wo es häufig für Fallstudien und zu Forschungszwecken an Betriebssystemen zum Einsatz kommt.

Teile des Systems wurden in vielen Büchern und Artikeln beschrieben, darunter auch in zwei Sonderausgaben des Bell System Technical Journal in den Jahren 1978 [BSTJ 78] und 1984 [BSTJ 84]. Viele Bücher beschreiben die Benutzerschnittstelle, vor allem die Verwendung elektronischer Post, die dazu nötige Vorbereitung von Dokumenten, oder etwa die Verwendung des Befehlsinterpreters, der Shell; einige Bücher, wie etwa The *UNIX Programming Environment* [Kernighan 84] und *Advanced UNIX Programming* [Ritchie 85] beschreiben die Programmierschnittstelle. Das vorliegende Buch behandelt die internen Algorithmen und Strukturen, die die Basis des Betriebssystems (den sogenannten Kern) bilden, sowie deren Bezug zur Programmierschnittstelle. Es ist damit auf mehreren Einsatzgebieten verwendbar. Zum ersten kann es als Handbuch für einen Betriebssystemkurs sowohl auf Advanced Undergraduate als auch auf First-year Graduate Niveau eingesetzt werden. Sehr zu empfehlen ist bei der Verwendung dieses Buches der Rückgriff auf den Systemquellcode, es kann jedoch ebensogut allein gelesen werden. Zum zweiten können Systemprogrammierer das Buch als Nachschlagewerk zum besseren Verständnis der Arbeitsweise des Kerns sowie zum Vergleich der in UNIX verwendeten Algorithmen mit denen in anderen Betriebssystemen einsetzen. Schließlich können noch Programmierer auf UNIX-Systemen ein vertieftes Verständnis der Interaktion ihrer Programme mit dem System erlangen und dadurch effizientere und ausgefeiltere Programme schreiben.

Material und Aufbau des vorliegenden Buches erwuchsen aus einem Kurs, den ich 1983 und 1984 für die AT&T Bell Laboratorien vorbereitete und durchführte. Während der Kurs sich auf das Lesen des Quellcodes für das System beschränkte, fand ich heraus, daß das Verstehen des Codes leichter wurde, sobald einmal die Konzepte der einzelnen Algorithmen verstanden waren. Die Beschreibungen der Algorithmen in diesem Buch habe ich so einfach wie möglich gehalten und dabei versucht, etwas von der Einfachheit und Eleganz des Systems zu vermitteln, das es beschreibt. Das Buch ist also keine zeilenweise Sprachfassung des Systemcodes, sondern eine Beschreibung das allgemeinen Ablaufs der verschiedenen Algorithmen und, was am wichtigsten ist, eine Beschreibung ihrer gegenseitigen Interaktion. Damit der Leser die in normaler Sprache gehaltenen Beschreibungen besser versteht, sind die Algorithmen in einem C-ähnlichen Pseudocode dargestellt; ihre Namen entsprechen den Prozedurnamen des Kerns. Abbildungen stellen den Bezug zwischen den verschiedenen Datenstrukturen bei ihrer Bearbeitung durch den Kern heraus. In späteren Kapiteln erläutern kleine C-Programme viele Konzepte des Systems in der Art, wie diese sich dem Benutzer darstellen. Im Interesse von Platzersparnis und Klarheit verzichten diese Beispiele im allgemeinen auf das Prüfen von Fehlerbedingungen, also auf etwas, das beim Schreiben von Programmen nie fehlen sollte. Alle Programme habe ich selbst auf System V laufen lassen; abgesehen von Programmen, die spezifische Eigenschaften von Systen V behandeln, sollten sie auch auf anderen Versionen des Systems laufen.

Viele ursprünglich für den Kurs vorbereitete Übungen wurden am Ende eines jeden Kapitels angefügt; sie nehmen eine Schlüsselstellung innerhalb des Buches ein. Einige Übungen sind einfach und nur dazu gedacht, die im Text beschriebenen Konzepte zu verdeutlichen. Andere Übungen sind bereits schwieriger und dafür gedacht, dem Leser beim tieferen Verständnis des Systems zu helfen. Einige Übungen schließlich haben untersuchenden Charakter; sie sind für eingehende Untersuchungen zum Zwecke der Forschung gedacht, sind verhältnismäßig schwierig und deshalb mit einem Stern gekennzeichnet.

Die Beschreibung des Systems stützt sich auf UNIX System V Release 2 von AT&T mit einigen neueren Eigenschaften aus Release 3. Dies ist das System, mit dem ich selbst am vertrautesten bin, doch habe ich versucht, auch interessante Eigenschaften anderer Implementierungen des Betriebssystems, vor allem des Systems der Berkeley Software Distribution (BSD), aufzuzeigen. Systeme, die besondere Eigenschaften der Hardware voraussetzen, habe ich möglichst gemieden, um die Hardwareschnittstelle des Kerns allgemein und ohne Rücksicht auf bestimmte Maschinenvoraussetzungen behandeln zun können. Wo maschinenspezifische Ausführungen für das Verständnis der Implementierung des Kerns nötig sind, habe ich mich auf die wichtigsten Einzelheiten beschränkt. Die Untersuchung dieser Eigenschaften wird zumindest ausreichen, die am meisten von der Hardware abhängigen Teile des Betriebssystems zu erhellen.

Zum Verstehen dieses Buchs benötigt der Leser Programmiererfahrung in einer höheren Programmiersprache, Assemblerkenntnisse sind wünschenswert. Außerdem sollte der Leser bereits über Erfahrungen im Umgang mit UNIX verfügen und auch die Programmiersprache C beherrschen [Kernighan 78]. Trotzdem habe ich versucht, dieses Buch so zu schreiben, daß der Leser auch ohne dieses Hintergrundwissen in der Lage sein sollte, den Inhalt zu verstehen. Der Anhang enthält eine vereinfachte Beschreibung aller Systemaufrufe, die zum Verständnis ihrer Darstellung in diesem Buch ausreicht, nicht aber als Handbuch dienen kann.

Das Buch ist wie folgt aufgeteilt: Kapitel 1 gibt als Einleitung eine allgemeine Beschreibung der Systemeigenschaften, wie sie sich dem Benutzer vermitteln, sowie eine Beschreibung der Systemstruktur. Kapitel 2 beschreibt den allgemeinen Aufbau der Architektur des Kerns und stellt einige grundlegende Konzepte vor. Der Rest des Buchs folgt in seinem Aufbau der von der Systemarchitektur vorgegebenen Richtung und beschreibt die verschiedenen Komponenten in Bausteinform. Er kann in drei Teile gegliedert werden: das Dateisystem, die Prozeßsteuerung, und fortgeschrittene Eigenschaften. Dabei wird das Dateisystem zuerst vorgestellt, denn seine Grundlagen sind einfacher als die der Prozeßsteuerung. Kapitel 3 beschreibt also den Mechanismus des Blockdepots, das die Grundlage des Dateisystems bildet. Kapitel 4 beschreibt die vom Dateisystem intern verwendeten Datenstrukturen und Algorithmen. Diese Algorithmen verwenden ihrerseits die in Kapitel 3 vorgestellten und besorgen die interne Verwaltung, die zur Bearbeitung von Benutzerdateien erforderlich ist. Kapitel 5 beschreibt die Systemaufrufe, die die Benutzerschnittstelle zum Dateisystem bilden; sie verwenden ihrerseits die in Kapitel 4 vorgestellten Algorithmen zum Zugriff auf Benutzerdateien.

Kapitel 6 wendet sich der Steuerung von Prozessen zu. Es definiert den Kontext eines Prozeses und untersucht die grundlegenden Routinen, die den Kontext eines Prozesses bearbeiten. Im besonderen geht es auf die Schnittstelle für Systemaufrufe, die Interruptbehandlung und den Kontextwechsel ein. Kapitel 7 stellt die Systemaufrufe vor, die den Kontext eines Prozesses steuern. Kapitel 8 behandelt das Scheduling von Prozessen, Kapitel 9 die Speicherverwaltung einschließlich Swapping- und Pagingsystemen.

Kapitel 10 erläutert allgemeine Treiberschnittstellen unter besonderer Berücksichtigung von Platten- und Terminaltreibern. Obwohl Geräte logisch Teil des Dateisystems sind, bleibt ihre Behandlung wegen Problemen in der Prozeßsteuerung, die bei Terminaltreibern auftreten, bis zu diesem Punkt aufgeschoben. Das Kapitel dient auch als Brücke zu den fortgeschritteneren Eigenschaften, die im Rest des Buches dargestellt werden. Kapitel 11 behandelt Prozeßkommunikation und Netzwerkbearbeitung einschließlich Nachrichten, gemeinsamem Speicher und Semaphoren in System V sowie Sockets im BSD System. Kapitel 12 erläutert eng gekoppelte Multiprozessorsysteme unter UNIX, Kapitel 13 schließlich lose gekoppelte verteilte Systeme.

Das Material der ersten neun Kapitel kann in einem einsemestrigen Kurs über Betriebssysteme behandelt werden, das Material der verbleibenden Kapitel sollte in Seminaren für Fortgeschrittene und begleitet von verschiedenen Projekten behandelt werden.

Hier müssen jedoch einige Einschränkungen angebracht werden. Es wurde kein Versuch unternommen, die Leistung eines Systems absolut zu beschreiben, noch wurde irgendein Vorschlag für Konfigurationsparameter zu einer Systeminstallation gemacht. Solche Daten variieren nach Rechnertyp, Hardwareausrüstung, Systemversion und -implementierung und sind zudem abhängig vom Mix der laufenden Anwendungen. In ähnlicher Weise habe ich mich auch gewissenhaft bemüht, das Voraussagen zukünftiger Entwicklungen und neuer Eigenschaften von UNIX zu vermeiden. Die Behandlung fortgeschrittener Eigenschaften bedeutet keine Verpflichtung für AT&T, diese zu implementieren, ja nicht einmal, daß bestimmte Bereiche Ziel von Untersuchungen sind.

Gerne gebe ich den Beistand vieler Freunde und Kollegen zur Kenntnis, die mich beim Schreiben dieses Buches ermutigten und mit konstruktiver Kritik zum Entstehen des Manuskripts beitrugen. Mein besonderer Dank geht an Ian Johnstone, der dieses Buch anregte, mich ermutigte und den Anfangsentwurf der ersten Kapitel durchsah. Ian brachte mir so viele Kniffe für die Arbeit bei, daß ich immer in seiner Schuld bleiben werde. Auch Doris Ryan ermutigte mich von Anfang an, ihre freundliche und gedankenreiche Hilfe werde ich immer schätzen. Dennis Ritchie beantwortete freimütig zahllose Fragen zum historischen und technischen Hintergrund des Systems. Debby Bach, Doug Bayer, Lenny Brandwein, Steve Buroff, Tom Butler, Ron Gomes, Mesut Gunduc, Laura Israel, Dean Jagels, Keith Kelleman, Brian Kernighan, Bob Martin, Bob Mitze, Dave Nowitz, Michael Poppers, Marilyn Safran, Curt Schimmel, Zvi Spitz, Tom Vaden, Bill Weber, Larry Wehr und Bob Zarrow opferten bereitwillig Zeit und Energie beim Durchsehen der Rohfassungen des Manuskripts; das vorliegende Buch verdankt viel auch ihren detaillierten Anmerkungen. Mary Fruhstuck half bei der Vorbereitung des Manuskripts für den Satz. Außerdem möchte ich meinen Vorgesetzten für ihre fortwährende Unterstützung bei diesem Projekt und meinen Arbeitskollegen für die anregende Atmosphäre und das wunderbare Arbeitsklima in den AT&T Bell Laboratorien danken. John Wait und die Mannschaft von Prentice-Hall boten wertvolle Unterstützung und Hilfe bei der Fertigstellung dieses Buches in seiner endgültigen Form. Last, but not least gab mir meine Frau Debby jede Menge emotionellen Beistand, ohne den ich wohl nie zum Erfolg gelangt wäre.

1 Allgemeiner Überblick über das System

Seit seiner Einführung im Jahre 1969 erfreut sich das UNIX-System steigender Popularität, nicht zuletzt wegen der Tatsache, daß es auf Rechnern jeder Größenordnung vom Mikroprozessor bis zum Großrechner läuft und quer durch alle Rechnertypen eine einheitliche Umgebung zur Ausführung von Programmen bildet. Das System selbst gliedert sich in zwei Hauptteile: den ersten Teil bilden Programme und Dienste, die dem System zu seiner großen Verbreitung verholfen haben; es ist der Teil, der dem Benutzer ins Auge fällt und allgemein zugänglich ist - dazu gehören Programme wie die shell, mail, Textverarbeitungspakete und Systeme zum Verarbeiten von Quellprogrammen. Den zweiten Teil bildet das eigentliche Betriebssystem, das diese Programme und Dienste unterstützt. Das vorliegende Buch konzentriert sich auf eine detaillierte Beschreibung des Betriebssystems UNIX System V von AT&T, jedoch werden auch interessante Eigenschaften anderer Systemversionen berücksichtigt. Dabei werden die wichtigsten Datenstrukturen und Algorithmen des Systems behandelt, die letzten Endes die dem Benutzer zugängliche Schnittstellenoberfläche bilden.

Dieses erste Kapitel bietet eine Einführung in das UNIX-System. Dabei rollen wir seine Entstehungsgeschichte auf und stellen seine allgemeine Struktur dar. Im darauffolgenden Kapitel bringen wir dann eine tiefgreifendere Einführung in das eigentliche Betriebssystem.

1.1 Geschichte

Im Jahre 1965 unternahmen es die Bell Laboratorien zusammen mit General Electric und dem Projekt MAC des MIT (Massachusetts Institute of Technology), ein neues Betriebssystem mit Namen Multics [Organick 72] zu entwickeln. Ziel des Multics-Systems war es, einer großen Zahl von Benutzern gleichzeitig den Zugang zu einem Rechner zu gewährleisten, große Rechenleistung und Datenspeicher zur Verfügung zu stellen und, falls gewünscht, den Anwendern das gemeinsame Nutzen von Daten zu ermöglichen. Viele der ersten Mitarbeiter bei der Entwicklung von UNIX waren bereits an der Entwicklung von Multics bei den Bell Laboratorien beteiligt. Eine erste, primitive Version von Multics lief schon 1969 auf einer General Electric GE645, doch brachte sie längst nicht die gedachte Leistung, und es war auch noch nicht abzusehen, wann das ursprüngliche Entwicklungsziel erreicht sein würde. Folglich gab Bell seine Mitarbeit an dem Projekt auf.

Mit dem Ende der Beteiligung am Multics-Projekt blieben die Mitarbeiter des Computing Research Center der Bell Laboratorien aber ohne die nötige Rechenleistung [Ritchie 84a]. In einem Anlauf zum Verbessern ihrer Programmierumgebung verfaßten Ken Thompson, Dennis Ritchie und andere ein Arbeitspapier für ein Dateisystem, das sich dann zu einer frühen Version des UNIX-Dateisystems entwickelte. Thompson schrieb Programme, die das Verhalten des geplanten Dateisystems sowie von Programmen unter einem System mit Demand-Paging simulierten, ja er schrieb sogar einen einfachen Systemkern für die GE645. Zur gleichen Zeit schrieb er auch in FORTRAN auf einem GECOS-System (Honeywell) das Spielprogramm Space Travel. Das Programm war jedoch eine Enttäuschung, da das Raumschiff zu schwer zu steuern war, und das Programm selbst zuviel Rechenzeit benötigte. Später fand Thompson eine wenig benützte PDP-7, die über ein recht gutes Graphikterminal verfügte, und auf der die Rechenzeit billig war. Das Umprogrammieren von Space Travel auf die PDP-7 vermittelte Thompson eine Menge über diesen Rechner, doch zum Programmieren mußten die Quellprogramme auf dem GECOS-Rechner crossassembliert und von Lochstreifen auf die PDP-7 eingelesen werden. Um bessere Programmierbedingungen zu schaffen implementierten Thompson und Ritchie ihr System auf der PDP-7. Darin waren bereits eine frühe Version des UNIX-Dateisystems, das Prozeßsteuersystem und ein kleiner Satz von Hilfsprogrammen enthalten. Und in der Tat benötigte dieses neue System nicht mehr länger GECOS zur Entwicklung von Programmen, sondern trug sich bereits selbst. Es erhielt den Namen UNIX, ein Spitzname, den ein anderer Mitarbeiter am Computing Research Center, Brian Kernighan, für Multics geprägt hatte.

Obwohl diese frühe Version von UNIX bereits sehr vielversprechend war, konnte es doch seine volle Leistungsfähigkeit erst unter Beweis stellen, als es in einem realen Projekt Verwendung fand: Um ein Textverarbeitungssystem für die Patentabteilung der Bell Laboratorien zur Verfügung zu stellen, wurde das UNIX-System 1971 auf einer PDP-11 implementiert. Charakteristisch für diese Implementation war die geringe Größe: 16kB für das System selbst, 8kB für Benutzerprogramme, eine Plattenkapazität von 512kB und eine maximale Dateilänge von jeweils 64kB. Nach diesem ersten Erfolg wollte Thompson einen FORTRAN-Compiler auf das neue System bringen, installierte aber stattdessen, beeinflußt von BCPL [Richards 69], die Sprache B. B war eine interpretative Sprache mit allen Einschränkungen dieses Sprachtyps, so daß Ritchie sie zu C weiterentwickelte, einer Sprache mit Codegenerator, Deklaration von Datentypen und Definition von Strukturen. Im Jahre 1973 wurde das gesamte Betriebssystem neu in C geschrieben, ein zur damaligen Zeit unerhörter Schritt, doch führte er zu einer gewaltigen Zunahme der Akzeptanz des Systems bei Benutzern außer Haus. Die Anzahl der Installationen bei den Bell Laboratorien wuchs auf 25, und zur Unterstützung der Anwender wurde eine UNIX-Systemgruppe gebildet.

Zu dieser Zeit konnte AT&T selbst keine Computer verkaufen, da die Firma 1956 ein diesbezügliches Abkommen mit der US-Bundesregierung geschlossen hatte, doch sie gab das UNIX-System an Universitäten weiter, die es für Lehrzwecke verwenden wollten. In Übereinstimmung mit dem Regierungsabkommen vertrieb AT&T das System nicht, machte keine Werbung dafür und unterstützte es auch nicht. Dennoch nahm die Popularität des Systems weiter zu. Im Jahre 1974 veröffentlichten Thompson und Ritchie eine Beschreibung von UNIX in den Communications of the ACM [Thompson 74] und gaben damit seiner Verbreitung einen weiteren Aufschwung. Bis 1977 stieg die Anzahl der UNIX-Installationen bereits auf etwa 500, davon 125 an Universitäten. UNIX-Systeme wurden vor allem bei Telefongesellschaften eingesetzt, da sie eine günstige Umgebung zur Entwicklung von Programmen, zur Datenübertragung in Netzwerken und für Echtzeitdienste (über MERT [Lycklama 78a]) boten. Lizenzen für UNIX wurden an Wirtschaftsunternehmen ebenso wie an Universitäten vergeben. Die Firma Interactive Systems Corporation wurde 1977 der erste Value Added Reseller (VAR)[1] eines UNIX-Systems; sie verbesserte es für Zwecke der Büroautomatisierung. 1977 war auch das Jahr der ersten Portierung (d. h. Übertragung mit wenigen oder ohne Änderungen) von UNIX auf einen nicht-PDP Rechner, eine Interdata 8/32.

Mit der wachsenden Popularität der Mikroprozessoren portierten viele Hersteller UNIX auf die neuen Maschinen, doch verführten der einfache Aufbau und die Durchsichtigkeit

[1] Value Added Resellers fügen einem Rechnersystem spezifische Anwendungsteile hinzu, um so einen bestimmten Marktbereich abzudecken. Dabei liegt das Hauptaugenmerk auf dem Verkauf der Anwendung und nicht auf dem darunterliegenden Betriebssystem.

des Systems viele Entwickler dazu, es auf ihre eigene Weise zu verbessern, was zu mehreren Varianten des ursprünglichen Systems führte. Zwischen 1977 und 1982 vereinigten die Bell Laboratorien verschiedene AT&T-Varianten zu einem einzigen System, das unter dem Namen UNIX System III bekannt wurde. Die Bell Laboratorien erweiterten das System III später noch, nannten das neue Produkt UNIX System V[2], und AT&T kündigte schließlich im Januar 1983 offizielle Unterstützung für das System V an. In der Zwischenzeit hatte auch die Universität von Kalifornien in Berkeley eine eigene Variante des UNIX-Systems entwickelt, dessen neueste Version für VAX-Rechner mit 4.3 BSD bezeichnet wird und einige neue, recht interessante Eigenschaften aufweist. Wir werden uns hier allerdings auf die Beschreibung des Systems V beschränken und nur gelegentlich auch die Möglichkeiten des BSD Systems besprechen.

Anfang 1984 gab es weltweit bereits etwa 100.000 UNIX-Installationen, die auf einem breiten Spektrum von Rechnern vom Mikroprozessor bis zum Großrechner und auf Produkten verschiedenster Hersteller liefen. Kein anderes Betriebssystem kann diesen Anspruch erheben. Verschiedene Gründe wurden bisher für die Popularität und den Erfolg von UNIX angeführt:

- Das System ist in einer höheren Programmiersprache geschrieben, dadurch ist es leicht zu lesen, zu verstehen, zu ändern und auf andere Rechner zu übertragen. Ritchie schätzt, daß das erste System in C etwa 20 bis 40 Prozent größer und langsamer als üblich war, da es eben nicht in Assembler geschrieben war; doch die Vorteile der Verwendung einer höheren Programmiersprache überwiegen bei weitem die Nachteile (siehe Seite 1965 in [Ritchie 78b]).
- Die Benutzerschnittstelle ist einfach und bietet trotzdem alle Dienste an, die der Anwender benötigt.
- Das System verfügt über Möglichkeiten, komplexe Programme aus vielen einfachen zusammenzufügen.
- Das System verwendet ein hierarchisches Dateisystem, das leichte Pflege und effizientes Implementieren gestattet.
- Das System verwendet ein einheitliches Dateiformat, den Bytestream, wodurch das Schreiben von Anwenderprogrammen wesentlich vereinfacht wird.
- Das System bietet eine einfache und einheitliche Schnittstelle zu allen peripheren Geräten.
- Das System ist ein Multiuser-Multiprocessing-System, d. h. jeder Benutzer kann mehrere Prozesse gleichzeitig laufen lassen.
- Das System verbirgt die Struktur der Hardware vor dem Benutzer und macht es damit leichter, Programme für verschiedene Hardware zu schreiben.

Die Philosophie der Geradlinigkeit und des unbedingten Einhaltens der einmal aufgestellten Prinzipien unterstützt das UNIX-System und ist die Grundlage für viele der eben angeführten Punkte.

Obwohl das eigentliche Betriebssystem und viele der Kommandoprogramme in C geschrieben sind, unterstützt UNIX auch andere Programmiersprachen wie Fortran, Basic, Pascal, Ada, Cobol, Lisp und Prolog. Grundsätzlich ist UNIX für jede Sprache geeignet, die über einen Compiler oder Interpreter verfügt, der die Benutzeranforderungen an das Betriebssystem auf den UNIX-Satz von Systemaufrufen abbildet.

---

[2] Was ist eigentlich mit System IV passiert? Eine interne Version dieses Systems wurde zu System V weiterentwickelt.

1.2 Systemstruktur

In Abbildung 1.1 sehen Sie die Architektur des UNIX-Systems. Die Hardware im Zentrum der Abbildung versorgt das Betriebssystem mit den grundlegenden Diensten, die in Abschnitt 1.5 beschrieben werden. Das Betriebssystem arbeitet hier direkt[3] mit der Hardware zusammen, stellt allgemeine Dienste für Programme zur Verfügung und befreit sie damit von den Einschränkungen und Auflagen der individuellen Hardware. Unter dem Aspekt eines Aufbaus in verschiedenen Ebenen stellt das Betriebssystem die unterste Ebene, auch *Systemkern* genannt, dar, der vom Benutzer weitgehend isoliert arbeitet. Da Anwenderprogramme somit unabhängig von der darunterliegenden Hardware sind, können sie leicht zwischen UNIX-Systemen auf verschiedenen Rechnern transportiert werden, vorausgesetzt, sie sind nicht speziell auf eine bestimmte Hardware abgestimmt. So sind Programme, die für ein Maschinenwort eine bestimmte Größe voraussetzen, schwieriger zu portieren als Programme ohne eine solche Einschränkung.

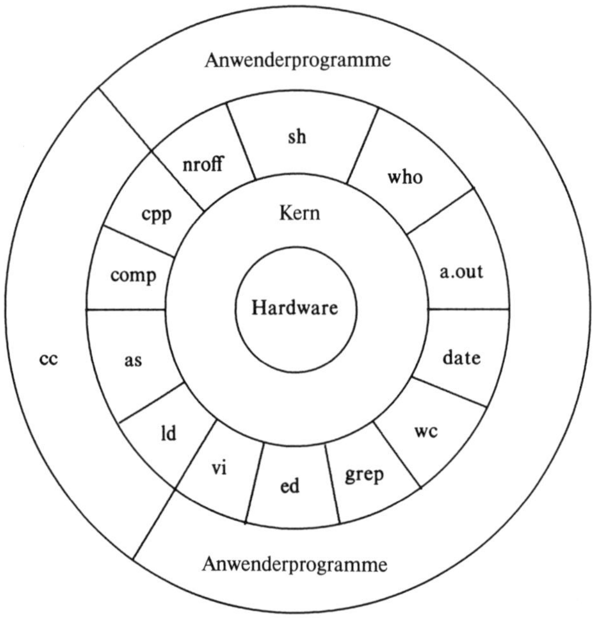

Abb. 1.1: Struktur von UNIX-Systemen

Programme wie die Shell und die Editoren (*ed* und *vi*), die sich auf einer höheren Systemebene befinden, verkehren mit dem Systemkern über einen definierten Satz von *Systemaufrufen*. Systemaufrufe veranlassen den Systemkern zum Ausführen bestimmer Dienste für das aufrufende Programm und zum Datenaustausch mit diesem. Viele Programme in der

[3] Bei einigen Implementierungen von UNIX arbeitet das Betriebssystem mit einem Grundsystem zusammen, das dann erst mit der darunterliegenden Hardware arbeitet und dem Betriebssystem notwendige Dienste zur Verfügung stellt. Eine solche Konfiguration macht es möglich, andere Betriebssysteme und deren Anwendungen parallel zu UNIX zu betreiben. Ein klassisches Beispiel einer solchen Konfiguration bietet das MERT-System [Lycklama 78a]. Neuere Konfigurationen umfassen auch Rechner wie IBM System/370 [Felton 84] und UNIVAC 1100 [Bodenstab 84].

Abbildung sind Teil der Standardsystemkonfiguration und als *Befehle* bekannt, doch können sich in dieser Systemebene auch Benutzerprogramme befinden, wie wir am Programm *a.out* erkennen, dem Standardnamen für vom C-Compiler erzeugte ausführbare Programme. Andere Anwenderprogramme können auf Programmen einer darunterliegenden Systemebene aufbauen, wie wir es in der obersten Ebene unserer Abbildung sehen. Beispielsweise befindet sich der C-Compiler, *cc*, in der obersten Systemebene: er ruft den C-Preprozessor auf, einen Zweipass-Compiler, den Assembler und den Lader (Link-Editor), alles eigenständige Programme einer darunterliegenden Systemebene. Obwohl also in unserer Abbildung nur zwei Ebenen von Anwenderprogrammen vorhanden sind, kann der Benutzer die Hierarchie auf die ihm genehme Anzahl von Ebenen ausdehnen. Und in der Tat fördert der von UNIX unterstützte Programmierstil das Zusammenfügen bereits vorhandener Programme zum Erfüllen von neuen Aufgaben.

Viele Anwendersysteme und -programme, die Systemzugang auf einer höheren Ebene gestatten, wie die Shell, Editoren, SCCS (Source Code Control System) und Textverarbeitungssysteme, sind im Laufe der Zeit zu einem Synonym für UNIX geworden. Dennoch verwenden sie alle für Dienste der unteren Ebenen einen Satz von Aufrufen an den Systemkern, anstatt diese Arbeiten selbst zu erledigen. Im System V gibt es etwa 64 Systemaufrufe, von denen nur weniger als 32 häufig verwendet werden. Sie sind einfach anzuwenden und geben dem Benutzer doch ein mächtiges Werkzeug an die Hand. Die Systemaufrufe und ihre Implementierung bilden den eigentlichen Systemkern; die Beschreibung des UNIX-Systems in diesem Buch beschränkt sich auf eine detaillierte Untersuchung und Analyse dieser Systemaufrufe und ihrer gegenseitigen Wechselwirkung. Kurz gesagt stellt der Systemkern alle die Dienste zur Verfügung, auf die sich sämtliche Anwenderprogramme im UNIX-System stützen, und er definiert sie auch. Wir werden in diesem Buch oft die Bezeichnungen „UNIX-System“, „Systemkern“ bzw. „System“ verwenden, doch beziehen wir uns dabei immer, und das sollte klar sein, auf den Kern des UNIX-Betriebssystems.

1.3 Benutzerebene

In diesem Abschnitt gehen wir kurz auf die nach außen sichtbaren Eigenschaften von UNIX ein. Dazu gehören das Dateisystem, die Verarbeitungsumgebung und die Möglichkeiten zum Aneinanderfügen von Programmen (z. B. *Pipes*). In späteren Kapiteln werden wir auf die vom Systemkern geleistete Unterstützung für diese Dienste eingehen.

1.3.1 Das Dateisystem

Das UNIX-Dateisystem ist charakterisiert durch:

- eine hierarchische Struktur
- die gleiche Behandlung aller Daten
- die Möglichkeit zum Erzeugen und Löschen von Dateien
- die dynamische Vergrößerung von Dateien
- den Schutz von Daten in einer Datei
- die Behandlung peripherer Geräte (wie Terminals und Magnetbandstationen) als Dateien.

Das Dateisystem ist als Baumstruktur mit einem einzigen Wurzelknoten *root* (geschrieben als „/“) organisiert; jeder Knoten, der nicht am Ende eines Zweiges steht, ist immer ein Inhaltsverzeichnis (*Katalog*); Knoten am Ende eines Zweiges (Blätter) sind Kataloge, *gewöhnliche* Dateien oder *spezielle* Gerätedateien. Der Name einer Datei ergibt sich aus dem *Pfadnamen*, der den Weg zum Lokalisieren der Datei innerhalb des Dateisystems beschreibt. Ein Pfadname ist eine Folge von durch Schrägstrich getrennten Dateinamen; ein Dateiname ist eine Folge von Zeichen zum eindeutigen Benennen einer Datei im vorausgehenden Katalog. Ein vollständiger Pfadname beginnt mit einem Schrägstrich und bezeichnet eine Datei, die, ausgehend von der Wurzel, durch Verfolgen der Zweige des Strukturbaums entsprechend den Bestandteilen des Pfadnamens lokalisiert werden kann. So bezeichnen die Pfadnamen „/etc/passwd", „/bin/who" und „/usr/src/cmd/who.c" Dateien in der Baumstruktur in Abbildung 1.2, nicht dagegen die Pfadnamen „/bin/passwd" und „/usr/src/date.c". Ein Pfadname muß nicht unbedingt bei der Wurzel beginnen, sondern kann durch Weglassen des ersten Schrägstrichs relativ zum *aktuellen Katalog* des laufenden Prozesses gebildet werden. Ausgehend vom Inhaltsverzeichnis „/dev" bezeichnet der Pfadname „tty01" also die Datei mit dem vollständigen Pfadnamen „/dev/tty01".

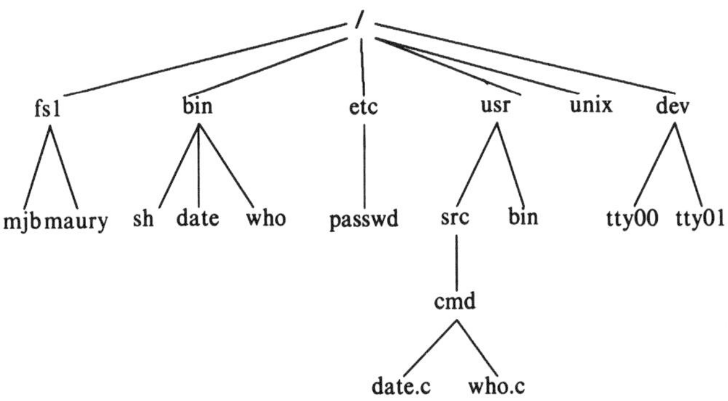

Abb. 1.2: Strukturbaum des Dateisystems

Programme unter UNIX haben keine Kenntnis über das Format, in dem der Systemkern die Daten tatsächlich ablegt - sie behandeln sie als unformatierten Strom von Bytes. Programme können den Bytestream natürlich nach eigenem Gutdünken interpretieren, doch diese Interpretation hat keinerlei Einfluß auf die Art und Weise der Speicherung der Daten durch das Betriebssystem. Die Syntax des Zugriffs auf Daten in einer Datei ist also vom System definiert und für alle Programme gleich, die Semantik der Daten ist dagegen vom jeweiligen Programm bestimmt. Beispielsweise erwartet das Textformatierungsprogramm *troff* Zeilenvorschub am Ende jeder Textzeile, das Systemverwaltungsprogramm *acctcom* dagegen Datensätze mit fester Länge. Beide Programme verwenden dieselben Systemaufrufe zum Zugriff auf die Daten im Bytestream und zerlegen die Daten dann intern in das jeweils passende Format. Entdeckt dabei ein Programm ein falsches Format, ist es selbst für die entsprechende Fehlerbehebung verantwortlich.

Unter diesem Aspekt verhalten sich auch Kataloge wie normale Dateien; das System behandelt die Daten in einem Katalog als Bytestream, doch diese Daten sind die Namen der im Katalog enthaltenen Dateien in einem festgelegten Format. Dadurch können System und Programme wie *ls* (Auflisten der Namen und Attribute von Dateien) die Dateien im Katalog erkennen.

Der Zugriff auf Dateien wird durch eine mit der jeweiligen Datei verbundene *Zugriffserlaubnis* gesteuert. Die Zugriffserlaubnis kann für Lesen (read), Schreiben (write) und Ausführen (execute) getrennt und für drei verschiedene Benutzerklassen gesetzt werden: Dateibesitzer, Dateigruppe und allgemein. Soweit die Zugriffserlaubnis auf einen Katalog dies gestattet, können Benutzer auch Dateien erzeugen. Die neu erzeugten Dateien sind jeweils Endknoten in der Baumstruktur des Dateisystems.

Vom Anwender aus gesehen behandelt UNIX Geräte als Dateien. Geräte, bezeichnet durch spezielle Gerätedateien, belegen Knoten in der Baumstruktur des Dateisystems. Programme greifen auf Geräte mit der gleichen Syntax wie auf alle anderen Dateien zu; auch die Semantik des Lesens und Schreibens gleicht bei Geräten über weite Strecken der Behandlung von regulären Dateien. Ebenso geschieht der Schutz von Geräten wie bei Dateien durch entsprechendes Setzen ihrer (Datei-) Zugriffserlaubnis. Da Gerätenamen wie gewöhnliche Dateinamen aussehen und auch die gleichen Operationen angewandt werden, ist es für die meisten Programme nicht notwendig, den Typ der gerade verarbeiteten Datei zu kennen.

Sehen wir uns dazu als Beispiel das C-Programm in Abbildung 1.3 an, das eine Kopie einer bestehenden Datei erzeugt. Nehmen wir an, das Programm trägt den Namen *copy*; ein Benutzer an seinem Bildschirm ruft es dann wie folgt auf:

```
copy oldfile newfile
```

Dabei ist *oldfile* der Name der bereits bestehenden Datei und *newfile* der Name der zu erzeugenden neuen Datei. Das System ruft nun *main* auf und liefert *argc* als Anzahl der Parameter in der Liste *argv*, wobei jeder Eintrag in *argv* auf einen vom Benutzer gelieferten Parameter zeigt. Im gezeigten Beispiel ist *argc*=3, *argv*[0] zeigt auf den Zeichenstring *copy* (der Programmname ist per Konvention der nullte Parameter), *argv*[1] zeigt auf den Zeichenstring *oldfile* und *argv*[2] auf *newfile*. Nun prüft das Programm, ob es mit der richtigen Anzahl Parameter aufgerufen wurde. Sodann wird über den Systemaufruf *open* die Datei *oldfile* als „read-only" eröffnet und, falls der Aufruf erfolgreich war, mit *creat* die Datei *newfile* erzeugt. Die Zugriffserlaubis für die neue Datei ist 0666 (oktal), was allen Benutzern Schreib- und Lesezugriff auf diese Datei gestattet. Alle Systemaufrufe geben im Fehlerfall -1 zurück. Falls *open* oder *creat* einen Fehler erzeugen, gibt das Programm eine Fehlermeldung aus und ruft *exit* mit Returncode 1 auf; dadurch wird die Programmausführung beendet und angezeigt, daß etwas schiefging.

Die Systemaufrufe *open* und *creat* geben eine Integerzahl als *Filedeskriptor* zurück, der vom Programm für alle weiteren Zugriffe auf die jeweilige Datei verwendet wird. Nun erfolgt ein Aufruf an das Unterprogramm *copy*, das in einer Schleife über *read* einen Puffer mit Zeichen aus der bestehenden Datei füllt und diese dann mit *write* in die neue Datei ausgibt. Der Systemaufruf *read* gibt die Anzahl der gelesenen Bytes zurück bzw. 0 bei Erreichen des Dateiendes. Bei Erreichen des Dateiendes oder bei Auftreten eines anderen Fehlers während des Aufrufs von *read* wird die Schleife verlassen; auf Fehler beim *write*-Aufruf wird nicht überprüft. Nach der Rückkehr aus *copy* wird das Programm über *exit* mit dem Returncode 0 verlassen, was die erfolgreiche Programmbeendigung anzeigt.

```
#include <fcntl.h>
char buffer[2048];
int version = 1;          /* Chapter 2 explains this */

main(argc, argv)
        int argc;
        char *argv[];
{
        int fdold, fdnew;

        if (argc != 3)
        {
                printf("need 2 arguments for copy program\n");
                exit(1);
        }
        fdold = open(argv[1], O_RDONLY);    /* open source file read only */
        if (fdold == -1)
        {
                printf("cannot open file %s\n", argv[1]);
                exit(1);
        }
        fdnew = creat(argv[2], 0666);    /* create target file rw for all */
        if (fdnew == -1)
        {
                printf("cannot create file %s\n", argv[2]);
                exit(1);
        }
        copy(fdold, fdnew);
        exit(0);
}

copy(old, new)
        int old, new;
{
        int count;

        while ((count = read(old, buffer, sizeof(buffer))) > 0)
                write(new, buffer, count);
}
```

Abb. 1.3: Programm zum Kopieren einer Datei

Das Programm kopiert jede beliebige Datei, die als Argument beim Programmaufruf angegeben wird, vorausgesetzt die Zugriffserlaubnis gestattet das Öffnen der bestehenden sowie das Erzeugen einer neuen Datei. Die Datei kann dabei aus abdruckbaren Zeichen wie etwa dem Quellcode eines Programms bestehen, aber auch aus unlesbaren Zeichen, ja sogar dem Programm selbst.

Die Aufrufe

```
copy copy.c newcopy.c
copy copy newcopy
```

sind also beide möglich und ausführbar. Die alte Datei kann auch ein Katalog sein, wie etwa:

```
copy . dircontents
```

Dabei wird der Inhalt des durch „." bezeichneten aktuellen Katalogs in eine normale Datei „dircontents" kopiert; die Daten in der neuen Datei sind Byte für Byte identisch mit dem Katalog, nur daß sie sich eben jetzt in einer normalen Datei befinden. (Der Systemaufruf *mknod* erzeugt einen neuen Katalog.) Schließlich kann auch noch jede der beiden Dateien eine spezielle Gerätedatei sein. Das Beispiel

```
copy /dev/tty terminalread
```

liest die Zeichen vom Bildschirm (die Datei */dev/tty* bezeichnet den Terminal des Benutzers) und kopiert sie in die Datei *terminalread.* Das Programm beendet seine Arbeit erst dann, wenn der Benutzer ^D eingibt. In ähnlicher Weise liest

```
copy /dev/tty /dev/tty
```

Zeichen vom Bildschirm und kopiert sie auf diesen zurück.

1.3.2 Prozeßumgebung

Ein *Programm* ist eine ausführbare Datei, ein *Prozeß* dagegen eine in Ausführung befindliche Kopie eines Programms. Viele Prozesse können unter UNIX gleichzeitig ohne Einschränkung hinsichtlich ihrer Anzahl laufen (diese Eigenschaft wird oft als Multitasking oder Multiprocessing bezeichnet), und viele Kopien eines Programms (wie etwa *copy*) können sich gleichzeitig im System befinden. Verschiedene Systemaufrufe gestatten es Prozessen, neue Prozesse zu erzeugen, Prozesse zu beenden, einzelne Stadien des Prozeßablaufs zu synchronisieren und die Reaktion auf bestimmte Ereignisse zu bestimmen. Abgesehen von der Verwendung der Systemaufrufe laufen die einzelnen Prozesse völlig unabhängig voneinander.

Zum Beispiel führt ein Prozeß, der das Programm in Abbildung 1.4 ausführt, den Systemaufruf *fork* zum Erzeugen eines neuen Prozesses durch. Der neue Prozeß, als *Sohn* bezeichnet, erhält von *fork* den Returncode 0 und ruft *execl* zum Ausführen des Programms *copy* (das Programm aus Abbildung 1.3) auf. Der Aufruf an *execl* überlagert den Adreßraum des Sohnprozesses mit dem Inhalt der Datei „copy", die im aktuellen Katalog vorhanden sein muß, und läßt dieses Programm dann mit den vom Benutzer gelieferten Parametern laufen. Ist *execl* erfolgreich, so erfolgt keine Rückkehr zum Vater, denn der Sohn läuft in einem neuen Adreßraum ab, wie wir in Kapitel 7 sehen werden. In der Zwischenzeit erhält der aufrufende (Vater-) Prozeß, der *fork* ausgegeben hat, einen Returncode ungleich 0, ruft *wait* auf, unterbricht damit seinen eigenen Ablauf bis zur Beendigung von *copy*, gibt die Meldung „copy done" aus und kehrt über *exit* zurück (jedes Programm kehrt aus der Funktion *main* mit *exit* zurück, da dies durch die C-Standardbibliothek, die vom Compiler zu jedem Programm zugelinkt wird, so bestimmt ist). Ist zum Beispiel der Name des ausführbaren Programms *run*, und der Benutzer ruft es mit

```
run oldfile newfile
```

auf, so kopiert der Prozeß oldfile nach newfile und gibt die erwähnte Meldung aus. Obwohl dieses Programm wenig anderes tut als das ursprüngliche Programm *copy*, führt es doch vier wichtige Systemaufrufe zur Prozeßsteuerung aus: *fork*, *exec*, *wait* und *exit*.

```
main(argc, argv)
     int argc;
     char *argv[];
{
     /* assume 2 args: source file and target file */
     if (fork() == 0)
          execl("copy", "copy", argv[1], argv[2], 0);
     wait((int *) 0);
     printf("copy done\n");
}
```

Abb. 1.4: Programm, das zum Kopieren von Dateien einen neuen Prozeß erzeugt

Ganz allgemein erlauben es die Systemaufrufe dem Benutzer, Programme für ausgeklügelte Operationen zu schreiben, und als Ergebnis dieser Tatsache verfügt der UNIX-Systemkern über viele Funktionen nicht, die in anderen Betriebssystemen Bestandteil des Systemkerns sind. Diese Funktionen, wie etwa Compiler und Editoren, sind bei UNIX-Anwenderprogramme. Hauptbeispiel für ein solches Programm ist die *Shell*, der Befehlsinterpreter, mit dem Benutzer typischerweise nach dem Einloggen in das System verkehren. Die Shell interpretiert das erste Wort einer *Befehlszeile* als Namen des *Befehls*: für viele Befehle erzeugt die Shell mit *fork* einen neuen Prozeß, der dann mit *exec* den mit dem Namen verbundenen Befehl ausführt; die restlichen Wörter in der Befehlszeile werden als Befehlsparameter interpretiert.

Die Shell läßt drei Typen von Befehlen zu. Zuerst kann ein Befehl eine ausführbare Datei sein, die von einem Compiler aus Quellcode erzeugten Objektcode enthält (z. B. ein C-Programm). Zweitens kann ein Befehl eine ausführbare Datei mit einer Folge von Kommandozeilen für die Shell sein. Und drittens kann ein Befehl direkt an die Shell gerichtet sein (anstatt eine ausführbare Datei zu bezeichnen). Diese internen Befehle machen die Shell von einem reinen Kommandointerpreter zu einer Programmiersprache mit Befehlen für Schleifen (*for-in-do-done* und *while-do-done*) und für bedingte Ausführung (*if-then-else-fi*), mit einer case-Anweisung, mit einem Befehl zum Wechseln des aktuellen Katalogs (*cd*) und noch anderen mehr. Die Syntax der Shell gestattet zudem den Austausch von Strings und die Verarbeitung von Parametern. Der Benutzer kann die Befehle natürlich auch ohne Kenntnis dieser Typeinteilung verwenden.

Die Shell sucht nach den Befehlen in einer vorgegebenen Reihenfolge der Kataloge, die jedoch über Benutzeranforderung durch Aufruf der Shell verändert werden kann. Die Shell führt Befehle normalerweise in synchronisierter Reihenfolge aus, d. h. sie wartet vor dem Verarbeiten der nächsten Befehlszeile bis zum ordnungsgemäßen Abschluß der vorausgehenden. Doch auch die unsynchronisierte Befehlsverarbeitung ist möglich, bei der eine Befehlszeile gelesen und ohne Warten auf Beendigung des vorausgehenden Befehls ausgeführt wird. Befehle in diesem Modus bezeichnen wir als im *Hintergrund* laufend. Die Eingabe des Befehls

```
who
```

veranlaßt die Ausführung des in der Datei */bin/who*[4] abgelegten Programms, das eine Liste der momentan im System befindlichen Teilnehmer ausdruckt. Während des gesamten Ablaufs von *who* wartet die Shell auf Programmbeendigung und fordert den Benutzer erst dann wieder zu einer neuen Eingabe auf. Die Eingabe von

```
who &
```

veranlaßt dagegen den Ablauf von *who* im Hintergrund; die Shell kann jetzt sofort neue Befehle entgegennehmen.

Jeder unter UNIX ablaufende Prozeß hat eine Prozeßumgebung, die einen aktuellen Katalog mit einschließt. Der aktuelle Katalog eines Prozesses ist der Startpunkt für alle Pfadnamen, die nicht mit einem Schrägstrich anfangen. Der Benutzer kann sich jedoch mit dem Shell-Befehl *cd* (change directory) innerhalb der Baumstruktur des Dateisystems bewegen und den aktuellen Katalog wechseln. Die Befehlszeile

```
cd /usr/src/uts
```

wechselt den aktuellen Katalog der Shell nach „/usr/src/uts". Die Befehlszeile

```
cd ../..
```

wechselt den aktuellen Katalog der Shell auf eine Ebene zwei Knoten näher an der Wurzel des Dateibaums: die Angabe „.." bezieht sich jeweils auf den *Vaterkatalog* für den aktuellen Katalog.

Da die Shell ein Anwenderprogramm und nicht Teil des Betriebssystems ist, ist sie einfach zu modifizieren und den jeweiligen Gegebenheiten anzupassen. So kann der Benutzer beispielsweise eine C-Shell mit einem Gedächtnismechanismus verwenden und damit das wiederholte Eintippen häufig verwendeter Befehle umgehen; er ersetzt damit die Bourne Shell (benannt nach ihrem Erfinder Steve Bourne), die zum Standardumfang von System V gehört. Oder es wird für bestimmte Anwender nur eine beschränkte Benutzung der Shell zugelassen, was durch Verwendung einer zurechtgestutzten Version der normalen Shell erreichbar ist. Das System jedenfalls kann die verschiedenen Shell-Versionen gleichzeitig bearbeiten. Auch der Benutzer hat die Möglichkeit, viele Prozesse gleichzeitig ablaufen zu lassen, Prozesse können selbst dynamisch neue Prozesse erzeugen und, falls gewünscht, ihren Ablauf synchronisieren. Alle diese Eigenschaften bilden zusammen eine mächtige Umgebung zum Ausführen von Programmen. Obwohl ein großer Teil der Leistungsfähigkeit der Shell auf ihren Möglichkeiten als Programmiersprache und ihren Fähigkeiten zur Zeichenmanipulation bei Argumenten beruht, konzentrieren wir uns hier auf die vom System über die Shell zur Verfügung gestellte Prozeßumgebung. Andere wichtige Eigenschaften der Shell liegen außerhalb des Umfangs dieses Buches (für eine detaillierte Beschreibung der Shell siehe [Bourne 78]).

---

[4] Der Katalog „/bin" enthält viele nützliche Kommandos und ist gewöhnlich in der Katalogfolge enthalten, die die Shell durchsucht.

1.3.3 Hilfsmittel zum Erzeugen von Programmbausteinen

Wie bereits früher beschrieben, liegt es in der Philosophie von UNIX, mit dem Betriebssystem Hilfsmittel anzubieten, die es dem Benutzer gestatten, kleine, modulare Programme zu schreiben und diese in Stufen zu größeren und komplexeren Programmen zusammenzufügen. Eines dieser für den Shell-Benutzer sichtbaren Hilfsmittel ist die Möglichkeit zum *Umleiten von Ein- und Ausgaben.* Prozesse haben normalerweise Zugang zu drei Dateien: sie lesen von der Standard-Eingabe, schreiben auf die Standard-Ausgabe und geben schließlich Fehlermeldungen in die Diagnose-Ausgabe aus. Prozesse, die an einem Terminal laufen, benutzen diesen für alle drei Dateien, doch kann jede Ein- bzw. Ausgabe beliebig umgeleitet werden. So gibt die Befehlszeile

```
ls
```

alle Dateien im aktuellen Katalog auf die Standard-Ausgabe aus, die Befehlszeile

```
ls > output
```

leitet dagegen die Ausgaben in die Datei „output“ des aktuellen Katalogs um, wobei der bereits erwähnte Systemaufruf *creat* verwendet wird. In ähnlicher Weise eröffnet die Befehlszeile

```
mail mjb < letter
```

die Datei „letter“ als Standard-Eingabe und schickt deren Inhalt zum Benutzer „mjb“. Ein Prozeß kann Eingabe und Ausgabe auch gleichzeitig umleiten, wie in:

```
nroff -mm < doc1 > doc1.out 2> errors
```

Dabei liest das Textformatierungsprogramm *nroff* von der Eingabedatei *doc1*, legt die Ausgabe in die Datei *doc1.out* und die Fehlermeldungen schließlich in *errors* ab (die Angabe „2>“ bewirkt eine Umleitung der Ausgabe für Filedeskriptor 2, per Konvention die Diagnose-Ausgabe). Die Programme *ls*, *mail* und *nroff* wissen dabei nicht, welche Dateien ihre jeweilige Standard-Eingabe, -Ausgabe und Diagnose-Ausgabe sind; die Shell erkennt jedoch die Symbole „<“, „>“ und „2>“ und bestimmt vor Ausführung des Prozesses die jeweiligen Dateien.

Das zweite Hilfsmittel zum Erzeugen von Programmbausteinen ist der Leitungsoperator *Pipe*, ein Mechanismus zum Transport von Datenströmen zwischen lesenden und schreibenden Prozessen. Prozesse können ihre Standard-Ausgabe auf eine Pipe umleiten, die dann von anderen Prozessen, die ihre Standard-Eingabe darauf umgeleitet haben, gelesen wird. Die Daten, die der erste Prozeß in die Pipe schreibt, sind die Eingabe für den zweiten Prozeß. Der zweite Prozeß könnte dann seinerseits seine Ausgabe umleiten, usw., entsprechend den jeweiligen Notwendigkeiten. Und wieder muß kein Prozeß wissen, welcher Dateityp nun seine Standard-Ausgabe ist; der Prozeß läuft ohne Rücksicht darauf, ob seine Standard-Ausgabe nun eine Datei, eine Pipe oder ein Gerät ist. Beim Verwenden von kleineren Programmen als Bausteine für ein größeres, komplexeres Programm benutzt der Programmierer Pipes und Dateiumleitung zum Integrieren der einzelnen Teile. Und in der Tat unterstützt das System eine solche Vorgehensweise, so daß neue Programme jederzeit mit bestehenden zusammenarbeiten können.

Zum Beispiel durchsucht das Programm *grep* eine Anzahl Dateien (Parameter für grep) auf ein bestimmtes Zeichenmuster:

```
grep main a.c b.c c.c
```

Hier werden die drei Dateien a.c, b.c und c.c auf Zeilen mit dem String „main" durchsucht und die Ergebnisse auf die Standard-Ausgabe ausgegeben. Ein Beispiel könnte wie folgt aussehen:

```
a.c: main(argc,argv)
c.c: /* here is the main loop of the program */
c.c: main()
```

Das Programm *wc* mit der Angabe -l zählt die Anzahl der vorhandenen Zeilen in der Standard-Eingabe. Die Befehlszeile

```
grep main a.c b.c c.c | wc -l
```

zählt die Anzahl der Zeilen mit dem String „main" in den angegebenen Dateien; die Ausgabe von *grep* wird über eine Pipe zur Eingabe von *wc*. Für das vorausgehende Beispiel mit *grep* ergibt sich als Ausgabe von *wc*:

```
3
```

Die Verwendung von Pipes macht die oft benötigten temporären Dateien zum Zwischenspeichern von Daten weitgehend überflüssig.

1.4 Dienste des Betriebssystems

In Abbildung 1.1 sehen wir die Ebene des Systemkerns direkt unterhalb der Benutzerebene. Der Systemkern führt verschiedene grundlegende Operationen für Anwenderprozesse und zur Unterstützung der vorbeschriebenen Benutzerschnittstelle aus. Unter den vom Systemkern ausgeführten Diensten befinden sich:

- Steuerung des Prozeßablaufs durch Ermöglichen der Prozeßerzeugung, der Prozeßbeendigung, der Prozeßverdrängung und der Kommunikation zwischen Prozessen.
- Scheduling der Prozesse für den Ablauf auf der CPU. Die Prozesse teilen sich nach dem *Time-sharing*-Verfahren in die CPU[5]: die CPU führt einen Prozeß aus; der Systemkern verdrängt ihn, sobald die ihm zugeteilte Zeit verbraucht ist und bringt einen anderen Prozeß zur Ausführung. Später kommt auch der verdrängte Prozeß wieder zur Ausführung.
- Zuteilung des Hauptspeichers für einen laufenden Prozeß. Der Systemkern gestattet unter bestimmten Voraussetzungen auch die gemeinsame Benutzung von Adreßraum durch Prozesse, sorgt jedoch allgemein für den Schutz des privaten Adreßraums eines Prozesses gegen Übergriffe von außen. Wird der verfügbare Speicher im System knapp, so macht das System durch Auslagern von Prozessen auf sekundäre Speichermedien, sogenanntes „Swapping", wieder Platz. Schreibt das System ganze Prozesse auf das Swapgerät, so bezeichnen wir diese UNIX-Implementierung als *Swapping*-System; schreibt es nur Speicherseiten auf das Swapgerät, bezeichnen wir es als *Paging*-System.
- Zuteilung von sekundärem Speicher für effizientes Speichern und Wiederauffinden von Benutzerdaten. Dieser Dienst bildet das Dateisystem. Das System teilt dabei Speicherplatz für Benutzerdateien zu, fordert unbenutzten Platz wieder ein, strukturiert das Dateisystem in wohlüberlegter Weise und schützt schließlich Benutzerdateien vor unerlaubtem Zugriff.

[5] Kapitel 12 beschäftigt sich mit Multiprozessorsystemen; bis dahin gehen wir von einem Einprozessormodell aus.

- Ermöglichen von kontrolliertem Zugriff auf periphere Geräte wie Bildschirme, Magnetbandlaufwerke, Plattenlaufwerke und Netzwerke für Prozesse.

Der Systemkern versieht seine Aufgaben unsichtbar. Er erkennt z.B., ob eine gegebene Datei eine gewöhnliche Datei oder ein Gerät ist, aber er gibt diese Information nicht an den Anwenderprozeß weiter. In ähnlicher Weise formatiert er die Daten einer Datei zur internen Speicherung, gibt dieses Format aber nicht an die Anwenderprozesse weiter, die einen unformatierten Bytestream erhalten. Schließlich bietet er noch Dienste an, damit Programme auf Anwenderebene die gewünschte Systemleistung erbringen können, bietet aber keine Dienste an, die auf Benutzerebene direkt implementiert werden können. So bietet das System zum Beispiel die Dienste an, die die Shell zum Arbeiten als Befehlsinterpreter benötigt: es ermöglicht der Shell das Lesen von Bildschirmeingaben, das dynamische Ausdehnen von Prozessen, das Synchronisieren des Prozeßablaufs, das Erzeugen von Pipes und die Umleitung der Ein-/Ausgabe. Benutzer können entsprechend ihren Bedürfnissen ihre eigenen Versionen der Shell ohne Nebeneffekte auf andere Benutzer erzeugen. Diese Programme verwenden dann die gleichen Dienste des Systemkerns wie die ursprüngliche Shell.

1.5 Voraussetzungen der Hardware

Die Ausführung von Benutzerprozessen unter UNIX verteilt sich auf zwei Ebenen: Benutzerebene und Systemkern. Führt ein Prozeß einen Systemaufruf aus, so wechselt der *Ausführungsmodus* des Prozesses vom *Benutzermodus* in den *Systemmodus*: jetzt arbeitet das Betriebssystem und versucht, die Benutzeranforderung zu erfüllen; im Fehlerfall wird ein entsprechender Fehlercode zurückgegeben. Selbst wenn der Anwender keine direkten Anforderungen nach Systemdiensten stellt, führt das System doch Überwachungs- und Kontrollarbeiten für den Benutzerprozeß durch, bearbeitet Interrupts, teilt Prozesse neu ein, verwaltet den Speicher, usw. Die Architektur vieler Rechner (und ihrer Betriebssysteme) unterstützt mehr als die hier vorgestellten zwei Ebenen der Verarbeitung, doch die beiden Modi (Benutzermodus und Systemmodus) genügen für UNIX-Systeme.

Die folgenden Unterschiede zwischen den beiden Modi bestehen:

- Prozesse im Benutzermodus können nur ihre eigenen Befehle ausführen und nur auf ihre eigenen Daten zugreifen, nicht jedoch auf Befehle und Daten des Systems (oder anderer Prozesse). Prozesse im Systemmodus können dagegen auf Benutzer- und Systembereiche zugreifen. So kann beispielsweise der virtuelle Adreßraum eines Prozesses in Adressen, die nur vom System ansprechbar sind, und solche, die in jedem Modus verwendbar sind, aufgeteilt sein.
- Einige Maschinenbefehle sind privilegiert und ergeben einen Fehler, falls sie im Benutzermodus ausgeführt werden. Beispielsweise könnte ein Rechner über Befehle verfügen, die das Zustandsregister des Rechners selbst verändern; Prozesse im Benutzermodus sollten aber über diese Möglichkeiten nicht verfügen.

Einfach gesagt unterscheidet die Hardware nur zwischen Systemmodus und Benutzermodus und kümmert sich nicht um die vielen Benutzer, die Programme in diesen Betriebsarten laufen lassen. Das Betriebssystem dagegen führt Aufzeichnungen zum Unterscheiden der vielen im System laufenden Prozesse. Abbildung 1.5 zeigt diese Unterscheidung: das System unterscheidet zwischen den Prozessen A, B, C und D in der Waagrechten, die Hardware unterscheidet zwischen den Betriebsarten in der Senkrechten.

	Prozesse			
	A	B	C	D
Systemmodus	K			K
Benutzermodus		U	U	

Abb. 1.5: mehrere Prozesse und Betriebsarten

Obwohl das System über beide Betriebsarten verfügt, läuft der Systemkern als Benutzerprozeß. Er besteht nämlich nicht aus einem eigenständigen Satz von Prozessen, die parallel zum Anwenderprogramm laufen, sondern er ist Teil jedes Anwenderprozesses. Im folgenden Text werden wir oft davon sprechen, daß das System Betriebsmittel zuteilt oder verschiedenste Operationen ausführt, doch gemeint ist die Tatsache, daß ein Prozeß im Systemmodus Betriebsmittel zuteilt oder diese Operationen durchführt. So liest zum Beispiel die Shell Benutzereingaben vom Bildschirm mittels eines Systemaufrufs: das System wird für die Shell tätig, steuert und überwacht die Arbeit des Terminals und gibt die eingegebenen Zeichen an die Shell zurück. Dann arbeitet die Shell im Benutzermodus weiter, interpretiert den vom Benutzer eingegebenen Zeichenstream und führt die gewünschten Aktionen aus, die ihrerseits neue Systemaufrufe erfordern können.

1.5.1 Interrupts und Ausnahmezustände

UNIX läßt von Ein-/Ausgabegeräten oder etwa dem Zeitgeber asynchrone Interrupts an die CPU zu. Bei Annahme des Interrupts sichert das System den aktuellen *Kontext* (ein Abbild des jeweiligen Prozeßzustands), stellt die Ursache des Interrupts fest und bedient ihn. Nach Bedienen des Interrupts stellt das System die vorherige Umgebung wieder her und fährt in seiner Arbeit fort, als ob nichts geschehen wäre. Gewöhnlich teilt die Hardware Geräten bestimmte Prioritäten zu, entsprechend denen die Interrupts behandelt werden sollten: bedient das System einen Interrupt, so *blockiert* es solche mit niedrigerer Priorität, bedient aber vorrangig auftretende Interrupts höherer Priorität.

Ein Ausnahmezustand entsteht, wenn ein Prozeß unerwartete Aktionen ausführt, z.B. adressieren verbotener Speicherregionen, ausführen privilegierter Befehle, Division durch Null etc. Solche Vorgänge unterscheiden sich von Interrupts, die durch Ereignisse außerhalb eines Prozesses hervorgerufen werden. Ausnahmezustände ergeben sich während der Ausführungsphase eines Befehls, und das System versucht auch nach Beheben des Ausnahmezustands, einen solchen Befehl zu wiederholen; bei Interrupts gehen wir dagegen davon aus, daß sie zwischen der Ausführung von zwei Befehlen auftreten, das System fährt also nach Bedienung des Interrupts mit dem nächsten Befehl fort. UNIX verwendet übrigens nur einen Mechanismus zur Behandlung sowohl der Interrupts als auch der Ausnahmezustände.

1.5.2 Ausführungsebenen

Das System ist manchmal gezwungen, während kritischer Abschnitte das Auftreten von Interrupts zu verhindern, denn das Zulassen der Interrupts könnte hier zum Zerstören von Daten führen. Beispielsweise unterbindet das System Interrupts von Plattenlaufwerken während der Bearbeitung von verketteten Listen, denn die Behandlung des Interrupts könnte, wie wir im nächsten Kapitel sehen werden, die Verweise zerstören. Die meisten Rechner verfügen über einen Satz privilegierter Befehle, die die Ausführungsebene im Prozessorzustandswort setzen können. Das Setzen dieser Ausführungsebene auf einen bestimmten Wert maskiert alle Interrupts dieser und der darunterliegenden Ebenen aus, läßt aber Interrupts mit höherer Priorität zu. In Abbildung 1.6 sehen Sie eine Beispielsanordnung von Interruptprioritäten. Maskiert nun das System die Platteninterrupts aus, so sind alle Unterbrechungen außer dem Zeitgeber und Maschinenfehlern unterbunden. Maskiert das System nur Softwareinterrupts aus, so sind alle übrigen zugelassen.

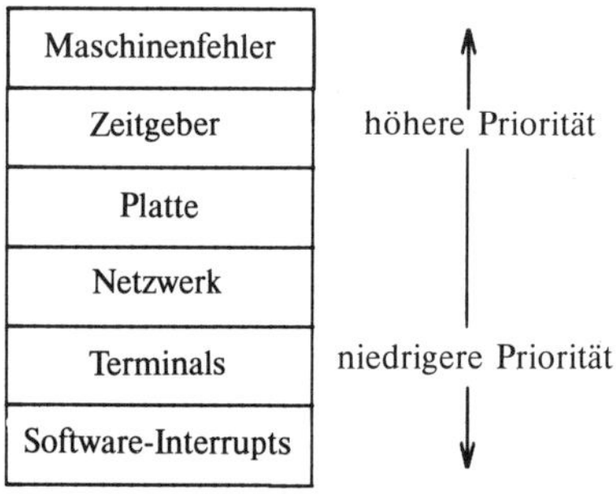

Abb. 1.6: Typische Interruptprioritäten

1.5.3 Speicherverwaltung

Das System befindet sich dauernd im Hauptspeicher, so wie auch der gerade aktuelle Prozeß (oder zumindest Teile von ihm). Bei der Übersetzung eines Programmes erzeugt der Compiler eine Anzahl Adressen im Programm, die auf Variablen, Datenstrukturen oder Befehle (Funktionen) zeigen. Der Compiler erzeugt diese Adressen aber für eine *virtuelle Maschine*, so wie wenn kein anderes Programm sich nebenher noch im tatsächlichen Rechner befinden könnte.

Läuft das Programm nun auf dem Rechner, so teilt ihm das System Speicherplatz zu, doch die vom Compiler erzeugten *virtuellen Adressen* müssen überhaupt nicht mit den tatsächlich im Rechner belegten Adressen übereinstimmen. Das System führt zusammen mit der Hardware eine Adreßumsetzung von *virtuellen* in *physikalische* Adressen durch, die die compilergenerierten Adressen auf den realen Speicher abbildet. Dieser Umsetzungsvorgang hängt in starkem Maße von den Fähigkeiten der jeweils verwendeten Hardware ab; die damit befaßten Teile von UNIX sind also maschinenabhängig. So verfügen einige Rechner z.B. über spezielle Hardware-Einrichtungen für Demand-Paging. Kapitel 6 und 9 gehen auf Aspekte der Speicherverwaltung und ihren Zusammenhang mit der Hardware genauer ein.

1.6 Zusammenfassung

In diesem Kapitel wurden die allgemeine Struktur des UNIX-Systems, die Beziehung zwischen Prozessen im Benutzermodus und im Systemmodus, und die Forderungen, die das System an die Hardware stellt, beschrieben. Prozesse laufen im Benutzermodus wie auch im Systemmodus, erbringen aber selbst keine Systemdienste, sondern fordern diese über einen festen Satz von Systemaufrufen an. Die Konzeption des Systems fördert das Schreiben von kleinen Programmen, die nur wenige Operationen ausführen, aber diese gut und einwandfrei. Diese Bausteine dienen dann, über *Pipes* und I/O-Umleitung kombiniert, zum Bearbeiten auch schwieriger Vorgänge.

Systemaufrufe gestatten es den Prozessen, ansonsten verbotene Dinge zu tun. Zusätzlich zum Bedienen dieser Systemaufrufe führt das System allgemeine Verwaltungsarbeiten für die Gesamtheit der Benutzer durch, steuert das Scheduling der Prozesse, verwaltet den Speicher, sorgt für den Schutz der im Speicher befindlichen Prozesse, bedient Interrupts, behandelt Dateien und Geräte und achtet schließlich auf das Auftreten von Systemfehlern. Doch verfügt der UNIX-Systemkern längst nicht über die Anzahl von Funktionen und Möglichkeiten, wie wir es von anderen Betriebssystemen gewohnt sind; stattdessen existiert ein kleiner Satz von Systemaufrufen, die es den einzelnen Prozessen gestatten, alle notwendigen Funktionen auf Benutzerebene auszuführen. Das folgende Kapitel bietet eine gründliche Einführung in den Systemkern, beschreibt seine Architektur und auch einige der grundlegenden Konzepte für seine Implementierung.

2 Einführung in den Systemkern

Das vorausgehende Kapitel bot einen allgemeinen Überblick über das gesamte UNIX-System. In diesem Kapitel wollen wir uns mit dem Systemkern befassen, seinen Aufbau erläutern und die grundlegenden Konzepte und Strukturen darstellen, die zum weiteren Verständnis dieses Buches nötig sind.

2.1 Die Architektur des UNIX-Betriebssystems

Es wurde bereits festgestellt (siehe dazu [Christian 83], S. 239), daß UNIX die Illusion eines Dateisystems mit „Plätzen" und von Prozessen mit „Leben" unterstützt. Die Begriffe „Datei" und „Prozeß" stellen die zentralen Konzepte im UNIX-System dar. Abbildung 2.1 zeigt ein Blockdiagramm des Systemkerns mit seinen Modulen und deren gegenseitige

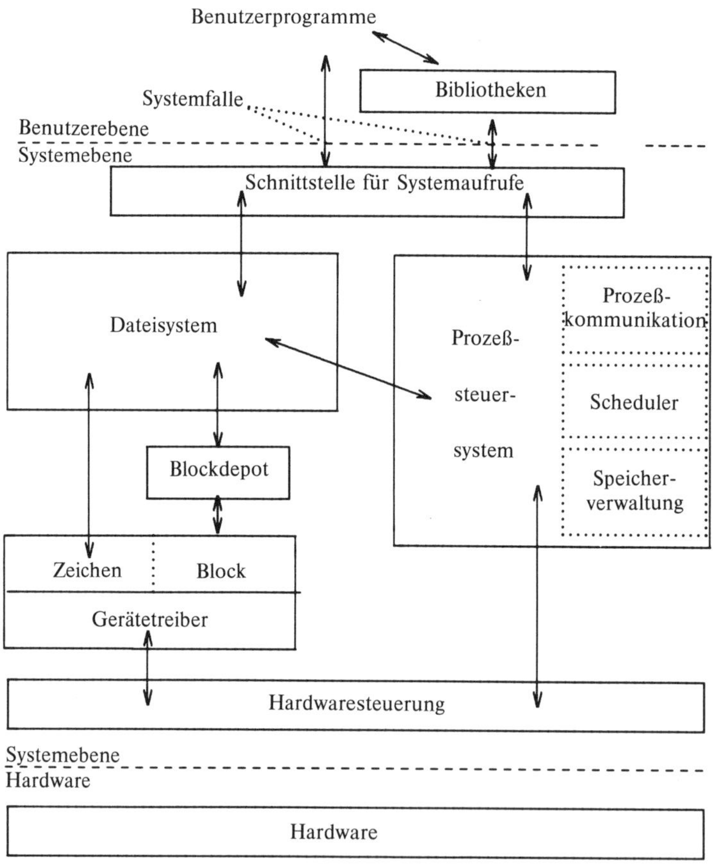

Abb. 2.1: Blockdiagramm des Systemkerns

Beziehungen. Ganz besonders deutlich wird dabei die Aufteilung in die zwei Hauptbestandteile des Systemkerns, das Dateisystem auf der linken und das Prozeßsteuersystem auf der rechten Seite der Skizze. Das Diagramm stellt zudem einen sehr nützlichen logischen Überblick über das System dar, auch wenn der Systemkern in der Realität dadurch etwas von diesem Modell abweicht, daß einige Module Einfluß auf den internen Ablauf anderer nehmen.

Abbildung 2.1 zeigt drei Systemebenen: Benutzer, Systemkern, Hardware. Systemaufrufe und die Bibliotheksschnittstelle bilden die Grenze zwischen Benutzerprogramm und Systemkern, wie er in Abbildung 1.1 skizziert ist. Systemaufrufe sehen wie ganz gewöhnliche Funktionsaufrufe in C-Programmen aus. Diese in Bibliotheken zusammengefaßten Funktionen dienen zum Erzeugen der eigentlichen Aufrufe an das Betriebssystem, was in Kapitel 6 genauer erläutert wird. Assemblerprogramme können Systemaufrufe ohne den Umweg über Bibliotheksroutinen durchführen. Häufig werden noch andere Bibliotheken wie z. B. die Standard-I/O-Bibliothek verwendet, um auch kompliziertere Vorgänge mit Systemaufrufen durchführen zu können. Diese Bibliotheken werden bereits zur Übersetzungszeit mit dem Programm verknüpft und stellen damit im Sinne unserer Besprechung einen Teil des Benutzerprogramms dar. In einem späteren Beispiel werden wir diese Punkte verdeutlichen.

Unsere Abbildung teilt die Gesamtheit der Systemaufrufe in zwei Gruppen ein: Systemaufrufe mit Bezug zum Dateisystem und Systemaufrufe mit Bezug zum Prozeßsteuersystem. Das Dateisystem bearbeitet Dateien, teilt Dateiraum zu, verwaltet den freien Platz, steuert den Zugriff zu den Dateien und stellt dem Benutzer die gewünschten Daten zur Verfügung. Prozesse verkehren mit dem Dateisystem über einen besonderen Satz von Systemaufrufen wie *open* (Eröffnen einer Datei zum Lesen oder Schreiben), *close*, *read*, *write*, *stat* (Abfragen der Attribute einer Datei), *chown* (Verändern des Eigentümers einer Datei) und *chmod* (Verändern der Zugriffsrechte für eine Datei). Diese und weitere Systemaufrufe werden wir in Kapitel 5 besprechen.

Das Dateisystem greift auf die Dateien über einen Puffermechanismus zu, der den Datenfluß zwischen dem Systemkern und den eigentlichen Speichermedien reguliert. Dieser Puffermechanismus verkehrt seinerseits mit den Treibern für Block-I/O-Geräte, um den Datentransport vom und zum Systemkern anzustoßen. Gerätetreiber sind Module des Systemkerns, die periphere Geräte steuern. Block-I/O-Geräte arbeiten im Direktzugriff; falls dies physikalisch nicht möglich ist, lassen zumindest die Gerätetreiber sie für das übrige System als Direktzugriffsgeräte erscheinen. Ein Magnetbandtreiber kann es beispielsweise dem Systemkern gestatten, mit einem Bandgerät im Direktzugriff zu arbeiten. Das Dateisystem verkehrt ohne den Umweg über einen Puffermechanismus nur noch mit den Treibern für Zeichen-I/O-Geräte. Zeichen-I/O-Geräte sind alle Geräte, die nicht Block-I/O-Geräte sind.

Das Prozeßsteuersystem ist verantwortlich für die Synchronisation der einzelnen Prozesse, die Kommunikation zwischen den Prozessen, die Speicherverwaltung und die Verwaltung der Prozesse selbst. Eine Verbindung zwischen Datei- und Prozeßsteuersystem ergibt sich, wie wir in Kapitel 7 noch sehen werden, wenn eine Datei zur Ausführung in den Arbeitsspeicher geladen wird: das Laden dieser Datei wird nämlich vom Prozeßsteuersystem veranlaßt.

Einige der Systemaufrufe zur Prozeßsteuerung sind *fork* (Erzeugen eines neuen Prozesses), *exec* (Laden eines Programms für den laufenden Prozeß), *exit* (Beenden eines Prozesses), *wait* (Synchronisieren der Prozeßbearbeitung mit dem *exit* eines über *fork* erzeugten

Prozesses), *brk* (Steuern der Größe des einem Prozeß zugeordneten Speichers) und *signal* (Steuern der Reaktion eines Prozesses auf besondere Ereignisse). In Kapitel 7 werden wir diese Systemaufrufe und auch noch weitere besprechen.

Der Speicherverwaltungsmodul steuert die Zuteilung des Arbeitsspeichers. Verfügt das System zu einem Zeitpunkt nicht über genügend physikalischen Speicher für alle vorhandenen Prozesse, so verschiebt der Systemkern Prozesse zwischen Arbeitsspeicher und Sekundärspeicher, um so jedem Prozeß eine Möglichkeit zur Abarbeitung zu bieten. Kapitel 9 beschreibt zwei Strategien der Speicherverwaltung: Swapping und Demand-Paging. Der Prozeß für Swapping (d. h. der Swapper) wird manchmal auch als Scheduler bezeichnet, denn er plant und steuert die Zuteilung des Arbeitsspeichers an Prozesse und beeinflußt damit auch die Arbeit des CPU-Schedulers. Wir werden diesen Prozeß jedoch immer als Swapper bezeichnen, um jede Verwechslung mit dem CPU-Scheduler auszuschließen.

Der *Scheduler* teilt die CPU den einzelnen Prozessen zu. Er läßt sie der Reihe nach laufen, bis sie beim Warten auf ein Betriebsmittel freiwillig die CPU abgeben oder der Systemkern sie verdrängt, weil ihre Laufzeit eine bestimmte Dauer überschritten hat. Der Scheduler wählt dann den Prozeß mit der gerade höchsten Priorität als nächsten zur Abarbeitung aus; der vorhergehende Prozeß kommt erst dann wieder an die Reihe, wenn er zum Prozeß mit der höchsten Priorität geworden ist.

Es gibt viele Arten der Kommunikation zwischen Prozessen; sie reichen vom asynchronen Signalisieren von Ereignissen bis zur synchronen Übermittlung von Nachrichten zwischen Prozessen.

Die Hardwaresteuerung schließlich ist verantwortlich für die Behandlung der Interrupts und die Kommunikation mit der Hardware des Rechners. Geräte wie Plattenlaufwerke oder Terminals können die CPU während der Bearbeitung eines Prozesses unterbrechen. In diesem Fall kann der Systemkern die Bearbeitung des unterbrochenen Prozesses nach Bedienung des Interrupts wieder fortsetzen: Interrupts werden nämlich *nicht* von speziellen Prozessen bearbeitet, sondern während der Bearbeitung eines Prozesses von speziellen Funktionen im Systemkern.

2.2 Einführung in das Systemkonzept

Dieser Abschnitt gibt einen Überblick über einige der wichtigsten Datenstrukturen des Kerns und beschreibt die Funktion der in Abbildung 2.1 gezeigten Module genauer.

2.2.1 Überblick über das Dateisystem

Die interne Darstellung einer Datei wird durch eine *Inode* angegeben, die die physikalische Position der Daten auf der Platte und noch weitere Informationen wie den Besitzer der Datei, Zugriffsberechtigungen und Zugriffszeitstempel enthält. Die Bezeichnung Inode ist eine Zusammenziehung des Begriffs *index node* und in der Literatur über UNIX allgemein üblich. Jede Datei hat nur eine Inode, kann aber mehrere Namen haben, die sich dann alle auf dieselbe Inode beziehen. Jeder dieser Namen wird als Verweis bezeichnet. Spricht ein Prozeß eine Datei über ihren Namen an, so geht der Systemkern den Dateinamen Stück für Stück durch, überprüft die Zugriffsberechtigung des Prozesses auf die im Pfad angegebenen Kataloge, und findet schließlich die Inode der Datei. Macht ein Prozeß z. B. den Aufruf

```
open("/fs2/mjb/rje/sourcefile",1);
```

so ermittelt der Systemkern die Inode für „/fs2/mjb/rje/sourcefile". Erzeugt ein Prozeß eine neue Datei, so weist der Systemkern eine freie Inode zu. Inodes werden, wie wir gleich sehen, innerhalb des Dateisystems gespeichert, doch überträgt sie der Systemkern beim Bearbeiten einer Datei in eine im Speicher[1] liegende Inodetabelle.

Der Systemkern verfügt noch über zwei weitere Datenstrukturen, die *Dateitabelle* und die *Benutzer-Filedeskriptorentabelle.* Die Dateitabelle ist dabei eine globale Datenstruktur des Systemkerns, die Benutzer-Filedeskriptorentabelle wird dagegen für jeden Prozeß extra zugeordnet. Greift nun ein Prozeß mit *open* oder *creat* auf eine Datei zu, so erzeugt der Systenkern in beiden Tabellen einen Eintrag, der auf die Inode der Datei verweist. Die Einträge in diesen drei Strukturen - der Benutzer-Filedeskriptorentabelle, der Dateitabelle und der Inodetabelle - enthalten Hinweise auf den Zustand der Datei sowie auf die darauf ausgeführten Zugriffe durch den Benutzer. Die Dateitabelle enthält den Offset in Bytes zum Dateianfang für den nächsten *read*- bzw. *write*-Befehl des Benutzers sowie die Zugriffsberechtigungen für den Prozeß, der die Datei eröffnet hat. Die Benutzer-Filedeskriptorentabelle identifiziert alle offenen Dateien eines Prozesses. Abbildung 2.2 zeigt diese Tabellen und ihre Beziehung untereinander. Bei den Aufrufen *open* und *creat* gibt der Systemkern einen *Filedeskriptor* zurück, der nichts anderes als ein Index für die Benutzer-Filedeskriptorentabelle ist. Wird ein *read*- oder *write*-Aufruf ausgeführt, benutzt der Systemkern den Filedeskriptor zum Zugriff auf die Benutzer-Filedeskriptorentabelle, verfolgt die Zeiger auf die Datei- und Inodetabelle und findet über die Inode schließlich die Daten in der Datei. Kapitel 4 und 5 beschreiben diese Datenstrukturen im Detail. Für den Augenblick genügt es festzustellen, daß die Verwendung dieser drei Tabellen vielfältige Stufen des gemeinsamen Zugriffs auf eine Datei gestattet.

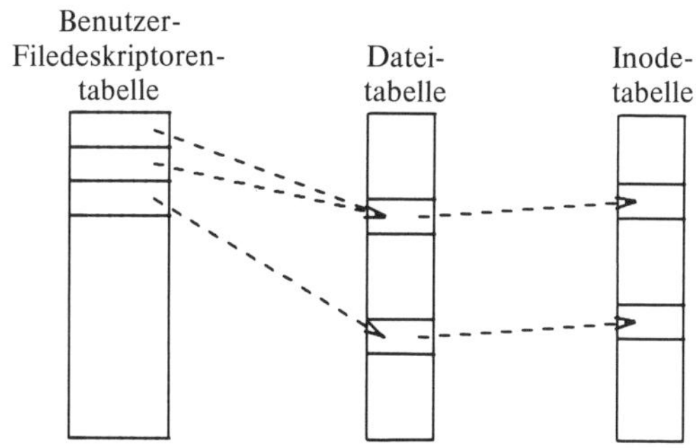

Abb. 2.2: Dateibeschreibung, Dateitabelle und Inodetabelle

UNIX unterhält reguläre Dateien und Kataloge auf Block-I/O-Geräten wie Magnetbändern oder Platten. Wegen der enormen Unterschiede in der Zugriffszeit verwenden, wenn überhaupt, nur wenige UNIX-Installationen Magnetbänder für ihr Dateisystem. In den kommenden Jahren werden plattenlose Workstations allgemein üblich werden, bei denen sich die Dateien auf einem Hostrechner befinden und der Zugriff über ein Netzwerk erfolgt (siehe Kapitel 13). Aus Gründen der Einfachheit gehen wir aber im folgenden immer von der Verwendung von Platten aus. Dabei kann ein System über mehrere physikalische Platteneinheiten verfügen, von denen jede wiederum ein oder mehrere *Dateisysteme* enthalten kann. Die Aufteilung einer Platte in mehrere Dateisysteme erleichtert für den Systemver-

[1] Die Bezeichnung Speicher (core) bezieht sich auf den Hauptspeicher des Rechners, nicht auf eine bestimmte Art von Hardware.

walter die Pflege der dort gespeicherten Daten. Der Systemkern arbeitet auf logischer Ebene mit Dateisystemen anstelle von Platten und behandelt dabei jedes Dateisystem als *logisches Gerät*, identifiziert durch eine *logische Gerätenummer*. Die Umwandlung von logischen Geräteadressen (Dateisystemen) in physikalische Gerätenummern (Platten) wird dann vom Plattentreiber besorgt. Im weiteren bezeichnen wir mit Gerät immer ein logisches Gerät, außer es ist ausdrücklich anders vermerkt.

Ein Dateisystem besteht, abhängig von der jeweiligen Implementierung, aus einer Folge von logischen Datenblöcken, von denen jeder 512, 1024, 2048 oder jedes andere geeignete Vielfache von 512 Bytes enthält. Die Größe eines logischen Blocks ist innerhalb eines Dateisystems gleich, kann aber bei mehreren Dateisystemen in einer Konfiguration verschieden sein. Die Verwendung großer Blöcke steigert die effektive Datentransferrate zwischen Platte und Speicher, da der Systemkern mit einem Plattenzugriff mehr Daten bewegen kann und deshalb weniger zeitraubende Operationen durchführen muß. So läuft z. B. das Lesen von 1 K Bytes in einer Leseoperation wesentlich schneller ab als das zweimalige Lesen von jeweils 512 Bytes. Sind dagegen die logischen Blöcke zu groß gewählt, kann, wie wir in Kapitel 5 sehen werden, der Speicherplatz knapp werden. Der Einfachheit halber werden wir im weiteren mit Block einen logischen Block bezeichnen und gehen außerdem davon aus, daß ein logischer Block 1 K Bytes enthält, soweit dies nicht ausdrücklich anders angegeben ist.

Abb. 2.3: Aufbau des Dateisystems

Ein Dateisystem hat den folgenden (Abbildung 2.3) Aufbau:

- Der *Bootblock* belegt den Anfang des Dateisystems, typischerweise den ersten Sektor, und enthält den *Bootstrap*-Code, der in den Speicher gelesen wird, um das Betriebssystem zu *laden* bzw. zu initialisieren.
- Der *Superblock* beschreibt den Aufbau des Dateisystems - seine Größe, wieviel Dateien es aufnehmen kann, wo noch freier Platz innerhalb des Dateisystems zu finden ist, und weitere Informationen.
- Die *Inodeliste* folgt im Dateisystem dem Superblock. Der Systemverwalter gibt beim Konfigurieren eines Dateisystems die Größe der Inodeliste an. Der Systemkern greift auf die Inodes über einen Index zur Inodeliste zu. Eine Inode wird als *Wurzelinode* des Dateisystem bezeichnet: Über diese Inode ist nach dem Systemaufruf *mount* (Abschnitt 5.12) die Katalogstruktur des Dateisystems ansprechbar.
- Die Datenblöcke beginnen am Ende der Inodeliste und enthalten sowohl echte Daten als auch Verwaltungsinformationen. Ein einmal zugeordneter Datenblock kann nur zu einer einzigen Datei gehören.

2.2.2 Prozesse

Dieser Abschnitt behandelt das Prozeßsystem genauer. Er beschreibt die Struktur eines Prozesses und einige dazugehörige Datenstrukturen, die der Speicherverwaltung dienen. Darauf folgen ein vorläufiger Überblick über das Prozeßzustandsdiagramm und die Besprechung einiger Fragen, die bei bestimmten Prozeßzustandswechseln auftreten.

Ein Prozeß ist die Ausführung eines Programms und besteht aus einer Folge von Bytes, die die CPU als Maschinenbefehle interpretiert (auch als Text bezeichnet), den Daten und dem Stack. Viele Prozesse scheinen gleichzeitig abzulaufen, wenn der Systemkern sie zur Ausführung einteilt; dabei kann sogar in verschiedenen Prozessen ein und dasselbe Programm gleichzeitig ablaufen. Der Ablauf eines Prozesses ist bestimmt durch eine strikte Folge von Befehlen, die in sich abgeschlossen ist und nicht in die Befehlsfolge eines anderen Prozesses übergreifen oder wechseln kann. Ein Prozeß kann seine eigenen Daten- und Stackbereiche lesen und beschreiben, nicht jedoch die anderer Prozesse. Prozesse können jedoch mit anderen Prozessen und dem Rest der UNIX-Welt über Systemaufrufe in Verbindung treten.

Auf die Praxis bezogen ist im UNIX-System ein Prozeß diejenige Einheit, die durch den Systemaufruf *fork* erzeugt wird. Jeder Prozeß mit Ausnahme von *Prozeß 0* wird erzeugt, wenn ein anderer Prozeß den Systemaufruf *fork* ausführt. Dabei werden der aufrufende Prozeß als *Vater* und der neu erzeugte Prozeß als *Sohn* bezeichnet. Jeder Prozeß hat nur einen Vater, kann aber mehrere Söhne haben. Der Systemkern identifiziert jeden Prozeß über seine Nummer, die sogenannte PID (*process ID*). Prozeß 0 ist ein spezieller Prozeß, der beim Systemstart praktisch „von Hand" erzeugt wird; nach dem Erzeugen eines ersten Sohns mit *fork* (Prozeß 1) wird Prozeß 0 zum sogenannten *Swapper*. Prozeß 1, bezeichnet als *init*, ist der Vorfahre für alle anderen Prozesse im System und erfreut sich einer besonderen Beziehung zu ihnen, wie in Kapitel 7 genauer erläutert wird.

Ein Benutzer übersetzt den Quellcode eines Programms und erzeugt daraus eine ausführbare Datei, die aus mehreren Teilen besteht:

- einem Satz von Headern, die die Attribute der Datei beschreiben,
- dem Text des Programms,
- einer Darstellung von Daten in Maschinencode für initialisierte Datenbereiche und einer Angabe *bss*[2] über den vom Systemkern zur Verfügung zu stellenden Speicherplatz für nicht initialisierte Datenbereiche (der Systemkern initialisiert diese Bereiche beim Ablauf des Programms mit 0),
- anderen Bereichen wie z.B. Symboltabellen.

Beim Programm in Abbildung 1.3 besteht der Text der ausführbaren Datei aus dem erzeugten Code der Funktionen *main* und *copy*, die initialisierten Daten bestehen nur aus der Variablen *version* (Diese Variable ist im Programm nur zu Demonstrationszwecken vorhanden), und die nicht initialisierten Daten bestehen aus dem Array *buffer*. Die C-Compiler für Version V erzeugen standardmäßig einen eigenen Textbereich, erlauben jedoch über eine zusätzliche Option den Einschluß der Befehle in den Datenbereich, wie es auch in früheren Versionen üblich war.

Durch Ausführen des Aufrufs *exec* lädt der Systemkern die ausführbare Datei in den Speicher, der geladene Prozeß besteht dann aus mindestens drei als *Regionen* bezeichneten Bereichen: Text, Daten und Stack. Text- und Datenregion entsprechen den Bereichen Text und Daten (bss) der ausführbaren Datei, die Stackregion wird jedoch automatisch erzeugt und ihre Größe vom Systemkern zur Laufzeit dynamisch verwaltet. Die Stackregion besteht aus logischen *Stackframes*, die beim Aufruf einer Funktion mit *push* in den (Hardware-) Stack geschoben und bei der Rückkehr mit *pop* wieder aus dem Stack gelesen werden; der *Stackpointer*, ein spezielles Register, zeigt auf den aktuellen Endpunkt des Stacks. Ein Stackframe enthält die Parameter einer Funktion, ihre lokalen Variablen und die zum

---

[2] Der Name bss rührt von einem Pseudo-Operator im Assembler von IBM 7090-Rechnern her und steht für „block started by symbol".

Erreichen des vorausgehenden Stackframes notwendigen Daten; zu diesen Daten gehören der Inhalt von Befehlszähler und Stackpointer zum Zeitpunkt des Aufrufs der Funktion. Das Programm enthält zusätzlich noch Befehlsfolgen zur Vergrößerung des Stacks; die Zuteilung von Speicherplatz auf dem Stack erfolgt dann nach Bedarf durch den Systemkern. Beim Programm in Abbildung 1.3 erscheinen die Parameter *argc* und *argv* sowie die Variablen *fdold* und *fdnew* der Funktion *main* beim Aufruf von *main* auf dem Stack (per Konvention nur einmal in jedem Programm); die Parameter *old* und *new* sowie die Variable *count* der Funktion *copy* erscheinen dagegen bei jedem Aufruf von *copy* neu auf dem Stack.

Da ein Prozeß unter UNIX auf zwei verschiedene Arten (Systemmodus oder Benutzermodus) ablaufen kann, wird für jede dieser Ablaufarten ein eigener Stackbereich verwendet. Der Benutzerstack enthält Argumente, lokale Variablen und andere Daten für Funktionen zum Ablauf im Benutzermodus. Die linke Seite von Abbildung 2.4 zeigt den Benutzerstack eines Prozesses beim Systemaufruf *write* im Programm *copy*. Die Startprozedur für den Prozeß (in einer Bibliothek enthalten) hat die Funktion *main* mit zwei Parametern aufgerufen und Stackframe 1 in den Stack geschoben. Dann hat *main* mit den zwei Parametern *old* und *new* die Funktion *copy* aufgerufen und Stackframe 2 in den Stack geschoben; Stackframe 2

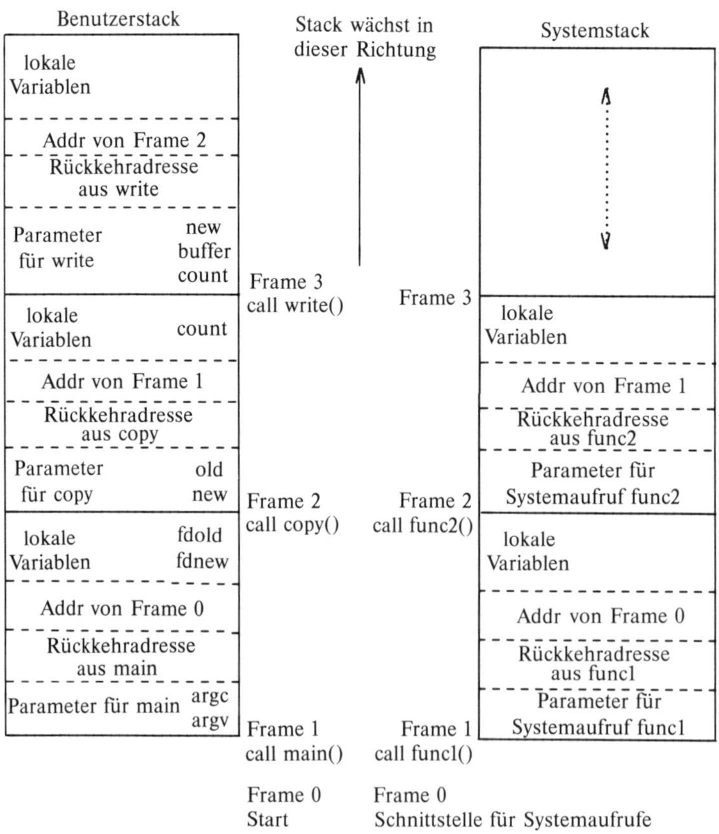

Abb. 2.4: Benutzerstack und Systemstack beim Programm copy

enthält Platz für die lokale Variable *count*. Schließlich macht der Prozeß über die Bibliotheksfunktion *write* noch den Sytemaufruf *write*. Jedem Systemaufruf entspricht dabei ein Einsprungpunkt in einer Systembibliothek; diese Systembibliothek besteht aus Assemblerprogrammen mit speziellen *Trap*-Anweisungen, die bei Ausführung einen Interrupt verursachen, der seinerseits ein hardwaremäßiges Umschalten in den Systemmodus bewirkt. Ein Prozeß spricht einen solchen Einsprungpunkt in die Systembibliothek bei einem Systemaufruf wie jede andere Funktion an, erzeugt also einen Stackframe für die Bibliotheksfunktion. Beim Ausführen der Trap-Anweisung wechselt der Prozeß dann in den Systemmodus, führt Systembefehle aus und verwendet auch den Systemstack.

Der Systemstack enthält die Stackframes der Funktionen, die im Systemmodus ablaufen. Die Funktions- und Dateneinträge im Systemstack beziehen sich nur auf Funktionen und Daten innerhalb des Systemkerns, also nicht auf das Benutzerprogramm, der Aufbau des Stacks entspricht jedoch dem Benutzerstack. Der Systemstack eines Prozesses ist Null, solange sich dieser Prozeß im Benutzermodus befindet. Die rechte Seite von Abbildung 2.4 zeigt den Inhalt des Systemstacks für einen Prozeß beim Ausführen des Systemaufrufs *write* im Programm *copy*. Die verschiedenen Bezeichnungen werden in späteren Kapiteln bei einer genaueren Besprechung des Systemaufrufs *write* erläutert.

Für jeden Prozeß besteht ein Eintrag in der *Prozeßtabelle* des Systems sowie ein eigener *u-Datenbereich*[3] für prozeßbezogene Daten, die nur vom System benutzt werden. Die Prozeßtabelle verfügt (oder zeigt auf) eine *Prozeßregionstabelle*, deren Einträge wiederum auf eine *Regionstabelle* zeigen. Eine Region ist ein zusammenhängender Speicherbereich für Text, Daten oder Stack eines Prozesses. Die Einträge in der Regionstabelle beschreiben die Eigenschaften der Region, also ob sie Text oder Daten enthält, ob sie privat oder gemeinsam genutzt werden kann, und wo sich die „Daten" der Region im Speicher wirklich befinden. Die zusätzliche Stufe der Indirektion (über die Prozeßregionstabelle zur Regionstabelle) ermöglicht es voneinander unabhängigen Prozessen, auf die gleichen Regionen zuzugreifen. Macht ein Prozeß den Systemaufruf *exec*, so weist das System Regionen für Text, Daten und Stack zu, nachdem die bisher von diesem Prozeß benutzten Regionen freigegeben sind. Macht ein Prozeß den Systemaufruf *fork*, sie dupliziert das System den Adreßraum das alten Prozesses und gestattet damit soweit möglich die gemeinsame Benutzung von Speicherbereichen; nur bei absoluter Notwendigkeit wird eine echte Kopie des Speicherbereichs angelegt. Macht ein Prozeß den Systemaufruf *exit*, so gibt das System alle vom Prozeß benutzten Regionen frei. Abbildung 2.5 zeigt die Datenstrukturen eines laufenden Prozesses: Die Prozeßtabelle zeigt auf eine Prozeßregionstabelle mit Pointern auf Einträge in der Regionstabelle für die Text-, Daten- und Stackregionen des laufenden Prozesses.

Der Eintrag in der Prozeßtabelle und der *u-Datenbereich* enthalten Steuer- und Statusinformationen über den Prozeß. Der *u-Datenbereich* ist eine Erweiterung des Eintrags in der Prozeßtabelle; in Kapitel 6 werden wir die Unterschiede zwischen diesen beiden Tabellen besprechen. Im weiteren wenden wir uns folgenden Feldern der Prozeßtabelle zu:

- dem Statusfeld
- Variablen zur Anzeige, welchem Benutzer der Prozeß gehört: Benutzer-Identifikation = User-ID (UID)
- dem Ereignisdeskriptor, der beim Verdrängen des Prozesses gesetzt wird (Die Prozeßbearbeitung ist ausgesetzt, der Prozeß schläft)

[3] Das *u* in *u-Bereich* steht für „user". Eine andere Bezeichnung für den *u-(Daten-)Bereich* lautet auch *u-Block*; in diesem Buch wird grundsätzlich die Bezeichnung *u-Bereich* bzw. *u-Datenbereich* verwendet.

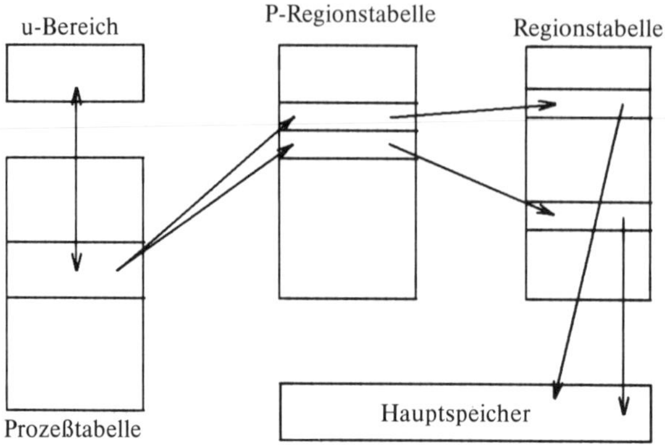

Abb. 2.5: Datenstrukturen eines Prozesses

Der *u-Datenbereich* enthält Informationen über den Prozeß, die nur während dessen Ausführung notwendig sind. Die wichtigsten Variablen sind:

- ein Pointer auf den Prozeßtabelleneintrag des gerade aktiven Prozesses
- Parameter des aktuellen Systemaufrufs, Returncodes und Fehlercodes
- Filedeskriptoren für alle offenen Dateien
- interne I/O-Parameter
- aktueller Katalog und Wurzelkatalog (siehe auch Kapitel 5)
- Prozeß- und Dateigrößenbeschränkungen

Der Systemkern kann direkt auf die Felder des *u-Datenbereichs* des gerade laufenden Prozesses zugreifen, nicht jedoch auf solche des *u-Datenbereichs* anderer Prozesse. Intern verwendet der Systemkern die Struktur *u* zum Zugriff auf den *u-Datenbereich* des gerade laufenden Prozesses; gelangt ein anderer Prozeß zur Ausführung, so ordnet der Systemkern seinen virtuellen Adreßbereich neu, wodurch sich die Struktur *u* nun auf den *u-Datenbereich* des neuen Prozesses bezieht. Die Implementierung ermöglicht es dem Systemkern auf einfache Weise, den aktuellen Prozeß durch Verfolgen des Pointers aus dem *u-Datenbereich* auf den entsprechenden Prozeßtabelleneintrag zu identifizieren.

2.2.2.1 Kontext eines Prozesses

Der *Kontext* eines Prozesses besteht aus seinem Status, definiert durch seinen Text, sowie den Inhalten seiner globalen Benutzervariablen, den Inhalten der verwendeten Maschinenregister, den Inhalten seines Prozeßtabelleneintrags und seines *u-Datenbereichs*, sowie dem Inhalt seines Benutzer- und Systemstacks. Der Textbereich des Betriebssystems und dessen globale Datenstrukturen werden von allen Prozessen gemeinsam benutzt, gehören jedoch nicht zum Kontext eines Prozesses.

Führt das System nun einen Prozeß aus, so sagen wir, es arbeitet im Kontext dieses Prozesses. Trifft das System die Entscheidung, einen anderen Prozeß auszuführen, so führt es einen *Kontextwechsel* durch und arbeitet im Kontext des neuen Prozesses. Der Systemkern erlaubt, wie wir sehen werden, einen Kontextwechsel nur unter bestimmten Bedingungen. Beim Ausführen eines Kontextwechsels sichert der Kern die notwendigen Informationen, so daß er später wieder zum ursprünglichen Prozeß zurückwechseln und dessen Bearbeitung weiterführen kann. In ähnlicher Weise sichert der Kern die nötigen Informationen beim Wechsel vom Benutzer- in den Systemmodus, so daß er später wieder in den Benutzermodus zurückkehren und die Bearbeitung an der Stelle fortsetzen kann, wo sie vorher unterbrochen wurde. Allerdings ist der Wechsel zwischen Benutzer- und Systemmodus ein Wechsel in der Arbeitsweise, und kein Kontextwechsel. Erinnern wir uns an Abbildung 1.5, wo der Kern einen Kontextwechsel beim Übergang von Prozeß A auf Prozeß B durchführt; der Moduswechsel, also der Übergang von Benutzer- auf Systemmodus bzw. umgekehrt geschieht jedoch im Kontext eines Prozesses, etwa Prozeß A.

Der Kern bedient Interrupts im Kontext des gerade unterbrochenen Prozesses, selbst wenn dieser den Interrupt nicht verursacht hat. Der unterbrochene Prozeß kann sich dabei sowohl im Benutzermodus als auch im Systemmodus befunden haben. Der Kern sichert die notwendigen Informationen, um später die Bearbeitung des unterbrochenen Prozesses wieder aufnehmen zu können; der Interrupt selbst wird im Systemmodus bedient. Zur Bearbeitung von Interrupts ist also kein eigener Prozeß erforderlich.

2.2.2.2 Prozeßzustände

Die Lebensdauer eines Prozesses kann als eine Reihe von *Zuständen* beschrieben werden, von denen jeder bestimmte charakteristische Merkmale bezüglich des Prozesses aufweist. In Kapitel 6 werden wir alle Zustände eines Prozesses beschreiben, jedoch sind folgende für das weitere Verständnis wichtig:

1. Der Prozeß befindet sich im Benutzermodus.
2. Der Prozeß befindet sich im Systemmodus.
3. Der Prozeß ist nicht aktiv, jedoch lauffähig, sobald er vom Scheduler ausgewählt wird. In diesem Zustand können sich zu gleicher Zeit viele Prozesse befinden, ein Algorithmus im Scheduler entscheidet über die Reihenfolge der Ausführung.
4. Der Prozeß *schläft*. Ein Prozeß versetzt sich selbst in den Schlafzustand, wenn seine Ausführung nicht weiter möglich ist; das kann z. B. beim Warten auf die Beendigung einer I/O-Operation geschehen.

Da der Prozessor nur jeweils einen Prozeß zu einem bestimmten Zeitpunkt bearbeiten kann, wird sich meistens ein Prozeß im Zustand 1 oder 2 befinden. Diese Zustände entsprechen den beiden Verarbeitungsarten Benutzermodus und Systemmodus.

2.2.2.3 Zustandswechsel

Die beschriebenen Prozeßzustände geben ein statisches Bild eines Prozesses, doch wechseln Prozesse nach wohl definierten Regeln dauernd ihren Zustand. Im *Zustandsdiagramm* sehen wir die Zustände, die ein Prozeß annehmen kann, als Knoten, während die *Verbindungslinien* die Ereignisse darstellen, die einen Wechsel des Prozesses von einem Zustand in einen anderen bewirken. Der Wechsel zwischen Prozeßzuständen ist nur möglich, wenn im Diagramm eine Verbindungslinie zwischen den jeweiligen Zuständen existiert. Von einem Zustand aus kann es durchaus die Möglichkeit des Wechselns in mehrere andere Zustände geben, doch wird ein Prozeß immer nur einen bestimmten Weg in Abhängigkeit vom auslösenden Ereignis einschlagen. In Abbildung 2.6 sehen wir das Zustandsdiagramm für die vorbeschriebenen Prozeßzustände.

Wie bereits früher erwähnt können mehrere Prozesse im Timesharing-Verfahren gleichzeitig ablaufen, und sie könnten sich dabei alle gleichzeitig im Systemmodus befinden. Würde diesen Prozessen das Arbeiten im Systemmodus ohne Einschränkung gestattet, so könnten sie möglicherweise globale Daten im Kern zerstören. Durch das Verhindern gefährlicher Kontextwechsel und die Kontrolle über das Auftreten bestimmter Interrupts bewahrt der Systemkern jedoch seine Funktionsfähigkeit.

Der Kern erlaubt einen Kontextwechsel nur für Prozesse, die sich aus dem Zustand „Ablauf im Systemmodus" in den Zustand „im Speicher schlafend" begeben wollen. Prozesse im Systemmodus können nicht von anderen Prozessen verdrängt werden; deshalb wird der Systemkern manchmal auch als *nicht verdrängbar* bezeichnet, wogegen das System Prozesse verdrängen kann, die sich im Benutzermodus befinden. Da er nicht verdrängt werden kann, bewahrt der Kern auch die Unversehrtheit seiner Datenstrukturen und löst zugleich das Problem des *gegenseitigen Ausschlusses* - er stellt sicher, daß kritische Programmteile immer nur von einem Prozeß ausgeführt werden.

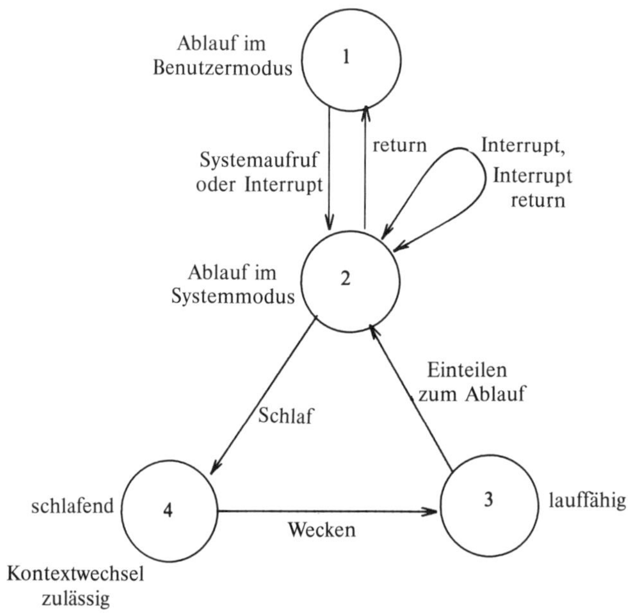

Abb. 2.6: Prozeßzustände und Übergänge

Sehen wir uns z.B. den Code in Abbildung 2.7 an. Hier soll eine Datenstruktur, deren Adresse sich im Pointer *bp1* befindet, in eine doppelt verkettete Liste hinter der Struktur eingefügt werden, deren Adresse sich im Pointer *bp* befindet. Läßt das System einen Kontextwechsel zu, während der Kern diesen Code ausführt, könnte folgende Situation entstehen: Nehmen wir an, der Kern bearbeitet den gezeigten Code bis zum Kommentar und führt dann einen Kontextwechsel durch. Die doppelt verkettete Liste befindet sich jetzt in einem Übergangszustand: die Struktur *bp1* liegt jeweils zur Hälfte innerhalb und außerhalb der verketteten Liste. Ein Prozeß würde beim Verfolgen der Pointer nach vorne *bp1* auffinden, nicht jedoch beim Verfolgen der Pointer nach hinten (siehe Abbildung 2.8). Greifen andere Prozesse auf die Liste zu, bevor der ursprüngliche Prozeß wieder Zugriff hat, so kann eine dauernde Zerstörung dieser Liste die Folge sein. UNIX verhindert solche Situationen durch das Verbot von Kontextwechseln, solange sich ein Prozeß im Systemmodus befindet. Die Algorithmen des Systemkerns sind zudem so kodiert, daß sich die Datenstrukturen des Kerns in einem dauerhaften, sicheren Zustand befinden, wenn ein Prozeß in den Schlafzustand überwechselt und damit einen Kontextwechsel gestattet.

```
struct queue {


} *bp, *bpl;
bpl->forp = bp->forp;
bpl->backp = bp;
bp->forp = bpl;
/* consider possible context switch here */
bpl->forp->backp = bpl;
```

Abb. 2.7: Beispiel zum Erzeugen einer doppelt verketteten Liste

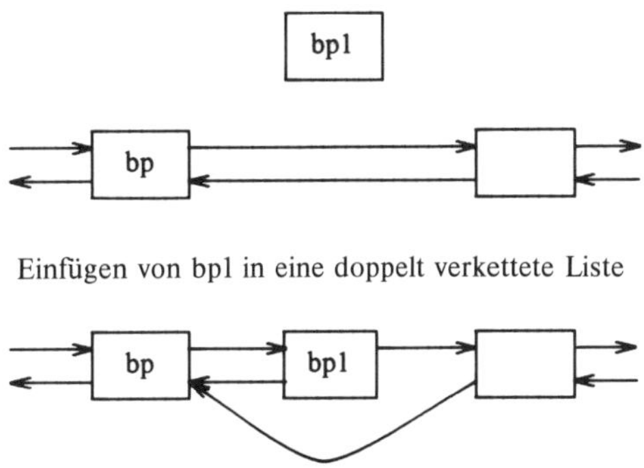

Abb. 2.8: Falsch verkettete Liste als Folge eines Kontextwechsels

Ein damit zusammenhängendes Problem, das ebenfalls zur Zerstörung von Systemdaten führen kann, ist die Bearbeitung von Interrupts, die Statusinformationen des Systems verändern können. Führt das System beispielsweise den Code in Abbildung 2.7 aus und erhält dabei einen Interrupt beim Erreichen des Kommentars, so könnte die Interruptroutine, wie bereits früher gezeigt, beim Verändern der Pointer die Verkettung zerstören. Zur Lösung dieses Problems könnte das System während der Arbeit im Systemmodus alle Interrupts unterbinden, doch das würde die Interruptbedienung verzögern und möglicherweise den Systemdurchsatz verringern. Stattdessen hebt der Kern die Ausführungsebene des Prozessors beim Eintritt in *kritische* Codeabschnitte und verhindert damit das Auftreten von Interrupts. Ein Codeabschnitt ist dann kritisch, wenn das Arbeiten verschiedener Interruptroutinen zur Inkonsistenz von Systemdaten führen würde. Zum Beispiel verändert die Interruptroutine zur Plattenbearbeitung Pufferbereiche in unserer Abbildung; in Bezug auf diese Interruptroutine ist der vom Kern durchlaufene Codeabschnitt als kritisch anzusehen, in dem ebenfalls diese Pufferbereiche bearbeitet werden. Kritische Codeabschnitte sind meist nur klein und auch nicht sehr häufig, so daß der Durchsatz des Systems von ihrem Vorhandensein weithin unberührt bleibt. Andere Betriebssysteme lösen dieses Problem durch das Unterbinden aller Interrupts im Systemmodus oder auch durch die Verwendung ausgeklügelter Ausschlußverfahren zum Gewährleisten der Konsistenz ihrer Systemdaten. In Kapitel 12 werden wir dieses Problem in Hinsicht auf Multiprozessorsysteme besprechen; dort wird jedoch die hier gezeigte Lösung nicht ausreichen.

Zur Wiederholung sei gesagt: Der Systemkern schützt die Konsistenz seiner Daten durch das Erlauben von Kontextwechseln nur für den Fall, daß ein Prozeß sich selbst in Schlaf versetzt sowie durch das Unterbinden des Zustandswechsels eines Prozesses durch einen anderen. Außerdem hebt er die Ausführungsebene des Prozessors im Bereich kritischer Codeabschnitte, um Interrupts zu verhindern, die sonst wichtige Daten verändern bzw. zerstören könnten. Der Scheduler verdrängt zudem periodisch im Benutzermodus laufende Prozesse, so daß keiner über längere Zeit die CPU blockieren kann.

2.2.2.4 Schlaf und Wecken

Ein Prozeß im Systemmodus verfügt über große Freiheiten bei der Reaktion auf Systemereignisse. Prozesse können miteinander kommunizieren und verschiedene Alternativen „vorschlagen“, treffen jedoch die eigentliche Entscheidung immer selbst. Wie wir sehen werden, gibt es bestimmte Regeln, denen Prozesse beim Auftreten verschiedenster Umstände folgen können, doch die Auswahl daraus obliegt dem jeweiligen Prozeß. Muß beispielsweise ein Prozeß seine Arbeit unterbrechen („einschlafen“), so tut er dies aus freien Stücken. Folglich kann und darf eine Interruptroutine nie einschlafen, denn könnte sie es, so würde standardmäßig auch der unterbrochene Prozeß in Schlaf versetzt.

Prozesse schlafen ein, um auf das Auftreten bestimmter Ereignisse zu warten, wie z. B. die Beendigung einer I/O-Operation durch ein peripheres Gerät, die Beendigung eines anderen Prozesses, die Zuteilung benötigter Systemmittel usw. Wenn wir sagen, Prozesse *schlafen bis zu einem Ereignis*, so meinen wir, daß sie sich im Schlafzustand befinden bis dieses Ereignis auftritt; zu diesem Zeitpunkt erwachen sie und erreichen den Zustand der Lauffähigkeit. Mehrere Prozesse können gleichzeitig bis zu einem bestimmten Ereignis schlafen; tritt es ein, so erwachen *alle* diese Prozesse, denn die gestellte Bedingung ist nicht länger wahr. Wacht ein Prozeß auf, so wechselt er seinen Zustand von „schlafend“ auf „lauffähig“ und ist damit vom Scheduler auswählbar; der Prozeß nimmt jedoch *nicht* unmittelbar seine Arbeit auf. Schlafende Prozesse benötigen keine CPU: der Kern prüft auch nicht fortlaufend, ob ein Prozeß noch schläft, sondern wartet einfach auf das jeweilige Ereignis und weckt dann den Prozeß.

Zum Beispiel muß ein Prozeß im Systemmodus manchmal für den Fall eine Datenstruktur blockieren, daß er zu einem späteren Zeitpunkt einschläft; andere Prozesse, die ihrerseits die blockierten Daten bearbeiten wollen, müssen diese Sperre prüfen und selbst einschlafen, falls die Sperre von einem anderen Prozeß gesetzt ist. Dieser Sperrmechanismus ist im Kern wie folgt implementiert:

```
while (Bedingung ist wahr)
  sleep (Ereignis: die Bedingung wird falsch);
set Bedingung wahr;
```

Die Sperre wird wie folgt gelöst und alle bis zu diesem Ereignis schlafenden Prozesse geweckt:

```
set Bedingung falsch;
wakeup (Ereignis: die Bedingung ist falsch);
```

Abbildung 2.9 zeigt ein Szenario, in dem drei Prozesse A, B und C einen blockierten Puffer benützen wollen. Schlafbedingung ist die Sperre des Puffers. Die Prozesse laufen einer nach dem anderen ab, sehen, daß der Puffer blockiert ist, und schlafen ein bis der Puffer wieder frei ist. Wird der Puffer freigegeben, wachen alle Prozesse auf und erreichen den Zustand „lauffähig". Der Kern wählt nun einen Prozeß, etwa B, zur weiteren Abarbeitung aus. Prozeß B durchläuft die while-Schleife, sieht den freien Puffer, setzt die Puffersperre und läuft weiter. Schläft Prozeß B später ein ohne den Puffer freizugeben (z. B. durch Warten auf die Beendigung einer I/O-Operation), so kann der Kern weitere Prozesse zur Bearbeitung auswählen. Wählt er Prozeß A aus, so durchläuft A die while-Schleife, sieht den gesperrten Puffer und schläft wieder ein; Prozeß C wird das gleiche tun. Irgendwann wird auch Prozeß B wieder erwachen, den Puffer freigeben und Prozeß A oder C den Zugriff ermöglichen. So stellt die Schleife while-sleep sicher, daß immer nur ein Prozeß auf ein Betriebsmittel zugreifen kann.

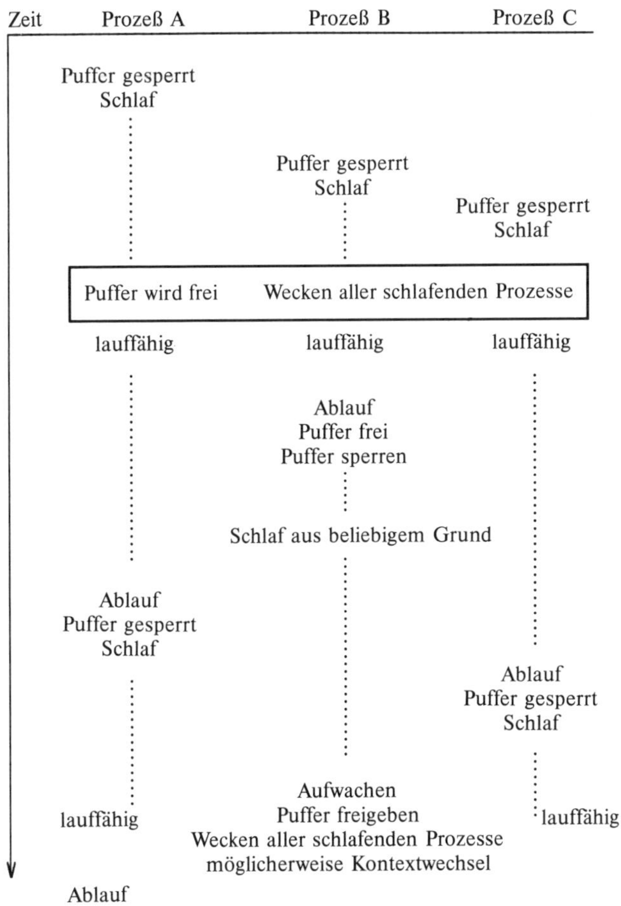

Abb. 2.9: Prozesse im Schlaf vor einer Sperre

In Kapitel 6 werden wir detaillierte Algorithmen für sleep und wakeup zeigen. Bis dahin werden wir die Routinen einfach als Bauteile des Systems betrachten: ein Prozeß geht in den Schlafzustand über und bleibt dort bis zu seinem Aufwachen. Nach dem Einschlafen eines Prozesses wählt der Kern einen anderen Prozeß zur Bearbeitung aus und führt einen Kontextwechsel dorthin durch.

2.3 Datenstrukturen des Systemkerns

Die meisten Datenstrukturen des Systemkerns belegen Tabellen von fester Größe und nicht etwa dynamisch zugeordnete Speicherbereiche. Der Vorteil dieser Methode liegt in der einfachen Codierung, doch ist die Zahl der Einträge in einer solchen Struktur auf die bei der Systemgenerierung festgelegte Größe beschränkt: Reichen bei einer Systemoperation die verfügbaren Einträge in einer bestimmten Datenstruktur nicht mehr aus, so kann der Kern nicht einfach neue Einträge dynamisch zuordnen, sondern muß dem anfordernden Benutzer eine Fehlermeldung übergeben. Ist das System dagegen so konfiguriert, daß ein Überlauf interner Tabellen unwahrscheinlich wird, so ist dieser zusätzliche Tabellenbereich natürlich verschwendeter Platz, da er nicht für andere Zwecke zur Verfügung steht. Bei der Systemkonzipierung wurde jedoch mehr Wert auf die Einfachheit der verwendeten Algorithmen gelegt als auf das Ausnützen des Speichers bis zum letzten Byte. So finden zum Aufsuchen freier Tabelleneinträge grundsätzlich nur einfache Schleifen Verwendung, ein Verfahren, das leichter verständlich und oft auch noch schneller ist als komplizierte Zuordnungsalgorithmen.

2.4 Systemverwaltung

Als Verwaltungsprozesse bezeichnen wir gemeinhin alle Prozesse, die bestimmte Funktionen zum Wohlergehen der Benutzergemeinde ausführen. Dazu gehören das Formatieren von Platten bzw. Disketten, Erzeugen neuer Dateisysteme, Reparatur eines beschädigten oder zerstörten Dateisystems, Fehlersuche im Systemkern und anderes mehr. Vom Konzept her besteht kein Unterschied zwischen Verwaltungsprozessen und Benutzerprozessen: auch Verwaltungsprozesse benutzen den gleichen Satz von Systemaufrufen wie die Anwendergemeinde; sie unterscheiden sich jedoch von den gewöhnlichen Benutzerprozessen durch die ihnen gewährten Rechte und Privilegien. So kann es über die Zugriffserlaubnis z.B. Verwaltungsprozessen gestattet sein, Dateien zu bearbeiten, die für normale Benutzer tabu sind. Intern unterscheidet der Kern jedoch nur zwischen normalen Benutzern und einem sogenannten *Superuser*, der, wie wir noch sehen werden, mit speziellen Privilegien ausgestattet ist. Ein Benutzer kann über eine besondere Login-Paßwortkontrolle oder durch das Ausführen bestimmter Programme selbst zum Superuser werden. Weitere Anwendungen für die Privilegien des Superusers werden wir in späteren Kapiteln untersuchen. Zusamengefaßt gilt, daß es aus der Sicht des Systemkerns keine eigene Klasse von Verwaltungsprozessen gibt.

2.5 Zusammenfassung und Ausblick

Dieses Kapitel befaßte sich mit der Architektur des Systemkerns; seine beiden Hauptbestandteile sind das Datei- und das Prozeßsteuersystem. Das Dateisystem steuert die Ablage und das Wiederauffinden von Daten in Benutzerdateien. Dateien sind in Dateisystemen zusammengefaßt, die ihrerseits als logische Geräte angesprochen werden; ein physikalischer Datenträger, wie z.B. eine Platte, kann mehrere logische Geräte (Dateisysteme) umfassen. Jedes Dateisystem verfügt über einen Superblock, der Struktur und Inhalt des Dateisystems beschreibt; jede Datei innerhalb eines Dateisystems ist durch eine Inode beschrieben, die die Attribute dieser Datei enthält. Systemaufrufe zur Dateibearbeitung laufen über diese Inodes.

Prozesse können sich in verschiedenen Zuständen befinden und wechseln zwischen diesen nach wohldefinierten Regeln. Im besonderen können Prozesse im Systemmodus ihre Bearbeitung unterbrechen und sich selbst in den Schlafzustand versetzen, jedoch kann kein Prozeß einen anderen in Schlaf versetzen. Der Kern kann nicht verdrängt werden, das heißt, ein Prozeß im Systemmodus läuft, bis er sich selbst in Schlaf versetzt oder bis er wieder in den Benutzermodus wechselt. Der Kern sichert die Unversehrtheit seiner internen Daten durch diese Strategie der Nichtverdrängbarkeit und durch das Blockieren von Interrupts während der Ausführung kritischer Codeabschnitte.

Im folgenden beschreiben wir nun die beiden in Abbildung 2.1 gezeigten Subsysteme und ihre Beziehungen zueinander im einzelnen; wir besprechen dabei zuerst das Dateisystem, dann das Prozeßsteuersystem. Das nächste Kapitel befaßt sich mit dem Blockdepot (buffer cache) und beschreibt die Methoden der Pufferzuordnung, wie sie auch in den Algorithmen in Kapitel 4, 5 und 7 verwendet werden. Kapitel 4 untersucht interne Algorithmen des Dateisystems wie die Behandlung von Inodes, die Struktur des Dateisystems und die Umwandlung von Pfadnamen zu Inodes. Kapitel 5 beschreibt die Systemaufrufe, die Gebrauch von den in Kapitel 4 vorgestellten Algorithmen zum Dateizugriff machen, wie *open*, *close*, *read* und *write*. Kapitel 6 behandelt die Grundlagen für den Kontext eines Prozesses und seinen Adreßraum, Kapitel 7 behandelt darauf aufbauend die Systemaufrufe zur Prozeßveraltung. Kapitel 8 untersucht das Scheduling der Prozesse, Kapitel 9 diskutiert Algorithmen zur Speicherverwaltung. Kapitel 10 befaßt sich mit der bis zu diesem Punkt zurückgestellten Behandlung der Gerätetreiber, um jetzt die Beziehung zwischen Terminaltreiber und Prozeßsteuerung aufzeigen zu können. Kapitel 11 zeigt noch verschiedene Formen der Kommunikation zwischen Prozessen, und die letzten beiden Kapitel schließlich befassen sich mit fortgeschrittenen Problemen wie Multiprozessorsystemen und verteilten Systemen.

2.6 Übungen

1. Überdenken Sie die folgende Befehlsfolge:

```
grep main a.c b.c c.c > grepout &
wc -1 < grepout &
rm grepout &
```

   Das Ampersand (&) am Ende jeder Befehlszeile weist die Shell an, den Prozeß im Hintergrund laufenzulassen; es ist außerdem ein Hinweis, daß die Befehlsfolgen der einzelnen Zeilen parallel ausgeführt werden können. Warum entspricht diese Befehlsfolge nicht der folgenden Zeile?

```
grep main a.c b.c c.c | wc -1
```

2. Erinnern Sie sich an den Beispielscode aus dem Systemkern in Abbildung 2.7. Gehen wir dabei davon aus, daß beim Erreichen der Kommentarzeile ein Kontextwechsel stattfindet und daß ein anderer Prozeß mit folgendem Code ein Glied aus der verketteten Liste entnimmt:

```
remove(qp)
  struct queue *qp;
{
  qp->forp->backp = qp->backp;
  qp->backp->forp = qp->forp;
  qp->forp = qp->backp = NULL;
}
```

Bedenken Sie drei Möglichkeiten:

- Der Prozeß entfernt die Struktur *bp1* aus der Liste.
- Der Prozeß entfernt die auf *bp1* folgende Struktur aus der Liste.
- Der Prozeß entfernt die ursprünglich auf *bp1* folgende Struktur aus der Liste, also bevor *bp* zur Hälfte in die Liste eingefügt war.

Wie sieht die Liste aus, nachdem der ursprüngliche Prozeß den Code nach dem Kommentar ausgeführt hat?

3. Was sollte geschehen, wenn der Systemkern alle auf ein Ereignis wartenden Prozesse weckt und zu diesem Zeitpunkt kein Prozeß wartet?

3 Das Blockdepot

Wie bereits im vorhergehenden Kapitel erwähnt pflegt der Kern Dateien auf Massenspeichergeräten wie etwa Plattenspeichern und gestattet es Prozessen, dort neue Informationen abzulegen bzw. gespeicherte Informationen wieder abzurufen. Will ein Prozeß auf den Inhalt einer Datei zugreifen, so überträgt der Kern die Daten in den Speicher, wo sie der Prozeß prüfen und ändern sowie ihre Rückspeicherung im Dateisystem fordern kann. Erinnern wir uns dazu an das Programm *copy* in Abbildung 1.3: Der Kern liest die Daten der ersten Datei in den Speicher und schreibt dann diese Daten in die zweite Datei. Und so wie der Kern die Daten einer Datei in den Speicher bringen muß, um ihre Bearbeitung zu ermöglichen, so muß er es auch für die vom System benötigten Daten tun. So enthält z. B. der Superblock eines Dateisystems unter anderem die Größe des in diesem Dateisystem noch verfügbaren Platzes. Der Kern liest also auch den Superblock in den Speicher, um Zugriff auf dessen Daten zu erhalten, und er schreibt ihn ebenso in das Dateisystem zurück, wenn er dessen Daten wieder sichern will. In ähnlicher Weise wie der Superblock das Dateisystem beschreibt eine Inode den Aufbau einer Datei. Der Kern liest also die jeweilige Inode in den Speicher, wenn er auf die Daten einer bestimmten Datei zugreifen will, und er schreibt die Inode zurück in das Dateisystem, wenn er die gemachten Änderungen festhalten will. Die Bearbeitung dieser zusätzlichen Daten erfolgt ohne direktes Wissen bzw. ohne explizite Anforderung durch den gerade laufenden Prozeß.

Der Kern könnte nun für alle Zugriffe auf das Dateisystem direkt auf Platte lesen und schreiben, doch würden, bedingt durch den langsamen Plattenzugriff, Antwortzeit und Durchsatz des System sehr niedrig sein. Der Kern versucht deshalb, die Anzahl der Plattenzugriffe möglichst niedrig zu halten, und unterhält zu diesem Zweck einen Pool interner Puffer, das sogenannte Blockdepot[1]. Dieses enthält die Daten der in letzter Zeit von der Platte gelesenen Datenblöcke.

In Abbildung 2.1 konnten Sie bereits die Stellung des Blockdepots in der Systemarchitektur zwischen Dateisystem und (Block-) Gerätetreibern feststellen. Bei einem Lesezugriff auf die Platte versucht der Kern zuerst die Daten aus dem Blockdepot zu erhalten. Befinden sich die Daten bereits im Depot, so brauchen sie nicht von der Platte gelesen zu werden. Befinden sie sich nicht im Depot, so liest der Kern die Daten von der Platte und legt sie im Depot ab; dazu wird ein Algorithmus verwendet, der die größtmögliche Menge benutzbarer Daten im Depot halten soll. In ähnlicher Weise werden auch Daten, die auf die Platte geschrieben werden sollen, im Depot abgelegt, so daß sie für einen späteren Lesezugriff des Kerns zur Verfügung stehen. Auch versucht der Kern, die Anzahl der Plattenzugriffe so niedrig wie möglich zu halten, indem er feststellt, ob die Daten tatsächlich auf der Platte gespeichert werden müssen, oder ob es sich nur um temporäre Daten handelt, die bei nächster Gelegenheit überschrieben werden. Komplizierte Algorithmen des Systemkerns veranlassen das Blockdepot, Daten bereits im Vorgriff auf weitere Verarbeitung zu speichern bzw. das Schreiben auf Platte zu verzögern, um dadurch einen höchstmöglichen Puffereffekt zu erzielen. In diesem Kapitel beschreiben wir nun die Algorithmen, die der Kern zum Bearbeiten der Pufferbereiche im Blockdepot verwendet.

---

[1] Das Blockdepot ist eine Softwarestruktur, die nicht mit den Cache-Speichern der Hardware zum Beschleunigen des Speicherzugriffs verwechselt werden darf.

3.1 Pufferheader

Während der Initialisierung des Systems ordnet der Kern Speicher für eine Anzahl Puffer zu, die entsprechend der verfügbaren Speichergröße und der Systemperformanz konfiguriert werden können. Ein Puffer besteht aus zwei Teilen: einem Speicherarray für die Plattendaten und einem *Pufferheader*, der den Puffer identifiziert. Da eine 1:1-Beziehung zwischen Pufferheader und Datenarray besteht, werden wir im folgenden öfter beide Teile als „Puffer" bezeichnen, wobei aus dem Kontext klar werden sollte, um welchen Teil es sich wirklich handelt.

Die Daten in einem Puffer entsprechen den Daten eines logischen Plattenblocks in einem Dateisystem; der Systemkern identifiziert den Pufferinhalt durch Prüfen von Kennzeichnern im Pufferheader. Der Puffer ist praktisch eine im Speicher befindliche Kopie des Plattenblocks; der Inhalt des Plattenblocks deckt sich genau mit dem Pufferinhalt, doch ist diese Übereinstimmmung nur so lange gültig, bis der Kern einen anderen Datenblock in den Puffer bringt. Die Daten eines Plattenblocks können sich nie in mehr als einem Puffer gleichzeitig befinden. Würden zwei Puffer die Daten eines Plattenblocks enthalten, könnte das System nicht mehr unterscheiden, welcher Puffer nun die richtigen Daten enthält und unter Umständen falsche Daten auf die Platte zurückschreiben. Nehmen wir z. B. an, ein Plattenblock ist in zwei Puffern A und B abgebildet. Schreibt der Kern nun zuerst Daten in Puffer A und dann in Puffer B, so sollte der Plattenblock den Inhalt von Puffer B enthalten, soweit alle Schreiboperationen den Puffer auch vollständig gefüllt haben. Dreht der Kern nun beim Zurückschreiben auf Platte die Reihenfolge um, so enthält der Datenblock auf der Platte falsche Daten.

Der Pufferheader (Abbildung 3.1) enthält eine *Gerätenummer* und eine *Blocknummer*, die das Dateisystem sowie die Nummer des Datenblocks auf der Platte bestimmen und damit eine eindeutige Zuordnung des Puffers ermöglichen. Die Gerätenummer ist dabei die logische Nummer des Dateisystems (siehe Abschnitt 2.2.1) und nicht etwa eine physikalische Gerätenummer (Plattennummer). Der Pufferheader enthält außerdem einen Pointer auf ein Datenarray für den Puffer, dessen Größe mindestens der eines Plattenblocks entsprechen

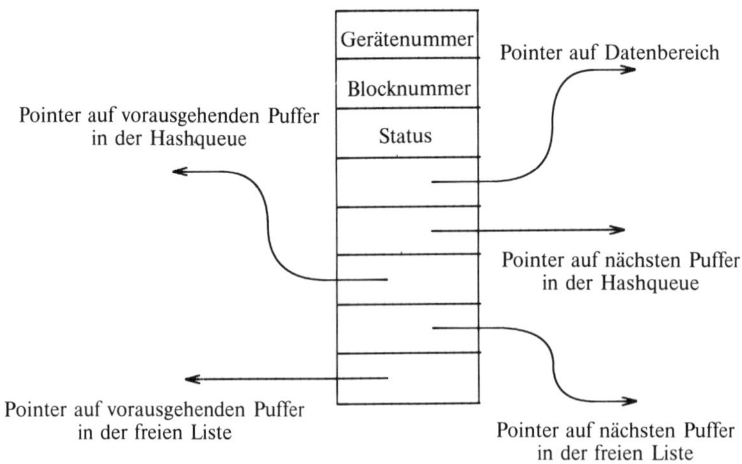

Abb. 3.1: Pufferheader

muß, sowie ein Statusfeld, das den aktuellen Zustand des Puffers anzeigt. Der Zustand eines Puffers besteht aus einer Kombination der folgenden Bedingungen:

- Der Puffer ist gerade gesperrt (Die Begriffe „gesperrt“ und „beschäftigt“ sind austauschbar und gleichbedeutend).
- Der Puffer enthält gültige Daten.
- Der Kern muß den Pufferinhalt auf Platte schreiben, bevor er den Puffer neu zuordnen kann; diese Bedingung wird auch als „verzögertes Schreiben“ bezeichnet.
- Der Kern schreibt den Pufferinhalt gerade auf Platte oder liest ihn von dieser.
- Ein Prozeß wartet auf das Freiwerden des Puffers.

Der Pufferheader enthält zwei weitere Sätze von Pointern zur Verwendung durch den Zuordnungsalgorithmus, um damit, wie wir im nächsten Abschnitt sehen werden, die Gesamtstruktur des Blockdepots aufrecht zu erhalten.

3.2 Struktur des Blockdepots

Der Kern legt die Daten im Blockdepot nach einem *Alterungsalgorithmus* ab: nachdem ein Puffer einem Plattenblock zugeordnet ist, kann er erst dann wieder verwendet werden, wenn alle anderen Blöcke jünger sind, d.h. zeitlich später zugeteilt wurden. Der Kern unterhält zu diesem Zweck eine Liste freier Puffer, die sogenannte *freie Liste*, die die zeitliche Abfolge der Blockzuteilungen wiederspiegelt. Diese Liste ist eine doppelt verkettete, ringförmige Anordnung von Puffern und enthält einen Pseudo-Pufferheader, der gleichzeitig ihr Anfang und Ende darstellt (Abbildung 3.2). Beim Systemstart werden alle Puffer in die freie Liste eingetragen. Sobald er einen *neuen* Puffer benötigt, entnimmt der Kern einen solchen vom Anfang der freien Liste; er kann jedoch auch einen Puffer mitten aus dieser entnehmen, falls er einen ganz bestimmten Block aus dem Blockdepot benötigt. In beiden Fällen wird der Puffer aus der freien Liste entfernt. Gibt der Kern einen Puffer an das Blockdepot zurück, so wird der Puffer normalerweise am Ende der freien Liste eingefügt, manchmal (z.B. im Fehlerfall) auch am Anfang, nie jedoch in der Mitte. Durch die Pufferentnahme des Kerns aus der freien Liste rücken Puffer mit gültigen Daten immer näher zum Anfang der Liste auf (Abbildung 3.2). Folglich sind die näher am Anfang der freien Liste liegenden Puffer über einen längeren Zeitraum unbenutzt geblieben als die weiter entfernten.

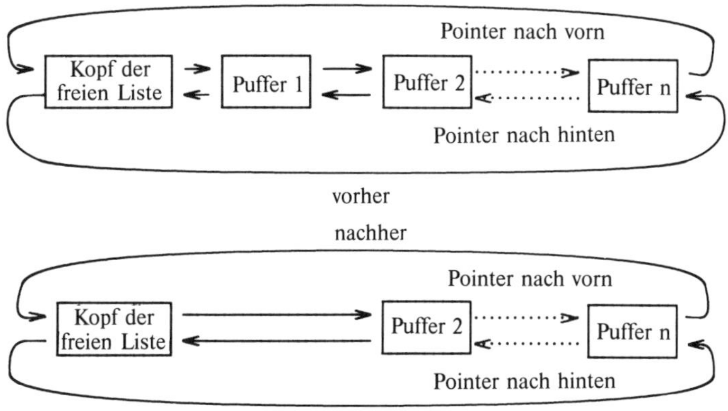

Abb. 3.2: freie Liste

Greift der Kern auf einen Plattenblock zu, so sucht er zuerst nach einem Puffer mit passender Kombination aus Geräte- und Blocknummer. Anstelle nun das ganze Blockdepot zu durchsuchen, organisiert das System die Puffer in einzelnen Warteschlangen mittels einer *Hashfunktion* aus Geräte- und Blocknummer. Die Puffer in einer solchen Hashqueue werden dabei zu einer ringförmigen, doppelt verketteten Liste angeordnet, ähnlich der Struktur der freien Liste. Die Anzahl der Puffer in einer Hashqueue ändert sich, wie wir noch sehen werden, während der Lebensdauer des Systems. Der Kern muß nun eine Hashfunktion verwenden, um die Puffer gleichmäßig über den ganzen Satz von Hashqueues zu verteilen; die Hashfunktion muß jedoch einfach sein, damit die Leistungsfähigkeit des Systems nicht leidet. Die Anzahl der Hashqueues wird vom Systemverwalter bei der Generierung des Betriebssystems festgelegt.

Abbildung 3.3 zeigt Puffer in ihren Hashqueues: die Köpfe der Hashqueues befinden sich auf der linken Seite der Abbildung, die Quadrate in den einzelnen Zeilen entsprechen den Puffern in den Hashqueues. Also stellen die Quadrate mit den Nummern 28, 4 und 64 die Puffer in der Hashqueue für „blkno 0 mod 4" (Blocknummer 0 modulo 4) dar. Die punktierten Linien bilden die Pointer nach vorne und hinten in der Hashqueue; der Einfachheit halber werden wir in späteren Abbildungen dieses Kapitels diese Pointer nicht mehr besonders aufführen; ihr Vorhandensein ist aber implizit gegeben. Aus dem gleichen Grunde werden in der Abbildung Blöcke nur über die Blocknummer angesprochen und auch die Hashfunktion nur darauf angewandt; in der Implementierung wird auch die Gerätenummer verwendet.

Jeder Puffer befindet sich in einer Hashqueue, doch es wird keine Aussage darüber gemacht, wo er sich in einer solchen Warteschlange befindet. Wie bereits festgestellt, können nie zwei Puffer gleichzeitig den Inhalt des gleichen Plattenblocks enthalten; deshalb kann jeder Plattenblock im Blockdepot nur in einer Hashqueue enthalten sein, und auch das nur ein einziges Mal. Der Puffer kann sich jedoch sehr wohl auch noch gleichzeitig in der freien Liste befinden, wenn sein Status dies gestattet. Da sich ein Puffer also gleichzeitig in einer Hashqueue und in der freien Liste befinden kann, hat der Kern zwei Möglichkeiten, ihn aufzufinden: Er durchsucht die Hashqueue, falls er nach einem bestimmten Puffer sucht, und er entnimmt einen Puffer aus der freien Liste, falls er nur nach einem *beliebigen* freien Puffer sucht. Im nächsten Abschnitt werden wir sehen, wie der Kern bestimmte Plattenblöcke im Blockdepot auffinden kann, und wie er die Puffer in der Hashqueue und in der freien Liste bearbeitet. Zusammenfassend sei noch einmal gesagt, daß sich ein Puffer immer in einer Hashqueue befinden muß, in der freien Liste aber nur befinden kann.

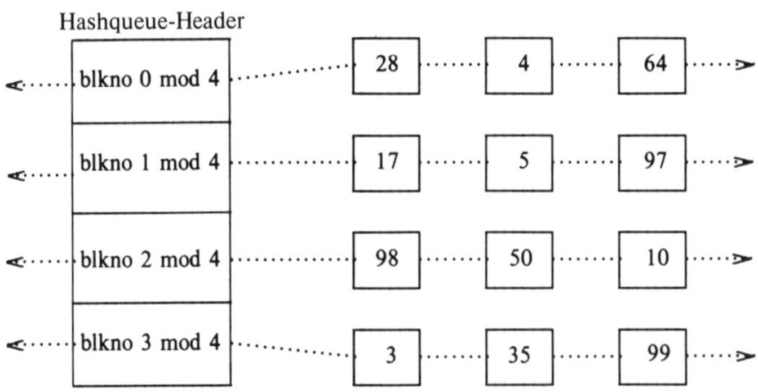

Abb. 3.3: Puffer in Hashqueues

3.3 Szenarios zum Auffinden eines Puffers

Wie wir in Abbildung 2.1 bereits gesehen haben, rufen übergeordnete Systemroutinen im Dateiverwaltungssystem die eigentlichen Algorithmen zur Behandlung des Blockdepots auf. Beim Zugriff auf einen Block bestimmen diese übergeordneten Algorithmen die logische Gerätenummer sowie die Blocknummer. Will ein Prozeß beispielsweise von einer Datei lesen, so ermittelt der Kern, wie wir in Kapitel 4 sehen werden, in welchem Dateisystem sich die Datei befindet und welcher Block im Dateisystem die gewünschten Daten enthält. Sollen Daten aus einem bestimmten Block gelesen werden, so überprüft der Kern, ob sich dieser Block bereits im Blockdepot befindet; falls nicht, wird ein freier Puffer zugeteilt. Sollen Daten in einen bestimmten Plattenblock geschrieben werden, überprüft der Kern ebenfalls, ob sich dieser Block bereits im Blockdepot befindet; falls nicht, wird auch hier ein freier Puffer zugeteilt. Die Algorithmen zum Lesen und Schreiben von Plattenblöcken verwenden *getblk* (Abbildung 3.4) für die Zuteilung von Puffern aus dem Depot.

Im folgenden beschreiben wir fünf Szenarios, denen der Kern in *getblk* folgen kann, um Pufferplatz für einen Plattenblock zuzuteilen.

1. Der Kern findet den Block in der zugehörigen Hashqueue, und auch der zugehörige Puffer ist frei.
2. Der Kern kann den Block nicht in der Hashqueue finden und ordnet deshalb einen Puffer aus der freien Liste zu.
3. Der Kern kann den Block nicht in der Hashqueue finden und trifft beim Versuch, einen Puffer aus der freien Liste zuzuordnen (entspricht Szenario 2) auf einen Puffer mit dem Status „verzögertes Schreiben“. Er muß nun diesen Block auf die Platte schreiben und kann dann einen anderen Puffer zuteilen.
4. Der Kern kann den Block nicht in der Hashqueue finden und die freie Liste ist leer.
5. Der Kern findet den Block in der Hashqueue, doch der Puffer ist gerade belegt.

Wir wollen nun jede der fünf Möglichkeiten detailliert besprechen.

Bei der Suche nach einem Block im Blockdepot mittels der Kombination aus Block- und Gerätenummer trifft der Kern auf die Hashqueue, die diesen Block enthalten sollte. Er durchsucht also die Hashqueue, indem er der verketteten Liste von Puffern folgt, bis er (im ersten Szenario) auf den Puffer trifft, dessen Block-und Gerätenummer mit den gesuchten Angaben übereinstimmt. Der Kern prüft nun, ob der Puffer frei ist, und kennzeichnet ihn, falls dies zutrifft, als „belegt“, damit andere Prozesse[2] nicht mehr darauf zugreifen können. Nun entnimmt der Kern diesen Puffer aus der freien Liste, da ein Puffer nicht gleichzeitig belegt und in der freien Liste sein kann. Sollten andere Prozesse auf den Puffer zugreifen wollen, solange dieser belegt ist, werden sie, wie wir noch sehen, in Schlaf versetzt bis der Puffer wieder freigegeben ist. In Abbildung 3.5 sehen Sie dieses erste Szenario, bei dem der Kern in der Hashqueue „blkno 0 mod 4“ nach Block 4 sucht. Nach Auffinden des Puffers entnimmt der Kern ihn aus der freien Liste, wodurch in dieser nun die Blöcke 5 und 28 nebeneinander liegen.

---

[2] Wir wissen aus dem vorhergehenden Kapitel, daß alle Systemoperationen im Kontext eines Prozesses ausgeführt werden, der im Systemmodus läuft. Die Bezeichnung „andere Prozesse“ bedeutet also, daß auch diese im Systemmodus laufen. Wir werden die Bezeichnung zum Beschreiben der Interaktion verschiedener Prozesse im Systemmodus verwenden; besteht eine solche Interaktion nicht, wird die Bezeichnung „Kern“ bzw. „System“ verwendet.

```
algorithm getblk
input:  file system number
        block number
output: locked buffer that can now be used for block
{
        while (buffer not found)
        {
                if (block in hash queue)
                {
                        if (buffer busy)        /* scenario 5 */
                        {
                                sleep (event buffer becomes free);
                                continue;       /* back to while loop */
                        }
                        mark buffer busy;       /* scenario 1 */
                        remove buffer from free list;
                        return buffer;
                }
                else    /* block not on hash queue */
                {
                        if (there are no buffers on free list)      /* scenario 4 */
                        {
                                sleep (event any buffer becomes free);
                                continue;       /* back to while loop */
                        }
                        remove buffer from free list;
                        if (buffer marked for delayed write) {      /* scenario 3 */
                                asynchronous write buffer to disk;
                                continue;       /* back to while loop */
                        }
                        /* scenario 2 -- found a free buffer */
                        remove buffer from old hash queue;
                        put buffer onto new hash queue;
                        return buffer;
                }
        }
}
```

Abb. 3.4: Algorithmus zur Pufferzuteilung

Bevor wir zu den anderen Szenarien weitergehen, überlegen wir uns noch einmal, was eigentlich mit einem Puffer geschieht, nachdem er zugeordnet ist. Der Kern kann Daten von der Platte in den Puffer lesen und sie dort bearbeiten, er kann aber auch Daten in den Puffer und möglicherweise auch auf die Platte schreiben. Der Kern läßt den Puffer dabei als „belegt" gekennzeichnet; während dieses Zustands kann kein anderer Prozeß auf den Puffer zugreifen und seinen Inhalt verändern, die Sicherheit der Daten ist also gewährleistet. Hat der Kern die Bearbeitung des Puffers abgeschlossen, gibt er ihn mit der *brelse* (Abbildung

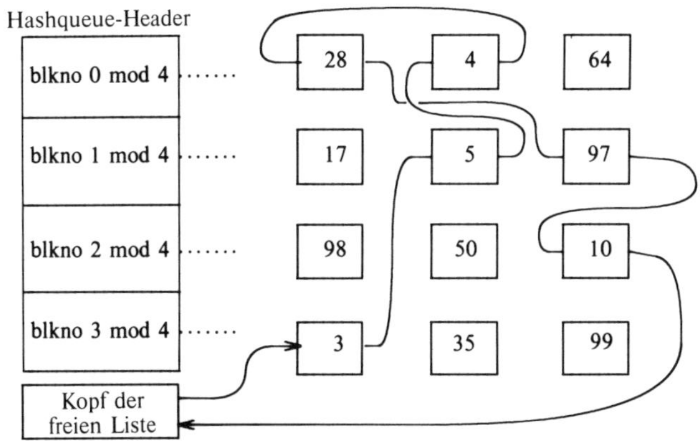

(a) Suche nach Block 4 in der ersten Hashqueue

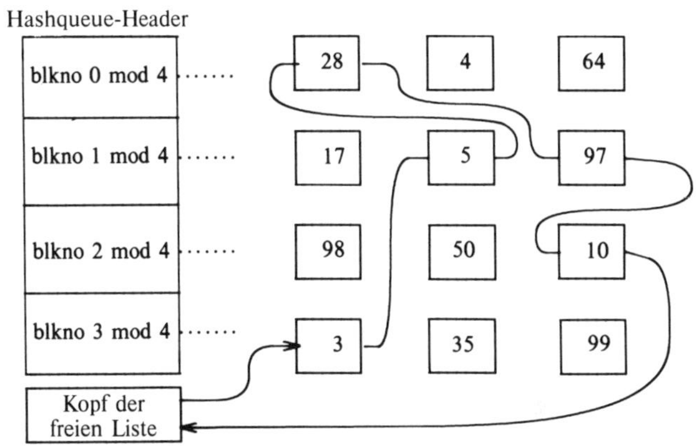

(b) Entfernen von Block 4 aus der freien Liste

Abb. 3.5: Auffinden eines Puffers, Szenario 1: Puffer in der Hashqueue

3.6) frei. Er weckt alle Prozesse, die in Schlaf versetzt wurden, weil dieser Puffer belegt bzw. kein Platz mehr in der freien Liste war. In beiden Fällen bedeutet die Freigabe des Puffers, daß er für die bis dahin schlafenden Prozesse verfügbar ist, wenngleich der erste dieser Prozesse den Puffer bei Erhalt sofort wieder sperrt und ihn damit für die anderen Prozesse nicht mehr verfügbar macht (Erinnnern wir uns an Abschnitt 2.2.2.4). Der Kern stellt den Puffer an das Ende der freien Liste, soweit nicht ein I/O-Fehler auftrat oder, wie wir später in diesem Kapitel noch sehen werden, der Puffer nicht ausdrücklich als „alt" gekennzeichnet wurde; in den beiden letzteren Fällen wird der Puffer am Anfang der freien Liste eingefügt. Der Puffer ist nun frei für den Abruf durch andere Prozesse.

So wie der Kern *brelse* aufruft, wenn ein Prozeß einen Puffer nicht mehr benötigt, so tut er es auch, wie wir in Abschnitt 3.4 sehen werden, bei der Behandlung eines Platteninterrupts zur Freigabe von Puffern, die bei der asynchronen Ein- und Ausgabe von und auf die

```
algorithm brelse
input:  locked buffer
output: none
{
        wakeup all procs: event, waiting for any buffer to become free;
        wakeup all procs: event, waiting for this buffer to become free;
        raise processor execution level to block interrupts;
        if (buffer contents valid and buffer not old)
                enqueue buffer at end of free list
        else
                enqueue buffer at beginning of free list
        lower processor execution level to allow interrupts;
        unlock(buffer);
}
```

Abb. 3.6: Algorithmus zur Pufferfreigabe

Platte verwendet wurden. Der Kern hebt dabei kurzfristig die Ausführungsebene an, um Platteninterrupts zu verhindern, während er die freie Liste bearbeitet; dadurch beugt er einer Zerstörung der Pufferpointer vor, die sich aus einem verschachtelten Aufruf von *brelse* ergeben könnte. Ähnlich negative Effekte könnten sich einstellen, falls eine Interruptroutine *brelse* aufruft, während ein Prozeß *getblk* ausführt; aus diesem Grund hebt der Kern die Ausführungsebene auch bei bestimmten Punkten innerhalb von *getblk* an. Die abschließenden Übungen werden diese Fälle deutlicher machen.

Im zweiten Szenario durchsucht der Kern in *getblk* die Hashqueue, die den Block enthalten sollte, findet diesen aber nicht. Da sich der Block nicht in einer anderen Hashqueue befinden kann, weil er nach dem Hashalgorithmus dort nicht hingehört, ist er nicht im Blockdepot. Also entnimmt der Kern stattdessen den ersten Puffer aus der freien Liste; dieser Puffer ist aber seinerseits einem Plattenblock zugeordnet und befindet sich auch in einer Hashqueue. Ist der Puffer nicht für verzögertes Schreiben gekennzeichnet (was später besprochen wird), so markiert der Kern ihn als belegt, entnimmt ihn aus der Hashqueue, in der er sich gegenwärtig befindet, ändert Geräte- und Blocknummer im Pufferheader auf die Nummer des Plattenblocks, nach dem der Prozeß augenblicklich sucht, und fügt den Puffer schließlich in die richtige Hashqueue ein. Der Kern verwendet jetzt zwar diesen Puffer, weiß aber nicht mehr, daß der Puffer vorher die Daten eines anderen Plattenblocks enthielt. Ein Prozeß auf der Suche nach dem alten Plattenblock wird diesen im Depot nicht mehr finden und muß dann, genau wie beschrieben, seinerseits einen neuen Puffer aus der freien Liste anfordern. Hat der Kern die Bearbeitung eines Puffers beendet, so gibt er ihn, wie bereits beschrieben, frei. In Abbildung 3.7 sucht der Kern z.B. nach Block 18, findet ihn aber in der Hashqueue „blkno 2 mod 4“ nicht. Er nimmt also den ersten Puffer (Block 3) aus der freien Liste, ordnet ihn Block 18 zu und fügt ihn in die passende Hashqueue ein.

Auch im dritten Szenario muß der Kern in *getblk* einen Puffer aus der freien Liste zuteilen. Er stellt jedoch fest, daß dieser Puffer gekennzeichnet für verzögertes Schreiben ist; also muß er den Inhalt dieses Puffers vor seiner weiteren Verwendung auf Platte zurückschreiben. Der Kern stößt deshalb eine asynchrone Plattenausgabe an und versucht, aus der freien Liste einen anderen Puffer zuzuordnen. Ist die asynchrone Ausgabe abgeschlossen, gibt der Kern diesen Puffer frei und stellt ihn an den Anfang der freien Liste. Der Puffer hat

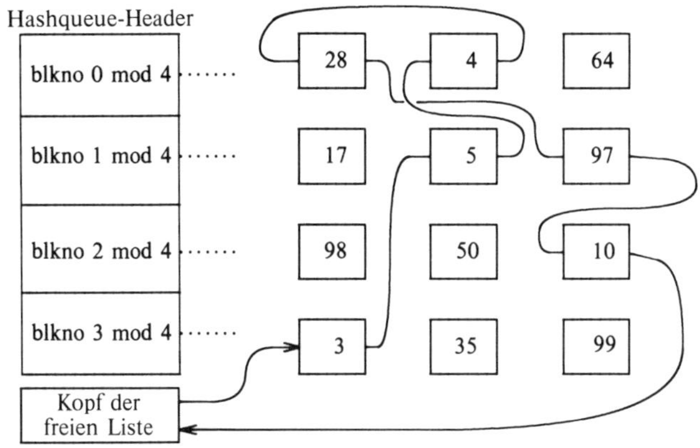

(a) Suche nach Block 18 - nicht im Depot

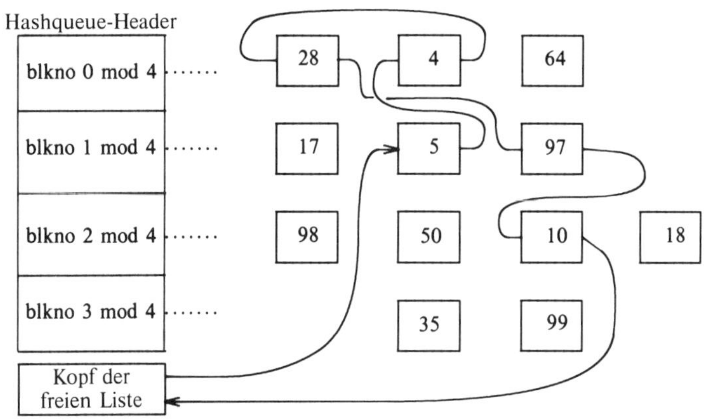

(b) Entnehmen des ersten Blocks aus der freien Liste, Zuweisen auf Block 18

Abb. 3.7: zweites Szenario zur Pufferzuteilung

dabei seine Reise am Ende der freien Liste begonnen und ist im Laufe der Zeit bis zu deren Kopf gewandert. Würde der Kern den Puffer nach Abschluß der asynchronen Ausgabe am Ende der freien Liste einordnen, so erhielte dieser eine zusätzliche Freifahrt quer durch die freie Liste, was dem verwendeten Algorithmus zuwiderliefe. Beispielsweise findet in Abbildung 3.8 der Kern Block 18 nicht, doch erkennt er beim Versuch, die ersten beiden Puffer (einen nach dem anderen) aus der freien Liste zuzuteilen, daß diese für verzögertes Schreiben gekennzeichnet sind. Der Kern entnimmt sie also aus der freien Liste, stößt die Plattenausgabe für die beiden Blöcke an und teilt den dritten Puffer der freien Liste, Block 4, zu. Er ändert Geräte- und Blocknummer im Pufferheader entsprechend und stellt den Puffer, nun als Block 18, in seine neue Hashqueue.

Im vierten Szenario (Abbildung 3.9) kann der Kern im Auftrag von Prozeß A den Plattenblock in seiner Hashqueue nicht finden, also versucht er wie im zweiten Szenario einen neuen Puffer aus der freien Liste zuzuteilen; allerdings sind jetzt keine Puffer in der freien

Liste verfügbar. Folglich versetzt sich Prozeß A in Schlaf bis ein anderer Prozeß mit *brelse* wieder einen Puffer freigibt. Ist Prozeß A wieder an der Reihe, so muß der Kern erneut in der Hashqueue nach dem gewünschten Block suchen; er kann nicht einfach einen Puffer aus der freien Liste zuteilen, denn es ist möglich, daß mehrere Prozesse auf einen freien Puffer warteten und daß einer von diesen einen neuen Puffer für genau den Plattenblock zugeteilt hat, nach dem auch Prozeß A sucht. Die nochmalige Suche nach dem Plattenblock stellt also sicher, daß nur ein einziger Puffer diese Daten enthält. In Abbildung 3.10 können Sie dieses Ringen zweier Prozesse um einen freien Puffer sehen.

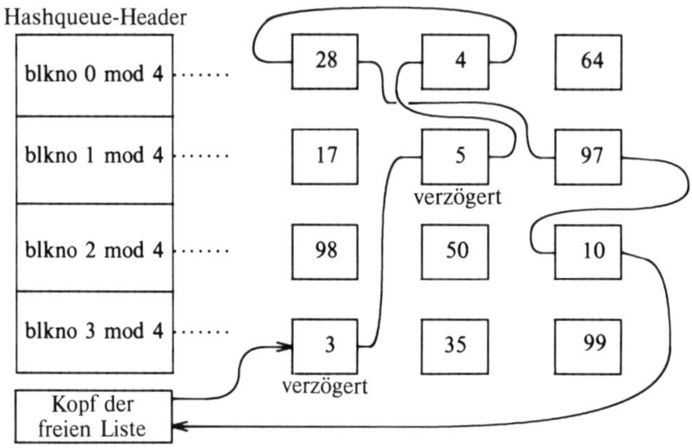

(a) Suche nach Block 18, Blöcke für „verzögertes Schreiben“ in der freien Liste

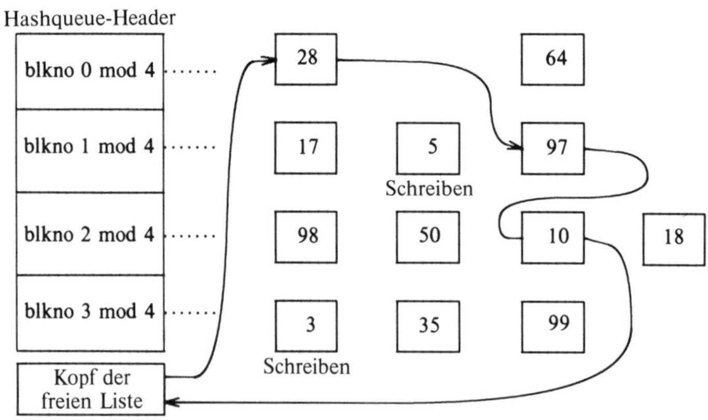

(b) Schreiben von Block 3 und 5, Zuweisen von Block 4 als Block 18

Abb. 3.8: drittes Szenario zur Pufferzuteilung

Das letzte, fünfte Szenario (Abbildung 3.11) ist wesentlich komplizierter, da es komplexe Beziehungen zwischen mehreren Prozessen enthält. Nehmen wir einmal an, der Kern sucht für Prozeß A nach einem Plattenblock und ordnet einen Puffer zu, der Prozeß schläft jedoch ein, bevor der Puffer freigegeben ist. Versucht Prozeß A z. B. einen Plattenblock zu

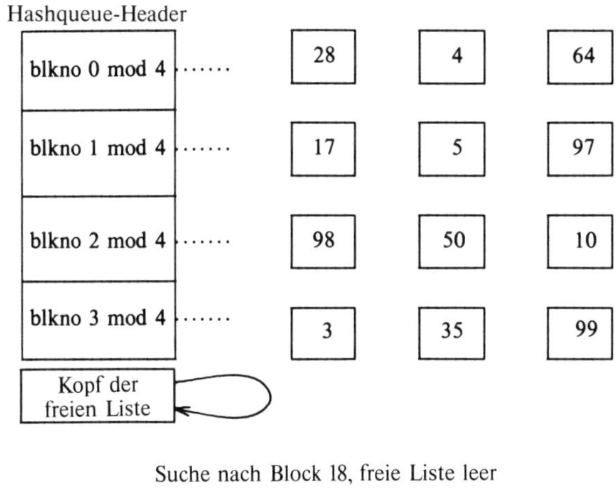

Abb. 3.9: viertes Szenario zur Pufferzuteilung

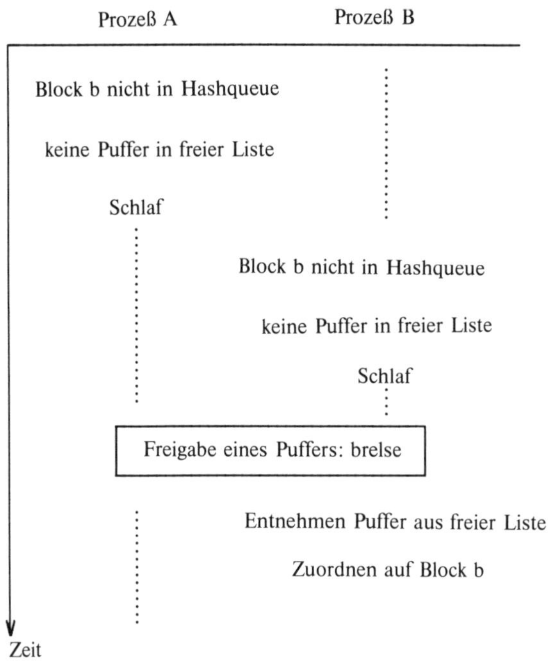

Abb. 3.10: Wettlauf nach dem freien Puffer

lesen und ordnet einen Puffer wie in Szenario 2 zu, dann schläft er, bis die Eingabeoperation von der Platte beendet ist. Nehmen wir an, der Kern bringt Prozeß B zur Ausführung, während Prozeß A noch schläft. Prozeß B versucht nun seinerseits einen Zugriff auf den Plattenblock, dessen Puffer vorher von Prozeß A gesperrt wurde. Prozeß B findet (entsprechend Szenario 5) den gesperrten Block in der Hashqueue. Da das Verwenden eines gesperrten Puffers ebenso unzulässig ist wie die Zuordnung eines zweiten Puffers für einen Plattenblock, markiert Prozeß B den Puffer als „angefordert" und schläft, bis Prozeß A den Puffer freigibt.

Möglicherweise gibt nun Prozeß A den Puffer frei und stellt dabei fest, daß dafür eine Anforderung besteht. Er weckt alle Prozesse, die bis zum Ereignis „Puffer wird frei" schlafen, also auch Prozeß B. Teilt der Kern irgendwann Prozeß B wieder zum Lauf ein, so muß B überprüfen, ob der Puffer jetzt frei ist. Es könnte inzwischen ja ein Prozeß C auf denselben Puffer gewartet und auch noch vor Prozeß B an die Reihe gekommen sein; und dieser Prozeß C könnte auch noch den Puffer gesperrt haben und dann eingeschlafen sein. Also muß B prüfen, ob der Puffer wirklich frei ist.

Zudem muß Prozeß B überprüfen, ob der Puffer auch den ursprünglich angeforderten Plattenblock enthält, den C hätte den Puffer wie in Szenario 2 einem anderen Block zuteilen können. Wenn Prozeß B nun an der Reihe ist, kann er durchaus feststellen, daß er die ganze Zeit auf den falschen Puffer wartete, er muß also wiederum nach dem Block suchen: würde er stattdessen automatisch in der freien Liste nach einem neuen Puffer suchen, würde er die Möglichkeit außer acht lassen, daß in der Zwischenzeit ein anderer Prozeß einen Puffer für den gewünschten Block zugeordnet hat.

Irgendwann wird auch Prozeß B seinen Block finden, wozu er möglicherweise wie in Szenario 2 einen neuen Puffer aus der freien Liste zuordnen muß. In Abbildung 3.11 findet ein Prozeß auf der Suche nach Block 99 diesen zwar in seiner Hashqueue, doch ist der Block belegt. Der Prozeß schläft also bis zum Freiwerden des Blocks und durchläuft dann den Algorithmus wieder von vorne. In Abbildung 3.12 sehen Sie den Wettlauf um einen gesperrten Puffer.

Der Algorithmus zur Pufferzuteilung muß allseits abgesichert sein; Prozesse dürfen nicht ewig schlafen, sie müssen irgendwann ihren Puffer erhalten. Der Kern stellt sicher, daß alle auf Puffer wartenden Prozesse wieder aufwachen, denn er teilt die Puffer während der Ausführung von Systemaufrufen zu und gibt sie vor der Rückkehr[3] daraus auch frei. Auch können Prozesse im Benutzermodus die Zuteilung von Systempuffern nicht direkt beeinflussen, also keine Puffer vorsätzlich stehlen. Der Kern gibt die Kontrolle über die Puffer nur während der Ausführung einer I/O-Operation ab. Es ist allerdings vorstellbar, daß ein Plattenlaufwerk nicht richtig funktioniert und deshalb nicht in der Lage ist, die CPU zu unterbrechen, wodurch der Kern diesen Puffer nie freigeben wird. Der Plattentreiber muß die Hardware deshalb auf solche Eventualitäten prüfen und im Fall eines Plattenfehlers eine entsprechende Fehlermeldung an den Kern zurückgeben. Kurz gesagt garantiert der Kern, daß ein wegen eines Puffers schlafender Prozeß auch wieder aufwacht.

Man könnte sich vorstellen, daß ein Prozeß beim Warten auf Pufferzugriffe verhungert. Im vierten Szenario beispielsweise kann der Kern nicht garantieren, daß bei mehreren auf einen Puffer wartenden Prozessen diese auch in der Reihenfolge der Anforderungen bedient werden. Ein Prozeß kann schlafen und beim Freiwerden eines Puffers aufwachen, nur um dann wieder einzuschlafen, weil ein anderer Prozeß die Verfügung über den Puffer zuerst erhalten hat. Theoretisch könnte dies ewig so weitergehen, praktisch gibt es jedoch keine Probleme, da von der Systemkonfiguration her eine Vielzahl von Puffern zur Verfügung steht.

---

[3] Der Systemaufruf *mount* stellt eine Ausnahme dar, denn er ordnet einen Puffer bis zu einem späteren *umount*-Aufruf zu. Diese Ausnahme wiegt jedoch nicht schwer, denn die Gesamtzahl der Puffer übersteigt bei weitem die Zahl aktiver montierter Dateisysteme.

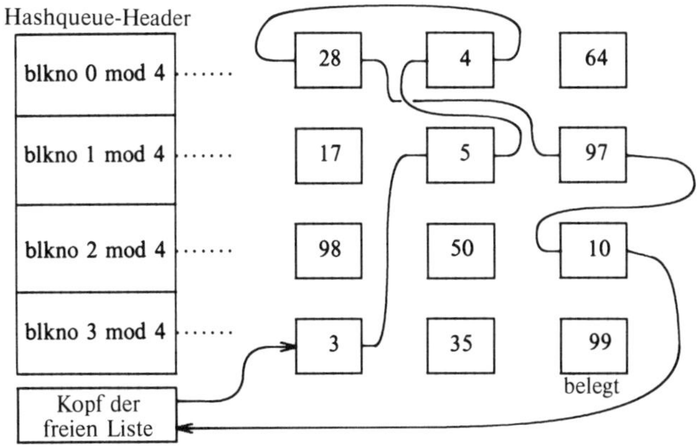

Suche nach Block 99 (belegt)

Abb. 3.11: fünftes Szenario zur Pufferzuteilung

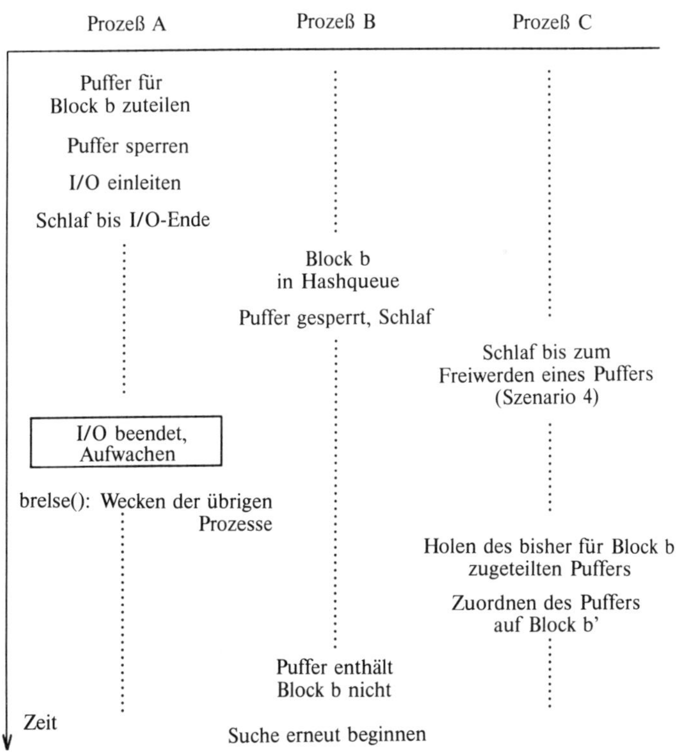

Abb. 3.12: Wettlauf um einen gesperrten Puffer

3.4 Lesen und Schreiben von Plattenblöcken

Nachdem wir den Algorithmus zur Pufferzuteilung besprochen haben, sollten die Prozeduren zum Lesen und Schreiben von Plattenblöcken leicht verständlich sein. Beim Lesen eines Plattenblocks (Abbildung 3.13) sucht ein Prozeß zuerst mit *getblk* im Blockdepot. Ist der Block im Depot, kann ihn der Kern sofort und ohne irgendwie physikalisch auf die Platte zugreifen zu müssen übergeben. Ist der Block dagegen nicht im Depot, so ruft der Kern den Plattentreiber auf, meldet eine Leseanforderung an und geht Schlafen, bis die I/O-Operation beendet ist. Der Plattentreiber gibt den Lesebefehl an den hardwaremäßigen Plattencontroller weiter, der dann später die Daten im Puffer ablegt. Schließlich signalisiert der Plattencontroller noch über einen Interrupt den Abschluß der I/O-Operation an die CPU, worauf die Behandlungsroutine für Platteninterrupts die schlafenden Prozesse weckt; der Inhalt des Plattenblocks befindet sich jetzt im Puffer. Die Module, die den Block anforderten, können nun über dessen Daten verfügen; benötigen sie den Puffer nicht mehr, so geben sie ihn frei, damit auch andere Prozesse darauf zugreifen können.

Kapitel 5 zeigt Systemmodule höherer Ebene (wie das Dateisystem), die beim sequentiellen Lesen einer Datei durch einen Prozeß den später eventuell auftretenden Bedarf für den nächsten Block gleich vorwegnehmen. Diese Module nehmen unabhängig vom tatsächlichen Bedarf die zweite Leseoperation asynchron vor, damit die Daten bei Anforderung sofort im Speicher verfügbar sind, was die Leistung des Systems erheblich steigert. Dazu führt der Kern den Block-Vorauslesealgorithmus *breada* (Abbildung 3.14) aus: Der Kern prüft, ob der erste Block sich im Depot befindet, und ruft, falls nötig, den Plattentreiber zum Lesen des Blocks auf. Befindet sich der zweite Block nicht im Depot, so weist der Kern den Plattentreiber an, diesen asynchron zu lesen. Dann geht der Prozeß Schlafen und wartet auf die Vollendung der Eingabeoperation für den ersten Block. Nach dem Aufwachen übergibt er den Puffer für den ersten Block, kümmert sich aber nicht um die Leseoperation für den zweiten Block. Ist diese beendet, unterbricht der Plattencontroller das System; die Interruptroutine erkennt, daß es sich um eine asynchrone Leseoperation handelte und gibt den Puffer frei (Algorithmus *brelse*). Würde sie den Puffer nicht freigeben, so bliebe dieser für alle Prozesse unansprechbar. Eine frühere Freigabe des Puffers ist unmöglich, da ja die Eingabe noch am Laufen und der Pufferinhalt deswegen eventuell noch nicht korrekt war. Wenn der Prozeß dann später den zweiten Block lesen will, sollte er ihn bereits im Blockdepot vorfinden, da die Eingabe zwischenzeitlich beendet sein müßte. Befindet sich zu Beginn von Algorithmus *breada* der erste Block bereits im Depot, prüft der Kern sofort auf das Vorhandensein auch des zweiten Blocks und verfährt dann wie bereits beschrieben.

```
algorithm bread     /* block read */
input:  file system block number
output: buffer containing data
{
        get buffer for block (algorithm getblk);
        if (buffer data valid)
                return buffer;
        initiate disk read;
        sleep(event disk read complete);
        return(buffer);
}
```

Abb. 3.13: Algorithmus zum Lesen eines Plattenblocks

```
algorithm breada        /* block read and read ahead */
input:  (1) file system block number for immediate read
        (2) file system block number for asynchronous read
output: buffer containing data for immediate read
{
        if (first block not in cache)
        {
                get buffer for first block (algorithm getblk);
                if (buffer data not valid)
                        initiate disk read;
        }
        if (second block not in cache)
        {
                get buffer for second block (algorithm getblk);
                if (buffer data valid)
                        release buffer (algorithm brelse);
                else
                        initiate disk read;
        }
        if (first block was originally in cache)
        {
                read first block (algorithm bread);
                return buffer;
        }
        sleep(event first buffer contains valid data);
        return buffer;
}
```

Abb. 3.14: Algorithmus zum Vorauslesen eines Blocks

```
algorithm bwrite        /* block write */
input:  buffer
output: none
{
        initiate disk write;
        if (I/O synchronous)
        {
                sleep(event I/O complete);
                release buffer (algorithm brelse);
        }
        else if (buffer marked for delayed write)
                mark buffer to put at head of free list;
}
```

Abb. 3.15: Algorithmus zum Schreiben eines Plattenblocks

Der Algorithmus zum Schreiben des Pufferinhalts in einen Plattenblock (Abbildung 3.15) läuft ähnlich. Der Kern informiert den Plattentreiber, daß er einen Puffer hat, dessen Inhalt zur Ausgabe ansteht, und der Plattentreiber teilt diesen Block zur Ausgabe ein. Erfolgt die Ausgabe synchron, so schläft der aufrufende Prozeß bis zur Beendigung der Ausgabe und gibt nach dem Aufwachen den Puffer frei. Erfolgt die Ausgabe asynchron, so startet der Kern zwar die Schreiboperation, wartet aber nicht auf ihre Beendigung. Nach Beendigung der Ausgabe gibt der Kern dann den Puffer frei.

Es gibt Gelegenheiten, - wir werden sie in den beiden folgenden Kapiteln besprechen - bei denen der Kern die Daten nicht sofort auf die Platte schreibt. Führt er ein sogenanntes „verzögertes Schreiben" durch, so kennzeichnet er den Puffer entsprechend, gibt ihn mit *brelse* frei und arbeitet weiter, ohne eine I/O anzumelden. Der Kern schreibt den Block erst dann auf die Platte, wenn ein anderer Prozeß den Puffer für einen neuen Block benötigt, wie wir es in Szenario 3 bei *getblk* sehen können. Für die Zwischenzeit geht der Kern von der Hoffnung aus, daß ein Prozeß auf den Block zugreift, bevor er wieder zurück auf die Platte geschrieben werden muß; sollte dieser Prozeß den Inhalt des Puffers auch noch öfter verändern, so spart der Kern zusätzliche Plattenzugriffe ein.

Verzögertes Schreiben unterscheidet sich vom *asynchronen Schreiben*. Beim asynchronen Schreiben startet der Kern die Ausgabeoperation sofort, wartet aber nicht auf ihre Beendigung. Beim verzögerten Schreiben dagegen schiebt der Kern den physikalischen Zugriff auf die Platte so lange wie möglich hinaus; dann kennzeichnet er, wie im dritten Szenario von *getblk*, den Puffer als alt und schreibt den Block asynchron auf die Platte. Der Plattencontroller unterbricht dann später das System und gibt den Puffer mit *brelse* frei; der Puffer gelangt dabei, da er alt war, an den Anfang der freien Liste. Wegen der beiden asynchronen I/O-Operationen - Block-Vorauslesen und verzögertes Schreiben - kann der Kern *brelse* auch aus einer Interruptroutine aufrufen. Da *brelse* Puffer in die freie Liste einfügt, muß jedoch wie bei allen Prozeduren, die die freie Liste bearbeiten, das Auftreten von Interrupts ausgeschlossen sein.

3.5 Vorteile und Nachteile des Blockdepots

Die Verwendung des Blockdepots hat etliche Vorteile und leider auch einige Nachteile.

- Die Verwendung von Puffern erlaubt vollkommen gleichartige Plattenzugriffe, da der Kern den Grund für die I/O-Operation nicht kennen muß. Er kopiert stattdessen Blöcke von und nach Puffern ohne Rücksicht darauf, ob es sich bei den Daten um Teile einer Datei, eine Inode oder etwa den Superblock handelt. Das Puffern der Plattenzugriffe macht den Code modularer, denn die mit den Plattenoperationen befaßten Teile des Kerns brauchen für alle Zwecke nur eine Schnittstelle. Kurz gesagt, die Struktur des Systems wird einfacher.
- Das System macht Anwenderprozessen mit I/O-Operationen keine Einschränkungen hinsichtlich der Ausrichtung von Daten auf bestimmte Grenzen, denn der Kern richtet die Daten intern selbst aus. Die Hardware dagegen erfordert die Ausrichtung der Daten für Plattenzugriffe auf bestimmten Speichergrenzen, etwa 2-Byte- oder 4-Byte-Grenzen. Ohne den Puffermechanismus wäre jeder Programmierer selbst dafür verantwortlich, daß seine Datenpuffer korrekt ausgerichtet sind. Das Ergebnis wären viele Programmfehler und fehlende Portabilität der Programme auf andere UNIX-Systeme, die

auf Rechnern mit strikteren Bestimmungen für Adreßausrichtungen implementiert sind. Durch das Kopieren der Daten von Benutzerpuffern in Systempuffer (und umgekehrt) umgeht der Kern die Notwendigkeit einer besonderen Adreßausrichtung für die Benutzerpuffer, wodurch die Programme einfacher und leichter portierbar werden.

- Die Verwendung des Blockdepots kann den Datenstrom von und zu der Platte reduzieren, was zu einer Erhöhung des Systemdurchsatzes und einer Verminderung der Antwortzeiten führt. Prozesse, die Daten aus dem Dateisystem lesen, finden diese Datenblöcke möglicherweise bereits im Depot vor und machen dadurch zusätzliche Plattenzugriffe unnötig. Der Kern verwendet häufig verzögertes Schreiben, um unnötige Plattenzugriffe zu vermeiden, und läßt die Blöcke deshalb in der Hoffnung auf einen weiteren Zufallstreffer im Depot stehen. Natürlich steigen die Chancen für einen solchen Treffer im Blockdepot bei Systemen mit vielen Puffern. Die Anzahl der Puffer, mit denen ein System konfiguriert werden kann, ist nur beschränkt durch die Größe des Speichers, der den ablaufenden Prozessen zur Verfügung gestellt werden soll: wird zuviel Platz für Puffer verwendet, kann das System durch übertriebenes Paging oder Swappen von Prozessen langsamer werden.
- Die Pufferalgorithmen unterstützen die Sicherheit des Dateisystems, denn sie verwenden nur ein einziges Abbild eines Plattenblocks im Depot gemeinsam für viele Prozesse. Versuchen zwei Prozesse gleichzeitig, einen Plattenblock zu verändern, so führen die Pufferalgorithmen (z.B. *getblk*) den Zugriff nacheinander aus und verhindern damit die Zerstörung der Daten.
- Die Verringerung der Plattenzugriffe ist wichtig für hohen Durchsatz und gutes Antwortverhalten, doch bringt die Strategie des Blockdepots auch einige Nachteile mit sich. Da der Kern beim verzögerten Schreiben die Daten nicht sofort auf der Platte ablegt, ist das System anfällig für Abstürze, die falsche Plattendaten zur Folge haben. Obwohl neuere Systemimplementierungen den von solchen Katastrophen verursachten Schaden geringer halten, bleibt ein grundlegendes Problem: gibt ein Anwender einen Systemaufruf zum Schreiben von Daten aus, kann er nie sicher sein, daß seine Daten auch wirklich auf der Platte[4] ankommen.
- Die Verwendung des Blockdepots erfordert eine zusätzliche Kopie der Daten im Speicher beim Lesen und Schreiben von und zu Benutzerprozessen. Ein Prozeß, der Daten schreibt, kopiert diese zum Kern, und der Kern überträgt die Daten zur Platte; für einen Prozeß, der Daten liest, überträgt sie der Kern von der Platte und kopiert sie dann zum Benutzerprozeß. Beim Übertragen großer Datenmengen verlangsamt diese zusätzliche Kopie den Datendurchsatz, beim Übertragen kleiner Datenmengen erhöht sie ihn dagegen, denn der Kern puffert die Daten (über *getblk* und verzögertes Schreiben), bis die Übertragung von und zur Platte sinnvoll wird.

[4] Das Standard-I/O-Paket für C-Programme enthält einen *fflush*-Aufruf. Der Aufruf überträgt Daten aus Puffern im Adreßraum des Benutzers (sie sind im I/O-Paket definiert) in den Kern. Der Benutzer weiß jedoch nicht, wann der Kern die Daten auf die Platte schreibt.

3.6 Zusammenfassung

In diesem Kapitel wurden das Blockdepot und die verschiedenen Methoden des Kerns, die Blöcke im Depot aufzufinden, besprochen. Die Pufferalgorithmen vereinen dabei verschiedene einfache Ideen zu einem ausgeklügelten Puffermechanismus. Der Kern verwendet einen Alterungsalgorithmus bei der Verwaltung der Puffer im Blockdepot in der Annahme, daß Blöcke, auf die erst zugegriffen wurde, auch bald wieder benötigt werden könnten. Die Reihenfolge der Puffer in der freien Liste gibt also auch die zeitliche Abfolge des letzten Zugriffs darauf an. Andere Algorithmen zum Puffertausch wie FIFO oder der Austausch des am wenigstens benutzten Blocks sind entweder schwieriger zu implementieren oder haben eine niedrigere Trefferrate im Depot zur Folge. Die Hashfunktion und die Hashqueues erlauben es dem Kern, bestimmte Blöcke schnell aufzufinden, und die Verwendung einer doppelt verketteten Liste macht auch das Entnehmen von Puffern aus dieser Liste einfach.

Der Kern bestimmt einen benötigten Block über eine logische Gerätenummer sowie eine Blocknummer. Der Algorithmus *getblk* sucht im Depot nach einem Block; ist er vorhanden und frei, so wird er gesperrt und zurückgegeben. Ist ein Puffer gesperrt, so schläft der anfordernde Prozeß, bis er frei wird. Der Sperrmechanismus stellt sicher, daß immer nur ein Prozeß zu einem bestimmten Zeitpunkt einen Puffer bearbeiten kann. Ist der Block nicht im Depot, so weist der Kern für diesen Block einen freien Puffer zu, sperrt ihn und gibt ihn zurück. Der Algorithmus *bread* ordnet einem Block einen Puffer zu und liest, falls nötig, die Daten in diesen. Der Algorithmus *bwrite* überträgt Daten in einen bereits zugeteilten Puffer. Falls der Kern beim Ausführen einiger Algorithmen auf höherer Ebene feststellt, daß es nicht notwendig ist, bestimmte Daten sofort auf Platte zu schreiben, so kennzeichnet er diesen Puffer für „verzögertes Schreiben", um unnötige I/O-Operationen zu vermeiden. Unglücklicherweise bedeutet dieses verzögerte Schreiben aber auch, daß ein Prozeß nie wirklich sicher sein kann, ob die Daten physikalisch auf die Platte geschrieben sind. Beim synchronen Schreiben von Daten auf die Platte ruft der Kern den Plattentreiber für die Ausgabe des Blocks in das Dateisystem auf und wartet auf den bei Ende der I/O-Operation auftretenden Interrupt.

Der Kern verwendet das Blockdepot für viele Zwecke. Er transportiert damit die Daten zwischen Anwenderprogramm und Dateisystem; er bewegt Hilfsdaten des Systems wie Inodes zwischen Systemroutinen höherer Ebene und dem Dateisystem. Auch beim Laden von Programmen in den Speicher wird das Blockdepot eingesetzt. In den folgenden Kapiteln werden wir noch viele Algorithmen kennenlernen, die auf den hier beschriebenen Prozeduren aufbauen bzw. sie verwenden. Auch Algorithmen zur Pufferung von Inodes und der Pagingmechanismus verwenden Techniken, wie wir sie beim Blockdepot bereits kennengelernt haben.

3.7 Übungen

1. Erinnern wir uns an die Hashfunktion in Abbildung 3.3. Eine optimale Hashfunktion müßte die verfügbaren Blöcke gleichmäßig über alle Hashqueues verteilen. Was wäre eine optimale Hashfunktion? Sollte eine Hashfunktion die logische Gerätenummer in ihre Berechnungen miteinbeziehen?
2. Wenn der Kern im Algorithmus *getblk* einen Puffer aus der freien Liste entnimmt, muß er vor dem Prüfen der Liste die Prioritätsebene der CPU anheben, um Interrupts zu verhindern. Warum?

*3. Im Algorithmus *getblk* muß der Kern vor dem Überprüfen, ob ein Block belegt ist, die Prioritätsebene der CPU anheben, um Interrupts zu verhindern. (Dies ist im Text nicht erläutert.) Warum?

4. Im Algorithmus *brelse* reiht der Kern einen Puffer am Anfang der freien Liste ein, wenn sein Inhalt ungültig ist. Sollte der Puffer in diesem Fall in einer Hashqueue erscheinen?
5. Nehmen wir an, der Kern schreibt einen Block verzögert. Was geschieht, wenn ein anderer Prozeß diesen Block aus seiner Hashqueue entnimmt? Was geschieht, wenn er ihn aus der freien Liste entnimmt?

*6. Falls mehrere Prozesse den gleichen Puffer benötigen, garantiert der Kern, daß kein Prozeß ewig schläft, er kann aber nicht garantieren, daß ein Prozeß beim Warten auf den Puffer verhungert, d. h. keinen Zugriff auf den Puffer erlangt. Schreiben Sie *getblk* so um, daß der Zugriff für jeden Prozeß garantiert ist.

7. Schreiben Sie *getblk* und *brelse* so um, daß der Kern nicht mehr seiner ursprünglichen, sondern einer FIFO-Strategie folgt. Machen Sie das gleiche für eine Strategie zur Verwendung des am wenigstens benutzten Puffers.
8. Entwickeln Sie ein Szenario, bei dem der Pufferinhalt im Algorithmus *bread* bereits gültig ist.

*9. Entwickeln Sie die verschiedenen Szenarien, die bei *breada* möglich sind. Was geschieht beim nächsten Aufruf von *bread* oder *breada*, wenn der aktuelle, bereits vorausgelesene Block gelesen werden soll? Falls bei *breada* der erste oder zweite Block nicht im Depot ist, setzt der folgende Test auf gültige Daten im Puffer ja voraus, daß sich der Block doch im Depot befinden könnte. Wie ist das möglich?

10. Beschreiben Sie einen Algorithmus, der einen beliebigen freien Puffer aus dem Depot anfordert und diesen entgegennimmt. Vergleichen Sie diesen Algorithmus mit *getblk*.
11. Bestimmte Systemaufrufe wie *umount* und *sync* (Kapitel 5) verlangen vom Kern, alle Puffer mit dem Kennzeichen „verzögertes Schreiben" für ein bestimmtes Dateisystem sofort auf Platte zu schreiben. Beschreiben Sie einen Algorithmus zur Implementierung eines solchen „flush"-Aufrufs. Was geschieht mit der Reihenfolge der Puffer in der freien Liste nach einem flush-Aufruf? Wie kann der Kern sichergehen, daß sich kein anderer Prozeß einschleicht und einen Puffer mit verzögertem Schreiben in das Dateisystem abgibt, während der flush-Prozeß auf die Beendigung einer I/O- Operation wartet?
12. Definieren Sie die Antwortzeit des Systems als Durchschnittswert für die Ausführung eines Systemaufrufs. Definieren Sie den Durchsatz des Systems als die Anzahl der Prozesse, die das System in einer gegebenen Zeit ausführen kann. Beschreiben Sie, wie das Blockdepot die Antwortzeit verkürzen kann. Führt das Blockdepot auch notwendigerweise zu einer Steigerung des Durchsatzes?

4 Interner Aufbau von Dateien

Wie wir in Kapitel 2 bereits gesehen haben, gehört zu jeder Datei im UNIX-System genau eine Inode. Die Inode enthält Informationen, die ein Prozeß zum Zugriff auf eine Datei benötigt, wie Dateibesitzer, Zugriffsberechtigungen, Dateigröße und den Platz der Daten für die Datei innerhalb des Dateisystems. Prozesse greifen auf Dateien über einen wohldefinierten Satz von Systemaufrufen zu und spezifizieren eine Datei über einen als Pfadnamen bezeichneten String. Jeder Pfadname kann nur zu einer Datei führen, der Kern findet darüber zur jeweiligen Inode.

In diesem Kapitel besprechen wir den internen Aufbau von Dateien im UNIX-System, das folgende Kapitel enthält dann die Dateischnittstelle über Systemaufrufe. Abschnitt 4.1 bespricht die Inodes und den Umgang des Kerns damit, Abschnitt 4.2 untersucht die Struktur gewöhnlicher Dateien sowie das Lesen und Schreiben ihrer Daten durch den Kern. Abschnitt 4.3 befaßt sich mit der Struktur von Katalogen, also den Dateien, die dem Kern einen hierarchischen Aufbau des Dateisystems ermöglichen; Abschnitt 4.4 stellt den Algorithmus zur Umwandlung von Dateinamen in Inodes dar. In Abschnitt 4.5 besprechen wir die Struktur des Superblocks und in den Abschnitten 4.6 und 4.7 den Algorithmus zur Zuteilung von Platteninodes und Plattenblöcken für eine Datei. Abschnitt 4.8 enthält schließlich noch eine Besprechung der restlichen Dateitypen im System, also Pipes und Gerätedateien.

Die Algorithmen, die wir in diesem Kapitel besprechen wollen, belegen die Ebene direkt über den Algorithmen zur Behandlung des Blockdepots, die wir bereits im letzten Kapitel kennengelernt haben (Abbildung 4.1). Der Algorithmus *iget* gibt eine bereits vorher identifizierte Inode zurück, wobei diese möglicherweise über das Blockdepot erst von der Platte gelesen werden muß, der Algorithmus *iput* gibt sie wieder frei. Der Algorithmus *bmap* setzt die für den Zugriff auf eine Datei benötigten Systemparameter. Mit *namei* verwandeln wir einen vom Benutzer angelieferten Pfadnamen unter Verwendung von *iget*, *iput* und *bmap* in eine Inode. Die Algorithmen *alloc* und *free* ordnen Plattenblöcke für eine Datei zu bzw. geben sie wieder frei, *ialloc* und *ifree* tun dasselbe für Inodes.

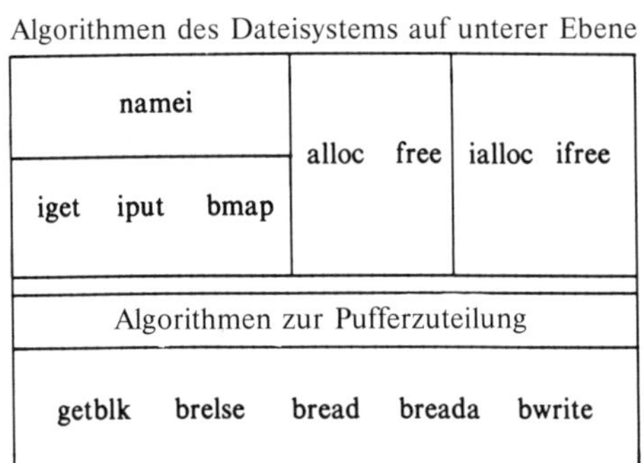

Abb. 4.1: Algorithmen des Dateisystems

4.1 Inodes

4.1.1 Definition

Inodes bestehen in einer statischen Form auf der Platte, der Kern liest sie zur Bearbeitung in den Speicher. Platteninodes bestehen aus den folgenden Feldern:

- Dateibesitzer. Die Eigentümerschaft liegt sowohl bei einzelnen Benutzern als auch bei Benutzergruppen; sie definiert die Menge von Benutzern, die Zugriffsrecht auf eine Datei haben. Der Superuser hat das Zugriffsrecht auf alle Dateien im System.
- Dateityp. Dateien können von folgenden Typen sein: normale Datei, Katalog, Zeichen- oder Blockdatei, FIFO (Pipes).
- Dateizugriffsrecht. Das System schützt Dateien nach drei Klassen: Eigentümer der Datei, Gruppeneigentümer und andere Benutzer; jede Klasse kann das Recht zum Schreiben, Lesen und Ausführen einer Datei besitzen, die Rechte können individuell vergeben werden. Da Kataloge nicht ausgeführt werden können, erteilt das Recht zum Ausführen eines Katalogs die Bewilligung zur Suche nach einem bestimmten Dateinamen in diesem.
- Zeitstempel. Er enthält den Zeitpunkt des letzten Zugriffs auf die Datei, ihrer letzten Änderung, sowie der letzten Änderung der Inode.
- Anzahl der Verweise auf die Datei, was der Anzahl der Namen entspricht, über die die Datei in der Kataloghierarchie verfügt. Kapitel 5 erläutert die Dateiverweise genauer.
- Inhaltsverzeichnis für die Plattenadressen der Daten in der Datei. Obwohl der Benutzer die Daten einer Datei als logischen Bytestrom bearbeitet, speichert der Kern sie in unzusammenhängenden Plattenblöcken. Die Inode gibt die Plattenblöcke an, die Daten für die Datei enthalten.
- Dateigröße. Die Daten innerhalb einer Datei sind über die Anzahl der Bytes vom Dateianfang aus, beginnend mit Offset 0, erreichbar. Die Dateilänge ist also immer 1 größer als die größte Offsetangabe. Würde z. B. ein Benutzer eine Datei erzeugen und nur ein Datenbyte bei Offset 1000 in die Datei schreiben, so wäre die Dateigröße 1001 Bytes.

Die Inode enthält jedoch nicht den/die Pfadname(n), die auf die Datei verweisen.

owner mjb

group os

type regular file

perms rwxr-xr-x

accessed Oct 23 1984 1:45 P.M.

modified Oct 22 1984 10:30 A.M.

inode Oct 23 1984 1:30 P.M.

size 6030 bytes

disk addresses

Abb. 4.2: Beispiel einer Platteninode

Abbildung 4.2 zeigt die Platteninode einer Beispielsdatei. Es ist die Inode einer gewöhnlichen Datei von 6030 Bytes Länge, die dem Benutzer „mjb" gehört. Das System gestattet dem Benutzer „mjb" den Schreib-, Lese- und Ausführungszugriff auf die Datei; Benutzer der Gruppe „os" und alle anderen Benutzer können die Datei nur lesen oder ausführen, aber nicht auf sie schreiben. Der letzte Lesezugriff auf die Datei erfolgte am 23. Oktober 1984 um 1:45 PM, der letzte Schreibzugriff am 22. Oktober 1984 um 10:30 AM. Die Inode wurde letztmals am 23. Oktober 1984 um 1:30 PM verändert, obwohl zu diesem Zeitpunkt keine Daten in die Datei geschrieben wurden. Der Kern legt alle diese Informationen in der Inode ab. Halten Sie dabei den Unterschied zwischen dem Schreiben des Inhalts einer Inode und des Inhalts einer Datei auf Platte fest. Der Inhalt einer Datei ändert sich nur beim *Schreiben*; der Inhalt einer Inode wechselt dagegen beim Verändern der Datei sowie beim Ändern von Eigentümer, Zugriffsrecht und Verweisen. Das Verändern des Dateiinhalts führt automatisch zum Ändern der Inode, doch eine Änderung des Inodeinhalts muß nicht notwendigerweise zu einer Änderung des Dateiinhalts führen.

Das Speicherabbild der Inode enthält noch folgende Felder zusätzlich zu den Feldern der Platteninode:

- Status der Speicherinode, der angibt,
  - ob die Inode gesperrt ist,
  - ob ein Prozeß auf die Freigabe der Inode wartet,
  - ob das Speicherabbild der Inode vom Plattenabbild abweicht, (Folge einer Änderung der Inode)
  - ob das Speicherabbild der Datei vom Plattenabbild abweicht, (Folge einer Änderung der Datei)
  - ob die Datei ein Montagepunkt ist (Abschnitt 5.15).
- Logische Gerätenummer des Dateisystems, das die Datei enthält.
- Inodenummer. Da die Inodes auf der Platte in einem linearen Array abgelegt sind (erinnern wir uns an Abschnitt 2.2.1), ermittelt der Kern die Inodenumer aus der Position der Platteninode in diesem Array. Die Platteninode selbst benötigt dieses Feld nicht.
- Pointer auf andere Speicherinodes. Der Kern verknüpft Inodes in Hashqueues und in einer freien Liste ebenso, wie er es mit den Puffern macht. Eine Hashqueue ist dabei bestimmt durch die logische Gerätenummer der Inode sowie die Inodenummer. Der Kern kann immer nur eine Kopie einer Platteninode im Speicher halten, doch können Inodes gleichzeitig in einer Hashqueue und in der freien Liste auftreten.
- Referenzzähler, der angibt, wieviele Abbilder der Datei gerade aktiv sind (also mit *open* eröffnet wurden).

Viele Felder im Speicherabbild der Inode entsprechen den jeweiligen Feldern im Pufferheader, und auch die Bearbeitung der Inodes läuft ähnlich der Pufferverwaltung ab. Die Inodesperre verhindert, wenn sie gesetzt ist, den Zugriff anderer Prozesse auf die Inode; diese Prozesse wiederum setzen beim Zugriffsversuch ein Flag in der Inode, das signalisiert, daß sie beim Aufheben der Sperre wieder geweckt werden wollen. Der Kern setzt auch noch andere Flags, um Abweichungen zwischen der Platteninode und ihrem Speicherabbild anzuzeigen. Muß der Kern Änderungen in der Datei oder in der Inode dauerhaft festhalten, so schreibt er nach Überprüfung dieser Flags die Speicherinode in die Platteninode zurück.

Der hervorstechendste Unterschied zwischen Speicherinode und Pufferheader besteht im Referenzzähler, der die Anzahl der aktiven Abbilder einer Datei angibt. Eine Inode ist aktiv, wenn ein Prozeß sie zuteilt, wie es z. B. beim Öffnen einer Datei durch *open* geschieht. Eine

Inode befindet sich nur dann in der freien Liste, wenn ihr Referenzzähler 0 ist, der Kern die Speicherinode also für eine andere Platteninode wiederverwenden kann. Die freie Liste der Inodes dient als Depot für nicht aktive Inodes: Versucht ein Prozeß den Zugriff auf eine Datei, deren Inode sich nicht aktuell im Speicher befindet, so ordnet der Kern eine Speicherinode aus der freien Liste dafür zu. Ein Puffer dagegen verfügt über keinen Referenzzähler; er befindet sich nur in der freien Liste, wenn er nicht gesperrt ist.

4.1.2 Zugriff auf Inodes

Der Kern identifiziert eine bestimmte Inode über Dateisystem und Inodenummer und weist ihr bei Anforderung durch einen Algorithmus höherer Ebene eine Speicherinode zu. Der Algorithmus *iget* teilt die Speicherkopie einer Inode zu (Abbildung 4.3); er ist fast völlig identisch mit dem Algorithmus *getblk* zum Auffinden eines Plattenblocks im Blockdepot. Der Kern ermittelt über Gerätenummer und Inodenummer eine Hashqueue und sucht darin nach der Inode. Kann er sie nicht finden, so weist er eine Inode aus der freien Liste zu und sperrt sie. Dann bereitet der Kern das Lesen der ermittelten Inode in den zugeteilten Speicherplatz vor. Inodenummer und logische Gerätenummer sind bereits bekannt, der Kern ermittelt nur noch den logischen Plattenblock, der die Inode enthält, wozu er wissen muß, wieviele Platteninodes in einen Plattenblock passen. Die Berechnung hierfür erfolgt nach der Formel

```
        Blocknummer = ((Inodenummer - 1)
    / Anzahl der Inodes pro Block + Startblock der Inodeliste
```

wobei die Division nur den ganzzahligen Teil des Quotienten zurückgibt. Nehmen wir dazu als Beispiel einmal an, die Inodeliste beginnt bei Block 2 und jeder Block faßt 8 Inodes; jetzt befindet sich Inode 8 in Block 2 und Inode 9 im Plattenblock 3. Gehen wir von 16 Inodes pro Block aus, dann befinden sich Inode 8 und 9 im Plattenblock 2, Inode 17 wäre die erste Inode von Plattenblock 3.

Sind dem Kern nun Geräte- und Plattenblocknummer bekannt, so liest er den gewünschten Block über den Algorithmus *bread* (Kapitel 2) ein und verwendet dann die folgende Formel zum Ermitteln des Byteoffsets der Inode im Block:

```
        ((Inodenummer - 1) modulo (Anzahl der Inodes pro Block)) * Größe der Platteninode
```

Belegt eine Platteninode z. B. 64 Bytes bei 8 Inodes pro Plattenblock, dann beginnt Inode 8 bei Offset 448 im Plattenblock. Der Kern entnimmt die Speicherinode aus der freien Liste, stellt sie in die richtige Hashqueue und setzt ihren Referenzzähler auf 1. Sodann kopiert er Dateityp, Eigentümerangaben, Zugriffsrechte, Verweiszähler, Dateigröße und das Inhaltsverzeichnis von der Platteninode in die Speicherinode und gibt diese gesperrt zurück.

Der Kern bearbeitet Inodesperre und Referenzzähler unabhängig voneinander. Die Sperre wird während der Ausführung eines Systemaufrufs gesetzt, um andere Prozesse am Zugriff auf die Inode zu hindern, während sie in Bearbeitung ist und möglicherweise nicht vollständig aktualisierte Daten enthält. Bei Beendigung des Systemaufrufs hebt der Kern die Sperre wieder auf: eine Inode bleibt nie über einen Sytemaufruf hinaus gesperrt. Der Kern erhöht außerdem den Referenzzähler für jeden aktiven Zugriff auf eine Datei. In Kapitel 5.1 werden wir z. B. sehen, daß der Kern den Inodereferenzzähler erhöht, sobald ein Prozeß eine Datei mit *open* eröffnet. Entsprechend erniedrigt sich der Referenzzähler, wenn der Zugriff deaktiviert wird, also z. B. ein Prozeß eine Datei mit *close* abschließt. Der Referenzzähler bleibt somit über viele Systemaufrufe hinweg gesetzt. Zwischen den einzelnen Systemaufrufen ist die Sperre aufgehoben, mehrere Prozesse können gleichzeitig auf eine Datei zugreifen; der Referenzzähler bleibt dabei jedoch gesetzt, um zu verhindern, daß der Kern eine aktive Speicherinode anderweitig zuweist. Der Kern kann also eine zugeordnete Inode ohne Rücksicht auf den Inhalt des Referenzzählers sperren und entsperren; zum Zuordnen bzw. Freigeben von Inodes dienen, wie wir in Kapitel 5 sehen werden, andere Systemaufrufe als *open*.

```
algorithm iget
input:  file system inode number
output: locked inode
{
        while (not done)
        {
                if (inode in inode cache)
                {
                        if (inode locked)
                        {
                                sleep (event inode becomes unlocked);
                                continue;       /* loop back to while */
                        }
                        /* special processing for mount points (Chapter 5) */
                        if (inode on inode free list)
                                remove from free list;
                        increment inode reference count;
                        return (inode);
                }

                /* inode not in inode cache */
                if (no inodes on free list)
                        return(error);
                remove new inode from free list;
                reset inode number and file system;
                remove inode from old hash queue, place on new one;
                read inode from disk (algorithm bread);
                initialize inode (e.g. reference count to 1);
                return(inode);
        }
}
```

Abb. 4.3: Algorithmus für die Zuordnung von Speicherinodes

Wir kehren nun noch einmal zum Algorithmus *iget* zurück. Versucht der Kern, eine Inode aus der freien Liste zu entnehmen, und ist die freie Liste leer, so gibt er eine Fehlermeldung zurück. Hier unterscheidet sich die Vorgehensweise des Kerns von der Strategie für die Plattenpuffer, bei der ein Prozeß bis zum Freiwerden eines Puffers in Schlaf versetzt wird: Die Steuerung der Zuordnung von Inodes erfolgt durch Prozesse auf Benutzerebene über die Aufrufe *open* und *close*, der Kern kann also nicht absolut sicher sein, ob und wann eine

Inode frei wird. Folglich könnte ein Prozeß, der zum Warten auf eine verfügbare Inode in Schlaf versetzt wird, nie wieder aufwachen. Anstelle nun einen solchen Prozeß hängenzulassen, läßt der Kern den Systemaufruf mißlingen. Bei Puffern dagegen haben Prozesse solche Steuerungsmöglichkeiten nicht: Da kein Prozeß einen Puffer über die Dauer eines Systemaufrufs hinaus sperren kann, ist der Kern sicher, daß bald wieder ein Puffer verfügbar sein wird; der Prozeß kann also bis zu diesem Zeitpunkt in Schlaf versetzt werden.

In den vorausgehenden Abschnitten befaßten wir uns mit dem Fall der Zuordnung einer Inode durch den Kern, die sich nicht im Inodedepot befand. Befindet sich die Inode dagegen im Depot, so findet sie Prozeß A in der entsprechenden Hashqueue und prüft, ob sie augenblicklich durch einen anderen Prozeß B blockiert ist. Ist die Inode gesperrt, so setzt Prozeß A ein Flag in der Speicherinode zur Anzeige, daß er auf ihr Freiwerden wartet, und schläft ein. Gibt Prozeß B später die Inode wieder frei, so weckt er alle Prozesse (einschließlich Prozeß A), die auf ihr Freiwerden warten. Ist Prozeß A schließlich einmal in der Lage, die Inode zu benutzen, so sperrt er sie seinerseits, damit andere Prozesse sie nicht zuordnen können. War der Referenzzähler der Inode bisher 0, so befindet sie sich auch in der freien Liste, der Kern muß sie also daraus entnehmen: die Inode ist jetzt nicht mehr frei. Der Kern erhöht den Inodereferenzzähler und gibt die gesperrte Inode zurück.

Zusammenfassend können wir sagen, daß *iget* am Anfang einer Reihe von Systemaufrufen steht, wenn ein Prozeß erstmals auf eine Datei zugreift. Der Algorithmus gibt eine gesperrte Inodestruktur mit einem um eins erhöhten Referenzzähler zurück. Die Speicherinode enthält Änderungsinformationen hinsichtlich des Dateizustands. Der Kern gibt die Inode vor Rückkehr aus dem Systemaufruf wieder frei, damit andere Aufrufe, falls gewünscht, ihrerseits darauf zugreifen können. Kapitel 5 behandelt diese Fälle genauer.

4.1.3 Freigabe von Inodes

Gibt der Kern eine Inode frei (Algorithmus *iput*, Abbildung 4.4), so erniedrigt er ihren Referenzzähler. Fällt dieser Zähler auf 0 zurück, so schreibt der Kern die Speicherinode auf Platte zurück, falls das Speicherabbild vom Platteninhalt abweicht. Eine solche Abweichung tritt auf, wenn die Datei verändert wird, wenn sich der Zeitpunkt des Zugriffs ändert oder wenn Besitzer bzw. Zugriffsrechte verändert werden. Der Kern stellt die Inode zurück in die freie Liste der Inodes, sie wird praktisch zwischengespeichert für den Fall, daß wieder ein Zugriff auf sie erfolgt. Außerdem kann der Kern noch alle Datenblöcke der Datei und auch die Inode endgültig freigeben, wenn die Anzahl der Verweise auf die Datei 0 ist.

4.2 Struktur einer gewöhnlichen Datei

Wie bereits erwähnt enthält die Inode ein Inhaltsverzeichnis zum Auffinden der Daten einer Datei auf der Platte. Da jeder Datenblock auf der Platte über eine Nummer adressierbar ist, besteht das Inhaltsverzeichnis aus einem Satz von Blocknummern. Würden die Daten in einem zusammenhängenden Bereich auf der Platte gespeichert (d. h., die Datei würde eine lineare Folge von Plattenblöcken belegen), so würde es für den Zugriff auf alle Daten einer Datei genügen, einfach die Adresse des Startblocks und die Dateigröße in der Inode zu speichern. Allerdings würde eine solche Zuteilungsstrategie einfaches Vergrößern und Verkleinern von Dateien ohne die Gefahr des Zerstückelns von freiem Speicherplatz auf der Platte verhindern. Außerdem müßte der Kern für eine Datei zusammenhängenden Speicherplatz zuordnen bzw. reservieren, bevor er Operationen zuläßt, die eventuell die Dateigröße erhöhen.

```
algorithm iput                /* release (put) access to in—core inode */
input:  pointer to in—core inode
output: none
{
        lock inode if not already locked;
        decrement inode reference count;
        if (reference count == 0)
        {
                if (inode link count == 0)
                {
                        free disk blocks for file (algorithm free, section 4.7);
                        set file type to 0;
                        free inode (algorithm ifree, section 4.6);
                }
                if (file accessed or inode changed or file changed)
                        update disk inode;
                put inode on free list;
        }
        release inode lock;
}
```

Abb. 4.4: Freigeben einer Inode

Gehen wir zum Beispiel davon aus, daß ein Benutzer drei Dateien A, B und C erzeugt. Jede Datei besteht aus 10 Blöcken, das System hat den Platz jeder Datei zusammenhängend reserviert. Will nun der Benutzer an die mittlere Datei 5 Blöcke anfügen, so muß das System die Datei B an eine Stelle im Dateisystem kopieren, die Platz für 15 zusammenhängende Blöcke hat. Abgesehen vom Aufwand für eine solche Operation ist auch der bisher von der Datei B belegte Platz nur dann für neue Dateien verwendbar, wenn diese kleiner oder gleich 10 Blöcken sind (Abbildung 4.5). Der Kern könnte natürlich durch das periodische Durchführen von „Sammelprozeduren" die Zersplitterung des Plattenspeichers minimieren und den verfügbaren Speicherplatz möglichst kompakt halten, doch wäre dies ein neuerlicher Aderlaß an Rechnerleistung.

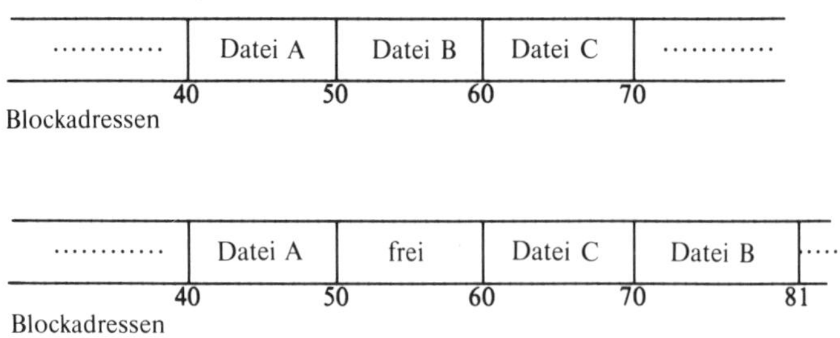

Abb. 4.5: Zuteilung von zusammenhängendem und Zerstückelung von freiem Speicherplatz

Aus Gründen der größeren Flexibilität ordnet der Kern nur jeweils einen Block Speicher zu und gestattet die Verteilung der Daten einer Datei über das gesamte Dateisystem. Dieser Zuordnungsmechanismus erschwert jedoch das Auffinden der Daten. Das Inhaltsverzeichnis könnte aus einer Folge von Blocknummern bestehen, also den Nummern der Blöcke, die die Daten der Datei enthalten; eine einfache Überlegung zeigt jedoch, daß eine lineare Folge von Blocknummern in der Inode schwierig zu handhaben ist. Enthält ein logischer Block 1K Bytes, dann benötigt eine Datei von 10K Bytes einen Index von 10 Blocknummern, eine Datei von 100K Größe benötigt jedoch einen Index von 100 Blocknummern. Die Folge ist entweder eine entsprechend der Dateigröße variable Größe der Inode oder eine relativ niedrige Grenze für die Dateigröße ganz allgemein.

Um die Struktur der Inodes klein zu halten und dennoch große Dateien zuzulassen, ist das Inhaltsverzeichnis der Plattenblöcke nach Abbildung 4.6 aufgebaut. UNIX System V läuft zwar mit einer Größe von 13 Einträgen im Inhaltsverzeichnis einer Inode, doch das Prinzip der Vorgehensweise ist unabhängig von der Zahl dieser Einträge. Die mit „direkt" gekenn-

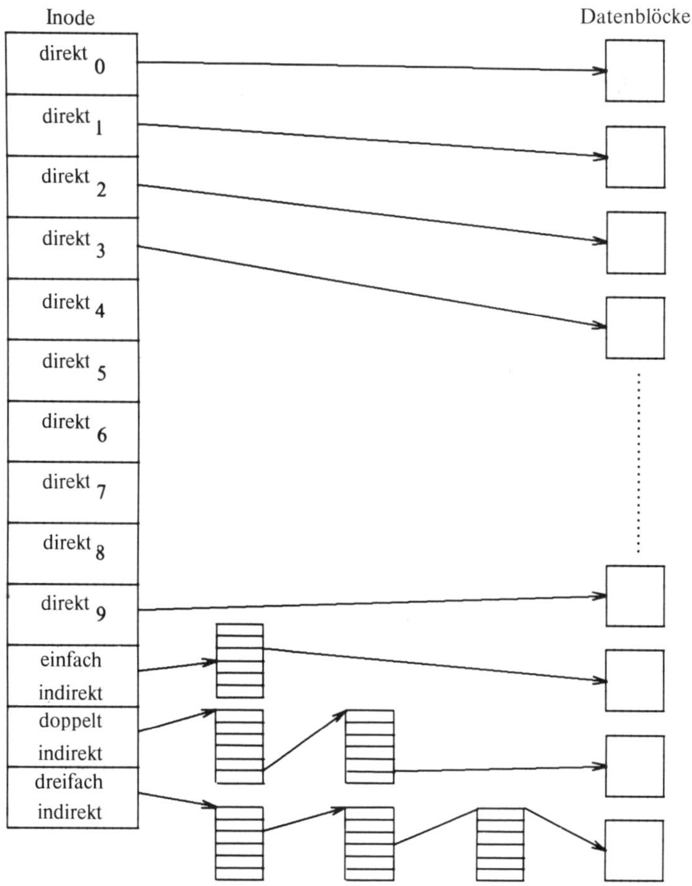

Abb. 4.6: direkte und indirekte Blöcke in einer Inode

zeichneten Blöcke in der Abbildung enthalten die Nummern der Plattenblöcke mit tatsächlichen Daten. Die Blöcke mit der Kennung „einfach indirekt" verweisen auf Blöcke, die ihrerseits eine Reihe von direkten Blocknummern enthalten. Beim Zugriff auf Daten über einen indirekten Block muß der Kern zuerst diesen indirekten Block lesen, den passenden direkten Blockeintrag ermitteln und dann diesen Block lesen. Blöcke mit dem Kennzeichen „doppelt indirekt" enthalten dagegen eine Liste indirekter Blocknummern, Blöcke mit dem Kennzeichen „dreifach indirekt" eine Liste von doppelt indirekten Blocknummern.

Im Prinzip könnte diese Methode auf „vierfach indirekt", „fünffach indirekt" usw. erweitert werden, doch hat sich die gezeigte Struktur in der Praxis als ausreichend erwiesen. Gehen

10 direct blocks with 1K bytes each =	10K bytes
1 indirect block with 256 direct blocks =	256K bytes
1 double indirect block with 256 indirect blocks =	64M bytes
1 triple indirect block with 256 double indirect blocks =	16G bytes

Abb. 4.7: Kapazität einer Datei bei einer Blockgröße von 1K Bytes

```
algorithm bmap     /* block map of logical file byte offset to file system block */
input:  (1) inode
        (2) byte offset
output: (1) block number in file system
        (2) byte offset into block
        (3) bytes of I/O in block
        (4) read ahead block number
{
    calculate logical block number in file from byte offset;
    calculate start byte in block for I/O;          /* output 2 */
    calculate number of bytes to copy to user;      /* output 3 */
    check if read-ahead applicable, mark inode;     /* output 4 */
    determine level of indirection;
    while (not at necessary level of indirection)
    {
        calculate index into inode or indirect block from
                logical block number in file;
        get disk block number from inode or indirect block;
        release buffer from previous disk read, if any (algorithm brelse);
        if (no more levels of indirection)
            return (block number);
        read indirect disk block (algorithm bread);
        adjust logical block number in file according to level of indirection;
    }
}
```

Abb. 4.8: Umwandlung von Byteoffset in Blocknummern

wir von der Annahme aus, daß ein logischer Block im Dateisystem 1K Bytes enthält und die Blocknummer eine 32-Bit Integerzahl (4 Bytes) darstellt, so kann ein Block bis zu 256 Blocknummern aufnehmen. Als maximale Größe einer Datei ergibt sich dann (Abbildung 4.7) bei 10 direkten, 1 indirekten, 1 doppelt indirekten und 1 dreifach indirekten Block in der Inode ein Bereich von 16 Gigabytes. Da die Dateigrößenangabe in der Inode auf 32 Bits beschränkt ist, ergibt sich jedoch eine tatsächliche Maximalgröße von 4 Gigabytes (2^{32}) pro Datei.

Prozesse greifen auf die Daten in einer Datei über die Offsetangabe zu. Sie arbeiten mit Bytezählern und betrachten die Datei als fortlaufenden Datenstrom beginnend bei Adresse 0 und endend bei Erreichen der Dateigröße. Der Kern wandelt diesen Benutzerzugriff auf Bytes in einen Blockzugriff um: Die Datei beginnt bei Blocknummer 0 und endet bei einer Blocknummer, die der Dateigröße entspricht. Der Kern greift dazu auf die Inode zu und verwandelt den logischen Dateiblock in den entsprechenden Plattenblock. Abbildung 4.8 zeigt den Algorithmus *bmap* zur Umandlung des Byteoffsets einer Datei in einen physikalischen Plattenblock.

Betrachten wir den Blockaufbau einer Datei in Abbildung 4.9 und nehmen wir dazu an, daß ein Plattenblock 1024 Bytes enthält. Will ein Prozeß auf Byte 9000 zugreifen, so errechnet der Kern, daß sich dieses Byte im direkten Block 8 (beginnend mit 0) der Datei befindet. Er greift sodann auf Block 367 zu; Byte 808 in diesem Block (ebenfalls beginnend mit 0) ist dann das gesuchte Byte 9000 der Datei. Will ein Prozeß auf Byte 350.000 in der Datei zugreifen, so muß er dazu den doppelt indirekten Block mit Nummer 9156 benutzen. Da ein indirekter Block Platz für 256 Blocknummern hat, ist das erste darüber erreichbare Byte 272.384 (256K + 10K); Byte 350.000 der Datei ist also Byte 77.616 des doppelt indirekten Blocks. Da jeder indirekte Block Zugriff auf 256K Bytes ermöglicht, muß sich Byte 350.000 im indirekten Block 0 des doppelt indirekten Blocks befinden - das ist Blocknummer 331. Jeder direkte Block, der über den indirekten Block erreichbar ist, enthält wiederum 1K Bytes, Byte 77.616 des indirekten Blocks befindet sich also in Block 75 - das ist Blocknummer 3333. An der Stelle 816 im Block 3333 befindet sich dann schließlich das gesuchte Byte 350.000.

Bei genauerem Hinsehen entdecken wir in Abbildung 4.9, daß einige Blockeinträge in der Inode den Wert 0 enthalten; dies bedeutet, daß der entsprechende logische Block keine Daten enthält. Dieser Fall tritt ein, wenn noch kein Prozeß Daten an einen Dateioffset geschrieben hat, der diesen Blöcken entspricht, die Blocknummern also noch auf dem Anfangswert 0 stehen. Für solche Blöcke wird kein Plattenplatz benötigt bzw. verschwendet. Wie wir im nächsten Kapitel sehen werden, können Prozesse mit den Systemaufrufen *lseek* und *write* einen solchen Blockaufbau in einer Datei erzeugen. Das nächste Kapitel behandelt außerdem die Vorgehensweise des Kerns bei einem *read*-Aufruf auf solche Blöcke.

Die Umsetzung eines großen Byteoffsets, besonders wenn sie über einen dreifach indirekten Block erfolgt, ist eine langwierige Prozedur, die einen Zugriff des Kerns auf drei Plattenblöcke zusätzlich zur Inode und zum Datenblock erfordern kann. Selbst wenn der Kern die Blöcke im Blockdepot antrifft, ist die Operation noch aufwendig, da der Kern mehrfache Anforderungen an das Blockdepot machen und eventuell auf gesperrte Puffer warten (schlafen) muß. Wie effektiv ist der Algorithmus nun in der Praxis? Das hängt im wesentlichen davon ab, ob der Kern durch Systemnutzung, Zusammensetzung der Benutzergemeinde und Jobmix häufiger auf große oder kleine Dateien zugreifen muß. Es wurde jedoch beobachtet [Mullender 84], daß die meisten Dateien in UNIX-Systemen kleiner als 10K

Bytes sind und viele Dateien sogar weniger als 1K Bytes[1] enthalten. Da 10K Bytes des Speicherplatzes einer Datei in direkten Blöcken abgelegt werden können, sind die meisten Daten über nur einen Plattenzugriff erreichbar. So ist trotz des aufwendigen Zugriffs bei großen Dateien die Bearbeitung normal großer Dateien sehr schnell.

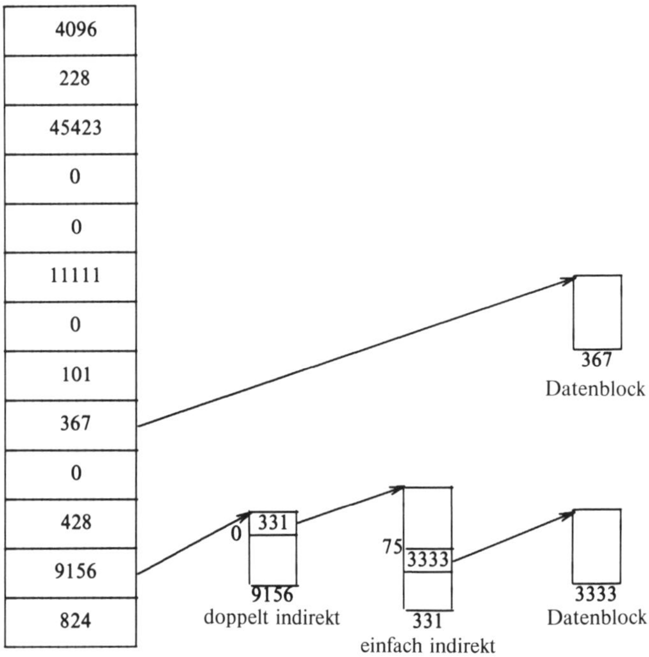

Abb. 4.9: Blockaufbau einer Beispieldatei und ihrer Inode

Zwei Erweiterungen der vorbeschriebenen Inodestruktur versuchen einen Vorteil aus den typischen Eigenschaften der Dateistruktur zu ziehen. Eine grundsätzliche Erwägung in der Implementierung des Dateisystems von UNIX 4.2 BSD [McKusick 84] ist: je mehr Daten der Kern in einer einzigen Plattenoperation erreichen kann, desto schneller wird der Dateizugriff. Dies ist ein Argument für die Verwendung größerer logischer Plattenblöcke, und die Berkeley-Implementierung erlaubt auch logische Blockgrößen von 4K bzw. 8K Bytes. Doch größere Blocklängen auf der Platte erhöhen den Verschnitt, lassen große Bereiche der Platte ungenutzt. Belegt eine Datei bei einer logischen Blockgröße von 8K Bytes insgesamt 12K, so wird dazu der erste Block ganz, der zweite Block jedoch nur zur Hälfte benötigt. Die andere Hälfte des zweiten Blocks (4K Bytes) wird verschenkt; keine andere Datei kann diesen Platz verwenden. Verhalten sich die Dateigrößen so, daß die Anzahl der Bytes im letzten Block gleichmäßig verteilt ist, dann beträgt der durchschnittliche Verschnitt

[1] Von einem Beispiel mit 19.978 Dateien sagen Mullender und Tannenbaum, daß etwa 85% der Dateien kleiner als 8K Bytes und 48% der Dateien kleiner als 1K Bytes waren. Obwohl diese Prozentsätze sich natürlich von Rechner zu Rechner unterscheiden werden, sind sie doch für viele UNIX-Systeme repräsentativ.

einen halben Block pro Datei; der Anteil dadurch verlorenen Speicherplatzes kann in Dateisystemen mit einer logischen Blockgröße von 4K Bytes bis zu 45% betragen [McKusick 84]. Die Berkeley-Implementierung begegnet dieser Situation durch die Zuteilung von *Blockfragmenten* für die letzten Daten einer Datei. Ein Plattenblock kann dabei Fragmente aus mehreren Dateien enthalten. Eine Übung in Kapitel 5 zeigt einige Einzelheiten dieser Implementierung.

Die zweite Erweiterung der hier beschriebenen klassischen Inodestruktur ist das Speichern der Daten direkt in der Inode (siehe [Mullender 84]). Durch Erweitern der Inode auf einen ganzen Plattenblock wird nur mehr ein kleiner Teil des Blocks für die eigentliche Inodestruktur benötigt, der Rest kann in vielen Fällen die ganze Datei aufnehmen, sonst jedoch zumindest das Ende der Datei. Der Hauptvorteil besteht darin, daß zum Erhalten von Inode und Daten nur ein Plattenzugriff notwendig ist, soweit die gesamte Datei in den Inodeblock paßt.

4.3 Kataloge

Aus Kapitel 1 wissen wir, daß Kataloge die Dateien sind, die dem Dateisystem seine hierarchische Struktur verleihen; sie spielen eine wichtige Rolle beim Umwandeln des Dateinamens in die Inodenummer. Ein Katalog ist eine Datei mit einer Folge von Einträgen, von denen jeder aus einer Inodenummer und dem Namen einer im Katalog enthaltenen Datei besteht. Ein Pfadname ist ein mit Null abgeschlossener Zeichenstring, der durch Schrägstriche („/") in mehrere Komponenten aufgeteilt ist. Jede Komponente mit Ausnahme der letzten muß der Name eines Katalogs sein, die letzte darf jedoch auch ein Katalogname sein. UNIX System V beschränkt die Namen dieser Komponenten auf eine maximale Länge von 14 Zeichen; einschließlich der 2 Bytes langen Inodenumer ergibt sich daraus ein Katalogeintrag von 16 Bytes.

In Abbildung 4.10 sehen wir den Aufbau des Katalogs „etc". Jeder Katalog enthält die Dateinamen Punkt und Punkt-Punkt („." und „.."), deren Inodenummern die des Katalogs selbst und seines Vaterkatalogs darstellen. Die Inodenummer für „." von „/etc" befindet sich bei Offset 0 in der Datei, ihr Inhalt ist 83; die Inodenumer für „.." befindet sich bei Offset 16, ihr Inhalt ist 2. Katalogeinträge können leer sein, erkennbar durch eine Inodenummer 0. So ist zum Beispiel der Eintrag an Adresse 224 in „/etc" leer, obwohl sich hier einmal ein Eintrag für die Datei „crash" befand. Das Programm *mkfs* initialisiert das Dateisystem so, daß „." und „.." des Wurzelkatalogs die Nummer der Wurzelinode des Dateisystems erhalten.

Der Kern speichert die Daten eines Katalogs ebenso wie die Daten einer gewöhnlichen Datei, also über die Inodestruktur und die verschiedenen Ebenen direkter und indirekter Blöcke. Prozesse können Kataloge genau wie normale Dateien lesen, doch der Kern reserviert sich das ausschließliche Recht, in Kataloge zu schreiben, wodurch deren korrekte Struktur gewährleistet wird. Die Zugriffsrechte für einen Katalog haben folgende Bedeutung: Lesezugriff gestattet einem Prozeß das Lesen eines Katalogs; Schreibzugriff gestattet einem Prozeß das Erzeugen neuer Katalogeinträge sowie das Entfernen alter Einträge (über die Systemaufrufe *creat*, *mknod*, *link* und *unlink*), wodurch der Inhalt des Katalogs verändert wird; das Ausführungsrecht gestattet einem Prozeß das Durchsuchen des Katalogs nach einem bestimmten Dateinamen (es ist ja sinnlos, einen Katalog auszuführen). Übung 4.6 zeigt den Unterschied zwischen Katalogiesen und Katalogsuche auf.

Byte-Offset im Katalog	Inodenummer (2 Bytes)	Dateinamen
0	83	.
16	2	..
32	1798	init
48	1276	fsck
64	85	clri
80	1268	motd
96	1799	mount
112	88	mknod
128	2114	passwd
144	1717	umount
160	1851	checklist
176	92	fsdblb
192	84	config
208	1432	getty
224	0	crash
240	95	mkfs
256	188	inittab

Abb. 4.10: Katalogaufbau für /etc

4.4 Konvertierung eines Pfadnamens in eine Inode

Der erstmalige Zugriff auf eine Datei erfolgt über ihren Pfadnamen wie z. B. in den Systemaufrufen *open*, *chdir* (Wechseln des Katalogs = change directory) oder *link*. Da der Kern intern jedoch mit Inodes anstelle von Pfadnamen arbeitet, konvertiert er für den Dateizugriff diese Pfadnamen in Inodes. Der Algorithmus *namei* geht dazu den Pfadnamen schrittweise durch, wandelt jede einzelne Komponente über ihren Namen und den durchsuchten Katalog in eine Inode um und gibt schließlich die Inode des Pfadnamens zurück (Abbildung 4.11).

Aus Kapitel 2 wissen wir, daß jeder Prozeß mit einem aktuellen Katalog verbunden ist; der *u-Bereich* enthält dafür die aktuelle Kataloginode. Der aktuelle Katalog für den ersten Prozeß im System, Prozeß 0, ist der Wurzelkatalog. Der aktuelle Katalog jedes anderen Prozesses ist zumindest am Anfang der aktuelle Katalog des jeweiligen Vaterprozesses zum Zeitpunkt der Prozeßerzeugung (siehe Kapitel 5.10). Prozesse können ihren aktuellen Katalog durch Ausführen des Systemaufrufs *chdir* wechseln. Alle Suchvorgänge nach Pfadnamen beginnen beim aktuellen Katalog eines Prozesses, außer der Pfadname beginnt mit einem Schrägstrich, was eine Suche vom Wurzelkatalog weg bewirkt. In beiden Fällen kann der Kern die Inode für den Start der Pfadnamensuche einfach ermitteln: Der aktuelle Katalog steht im *u-Bereich* des Prozesses, die Wurzelinode ist in einer globalen Variablen[2] abgelegt.

2 Ein Prozeß kann den Aufruf *chroot* ausgeben, um für sich die Wurzel des Dateisystems zu ändern. Die geänderte Wurzel wird im *u-Bereich* festgehalten.

```
algorithm namei          /* convert path name to inode */
input:  path name
output: locked inode
{
        if (path name starts from root)
                working inode = root inode (algorithm iget);
        else
                working inode = current directory inode (algorithm iget);

        while (there is more path name)
        {
                read next path name component from input;
                verify that working inode is of directory, access permissions OK;
                if (working inode is of root and component is "..")
                        continue;          /* loop back to while */
                read directory (working inode) by repeated use of algorithms
                        bmap, bread and brelse;
                if (component matches an entry in directory (working inode))
                {
                        get inode number for matched component;
                        release working inode (algorithm iput);
                        working inode = inode of matched component (algorithm iget);
                }
                else        /* component not in directory */
                        return (no inode);
        }
        return (working inode);
}
```

Abb. 4.11: Algorithmus zur Umwandlung von Pfadnamen in Inodes

Zum Abarbeiten eines Pfadnamens verwendet *namei* zusätzliche Inodes; wir wollen sie als Arbeitsinodes bezeichnen. Die Inode, bei der die Suche beginnt, stellt dann die erste Arbeitsinode dar. Bei jedem Schleifendurchgang in *namei* stellt der Kern sicher, daß die Arbeitsinode zu einem Katalog gehört. Andernfalls würde das System die Regel verletzen, daß Dateien, die keine Kataloge sind, nur Blätter in der Baumstruktur des Dateisystems darstellen können. Außerdem muß der Prozeß das Recht haben, den Katalog zu durchsuchen (Das Leserecht reicht dazu nicht aus). Die Benutzernummer des Prozesses muß mit der Besitzer- oder Gruppennummer der Datei übereinstimmen und das Ausführungsrecht vorhanden sein, oder aber die Datei läßt die Suche durch alle Benutzer zu; in allen anderen Fällen mißlingt die Suche.

Der Kern führt nun eine lineare Suche in der Katalogdatei durch, die mit der Arbeitsinode verbunden ist; gesucht wird dabei nach Übereinstimmung der gerade bearbeiteten Komponente des Pfadnamens mit einem Katalogeintrag. Beginnend bei Offset 0 wird mit *bmap* aus dem jeweiligen Offset im Katalog der passende Plattenblock ermittelt und dieser mit *bread* gelesen. Der Block wird nun auf die Pfadnamenkomponente durchsucht, wobei der ganze Block als Folge von Katalogeinträgen aufgefaßt wird. Trifft der Kern auf eine Übereinstimmung, so hält er die Inodenummer des passenden Katalogeintrags fest, gibt den Block (mit *brelse*) und die alte Arbeitsinode (mit *iput*) frei und ordnet die Inode der gefundenen Pfadnamenkomponente (mit *iget*) neu zu. Diese neue Inode wird nun zur Arbeitsinode. Trifft der Kern auf keine Übereinstimmung, so gibt er den Block frei, erhöht den Offset um die Anzahl der Bytes pro Block, ermittelt über den neuen Offset (mit *bmap*) eine neue Blocknummer und liest den nächsten Block. Dieser Vorgang wird bis zum Übereinstimmen von Pfadnamenkomponente und Katalogeintrag oder bis zum Erreichen des Katalogendes fortgeführt.

Nehmen wir als Beispiel an, ein Prozeß will die Datei „/etc/passwd" eröffnen. Beim Bearbeiten des Dateinamens entdeckt der Kern als erstes den Schrägstrich „/" und holt die Wurzelinode des Systems. Mit der Wurzelinode als Arbeitsinode untersucht der Kern den String „etc". Nach einer Überprüfung, ob die aktuelle Inode die eines Katalogs (/) ist und ob der Prozeß die Berechtigung zum Durchsuchen desselben besitzt, sucht der Kern im Wurzelkatalog nach einer Datei mit Namen „etc": Er greift auf die Daten im Wurzelkatalog Block für Block zu und durchsucht jeden Block Eintrag für Eintrag bis er auf „etc" stößt. Findet der Kern den Eintrag, so gibt er die Inode des Wurzelkatalogs frei (mit *iput*) und ordnet anhand der Inodenummer im gerade gefundenen Eintrag die Inode für „etc" zu (mit *iget*). Nach Feststellung, daß auch „etc" ein Katalog ist und der Prozeß über die nötigen Berechtigungen zur Suche verfügt, durchsucht der Kern „etc" Block für Block nach einem Eintrag für die Datei „passwd". Entsprechend Abbildung 4.10 wird er den Eintrag für „passwd" als neunten Eintrag im Katalog auffinden. Jetzt gibt der Kern die Inode für „etc" wieder frei, ordnet die Inode für „passwd" zu und gibt, da der Pfadname abgearbeitet ist, diese Inode zurück.

Hier stellt sich natürlich die Frage, wie effektiv eine lineare Suche nach den Komponenten des Pfadnamens im Katalog ist. Ritchie hebt hervor (siehe Seite 1968 in [Ritchie 78b]), daß eine lineare Suche an dieser Stelle, da durch die Größe des Katalogs begrenzt, effizient ist. Zudem liefen die ersten UNIX-Installationen nicht auf Rechnern mit großem Arbeitsspeicher, so daß großer Wert auf einfache Algorithmen wie etwa lineare Suche gelegt wurde. Kompliziertere Suchalgorithmen würden auch eine andere und komplexere Struktur des Katalogs erfordern und außerdem bei Verwendung kleiner Kataloge wahrscheinlich langsamer laufen als die lineare Suche.

4.5 Der Superblock

Wir haben bis hierher in diesem Kapitel die Struktur einer Datei in der Annahme beschrieben, daß die Inode bereits mit einer Datei verbunden ist und auch die Plattenblöcke mit den Daten bereits zugeordnet sind. In den folgenden Abschnitten werden wir nun sehen, wie der Kern Inodes und Plattenblöcke zuordnet. Zum Verständnis dieser Algorithmen sehen wir uns zuerst den Superblock an.

Der Superblock enthält folgende Felder:

- Größe des Dateisystems
- Anzahl der freien Blöcke im Dateisystem
- Liste der freien Blöcke im Dateisystem
- Index auf den nächsten freien Block in dieser Liste
- Größe der Inodeliste
- Anzahl der freien Inodes im Dateisystem
- Liste der freien Inodes im Dateisystem
- Index auf die nächste freie Inode in dieser Liste
- Sperrkennzeichen für die Listen freier Blöcke und Inodes
- Flag für durchgeführte Änderungen im Superblock

Im Rest des Kapitels werden wir die Verwendung dieser Arrays, Indizes und Sperrfelder erläutern. Der Kern schreibt den Superblock, falls er verändert wurde, in periodischen Abständen auf die Platte zurück, so daß er immer mit den aktuellen Daten im Dateisystem übereinstimmt.

4.6 Zuordnung einer Inode für eine neue Datei

Der Kern verwendet den Algorithmus *iget* zum Zuordnen einer bereits bekannten Inode, d. h. einer Inode, deren (Dateisystem und) Inodenummer bereits früher ermittelt wurden. Im Algorithmus *namei* bestimmt der Kern zum Beispiel die Inodenummer durch Vergleich der Pfadnamenkomponenten mit den Namen im Katalog. Ein weiterer Algorithmus, *ialloc*, weist eine Platteninode auf eine neu erzeugte Datei zu.

Das Dateisystem enthält, wie bereits in Kapitel 2 erwähnt, eine lineare Liste von Inodes. Eine Inode ist dann frei, wenn ihr Typ Null ist. Benötigt ein Prozeß eine neue Inode, so könnte der Kern theoretisch in der Inodeliste nach einer freien Inode suchen. Eine solche Suche wäre jedoch aufwendig, benötigt sie doch mindestens eine Leseoperation (möglicherweise sogar von der Platte) für jede Inode. Um die Leistung zu erhöhen enthält deshalb der Superblock des Dateisystems ein Array zur Speicherung der freien Inodenummern im Dateisystem.

Abbildung 4.12 zeigt den Algorithmus *ialloc* zum Zuordnen neuer Inodes. Aus Gründen, die wir später sehen werden, prüft der Kern zuerst, ob kein anderer Prozeß den Zugriff auf die Liste freier Inodes des Superblocks gesperrt hat. Ist die Liste der Inodenummern im Superblock nicht leer, so weist der Kern die nächste Inodenummer zu, ordnet mit *iget* eine freie Speicherinode für die neu zugewiesene Platteninode zu (nötigenfalls wird die Inode von der Platte gelesen), kopiert die Platteninode in die Speicherinode, initialisiert die Datenbereiche der Inode und gibt sie gesperrt zurück. Er verändert außerdem die Platteninode, um anzuzeigen, das sie gerade in Benutzung ist: Ein Dateityp ungleich Null gibt an, daß die Inode zugeordnet ist. Im einfachsten Fall erhält der Kern auf diese Weise eine passende Inode, doch es gibt, wie hier kurz erklärt werden soll, etliche Wettlaufbedingungen, die aufwendigere Überprüfungen erfordern. Oberflächlich gesprochen entsteht eine Wettlaufbedingung, wenn mehrere Prozesse gemeinsame Datenstrukturen so verändern, daß die daraus entstehenden Ergebnisse von der Reihenfolge der Ausführung dieser Prozesse abhängen, obwohl alle beteiligten Prozesse die Sperrbedingungen eingehalten haben. Zum Beispiel schließen wir hier die Möglichkeit mit ein, daß ein Prozeß eine bereits verwendete Inode erhält. Wettlaufbedingungen sind eng verwandt mit dem bereits in Kapitel 2 angesprochenen Problem des gegenseitigen Ausschlusses. Die verwendeten Sperralgorithmen lösen zwar das Ausschlußproblem, sind jedoch möglicherweise nicht in der Lage, alle auftretenden Wettlaufbedingungen aufzulösen.

Ist die Liste der freien Inodes im Superblock leer, so sucht der Kern auf der Platte und überträgt möglichst viele freie Inodenummern in den Superblock. Der Kern liest dazu die Inodeliste auf der Platte Block für Block, füllt die Liste der Inodenumern im Superblock bis zur Obergrenze auf und merkt sich die höchste gefundene Inodenummer. Wir nennen diese Inode einfach „Erinnerungsinode“; sie ist die letzte im Superblock enthaltene. Sucht der Kern das nächste Mal auf der Platte nach freien Inodes, so verwendet er die Erinnerungsinode als Startpunkt für die Suche und stellt dadurch sicher, daß kein Zeitverlust durch das Lesen von Plattenblöcken entsteht, in denen keine freien Inodes enthalten sein sollten. Nach diesem Zusammensammeln eines neuen Satzes freier Inodenummern beginnt die Inodezuordnung wieder von vorne. Nach jeder Zuordnung einer Platteninode erniedrigt der Kern den im Superblock enthaltenen Zähler freier Inodes.

```
algorithm ialloc        /* allocate inode */
input:  file system
output: locked inode
{
        while (not done)
        {
                if (super block locked)
                {
                        sleep (event super block becomes free);
                        continue;       /* while loop */
                }
                if (inode list in super block is empty)
                {
                        lock super block;
                        get remembered inode for free inode search;
                        search disk for free inodes until super block full,
                                or no more free inodes (algorithms bread and brelse);
                        unlock super block;
                        wake up (event super block becomes free);
                        if (no free inodes found on disk)
                                return (no inode);
                        set remembered inode for next free inode search;
                }
                /* there are inodes in super block inode list */
                get inode number from super block inode list;
                get inode (algorithm iget);
                if (inode not free after all)       /* !!! */
                {
                        write inode to disk;
                        release inode (algorithm iput);
                        continue;       /* while loop */
                }
                /* inode is free */
                initialize inode;
                write inode to disk;
                decrement file system free inode count;
                return (inode);
        }
}
```

Abb. 4.12: Algorithmus zum Zuordnen neuer Inodes

Sehen wir uns die beiden Paare von Arrays mit freien Inodenummern aus Abbildung 4.13 an. Sieht die Liste freier Inodes im Superblock bei der Zuweisung einer Inode durch den Kern wie das erste Array in Abbildung 4.13(a) aus, so erniedrigt der Kern den Index für die nächste gültige Inodenummer auf 18 und entnimmt Inodenummer 48. Sieht die Liste freier Inodes im Superblock jedoch wie das erste Array in Abbildung 4.13(b) aus, wird der Kern feststellen, daß das Array leer ist, und auf der Platte nach freien Inodes, beginnend mit

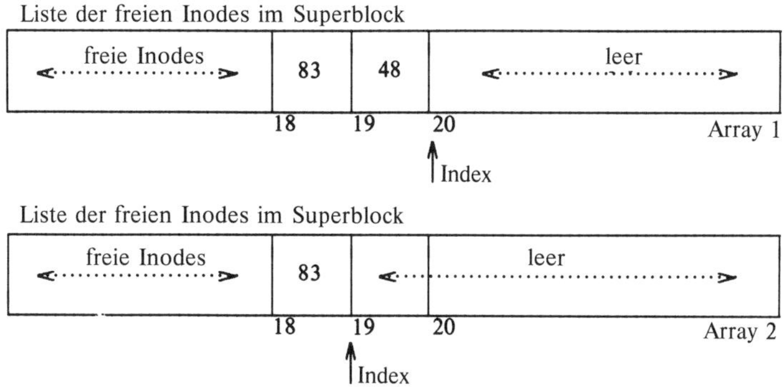

(a) Zuweisen einer freien Inode aus der Mitte der Liste

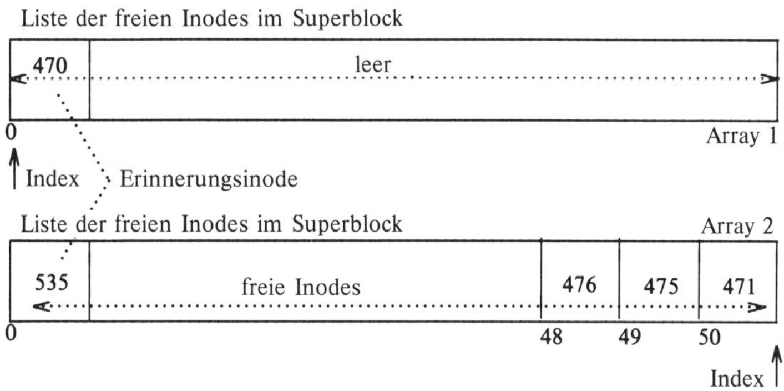

(b) Zuweisen einer freien Inode - Liste im Superblock ist leer

Abb. 4.13: Zwei Arrays mit freien Inodenummern

Inodenummer 470 (der Erinnerungsinode), suchen. Nach dem Auffüllen der freien Liste im Superblock merkt sich der Kern die letzte Inode als Startpunkt für die nächste Suche auf der Platte. Dann weist der Kern eine gerade von der Platte geholte Inode (Nummer 471 in unserer Abbildung) zu und fährt mit seiner bisherigen Arbeit fort.

Der Algorithmus zum Freigeben einer Inode ist wesentlich einfacher. Nach Erhöhen der Anzahl verfügbarer Inodes im Dateisystem prüft der Kern die Sperre auf dem Superblock. Bei gesetzter Sperre vermeidet er Wettlaufbedingungen durch sofortige Rückkehr: Die Inodenummer wird nicht im Superblock abgelegt, sie kann jedoch auf der Platte gefunden und wieder zugeordnet werden. Ist die Liste nicht gesperrt, prüft der Kern, ob Raum für weitere Inodenummern vorhanden ist; falls ja, legt er die Inodenummer in der Liste ab und kehrt zurück. Ist die Liste voll, kann der Kern die freigewordene Inodenummer hier nicht ablegen: Er vergleicht die Nummer der freigegebenen Inode mit der Erinnerungsinode. Ist die freigegebene Inodenummer kleiner als die Nummer der Erinnerungsinode, wird diese Nummer festgehalten und die Nummer der alten Erinnerungsinode aus dem Superblock entfernt. Die Inode ist natürlich nicht verloren, der Kern kann sie durch Suchen in der Inodeliste auf Platte wieder auffinden. Der Kern pflegt die Inodeliste im Superblock so, daß immer die zuletzt aus der Liste freigegebene Inode zur Erinnerungsinode wird. Im Idealfall sollten nie freie Inodes auftreten, deren Nummer niedriger ist als die der Erinnerungsinode, doch Ausnahmen von dieser Regel sind möglich.

Sehen wir uns einmal zwei Beispiele der Freigabe von Inodes an. Ist in der Liste freier Inodes im Superblock mehr Platz für freie Inodenummern als in Abbildung 4.13(a), so speichert der Kern die Inodenummer in dieser Liste, erhöht den Index auf die nächste freie Inode und fährt in seiner Arbeit fort. Ist die Liste freier Inodes dagegen wie in Abbildung 4.15 voll, so vergleicht der Kern die gerade freigegebene Inodenumer mit der Nummer der Erinnerungsinode für die nächste Plattensuche. Wir beginnen mit der freien Inodeliste in Abbildung 4.15(a); gibt der Kern Inode 499 frei, dann macht er 499 zur Erinnerungsinode und streicht Nummer 535 aus der freien Liste. Gibt der Kern jetzt auch noch Inode 601 frei, so ändert er den Inhalt der freien Liste nicht mehr. Sind später einmal die Inodes in der freien Liste des Superblocks aufgebraucht, dann beginnt der Kern die Suche nach freien Inodes auf der Platte mit Inode 499 und trifft wieder auf die Inodes 535 und 601.

Bisher haben wir die einfacheren Fälle für die Anwendung unserer Algorithmen besprochen. Wenden wir uns nun dem Fall zu, daß der Kern eine neue Inode zuweist und dann eine Speicherkopie für diese Inode zuordnet. Der Algorithmus berücksichtigt dabei, daß der Kern eventuell feststellen könnte, daß die Inode bereits zugeordnet war. Obwohl der Fall selten auftritt, zeigt ihn das folgende Szenario (siehe auch die Abbildungen 4.16 und 4.17). Wir gehen von drei Prozessen A, B und C aus und nehmen an, daß der Kern im Auftrag von Prozeß A[3] die Inode I zuweist, aber noch vor deren Kopieren von der Platte in den Speicher einschläft. Die Algorithmen *iget* (aufgerufen von *ialloc*) und *bread* (aufgerufen von *iget*) geben Prozeß A reichlich Möglichkeit zum Einschlafen. Nehmen wir nun weiter an, Prozeß B versucht eine neue Inode zuzuweisen während Prozeß A schläft, stellt aber dabei fest, daß die Liste freier Inodes im Superblock leer ist. Prozeß B sucht nun auf der Platte nach freien Inodes und wir unterstellen, daß er seine Suche nach freien Inodes bei einer

```
algorithm ifree          /* inode free */
input:  file system inode number
output: none
{
        increment file system free inode count;
        if (super block locked)
                return;
        if (inode list full)
        {
                if (inode number less than remembered inode for search)
                        set remembered inode for search = input inode number;
        }
        else
                store inode number in inode list;
        return;
}
```

Abb. 4.14: Algorithmus zum Freigeben von Inodes

[3] Wie auch bereits im vorhergehenden Kapitel bedeutet der Ausdruck „Prozeß" hier „System im Auftrag eines Prozesses".

Inodenummer beginnt, die niedriger ist als die Nummer der Inode, die Prozeß A gerade zuweist. Möglicherweise findet Prozeß B die Inode I noch frei auf der Platte - Prozeß A schläft ja im Augenblick -, und der Kern weiß nicht, daß diese Inode gerade zugewiesen werden soll. Prozeß B beendet in Unkenntnis dieser Gefahr seine Plattensuche, füllt den Superblock mit (irrtümlich) freien Inodes, ordnet eine Inode zu und verschwindet vom Ort des Geschehens. Inode I befindet sich jetzt in der Liste freier Inodenummern im Superblock. Erwacht nun Prozeß A, so vollendet er die Zuweisung der Inode I. Danach benötigt auch noch Prozeß C eine Inode und holt sich zufälligerweise die Inode I aus der freien Liste im Superblock. Beim Zugriff auf das Speicherabbild der Inode findet er den Dateityp gesetzt, was bedeutet, daß die Inode bereits zugeordnet wurde. Der Kern führt eine Prüfung auf diesen Umstand durch, erkennt den Sachverhalt und versucht, eine neue Inode zuzuordnen. Durch das Schreiben der geänderten Inode auf die Platte direkt nach deren Zuordnung in *ialloc* wird die Wahrscheinlichkeit für diese Wettlaufbedingung geringer, denn der Dateityp kennzeichnet die Inode als benützt.

Das Sperren der Inodeliste im Superblock während das Auffüllens von der Platte verhindert noch weitere Wettlaufbedingungen. Wäre die Liste im Superblock nicht gesperrt, könnte ein Prozeß sie leer vorfinden, versuchen, sie von der Platte aufzufüllen, und auch noch beim Warten auf die I/O-Operation einschlafen. Will jetzt noch ein zweiter Prozeß eine neue Inode zuweisen, so trifft er dabei auf die leere Liste. Auch er wird jetzt versuchen, die Liste von der Platte aufzufüllen. Im günstigsten Fall machen beide Prozesse das gleiche und verschwenden nur Rechnerleistung. Schlimmstenfalls jedoch werden die vorbeschriebenen Wettlaufbedingungen noch häufiger. In ähnlicher Weise könnte ein Prozeß ohne Prüfen auf die Sperre der Liste eine Inode freigeben und dabei in der freien Liste bereits

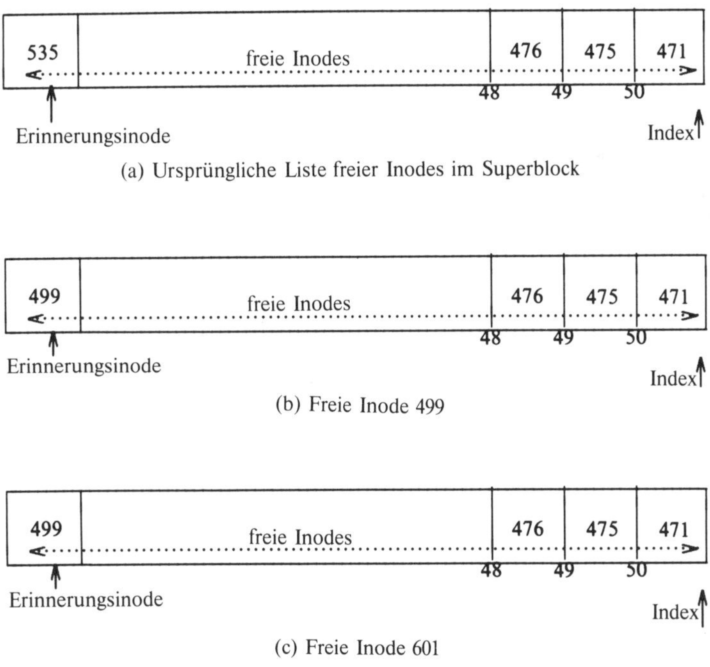

Abb. 4.15: Ablegen freier Inodenummern im Superblock

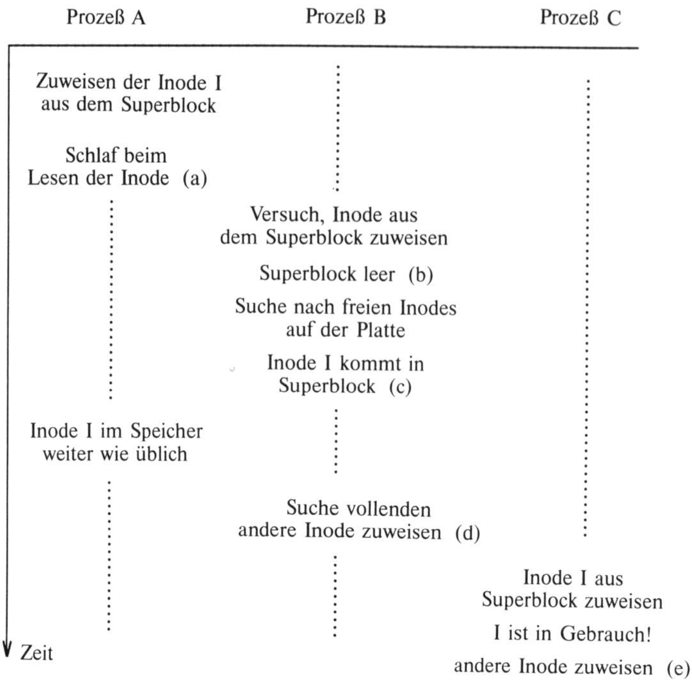

Abb. 4.16: Wettlaufbedingungen beim Zuweisen von Inodes

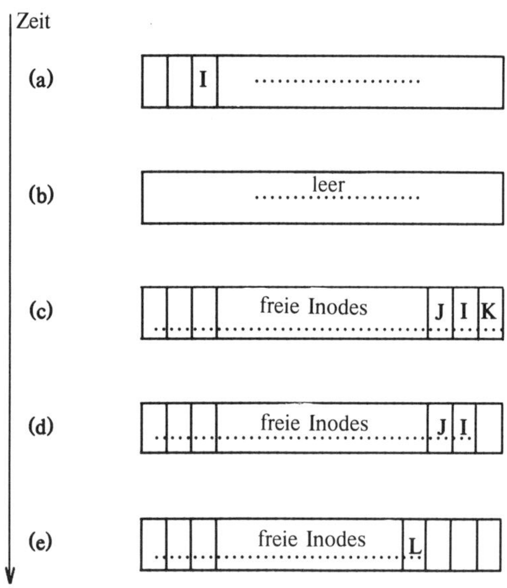

Abb. 4.17: Wettlaufbedingungen beim Zuweisen von Inodes (Fortsetzung)

vorhandene Inodenummern überschreiben, die ein anderer Prozeß gerade zum Auffüllen der Liste von der Platte überträgt. Auch hier würden die beschriebenen Wettlaufbedingungen häufiger auftreten. Obwohl der Kern sie einigermaßen zufriedenstellend auflösen kann, würde doch die Leistung des Systems leiden. Die Verwendung des Sperrmechanismus auf die freie Liste im Superblock verhindert dagegen diese Wettlaufbedingungen völlig.

4.7 Zuordnung von Plattenblöcken

Schreibt ein Prozeß Daten in eine Datei, so muß der Kern Plattenblöcke aus dem Dateisystem für direkte und manchmal auch indirekte Blöcke zuteilen. Der Superblock des Dateisystems enthält ein Array, das zum Zwischenspeichern der Anzahl freier Blöcke im Dateisystem verwendet wird. Das Dienstprogramm *mkfs* (Erzeugen Dateisystem = make file system) organisiert die Datenblöcke eines Dateisystems in einer verketteten Liste so, daß jeder Verweis in der Liste einen Plattenblock darstellt, der ein Array mit Nummern freier Plattenblöcke enthält und ein Eintrag im Array immer die Nummer des nächsten Blocks in der verketteten Liste enthält. Abbildung 4.18 zeigt die verkettete Liste, wobei der erste Block die freie Liste im Superblock darstellt und die anderen Blöcke in der freien Liste weitere freie Blocknummen enthalten.

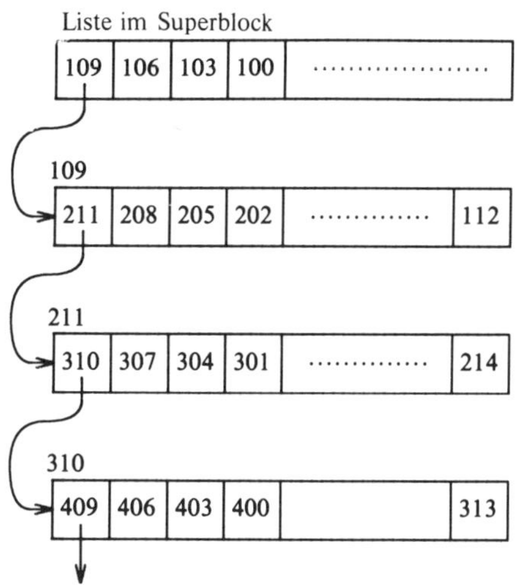

Abb. 4.18: Verkettete Liste freier Plattenblocknummern

Will der Kern einen Block aus dem Dateisystem zuteilen (Algorithmus *alloc*, Abbildung 4.19), so benutzt er dazu den ersten verfügbaren Block aus der Liste im Superblock. Einmal zugeteilt, kann der Block erst wieder neu zugeteilt werden, wenn er vorher freigegeben wurde. Ist der zugeteilte Block der letzte verfügbare im Superblock, so behandelt ihn der Kern als Pointer auf einen weiteren Block mit einer Liste freier Blöcke. Er liest diesen Block, füllt das Array im Superblock mit der neuen Liste von Blocknummern auf und fährt dann mit der Bearbeitung der ursprünglichen Blocknummer fort. Er teilt einen Puffer für den Block zu und löscht den Pufferinhalt (durch Überschreiben mit Nullen). Jetzt ist der

Plattenblock zugeordnet und der Kern hat einen Puffer, um damit zu arbeiten. Verfügt das Dateisystem über keine freien Blöcke mehr, so erhält der aufrufende Prozeß eine Fehlermeldung.

Schreibt ein Prozeß mit *write* eine große Datenmenge in eine Datei, so fordert er vom System wiederholt Blöcke zum Abspeichern der Daten an, erhält aber vom Kern immer nur einen Block zugeteilt. Das Programm *mkfs* versucht die ursprüngliche verkettete Liste freier Blocknummern so anzulegen, daß die für eine Datei vergebenen Blocknummern möglichst nahe beieinander liegen. Dies steigert die Systemleistung durch verminderte Plattensuch- und Wartezeiten, falls ein Prozeß eine Datei sequentiell liest. Abbildung 4.18 zeigt die Blocknummern in regelmäßiger Reihenfolge, bestimmt beispielsweise durch die Umdrehungsgeschwindigkeit des Plattenlaufwerks. Unglücklicherweise wird durch starke Nutzung die ursprüngliche Reihenfolge der Blocknummern in der verketteten Liste freier Blöcke zerstört, z. B. wenn Prozesse Dateien beschreiben oder löschen, denn das Kommen und Gehen der Blocknummern in der freien Liste hängt weitgehend vom Zufall ab. Zudem macht der Kern keinen Versuch, die Blocknummern in der freien Liste in irgendeiner Weise zu sortieren.

```
algorithm alloc      /* file system block allocation */
input:  file system number
output: buffer for new block
{
        while (super block locked)
                sleep (event super block not locked);
        remove block from super block free list;
        if (removed last block from free list)
        {
                lock super block;
                read block just taken from free list (algorithm bread);
                copy block numbers in block into super block;
                release block buffer (algorithm brelse);
                unlock super block;
                wake up processes (event super block not locked);
        }
        get buffer for block removed from super block list (algorithm getblk);
        zero buffer contents;
        decrement total count of free blocks;
        mark super block modified;
        return buffer;
}
```

Abb. 4.19: Algorithmus zum Zuordnen von Plattenblöcken

Der Algorithmus *free* zum Freigeben eines Blocks ist das Gegenstück zum Algorithmus für Blockzuordnung. Ist die Liste im Superblock nicht voll, so wird die Blocknummer des gerade freigegebenen Blocks in der Superblockliste abgelegt. Ist die Liste im Superblock dagegen voll, so wird der freigegebene Block zum Verweisblock; der Kern schreibt die Superblockliste in diesen Block und den Block sodann auf die Platte. Dann stellt der die neue Blocknummer in die Liste im Superblock: Sie ist jetzt der einzige Eintrag in der Liste.

Abbildung 4.20 zeigt eine Folge von Operationen mit *alloc* und *free*, die von einem Eintrag in der freien Superblockliste ausgehen. Der Kern gibt Block 949 frei und stellt die Blocknummer in die freie Liste. Dann ordnet er einen Block zu und entnimmt dazu Blocknummer 949 aus der freien Liste. Abschließend ordnet der Kern nochmals einen Block zu und entnimmt dafür Blocknummer 109 aus der freien Liste. Da die freie Liste im Superblock jetzt leer ist, füllt sie der Kern durch Übertragen des Inhalts von Block 109, dem nächsten Verweis in der verketteten Liste. Abbildung 4.20(d) zeigt die volle Superblockliste und den nächsten Verweisblock, Block 211.

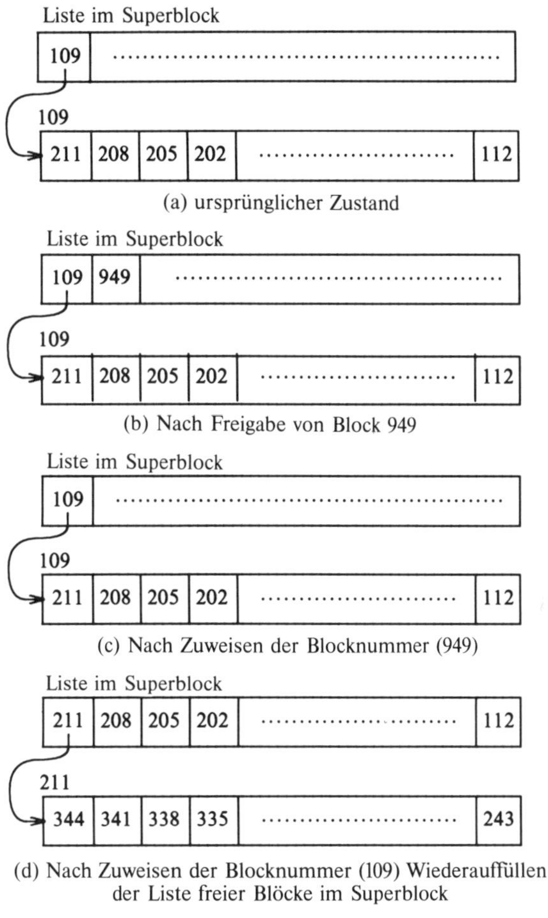

Abb. 4.20: Anfordern und Freigeben von Plattenblöcken

Die Algorithmen zum Zuordnen und Freigeben von Inodes und Plattenblöcken gleichen sich dahingehend, daß der Kern den Superblock zum Speichern von Indizes für freie Betriebsmittel, Blocknummern und Inodenummern verwendet. Der Kern unterhält dabei zwar eine verkettete Liste von Blocknummern, so daß jede freie Blocknummer im Dateisystem in einem Element der freien Liste erscheint, es gibt jedoch keine solche Liste für freie Inodes. Drei Gründe gibt es für diese unterschiedliche Behandlung.

1. Der Kern kann durch einfache Prüfung feststellen, ob eine Inode frei ist: Ist der Dateityp Null, so ist die Inode frei. Der Kern benötigt keine weiteren Mechanismen zum Beschreiben freier Inodes. Er kann dagegen nicht so einfach feststellen, ob ein Block frei ist. Es ist nämlich nicht möglich, zwischen einem Bitmuster zur Anzeige der Verfügbarkeit des Blocks und einem zufällig gleichen Bitmuster in den Daten zu unterscheiden. Der Kern benötigt also eine externe Methode zum Identifizieren freier Blöcke, und die bisherigen Implementierungen von UNIX verwenden dazu eben eine verkettete Liste.
2. Plattenblöcke bieten sich für die Anwendung verketteter Listen geradezu an: Ein Plattenblock faßt ohne Schwierigkeiten eine große Liste freier Blocknummern. Inodes dagegen verfügen über keinen geeigneten Platz zum gebündelten Ablegen großer Listen mit freien Inodenummern.
3. Benutzer haben im allgemeinen eher Bedarf an Plattenblöcken als an Inodes, der offensichtliche Engpaß beim Suchen auf der Platte ist bei freien Inodes also wesentlich weniger kritisch als bei der Suche nach freien Plattenblöcken.

4.8 Andere Dateitypen

UNIX unterstützt noch zwei weitere Dateitypen: Pipes und Spezialdateien. Eine Pipe, manchmal auch als *fifo* (für: first-in-first-out) bezeichnet, unterscheidet sich von normalen Dateien dadurch, daß ihre Daten flüchtig sind: Sind Daten einmal aus einer Pipe gelesen, können sie nicht noch einmal gelesen werden. Auch werden die Daten nur in der Reihenfolge gelesen, in der sie geschrieben wurden; das System läßt keine Abweichung von dieser Regel zu. Der Kern speichert die Daten in einer Pipe auf die gleiche Weise, wie er sie in einer normalen Datei ablegt, verwendet dazu jedoch nur direkte und keine indirekten Blöcke. Im nächsten Kapitel werden wir die Implementierung von Pipes genauer besprechen.

Der letzte Dateityp im UNIX-System sind schließlich Spezialdateien; dazu gehören Block-Gerätedateien und Zeichen-Gerätedateien. Beide Dateiarten spezifizieren Geräte, die Inodes der Dateien haben also keinen Bezug auf irgendwelche Daten. Stattdessen enthalten die Inodes zwei Zahlen, die wir als Major- und Minor-Gerätenummer bezeichnen. Die Major-Gerätenummer gibt den Typ des Geräts wie etwa Terminal oder Platte an, die Minor-Gerätenummer gibt die Nummer des Geräts an. In Kapitel 10 werden wir bestimmte Geräte genauer besprechen.

4.9 Zusammenfassung

Die Inode ist eine Datenstruktur zum Beschreiben der Attribute einer Datei und der Anordnung ihrer Daten auf der Platte. Es gibt zwei Variationen einer Inode: das Plattenabbild enthält die Informationen der Inode, wenn die Datei nicht benützt wird, das Speicherabbild enthält die entsprechenden Informationen bei aktiven Dateien. Die Algorithmen *ialloc* und *ifree* steuern die Zuordnung einer Platteninode zu einer Datei in den Systemaufrufen *creat*, *mknod*, *pipe* und *unlink* (siehe nächstes Kapitel), die Algorithmen *iget* und *iput* steuern die Zuordnung von Speicherinodes beim Zugriff eines Prozesses auf eine Datei. Der Algorithmus *bmap* ermittelt über den angelieferten Byteoffset den aktuellen Plattenblock in einer Datei. Kataloge sind Dateien, die die Verbindung zwischen den Komponenten von Dateinamen und Inodes herstellen. Der Algorithmus *namei* setzt von Prozessen bearbeitete Dateinamen in Inodes um, die der Kern intern benötigt. Schließlich steuert der Kern noch mit *alloc* und *free* die Zuteilung neuer Plattenblöcke für eine Datei.

Die in diesem Kapitel besprochenen Datenstrukturen sind verkettete Listen, Hashqueues und lineare Arrays, die zur Bearbeitung dieser Strukturen verwendeten Algorithmen sind also einfach. Komplikationen aus Wettlaufbedingungen können sich bei der Interaktion der einzelnen Algorithmen ergeben, einige dieser Timingprobleme wurden angesprochen. Dennoch sind diese Algorithmen nicht sehr ausgefeilt und veranschaulichen den einfachen Aufbau des Systems.

Die hier erläuterten Strukturen und Algorithmen sind im Kern enthalten und für den Benutzer nicht sichtbar. Im Hinblick auf die Gesamtarchitektur des Systems (Abbildung 2.1) bilden die in diesem Kapitel beschriebenen Algorithmen die untere Hälfte des Dateisystems. Im folgenden Kapitel werden wir die Systemaufrufe besprechen, die die Benutzerschnittstelle des Dateisystems bilden, und die obere Hälfte des Dateisystems beschreiben, die die bisher erläuterten internen Algorithmen verwendet.

4.10 Übungen

1. Nach C-Konvention beginnen Indizes für ein Array bei Null. Warum beginnen Inodenummern statt dessen mit 1?
2. Warum muß ein Prozeß nach dem Aufwachen die Schleife in *iget* erneut von Anfang an durchlaufen, wenn er nach dem Antreffen einer gesperrten Inode im Puffer in Schlaf versetzt wurde?
3. Beschreiben Sie einen Algorithmus, der von einer Speicherinode ausgeht und die zugehörige Platteninode aktualisiert.
4. Die Algorithmen *iget* und *iput* benötigen zum Verhindern von Interrupts kein Anheben der Ausführungsebene des Prozessors. Was bedeutet das?
5. Wie effizient kann die Schleife für indirekte Blöcke in *bmap* kodiert werden?
6. Führen Sie die Shell-Befehlsfolge in Abbildung 4.21 aus. Sie erzeugt einen Katalog „junk“ mit fünf Dateien. Nach einigen *ls*-Steuerbefehlen schaltet *chmod* das Leserecht für den Katalog aus. Was geschieht, wenn die verschiedenen *ls*-Befehle jetzt ausgeführt werden? Was geschieht nach dem Wechseln das Katalogs auf „junk“? Versuchen Sie das Experiment noch einmal nach Wiederherstellen des Leserechts, aber nach Abschalten des Ausführungsrechts (Suchrechts) für „junk“. Was geschieht? Was geschieht im Kern und verursacht solches Verhalten?
7. Welche maximale Anzahl von Dateien kann ein Dateisystem bei der üblichen Struktur eines Katalogeintrags in System V enthalten?
8. System V gestattet eine maximale Länge von 14 Zeichen für die Komponenten von Pfadnamen; überzählige Zeichen der Komponenten werden von *namei* abgeschnitten. Wie müßten das Dateisystem und die entsprechenden Algorithmen geändert werden, um beliebig lange Komponentennamen zuzulassen?
9. Nehmen wir an, ein Benutzer verfügt über eine private Version von UNIX und hat diese so abgeändert, daß die Komponenten von Pfadnamen bis zu 30 Zeichen lang sein können; diese private Version des Systems speichert die Katalogeinträge auf die gleiche Weise wie das Standardsystem, verwendet aber Katalogeinträge mit 32 Byte Länge anstelle der üblichen 16 Byte. Montiert der Benutzer nun sein privates Dateisystem auf einem Standardsystem, was geschieht dann im Algorithmus *namei* beim Zugriff eines Prozesses auf eine Datei des privaten Dateisystems?

*10. Wir verwenden den Algorithmus *namei* zum Konvertieren eines Pfadnamens in eine Inode. Im Laufe der Suche prüft der Kern, ob die aktuelle Arbeitsinode die eines Katalogs ist. Kann ein anderer Prozeß diesen Katalog (mit *unlink*) entfernen? Wie kann der Kern dies verhindern? Im nächsten Kapitel werden wir auf dieses Problem zurückkommen.

*11. Entwerfen Sie eine Katalogstruktur, die das Suchen nach Pfadnamen durch Vermeiden der linearen Suche effizienter macht. Berücksichtigen Sie zwei Techniken: Hashing und Baumstruktur.

*12. Entwickeln Sie eine Strategie zum Verringern der Katalogsuche nach Dateinamen durch Puffern häufig gebrauchter Namen.

*13. Idealerweise sollte ein Dateisystem niemals eine freie Inode enthalten, deren Nummer kleiner ist als die der von *ialloc* verwendeten Erinnerungsinode. Wie ist es möglich, daß diese Annahme auch einmal falsch sein kann?

*14. Der Superblock ist ein Plattenblock und enthält neben der Liste freier Blöcke, wie sie in diesem Kapitel beschrieben wurde, auch noch andere Informationen. Aus diesem Grund kann die freie Liste im Superblock auch nicht so viele freie Blocknummern aufnehmen wie in einem Plattenblock der verketteten Liste freier Plattenblöcke enthalten sind. Wie groß wäre die optimale Anzahl freier Blocknummern, die in einem Block der verketteten Liste gespeichert werden sollten?

*15. Betrachten Sie eine Systemimplementierung, die freie Plattenblöcke in einer Bittabelle anstelle einer verketteten Liste von Blöcken aufzeichnet. Was sind die Vor- und Nachteile eines solchen Verfahrens?

```
mkdir junk
for i in 1 2 3 4 5
do
echo hello > junk/$i
done
ls -ld junk
ls -l junk
chmod -r junk
ls -ld junk
ls junk
ls -l junk
cd junk
pwd
ls -l
echo *
cd ..
chmod +r junk
chmod -x junk
ls junk
ls -l junk
cd junk
chmod +x junk
```

Abb. 4.21: Unterschied zwischen Lese- und Suchrecht für Kataloge

5 Systemaufrufe für das Dateisystem

Das vorausgehende Kapitel behandelte die internen Datenstrukturen des Dateisystems und die Algorithmen zu ihrer Bearbeitung. Das vorliegende Kapitel befaßt sich mit den Systemaufrufen für das Dateisystem, wobei die bereits untersuchten Konzepte zur Anwendung kommen werden. Wir beginnen mit Systemaufrufen zum Zugriff auf bestehende Dateien wie *open*, *read*, *write*, *lseek* und *close*, stellen dann Systemaufrufe zum Erzeugen neuer Dateien wie *creat* und *mknod* vor und untersuchen schließlich noch Systemaufrufe zur Bearbeitung von Inodes bzw. des gesamten Dateisystems wie *chdir*, *chroot*, *chown*, *chmod*, *stat* und *fstat*. Neben diesen einfachen Systemaufrufen werden wir auch noch komplexere besprechen: *pipe* und *dup* sind wichtig für die Implementierung von Pipes in der Shell; *mount* und *umount* erweitern die für den Anwender sichtbare Baumstruktur des Dateisystems; *link* und *unlink* verändern die hierarchische Struktur des Dateisystems. Außerdem stellen wir die abstrakte Notation des Dateisystems vor, was die Unterstützung unterschiedlicher Dateisysteme gestattet, solange diese nur den Regeln für die Standardschnittstellen entsprechen. Im letzten Teil dieses Kapitels behandeln wir schließlich noch die Pflege des Dateisystems. Dazu werden wir drei Datenstrukturen des Kerns kennenlernen: die Dateitabelle mit je einem Eintrag für jede offene Datei im System, die Benutzer-Filedeskriptorentabelle mit je einem Eintrag für jeden bekannten Filedeskriptor pro Prozeß, und schließlich die Montagetabelle, die Informationen über jedes aktive Dateisystem enthält.

Abbildung 5.1 zeigt die Beziehung zwischen diesen Systemaufrufen und den bereits beschriebenen Algorithmen. Die Systemaufrufe werden dabei in mehrere Kategorien eingeteilt, wobei einige Aufrufe in verschiedenen Kategorien erscheinen:

Aufrufe an das Dateisystem

Rückgabe eines Filedeskriptors	Verwendung von namei	Zuweisen von Inodes	Datei-attribute	Datei-I/O	Struktur des Dateisystems	Verändern der Baumstruktur
open creat dup pipe close	open stat creat link chdir unlink chroot mknod chown mount chmod umount	creat mknod link unlink	chown chnmod stat	read write Iseek	mount unmod	chdir chown

Algorithmen der unteren Ebene des Dateisystems		
namei iget iput	ialloc ifree	alloc free bmap

Algorithmen zur Pufferzuteilung
getblk breise bread breada bwrite

Abb. 5.1: Aufrufe an das Dateisystem und deren Beziehung zu anderen Algorithmen

- Systemaufrufe, die Filedeskriptoren zur Verwendung in anderen Systemaufrufen liefern;
- Systemaufrufe, die *namei* zum Durchsuchen eines Pfadnamens verwenden;
- Systemaufrufe, die mit *ialloc* und *ifree* Inodes zuteilen und freigeben;
- Systemaufrufe, die Dateiattribute setzen oder ändern;
- Systemaufrufe, die I/O von und nach Prozessen mit den Algorithmen *alloc* und *free* sowie den Algorithmen zur Pufferzuteilung durchführen;
- Systemaufrufe, die die Struktur des Dateisystems verändern;
- Systemaufrufe, die einem Prozeß eine andere Sicht des Dateibaums gestatten.

5.1 Open

Der Systemaufruf *open* ist der erste Schritt, den ein Prozeß beim Zugriff auf die Daten in einer Datei durchführen muß. Seine Syntax lautet:

```
fd = open(pathname,flags,modes);
```

pathname ist dabei ein Dateiname, *flags* gibt die Art der Dateieröffnung an (wie etwa zum Lesen bzw. Schreiben), *modes* enthält die Dateizugriffsrechte, falls die Datei neu erstellt werden soll. Der Systemaufruf *open* gibt einen Integerwert[1], den *Filedeskriptor*, zurück. Andere Dateioperationen wie Lesen, Schreiben, Suchen, Duplizieren des Filedeskriptors, Setzen der I/O-Parameter für die Datei, Ermitteln des Status der Datei und Schließen der Datei verwenden diesen Filedeskriptor, den wir beim *open*-Aufruf erhalten.

Der Kern durchsucht nun das Dateisystem mit *namei* nach dem übergebenen Dateinamen (siehe Abbildung 5.2). Nach Auffinden der Speicherinode überprüft er die Berechtigung zum Öffnen der Datei und ordnet für die geöffnete Datei einen Eintrag in der Dateitabelle zu. Dieser Eintrag in der Dateitabelle enthält einen Pointer auf die Inode der offenen Datei und ein Feld mit dem Byteoffset, bei dem der Kern den nächsten *read*- bzw. *write*-Befehl erwartet. Beim *open*-Aufruf initialisiert der Kern diesen Offset mit 0, was bedeutet, daß der erste *read*- bzw. *write*-Aufruf standardmäßig am Beginn der Datei erfolgt. Allerdings kann ein Prozeß eine Datei auch im *write-append*-Modus eröffnen, wobei der Kern den Offset dann mit der Länge der Datei initialisiert. Der Kern ordnet sodann einen Eintrag in einer privaten Tabelle im *u-Bereich* des Prozesses, der Benutzer-Filedeskriptorentabelle, zu und hält den Index auf diesen Eintrag fest. Dieser Index ist dann der an den Benutzer zurückgegebene Filedeskriptor. Der Eintrag in der Dateitabelle des Benutzers zeigt somit auf den entsprechenden Eintrag in der globalen Dateitabelle.

Nehmen wir einmal an, ein Prozeß führt den folgenden Code aus und eröffnet dabei zweimal die Datei „/etc/passwd", einmal nur zum Lesen und einmal nur zum Schreiben, sowie einmal die Datei „local" zum Schreiben und Lesen[2].

---

[1] Alle Systemaufrufe geben im Fehlerfall den Wert -1 zurück. Bei der Besprechung der Syntax der Systemaufrufe wird deshalb der Returncode -1 nicht gesondert erwähnt.

[2] Die Definition des Systemaufrufs *open* sieht drei Parameter vor (der dritte Parameter ist für den *creat*-Modus von *open* gedacht), Programmierer verwenden davon für gewöhnlich jedoch nur die beiden ersten. Der C-Compiler prüft nicht auf die korrekte Anzahl der Parameter. Systemimplementierungen geben normalerweise die ersten beiden Parameter und einen „Müll"-Parameter (was sich zufällig auf dem Stack befindet) an den Kern weiter. Der Kern prüft den dritten Parameter nicht, außer der zweite Parameter schreibt dies vor. Dadurch ist es zulässig, nur zwei Parameter beim Aufruf anzugeben.

```
algorithm open
inputs: file name
        type of open
        file permissions (for creation type of open)
output: file descriptor
{
      convert file name to inode (algorithm namei);
      if (file does not exist or not permitted access)
            return(error);
      allocate file table entry for inode, initialize count, offset;
      allocate user file descriptor entry, set pointer to file table entry;
      if (type of open specifies truncate file)
            free all file blocks (algorithm free);
      unlock(inode);                /* locked above in namei */
      return(user file descriptor);
}
```

Abb. 5.2: Algorithmus zum Eröffnen einer Datei

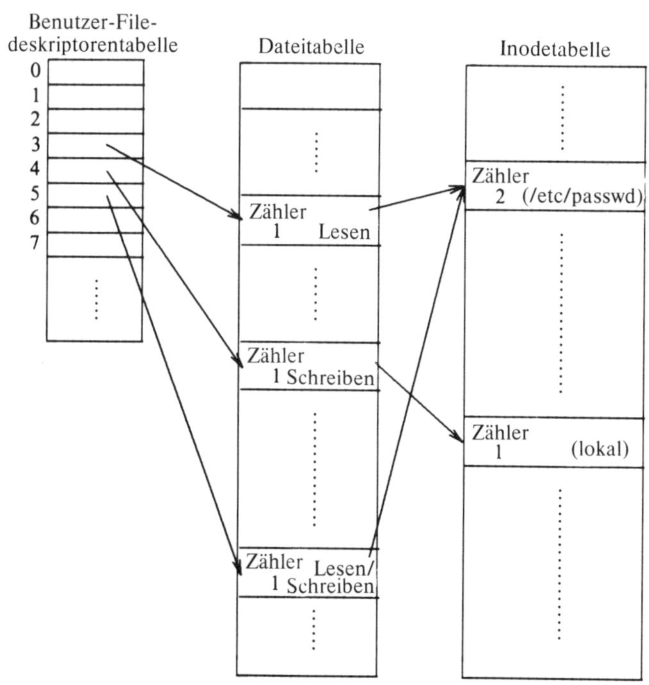

Abb. 5.3: Datenstrukturen nach open

```
fd1 = open("/etc/passwd",O_RDONLY);
fd2 = open("local",O_WRONLY);
fd3 = open ("/etc/passwd",O_RDWR);
```

Abbildung 5.3 zeigt die Beziehung zwischen Inodetabelle, Dateitabelle und den Datenstrukturen des Filedeskriptors beim Benutzer. Jedes *open* gibt einen Filedeskriptor an den Prozeß zurück, wobei der entsprechende Eintrag in der Benutzer-Filedeskriptorentabelle auch dann auf einen eigenen Eintrag in der Dateitabelle des Systems zeigt, wenn diese Datei („/etc/passwd") zweimal eröffnet wurde. Die Dateitabelleneinträge für jedes Auftreten einer offenen Datei zeigen jedoch nur auf einen Eintrag in der Tabelle der Speicherinodes. Der Prozeß kann also die Datei „/etc/passwd" *Lesen* und *Schreiben*, dies jedoch nur über die Filedeskriptoren 3 und 5 in der Abbildung. Die Berechtigung zum Lesen oder Schreiben einer Datei vermerkt der Kern im Dateitabelleneintrag, der während des *open*-Aufrufs angelegt wurde. Nehmen wir nun weiter an, ein zweiter Prozeß führt den folgenden Code aus:

```
fd1 = open("/etc/paswd",O_RDONLY);
fd2 = open("private",O_RDONLY);
```

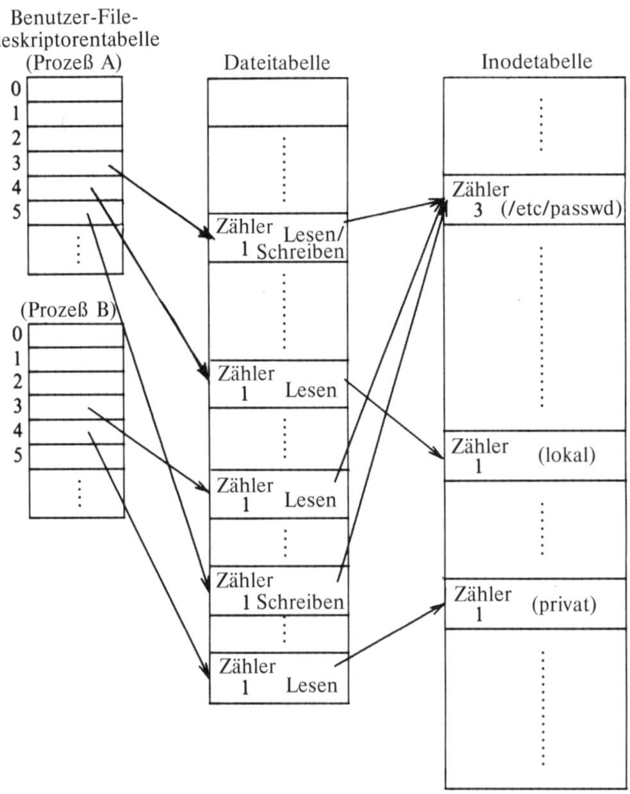

Abb. 5.4: Datenstrukturen nach open durch zwei Prozesse

Abbildung 5.4 zeigt die Beziehung zwischen den jeweiligen Datenstrukturen, während beide Prozesse (und keine anderen) die Dateien geöffnet halten. Wiederum erfolgt bei jedem *open*-Aufruf die Zuteilung eines Eintrags in der Benutzer-Filedeskriptorentabelle und der Dateitabelle des Kerns, doch verfügt der Kern immer nur über einen Eintrag pro Datei in der Tabelle der Speicherinodes.

Die Filedeskriptorentabelle des Benutzers könnte natürlich, außer den Dateioffset für die Position der nächsten I/O-Operation zu enthalten, auch direkt auf die Speicherinode der Datei zeigen und so die Notwendigkeit einer eigenen Dateitabelle im Kern vermeiden; die aufgeführten Beispiele zeigen ja eine direkte Beziehung zwischen den Filedeskriptoren des Benutzers und den Einträgen in der Dateitabelle des Kerns. Thompson führt dagegen aus, daß er die Dateitabelle als eigene Struktur implementierte, um das gemeinsame Nutzen der Offsetpointer durch mehrere Filedeskriptoren des Benutzers zu ermöglichen (siehe dazu p. 1943 in [Thompson 78]). Die in den Abschnitten 5.13 und 7.1 erläuterten Systemaufrufe *dup* und *fork* bearbeiten die jeweiligen Datenstrukturen, um diesen gemeinsamen Zugriff zu ermöglichen.

Die ersten drei Filedeskriptoren eines Benutzers (0, 1 und 2) bezeichnen wir als *Standard-Eingabe*, *Standard-Ausgabe* und *Diagnose-Ausgabe*. Per Konvention verwenden Prozesse im UNIX-System die Standard-Eingabe zum Lesen von Daten, die Standard-Ausgabe zum Schreiben von Daten und die Diagnose-Ausgabe zum Schreiben von Fehlermeldungen. Nichts im System geht dabei von der Annahme aus, es handle sich hier um Spezialdateien; jederzeit könnte eine Gruppe von Benutzern die Konvention aufstellen, für diese Zwecke zukünftig die Filedeskriptoren 4, 6 und 11 zu verwenden, doch erscheint die Zählung von 0 weg (in C) naheliegender. Eine Übernahme dieser Konvention durch alle Benutzerprogramme macht es für sie, wie wir in Kapitel 7 sehen werden, leicht, Informationen über *Pipes* auszutauschen. Im allgemeinen dient der Bildschirm (siehe Kapitel 10) als Gerät für Standard-Eingabe, Standard-Ausgabe und Diagnose-Ausgabe.

5.2 Read

Die Syntax das *read*-Aufrufs lautet:

```
number = read(fd,buffer,count);
```

Dabei ist *fd* der von *open* zurückgegebene Filedeskriptor, *buffer* ist die Adresse einer Datenstruktur im Benutzerprozeß, die nach erfolgreicher Beendigung des Systemaufrufs die gelesenen Daten enthält, *count* enthält die Anzahl der Bytes, die der Benutzer lesen will, und schließlich enthält noch *number* die Anzahl der tatsächlich gelesenen Bytes. In Abbildung 5.5 sehen wir den Algorithmus *read* zum Lesen einer gewöhnlichen Datei. Der Kern ermittelt dabei über den Pointer in Abbildung 5.3 den Eintrag in der Dateitabelle, der dem Filedeskriptor des Benutzers entspricht. Er setzt sodann einige Parameter im *u-Bereich* (Abbildung 5.6) und umgeht dadurch die Notwendigkeit, diese als Funktionsparameter zu übergeben. Insbesondere setzt er dabei den I/O-Modus für eine auszuführende Leseoperation, ein Flag für das Ausführen der I/O-Operation in den Adreßraum des Benutzers, einen Zähler für die Anzahl der zu lesenden Bytes, die Zieladresse des Benutzerdatenpuffers und schließlich einen Offsetwert (aus der Dateitabelle) als Byteoffset zum Dateianfang für den Startpunkt der I/O-Operation. Nach dem Setzen der I/O-Parameter im *u-Bereich* folgt der Kern dem Pointer aus dem Dateitabelleneintrag zur Inode und sperrt diese vor dem Lesen der Datei.

```
algorithm read
input:  user file descriptor
        address of buffer in user process
        number of bytes to read
output: count of bytes copied into user space
{
      get file table entry from user file descriptor;
      check file accessibility;
      set parameters in u area for user address, byte count, I/O to user;
      get inode from file table;
      lock inode;
      set byte offset in u area from file table offset;
      while (count not satisfied)
      {
            convert file offset to disk block (algorithm bmap);
            calculate offset into block, number of bytes to read;
            if (number of bytes to read is 0)
                  /* trying to read end of file */
                  break;              /* out of loop */
            read block (algorithm breada if with read ahead, algorithm
                              bread otherwise);
            copy data from system buffer to user address;
            update u area fields for file byte offset, read count,
                              address to write into user space;
            release buffer;           /* locked in bread */
      }
      unlock inode;
      update file table offset for next read;
      return(total number of bytes read);
}
```

Abb. 5.5: Algorithmus zum Lesen einer Datei

mode	indicates read or write
count	count of bytes to read or write
offset	byte offset in file
address	target address to copy data, in user or kernel memory
flag	indicates if address is in user or kernel memory

Abb. 5.6: I/O-Parameter im u-Bereich

Der Algorithmus läuft nun in einer Schleife bis die Leseanforderung erfüllt ist. Der Kern wandelt dazu den Byteoffset der Datei mit *bmap* in eine Blocknummer um und hält den Offset für den Block, in dem die I/O-Operation beginnen soll, ebenso wie die Anzahl der in diesem Block zu lesenden Bytes fest. Nach dem Lesen des Blocks in einen Puffer, möglicherweise, wie wir noch besprechen werden, mittels Blockvorauslesen (über die Algorithmen *bread* und *breada*), kopiert der Kern die Daten aus diesem Puffer an die Zieladresse im Benutzerprozeß. Sodann aktualisiert er die I/O-Parameter im *u-Bereich* entsprechend der Anzahl gelesener Bytes: Der Byteoffset zum Dateianfang wird ebenso wie die Adresse zum Ablegen der folgenden Daten im Benutzerprozeß erhöht, die Anzahl der bis zum vollständigen Erfüllen der Leseanforderung des Benutzers noch zu lesenden Bytes wird entsprechend erniedrigt. Ist die Benutzeranforderung jetzt noch nicht erfüllt, wiederholt der Kern den gesamten Zyklus: Umwandeln des Byteoffsets in eine Blocknummer, Lesen des Blocks von der Platte in einen Systempuffer, Kopieren der Daten aus dem Puffer in den Benutzerprozeß, Freigabe des Puffers und schließlich Aktualisieren der I/O-Parameter im *u-Bereich*. Der Zyklus ist erst dann beendet, wenn der Kern die Benutzeranforderung vollständig erfüllt hat, wenn die Datei keine Daten mehr enthält, oder wenn der Kern beim Lesen der Daten von der Platte bzw. beim Kopieren der Daten in den Benutzerbereich auf einen Fehler stößt. Der Kern aktualisiert den Offset in der Dateitabelle entsprechend der Anzahl von Bytes, die er gerade gelesen hat; folglich erhalten wir bei aufeinanderfolgenden Leseaufrufen die Daten der Datei in sequentieller Folge. Der Systemaufruf *lseek* (Abschnitt 5.6) legt den Offsetwert in der Dateitabelle neu fest und ändert dadurch die Reihenfolge, in der ein Prozeß mit *read* bzw. *write* auf eine Datei zugreift.

Sehen wir uns das Programm in Abbildung 5.7 an. Der *open*-Aufruf gibt einen Filedeskriptor zurück, den der Benutzer der Variablen *fd* zuweist und in den folgenden *read*-Aufrufen verwendet. Beim *read*-Aufruf überprüft der Kern den Filedeskriptor auf Zulässigkeit und ob der Prozeß die Datei bereits zum Lesen eröffnet hat. Er legt für die Adresse des Benutzerpuffers, den Bytezähler und den Byteoffset in der Datei die Werte *lilbuf*, 20 und 0 im *u-Bereich* ab. Er stellt über Byteoffset 0 den Block 0 der Datei fest und ermittelt den entsprechenden Eintrag in der Inode. In der Annahme, daß ein solcher Block existiert, liest der Kern ihn in der vollen Länge von 1024 Bytes in einen Puffer, kopiert aber nur 20 Bytes an die Benutzeradresse *lilbuf*. Er erhöht sodann den Byteoffset im *u-Bereich* auf 20 und setzt den Zähler für die noch zu lesenden Daten auf 0. Da der *read*-Aufruf dadurch vollständig abgearbeitet ist, setzt der Kern auch den Offset in der Dateitabelle auf 20, so daß folgende Leseaufrufe für diesen Filedeskriptor bei Byte 20 in der Datei beginnen, und gibt schließlich noch die Zahl der tatsächlich gelesenen Bytes, also 20, zurück.

Auch beim zweiten *read*-Aufruf überprüft der Kern den Filedeskriptor auf Zulässigkeit und ob der Prozeß die Datei bereits zum Lesen eröffnet hat, denn er hat keine Möglichkeit, herauszufinden, daß der *read*-Aufruf für die gleiche Datei erfolgt, für die beim letzten *read*-Aufruf bereits die Zulässigkeit festgestellt wurde. Der Kern legt sodann im *u-Bereich* die

```
#include <fcntl.h>
main()
{
        int fd;
        char lilbuf[20], bigbuf[1024];

        fd = open("/etc/passwd", O_RDONLY);
        read(fd, lilbuf, 20);
        read(fd, bigbuf, 1024);
        read(fd, lilbuf, 20);
}
```

Abb. 5.7: Beispielprogramm für das Lesen einer Datei

Benutzeradresse *bigbuf*, die Anzahl der vom Prozeß gewünschten Bytes, also 1024, und den Startoffset der Datei, also 20, entnommen aus der Dateitabelle, ab. Er wandelt nun den Byteoffset der Datei wie vorher in den richtigen Plattenblock um und liest ihn. Ist die Zeitspanne zwischen zwei *read*-Aufrufen nur kurz, so ist die Wahrscheinlichkeit groß, daß sich der Block im Blockdepot befindet. Der Kern kann die *read*-Anforderung jedoch nicht vollständig aus dem Puffer abdecken, denn hier befinden sich nur 1004 der gewünschten 1024 Bytes. Er kopiert also die letzten 1004 Bytes aus dem Puffer in die Benutzerdatenstruktur *bigbuf* und aktualisiert die Parameter des *u-Bereichs*, um anzuzeigen, daß der nächste Durchlauf durch die Leseschleife bei Byte 1024 in der Datei beginnt, daß die Daten an die Stelle 1004 in *bigbuf* zu übertragen sind, und daß noch 20 Bytes nötig sind, um die *read*-Anforderung vollständig zu erfüllen.

Der Kern kehrt nun wieder an den Anfang der Schleife im Algorithmus *read* zurück. Er ermittelt aus Byteoffset 1024 den logischen Blockoffset 1, sucht nach der zweiten direkten Blocknummer in der Inode und findet schließlich den richtigen Plattenblock. Er liest nun den Block aus dem Blockdepot, und falls er sich dort nicht befindet, zuerst von der Platte. Schließlich überträgt der Kern noch 20 Bytes an die gewünschte Adresse im Benutzerprozeß. Vor Beendigung des Systemaufrufs setzt der Kern noch den Offset im Dateitabelleneintrag auf 1044, also auf das Byte, das als nächstes verarbeitet werden sollte. Beim letzten *read*-Aufruf in unserem Beispiel verfährt der Kern wie beim ersten, außer daß der Lesevorgang bei Byte 1044 beginnt, da dieser Wert sich ja nun im Offsetfeld des zum Filedeskriptor gehörenden Dateitabelleneintrags befindet.

Dieses Beispiel zeigt bereits, wie vorteilhaft es für I/O-Anforderungen ist, an Blockgrenzen im Dateisystem zu beginnen und sich jeweils über ein Vielfaches der Blocklänge zu erstrecken. Dieses Verfahren erlaubt es dem Kern, einen zusätzlichen Schleifendurchlauf im *read*-Algorithmus mit allen Folgen, wie Zugriff auf die Inode zum Ermitteln der richtigen Blocknummer für die Daten und Wettbewerb mit anderen Prozessen beim Zugriff auf den Pufferspeicher, zu vermeiden. Die Standard-I/O-Bibliothek war ursprünglich geschrieben, um den Benutzern die Puffergröße des Kerns vorzuenthalten; die Kenntnis dieser Größe vermeidet aber Durchsatzschwierigkeiten für Prozesse, die sonst in nicht effizienter Weise am Dateisystem knabbern würden (siehe Übung 5.4).

Beim Durchlaufen der *read*-Schleife stellt der Kern fest, ob sich bei der Datei die Möglichkeit zum Vorauslesen bietet: liest ein Prozeß zwei aufeinanderfolgende Blöcke nacheinander, so nimmt der Kern an, daß auch alle folgenden *read*-Aufrufe bis zu einer gegenteiligen Anforderung sequentiell erfolgen werden. Bei jedem Schleifendurchlauf sichert der Kern die nächste logische Blocknummer in der Speicherinode und vergleicht beim nächsten Durchgang die aktuelle logische Blocknummer mit dem vorher gesicherten Wert. Sind die beiden Werte gleich, ermittelt der Kern die physikalische Blocknummer zum Vorauslesen und sichert den Wert im *u-Bereich* zur Verwendung durch *breada*. Liest ein Prozeß nicht bis zum Ende eines Blocks, bewirkt der Kern natürlich auch kein Vorauslesen für den nächsten Block.

Wir wissen aus Abbildung 4.9, daß einige Blocknummern in einer Inode oder in indirekten Blöcken den Wert Null annehmen können, obwohl spätere Blöcke Daten enthalten. Versucht nun ein Prozeß, Daten aus einem solchen Block zu lesen, so erfüllt der Kern die Anforderung, indem er in der *read*-Schleife einen beliebigen Block zuordnet, seinen Inhalt auf Null setzt und den Block dann an die Benutzeradresse kopiert. Dieser Fall unterscheidet sich vom Auffinden des Dateiendes durch einen Prozeß, das ja bedeutet, daß nie Daten an eine Stelle außerhalb des erreichten Punktes geschrieben wurden. Beim Antreffen des Dateiendes gibt der Kern keine Daten an den Prozeß zurück (siehe Übung 5.1).

Macht ein Prozeß einen *read*-Aufruf, so sperrt der Kern die Inode für die Dauer des gesamten Aufrufs. Er könnte nämlich beim Lesen eines Puffers mit Daten oder indirekten Blökken für die Inode in Schlaf versetzt werden. Würde nun einem anderen Prozeß gestattet, die Datei zu verändern, während sich der erste Prozeß im Schlaf befindet, so könnte der *read*-Aufruf falsche Daten liefern. Beispielsweise könnte ein Prozeß mehrere Blöcke einer Datei lesen; schläft er nun beim Lesen des ersten Blocks ein und ein zweiter Prozeß schreibt inzwischen in die anderen Blöcke, so würden die zurückgegebenen Daten eine Mischung aus alten und neuen sein. Aus diesem Grund bleibt die Inode für die gesamte Dauer des *read*-Aufrufs gesperrt und gewährleistet dem Prozeß so einen vom Startpunkt des Lesebefehls an gleichbleibenden Zustand der Datei.

Der Kern kann einen Prozeß, der sich beim Lesen zwischen Systemaufrufen im Benutzermodus befindet, verdrängen und andere Prozesse zum Ablauf einteilen. Da die Inode ja am Ende eines Systemaufrufs freigegeben wird, hindert nichts einen anderen Prozeß, auf die Datei zuzugreifen und deren Inhalt zu ändern. Es wäre unfair vom System, eine Inode für die gesamte Zeit vom Eröffnen einer Datei mit *open* bis zu deren Abschluß über *close* durch einen Prozeß zu sperren; so könnte ein Prozeß nämlich eine Datei dauernd geöffnet halten und damit alle anderen Prozesse daran hindern, jemals auf sie zuzugreifen. Würde dies bei der Datei „/etc/passwd" geschehen, die beim Login zum Überprüfen des Benutzerpaßworts verwendet wird, dann könnte ein böswilliger (oder vielleicht nur ungeschickter) Benutzer alle anderen am Login hindern. Um solche Probleme zu verhindern, gibt der Kern die Inode nach Abschluß jedes Systemaufrufs, der sie benötigt, wieder frei. Ändert ein anderer Prozeß zwischen zwei *read*-Aufrufen des ersten Prozesses die Datei, dann wird der erste Prozeß zwar unerwartete Daten erhalten, die Datenstrukturen des Kerns bleiben dafür aber unversehrt.

```
#include <fcntl.h>
/* process A */
main()
{
        int fd;
        char buf[512];
        fd = open("/etc/passwd", O_RDONLY);
        read(fd, buf, sizeof(buf));          /* read1 */
        read(fd, buf, sizeof(buf));          /* read2 */
}

/* process B */
main()
{
        int fd, i;
        char buf[512];
        for (i = 0;  i < sizeof(buf);  i++)
                buf[i] = 'a';
        fd = open("/etc/passwd", O_WRONLY);
        write(fd, buf, sizeof(buf));         /* write1 */
        write(fd, buf, sizeof(buf));         /* write2 */
}
```

Abb. 5.8: Prozeß für Lesen und Schreiben einer Datei

Nehmen wir an, der Kern führt die beiden Prozesse in Abbildung 5.8 nebeneinander aus. Wir gehen dabei davon aus, daß beide Prozesse ihre *open*-Aufrufe beendet haben, bevor einer einen *read*- oder *write*-Aufruf anstößt; der Kern könnte nun die *read*- und *write*-Aufrufe in einer von sechs möglichen Abfolgen ausführen: *read1*, *read2*, *write1*, *write2*, oder *read1*, *write1*, *read2*, *write2*, oder *read1*, *write1*, *write2*, *read2*, usw. Die Daten, die Prozeß A liest, hängen von der Reihenfolge ab, in der der Kern die Systemaufrufe der beiden Prozesse ausführt; das System garantiert uns also nicht, daß der Inhalt einer Datei nach *open* gleich bleibt. Die Verwendung einer *Sperre auf die Datei* bzw. auf *einzelne Datensätze* (Abschnitt 5.4) ermöglicht einem Prozeß jedoch, die Unversehrtheit einer Datei auch dann sicherzustellen, wenn sie geöffnet ist.

Schließlich zeigt das Programm in Abbildung 5.9 noch, daß ein Prozeß eine Datei mehr als einmal öffnen und mit verschiedenen Filedeskriptoren von ihr lesen kann. Der Kern bearbeitet die mit den beiden Filedeskriptoren verbundenen Offsetwerte für die Dateitabelle unabhängig voneinander; dennoch sollten die Arrays *buf1* und *buf2* bei Beendigung des Prozesses den gleichen Inhalt haben, wenn wir davon ausgehen, daß in der Zwischenzeit kein anderer Prozeß in die Datei „/etc/passwd" geschrieben hat.

```
#include <fcntl.h>
main()
{
        int fd1, fd2;
        char buf1[512], buf2[512];

        fd1 = open("/etc/passwd", O_RDONLY);
        fd2 = open("/etc/passwd", O_RDONLY);
        read(fd1, buf1, sizeof(buf1));
        read(fd2, buf2, sizeof(buf2));
}
```

Abb. 5.9: Lesen einer Datei mit zwei Filedeskriptoren

5.3 Write

Die Syntax des *write*-Aufrufs lautet:

```
number = write(fd,buffer,count);
```

Die Bedeutung der Variablen *fd*, *buffer*, *count* und *number* entspricht dem *read*-Aufruf. Auch der Algorithmus zum Schreiben einer gewöhnlichen Datei ähnelt dem zum Lesen einer solchen. Enthält die Datei jedoch keinen Block an der Stelle, an die, durch den Byteoffset bestimmt, geschrieben werden soll, so ordnet der Kern mit *alloc* einen neuen Block zu und legt die Blocknummer an der richtigen Stelle im Blockverzeichnis der Inode ab. Zeigt der Byteoffset auf einen indirekten Block, muß der Kern nötigenfalls mehrere Blöcke als indirekte Blöcke bzw. Datenblöcke zuteilen. Die Inode ist für die Dauer des *write*-Aufrufs gesperrt, denn der Kern kann beim Zuordnen neuer Blöcke die Inode verändern; könnten auch andere Prozesse auf die Datei zugreifen, so könnte die Inode zerstört werden, falls mehrere Prozesse gleichzeitig Blöcke für den gleichen Byteoffset zuteilen wollen. Ist der Schreibvorgang abgeschlossen, so aktualisiert der Kern noch den Eintrag für die Dateilänge in der Inode, falls die Datei größer geworden ist.

Nehmen wir als Beispiel an, ein Prozeß schreibt Byte 10240, das Byte mit der bisher höchsten Nummer, in eine Datei. Beim Zugriff auf dieses Byte über *bmap* stellt der Kern nicht nur fest, daß die Datei keinen Block für dieses Byte enthält, sondern auch, daß der benötigte indirekte Block noch nicht vorhanden ist. Er teilt für den indirekten Block also einen Plattenblock zu und schreibt die Blocknummer in die Speicherinode. Sodann teilt er einen weiteren Plattenblock als Datenblock zu und schreibt dessen Nummer an die erste Stelle im zuvor neu zugeteilten indirekten Block.

Auch hier läuft der Kern wie beim *read*-Algorithmus in einer internen Schleife und schreibt bei jedem Durchgang einen Block auf die Platte. Dabei muß der Kern jedes Mal bestimmen, ob er einen ganzen Block oder nur einen Teil zu schreiben hat. Ist nur der Teil eines Blocks zu schreiben, so muß zuerst der gesamte Block von der Platte gelesen werden, damit nicht der alte Inhalt überschrieben wird; ist dagegen ein ganzer Block zu schreiben, so braucht er nicht extra gelesen zu werden, denn der frühere Inhalt wird in jedem Fall vollständig überschrieben. Der Schreibvorgang läuft Block für Block ab, der Kern verwendet jedoch zum Schreiben der Daten auf die Platte *verzögertes Schreiben* (siehe Abschnitt 3.4), wobei die Daten für den Fall gepuffert werden, daß ein anderer Prozeß in Kürze mit *read* oder *write* darauf zugreifen will und dann keine zusätzlichen Plattenoperationen benötigt. Das verzögerte Schreiben ist besonders für Pipes sehr wirkungsvoll, denn hier liest ein anderer Prozeß die Daten und entfernt sie wieder aus der Pipe (siehe Abschnitt 5.12). Doch auch bei gewöhnlichen Dateien kann verzögertes Schreiben wirkungsvoll sein, wenn es sich um temporäre Dateien handelt, die bald wieder gelesen werden. So erzeugen beispielsweise viele Programme wie die Editoren oder mail im Katalog „/tmp" temporäre Dateien, die rasch wieder entfernt werden. Die Anwendung des verzögerten Schreibens kann bei solchen Dateien die Anzahl der Plattenzugriffe vermindern.

5.4 Sperren von Dateien und Datensätzen

Das ursprüngliche, von Thompson und Ritchie entwickelte UNIX-System verfügte über keinen internen Mechanismus, über den ein Prozeß seinen exklusiven Zugriff auf eine Datei sicherstellen konnte. Ein Sperrmechanismus wurde für unnötig erachtet, da, wie Ritchie festhielt, „wir nicht mit großen Datenbanken arbeiten, die nur aus einer Datei bestehen und von unabhängigen Prozessen bearbeitet werden" (siehe [Ritchie 81]). Um UNIX für kommerzielle Benutzer mit Datenbankanwendungen attraktiver zu machen, verfügt System V inzwischen über einen Mechanismus zum Sperren von Dateien und Datensätzen. Das Sperren einer Datei besteht in der Fähigkeit, andere Prozesse vom Lesen oder Schreiben in einer ganzen Datei auszuschließen, das Sperren von Datensätzen hindert andere Prozesse nur am Lesen oder Schreiben bestimmter Sätze (das sind Teile einer Datei zwischen bestimmten Byteoffsets). Übung 5.9 untersucht die Implementierung von Datei- und Satzsperre.

5.5 Festlegen der Position für Datei-I/O - lseek

Die normale Anwendung von *read*- und *write*-Aufrufen ermöglicht einen sequentiellen Zugriff auf eine Datei, Prozesse können jedoch über den Aufruf *lseek* die Startposition der I/O-Operation festlegen und damit einen Direktzugriff auf die Datei gestatten. Die Syntax dieses Systemaufrufs lautet:

```
position = lseek(fd,offset,reference);
```

Dabei ist *fd* der Filedeskriptor zur Bestimmung der Datei, *offset* stellt den Byteoffset dar, und *reference* legt schließlich fest, ob sich der *Offsetwert* auf den Dateianfang, auf den Offset für die aktuelle I/O-Operation oder das Dateiende bezieht; der Byteoffset, bei dem der nächste *read-* oder *write-*Aufruf beginnt, wird als *position* zurück gegeben. Das Programm in Abbildung 5.10 öffnet beispielsweise eine Datei, liest ein Byte, ruft *lseek* auf, um den Offsetwert in der Dateitabelle um 1023 zu erhöhen (unter Bezug auf *reference* = 1), und geht dann in eine Schleife. So liest das Programm jedes 1024. Byte in der Datei. Wäre *reference* gleich 0, würde der Kern vom Anfang der Datei an suchen, bei *reference* gleich 2 vom Ende der Datei weg. Der Aufruf *lseek* hat wohlgemerkt nichts mit einer seek-Operation zu tun, bei der der Schreib-/Lesekopf auf einen bestimmten Plattenzylinder positioniert wird. Für die Implementierung von *lseek* bringt der Kern nur den Offsetwert in der Dateitabelle auf den gewünschten Stand; nachfolgende *read-* oder *write-*Aufrufe verwenden diesen Wert dann als Startoffset für das erste Datenbyte.

```
#include <fcntl.h>
main(argc, argv)
        int argc;
        char *argv[];
{
        int fd, skval;
        char c;

        if (argc != 2)
                exit();
        fd = open(argv[1], O_RDONLY);
        if (fd == -1)
                exit();
        while ((skval = read(fd, &c, 1)) == 1)
        {
                printf("char %c\n", c);
                skval = lseek(fd, 1023L, 1);
                printf("new seek val %d\n", skval);
        }
}
```

Abb. 5.10: Programm mit Systemaufruf lseek

5.6 Close

Ein Prozeß schließt eine geöffnete Datei, wenn er nicht länger auf sie zugreifen will. Die Syntax das *close-*Aufrufs lautet:

```
close (fd);
```

Dabei ist *fd* der Filedeskriptor der offenen Datei. Beim Durchführen der *close-*Operation bearbeitet der Kern den Filedeskriptor und die entsprechenden Einträge in der Datei- und Inodetabelle. Ist der Referenzzähler im Dateitabelleneintrag wegen vorausgegangener *dup-* oder *fork-*Aufrufe größer als 1, dann beziehen sich, wie wir sehen werden, auch noch andere

Filedeskriptoren des Benutzers auf diesen Dateitabelleneintrag; der Kern erniedrigt nun diesen Zähler und schließt die *close*-Operation ab. Ist der Referenzzähler in der Dateitabelle gleich 1, so gibt der Kern diesen Eintrag ebenso wie die ursprünglich durch *open* zugeordnete Speicherinode (mit *iput*) wieder frei. Wird die Inode noch von anderen Prozessen benötigt, so erniedrigt der Kern nur ihren Referenzzähler und läßt sie zugeordnet; anderenfalls ist die Inode, da ihr Referenzzähler gleich 0 ist, frei zur neuerlichen Zuordnung. Nach Abschluß des *close*-Aufrufs ist der Benutzer-Filedeskriptoreneintrag leer. Versuche des Prozesses, diesen Filedeskriptor zu verwenden, ergeben einen Fehler, solange der Filedeskriptor nicht als Ergebnis eines anderen Systemaufrufs wieder zugeordnet ist. Wird ein Prozeß mit *exit* beendet, prüft der Kern alle seine aktiven Filedeskriptoren und schließt sie implizit ab. Kein Prozeß kann also eine Datei über sein Ende hinaus geöffnet halten.

In Abbildung 5.11 sehen wir zum Beispiel die relevanten Tabelleneinträge aus Abbildung 5.4 nach Abschluß der Dateien durch den zweiten Prozeß. Die Einträge für die Filedeskriptoren 3 und 4 in der Benutzer-Filedeskriptorentabelle sind leer. Auch die Zählerfelder in den Dateitabelleneinträgen sind jetzt 0, die Einträge sind ebenfalls leer. Die Inodereferenzzähler der Dateien „/etc/passwd" und „private" werden erniedrigt. Der Inodeeintrag für „private" steht in der freien Liste, da der Referenzzähler gleich 0 ist, der Eintrag ist jedoch nicht leer. Benötigt ein anderer Prozeß die Datei „private", solange die Inode sich noch in der freien Liste befindet, so wird der Kern, wie in Abschnitt 4.1.2 erläutert, diese Inode wieder anfordern.

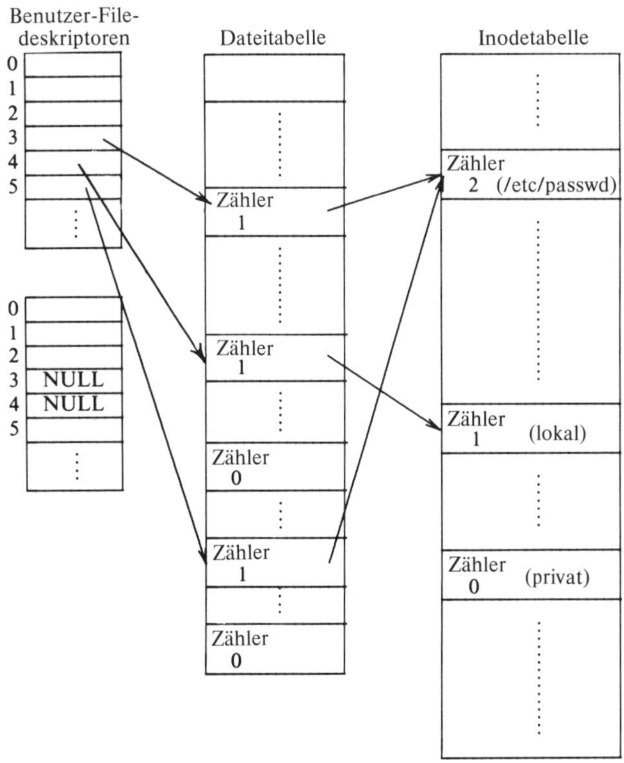

Abb. 5.11: Tabellen nach Abschluß einer Datei mit close

5.7 Erzeugen einer Datei

Der Systemaufruf *open* erlaubt einem Prozeß Zugriff auf eine bestehende Datei, der Aufruf *creat* dagegen erzeugt eine neue Datei im Dateisystem. Seine Syntax lautet:

```
fd = creat(pathname,modes);
```

Dabei haben die Variablen *fd*, *pathname* und *modes* die gleiche Bedeutung wie im Aufruf *open*. Falls bisher keine entsprechende Datei existierte, erzeugt der Kern nun eine neue Datei mit dem angegebenen Namen und den gewünschten Zugriffsberechtigungen; besteht die Datei bereits, so verkürzt sie der Kern auf 0 (d.h. er gibt alle existierenden Datenblöcke frei und setzt die Dateilänge auf 0), soweit dies die bestehenden Zugriffsrechte[3] gestatten. Abbildung 5.12 zeigt den Algorithmus zum Erzeugen einer Datei.

```
algorithm creat
input:  file name
        permission settings
output: file descriptor
{
        get inode for file name (algorithm namei);
        if (file already exists)
        {
                if (not permitted access)
                {
                        release inode (algorithm iput);
                        return(error);
                }
        }
        else        /* file does not exist yet */
        {
                assign free inode from file system (algorithm ialloc);
                create new directory entry in parent directory: include
                        new file name and newly assigned inode number;
        }
        allocate file table entry for inode, initialize count;
        if (file did exist at time of create)
                free all file blocks (algorithm free);
        unlock(inode);
        return(user file descriptor);
}
```

Abb. 5.12: Algorithmus zum Erzeugen einer Datei

[3] Der *open*-Aufruf läßt zwei Flags *O_CREAT* (zum Erzeugen der Datei) und *O_TRUNC* (zum Verkürzen der Datei auf Null) zu: Setzt ein Prozeß beim *open*-Aufruf das Flag *O_CREAT* und die Datei ist nicht vorhanden, so erzeugt sie der Kern neu. Ist die Datei bereits vorhanden, so wird sie nur dann auf Null verkürzt, wenn auch das Flag *O_TRUNC* gesetzt ist.

Der Kern durchsucht nun mit Algorithmus *namei* den Pfadnamen, wobei der Algorithmus wie gezeigt abläuft, solange es sich um Katalognamen handelt. Beim letzten Teil des Pfadnamens, also dem Namen, den die zu erzeugende Datei erhalten soll, hält *namei* den Byteoffset des ersten freien Eintrags im Katalog fest und stellt den Offset im *u-Bereich* sicher. Findet der Kern den letzten Teil des Pfadnamens nicht im Katalog, so muß er eventuell den Namen im gerade gefundenen freien Eintrag ablegen. Verfügt der Katalog über keine freien Einträge mehr, so wertet er den Offset des Katalogendes aus und erzeugt hier einen neuen Eintrag. Außerdem vermerkt er die Inode des durchsuchten Katalogs in seinem *u-Bereich* und hält sie gesperrt; der Katalog wird zum Vaterkatalog für die neue Datei. Der Kern schreibt jedoch den neuen Dateinamen noch nicht in den Katalog, so daß er für den Fall eines folgenden Fehlers weniger rückgängig zu machen hat. Er prüft sodann, ob der Katalog dem Prozeß Schreibrecht gewährt: Da ein Prozeß als Ergebnis des *creat*- Aufrufs in den Katalog schreibt, bedeutet Schreibrecht für einen Katalog, daß Prozesse in diesem Katalog Dateien erzeugen dürfen.

Nehmen wir an, daß keine Datei mit dem angegebenen Namen existiert; der Kern weist nun mit *ialloc* (Abschnitt 4.6) eine Inode für die neue Datei zu. Er schreibt sodann den Dateinamen und die Nummer der neu zugeteilten Inode an die durch den im *u-Bereich* sichergestellten Offset bestimmte Stelle in den Vaterkatalog. Nun gibt er die Inode des Vaterkatalogs frei, die er seit Beginn der Suche nach dem Dateinamen belegt hatte. Der Vaterkatalog enthält jetzt den Namen der neuen Datei und ihre Inodenummer. Der Kern schreibt die neu zugeordnete Inode auf die Platte (mit *bwrite*), bevor er den Katalog mit dem neuen Namen dort ablegt. Bricht das System zwischen den beiden Schreiboperationen für Inode und Katalog zusammen, dann haben wir zwar eine zugeordnete Inode, die durch keinen Pfadnamen im System angesprochen wird, doch unser System wird weiterhin normal funktionieren. Wäre dagegen der Katalog vor der Inode geschrieben worden und das System zwischen den beiden Schreiboperationen zusammengebrochen, so hätten wir im Dateisystem einen Pfadnamen, der eine nicht existierende Inode anspricht (für Einzelheiten dazu siehe Abschnitt 5.16.1).

Existiert die gewünschte Datei bereits beim Aufruf von *creat*, so findet der Kern bei der Suche nach dem Dateinamen ihre Inode. Die bestehende Datei muß dem Prozeß Schreibzugriff gewähren, damit er eine „neue“ Datei mit dem gleichen Namen erzeugen kann, denn der Kern ändert während des Aufufs von *creat* den Dateiinhalt: Er verkürzt die Datei auf Null und gibt alle ihre Datenblöcke mit *free* frei, so daß die Datei nun wie neu erzeugt aussieht. Allerdings bleiben Besitzer und Zugriffsrechte der alten Datei erhalten: Der Kern ändert den Eigentümer der Datei nicht auf den Eigentümer des aktuellen Prozesses und ignoriert außerdem die durch den Prozeß angegebenen Zugriffsrechte. Und schließlich prüft der Kern auch nicht, ob der Vaterkatalog der bestehenden Datei Schreibzugriff gestattet, denn der Inhalt des Katalogs soll ja nicht verändert werden.

Der Aufruf *creat* folgt nun den gleichen Algorithmen wie der Aufruf *open*. Der Kern ordnet für die erzeugte Datei einen Eintrag in der Dateitabelle zu, so daß der Prozeß in die Datei schreiben kann, ordnet einen Eintrag in der Benutzer-Filedeskriptorentabelle zu und gibt möglicherweise den Index auf letzteren Eintrag als Filedeskriptor für den Benutzer zurück.

5.8 Erzeugen von Spezialdateien

Der Aufruf *mknod* erzeugt im System Spezialdateien wie benannte Pipes, Gerätedateien und Kataloge. Er ähnelt dahingehend dem Aufruf *creat*, daß der Kern für die Datei eine Inode zuordnet. Die Syntax des Aufrufs lautet:

```
mknod(pathname,type and permission,dev);
```

Dabei ist *pathname* der Name des (im Dateibaum) zu erzeugenden Knotens, *type and permissions* gibt den Typ des Knotens (z. B. Katalog) sowie die Zugriffsrechte für die neu zu erzeugende Datei an, und *dev* enthält schließlich für Block- und Zeichen-Gerätedateien die Major- und Minor-Gerätenummer (Kapitel 10). Abbildung 5.13 skizziert den Algorithmus *mknod* zum Erzeugen eines neuen Knotens.

Der Kern durchsucht zuerst das Dateisystem nach dem Dateinamen, den er erzeugen soll. Besteht die Datei noch nicht, so weist der Kern eine neue Inode auf der Platte zu und schreibt den neuen Dateinamen sowie die Inodenummer in den Vaterkatalog. Er setzt den Dateityp in der Inode, um anzuzeigen, daß es sich um eine Pipe, einen Katalog, oder eine Spezialdatei handelt. Schließlich schreibt er noch, falls es sich um eine *Block-* oder *Zeichen-Gerätedatei* handelt, die Major- und Minor-Gerätenummern in die Inode. Erzeugt *mknod* einen Katalogknoten, so existiert dieser Knoten nach Beendigung des Systemaufrufs, doch hat sein Inhalt falsches Format (die Katalogeinträge für „." und „.." fehlen noch). Übung 5.33 berücksichtigt die zusätzlichen Schritte, die nötig sind, um einen Katalog in die richtige Form zu bringen.

```
algorithm make new node
inputs: node (file name)
        file type
        permissions
        major, minor device number (for block, character special files)
output: none
{
    if (new node not named pipe and user not super user)
        return(error);
    get inode of parent of new node (algorithm namei);
    if (new node already exists)
    {
        release parent inode (algorithm iput);
        return(error);
    }
    assign free inode from file system for new node (algorithm ialloc);
    create new directory entry in parent directory: include new node
        name and newly assigned inode number;
    release parent directory inode (algorithm iput);
    if (new node is block or character special file)
        write major, minor numbers into inode structure;
    release new node inode (algorithm iput);
}
```

Abb. 5.13: Algorithmus zum Erzeugen eines neuen Knotens

5.9 Wechseln von Katalog und Wurzelkatalog

Beim Booten des Systems macht Prozeß 0 während der Initialisierungsphase den Wurzelkatalog des Dateisystems zum aktuellen Katalog. Er führt den Algorithmus *iget* für die Wurzelinode aus, sichert sie als aktuellen Katalog im *u-Bereich* und hebt die Inodesperre wieder auf. Wird nun mit dem Systemaufruf *fork* ein neuer Prozeß erzeugt, so übernimmt der neue Prozeß den aktuellen Katalog des alten Prozesses in seinen *u-Bereich* und der Kern erhöht den Referenzzähler entsprechend.

Der Algorithmus *chdir* (Abbildung 5.14) wechselt den aktuellen Katalog eines Prozesses. Die Syntax des Aufrufs lautet:

```
chdir(pathname);
```

Dabei ist *pathname* der Name des Katalogs, der zum neuen aktuellen Katalog des Prozesses werden soll. Der Kern bearbeitet zu diesem Zweck den Namen des Zielkatalogs mit *namei* und prüft, ob die gewünschte Datei ein Katalog ist und der Besitzer des Prozesses Zugriffsrecht darauf hat. Der Kern hebt nun zwar die Sperre auf der neuen Inode auf, läßt sie aber zugeordnet und ihren Referenzzähler erhöht; er gibt die im *u-Bereich* gespeicherte Inode des alten aktuellen Katalogs (mit *iput*) frei und speichert im *u-Bereich* nun die neue Inode. Nach dem Katalogwechsel durch einen Prozeß verwendet *namei* nun diese Inode als Ausgangspunkt für alle Katalogsuchen, bei denen der Pfadname nicht mit dem Wurzelkatalog beginnt. Nach Ausführung von *chdir* steht der Inodereferenzzähler des neuen Katalogs mindestens auf 1, der Inodereferenzzähler des alten Katalogs kann jetzt 0 sein. In dieser Hinsicht ähnelt *chdir* dem *open*-Aufruf, denn beide Systemaufrufe greifen auf eine Datei zu und lassen ihre Inode zugeordnet. Die während der Ausführung von *chdir* zugeordnete Inode wird erst wieder freigegeben, wenn der Prozeß einen weiteren *chdir*-Aufruf ausführt oder mit *exit* beendet wird.

Normalerweise verwendet ein Prozeß für alle mit „/" beginnenden Pfadnamen die Wurzel des globalen Dateisystems. Der Kern enthält dazu eine globale Variable, die auf die Inode der globalen Wurzel zeigt, die durch *iget* beim Booten des Systems zugeordnet wird. Prozesse können für sich mit *chroot* die Wurzel des Dateisystems wechseln. Dies ist besonders nützlich, wenn ein Benutzer die Hierarchie des Dateisystems simulieren und dort Prozesse laufen lassen will.

```
algorithm change directory
input:  new directory name
output: none
{
        get inode for new directory name (algorithm namei);
        if (inode not that of directory or process not permitted access to file)
        {
                release inode (algorithm iput);
                return(error);
        }
        unlock inode;
        release "old" current directory inode (algorithm iput);
        place new inode into current directory slot in u area;
}
```

Abb. 5.14: Algorithmus zum Wechseln des aktuellen Katalogs

Die Syntax für *chroot* lautet:

```
chroot(pathname);
```

Dabei ist *pathname* der Name des Katalogs, den der Kern im weiteren als Wurzelkatalog für den Prozeß verwenden wird. Beim Ausführen des Aufrufs *chroot* folgt der Kern dem gleichen Algorithmus wie beim Wechseln des aktuellen Katalogs. Er speichert die neue Wurzelinode im *u-Bereich* des Prozesses und gibt sie bei Beendigung des Aufrufs frei. Obwohl die standardmäßige Wurzel für den Kern in einer globalen Variablen abgelegt ist, gibt dieser die alte Wurzel nicht automatisch frei, sondern nur wenn er selbst oder ein Vorläuferprozeß den Aufruf *chroot* ausgeführt hat. Die neue Inode ist nun die logische Wurzel des Dateisystems für den Prozeß (und seine Kinder); das bedeutet, daß alle Suchen nach Pfadnamen mit *namei*, die bei der Wurzel („/") beginnen sollen, nun bei dieser Inode beginnen, und daß alle Versuche, „.." über die Wurzel anzusprechen, zum Verlassen des Arbeitskatalogs des Prozesses in der neuen Wurzel führen werden. Ein Prozeß gibt die geänderte Wurzel auch an seine Kinder weiter, so wie er es auch mit seinem aktuellen Katalog tut.

5.10 Ändern von Eigentümer und Modus

Das Ändern des Eigentümers oder des Modus (d.h. der Zugriffsrechte) einer Datei sind Arbeiten an der Inode und nicht an der Datei selbst. Die Syntax der beiden Aufrufe lautet:

```
chown(pathname,owner,group);
chmod(pathname,mode);
```

Um den Eigentümer einer Datei zu ändern gewinnt der Kern aus dem Dateinamen über *namei* die Inode. Der Besitzer des Prozesses muß Superuser oder Eigentümer der Datei sein (ein Prozeß kann nichts abgeben, das er nicht besitzt). Nun weist der Kern den neuen Besitzer und die neue Gruppe zu, löscht die Flags „set user" und „set group" (siehe Abschnitt 7.5) und gibt die Inode mit *iput* wieder frei. Nach dem Besitzerwechsel verliert der frühere Eigentümer alle dem Besitzer zustehenden Zugriffsrechte auf die Datei. Zum Ändern des Modus einer Datei verfolgt der Kern eine ähnliche Prozedur und ändert dabei in der Inode anstelle der Nummer des Eigentümers die Modusflags.

5.11 Stat und fstat

Die Systemaufrufe *stat* und *fstat* übermitteln einem Prozeß den Zustand einer Datei und geben dabei Informationen wie Dateityp, Eigentümer der Datei, Zugriffsrechte, Dateigröße, Anzahl der Verweise auf die Datei, Inodenummer und Zugriffszeitpunkte zurück. Die Syntax dieser Aufrufe lautet:

```
 stat(pathname,statbuffer);
fstat(fd,statbuffer);
```

Dabei ist *pathname* der Name einer Datei, *fd* ist der von einem vorausgegangenen *open*-Aufruf gelieferte Filedeskriptor und *statbuffer* ist schließlich die Adresse einer Datenstruktur im Benutzerprozeß, die nach Beendigung des Systemaufrufs die Statusinformation der Datei enthält. Die Systemaufrufe übertragen dazu ganz einfach die entsprechenden Felder der Inode nach *statbuffer*. Das Programm in Abbildung 5.33 zeigt die Verwendung von *stat* und *fstat*.

5.12 Pipes

Pipes ermöglichen den Transport von Daten zwischen Prozessen nach einer first-in-first-out (FIFO) Methode und gestatten außerdem das Synchronisieren der Prozeßausführung. Ihre Implementierung erlaubt Prozessen die Kommunikation untereinander sogar ohne Kenntnis des jeweiligen Partners am anderen Ende der Pipe. Die traditionelle Implementierung der Pipes verwendet das Dateisystem zum Speichern der Daten. Es gibt zwei Arten von Pipes: *benannte Pipes* und, in Ermangelung eines besseren Ausdrucks, *namenlose Pipes*, die sich nur darin unterscheiden, wie ein Prozeß erstmalig auf sie zugreift. Bei benannten Pipes verwenden Prozesse nämlich hierfür den *open*-Aufruf, bei namenlosen Pipes dagegen den Systemaufruf *pipe*. Danach werden zur Bearbeitung von Pipes die üblichen Aufrufe zur Dateibearbeitung verwendet, also *read*, *write* und *close*. Nur verwandte Prozesse, also Abkömmlinge des Prozesses, der den *pipe*-Aufruf ausgab, können gemeinsam mit ihm auf namenlose Pipes zugreifen. Legt im Beispiel der Abbildung 5.15 Prozeß B eine Pipe an und erzeugt dann die Prozesse D und E, so können alle drei Prozesse auf die Pipe zugreifen, nicht dagegen die Prozesse A und C. Dagegen können alle Prozesse ohne Rücksicht auf ihre Verwandtschaft im Rahmen der üblichen Dateizugriffsrechte auf benannte Pipes zugreifen. Da namenlose Pipes jedoch häufiger sind, werden wir sie zuerst besprechen.

5.12.1 Der Systemaufruf pipe

Die Syntax des Aufrufs lautet:

```
pipe(fdptr);
```

Dabei ist *fdptr* ein Pointer auf ein Integerarray für die beiden Filedeskriptoren zum Lesen und Schreiben der Pipe. Da der Kern Pipes im Dateisystem anlegt und Pipes vor ihrer Verwendung noch nicht existieren, muß der Kern beim Erzeugen einer Pipe eine Inode zuweisen. Er ordnet auch ein Paar Benutzer-Filedeskriptoren sowie die entsprechenden Einträge in der Dateitabelle für die Pipe zu: ein Filedeskriptor dient dabei zum Lesen aus der Pipe, der andere zum Schreiben in die Pipe. Der Kern verwendet für die Arbeit mit Pipes die Dateitabelle, so daß die Schnittstelle für die Aufrufe *read* und *write* und auch die übrigen Systemaufrufe der Schnittstelle für gewöhnliche Dateien entspricht. Im Ergebnis müssen Prozesse also nicht wissen, ob sie mit *read* und *write* auf eine gewöhnliche Datei oder eine Pipe zugreifen.

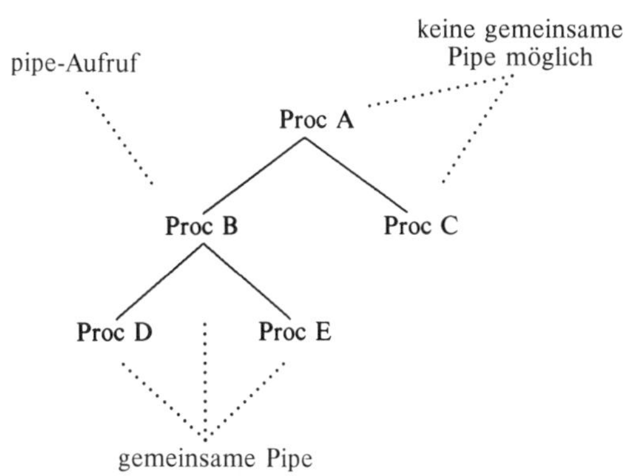

Abb. 5.15: Prozeßbaum und Benutzung von Pipes

Abbildung 5.16 zeigt den Algorithmus zum Erzeugen von namenlosen Pipes. Der Kern weist mit *ialloc* eine Inode für die Pipe aus einem Dateisystem zu, das als *Pipegerät* definiert ist. Ein Pipegerät ist ein ganz normales Dateisystem, aus dem der Kern Inodes und Datenblöcke für Pipes zuteilen kann. Der Systemverwalter definiert das Pipegerät bei der Systemkonfiguration, es kann mit einem anderen Dateisystem identisch sein. Ist eine Pipe aktiv, kann der Kern ihre Inode und Datenblöcke keiner anderen Datei zuteilen.

Der Kern ordnet nun zwei Dateitabelleneinträge zu, einen für den Filedeskriptor zum Lesen der Pipe und einen für den Filedeskriptor zum Schreiben der Pipe, und aktualisiert die Daten der Speicherinode. Jeder Dateitabelleneintrag hält fest, wie oft eine Pipe zum Lesen oder Schreiben geöffnet wurde - der Anfangswert ist jeweils 1, und der Inodereferenzzähler gibt an, wie oft die Pipe geöffnet wurde - der Anfangswert ist 2, d. h. einmal pro Dateitabelleneintrag. Schließlich enthält die Inode noch die Byteoffsets für den Startpunkt der nächsten Schreib-bzw. Leseoperation auf die Pipe. Das Mitführen der Byteoffsets in der Inode gestattet einen bequemen FIFO-Zugriff auf die Daten der Pipe und stellt einen Unterschied zu gewöhnlichen Dateien dar, bei denen der Offset in der Dateitabelle abgelegt ist. Prozesse können die Byteoffsets einer Pipe nicht mit *lseek* verändern, ein Direktzugriff auf Pipes ist also nicht möglich.

```
algorithm pipe
input:  none
output: read file descriptor
        write file descriptor
{
      assign new inode from pipe device (algorithm ialloc);
      allocate file table entry for reading, another for writing;
      initialize file table entries to point to new inode;
      allocate user file descriptor for reading, another for writing,
            initialize to point to respective file table entries;
      set inode reference count to 2;
      initialize count of inode readers, writers to 1;
}
```

Abb. 5.16: Algorithmus zum Erzeugen einer (namenlosen) Pipe

5.12.2 Eröffnen einer benannten Pipe

Für benannte Pipes gelten die gleichen Regeln wie für namenlose, nur daß für sie ein Katalogeintrag besteht und der Zugriff über einen Pfadnamen erfolgt. Prozesse eröffnen benannte Pipes wie gewöhnliche Dateien mit *open*, folglich können auch Prozesse, die nicht näher miteinander verwandt sind, untereinander kommunizieren. Benannte Pipes existieren dauerhaft in der Hierarchie des Dateisystems (außer sie werden mit *unlink* daraus entfernt), namenlose Pipes dagegen haben temporären Charakter: Haben alle beteiligten Prozesse den Gebrauch der Pipe beendet, fordert der Kern die Inode zurück.

Der Algorithmus zum Eröffnen einer benannten Pipe entspricht dem Öffnen einer gewöhnlichen Datei. Allerdings erhöht der Kern vor Beenden des Systemaufrufs die Schreib- bzw. Lesezähler in der Inode und gibt damit an, wie viele Prozesse die benannte

Pipe zum Schreiben oder Lesen geöffnet halten. Ein Prozeß, der mit *open* eine benannte Pipe zum Lesen eröffnet, wird in Schlaf versetzt bis ein anderer Prozeß diese Pipe zum Schreiben öffnet bzw. umgekehrt. Es ist nämlich sinnlos, eine Pipe zum Lesen geöffnet zu halten, wenn keine Aussicht besteht, Daten zu empfangen; das gleiche gilt umgekehrt auch beim Schreiben. Abhängig davon, ob ein Prozeß eine benannte Pipe zum Lesen oder Schreiben eröffnet, weckt der Kern andere Prozesse, die bis zum Auftreten eines schreibenden (bzw. lesenden) Prozesses in Schlaf versetzt waren.

Öffnet ein Prozeß eine benannte Pipe zum Lesen und es besteht bereits ein schreibender Prozeß, so wird der *open*-Aufruf erfolgreich beendet. Wurde beim *open*-Aufruf der Zusatz *no delay* angegeben, so wird der Aufruf auch dann beendet, wenn kein schreibender Prozeß existiert. Ist jedoch keine der beiden Bedingungen erfüllt, schläft der Prozeß bis die Pipe von einem anderen Prozeß zum Schreiben geöffnet wird. Ganz ähnliche Regeln gelten für Prozesse, die Pipes zum Schreiben öffnen.

5.12.3 Lesen und Schreiben von Pipes

Wir müssen eine Pipe so sehen, daß Prozesse von der einen Seite Daten in die Pipe schreiben und von der anderen Seite Daten aus der Pipe lesen. Wie bereits erwähnt greifen Prozesse auf die Daten einer Pipe nach einem FIFO-Schema zu, d.h. die zuerst in eine Pipe geschriebenen Daten werden als erste wieder daraus gelesen. Die Anzahl der Prozesse, die aus einer Pipe lesen, muß nicht notwendigerweise mit der Zahl der Prozesse übereinstimmen, die in eine Pipe schreiben; ist die Zahl der Leser oder Schreiber größer 1, dann müssen diese den Gebauch der Pipe mit anderen Mitteln koordinieren. Der Kern greift auf die Daten einer Pipe genau wie auf die Daten einer gewöhnlichen Datei zu: Er legt Daten auf dem Pipegerät ab und weist der Pipe nach Bedarf beim Schreiben Blöcke zu. Der Unterschied in der Platzzuteilung für eine Pipe und eine gewöhnliche Datei besteht darin, daß eine Pipe wegen der größeren Effizienz nur die direkten Blöcke einer Inode verwendet, obwohl dies eine Obergrenze für die Größe der Pipe darstellt. Der Kern behandelt die direkten Blöcke der Inode als kreisförmig angeordneten Puffer und aktualisiert intern die Schreib- und Lesezeiger zum Aufrechterhalten der FIFO-Folge (Abbildung 5.17).

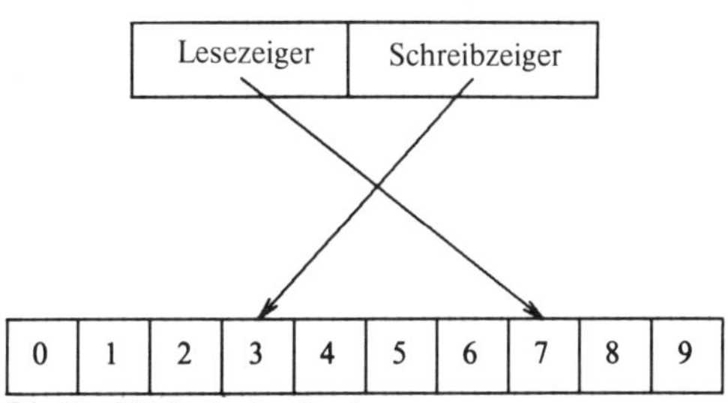

Abb. 5.17: Logik des Lesens und Schreibens einer Pipe

Wir betrachten nun vier Fälle des Lesens und Schreibens von Pipes: Schreiben in eine Pipe, die genug Platz für die Daten hat; Lesen aus einer Pipe, die genügend Daten enthält; Lesen aus einer Pipe, die zu wenig Daten für die *read*-Anforderung enthält; Schreiben in eine Pipe, die nicht genug Platz für die zu schreibenden Daten hat.

Sehen wir uns den ersten Fall an, in dem ein Prozeß eine Pipe beschreibt und diese genug Platz für die zu schreibenden Daten hat: Die Zahl der zu schreibenden und bereits in der Pipe vorhandenen Bytes ist kleiner oder gleich der Größe der Pipe. Der Kern folgt dem Algorithmus zum Schreiben einer gewöhnlichen Datei, erhöht aber nach jedem *write* auf die Pipe automatisch deren Länge, denn per Definition nimmt die Menge der Daten in einer Pipe mit jedem Schreibzugriff zu. Dies stellt einen Unterschied zum Wachstum einer gewöhnlichen Datei dar, bei der ein Prozeß die Dateilänge nur dann vergrößert, wenn er Daten über das aktuelle Dateiende hinaus schreibt. Würde der nächste Byteoffset in der Pipe einen indirekten Block erfordern, setzt der Kern den Offsetwert im *u-Bereich* wieder auf den Anfang der Pipe (Offset 0). Keinesfalls überschreibt der Kern jedoch Daten in der Pipe; er kann den Byteoffset auf Null setzen, da er bereits festgestellt hat, daß die Daten die Kapazität der Pipe nicht erschöpfen werden. Hat der schreibende Prozeß alle Daten in der Pipe abgelegt, aktualisiert der Kern den Schreibpointer (in der Inode) der Pipe, so daß der nächste Prozeß seine Daten in der Pipe genau da ablegen wird, wo sein Vorgänger aufhörte. Nun weckt der Kern noch alle Prozesse, die wegen des Lesens von der Pipe in Schlaf versetzt wurden.

Will ein Prozeß von einer Pipe lesen, prüft er zuerst, ob diese leer ist. Enthält sie Daten, so liest der Kern diese mit *read* aus der Pipe, wie wenn es sich um eine gewöhnliche Datei handeln würde. Allerdings ist sein Startoffset der in der Inode enthaltene Lesepointer der Pipe, der den Endpunkt des vorausgehenden *read*-Aufrufs anzeigt. Nach dem Lesen jedes Blocks erniedrigt der Kern die Länge der Pipe entsprechend der Anzahl der gelesenen Bytes und aktualisiert den Offsetwert im *u-Bereich* nötigenfalls bis zum Umklappen zum Pipeanfang. Nach Beendigung des *read*-Aufrufs weckt der Kern alle schlafenden Schreiberprozesse und sichert den aktuellen Offset zum Lesen in der Inode (nicht im Dateitabelleneintrag).

Versucht ein Prozeß, mehr Daten zu lesen als sich in der Pipe befinden, wird der *read*-Aufruf nach Rückgabe aller aktuell in der Pipe befindlichen Daten erfolgreich beendet, auch wenn die vom Benutzer angeforderte Anzahl von Bytes noch nicht erreicht ist. Ist die Pipe leer, so wartet der Prozeß, bis ein anderer Daten in die Pipe schreibt, worauf alle auf Daten wartenden Prozesse erwachen und einen Wettlauf um den Lesezugriff auf die Pipe beginnen. Öffnet dagegen ein Prozeß eine benannte Pipe mit dem Zusatz *no delay*, so kehrt er umgehend aus dem Leseaufruf zurück, falls die Pipe keine Daten enthält. Die Semantik des Lesens und Schreibens von Pipes ähnelt dem Lesen und Schreiben von Terminals (Kapitel 10), wobei das Programm den Typ der gerade bearbeiteten Datei vernachlässigen kann.

Schreibt ein Prozeß in eine Pipe und diese kann nicht alle Daten aufnehmen, so kennzeichnet der Kern die Inode und schläft bis zum Abfluß von Daten aus der Pipe. Liest nun ein nachfolgender Prozeß von der Pipe, stellt der Kern fest, daß schlafende Prozesse auf diesen Datenabfluß aus der Pipe warten und weckt sie wie bereits beschrieben. Die Ausnahme von dieser Regel ist ein Prozeß, der mehr Daten schreiben will, als die Gesamtkapazität der Pipe gestattet (d.h. mehr Daten, als in den direkten Blöcken der Inode abgelegt werden können); in diesem Fall schreibt der Kern möglichst viele Daten in die Pipe und versetzt den Prozeß in Schlaf, bis wieder Platz verfügbar wird. Dabei besteht allerdings die Möglichkeit, daß die geschriebenen Daten sich nicht fortlaufend in der Pipe befinden, falls andere Prozesse ihrerseits Daten in die Pipe schreiben, bevor der ursprüngliche Prozeß seinen Schreibvorgang wieder aufnimmt.

Untersuchen wir die Implementierung von Pipes, so stellen wir fest, daß ihre Prozeßschnittstelle sich mit der für gewöhnliche Dateien deckt, abgesehen davon, daß der Kern die Offsets für *read*- und *write*-Aufrufe in der Inode und nicht in der Dateitabelle ablegt; bei benannten Pipes muß der Kern die Offsets sogar in der Inode ablegen, damit andere Prozesse diese Werte mitbenützen können: Die in den Einträgen der Dateitabelle abgelegten Werte können nämlich nicht gemeinsam benutzt werden, da ein Prozeß für jeden *open*-Aufruf einen neuen Dateitabelleneintrag erhält. Allerdings macht das gemeinsame Benutzen von Lese- und Schreiboffset in der Inode die Implementierung benannter Pipes eigentlich überflüssig. Prozesse mit Zugriff auf namenlose Pipes greifen auf die Pipe über gemeinsame Dateitabelleneinträge zu, sie könnten den Schreib- und Leseoffset also auch im Dateitabelleneintrag ablegen, wie dies bei gewöhnlichen Dateien geschieht. Diese Möglichkeit wurde nicht implementiert, da die Algorithmen der unteren Schichten im Kern keinen Zugriff mehr auf die Dateitabelleneinträge erhalten sollen: Da Prozesse die in der Inode abgelegten Offsetwerte gemeinsam benutzen können, wird der Code einfacher und klarer.

5.12.4 Schließen von Pipes

Beim Schließen einer Pipe folgt der Kern den gleichen Prozeduren wie beim Schließen einer gewöhnlichen Datei, allerdings mit der Ausnahme, daß vor dem Freigeben der Inode der Pipe noch besondere Maßnahmen erfolgen müssen. Der Kern erniedrigt entsprechend dem Typ des Filedeskriptors die Anzahl der Leser bzw. Schreiber für die Pipe. Fällt die Anzahl der schreibenden Prozesse zurück auf Null und sind noch schlafende Prozesse vorhanden, die auf das Lesen von Daten aus der Pipe warten, so werden sie vom Kern geweckt und kehren aus ihren *read*-Aufrufen ohne Daten zu lesen zurück. Fällt die Anzahl der lesenden Prozesse zurück auf Null und sind noch schlafende Prozesse vorhanden, die auf das Schreiben von Daten in die Pipe warten, so weckt sie der Kern und sendet ihnen ein Signal (Kapitel 7), das eine Fehlerbedingung anzeigt. In beiden Fällen ist es sinnlos, den Prozeß weiter schlafen zu lassen, wenn keine Hoffnung besteht, daß der Zustand der Pipe sich noch ändern wird. Wartet zum Beispiel ein Prozeß auf das Lesen einer namenlosen Pipe und sind dabei keine schreibenden Prozesse mehr vorhanden, so wird es auch keine weiteren schreibenden Prozesse mehr geben. Obwohl bei benannten Pipes die *Möglichkeit* besteht, daß neue schreibende bzw. lesende Prozesse auftauchen, behandelt der Kern auch sie wie namenlose Pipes. Greifen keine schreibenden oder lesenden Prozesse mehr auf die Pipe zu, so gibt der Kern alle ihre Datenblöcke frei und aktualisiert die Inode, um anzuzeigen, daß die Pipe jetzt leer ist. Beim Freigeben der Inode für eine gewöhnliche Pipe gibt er auch die Plattenkopie der Inode zur weiteren Verwendung frei.

5.12.5 Beispiele

Das Programm in Abbildung 5.18 zeigt die künstliche Verwendung von Pipes. Der Prozeß erzeugt eine Pipe und geht dann in eine endlose Schleife, in der er den String „hello" zuerst in die Pipe schreibt und dann wieder aus dieser liest. Der Prozeß weiß nicht und kümmert sich auch nicht darum, daß der Prozeß, der die Pipe beschreibt zugleich auch der Prozeß ist, der daraus liest.

Bei der Ausführung des Programms in Abbildung 5.19 erzeugt ein Prozeß einen benannten Pipeknoten mit Namen „fifo". Wird das Programm mit einem zweiten (Dummy-) Argument aufgerufen, schreibt es fortlaufend den String „hello" in die Pipe; wird es ohne zweites Argument aufgerufen, liest es aus der benannten Pipe. Die beiden Prozesse sind Aufrufe desselben Programms und kommunizieren über die benannte Pipe „fifo" miteinander, sie müssen jedoch nicht verwandt sein. Andere Benutzer könnten an der Unterhaltung teilnehmen, könnten sie aber auch stören.

```
char string[] = "hello";
main()
{
        char buf[1024];
        char *cp1, *cp2;
        int fds[2];

        cp1 = string;
        cp2 = buf;
        while (*cp1)
                *cp2++ = *cp1++;
        pipe(fds);
        for (;;)
        {
                write(fds[1], buf, 6);
                read(fds[0], buf, 6);
        }
}
```

Abb. 5.18: Lesen und Schreiben einer Pipe

```
#include <fcntl.h>
char string[] = "hello";
main(argc, argv)
        int argc;
        char *argv[];
{
        int fd;
        char buf[256];

        /* create named pipe with read/write permission for all users */
        mknod("fifo", 010777, 0);
        if (argc == 2)
                fd = open("fifo", O_WRONLY);
        else
                fd = open("fifo", O_RDONLY);
        for (;;)
                if (argc == 2)
                        write(fd, string, 6);
                else
                        read(fd, buf, 6);
}
```

Abb. 5.19: Lesen und Schreiben einer benannten Pipe

5.13 Dup

Der Aufruf *dup* kopiert einen Filedeskriptor in den ersten freien Eintrag der Benutzer-Filedeskriptorentabelle und gibt diesen neuen Filedeskriptor zurück. Der Aufruf kann für alle Dateitypen verwendet werden; er hat die folgende Syntax:

```
newfd = dup(fd);
```

Dabei ist *fd* der Filedeskriptor, der kopiert werden soll, und *newfd* der neue Filedeskriptor für die Datei. Da *dup* den Filedeskriptor dupliziert, erhöht der Aufruf den Zähler im entsprechenden Dateitabelleneintrag, auf den nun ein weiterer Filedeskriptor zeigt. Eine Untersuchung der in Abbildung 5.20 gezeigten Datenstruktur ergibt zum Beispiel, daß der Prozeß folgende Reihe von Systemaufrufen durchführte: Er öffnete die Datei „/etc/passwd“ (Filedeskriptor 3), öffnete dann die Datei „local“ (Filedeskriptor 4), öffnete ein zweites Mal die Datei „/etc/passwd“ (Filedeskriptor 5) und duplizierte schließlich den Filedeskriptor 5, was einen zusätzlichen Filedeskriptor 6 ergibt.

Der Aufruf *dup* ist vielleicht etwas unelegant, geht er doch davon aus, daß der Benutzer weiß, daß das System den freien Eintrag mit der niedrigsten Nummer in der Benutzer-Filedeskriptorentabelle zurückgeben wird. Dagegen spielt der Aufruf eine wichtige Rolle beim Aufbau komplexer Programme aus einfachen Programmblöcken, wie wir es am Beispiel der Konstruktion von Pipelines für die Shell sehen werden (Kapitel 7).

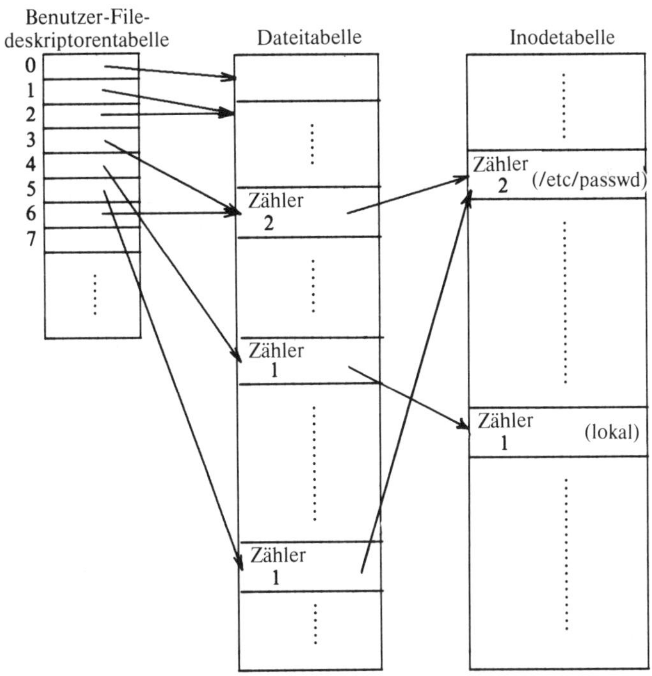

Abb. 5.20: Datenstrukturen nach Aufruf von dup

```
#include <fcntl.h>
main()
{
        int i, j;
        char buf1[512], buf2[512];

        i = open("/etc/passwd", O_RDONLY);
        j = dup(i);
        read(i, buf1, sizeof(buf1));
        read(j, buf2, sizeof(buf2));
        close(i);
        read(j, buf2, sizeof(buf2));
}
```

Abb. 5.21: C-Programm zur Erläuterung von dup

Sehen wir uns nun das Programm in Abbildung 5.21 an. Die Variable *i* enthält den Filedeskriptor, den das System als Ergebnis des *open*-Aufrufs für die Datei „/etc/passwd" zurückgibt, die Variable *j* enthält den Filedeskriptor, den das System als Ergebnis des Duplizierens von *i* zurückgibt. Im *u-Bereich* des Prozesses zeigen die beiden Einträge in der Filedeskriptorentabelle des Benutzers, die durch die Variablen *i* und *j* dargestellt werden, auf einen Eintrag in der Dateitabelle und verwenden deshalb auch den gleichen Dateioffset. Die beiden ersten *read*-Aufrufe im Prozeß lesen die Daten also in Folge, die Puffer *buf1* und *buf2* enthalten verschiedene Daten. Dies unterscheidet sich von dem Fall, in dem ein Prozeß eine Datei zweimal eröffnet und mit *read* zweimal dieselben Daten erhält (Abschnitt 5.2). Ein Prozeß kann nach Belieben einen der Filedeskriptoren mit *close* abschließen, die I/O-Operationen laufen aber, wie im Beispiel zu sehen ist, mit dem anderen Filedeskriptor ganz normal weiter. Insbesondere kann ein Prozeß seinen Filedeskriptor für die Standard-Ausgabe (Filedeskriptor 1) schließen, einen anderen Filedeskriptor duplizieren, so daß dieser nun Filedeskriptor 1 wird, und diese Datei nun als Standard-Ausgabe verwenden. In Kapitel 7 werden wir, wenn wir die Implementierung der Shell besprechen, ein wirklichkeitsnäheres Beispiel für den Gebrauch von *pipe* und *dup* finden.

5.14 Montieren und Demontieren von Dateisystemen

Eine physikalische Platteneinheit besteht aus mehreren logischen Einheiten, festgelegt vom Plattentreiber, von denen jede einen Gerätedateinamen besitzt. Prozesse können auf die Daten in einer logischen Einheit zugreifen, indem sie den entsprechenden Gerätedateinamen öffnen und dann diese „Datei" lesen bzw. schreiben, wobei sie als Folge von Plattenblöcken behandelt wird. Kapitel 10 beschreibt diese Schnittstelle genauer. Eine solche logische Platteneinheit kann ein logisches Dateisystem wie in Kapitel 2 beschrieben, bestehend aus Bootblock, Superblock, Inodeliste und Datenblöcken, enthalten. Der Systemaufruf *mount* gliedert das Dateisystem einer bestimmten logischen Platte in die Hierarchie des bestehenden Dateisystems ein, der Aufruf *umount* entfernt ein Dateisystem aus dieser Hierarchie. Der Systemaufruf *mount* erlaubt es also dem Benutzer, Daten einer logischen Platteneinheit nicht als reine Folge von Plattenblöcken, sondern als Dateisystem anzusprechen.

Die Syntax das *mount*-Aufrufs lautet:

```
mount(special pathname,directory pathname,options);
```

Dabei ist *special pathname* der Name der Gerätedatei für die Platteneinheit, die das zu montierende Dateisystem enthält, *directory pathname* ist der Katalog in der bestehenden Hierarchie, in den das Dateisystem eingegliedert werden soll (auch als *Montagepunkt*, mount point, bezeichnet), und *options* gibt schließlich noch an, ob das Dateisystem nur zum Lesen montiert werden soll (Systemaufrufe zum Schreiben in das Dateisystem, wie etwa *write* und *creat*, führen dann zu Fehlern). Macht zum Beispiel ein Prozeß den Systemaufruf

```
mount(„/dev/dsk1",„/usr",0);
```

so fügt der Kern das Dateisystem auf der Platte mit dem Namen „/dev/dskl" in den Katalog „/usr" des bestehenden Dateibaums ein (siehe Abbildung 5.22). Die Datei „/dev/dskl" ist eine Block-Gerätedatei, d.h. sie ist der Name eines Blockgeräts, typischerweise ein Teil einer Platte. Der Kern geht davon aus, daß der angegebene Plattenbereich ein Dateisystem mit Superblock, Inodeliste und Wurzelinode enthält. Nach Beendigung des *mount*-Aufrufs erfolgt der Zugriff auf die Wurzel des montierten Dateisystems über den Namen „/usr". Prozesse können ohne Umstände auf die Dateien des montierten Dateisystems zugreifen und die Tatsache ignorieren, daß dieses Dateisystem auch wieder entfernt werden kann. Nur der Aufruf *link* überprüft auch das Dateisystem, in dem eine Datei sich befindet, denn System V gestattet keine Verweise über Dateisysteme hinweg (siehe Abschnitt 5.15).

Der Kern verfügt über eine *Montagetabelle* mit Einträgen für jedes montierte Dateisystem. Ein Eintrag enthält dabei

- eine Gerätenummer zur Identifizierung des montierten Dateisystems (dies ist die bereits erwähnte logische Nummer des Dateisystems);
- einen Pointer auf einen Puffer für den Superblock des Dateisystems;
- einen Pointer auf die Wurzelinode des montierten Dateisystems („/" für das Dateisystem „/dev/dskl" in Abbildung 5.22);
- einen Pointer auf die Inode des Katalogs, der den Montagepunkt darstellt („usr" für das Wurzeldateisystem in Abbildung 5.22).

Die Verbindung der Inode des Montagepunkts mit der Wurzelinode des montierten Dateisystems, die bei Ausführen des Aufrufs *mount* hergestellt wird, erlaubt dem Kern einen eleganten Weg quer durch die Hierarchie des Dateisystems ohne Zutun des Benutzers.

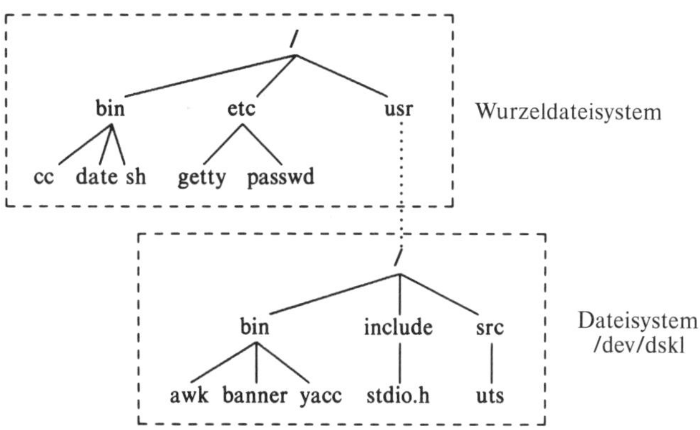

Abb. 5.22: Dateibaum vor und nach einem mount-Aufruf

```
algorithm mount
inputs: file name of block special file
        directory name of mount point
        options (read only)
output: none
{
        if (not super user)
                return(error);
        get inode for block special file (algorithm namei);
        make legality checks;
        get inode for "mounted on" directory name (algorithm namei);
        if (not directory, or reference count > 1)
        {
                release inodes (algorithm iput);
                return(error);
        }
        find empty slot in mount table;
        invoke block device driver open routine;
        get free buffer from buffer cache;
        read super block into free buffer;
        initialize super block fields;
        get root inode of mounted device (algorithm iget), save in mount table;
        mark inode of "mounted on" directory as mount point;
        release special file inode (algorithm iput);
        unlock inode of mount point directory;
}
```

Abb. 5.23: Algorithmus zum Montieren eines Dateisystems

Abbildung 5.23 zeigt den Algorithmus zum Montieren eines Dateisystems. Der Kern gestattet nur Prozessen des Superusers, ein Dateisystem zu montieren bzw. zu demontieren. Das Erteilen der Erlaubnis zum Ausführen von *mount* und *umount* an die ganze Benutzergemeinde würde es böswilligen Benutzern gestatten, große Verwüstung im Dateisystem anzurichten. Beim Superuser gehen wir dagegen davon aus, daß er Verwüstungen nur durch dummen Zufall anrichtet.

Der Kern ermittelt die Inode der Spezialdatei für das zu montierende Dateisystem, entnimmt daraus die Major- und Minor-Gerätenummer für die jeweilige Platteneinheit und findet auch noch die Inode des Katalogs, in dem das Dateisystem montiert werden soll. Der Referenzzähler der Kataloginode darf wegen möglicher gefährlicher Nebenwirkungen (siehe Übung 5.27) nicht größer 1 sein (er muß aber mindestens 1 sein - warum?). Der Kern nimmt nun einen freien Eintrag in der Montagetabelle, kennzeichnet ihn als in Gebrauch, und setzt die Gerätenummer ein. Diese Eintragungen werden sofort ausgeführt, denn der Prozeß könnte während des folgenden *open*-Aufrufs auf die Gerätedatei oder beim Lesen des Superblocks des Dateisystems einschlafen; währenddessen könnten andere Prozesse versuchen, ihrerseits ein Dateisystem zu montieren. Durch das Kennzeichnen des in Bearbeitung befindlichen Eintrags in der Montagetabelle verhindert der Kern, daß zwei *mount*-Aufrufe denselben Tabelleneintrag verwenden. Durch das Festhalten der Gerätenummer im begonnenen *mount*-Aufruf kann der Kern außerdem andere Prozesse davon abhalten, dasselbe Dateisystem ein zweites Mal zu montieren, denn es könnten seltsame Dinge geschehen, wäre ein doppelter *mount*-Aufruf erlaubt (siehe Übung 5.26).

Der Kern führt den *open*-Aufruf für das Blockgerät mit dem Dateisystem genauso durch wie für ein normales Blockgerät (Kapitel 10). Der *open*-Aufruf für ein Gerät prüft die Zulässigkeit des Geräts und muß manchmal erst die Datenstrukturen des Gerätetreibers initialisieren sowie entsprechende Befehle an die Hardware übermitteln. Sodann teilt der Kern (mit einer Variante von *getblk*) einen freien Puffer aus dem Pool für die Aufnahme des Superblocks des montierten Dateisystems zu und liest den Superblock mit einer Variante von *read*. Der Kern speichert außerdem einen Zeiger auf die Montageinode im ursprünglichen Dateibaum, damit, wie wir sehen werden, Pfadnamen mit „..“ über den Montagepunkt hinwegkommen. Der Kern findet die Wurzelinode des montierten Dateisystems und legt einen Pointer darauf in der Montagetabelle ab. Für den Benutzer sind der Montagekatalog und die Wurzel des montierten Dateisystems logisch identisch, der Kern stellt ihre Gleichheit durch das gemeinsame Vorhandensein im Eintrag in der Montagetabelle her. Prozesse können von jetzt an nicht mehr auf die Inode des Montagekatalogs zugreifen.

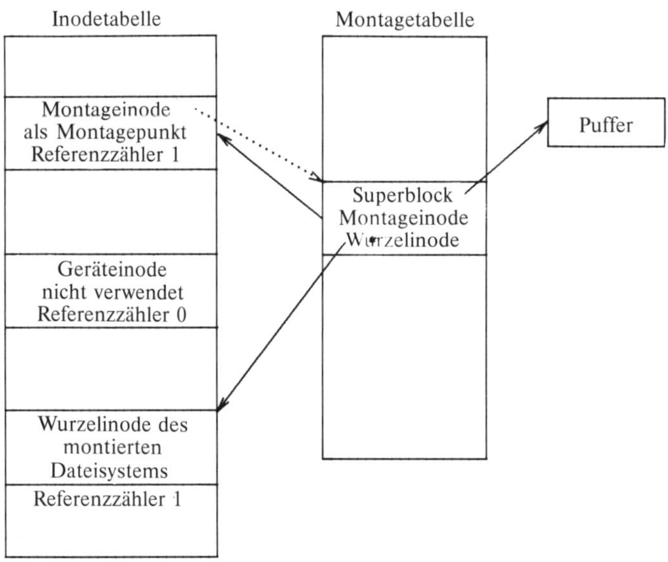

Abb. 5.24: Datenstrukturen nach mount

Der Kern initialisiert die Felder im Superblock des Dateisystems, löscht die Sperrfelder der freien Liste für Blöcke und Inodes und setzt die Zahl der freien Inodes im Superblock auf 0. Zweck der Initialisierung ist es, die Gefahr einer Beschädigung des Dateisystems bei seiner Montage nach einem Systemzusammenbruch möglichst gering zu halten: Glaubt der Kern, es sind keine freien Inodes mehr im Superblock vorhanden, ist *ialloc* gezwungen, auf der Platte nach freien Inodes zu suchen. Ist die verkettete Liste freier Plattenblöcke beschädigt, kann sie der Kern unglücklicherweise nicht intern festhalten (zur Pflege des Dateisystems siehe Abschnitt 5.17). Montiert der Benutzer das Dateisystem im *Lesemodus*, um alle Schreiboperationen darauf zu verhindern, so setzt der Kern ein Flag im Superblock. Schließlich kennzeichnet der Kern noch die Montageinode als Montagepunkt, so daß andere Prozesse ihn später auch als solchen erkennen können. Abbildung 5.24 zeigt die verschiedenen Datenstrukturen nach Abschluß des *mount*-Aufrufs.

5.14.1 Kreuzen von Montagepunkten in Pfadnamen

Sehen wir uns die Algorithmen *namei* und *iget* für den Fall an, daß ein Pfadname einen Montagepunkt kreuzt. Es gibt zwei Möglichkeiten, einen Montagepunkt zu kreuzen: vom Montagesystem zum montierten Dateisystem (von der globalen Systemwurzel zu einem Blatt des Dateibaums) und vom montierten Dateisystem zum Montagesystem. Die folgende Reihe von Shell-Befehlen erläutert die beiden Fälle.

```
mount /dev/dsk1 /usr
cd /usr/src/uts
cd ../../..
```

Der *mount*-Befehl führt nach einigen Prüfungen den Systemaufruf *mount* aus und montiert das Dateisystem auf der durch „/dev/dsk1" bezeichneten Platteneinheit in den Katalog „/usr". Der erste *cd*-Befehl (change directory = Wechseln des Katalogs) veranlaßt die Shell, einen Systemaufruf *chdir* auszuführen; der Kern bearbeitet den Pfadnamen und kreuzt den Montagepunkt „/usr". Der zweite *cd*-Befehl veranlaßt den Kern, den Pfadnamen zu bearbeiten und beim dritten „.." den Montagepunkt zu kreuzen.

Für den Fall des Kreuzens eine Montagepunkts in der Richtung Montagesystem - montiertes System sehen wir uns noch einmal den überarbeiteten Algorithmus für *iget* in Abbildung 5.25 an, der dem in Abbildung 4.3 entspricht, außer daß er überprüft, ob es sich bei der Inode um einen Montagepunkt handelt: Ist die Inode markiert, handelt es sich um einen Montagepunkt. Der Kern nimmt den Eintrag in der Montagetabelle, auf dessen zugehörige Montageinode er gerade zugegriffen hat, und hält die Gerätenummer des montierten Dateisystems fest. Über die Gerätenummer und die Nummer der Wurzelinode, die ja bei allen Dateisystemen gleich ist, greift er nun auf die Wurzelinode des montierten Geräts zu und gibt diese Inode zurück. Im ersten gezeigten Beispiel für *cd* greift der Kern auf die Inode von „/usr" im Montage-Dateisystem zu, erkennt die Montageinode, findet die Wurzelinode des montierten Dateisystems in der Montagetabelle und greift schließlich auf diese Wurzelinode zu.

Für den zweiten Fall, bei dem der Montagepunkt in Richtung vom montierten Dateisystem auf das Montagesystem gekreuzt wird, sehen wir uns den überarbeiteten Algorithmus *namei* in Abbildung 5.26 an; er ähnelt Abbildung 4.11. Allerdings prüft hier der Kern nach Auffinden der Inodenummer für eine Komponente eines Pfadnamens im Katalog, ob die Inodenummer die Wurzelinode eines Dateisystems ist. Ist dem so, ist die Inode der aktuellen Arbeitsinode auch eine Wurzel, und ist die Komponente des Pfadnamens außerdem „..", so erkennt der Kern die Inode als Montagepunkt. Er findet den Montagetabelleneintrag, dessen Gerätenummer gleich ist der Gerätenummer der letzten gefundenen Inode, holt die Inode des Montagekatalogs und fährt mit der Montageinode als Arbeitsinode in seiner Suche nach „.." fort. Bei der Wurzel des Dateisystems ist natürlich auch „.." die Wurzel.

```
algorithm iget
input:  file system inode number
output: locked inode
{
        while (not done)
        {
                if (inode in inode cache)
                {
                        if (inode locked)
                        {
                                sleep (event inode becomes unlocked);
                                continue;        /* loop */
                        }
                        /* special processing for mount points---*/
                        if (inode a mount point)
                        {
                                find mount table entry for mount point;
                                get new file system number from mount table;
                                use root inode number in search;
                                continue;        /* loop again */
                        }
                        if (inode on inode free list)
                                remove from free list;
                        increment inode reference count;
                        return (inode);
                }

                /* inode not in inode cache */
                remove new inode from free list;
                reset inode number and file system;
                remove inode from old hash queue, place on new one;
                read inode from disk (algorithm bread);
                initialize inode (e.g. reference count to 1);
                return inode;
        }
}
```

Abb. 5.25: Überarbeiteter Algorithmus zum Zugriff auf eine Inode

Nehmen wir an, in unserem vorausgegangenen Beispiel (cd „../../..“) sei der Ausgangskatalog für den Prozeß „/usr/src/uts“. Beim Abarbeiten des Pfadnamens mit *namei* ist die erste Arbeitsinode der aktuelle Katalog. Der Kern wechselt die Arbeitsinode auf „/usr/src“ als Ergebnis des Bearbeitens der ersten Punkte „..“ im Pfadnamen. Beim Bearbeiten der zweiten Punkte „..“ im Pfadnamen findet er die Wurzelinode des (vorher) montierten Dateisystems „usr“ und macht sie zur Arbeitsinode für *namei*. Schließlich bearbeitet er die dritten Punkte „..“ im Pfadnamen: Er stellt fest, daß die Inodenummer für „..“ die Nummer der Wurzelinode ist, seine Arbeitsinode die Wurzelinode ist, und daß „..“ der aktuelle Bestandteil des Pfadnamens ist. Der Kern findet den Montagetabelleneintrag für den Montagepunkt „usr“, gibt die aktuelle Arbeitsinode frei (die Wurzel des Dateisystems „usr“) und ordnet die Montageinode (die Inode des Katalogs „usr“ im Wurzelsystem) als neue Arbeitsinode zu. Er durchsucht nun die Katalogstrukturen das Montagekatalogs „/usr“ nach „..“ und findet die Inodenummer der Wurzel des Dateisystems („/“). Der Systemaufruf *chdir* wird sodann ganz normal beendet; der aufrufende Prozeß bekommt gar nicht mit, daß er einen Montagepunkt kreuzte.

```
algorithm namei                /* convert path name to inode */
input:  path name
output: locked inode
{
        if (path name starts from root)
                working inode = root inode (algorithm iget);
        else
                working inode = current directory inode (algorithm iget);
        while (there is more path name)
        {
                read next path name component from input;
                verify that inode is of directory, permissions;
                if (inode is of changed root and component is "..")
                        continue;       /* loop */
    component search:
                read inode (directory) (algorithms bmap, bread, brelse);
                if (component matches a directory entry)
                {
                        get inode number for matched component;
                        if (found inode of root and working inode is root and
                                        and component name is "..")
                        {
                                /* crossing mount point */
                                get mount table entry for working inode;
                                release working inode (algorithm iput);
                                working inode = mounted on inode;
                                lock mounted on inode;
                                increment reference count of working inode;
                                go to component search (for "..");
                        }
                        release working inode (algorithm iput);
                        working inode = inode for new inode number (algorithm iget);
                }
                else    /* component not in directory */
                        return (no inode);
        }
        return (working inode);
}
```

Abb. 5.26: überarbeiteter Algorithmus zum Bearbeiten eines Dateinamens

5.14.2 Demontieren eines Dateisystems

Die Syntax für den Systemaufruf *umount* lautet:

```
umount(special filename);
```

Dabei bezeichnet *special filename* das zu demontierende Dateisystem. Beim Demontieren eines Dateisystems (Abbildung 5.27) greift der Kern auf die Inode des zu demontierenden Geräts zu, ermittelt die Gerätenummer der Spezialdatei, gibt die Inode (mit *iput*) frei und findet den Eintrag in der Montagetabelle, dessen Gerätenummer gleich der der Spezialdatei ist. Bevor der Kern nun tatsächlich das Dateisystem demontiert, versichert er sich, daß keine Dateien dieses Dateisystems noch in Verwendung sind; dazu durchsucht er die Inodetabelle nach Dateien, deren Gerätenummer gleich der des zu demontierenden Dateisystems ist. Aktive Dateien haben einen positiven Referenzzähler; zu ihnen gehören Dateien, die der Arbeitskatalog eines Prozesses sind, Dateien mit gemeinsamem Zugriff, die gerade ausgeführt werden (Kapitel 7), und offene Dateien, die noch nicht wieder geschlossen wurden. Ist irgendeine Datei des Dateisystems noch aktiv, wird der Aufruf *umount* mit Fehler beendet: würde er vollständig ausgeführt, könnten wir auf die aktiven Dateien später nicht mehr zugreifen.

```
algorithm umount
input:  special file name of file system to be unmounted
output: none
{
        if (not super user)
                return(error);
        get inode of special file (algorithm namei);
        extract major, minor number of device being unmounted;
        get mount table entry, based on major, minor number,
                for unmounting file system;
        release inode of special file (algorithm iput);
        remove shared text entries from region table for files
                        belonging to file system; /* chap 7xxx */
        update super block, inodes, flush buffers;
        if (files from file system still in use)
                return(error);
        get root inode of mounted file system from mount table;
        lock inode;
        release inode (algorithm iput);  /* iget was in mount */
        invoke close routine for special device;
        invalidate buffers in pool from unmounted file system;
        get inode of mount point from mount table;
        lock inode;
        clear flag marking it as mount point;
        release inode (algorithm iput);        /* iget in mount */
        free buffer used for super block;
        free mount table slot;
}
```

Abb. 5.27: Algorithmus zum Demontieren eines Dateisystems

Das Blockdepot kann immer noch Blöcke für verzögertes Schreiben enthalten, die noch nicht auf die Platte geschrieben wurden; der Kern entfernt sie jetzt aus dem Blockdepot. Der Kern entfernt auch gemeinsame Texteinträge in der Regionstabelle, die zur Zeit nicht benutzt werden (für Einzelheiten siehe Kapitel 7), schreibt alle in letzter Zeit veränderten Superblöcke auf die Platte und aktualisiert die Plattenkopien all der Inodes, die es nötig haben. Eigentlich würde es genügen, wenn der Kern nur die Plattenblöcke, Superblöcke und Inodes für das Dateisystem aktualisiert, das demontiert werden soll, aus historischen Gründen aber tut er dies für alle Dateisysteme. Der Kern gibt jetzt die Wurzelinode des montierten Dateisystems frei, die er seit dem ersten Zugriff mit *mount* belegt gehalten hat und ruft den Treiber des Geräts mit dem Dateisystem auf, um das Gerät zu schließen. Danach geht er die Puffer im Blockdepot durch und gibt die Puffer der Blöcke im jetzt demontierten Dateisystem frei; es besteht ja kein Grund mehr, die Daten dieser Blöcke weiter aufzuheben. Zum Freimachen der Puffer fügt er diese am Anfang der freien Liste ein, so daß gültige Blöcke länger im Blockdepot bleiben. Er löscht das Montageflag, das beim *mount*-Aufruf in der Montageinode gesetzt wurde und gibt die Inode frei. Nachdem auch der Eintrag in der Montagetabelle wieder als frei zur weiteren Verwendung gekennzeichnet wurde, ist der Systemaufruf *umount* beendet.

5.15 Link

Der Systemaufruf *link* verknüpft eine Datei mit einem neuen Namen in der Katalogstruktur des Dateisystems, erzeugt also einen neuen Katalogeintrag für eine bestehende Inode. Die Syntax des Aufrufs lautet:

```
link(source file name,target file name);
```

Dabei enthält *source file name* den Namen der bestehenden Datei, *target file name* ist der neue (zusätzliche) Name, den die Datei nach Beendigung des Aufrufs *link* erhält. Das Dateisystem verfügt für jeden Verweis auf eine Datei über einen Pfadnamen; Prozesse können mit jedem dieser Pfadnamen auf die Datei zugreifen. Der Kern weiß auch nicht mehr, welcher Name der ursprüngliche Dateiname war, es wird also kein Dateiname besonders behandelt. Zum Beispiel führen nach den Aufrufen

```
link("/usr/src/uts/sys","/usr/include/sys");
link("/usr/include/realfile.h","/usr/src/uts/sys/testfile.h");
```

die folgenden drei Pfadnamen zur selben Datei: „/usr/src/uts/sys/testfile.h“, „/usr/include/sys/testfile.h“ und „/usr/include/realfile“ (siehe Abbildung 5.28).

Der Kern erlaubt nur dem Superuser den *link*-Aufruf auf Kataloge und vereinfacht damit die Kodierung von Programmen, die den Dateibaum durchqueren. Könnten nämlich beliebige Benutzer mit *link* Kataloge verketten, müßten Programme, die die Dateihierarchie durchlaufen wollen, darauf achten, nicht in eine Endlosschleife zu geraten, falls ein Benutzer einen Katalog mit einem in der Hierarchie darunterliegenden Knotennamen verkettet hat; vom Superuser nehmen wir an, daß er mit solchen *link*-Aufrufen sorgfältiger umgeht. Die Möglichkeit zum Verketten von Katalogen mußte bei früheren Systemversionen vorhanden sein, denn die Implementierung des *mkdir*-Befehls zum Erzeugen neuer Kataloge beruht auf dieser Eigenschaft. Die Hinzunahme des Systemaufrufs *mkdir* macht es heute nicht mehr notwendig, Kataloge zu verketten.

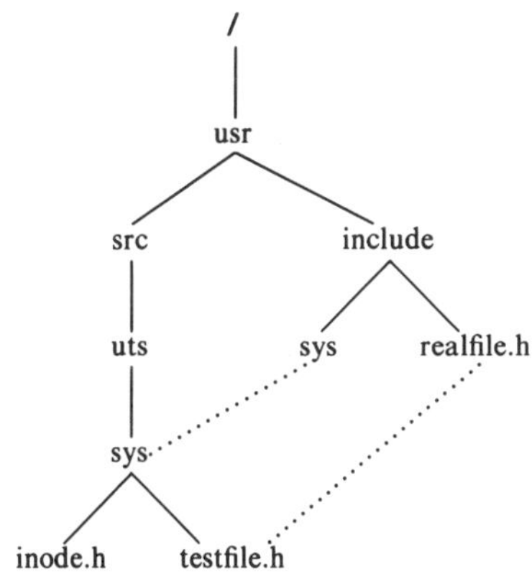

Abb. 5.28: Verkettete Dateien in einem Dateibaum

```
algorithm link
input:  existing file name
        new file name
output: none
{
        get inode for existing file name (algorithm namei);
        if (too many links on file or linking directory without super user permission)
        {
                release inode (algorithm iput);
                return(error);
        }
        increment link count on inode;
        update disk copy of inode;
        unlock inode;
        get parent inode for directory to contain new file name (algorithm namei);
        if (new file name already exists or existing file, new file on
                                        different file systems)
        {
                undo update done above;
                return(error);
        }
        create new directory entry in parent directory of new file name:
                include new file name, inode number of existing file name;
        release parent directory inode (algorithm iput);
        release inode of existing file (algorithm iput);
}
```

Abb. 5.29: Algorithmus zum Verketten von Dateien

Abbildung 5.29 zeigt den Algorithmus für *link*. Der Kern lokalisiert zuerst mit *namei* die Inode der Quelldatei, erhöht ihren Verweiszähler, aktualisiert die Plattenkopie der Inode (wie wir sehen werden aus Konsistenzgründen) und gibt die Inode wieder frei. Nun sucht er nach der Zieldatei; ist die Datei vorhanden, wird der *link*-Aufruf mit Fehler beendet und der Kern erniedrigt den zuvor erhöhten Verweiszähler wieder. Andernfalls merkt sich der Kern einen freien Eintrag im Vaterkatalog der Zieldatei, schreibt den Namen der Zieldatei und die Inodenummer der Quelldatei in diesen Eintrag und gibt mit *iput* die Inode des Vaterkatalogs der Zieldatei wieder frei. Da die Zieldatei ja nicht wirklich existiert, ist auch keine Inode freizugeben. Der Kern beendet seine Arbeit mit dem Freigeben der Inode der Quelldatei: Ihr Verweiszähler ist um 1 größer als vor Beginn des Aufrufs und ein weiterer Name im Dateisystem gestattet den Zugriff auf sie. Der Verweiszähler gibt ja die Anzahl der Katalogeinträge an, die sich auf die Datei beziehen, und unterscheidet sich in diesem Punkt vom Inodereferenzzähler. Greift nach Beendigung des *link*-Aufrufs kein anderer Prozeß auf die Datei zu, dann ist der Inodereferenzzähler der Datei 0, ihr Verweiszähler ist aber mindestens 2.

Beim Ausführen von

```
link("source","dir/target");
```

nimmt der Kern zum Beispiel die Inode der Datei „source", erhöht ihren Verweiszähler, merkt sich die Inodenummer, sagen wir 74, und gibt die Inode frei. Er nimmt sodann die Inode von „dir", dem Vaterkatalog für „target", findet einen freien Eintrag in „dir" und schreibt den Dateinamen „target" sowie die Inodenummer 74 in den freien Katalogeintrag. Schließlich gibt er noch mit *iput* die Inode für „source" frei. War der Verweiszähler von „source" vorher 1, ist er jetzt 2.

Zwei Deadlockmöglichkeiten sind hier noch zu erwähnen, deretwegen der Prozeß die Inode der Quelldatei auch nach Erhöhen des Verweiszählers wieder freigibt. Würde der Kern die Inode nicht entsperren, könnten sich zwei Prozesse beim gleichzeitigen Ausführen der folgenden Systemaufrufe gegenseitig blockieren.

```
Prozeß A:    link("a/b/c/d","e/f/g");
Prozeß B:    link("e/f","a/b/c/d/ee");
```

Nehmen wir dazu an, Prozeß A findet die Inode der Datei „a/b/c/d" zur gleichen Zeit wie Prozeß B die Inode für „e/f". Der Ausdruck „zur gleichen Zeit" soll hier bedeuten, daß das System an einen Punkt gelangt, an dem jeder Prozeß seine Inode zugeordnet hat. Abbildung 5.30 zeigt das Szenario der Ausführung. Versucht nun Prozeß A, eine Inode für den Katalog „e/f" zu finden, würde er bis zum Freiwerden der Inode für „f" in Schlaf versetzt. Versucht Prozeß B, die Inode für den Katalog „a/b/c/d" zu finden, würde er bis zum Freiwerden der Inode für „d" in Schlaf versetzt. Prozeß A sperrt so eine Inode, die Prozeß B benötigt, und Prozeß B sperrt eine Inode, die Prozeß A benötigt. Der Kern umgeht dieses klassische Beispiel für eine Deadlocksituation durch Freigeben der Inode der Quelldatei nach Erhöhen des Verweiszählers. Da das erste Betriebsmittel (also die erste Inode) beim Zugriff auf das zweite Betriebsmittel (Inode) bereits wieder frei ist, kann kein Deadlock auftreten.

Dieses Beispiel zeigt, wie zwei Prozesse sich gegenseitig blockieren könnten, würde die Inodesperre nicht aufgehoben. Jedoch ist sogar ein einzelner Prozeß in der Lage, sich selbst zu blockieren. Er führt zum Beispiel folgenden Aufruf aus:

```
link("a/b/c","a/b/c/d");
```

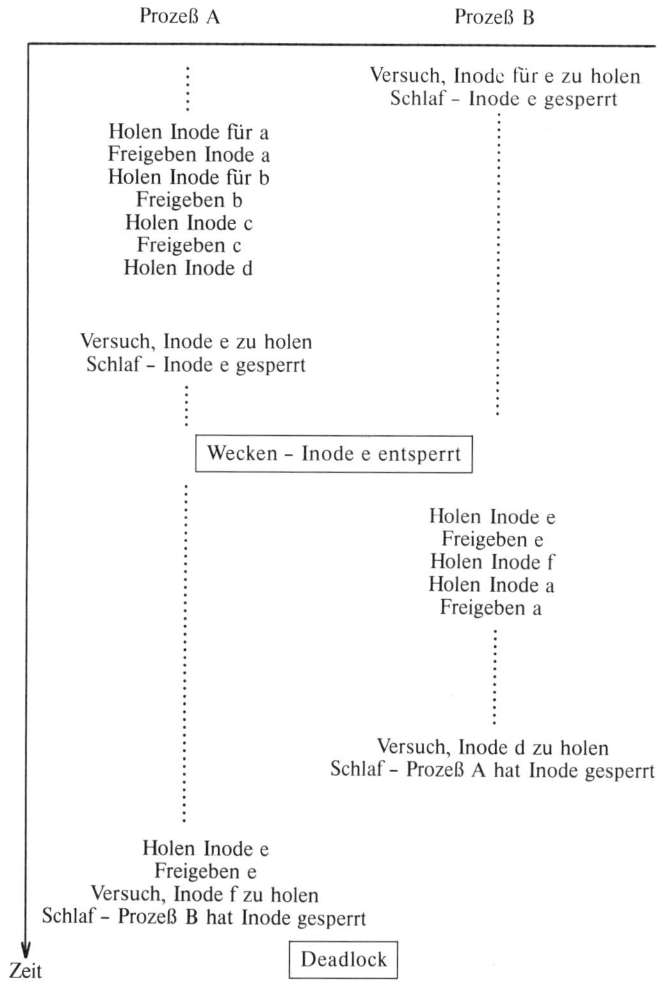

Abb. 5.30: Szenario eines Deadlocks bei link

Im ersten Teil des Aufrufs wird die Inode der Datei „c“ zugeordnet; ohne Aufheben der Inodesperre würde sich der Kern beim Antreffen der Inode „c“ auf der Suche nach Datei „d“ selbst blockieren. Wenn nun zwei Prozesse oder eventuell nur ein Prozeß durch Deadlock am Weiterarbeiten gehindert werden, was wären die Auswirkungen auf das gesamte System? Da Inodes nur endlich verfügbare Betriebsmittel sind, kann der Empfang eines Signals den Prozeß nicht wecken (Kapitel 7). Das System kann also die Deadlocksituation ohne Neustart nicht auflösen. Haben allerdings keine weiteren Prozesse auf die Dateien zugegriffen, an denen sich die beiden genannten Prozesse blockierten, so sind auch keine anderen Prozesse im System davon betroffen.

Jeder Prozeß jedoch, der auf diese Dateien zugegriffen hat (oder den Zugriff auf andere Dateien über den gesperrten Katalog versuchte), ist vom Deadlock betroffen. Würde es sich bei den Dateien um „/bin“ oder „/usr/bin“ (typischerweise Dateien, in denen sich Kommandos befinden) bzw. „/bin/sh“ (die Shell) handeln, wären die Auswirkungen auf das System katastrophal.

5.16 Unlink

Der Systemaufruf *unlink* entfernt den Katalogeintrag für eine Datei. Seine Syntax lautet:

```
unlink(pathname);
```

Dabei gibt *pathname* den Namen der Datei an, die aus der Kataloghierarchie entfernt werden soll. Wird eine bestehende Datei mit *unlink* aus dem Katalog entfernt, kann über diesen Namen so lange keine Datei mehr angesprochen werden, bis ein neuer Katalogeintrag mit demselben Namen wieder erzeugt wurde. Im Beispiel

```
unlink("myfile");
fd = open("myfile",O_RDONLY);
```

```
algorithm unlink
input:  file name
output: none
{
        get parent inode of file to be unlinked (algorithm namei);
        /* if unlinking the current directory... */
        if (last component of file name is ".")
                increment inode reference count;
        else
                get inode of file to be unlinked (algorithm iget);
        if (file is directory but user is not super user)
        {
                release inodes (algorithm iput);
                return(error);
        }
        if (shared text file and link count currently 1)
                remove from region table;
        write parent directory: zero inode number of unlinked file;
        release inode parent directory (algorithm iput);
        decrement file link count;
        release file inode (algorithm iput);
                /* iput checks if link count is 0: if so,
                 * releases file blocks (algorithm free) and
                 * frees inode (algorithm ifree);
                 */
}
```

Abb. 5.31: Algorithmus zum Entfernen einer Datei mit unlink

wird der *open*-Aufruf fehlerhaft beendet, denn der aktuelle Katalog enthält keine Datei *myfile* mehr. Wird mit *unlink* der letzte Verweis auf eine Datei entfernt, gibt der Kern ihre Datenblöcke frei; bestehen dagegen noch andere Verweise auf die Datei, kann auf sie unter diesen Namen zugegriffen werden.

Abbildung 5.31 zeigt den Algorithmus zum Entfernen einer Datei mit *unlink*. Der Kern verwendet zuerst eine Abart von *namei* zum Auffinden der zu bearbeitenden Datei, gibt aber nicht deren Inode, sondern die Inode des Vaterkatalogs zurück. Mit *iget* erfolgt nun der Zugriff auf die Speicherinode der zu entfernenden Datei. (Der Sonderfall des Entfernens der Datei „." wird in einer Übung behandelt.) Nach Prüfen auf Fehlerbedingungen und, bei ausführbaren Dateien, Entfernen inaktiver gemeinsamer Textbereiche aus der Regionstabelle (Kapitel 7) löscht der Kern den Dateinamen aus dem Vaterkatalog: Das Setzen der Inodenummer auf 0 genügt zum Löschen des Katalogeintrags. Der Kern schreibt nun den Katalog synchron auf die Platte, um sicherzustellen, daß unter dem alten Namen nicht mehr auf die Datei zugegriffen werden kann, erniedrigt den Verweiszähler und gibt mit *iput* die Inodes des Vaterkatalogs und der entfernten Datei frei.

Fällt beim Freigeben der Speicherinode der entfernten Datei mit *iput* der Referenzzähler auf 0 und ist auch der Verweiszähler 0, so fordert der Kern die von der Datei belegten Plattenblöcke zurück. Kein Dateiname bezieht sich jetzt mehr auf die Inode, sie ist nicht mehr aktiv. Zum Rückfordern der Plattenblöcke durchläuft der Kern in einer Schleife das Inhaltsverzeichnis in der Inode und gibt (entsprechend *free*) alle direkten Blöcke sofort frei, dann rekursiv alle Blöcke, die auf den verschiedenen Indirektionsebenen erscheinen, wobei die direkteren Blöcke wiederum zuerst freigegeben werden. Nun setzt der Kern alle Blocknummern im Inhaltsverzeichnis der Inode sowie die Dateilänge auf 0. Jetzt löscht er auch noch das Typfeld in der Inode, um anzuzeigen, daß sie frei ist, und gibt schließlich mit *ifree* die Inode frei. Auch das Plattenabbild der Inode wird aktualisiert, denn dieses zeigt immer noch an, daß die Inode in Benutzung ist; jetzt ist die Inode endgültig frei zur Zuordnung auf andere Dateien.

5.16.1 Konsistenz des Dateisystems

Der Kern führt seine Schreibzugriffe auf die Platte in einer bestimmten Ordnung aus, um im Fall eines Systemzusammenbruchs den Schaden am Dateisystem möglichst gering zu halten. Entfernt er zum Beispiel den Namen einer Datei aus deren Vaterkatalog, so schreibt er den Katalog synchron auf die Platte - bevor er den Inhalt der Datei vernichtet und die Inode freigibt. Bricht das System zusammen, bevor der Dateiinhalt entfernt ist, ist der Schaden am Dateisystem minimal: Wir hätten eine Inode mit einem Verweiszähler, der um 1 größer ist als die Anzahl der darauf zeigenden Katalogeinträge, doch alle Zugriffswege auf die Datei sind noch legal. Würde der Katalog nicht synchron auf die Platte geschrieben, könnte der Katalogeintrag auf der Platte nach einem Systemzusammenbruch auf eine freie (oder wieder neu zugeordnete!) Inode zeigen. So würden mehr Katalogeinträge im Dateisystem auf die Inode zeigen als der Verweiszähler in der Inode angibt. Insbesondere würde der Dateiname, falls es sich dabei um den letzten existierenden Verweis auf die Datei handelt, eine nicht zugeordnete Inode ansprechen. Der Schaden am System ist im ersteren Fall wesentlich geringer und leichter zu beheben (siehe Abschnitt 5.18).

Nehmen wir zum Beispiel an, auf eine Datei bestehen zwei Verweise über die Pfadnamen „a" und „b", und ein Prozeß entfernt „a". Will der Kern die Schreiboperationen ausführen, so setzt er zuerst den Katalogeintrag für „a" auf Null und schreibt ihn dann auf die Platte. Bricht das System nach Beendigung des Schreibvorgangs zusammen, steht der Verweiszähler für Datei „b“ noch auf 2, Datei „a“ existiert aber nicht mehr, da der Katalogeintrag dafür vor dem Zusammenbruch gelöscht wurde. Für Datei „b“ besteht jetzt zwar ein zusätzlicher Verweis, doch das System wird nach dem Neustart einwandfrei arbeiten.

Nehmen wir nun an, der Kern führt die Schreiboperationen in umgekehrter Reihenfolge aus und das System bricht zusammen: Das heißt, er erniedrigt den Verweiszähler für Datei „b“ auf 1, schreibt die Inode auf die Platte und stürzt vor dem Löschen des Katalogeintrags für „a“ ab. Nach dem Neustart bestehen die Einträge für „a“ und „b“ in ihren jeweiligen Katalogen, doch der Verweiszähler für die Datei, auf die sie sich beziehen, ist 1. Entfernt jetzt ein Prozeß mit *unlink* die Datei „a“, fällt der Verweiszähler der Datei auf 0 zurück, obwohl Datei „b“ noch auf die Inode zeigt. Weist der Kern die Inode später als Ergebnis eines *creat*-Aufrufs wieder zu, wäre der Verweiszähler für die neue Datei zwar 1, es gäbe aber zwei Pfadnamen zum Zugriff auf sie. Das System selbst kann diese Situation nicht bereinigen; dazu dienen Pflegeprogramme (*fsck*, beschrieben in Abschnitt 5.18), die auf das Dateisystem über die Block- oder Primitivschnittstelle zugreifen.

Der Kern gibt auch Inodes und Plattenblöcke in bestimmter Reihenfolge frei, um so den Schaden im Fall eines Systemzusammenbruchs möglichst gering zu halten. Beim Entfernen des Inhalts einer Datei und beim Löschen ihrer Inode können entweder zuerst die Blöcke mit dem Dateiinhalt freigegeben werden, oder es wird zuerst die Inode freigegeben und auf die Platte geschrieben. Im allgemeinen ist das Ergebnis für beide Möglichkeiten gleich, doch bricht das System zwischenzeitlich zusammen, gibt es Unterschiede. Nehmen wir an, der Kern gibt zuerst die Plattenblöcke einer Datei frei und stürzt dann ab. Nach dem Neustart enthält die Inode immer noch Verweise auf die alten Plattenblöcke, die für die Datei wichtige Daten jetzt nicht mehr enthalten. Für den Kern sieht die Datei völlig unversehrt aus, ein Anwenderprogramm würde den Schaden beim Zugriff auf die Datei jedoch entdecken. Es ist sogar möglich, daß diese Plattenblöcke inzwischen anderen Dateien zugeordnet wurden. Der Aufwand, das Dateisystem mit dem Programm *fsck* zu reparieren, wäre groß. Schreibt dagegen das System zuerst die Inode auf die Platte und stürzt dann ab, würde ein Anwender nach dem Neustart des Systems keinen Schaden am Dateisystem bemerken. Die vorher zur Datei gehörenden Datenblöcke wären zwar für das System nicht mehr erreichbar, doch die Benutzer würden keinen erkennbaren Schaden am Dateisystem feststellen. Sogar für das Programm *fsck* ist es einfacher, unverkettete Plattenblöcke zurückzufordern als die Aufräumarbeiten für den ersten Schadensfall durchzuführen.

5.16.2 Wettlaufbedingungen

Wettlaufbedingungen ergeben sich beim Systemaufruf *unlink* reichlich, vor allem beim Entfernen von Katalogen. Der Befehl *rmdir* entfernt einen Katalog, nachdem er überprüft hat, daß dieser keine Dateien enthält (er liest den Katalog und prüft, ob alle Einträge den Inodewert 0 aufweisen). Da *rmdir* jedoch auf Benutzerebene abläuft, sind Aktionen wie das Prüfen des Katalogs auf leer und das Entfernen des Katalogs nicht atomar; das System könnte zwischen dem Ausführen der Aufrufe *read* und *unlink* einen Kontextwechsel durchführen. So könnte ein anderer Prozeß im Katalog mit *creat* eine Datei erzeugen nachdem *rmdir* festgestellt hat, daß der Katalog leer ist. Der Benutzer kann diese Situation nur durch Verwenden einer Datei- bzw. Satzsperre verhindern. Beginnt ein Prozeß einmal mit der Ausführung von *unlink*, so kann kein anderer Prozeß mehr auf die zu entfernende Datei zugreifen, da die Inodes von Vaterkatalog und Datei gesperrt sind.

Erinnern wir uns an den Algorithmus für den Systemaufruf *link* und wie der Kern vor Beenden des Aufrufs die Inode entsperrt. Sollte ein anderer Prozeß mit *unlink* die Datei entfernen, während die Inodesperre nicht gesetzt ist, würde er nur den Verweiszähler erniedrigen; da dieser aber vor dem Entfernen der Inode erhöht wurde, ist er immer noch größer 1. Die Datei kann also nicht entfernt werden, das System bleibt sicher. Der gleiche Fall tritt ein, wenn ein *unlink*-Aufruf direkt nach Beenden eines *link*-Aufrufs erfolgt.

Eine weitere Wettlaufbedingung besteht, wenn ein Prozeß mit *namei* aus dem Pfadnamen einer Datei eine Inode ermittelt und ein anderer Prozeß aus diesem Pfad einen Katalog entfernt. Nehmen wir an, Prozeß A bearbeitet den Pfadnamen „a/b/c/d" und schläft beim Zuordnen der Speicherinode für „c" ein. Dies könnte beim Versuch, die Inode zu sperren, oder beim Versuch, auf den Plattenblock der Inode zuzugreifen, geschehen (siehe Algorithmen *iget* und *bread*). Will nun Prozeß B den Katalog „c" mit *unlink* entfernen, kann auch er aus möglicherweise denselben Gründen wie Prozeß A einschlafen. Nehmen wir nun weiter an, der Kern teilt später Prozeß B vor Prozeß A zum Ablauf ein. Prozeß B würde nun vollständig ablaufen und Katalog „c" mitsamt Inhalt entfernen (im Fall des letzten Verweises auf den Katalog) bevor Prozeß A wieder an der Reihe ist. Später würde dann Prozeß A den Zugriff auf eine ungültige, bereits entfernte Speicherinode versuchen. Der Algorithmus *namei* überprüft deshalb vor dem Weiterarbeiten den Verweiszähler auf ungleich 0 und gibt ansonsten eine Fehlermeldung zurück.

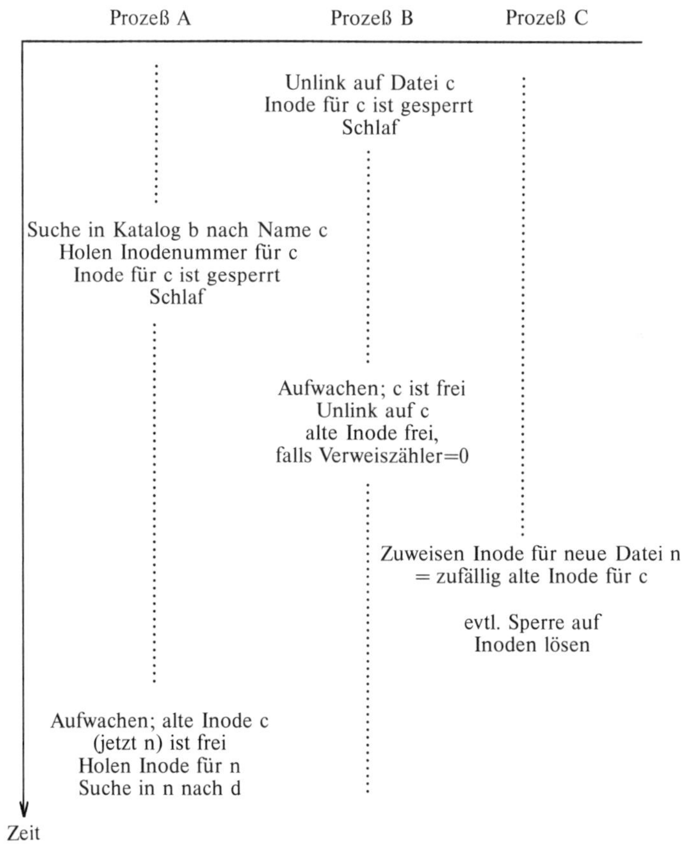

Abb. 5.32: Wettlaufbedingungen bei unlink

Diese Prüfung ist allerdings nicht ausreichend, denn ein anderer Prozeß könnte irgendwo im Dateisystem einen neuen Katalog erzeugen und die Inode zuordnen, die bisher für „c" verwendet wurde. Prozeß A würde dann fälschlicherweise annehmen, daß er auf die korrekte Inode zugreift (siehe Abbildung 5.32). Trotzdem würde das System unbeschädigt bleiben; schlimmstenfalls wird auf eine falsche Datei zugegriffen - ein potentielles Sicherheitsrisiko - doch in der Praxis tritt dieser Fall selten ein.

Ein Prozeß kann den Aufruf *unlink* auf eine Datei ausgeben während ein anderer Prozeß die Datei geöffnet hält. (Der Prozeß, der *unlink* ausgibt, kann sogar der Prozeß sein, der die Datei eröffnet hat). Da der Kern die Inode nach Beendigung von *open* entsperrt, wird der Aufruf *unlink* erfolgreich sein. Der Kern verfolgt dabei den Algorithmus für *unlink* wie wenn die Datei nicht geöffnet wäre und entfernt den Katalogeintrag für die Datei. Kein anderer Prozeß kann jetzt mehr auf die Datei zugreifen. Da der *open*-Aufruf jedoch den Inodereferenzzähler erhöht hat, löscht der Kern den Inhalt der Datei beim Ausführen von *iput* am Ende von *unlink* nicht. So kann der Prozeß, der die Datei geöffnet hat, normale Dateioperationen wie Lesen und Schreiben mit seinem Filedeskriptor durchführen. Beim Schließen

```
#include <sys/types.h>
#include <sys/stat.h>
#include <fcntl.h>

main(argc, argv)
        int argc;
        char *argv[];
{
        int fd;
        char buf[1024];
        struct stat statbuf;

        if (argc != 2)                  /* need a parameter */
                exit();
        fd = open(argv[1], O_RDONLY);
        if (fd == -1)                   /* open fails */
                exit();
        if (unlink(argv[1]) == -1)              /* unlink file just opened */
                exit();
        if (stat(argv[1], &statbuf) == -1)              /* stat the file by name*/
                printf("stat %s fails as it should\n", argv[1]);
        else
                printf("stat %s succeeded!!!!\n", argv[1]);
        if (fstat(fd, &statbuf) == -1)                  /* stat the file by fd */
                printf("fstat %s fails!!!\n", argv[1]);
        else
                printf("fstat %s succeeds as it should\n", argv[1]);
        while (read(fd, buf, sizeof(buf)) > 0)      /* read open/unlinked file */
                printf("%1024s", buf);          /* prints 1K byte field */
}
```

Abb. 5.33: unlink auf eine offene Datei

der Datei fällt dann der Inodereferenzzähler in *iput* auf 0 und der Kern löscht den Inhalt der Datei. Kurz gesagt läuft der Prozeß, der die Datei geöffnet hat, weiter wie wenn *unlink* nicht ausgegeben worden wäre, und *unlink* läuft ab wie wenn die Datei nicht geöffnet wäre. Auch andere Systemaufrufe werden für diesen Prozeß ganz normal ausgeführt.

Zum Beispiel öffnet ein Prozeß in Abbildung 5.33 eine als Parameter übergebene Datei und gibt sofort auf die eben eröffnete Datei den Aufruf *unlink* aus. Der Aufruf *stat* wird mit Fehler beendet, da der ursprüngliche Pfadname nach *unlink* nicht länger auf eine Datei zeigt (unter der Voraussetzung, daß kein anderer Prozeß in der Zwischenzeit eine Datei gleichen Namens erzeugt), *fstat* dagegen wird erfolgreich ausgeführt, denn der Aufruf greift über den Filedeskriptor auf die Inode zu. Der Prozeß geht in eine Schleife, liest dabei jedes Mal 1024 Bytes aus der Datei und gibt sie auf die Standard-Ausgabe aus. Trifft *read* auf das Dateiende, beendet der Prozeß mit *exit*: Nach dem Schließen der Datei über *exit* besteht sie nicht mehr. Temporäre Dateien werden von Prozessen gewöhnlich so erzeugt und sofort ein *unlink*-Aufruf darauf ausgegeben; der Prozeß kann sie weiterhin lesen und schreiben, doch der Dateiname erscheint nicht länger in der Kataloghierarchie. Sollte der Prozeß aus irgendeinem Grund absterben, läßt er keinen Rattenschwanz von temporären Dateien zurück.

5.17 Abstraktionen des Dateisystems

Weinberger führte *Dateisystemtypen* zur Unterstützung seines Netzwerk-Dateisystems ein (für eine kurze Beschreibung dieses Mechanismus siehe [Killian 84]) und auch die neueste Ausgabe von System V unterstützt eine Abart davon. Dateisystemtypen erlauben es dem Kern, verschiedene Dateisysteme gleichzeitig zu unterstützen, etwa ein Netzwerk-Dateisystem (Kapitel 13) oder sogar Dateisysteme von anderen Betriebssystemen. Prozesse verwenden dabei die normalen UNIX-Aufrufe zum Zugriff auf Dateien, der Kern setzt dann die UNIX-Dateioperationen in die für den jeweiligen Dateisystemtyp spezifischen Operationen um.

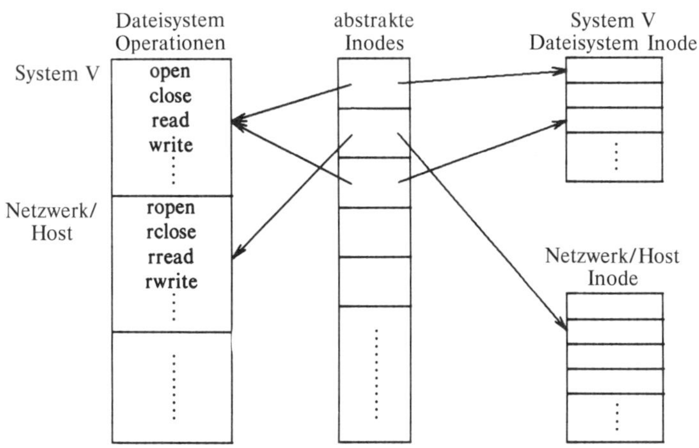

Abb. 5.34: Inodes für Dateisystemtypen

Die Inode ist die Schnittstelle zwischen abstraktem und spezifischem Dateisystem. Dabei enthält eine abstrakte Speicherinode Daten unabhängig von einem bestimmten Dateisystem und zeigt auf eine spezifische Inode, die dann systemspezifische Daten eines Dateisystems enthält. Die spezifische Inode enthält dabei Informationen wie Zugriffsrechte und Blockaufbau, die abstrakte Inode enthält die Gerätenummer, die Inodenummer, den Dateityp und -Besitzer sowie den Referenzzähler. Weitere spezifische Daten eines Dateisystems sind der Superblock und die Katalogstrukturen. Abbildung 5.34 zeigt die Tabelle der abstrakten Speicherinodes und zwei Tabellen spezifischer Inodes, eine für die Strukturen von System V und eine für ein Netzwerk. Bei letzterer nehmen wir an, daß sie genug Informationen enthält, um die Datei im Netzwerk zu identifizieren. Ein Dateisystem muß dabei keine inodesähnliche Struktur aufweisen; der für ein Dateisystem spezifische Code erzeugt dafür ein Objekt, daß der Semantik des UNIX-Dateisystems genügt und weist seine „Inode“ zu, wenn der Kern eine abstrakte Inode zuordnet.

Jeder Dateisystemtyp verfügt über eine Datenstruktur, die die Adressen von Funktionen zum Ausführen der abstrakten Operationen enthält. Will der Kern auf eine Datei zugreifen, macht er anhand von Dateisystemtyp und gewünschter Operation (siehe Abbildung 5.34) einen indirekten Funktionsaufruf. Abstrakte Operationen sind beispielsweise das Öffnen und Schließen einer Datei, das Lesen oder Schreiben von Daten, das Ermitteln einer Inode für den Teil eines Dateinamens (*namei* und *iget*), das Freigeben einer Inode (*iput*), das Ändern einer Inode, das Prüfen der Zugriffsrechte, das Setzen der Dateiattribute (Zugriffsrechte) sowie das Montieren und Demontieren von Dateisystemen. Kapitel 13 zeigt anhand der Beschreibung eines verteilten Dateisystems die Verwendung der Abstraktionen des Dateisystems genauer.

5.18 Pflege des Dateisystems

Unter normalen Bedingungen sorgt der Kern für die Konsistenz des Dateisystems. Allerdings können außergewöhnliche Umstände wie etwa Stromausfall einen Systemzusammenbruch verursachen, der das Dateisystem im Zustand der Inkonsistenz hinterläßt: Die meisten Daten im Dateisystem können weiterhin verwendet werden, doch an einigen Stellen bestehen Inkonsistenzen. Der Befehl *fsck* sucht nach solchen Schwachstellen und repariert nötigenfalls das Dateisystem. Er greift dabei auf das Dateisystem über die Block-oder Primitivschnittstelle (Kapitel 10) zu und umgeht die üblichen Methoden des Dateizugriffs. Dieser Abschnitt beschreibt einige Fehler, auf deren Vorkommen *fsck* prüft.

Ein Plattenblock könnte zu mehr als einer Inode oder zur freien Liste der Blöcke und zu einer Inode gehören. Beim Erstaufbau eines Dateisystems befinden sich alle Blöcke in der freien Liste. Wird ein Plattenblock zur Verwendung zugeteilt, nimmt der Kern ihn aus der freien Liste und weist ihn einer Inode zu. Der Kern kann den Plattenblock keiner anderen Inode zuordnen, solange er nicht wieder an die freie Liste zurückgegeben wurde. Ein Plattenblock steht deswegen entweder in der freien Liste oder er ist einer einzigen Inode zugeteilt. Der Kern gibt nun einen Plattenblock in einer Datei frei, gibt die Blocknummer an das Speicherabbild des Superblocks zurück und ordnet den Plattenblock für eine neue Datei zu. Schreibt der Kern nun Inode und Blöcke der neuen Datei auf die Platte, stürzt aber ab, bevor er die Inode der alten Datei auf der Platte aktualisieren konnte, so sprechen nun beide Inodes dieselbe Blocknummer auf der Platte an. In ähnlicher Weise würde der Plattenblock in der freien Liste und in der alten Inode erscheinen, wenn der Kern den Superblock und dessen freie Liste auf die Platte schreibt und noch vor dem Schreiben der alten Inode abstürzt.

Auch wenn eine Blocknummer weder in der freien Liste noch in einer Datei enthalten ist, ist das Dateisystem inkonsistent, denn wie bereits erwähnt müssen alle Blöcke irgendwo enthalten sein. Die genannte Situation könnte auftreten, wenn ein Block aus einer Datei entnommen und in die freie Liste im Superblock gestellt wird. Wird dabei die alte Inode auf die Platte geschrieben und das System stürzt ab, bevor der Superblock auf die Platte geschrieben ist, so taucht der Block in keiner der auf Platte gespeicherten Listen auf.

Eine Inode könnte einen Verweiszähler ungleich 0 haben, doch die Inodenummer ist in keinem der Kataloge des Dateisystems enthalten. Alle Dateien außer (namenlosen) Pipes müssen jedoch im Dateibaum auftreten. Bricht das System nach dem Erzeugen einer Pipe oder Datei, jedoch noch vor dem Erzeugen des zugehörigen Katalogeintrags zusammen, so ist das Verweisfeld der Inode gesetzt, obwohl sie im Dateisystem nicht enthalten zu sein scheint. Das gleiche Problem tritt auf, wenn ein Katalog mit *unlink* entfernt wird ohne sicherzustellen, daß auch alle Dateien aus ihm entfernt sind.

Ist das Format einer Inode falsch (z.B. wenn der Dateityp unbestimmt ist), so muß etwas nicht in Ordnung sein. Dies könnte der Fall sein, wenn ein Systemverwalter ein nicht richtig formatiertes Dateisystem montiert hat. Der Kern greift dann auf Plattenblöcke zu, die seiner Ansicht nach Inodes, in Wirklichkeit aber Daten enthalten.

Das Dateisystem ist weiterhin inkonsistent, wenn eine Inodenummer in einem Katalogeintrag erscheint, die Inode aber frei ist; die Inodenummer, die in einem Katalogeintrag enthalten ist, sollte nämlich die Nummer einer zugeordneten Inode sein. Der Fall kann eintreten, wenn der Kern eine neue Datei erzeugt und den Katalogeintrag bereits auf die Platte geschrieben hat, vor seinem Absturz aber die Inode nicht mehr rechtzeitig schreiben konnte. Das gleiche geschieht, wenn ein Prozeß mit *unlink* eine Datei entfernt und die freigegebene Inode auf die Platte schreibt, vor seinem Absturz aber den Katalogeintrag nicht mehr rechtzeitig schreiben kann. Diese beiden Fälle werden jedoch durch eine geeignete Reihenfolge der Schreiboperationen vermieden.

Auch wenn die im Superblock festgehaltene Anzahl freier Blöcke bzw. freier Inodes nicht mit der Zahl der auf der Platte existierenden übereinstimmt, ist das Dateisystem inkonsistent. Die Gesamtinformation im Superblock muß nämlich immer mit dem Stand des Dateisystems übereinstimmen.

5.19 Zusammenfassung

Dieses Kapitel beschließt den ersten Teil des Buchs, die Erklärung des Dateisystems. Dabei wurden drei Tabellen des Kerns vorgestellt: die Filedeskriptorentabelle des Benutzers, die Dateitabelle des Systems und die Montagetabelle. Das Kapitel beschrieb die Algorithmen vieler Systemaufrufe im Zusammenhang mit dem Dateisystem sowie deren Interaktion. Außerdem wurde die Abstraktion des Dateisystems vorgestellt, die es UNIX gestattet, verschiedene Typen von Dateisystemen zu unterstützen. Schließlich wurde noch beschrieben, wie *fsck* die Konsistenz des Dateisystems prüft.

5.20 Übungen

1. Sehen Sie sich das Programm in Abbildung 5.35 an. Was gibt jeder *read*-Aufruf zurück und was enthalten die Puffer? Beschreiben Sie, was bei jedem *read* im Kern geschieht.
2. Sehen Sie sich noch einmal das Programm in Abbildung 5.35 an, gehen Sie dabei aber davon aus, daß vor dem ersten *read*-Aufruf die Anweisung

```
lseek(fd,9000L,0);
```

steht. Was stellt der Prozeß fest und was geschieht innerhalb des Kerns?

```
#include <fcntl.h>
main()
{
        int fd;
        char buf[1024];
        fd = creat("junk", 0666);
        lseek(fd, 2000L, 2);              /* seek to byte 2000 */
        write(fd, "hello", 5);
        close(fd);

        fd = open("junk", O_RDONLY);
        read(fd, buf, 1024);              /* read zero's */
        read(fd, buf, 1024);              /* catch something */
        read(fd, buf, 1024);
}
```

Abb. 5.35: Lesen von Nullen und Dateiende

3. Ein Prozeß kann eine Datei im write-append Modus eröffnen; das bedeutet, daß jede Schreiboperation bei einem Byteoffset beginnt, der das aktuelle Ende der Datei darstellt. Aus diesem Grund können zwei Prozesse dieselbe Datei im write-append Modus öffnen und Daten in die Datei schreiben, ohne diese wechselweise zu überschreiben. Was geschieht, wenn ein Prozeß eine Datei im write-append Modus eröffnet und sie dann bis zum Anfang zurück durchsucht?
4. Die I/O-Routinen der Standardbibliothek machen durch Puffern der Daten das Schreiben und Lesen durch den Benutzer effizienter und verringern die Anzahl der vom Benutzer ausgegebenen Systemaufrufe. Wie würden Sie die Bibliotheksfunktionen *fread* und *fwrite* implementieren? Was sollten die Bibliotheksfunktionen *fopen* und *fclose* tun?
5. Liest ein Prozeß Daten in direkter Folge von einer Datei, so hält der Kern den Wert des Blocks zum Vorauslesen in der Speicherinode fest. Was geschieht, wenn mehrere Prozesse gleichzeitig Daten in direkter Folge aus derselben Datei lesen?
6. Sehen Sie sich das Programm in Abbildung 5.36 an. Was geschieht beim Ausführen des Programms? Warum geschieht es? Was würde geschehen, wenn sich die Deklaration von *buf* zwischen den Deklarationen zweier anderer Arrays mit einer Größe von 1024 Bytes befände? Wie erkennt der Kern, daß der *read*-Aufruf für den Puffer zu lang ist?

```
#include <fcntl.h>
main()
{
        int fd;
        char buf[256];

        fd = open("/etc/passwd", O_RDONLY);
        if (read(fd, buf, 1024) < 0)
                printf("read fails\n");
}
```

Abb. 5.36: Ein langer Lesebefehl für einen kurzen Puffer

* 7. Das BSD Dateisystem gestattet nach den folgenden Regeln bei Bedarf das Fragmentieren des letzten Blocks einer Datei:
   - Strukturen ähnlich dem Superblock verzeichnen die freien Blockfragmente;
   - Der Kern verfügt über keinen vordefinierten Pool freier Blockfragmente; bei Bedarf wird einfach ein freier Block aufgebrochen;
   - Der Kern kann Blockfragmente nur für den letzten Block einer Datei zuordnen;
   - Ist ein Block in mehrere Fragmente zerteilt, so kann der Kern diese an verschiedene Dateien vergeben;
   - Die Anzahl der Blockfragmente ist für jedes Dateisystem festgelegt;
   - Der Kern teilt die Blockfragmente während des *write*-Aufrufs zu.

   Entwerfen Sie einen Algorithmus, der für eine Datei Blockfragmente zuteilt. Welche Änderungen müssen an der Inode vorgenommen werden, um Fragmente zu erlauben? Wie vorteilhaft ist es hinsichtlich des Systemdurchsatzes, wenn bei Dateien mit indirekten Blöcken Blockfragmente verwendet werden? Wäre es vorteilhafter, Fragmente während des Aufrufs *close* anstelle von *write* zuzuteilen?

* 8. Erinnern wir uns an die Diskussion in Kapitel 4 über das Ablegen von Daten in der Inode einer Datei. Entspricht die Größe der Inode einem Plattenblock, so entwerfen Sie einen Algorithmus, der die letzten Daten einer Datei im Inodeblock ablegt, soweit sie dort untergebracht werden können. Vergleichen Sie diese Methode mit der beim vorhergehenden Problem beschriebenen.

* 9. System V verwendet den Aufruf *fcntl* zur Implementierung von Datei- und Satzsperren:

   ```
   fcntl(fd,cmd,arg);
   ```

   Dabei ist *fd* der Filedeskriptor, *cmd* gibt die Art der Sperre an und *arg* enthält noch verschiedene andere Parameter wie den Typ der Sperre (Schreib- oder Lesesperre) und den Byteoffset (siehe Anhang). Die Operation umfaßt:
   - Prüfung auf Sperren von anderen Prozessen und sofortige Rückkehr mit der Angabe, ob andere Sperren angetroffen wurden;
   - Setzen der Sperre, eventuell Schlafen, bis sie erfolgreich gesetzt werden kann;
   - Setzen der Sperre mit sofortiger Rückkehr, falls sie nicht gesetzt werden konnte.

   Der Kern hebt beim Schließen einer Datei automatisch die von einem Prozeß gesetzten Sperren wieder auf. Beschreiben Sie einen Algorithmus zur Implementierung von Datei- und Satzsperren. Sind die Sperren *zwingend*, sollten andere Prozesse vom Zugriff auf die Datei abgehalten werden. Welche Änderungen müssen dafür bei *read* und *write* vorgenommen werden?

*10. Schläft ein Prozeß beim Warten auf das Lösen einer Dateisperre ein, so besteht die Möglichkeit für eine Deadlocksituation: Prozeß A sperrt Datei „one" und versucht Datei „two" zu sperren, Prozeß B sperrt Datei „two" und versucht Datei „one" zu sperren. Beide Prozesse befinden sich dann in einem Zustand, wo sie nicht weiterarbeiten können. Erweitern Sie den Algorithmus für die vorhergehende Problemlösung so, daß der Kern die Deadlocksituation bei ihrem Entstehen entdeckt und den Systemaufruf fehlschlagen läßt. Ist der Kern der richtige Ort, um auf Deadlocks zu überprüfen?

11. Vor der Existenz von Sperraufrufen für das Dateisystem konnten Benutzer durch Ausführen von Systemaufrufen für atomare Operationen bei zusammenarbeitenden Prozessen einen Sperrmechanismus implementieren. Welche in diesem Kapitel beschriebenen Systemaufrufe könnten dazu verwendet werden? Welche Gefahren liegen im Verwenden einer solchen Methode?

12. Ritchie behauptet (siehe [Ritchie 81]), daß Dateisperren nicht ausreichen, um die Unordnung zu verhindern, die Programme wie Editoren anrichten, wenn sie beim Editieren eine Kopie einer Datei anlegen und diese am Ende ihrer Arbeit dann in das Original kopieren. Erklären Sie, was er meinte, und geben Sie dazu einen Kommentar.

13. Bedenken Sie noch einen anderen Weg zum Sperren einer Datei, um zerstörerisches Aktualisieren zu verhindern: Nehmen wir an, die Inode enthält eine neue Art von Zugriffsberechtigung, die nur einem Prozeß das Öffnen der Datei zum Schreiben, aber vielen Prozessen den gleichzeitigen Lesezugriff auf die Datei gestattet. Beschreiben Sie die Implementierung.

*14. Sehen Sie sich das Programm in Abbildung 5.37 an, das einen Katalogknoten im falschen Format erzeugt (die Einträge für „." und „.." fehlen). Versuchen Sie, auf diesen Katalog einige Befehle wie *s -l*, *ls -ld* oder *cd* auszuführen. Was geschieht?

```
main(argc, argv)
      int argc;
      char *argv[];
{
      if (argc != 2)
      {
            printf("try: command directory name\n");
            exit();
      }

      /* modes indicate: directory (04) rwx permission for all */
      /* only super user can do this */
      if (mknod(argv[1], 040777, 0) == -1)
            printf("mknod fails\n");
}
```

Abb. 5.37: Ein halbfertiger Katalog

15. Schreiben Sie ein Programm, das Besitzer, Dateityp, Zugriffsrechte und Zugriffszeiten der als Parameter übergebenen Dateien ausgibt. Ist eine Datei (ein Parameter) ein Katalog, so sollte das Programm diesen lesen und die angeführten Informationen für alle Dateien im Katalog ausgeben.

16. Nehmen wir an, ein Katalog gestattet einem Benutzer das Leserecht, aber kein Ausführungsrecht. Was geschieht, wenn der Katalog als Parameter für *ls* mit der Option „-1" übergeben wird? Was bedeutet die Option „-1"? Erläutern Sie die Antwort. Gehen Sie das Problem auch für den Fall durch, daß der Katalog dem Benutzer das Ausführungsrecht, aber kein Leserecht einräumt.
17. Vergleichen Sie die Rechte, die ein Prozeß für die folgenden Operationen besitzen muß und kommentieren Sie sie.
    - Das Erzeugen einer neuen Datei erfordert Schreiberlaubnis für den Katalog.
    - Das Erzeugen einer bestehenden Datei erfordert Schreiberlaubnis für die Datei.
    - Das Entfernen einer Datei mit *unlink* erfordert Schreiberlaubnis für die Datei, nicht aber für den Katalog.

*18. Schreiben Sie ein Programm, das jeden Katalog, beginnend beim aktuellen, durchgeht. Wie sollte es mit Schleifen in der Kataloghierarchie umgehen?

19. Führen Sie das Programm in Abbildung 5.38 aus und beschreiben Sie, was im Kern geschieht. (Hinweis: Führen Sie *pwd* aus, wenn das Programm seine Arbeit beendet hat.)

```
main(argc, argv)
        int argc;
        char *argv[];
{
        if (argc != 2)
        {
                printf("need 1 dir arg\n");
                exit();
        }

        if (chdir(argv[1]) == -1)
                printf("%s not a directory\n", argv[1]);
}
```

Abb. 5.38: Beispielprogramm für den Aufruf chdir

20. Schreiben Sie ein Programm, das seine Wurzel auf einen eigenen Katalog legt, und untersuchen Sie den für dieses Programm erreichbaren Katalogbaum.
21. Warum kann ein Prozeß einen vorausgegangenen *chroot*-Aufruf nicht rückgängig machen? Ändern Sie die Implementierung so, daß der Prozeß seine Wurzel wieder zurück auf die vorhergehende ändern kann. Was sind die Vor- und Nachteile einer solchen Möglichkeit?
22. Erinnern wir uns an die einfache Pipe in Abbildung 5.19, bei der ein Prozeß den String „hello" mit *write* in die Pipe ausgibt und ihn dann mit *read* wieder liest. Was würde geschehen, wenn die Zahl der in die Pipe geschriebenen Zeichen 1024 und nicht 6 wäre (die Zahl der gelesenen Zeichen aber 6 beträgt)? Was würde geschehen, wenn die Reihenfolge der Aufrufe *read* und *write* umgekehrt wäre?
23. Was geschieht im Programm zur Erläuterung benannter Pipes (Abbildung 5.19), wenn *mknod* entdeckt, daß die benannte Pipe bereits existiert? Wie ist dies im Kern implementiert? Was würde geschehen, wenn anstelle des einen Leser- und Schreiberprozesses im Text viele Schreiber- und Leserprozesse versuchen, über die benannte Pipe zu kommunizieren? Wie könnten die Prozesse sicherstellen, daß immer nur ein lesender und schreibender Prozeß miteinander kommunizieren?

24. Öffnet ein Prozeß eine benannte Pipe zum Lesen, so schläft er ein, bis ein anderer Prozeß die Pipe zum Schreiben öffnet. Warum? Könnte er nicht erfolgreich aus dem *open*-Aufruf zurückkehren, mit der Arbeit fortfahren und erst beim Versuch, von der Pipe zu lesen, einschlafen?

25. Wie würden Sie den Systemaufruf *dup2* (aus Version 7) mit der folgenden Syntax implementieren?

    ```
    dup2(oldfd,newfd);
    ```

    Dabei ist *oldfd* der Filedeskriptor, der mit *dup2* in den neuen Filedeskriptor *newfd* übernommen werden soll. Was sollte geschehen, wenn *newfd* sich auf eine bereits offene Datei bezieht?

*26. Welche seltsamen Dinge könnten geschehen, wenn der Kern es zwei Prozessen gestattet, dasselbe Dateisystem gleichzeitig an zwei verschiedenen Montagepunkten zu montieren?

27. Nehmen wir an, ein Prozeß ändert seinen aktuellen Katalog in „/mnt/a/b/c" um und ein zweiter Prozeß montiert auf „/mnt" ein Dateisystem. Sollte der *mount*-Aufruf erfolgreich sein? Was geschieht, wenn der erste Prozeß *pwd* ausführt? Der Kern läßt den *mount*-Aufruf nicht zu, wenn der Inodereferenzzähler von „/mnt" größer 1 ist. Kommentar?

28. Im Algorithmus zum Überqueren eines Montagepunkts prüft der Kern beim Erkennen von „.." im Pfadnamen auf drei Bedingungen, um festzustellen, ob er sich an einem Montagepunkt befindet: ob die gefundene Inode die Nummer der Wurzelinode besitzt, ob die Arbeitsinode die Wurzel des Dateisystems ist, und ob die Komponente des Pfadnamens „.." ist. Warum muß er auf alle drei Bedingungen überprüfen? Zeigen Sie, daß die Prüfung auf beliebige zwei dieser Bedingungen nicht ausreicht, um dem Prozeß das Überqueren des Montagepunktes zu gestatten.

29. Montiert ein Benutzer ein Dateisystem nur zum Lesen („read-only"), setzt der Kern ein Flag im Superblock. Wie sollte er Schreiboperationen in den Systemaufrufen *write*, *creat*, *link*, *unlink*, *chown* und *chmod* verhindern? Welche Schreiboperationen führen alle genannten Systemaufrufe auf das Dateisystem aus?

*30. Nehmen wir an, ein Prozeß versucht ein Dateisystem zu demontieren und ein anderer Prozeß versucht gleichzeitig, darauf eine neue Datei zu erzeugen. Nur ein Systemaufruf kann erfolgreich beendet werden. Untersuchen Sie die Wettlaufbedingung.

*31. Der Systemaufruf *umount* bekommt ein Problem mit der Wurzelinode des Dateisystems, wenn er auf aktive Dateien im Dateisystem prüft; die Wurzelinode wurde mit *iget* beim Aufruf *mount* zugeordnet und hat von da an einen Referenzzähler größer 0. Wie kann *umount* sicher sein, daß keine aktiven Dateien mehr existieren, und die Wurzelinode des Dateisystems mit berücksichtigen? Bedenken Sie zwei Fälle:
    - *umount* gibt die Wurzelinode mit *iput* vor der Prüfung auf aktive Inodes frei. (Wie kann der Aufruf Fehler wieder beheben, wenn trotz allem noch aktive Dateien vorhanden waren?)
    - *umount* prüft vor dem Freigeben der Inode auf aktive Dateien, läßt aber eine aktive Wurzelinode zu. (Wie aktiv darf die Wurzelinode sein?)

32. Halten Sie fest, daß beim Ausführen des Befehls *ls - ld* auf einen Katalog die Anzahl der Verweise auf den Katalog nie 1 wird. Warum?

33. Wie arbeitet der Befehl *mkdir* (Erstellen eines neuen Katalog)? (Hinweis: Was sind die Inodenumern für „." und „.." nach Beendigung von *mkdir*?)

*34. Symbolische Verweise nutzen die Fähigkeit, Dateien über Dateisysteme hinweg mit *link* zu verketten. Ein neuer Dateityp kennzeichnet eine solche symbolische Verweisdatei; der Inhalt der Datei besteht aus dem Pfadnamen der Datei, mit der sie verkettet ist. Beschreiben Sie eine Implementierung symbolischer Verweise.

*35. Was geschieht, wenn ein Prozeß den folgenden Aufruf ausführt?

```
unlink(„.");
```

Was ist der aktuelle Katalog des Prozesses? Nehmen Sie an, Sie hätten die Rechte des Superusers.

36. Entwerfen Sie einen Systemaufruf, der eine bestehende Datei auf beliebige, als Argument übergebene Größe, verkürzt, und beschreiben Sie dessen Implementierung. Implementieren Sie außerdem einen Systemaufruf, der einem Benutzer gestattet, einen bestimmten Teil einer Datei zwischen zwei angegebenen Byteoffsets zu entfernen und die restlichen Daten zusammenzuschieben. Schreiben Sie ein Programm, das diese Funktionen auch ohne die vorgenannten Systemaufrufe erfüllt.

37. Beschreiben Sie alle Bedingungen, unter denen der Referenzzähler einer Inode größer als 1 werden kann.

38. Sollte in einem abstrakten Dateisystem jeder Dateisystemtyp eine eigene lock-Operation unterstützen, die vom abstrakten Code aufgerufen wird, oder genügt eine abstrakte lock-Operation?

6 Die Struktur von Prozessen

Kapitel 2 stellte die Eigenschaften von Prozessen auf höherer Ebene dar. Das vorliegende Kapitel behandelt nun diese Ideen ausführlicher, definiert den Kontext eines Prozesses und zeigt, wie der Kern einen Prozeß identifiziert und lokalisiert. Abschnitt 6.1 definiert das Modell der Prozeßzustände für UNIX sowie den Satz möglicher Übergänge. Der Kern enthält dafür eine Prozeßtabelle mit einem Eintrag für jeden aktiven Prozeß im System, der dessen Zustand beschreibt. Der *u-Bereich* enthält zusätzliche Informationen zur Steuerung des Ablaufs eines Prozesses. Prozeßtabelleneintrag und *u-Bereich* sind Teil des Kontexts eines Prozesses. Der Kontext eines Prozesses unterscheidet sich von dem eines anderen natürlich am augenfälligsten durch den Inhalt seines Adreßraums. Abschnitt 6.2 beschreibt die Prinzipien der Speicherverwaltung für Prozesse und für den Kern sowie die Zusammenarbeit von Betriebssystem und Hardware zur virtuellen Adreßumsetzung. Abschnitt 6.3 untersucht die verschiedenen Komponenten des Prozeßkontexts, der Rest des Kapitels behandelt schließlich die Algorithmen der unteren Ebene zur Bearbeitung des Prozeßkontexts. Dazu beschreibt Abschnitt 6.4, wie der Kern den Kontext eines Prozesses bei einem Interrupt, einem Systemaufruf bzw. einem Kontextwechsel sichert und später dann die Bearbeitung des unterbrochenen Prozesses wieder aufnimmt. Abschnitt 6.5 zeigt noch verschiedene Algorithmen, die von den im nächsten Kapitel beschriebenen Systemaufrufen zur Manipulation des Adreßraums eines Prozesses verwendet werden. Schließlich behandelt Abschnitt 6.6 noch den Algorithmus zum Versetzen eines Prozesses in den Schlafzustand bzw. zum Aufwecken daraus.

6.1 Prozeßzustände und Übergänge

Wie bereits in Kapitel 2 skizziert kann das Leben eines Prozesses als Satz von Zuständen, die den Prozeß beschreiben, definiert werden. Die folgende Liste enthält den vollständigen Satz der Prozeßzustände.

1. Der Prozeß läuft im Benutzermodus.
2. Der Prozeß läuft im Systemmodus.
3. Der Prozeß ist nicht in Bearbeitung, ist aber lauffähig, sobald der Kern ihn einteilt.
4. Der Prozeß schläft und befindet sich im Hauptspeicher.
5. Der Prozeß ist lauffähig, doch muß er erst vom Swapper (Prozeß 0) in den Speicher geladen werden, bevor der Kern ihn zum Ablauf einteilen kann. Kapitel 9 wird diesen Fall auch noch für ein System mit Paging behandeln.
6. Der Prozeß schläft und der Swapper hat ihn auf den Sekundärspeicher ausgelagert, um im Hauptspeicher Platz für einen anderen Prozeß zu schaffen.
7. Der Prozeß kehrt aus dem Systemmodus in den Benutzermodus zurück, wird aber vom Kern verdrängt, der einen Kontextwechsel durchführt, um einen anderen Prozeß laufen zu lassen. Auf die Unterscheidung zwischen diesem Zustand und Zustand 3 („lauffähig“) werden wir gleich eingehen.
8. Der Prozeß ist gerade erzeugt worden und befindet sich in einem Übergangszustand; er ist zwar vorhanden, ist aber weder lauffähig noch im Schlafzustand. Dieser Zustand ist der Anfangszustand für alle Prozesse außer Prozeß 0.
9. Der Prozeß hat den Systemaufruf *exit* ausgeführt und befindet sich im *Zombiezustand.* Der Prozeß hört auf zu existieren, hinterläßt aber einen Datensatz mit *exit*-Code und einigen statistischen Zeitangaben zur Auswertung durch den Vaterprozeß. Der Zombiestatus ist der letzte Zustand eines Prozesses.

Abbildung 6.1 zeigt den vollständigen Satz der Prozeßzustände einschließlich aller Übergänge. Stellen wir uns dazu einen typischen Prozeß beim Durchlaufen des Zustandsmodells vor. Die aufgeführten Ereignisse sind natürlich dahingehend künstlicher Art, als nicht jeder Prozeß sie alle durchlaufen muß, sie verdeutlichen jedoch die möglichen Übergänge zwischen den einzelnen Zuständen. Ein Prozeß beginnt seinen Weg durch das Zustandsmodell im Status „erzeugt", sobald der Vaterprozeß den Systemaufruf *fork* ausgegeben hat; möglicherweise wechselt er nun sofort in den Zustand „lauffähig" (3 bzw. 5). Der Einfachheit halber nehmen wir an, daß der Prozeß in den Zustand „lauffähig im Speicher" wechselt. Möglicherweise wählt der Scheduler den Prozeß zur Ausführung aus, der Prozeß wechselt in den Zustand „Ablauf im Systemmodus", wo er nun seinen Teil am Systemaufruf *fork* beendet.

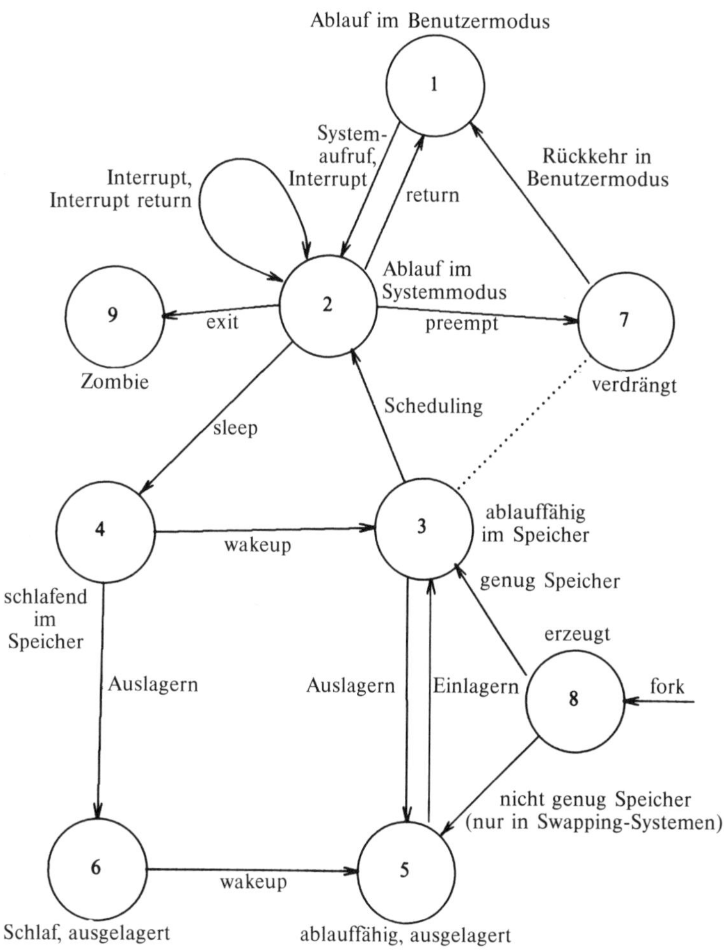

Abb. 6.1: Diagramm der Prozeßzustände und möglicher Übergänge

Nach Beendigung des Systemaufrufs könnte der Prozeß in den Zustand „Ablauf im Benutzermodus“ wechseln, würde also dann in diesem Modus weiterlaufen. Nach Ablauf einer gewissen Zeit unterbricht möglicherweise der Zeitgeber den Prozessor, der Prozeß wechselt wieder in den Zustand „Ablauf im Systemmodus“. Hat die Behandlungsroutine für Zeitgeberinterrupts den Interrupt bedient, kann der Kern auch einen anderen Prozeß zur Ausführung bringen; der erste Prozeß wechselt also in den Zustand „verdrängt“, und der zweite Prozeß wird abgearbeitet. Der Zustand „verdrängt“ ist eigentlich identisch mit dem Zustand „ablauffähig im Speicher“ (die punktierte Verbindungslinie zwischen den beiden Zuständen im Diagramm soll diese Parallelität hervorheben); wir haben die beiden Zustände jedoch getrennt aufgeführt, um hervorzuheben, daß ein im Systemmodus laufender Prozeß erst bei seiner Rückkehr in den Benutzermodus verdrängt werden kann. Folglich könnte der Kern, falls nötig, einen im Zustand „verdrängt“ befindlichen Prozeß auslagern. Möglicherweise wählt der Scheduler aber auch den Prozeß zur Ausführung aus; dieser kehrt also in den Zustand „Ablauf im Benutzermodus“ zurück und arbeitet dort weiter.

Führt ein Prozeß einen Systemaufruf aus, verläßt er den Zustand „Ablauf im Benutzermodus“ und wechselt in den Zustand „Ablauf im Systemmodus“ über. Nehmen wir dabei an, der Systemaufruf benötigt I/O-Operationen auf der Platte und muß deshalb auf die Beendigung dieser Operationen warten. Der Prozeß wechselt jetzt in den Zustand „schlafend im Speicher“, versetzt sich also selbst bis zur Beendigung der I/O in Schlaf. Wird die I/O-Operation dann später beendet, unterbricht die Hardware die CPU, die Interruptroutine weckt den Prozeß und verursacht damit dessen Wechsel in den Zustand „ablaufbereit im Speicher“.

Nehmen wir jetzt einmal an, das System bearbeitet viele Prozesse, die nicht gleichzeitig in den Hauptspeicher passen; der Swapper (Prozeß 0) lagert nun den Prozeß aus, um Platz für einen anderen Prozeß zu schaffen, der sich im Zustand „lauffähig, aber ausgelagert“ befindet. Nach dem Entfernen aus dem Hauptspeicher erhält der erste Prozeß den Zustand „lauffähig, aber ausgelagert“. Möglicherweise wählt ihn der Swapper sogleich wieder als am besten zum Swappen in den Hauptspeicher geeignet aus, der Prozeß erhält also wieder den Zustand „lauffähig im Speicher“. Vielleicht wählt jetzt auch noch der Scheduler den Prozeß zur Bearbeitung aus, er erhält also den Zustand „Ablauf im Systemmodus“ und wird weiter bearbeitet. Bei seiner Beendigung führt ein Prozeß den Aufruf *exit* aus und erreicht dadurch den Zustand „Ablauf im Systemmodus“ sowie letztendlich den „Zombiestatus“.

Jeder Prozeß kann über einige Zustandsübergänge auf Benutzerebene verfügen. Als erstes kann ein Prozeß einen weiteren erzeugen. Der Zustand, den ein Prozeß nach dem Status „erzeugt“ erreichen kann (also „lauffähig im Speicher“ bzw. „lauffähig, aber ausgelagert“), hängt jedoch vom Kern ab: Der Prozeß selbst kann diesen Zustandswechsel nicht bewirken. Als zweites kann ein Prozeß Systemaufrufe ausgeben, die ihn vom Zustand „Ablauf im Benutzermodus“ in den Zustand „Ablauf im Systemmodus“ versetzen, und so nach Belieben in den Systemmodus wechseln. Allerdings hat der Prozeß keine Kontrolle darüber, wann er wieder aus dem Systemmodus zurückkehrt; äußere Ereignisse können ihn sogar zwingen, nie zurückzukehren und stattdessen den Zombiestatus anzunehmen (siehe dazu Kapitel 7.2 über Signale). Schließlich kann ein Prozeß aus eigenen Stücken den Aufruf *exit* ausgeben, doch wie bereits gesagt können auch externe Ereignisse diesen Aufruf ohne Zutun des Prozesses erzwingen. Alle anderen Statusübergänge folgen einem strengen, im Kern kodierten Schema und reagieren nach Regeln, die in diesem und den folgenden Kapiteln festgelegt sind, vorhersagbar auf Ereignisse. Einige dieser Regeln wurden bereits vorgeführt: z.B. kann kein Prozeß einen anderen, der im Systemmodus läuft, verdrängen.

Zwei Strukturen im Kern beschreiben den Zustand eines Prozesses: der Prozeßtabelleneintrag und der *u-Bereich*. Die Prozeßtabelle enthält Felder, die immer für den Kern erreichbar sein müssen, der *u-Bereich* dagegen Felder, die nur für den laufenden Prozeß notwendig sind. Der Kern weist deshalb nur beim Erzeugen eines Prozesses Speicherplatz für den *u-Bereich* zu: Für Prozeßtabelleneinträge, zu denen keine Prozesse gehören, werden keine *u-Bereiche* benötigt.

Die Prozeßtabelle enthält die folgenden Felder:

- Das *Statusfeld* enthält den Prozeßzustand.
- Der Prozeßtabelleneintrag enthält Felder, die dem Kern das Lokalisieren des Prozesses und seines *u-Bereichs* im Haupt- bzw. Sekundärspeicher ermöglichen. Der Kern verwendet diese Informationen beim *Kontextwechsel* für Prozesse, wenn ein Prozeß vom Zustand „lauffähig im Speicher“ in den Zustand „Ablauf im Systemmodus“ bzw. von „verdrängt“ in „Ablauf im Benutzermodus“ wechselt. Außerdem benötigt er diese Information beim Swappen (Paging) von Prozessen nach und vom Hauptspeicher (also jeweils beim Wechsel zwischen den Zuständen „im Speicher“ und „ausgelagert“). Der Prozeßtabelleneintrag enthält zudem ein Feld mit der Größe des Prozesses, damit der Kern weiß, wieviel Speicher er dem Prozeß zuteilen muß.
- Verschiedene Benutzeridentifikationen (Benutzer-IDs oder UIDs) bestimmen eine Vielzahl von Prozeßprivilegien. So legen z.B. die UIDs, wie wir im nächsten Kapitel sehen werden, die Menge der Prozesse fest, die sich gegenseitig Signale senden können.
- Prozeßidentifikationen (Prozeß-IDs oder PIDs) geben die Beziehungen von Prozessen untereinander an. Die PIDs werden gesetzt, wenn der Prozeß im Systemaufruf *fork* den Zustand „erzeugt“ erreicht.
- Der Prozeßtabelleneintrag enthält einen Ereignisdeskriptor, wenn der Prozeß sich im Zustand „schlafend“ befindet. Die Verwendung dieses Eintrags in den Algorithmen *sleep* und *wakeup* werden wir noch in diesem Kapitel besprechen.
- Scheduler-Parameter erlauben dem Kern, die Reihenfolge festzulegen, in der Prozesse in die Zustände „Ablauf im Systemmodus“ bzw. „Ablauf im Benutzermodus“ wechseln.
- Ein Signalfeld zählt die an den Prozeß gesandten, aber noch nicht bearbeiteten Signale (siehe Kapitel 7.2).
- Verschiedene Timerfelder enthalten die Ausführungszeit des Prozesses und seinen Bedarf an Betriebsmitteln des Systems. Diese Daten werden für die Prozeßverwaltung sowie für das Ermitteln der Prozeßpriorität im Scheduler benötigt. Eines der Felder enthält eine vom Benutzer gesetzte Zeitgrenze, die für das Absenden eines Alarmsignals an einen Prozeß benötigt wird (siehe Kapitel 8.3).

Der *u-Bereich* enthält die folgenden Felder, die den Zustand eines Prozesses noch genauer bestimmen. Die letzten sieben dieser Felder wurden bereits in früheren Kapiteln beschrieben, der Vollständigkeit halber sind sie aber hier noch einmal kurz aufgeführt.

- Ein Zeiger auf die Prozeßtabelle bestimmt den zum *u-Bereich* gehörenden Eintrag.
- Die realen und effektiven UIDs enthalten die verschiedenen, dem Prozeß gestatteten Privilegien wie etwa die Dateizugriffsrechte (siehe Kapitel 7.6).
- Die Timerfelder enthalten die Zeit, die der Prozeß (und seine Abkömmlinge) für die Bearbeitung im Benutzermodus und im Systemmodus verbraucht haben.
- Ein Array zeigt an, wie der Prozeß auf Signale reagieren soll.
- Das Steuerterminalfeld gibt das mit dem Prozeß verbundene „Login-Terminal“ an, soweit es überhaupt vorhanden ist.
- Ein Fehlerfeld zeichnet die Fehler auf, die während eines Systemaufrufs aufgetreten sind.

- Ein Rückgabefeld enthält die Ergebnisse von Systemaufrufen.
- I/O-Parameter beschreiben die Menge der zu transportierenden Daten, die Adresse des Quell- (bzw. Ziel-) Datenarrays im Adreßraum des Benutzers, Dateioffsets für I/O usw.
- Der aktuelle Katalog und der aktuelle Wurzelkatalog beschreiben das zum Prozeß gehörende Dateisystem.
- Die Benutzer-Filedeskriptorentabelle verzeichnet die Dateien, die der Prozeß eröffnet hat.
- Limitfelder beschränken die Größe des Prozesses und der von ihm beschriebenen Dateien.
- Ein Feld für den Zugriffsmodus dient als Maske für das Setzen der Zugriffsrechte auf vom Prozeß erzeugte Dateien.

In diesem Abschnitt haben wir die Übergänge zwischen den Prozeßzuständen auf logischer Ebene beschrieben. Jeder Zustand hat aber auch noch physikalische Eigenschaften, die vom Kern verwaltet werden; dazu gehört insbesondere der virtuelle Adreßraum eines Prozesses. Der nächste Abschnitt beschreibt ein Modell zur Speicherverwaltung; spätere Kapitel beschreiben die Prozeßzustände und die Übergänge zwischen ihnen auf physikalischer Ebene, wobei wir uns besonders mit den Zuständen „Ablauf im Benutzermodus", „Ablauf im Systemmodus", „verdrängt" und „schlafend (im Speicher)" beschäftigen werden. Das folgende Kapitel behandelt dann die Zustände „erzeugt" und „Zombie", Kapitel 8 den Zustand „ablauffähig im Speicher" und Kapitel 9 schließlich die beiden „Swap"-Zustände sowie Demand-Paging.

6.2 Aufteilung des Systemspeichers

Nehmen wir einmal an, der physikalische Speicher eines Rechners sei von Byte-Offset 0 bis zu einem Offsetwert, der der vollständigen Größe des Speichers entspricht, adressierbar. Wie bereits in Kapitel 2 erläutert besteht ein Prozeß im UNIX-System aus drei logischen Abschnitten: Text, Daten und Stack. (*Gemeinsam benutzter Speicher*, wie er in Kapitel 11 beschrieben wird, sollte für den Zweck dieser Besprechung als Teil des Datenbereichs betrachtet werden.) Der Textbereich enthält die Befehle, die der Rechner für den Prozeß ausführt; die Adressen im Textbereich umfassen Textadressen (für Programmverzweigungen oder Unterprogrammaufrufe), Datenadressen (für den Zugriff auf globale Variablen) und Stackadressen (für den Zugriff auf lokale Datenstrukturen eines Unterprogramms). Würde die Maschine diese Adressen als reale Adressen im physikalischen Speicher behandeln, könnten zwei Prozesse nie gleichzeitig ablaufen, wenn sich ihre Adreßbereiche überlappen. Der Compiler könnte zwar Adressen erzeugen, die ein Überlappen von Programmen verhindern, doch ist ein solches Verfahren für normale Computer nicht praktikabel, da der auf einer Maschine verfügbare Speicher endlich, die Menge aller compilierbaren Programme dagegen unendlich ist. Selbst wenn der Compiler heuristische Verfahren zum Vermeiden unnötiger Adreßüberlappungen verwenden würde, wäre die Implementierung unflexibel und deshalb nicht wünschenswert.

Aus diesem Grunde erzeugt der Compiler Adressen für einen *virtuellen Adreßraum* von gegebener Größe, und die Speicherverwaltung des Rechners sorgt dann für das Umsetzen der vom Compiler erzeugten virtuellen Adressen in Adressen im physikalischen Speicher. Der Compiler muß dazu nicht wissen, wohin der Kern später das Programm zur Ausführung in den Speicher lädt. In der Tat können sogar mehrere Kopien des gleichen Programms gleichzeitig im Speicher existieren: Alle laufen unter Verwendung der gleichen virtuellen Adressen ab, sprechen aber darüber verschiedene physikalische Adressen an. Die Teile des Kerns und der Hardware, die zum Umwandeln von virtuellen in physikalische Adressen zusammenarbeiten, bilden gemeinsam die *Speicherverwaltung.*

6.2.1 Regionen

Der Kern von System V teilt den virtuellen Adreßraum eines Prozesses in logische *Regionen* auf. Eine Region ist ein zusammenhängender Bereich des virtuellen Adreßraums eines Prozesses, der als Einheit gemeinsam bearbeitet oder geschützt werden kann. So bilden Text, Daten und Stack gewöhnlich eigene Regionen eines Prozesses. Mehrere Prozesse können dabei eine Region gemeinsam bearbeiten. Beispielsweise können verschiedene Prozesse dasselbe Programm ausführen; es ist dabei nur natürlich, daß sie gemeinsam eine einzige Kopie der Textregion verwenden. In ähnlicher Weise können mehrere Prozesse auch bei der Verwendung einer gemeinsamen Speicherregion zusammenarbeiten.

Der Kern unterhält eine Regionstabelle und ordnet jeder aktiven Region im System einen Eintrag in dieser Tabelle zu. Abschnitt 6.5 beschreibt die einzelnen Felder der Regionstabelle und die auf Regionen durchgeführten Operationen genauer, für den Augenblick gehen wir davon aus, daß die Regionstabelle Informationen zum Bestimmen der Lage der Region im physikalischen Speicher enthält. Jeder Prozeß enthält eine eigene *Prozeßregionstabelle*, abgekürzt *P-Regionstabelle.* P-Regionstabellen können in der Prozeßtabelle, im *u-Bereich* oder in eigens dafür zugeteilten Speicherbereichen existieren, abhängig von der jeweiligen Implementierung; aus Gründen der Einfachheit gehen wir aber davon aus, daß sie Teil der Prozeßtabelle sind. Jeder Eintrag in der P-Regionstabelle zeigt auf einen Eintrag in der Regionstabelle und enthält die virtuelle Anfangsadresse der Region innerhalb des Prozesses. Gemeinsam benutzte Regionen können in den einzelnen Prozessen verschiedene virtuelle Adressen besitzen. Der Eintrag in der P-Regionstabelle enthält zudem ein Erlaubnisfeld, das die dem Prozeß gestattete Zugriffsart auf die Region enthält: nur Lesen, Schreiben und Lesen bzw. Lesen und Ausführen. Die Struktur von P-Regionstabelle und Region entspricht weitgehend der Struktur von Dateitabelle und Inodes im Dateisystem: Verschiedene Prozesse können über die Region Teile ihres Adreßraums gemeinsam benutzen, so wie sie auch eine Datei über die Inode gemeinsam verwenden können; jeder Prozeß greift dabei auf die Region über seinen eigenen P-Regionseintrag zu, so wie er auch auf die Inode über eigene Einträge in seiner Benutzer-Filedeskriptorentabelle und die Dateitabelle des Kerns zugreift.

Abbildung 6.2 zeigt zwei Prozesse A und B mit ihren Regionen, P-Regionstabellen und den virtuellen Adressen, die mit den Regionen verbunden sind. Die Prozesse verwenden dabei die Region „a" an der virtuellen Adresse 8K bzw. 4K gemeinsam. Liest Prozeß A an der Speicherstelle 8K und Prozeß B an der Speicherstelle 4K, so lesen beide Prozesse an einer identischen Speicherstelle in Region „a". Die Daten- und Stackregionen der beiden Prozesse sind jedoch privat.

Das Konzept der Region ist unabhängig von der im Betriebssystem enthaltenen Speicherverwaltungsstrategie. Die Strategie der Speicherverwaltung bezieht sich auf die Aktionen des Kerns zum Sicherstellen einer vernünftigen Aufteilung des verfügbaren Hauptspeichers zwischen den einzelnen Prozessen. Die in Kapitel 9 besprochenen Strategien der Speicherverwaltung sind beispielsweise Demand-Paging und das Swappen von Prozessen. Das Konzept der Region ist außerdem unabhängig von der Implementierung der Speicherverwaltung: so spielt es z. B. keine Rolle, ob der Speicher in Seiten oder Segmente aufgeteilt ist. Um die Voraussetzungen für die Besprechung des Demand-Paging in Kapitel 9 zu schaffen, gehen wir hier von einer Speicherarchitektur auf Seitenbasis aus; die Strategie der Speicherverwaltung baut jedoch nicht notwendigerweise auf den Algorithmen für Demand-Paging auf.

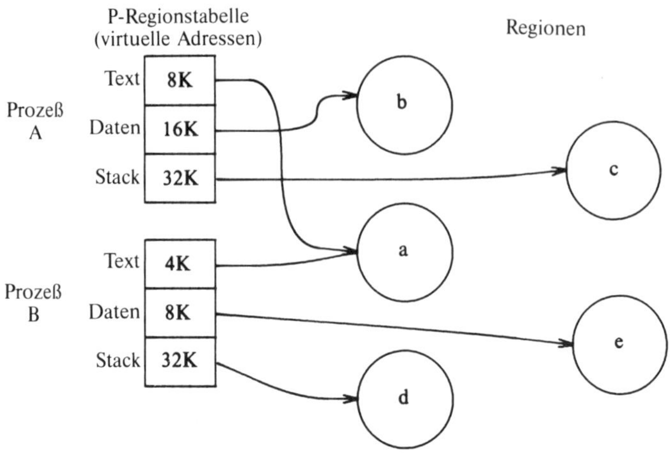

Abb. 6.2: Prozesse und Regionen

6.2.2 Seiten und Seitentabellen

Dieser Abschnitt definiert das Speichermodell, das wir für den Rest dieses Buches benützen werden; das Modell ist jedoch nicht auf UNIX allein beschränkt. In einer auf *Seiten* (*pages*) aufgebauten Speicherarchitektur teilt die Hardware der Speicherverwaltung den physikalischen Speicher in eine Menge gleich großer Blöcke, die wir als Seiten bezeichnen, ein. Typische Seitengrößen liegen im Bereich von 512 Bytes bis 4K Bytes und werden von der Hardware bestimmt. Jede adressierbare Stelle im Speicher ist in einer Seite enthalten, folglich kann jede Speicherstelle mit den Angaben

```
(Seitennummer, Byteoffset in der Seite)
```

angesprochen werden. Verfügt ein Rechner beispielsweise über einen physikalischen Speicher von 2^{32} Bytes und eine Seitengröße von 1K Bytes, so besitzt er 2^{22} Speicherseiten; jede 32-Bit Adresse kann als 22-Bit Seitennummer und 10-Bit Byteoffset in der Seite interpretiert werden (Abbildung 6.3).

Hexadezimale Adresse	58432	
binär	0101 1000 0100 0011 0010	
Seitennummer, Seitenoffset	01 0110 0001	00 0011 0010
hexadezimal	161	32

Abb. 6.3: Adressierung des physikalischen Speichers in Seitenform

Weist der Kern für eine Region physikalische Speicherseiten zu, so müssen diese nicht zusammenhängend oder in einer bestimmten Reihenfolge zugeordnet werden. Der Zweck des in Seiten aufgeteilten Speichers ist es ja gerade, größere Flexibilität beim Zuordnen des physikalischen Speichers zu ermöglichen, so wie es auch beim Zuordnen von Plattenblökken für Dateien im Dateisystem geschieht. So wie der Kern für eine Datei Plattenblöcke zuweist, um die Flexibilität zu erhöhen und den durch Blockfragmente verursachten Bedarf an ungenutztem Speicher zu verringern, so weist er auch Speicherseiten für eine Region zu.

logische Seitennummer	physikalische Seitennummer
0	177
1	54
2	209
3	17

Abb. 6.4: Umwandeln von logischen in physikalische Seitennummern

Der Kern stellt den Bezug zwischen den virtuellen Adressen einer Region und den dazugehörigen physikalischen Maschinenadressen her, indem er den logischen Seitennummern der Region die physikalischen Seitennummern im Rechner zuordnet (Abbildung 6.4). Da eine Region ein zusammenhängender Bereich virtueller Adressen in einem Programm ist, stellt die logische Seitennummer den Index in ein Array mit physikalischen Seitennummern dar. Der Eintrag in der Regionstabelle enthält dazu einen Zeiger auf eine Tabelle mit physikalischen Seitennummern, die sogenannte *Seitentabelle.* Die Einträge in der Seitentabelle können zusätzliche maschinenabhängige Informationen enthalten, wie etwa Erlaubnisbits für Schreib- bzw. Lesezugriff auf die Seite. Der Kern legt die Seitentabellen im Speicher ab und greift auf sie wie auf alle anderen Datenstrukturen des Kerns zu.

Abbildung 6.5 zeigt ein Beispiel für die Abbildung eines Prozesses in den physikalischen Speicher. Wir gehen davon aus, daß die Seitengröße 1K Bytes beträgt und der Prozeß auf die virtuelle Adresse 68.432 zugreifen will. Die Einträge der P-Regionstabelle zeigen, daß sich die virtuelle Adresse in der Stackregion befindet, die bei der virtuellen Adresse 64K (65.536 dezimal) beginnt, wobei wir annehmen, daß der Stack in Richtung auf die höhere Adresse wächst. Durch Subtraktion erhalten wir für die Adresse 68.432 den Byteoffset 2896 in der Region. Da jede Seite 1K Bytes enthält, befindet sich die Adresse bei Offset 848 in Seite 2 (Beginn der Zählung mit 0) der Region, die an der physikalischen Adresse 986K beginnt. Abschnitt 6.5.5 (Laden einer Region) behandelt die Bedeutung eines als „leer" gekennzeichneten Eintrags in der Seitentabelle.

Moderne Rechner verwenden eine Vielzahl von Hardwareregistern und Pufferspeichern zum Beschleunigen der gerade beschriebenen Adreßumsetzung, denn sonst würden Speicherzugriffe und Adreßberechnungen zu langsam ablaufen. Nimmt der Kern die Bearbeitung eines Prozesses wieder auf, so informiert er die Hardware zur Speicherverwaltung durch Laden der entsprechenden Register, wo sich die Seitentabellen und der physikalische Speicher des Prozesses befinden. Da solche Operationen maschinenabhängig sind und von einer Implementierung zur anderen wechseln, werden wir sie hier nicht besprechen. Die Übungen am Ende dieses Kapitels gehen dafür auf bestimmte Maschinenarchitekturen ein.

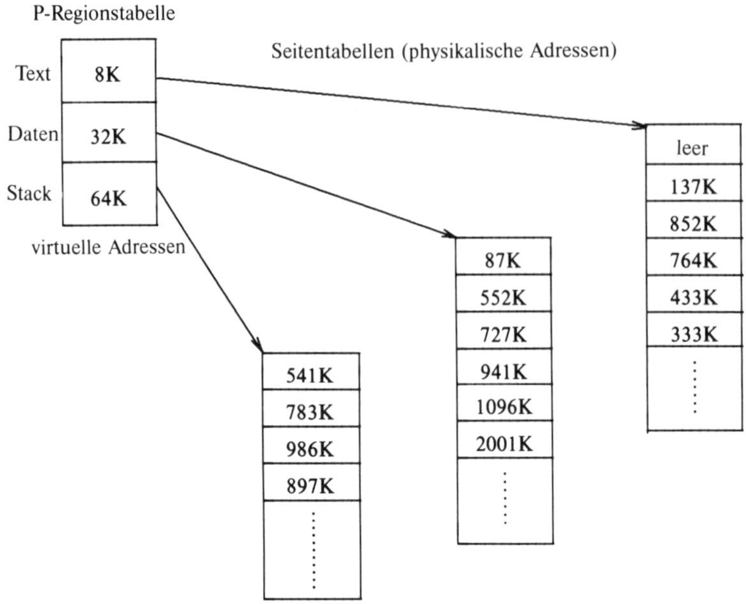

Abb. 6.5: Abbilden virtueller auf physikalische Adressen

Zur Besprechung der Speicherverwaltung verwenden wir das folgende einfache Speichermodell. Der Speicher ist in Seiten von 1K Bytes aufgeteilt, auf die über die vorbeschriebenen Seitentabellen zugegriffen wird. Das System verfügt über einen Satz von dreifachen Speicherverwaltungsregistern (wir gehen von einer großen Anzahl dieser Register aus), wobei das erste Register eines solchen Tripels die Adresse einer Seitentabelle im physikalischen Speicher, das zweite Register die erste dadurch abgedeckte virtuelle Adresse, und das dritte Register schließlich Steuerinformationen wie die Anzahl der Seiten in der Seitentabelle und die Seitenzugriffsrechte (nur Lesen, Lesen und Schreiben) enthält. Dieses Modell entspricht dem bereits vorgestellten Regionsmodell. Bereitet der Kern nun einen Prozeß zur Ausführung vor, so lädt er den Satz der Speicherverwaltungsregister mit den entsprechenden, in der P-Regionstabelle enthaltenen Daten.

Greift ein Prozeß auf Speicherstellen außerhalb seines virtuellen Adreßraums zu, verursacht die Hardware einen Ausnahmezustand. Ist z. B. die Größe der Textregion in Abbildung 6.5 16K Bytes und ein Prozeß greift auf die virtuelle Adresse 26K zu, wird die Hardware einen Ausnahmezustand erzeugen, den das Betriebssystem behandelt. In ähnlicher Weise wird die Hardware auch einen Ausnahmezustand erzeugen, wenn ein Prozeß einen Speicherzugriff ohne passende Zugriffserlaubnis auszuführen versucht, wie etwa das Schreiben an eine Adresse in der schreibgeschützten Textregion. In beiden Fällen wird der Prozeß normal beendet; das nächste Kapitel bringt darüber genaueres.

6.2.3 Speicherbelegung des Kerns

Obwohl der Kern im Kontext eines Prozesses abläuft, ist seine virtuelle Speicherbelegung unabhängig von allen Prozessen. Code und Daten des Kerns sind permanent im Speicher, alle Prozesse können gemeinsam darauf zugreifen. Wird das System gestartet (gebootet), lädt es den Code des Kerns in den Speicher und setzt die entsprechenden Tabellen und Register, um seine virtuellen Adressen auf physikalische abzubilden. Die Seitentabellen des Kerns sind wie die Seitentabellen eines Prozesses aufgebaut, und auch der Mechanismus zum Umsetzen der virtuellen Adressen des Kerns ähnelt dem zum Umsetzen von Benutzeradressen. Auf vielen Rechnern ist der virtuelle Adreßraum eines Prozesses in verschiedene Klassen eingeteilt, zu denen auch der Kern und die Benutzer zählen; jede dieser Klassen verfügt über ihre eigenen Seitentabellen. Beim Ablauf im Systemmodus gestattet der Kern dann den Zugriff auf seine Adressen, beim Ablauf im Benutzermodus verhindert er einen solchen Zugriff. Wird also als Folge eines Interrupts oder Systemaufrufs vom Benutzer- in den Systemmodus gewechselt, so arbeitet das Betriebssystem mit der Hardware zusammen, um Zugriff auf Adressen des Kerns zu ermöglichen; wird wieder zurück in den Benutzermodus gewechselt, verhindern Hardware und Betriebssystem solche Zugriffe. Andere Rechner ändern zu diesem Zweck einfach die Umsetzung der virtuellen Adressen, indem sie beim Ablauf im Systemmodus spezielle Register laden.

Abbildung 6.6 gibt ein Beispiel für die virtuellen Adressen des Kerns und eines Prozesses, wobei der Adreßraum des Kerns von 0 bis 4M-1 reicht und der virtuelle Adreßraum des

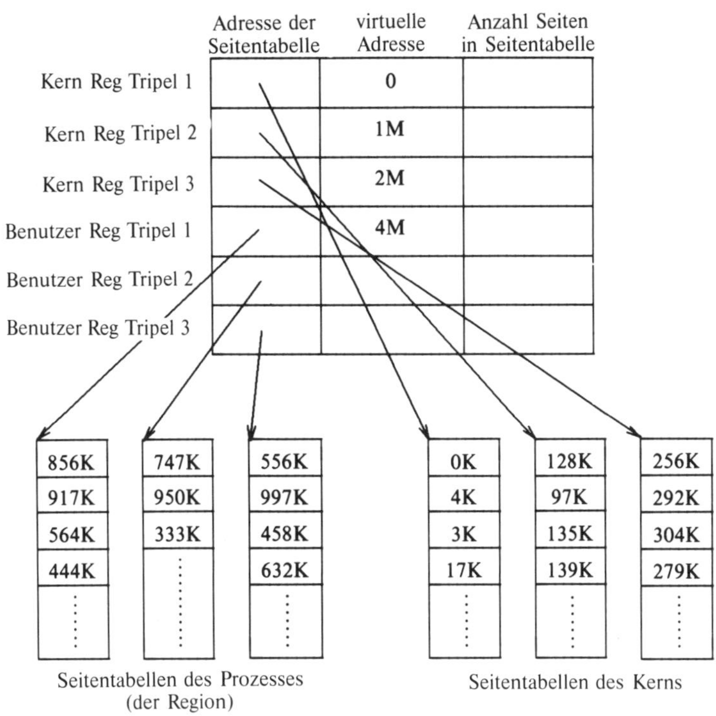

Abb. 6.6: Wechsel vom Benutzer- in den Systemmodus

Benutzers von 4M aufwärts liegt. Es existieren zwei Sätze von Speicherverwaltungsregistern, einer für die Adressen des Kerns und einer für die des Benutzers; jedes Tripel zeigt auf eine Seitentabelle, die die physikalischen Seitennummern für die jeweiligen virtuellen Seitenadressen enthält. Das System gestattet den Zugriff auf Adressen über die Registertripel des Kerns nur im Systemmodus; der Wechsel zwischen System- und Benutzermodus erfordert also nur, daß das System Adreßzugriffe über die Registertripel des Kerns erlaubt bzw. verweigert.

Einige Implementierungen laden das System auch so in den Speicher, daß die meisten virtuellen Adressen des Kerns identisch sind mit ihren physikalischen, die Übersetzungstabellen für die Adreßumsetzung also praktisch identische Werte enthalten. Die Bearbeitung des *u-Bereichs* erfordert jedoch in jedem Fall eine Adreßumsetzung im Kern.

6.2.4 Der u-Bereich

Jeder Prozeß besitzt seinen eigenen *u-Bereich*, auch wenn der Kern darauf zugreift, wie wenn es nur einen solchen Bereich, nämlich den des laufenden Prozesses, im System gäbe. Der Kern ändert seine Adreßübersetzungstabelle entsprechend dem ablaufenden Prozeß, um so auf den korrekten *u-Bereich* zuzugreifen. Nach der Kompilierung des Betriebssystems weist der Lader der Variablen u, also dem Namen des *u-Bereichs*, eine feste virtuelle Adresse zu. Der virtuelle Adreßwert des *u-Bereichs* ist auch anderen Teilen des Kerns bekannt, besonders dem Modul zur Durchführung des Kontextwechsels (Abschnitt 6.4.3). Der Kern weiß jedoch, wo in seinen Tabellen für die Speicherverwaltung die Umsetzung der virtuellen Adresse des *u-Bereichs* erfolgt und kann so die Abbildung des *u-Bereichs* auf eine andere physikalische Adresse dynamisch verändern. Die beiden physikalischen Adressen stellen die *u-Bereiche* zweier Prozesse dar, doch der Kern greift mit der gleichen virtuellen Adresse auf sie zu.

Ein Prozeß kann auf seinen *u-Bereich* im Systemmodus zugreifen, nicht jedoch im Benutzermodus. Da der Kern über die virtuelle Adresse zu einem bestimmten Zeitpunkt immer nur auf einen *u-Bereich* zugreifen kann, bildet der *u-Bereich* einen Teil des Kontexts desjeni-

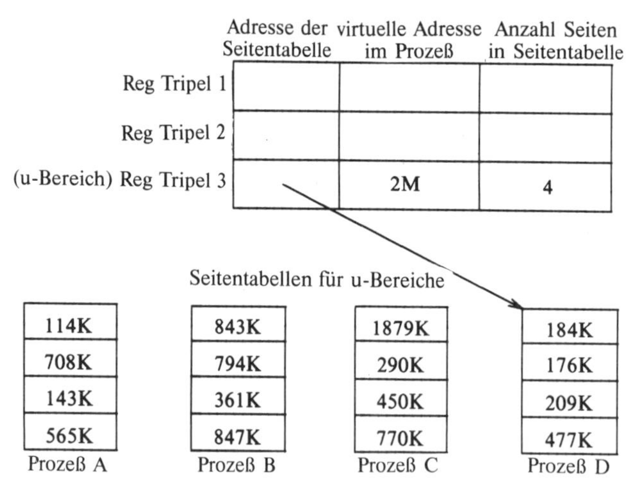

Abb. 6.7: Umsetztabelle des *u-Bereichs* im Kern

gen Prozesses, der gerade im System läuft. Wählt der Kern einen Prozeß zur Bearbeitung aus, nimmt er dessen *u-Bereich* im physikalischen Speicher und greift über die virtuelle Adresse darauf zu.

Nehmen wir zum Beispiel an, der *u-Bereich* ist 4K Bytes lang und befindet sich an der virtuellen Adresse 2M des Kerns. Abbildung 6.7 zeigt ein Beispiel der Speicherbelegung, wobei die ersten beiden Registertripel sich auf Text und Daten des Kerns beziehen (die Adressen und Pointer sind nicht besonders aufgeführt) und das letzte Tripel den Bezug zum *u-Bereich* für Prozeß D herstellt. Will der Kern auf den *u-Bereich* von Prozeß A zugreifen, kopiert er einfach den entsprechenden Teil der Seitentabelle für den *u-Bereich* in das letzte Registertripel. Zu jedem Zeitpunkt zeigt das dritte Registertripel auf den *u-Bereich* des aktuell laufenden Prozesses, der Kern kann jedoch durch Überschreiben der Einträge für den *u-Bereich* in der Seitentabelle mit einer neuen Adresse auch auf den *u-Bereich* eines anderen Prozesses zugreifen. Die Einträge in den Registertripeln 1 und 2 ändern sich nicht, denn alle Prozesse können auf Text und Daten des Kerns zugreifen.

6.3 Der Kontext eines Prozesses

Der Kontext eines Prozesses besteht aus dem Inhalt seines (Benutzer-) Adreßraums und dem Inhalt von Hardwareregistern und Datenstrukturen des Kerns, die mit dem Prozeß in Beziehung stehen. Formal gesagt ist der Kontext eines Prozesses die Gesamtheit von *Kontext auf Benutzerebene*, *Registerkontext* und *Kontext auf Systemebene*[1]. Der Kontext auf Benutzerebene besteht aus Text, Daten, Benutzerstack und gemeinsam benutztem Speicherbereich des Prozesses, die zusammen seinen virtuellen Adreßraum belegen. Auch die Teile des virtuellen Adreßraums eines Prozesses, die sich wegen Swapping oder Paging nicht im Hauptspeicher befinden, bilden einen Bestandteil des Kontexts auf Benutzerebene.

Der Registerkontext besteht aus den folgenden Komponenten:

- Der Programmzähler bestimmt die Adresse der nächsten Anweisung für die Ausführung durch die CPU; die Adresse ist eine virtuelle Adresse im Speicherbereich des Kerns oder des Benutzers.
- Das Prozessor-Statusregister (PSR) gibt den Hardwarestatus des Rechners hinsichtlich des Prozesses an. Beispielsweise enthält das PSR Unterfelder zur Anzeige, ob das Ergebnis einer gerade durchgeführten Berechnung null, negativ oder positiv war, ob ein Register übergelaufen und das Carrybit gesetzt ist, usw. Die Operationen, die das Setzen des PSR verursachten, wurden dabei für einen bestimmten Prozeß durchgeführt, denn das PSR enthält ja den Hardwarestatus in Bezug auf einen Prozeß. Andere wichtige Unterfelder des PSR dienen zur Anzeige der aktuellen Ausführungsebene des Prozessors (für Interrupts) sowie des aktuellen bzw. zuletzt eingenommen Ausführungsmodus (wie etwa System- bzw. Benutzermodus). Das Unterfeld zur Angabe des aktuellen Ausführungsmodus bestimmt dabei, ob ein Prozeß privilegierte Befehle ausführen und ob er auf den Adreßraum des Kerns zugreifen darf.

  Der Stackpointer enthält die aktuelle Adresse des nächsten Eintrags im System bzw. Benutzerstack, abhängig vom jeweiligen Ausführungsmodus. Die Maschinenarchitektur bestimmt dabei, ob der Stackpointer auf den nächsten freien oder den letzten

[1] Die Bezeichnungen *Benutzerkontext*, *Registerkontext*, *Systemkontext* und *Kontextebenen* entstammen der Terminologie des Autors.

benutzten Eintrag im Stack zeigt. In ähnlicher Weise bestimmt der Rechner auch, ob der Stack in Richtung auf niedrigere oder höhere Adressen wächst, doch sind solche Details für den Zweck unserer Besprechung eher unbedeutend.

- Die Mehrzweckregister enthalten Daten, die vom Prozeß während seiner Ausführung erzeugt wurden. Zur Vereinfachung der folgenden Besprechung wollen wir zwei Mehrzweckregister, die Register 0 und 1, für die Verwendung zum Informationsaustausch zwischen Prozessen und dem Kern reservieren.

Der Systemkontext eines Prozesses hat einen „statischen" (die ersten drei Punkte der folgenden Aufzählung) und einen „dynamischen" Teil (die letzten beiden Punkte). Ein Prozeß verfügt während seiner ganzen Existenz nur über einen einzigen statischen Teil des Systemkontexts, kann aber über mehrere dynamische Teile verfügen. Der dynamische Teil des Systemkontexts muß als ein Stack aus *Kontextschichten* betrachtet werden, den der Kern beim Auftreten verschiedenster Ereignisse mit push und pop bearbeitet. Der Systemkontext besteht aus den folgenden Komponenten:

- Der Prozeßtabelleneintrag eines Prozesses definiert, wie in Abschnitt 6.1 beschrieben, seinen Zustand und enthält Steuerinformationen, die für den Kern immer verfügbar sind.
- Der *u-Bereich* eines Prozesses enthält Prozeßsteuerinformationen, auf die nur im Kontext des Prozesses zugegriffen werden muß. Allgemeine Steuerparameter wie etwa die Priorität des Prozesses werden in der Prozeßtabelle abgelegt, da sie auch von außerhalb des Prozeßkontexts erreichbar sein müssen.
- P-Regionseinträge, Regionstabellen und Seitentabellen bestimmen die Umsetzung von virtuellen in physikalische Adressen und definieren dadurch Text-, Daten-, Stack- und andere Regionen eines Prozesses. Teilen sich mehrere Prozesse in bestimmte Regionen, so betrachten wir diese Regionen als Teil eines jeden beteiligten Prozesses, da ja jeder Prozeß diese Regionen eigenständig bearbeitet. Es ist Teil der Aufgaben der Speicherverwaltung, anzugeben, welche Teile des virtuellen Adreßraums eines Prozesses nicht speicherresident sind.
- Der Systemstack enthält die Stackframes für Systemprozeduren, wenn ein Prozeß im Systemmodus abläuft. Obwohl alle Prozesse identische Befehlsfolgen des Kerns ausführen, besitzt jeder eine private Kopie des Systemstacks, der den individuellen Aufruf der Systemfunktionen spezifiziert. Zum Beispiel könnte ein Prozeß den Systemaufruf *creat* ausgeben und einschlafen, während er auf die Zuteilung der neuen Inode durch den Kern wartet; gleichzeitig könnte ein anderer Prozeß den Aufruf *read* ausgeben und einschlafen, während er auf die Übertragung der Daten von der Platte in den Speicher wartet. Beide Prozesse führen Funktionen des Kerns aus, doch verfügen sie über getrennte Stackbereiche, die jeweils den eigenen Funktionsaufruf enthalten. Der Kern muß, um die Bearbeitung eines Prozesses im Systemmodus wieder aufzunehmen, den vorherigen Inhalt des Systemstacks und die Position des Stackpointers ermitteln können. Systemimplementierungen legen dazu den Systemstack häufig im *u-Bereich* des Prozesses ab, doch ist dieser Stackbereich logisch unabhängig und kann auch in besonders zugeteilten Speicherbereichen existieren. Der Systemstack ist leer während der Prozeß im Benutzermodus läuft.
- Der dynamische Teil des *Systemkontexts* eines Prozesses besteht aus einer Anzahl Ebenen, die wir uns als LIFO-Stack vorstellen müssen. Jede *Ebene* enthält die zur Rückkehr in die vorausgehende Ebene notwendigen Informationen einschließlich des Registerkontexts dieser Ebene.

Der Kern legt eine Kontextebene in den Stack ab, wenn ein Interrupt auftritt, wenn ein Prozeß einen Systemaufruf ausgibt, oder wenn ein Prozeß einen Kontextwechsel durchführt. Der Kern entnimmt eine Kontextebene aus dem Stack, wenn er aus der Behandlung eines Interrupts zurückkehrt, wenn ein Prozeß nach Abschluß eines Systemaufrufs in den Benutzermodus zurückkehrt, oder wenn ein Prozeß einen Kontextwechsel durchführt. Ein Kontextwechsel bewirkt also sowohl eine push- als auch eine pop-Operation mit einer Ebene des Systemkontexts: Der Kern legt mit push die Kontextebene des alten Prozesses ab und holt sich mit pop die Kontextebene des neuen Prozesses. Der Prozeßtabelleneintrag enthält die nötigen Informationen zum Ermitteln der aktuellen Kontextebene.

Abbildung 6.8 stellt die Komponenten dar, die den Kontext eines Prozesses bilden. Die linke Seite der Darstellung zeigt den statischen Teil des Kontexts. Er besteht aus dem Benutzerkontext, also Text (Befehle), Daten, Stack und gemeinsamer Speicherbereich (falls vorhanden) des Prozesses, sowie dem statischen Teil des Systemkontexts, also Prozeßtabelleneintrag, *u-Bereich* und P-Regionseinträge (die Umsetzinformation für die virtuellen Adressen des Benutzerkontexts). Die rechte Seite der Darstellung zeigt den dynamischen Teil des Kontexts. Er besteht aus mehreren Stackframes, wobei jeder Frame den sichergestellten Registerkontext der vorausgehenden Ebene sowie den Systemstack, falls der Kern in dieser Ebene aktiv war, enthält. Ebene 0 des Systemkontexts ist eine Dummyebene, die den Benutzerkontext darstellt; eine Vergrößerung des Stacks läuft hier im Adreßraum des Benutzers ab, der Systemstack ist Null. Der Pfeil, der vom statischen Teil des Systemkontexts zur obersten Ebene des dynamischen Kontextteils führt, stellt die im Prozeßtabelleneintrag enthaltene logische Information dar, die dem Kern das Auffinden der aktuellen Kontextebene des Prozesses ermöglicht.

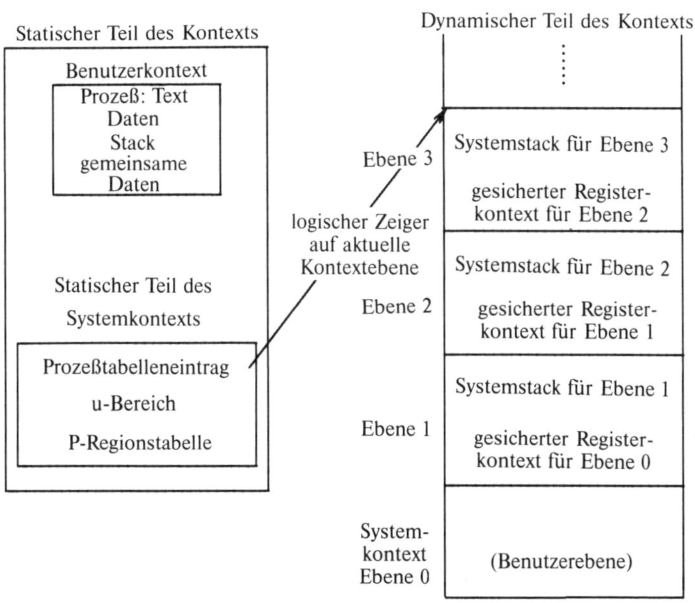

Abb. 6.8: Komponenten des Kontexts eines Prozesses

Ein Prozeß läuft innerhalb seines Kontexts oder, genauer gesagt, innerhalb seiner aktuellen Kontextebene. Die Anzahl der Kontextebenen ist begrenzt durch die von der Maschine unterstützte Anzahl von Interruptebenen. Unterstützt ein Rechner zum Beispiel verschiedene Interruptebenen für Softwareinterrupts, Terminals, Platten, die übrige Peripherie und den Zeitgeber, so unterstützt er damit 5 Interruptebenen, ein Prozeß kann also maximal 7 Kontextebenen umfassen: eine Ebene pro Interruptebene, eine für Systemaufrufe, und eine Benutzerebene. Diese sieben Ebenen reichen für alle Kontextebenen aus, selbst wenn Interrupts in der denkbar ungünstigsten Folge zusammentreffen, weil etwa ein Interrupt einer bestimmten Ebene blockiert ist (d.h. die CPU nimmt ihn nicht an), da das System gerade einen Interrupt derselben oder einer höheren Ebene bedient.

Obwohl der Kern immer im Kontext irgendeines Prozesses läuft, muß die logische Funktion, die er ausführt, nicht unbedingt etwas mit diesem Prozeß zu tun haben. Unterbricht z.B. ein Plattenlaufwerk die CPU, da es gerade einen Datentransport beendet hat, so unterbricht es damit den laufenden Prozeß; der Kern führt die Interruptbehandlung auf einer neuen Systemkontextebene des aktuellen Prozesses durch, selbst wenn die zu bearbeitenden Daten zu einem ganz anderen Prozeß gehören. Im allgemeinen greifen Interruptroutinen nicht auf die statischen Bereiche des Prozeßkontexts zu und verändern diese auch nicht, denn diese Daten haben ja nichts mit dem Interrupt zu tun.

6.4 Sichern des Prozeßkontexts

Wie wir in den vorausgegangenen Abschnitten gesehen haben, sichert der Kern den Kontext eines Prozesses bei jedem Eintritt in eine neue Systemkontextebene. Dies geschieht im besonderen, wenn das System einen Interrupt annimmt, wenn ein Prozeß einen Systemaufruf ausgibt oder wenn der Kern einen Kontextwechsel durchführt. Der folgende Abschnitt behandelt jeden dieser Fälle im Detail.

6.4.1 Interrupts und Ausnahmezustände

Das System ist für die Bearbeitung von Unterbrechungen verantwortlich, ganz gleich ob sie von der Hardware (etwa vom Zeitgeber oder von peripheren Geräten), von einem programmierten Interrupt (Ausführen einer Anweisung, die zum Erzeugen von „Software-Interrupts" bestimmt ist) oder von Ausnahmezuständen (wie Seitenfehler) herrühren. Läuft die CPU dabei auf einer niedrigeren Ausführungsebene des Prozessors als der auftretende Interrupt, so nimmt sie den Interrupt vor dem Dekodieren des nächsten Befehls an und hebt die Ausführungsebene des Prozessors an, so daß andere Interrupts der gleichen (oder einer niedrigeren) Ebene auftreten können, während sie den aktuellen Interrupt bedient; dadurch wird die Unversehrtheit der Datenstrukturen des Kerns gewährleistet (siehe Abschnitt 2.2.2). Der Kern bedient einen Interrupt mit der folgenden Reihe von Operationen:

1. Er sichert den aktuellen Registerkontext des laufenden Prozesses und erzeugt (mit push) eine neue Kontextebene.
2. Er stellt die Ursache des Interrupts fest und ermittelt dazu den Typ des Interrupts (etwa Zeitgeber oder Plattengerät) sowie, falls möglich, die Gerätenummer für den Interrupt (z.B. welches Plattenlaufwerk den Interrupt verursachte). Bei Annahme des Interrupts erhält das System vom Rechner eine Nummer, die es als Offset in eine Tabelle verwendet, und die allgemein als *Interruptvektor* bezeichnet wird. Der Inhalt dieses Interrupt-

vektors ist von Rechner zu Rechner unterschiedlich, allgemein enthält er jedoch die Adresse einer Routine zur Bearbeitung des entsprechenden Interrupts und eine Möglichkeit zum Auffinden benötigter Parameter durch die Interruptroutine. Sehen wir uns dazu die Tabelle der Interruptroutinen in Abbildung 6.9 an. Unterbricht ein Terminal das System, erhält der Kern von der Hardware die Interruptnummer 2 und ruft dann die Terminalroutine *ttyintr* auf.

Interrupt Nummer	Interrupt Routine
0	clockintr
1	diskintr
2	ttyintr
3	devintr
4	softintr
5	otherintr

Abb. 6.9: Beispiel für einen Interruptvektor

3. Der Kern ruft die Interruptroutine auf. Der Systemstack der neuen Kontextebene unterscheidet sich logischerweise vom Systemstack der vorausgehenden Kontextebene. Einige Implementierungen verwenden den Systemstack des laufenden Prozesses zum Ablegen der Stackframes der Interruptroutine, andere Implementierungen verwenden einen globalen Interruptstack zum Ablegen der Stackframes von Interruptroutinen, bei denen sicher ist, daß sie ohne Kontextwechsel ablaufen.
4. Die Interruptroutine beendet ihre Arbeit und kehrt zurück. Der Kern führt eine rechnerspezifische Folge von Anweisungen aus, die den Registerkontext und den Systemstack der vorhergehenden Kontextebene so wiederherstellen, wie diese beim Auftreten des Interrupts existierten, und nimmt dann die Arbeit in der zurückgespeicherten Kontextebene wieder auf. Das Verhalten des Prozesses kann durch die Interruptroutine beeinflußt werden, denn diese könnte globale Datenstrukturen des Kerns verändert und schlafende Prozesse geweckt haben. Normalerweise läuft der Prozeß jedoch weiter wie wenn der Interrupt nie aufgetreten wäre.

Abbildung 6.10 faßt noch einmal zusammen, wie der Kern Interrupts behandelt. Einige Rechner führen Teile dieser Operationsfolge in der Hardware oder im Mikrocode aus, um einen besseren Durchsatz zu erzielen als wenn die ganze Arbeit von der Software erledigt

```
algorithm inthand          /* handle interrupts */
input:  none
output: none
{
        save (push) current context layer;
        determine interrupt source;
        find interrupt vector;
        call interrupt handler;
        restore (pop) previous context layer;
}
```

Abb. 6.10: Algorithmus zum Bearbeiten von Interrupts

würde; doch gibt es auch hier Abstriche, die im Umfang des zu sichernden Kontexts und der Geschwindigkeit der zum Sichern verwendeten Hardwarebefehle begründet sind. Die für eine UNIX-Implementierung benötigten spezifischen Operationen sind also maschinenabhängig.

Abbildung 6.11 zeigt ein Beispiel, in dem ein Prozeß einen Systemaufruf ausgibt (siehe nächster Abschnitt) und während der Bearbeitung dieses Aufrufs einen Platteninterrupt erhält. Beim Bearbeiten der Platteninterruptroutine tritt ein Zeitgeberinterrupt auf, und das System wechselt in die Behandlungsroutine für diesen Interrupt. Bei jedem auftretenden Interrupt (oder Systemaufruf) wird eine neue Kontextebene erzeugt und der Registerkontext der vorhergehenden Ebene gesichert.

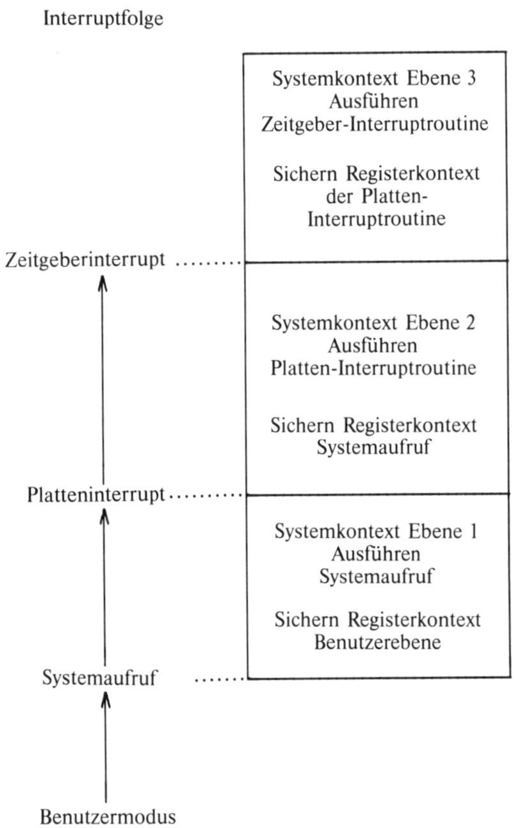

Abb. 6.11: Beispiel für Interrupts

6.4.2 Schnittstelle für Systemaufrufe

Die Schnittstelle des Kerns für Systemaufrufe wurde in den vorausgehenden Kapiteln wie ein gewöhnlicher Funktionsaufruf behandelt. Augenscheinlich ist aber ein einfacher Funktionsaufruf nicht in der Lage, einen Prozeß vom Benutzermodus in den Systemmodus wechseln zu lassen. Der C-Compiler verwendet eine fest definierte Bibliothek von Funktionen (die C-Bibliothek), die die Namen der einzelnen Systemaufrufe tragen und so die Referenzen im Benutzerprogramm, die sonst undefinierte Namen bleiben würden, auflösen. Diese Bibliotheksfunktionen enthalten eine Anweisung zum Wechseln des Prozesses in den Systemmodus und veranlassen den Kern, die Befehlsfolge für den jeweiligen Systemaufruf einzuleiten. Die folgende Diskussion betrachtet diese Anweisung als *Systemfalle.* Die Bibliotheksroutinen laufen im Benutzermodus ab, die Schnittstelle für Systemaufrufe dagegen ist kurz gesagt eine spezielle Art von Interruptroutine. Die Bibliotheksfunktionen übergeben dem Kern für jeden Systemaufruf eine eindeutige Nummer in maschinenabhängiger Weise - entweder als Parameter für die Systemfalle, in einem besonderen Register oder auf dem Stack - und der Kern bestimmt daraus dann den Systemaufruf, den der Benutzer ausführen will.

```
algorithm syscall              /* algorithm for invocation of system call */
input:  system call number
output: result of system call
{
        find entry in system call table corresponding to system call number;
        determine number of parameters to system call;
        copy parameters from user address space to u area;
        save current context for abortive return (described in section 6.4.4);
        invoke system call code in kernel;
        if (error during execution of system call)
        {
                set register 0 in user saved register context to error number;
                turn on carry bit in PS register in user saved register context;
        }
        else
                set registers 0, 1 in user saved register context
                                to return values from system call;
}
```

Abb. 6.12: Algorithmus für Systemaufrufe

Beim Bearbeiten der Systemfalle ermittelt der Kern über die Nummer des Systemaufrufs in einer Tabelle die Adresse der zugehörigen Systemroutine, also den Einsprungpunkt für den Systemaufruf, und die Anzahl der vom Aufruf erwarteten Parameter (Abbildung 6.12). Der Kern berechnet die (Benutzer-) Adresse des ersten Parameters für den Systemaufruf durch Addieren (oder Subtrahieren, abhängig von der Richtung, in der der Stack wächst) eines Offsets auf den Benutzer-Stackpointer, der der Anzahl der Parameter für den Aufruf entspricht. Schließlich kopiert er noch die Benutzerparameter in den *u-Bereich* und ruft die entsprechende Systemroutine auf. Nach Ausführen der Befehlsfolge für den Systemaufruf stellt der Kern fest, ob ein Fehler aufgetreten ist. Im Fehlerfall setzt er bestimmte Register im gesicherten Registerkontext des Benutzers; typischerweise wird das Carrybit im PSR gesetzt und die Fehlernummer an die Stelle des Registers 0 kopiert. Sind während der Ausführung des Systemaufrufs keine Fehler aufgetreten, löscht der Kern das Carrybit im PSR und kopiert die jeweiligen Returncodes des Systemaufrufs an die Stellen für Register 0 und 1 im gesicherten Registerkontext des Benutzers. Kehrt der Kern aus der Systemfalle in den Benutzermodus zurück, gelangt er an die Stelle in der Bibliotheksroutine, die der Falle unmittelbar folgt. Die Bibliotheksroutine bearbeitet nun noch die vom Kern übergebenen Returncodes und gibt ihrerseits einen entsprechenden Code an das Benutzerprogramm zurück.

```
char name[] = "file";
main()
{
        int fd;
        fd = creat(name, 0666);
}
```

```
            Teil des Assemblercodes für Motorola 68000

Addr    Instruction
        .
        .
# code for main
        .
58:     mov     &0x1b6,(%sp)      # move 0666 onto stack
5e:     mov     &0x204,-(%sp)     # move stack ptr
                                  # and move variable "name" onto stack
64:     jsr     0x7a              # call C library for creat
        .
        .
# library code for creat
7a:     movq    &0x8,%d0          # move data value 8 into data register 0
7c:     trap    &0x0              # operating system trap
7e:     bcc     &0x6 <86>         # branch to addr 86 if carry bit clear
80:     jmp     0x13c             # jump to addr 13c
86:     rts                       # return from subroutine
        .
        .
# library code for errors in system call
13c:    mov     %d0,&0x20e        # move data reg 0 to location 20e (errno)
142:    movq    &-0x1,%d0         # move constant -1 into data register 0
144:    mova    %d0,%a0
146:    rts                       # return from subroutine
```

Abb. 6.13: Systemaufruf creat und erzeugter Code für Motorola 68000

Sehen wir uns als Beispiel das Programm im oberen Abschnitt von Abbildung 6.13 an, das eine Datei mit Lese- und Schreibzugriff für alle Benutzer (Modus 0666) erzeugt. Der untere Abschnitt der Abbildung zeigt einen editierten Teil des erzeugten Maschinencodes, wie er auf einem System Motorola 68000 compiliert und deassembliert wurde. Abbildung 6.14 zeigt die Stackbelegung während des Systemaufrufs. Der Compiler erzeugt Code zum Schieben der beiden Parameter auf den Benutzerstack, wobei der erste Parameter die zu setzende Zugriffsberechtigung, also 0666, und der zweite Parameter die Variable *name*[2] darstellt. Der Prozeß ruft sodann von Adresse 64 aus die Bibliotheksfunktion für den Systemaufruf *creat* auf (Adresse 7a). Die Rückkehradresse aus dem Funktionsaufruf ist 6a, der Prozeß schiebt auch diesen Wert in den Stack. Die Bibliotheksfunktion für *creat* schiebt die Konstante 8 in Register 0 und führt einen *trap*-Befehl aus, der den Wechsel des Prozesses vom Benutzer- in den Systemmodus und die Bearbeitung des Systemaufrufs bewirkt. Der Kern erkennt, daß der Benutzer einen Systemaufruf durchführt, entnimmt aus Register 0 die Nummer 8 und ermittelt daraus den gewünschten Aufruf *creat*. Durch Nachsehen in einer internen Tabelle stellt der Kern fest, daß der Aufruf *creat* zwei Parameter benötigt; durch Übernehmen der Stackregister aus der vorhergehenden Kontextebene kann er die Parameter aus dem Benutzerspeicher in den *u-Bereich* kopieren. Systemroutinen, die solche Parameter benötigen, können sie an vorbestimmten Stellen im *u-Bereich* auffinden. Hat der Kern den Code für *creat* abgearbeitet, kehrt er zur Behandlungsroutine für Systemaufrufe zurück, die noch überprüft, ob das Fehlerfeld im *u-Bereich* gesetzt ist (was bedeuten würde, daß während des Systemaufrufs Fehler aufgetreten sind); ist es gesetzt, setzt die Behandlungsroutine ihrerseits das Carrybit im PSR, legt den Fehlercode im Register 0 ab und kehrt zurück. Ist kein Fehler aufgetreten, gibt der Kern den Returncode des Systems in den Registern 0 und 1 zurück.

Bei der Rückkehr aus der Behandlungsroutine für Systemaufrufe in den Benutzermodus prüft die Bibliotheksroutine das Carrybit im PSR an Adresse 7e: Ist es gesetzt, springt der Prozeß an die Adresse 13c, nimmt den Fehlercode aus Register 0 und stellt ihn in die globale Variable *errno* an Adresse 20e, setzt Register 0 auf -1 und kehrt an die dem Aufruf in

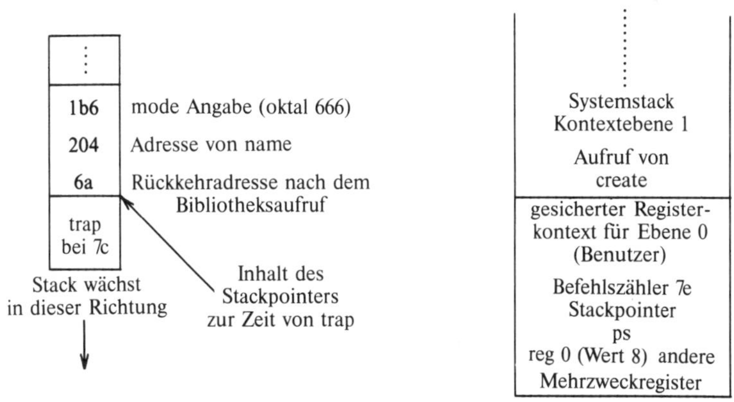

Abb. 6.14: Stackbelegung für den Systemaufruf creat

[2] Die Reihenfolge, in der der Compiler Funktionsparameter auswertet und auf den Stack schiebt, ist abhängig von der jeweiligen Implementierung.

Adresse 64 folgende Anweisung zurück. Der Returncode der Funktion ist jetzt -1, was einen Fehler im Systemaufruf bedeutet. Ist bei der Rückkehr aus dem Systemmodus in den Benutzermodus das Carrybit im PSR nicht gesetzt, springt der Prozeß von Adresse 7e nach 86 und kehrt an die dem Aufruf (Adresse 64) folgende Anweisung zurück: Register 0 enthält jetzt den Returncode aus dem Systemaufruf.

Mehrere Bibliotheksfunktionen können zu einem einzigen Einsprungpunkt in einen Systemaufruf führen. Zwar bestimmt der Einsprungpunkt die tatsächliche Syntax und Semantik für jeden Systemaufruf, doch sehen die Bibliotheksroutinen häufig eine bequemere Schnittstelle vor. Zum Beispiel gibt es mehrere Variationen des Systemaufrufs *exec*, wie etwa *execl* und *execle*, die für denselben Systemaufruf geringfügig unterschiedliche Schnittstellen bieten. Die Bibliotheksroutinen für diese Aufrufe bereiten ihre Parameter zum Erbringen der beschriebenen Leistung entsprechend auf, greifen aber in Wirklichkeit nur auf einen einzigen Einsprungpunkt zu.

6.4.3 Kontextwechsel

Erinnern wir uns an das Prozeßzustandsdiagramm in Abbildung 6.1, so sehen wir, daß der Kern unter vier Bedingungen einen Kontextwechsel zuläßt: wenn ein Prozeß sich selbst in Schlaf versetzt, wenn er mit *exit* die Abarbeitung beendet, wenn er von einem Systemaufruf in den Benutzermodus zurückkommt, aber nicht zur weiteren Bearbeitung ausgewählt ist, oder wenn er schließlich nach einer abgeschlossenen Interruptbehandlung des Kerns in den Benutzermodus zurückkommt, aber nicht zur weiteren Bearbeitung ausgewählt ist. Der Kern stellt die Unversehrtheit und Konsistenz der internen Datenstrukturen sicher, indem er, wie in Kapitel 2 erläutert, mehrdeutige Kontextwechsel nicht zuläßt. Er stellt zudem sicher, daß der Zustand seiner Datenstrukturen vor dem Ausführen eines Kontextwechsels konsistent ist: d. h. alle notwendigen Updates sind durchgeführt, alle Queues sind ordnungsgemäß verkettet, die notwendigen Sperren sind gesetzt, um Einflüsse von anderen Prozessen auszuschließen, keine Datenstrukturen sind unnötigerweise gesperrt, usw. Ordnet der Kern z.B. einen Puffer zu, liest mit *read* einen Block aus einer Datei und schläft dann bis zur Beendigung der I/O-Operation von der Platte, so hält er diesen Puffer gesperrt, damit kein anderer Prozeß sich unbefugt daran zu schaffen machen kann. Führt ein Prozeß dagegen den Systemaufruf *link* aus, so löst der Kern die Sperre auf die erste Inode vor dem Sperren der zweiten, um so Deadlocks zu vermeiden.

Bei Beendigung des Systemaufrufs *exit* muß der Kern einen Kontextwechsel durchführen, denn es gibt für ihn sonst nichts mehr zu tun. In ähnlicher Weise erlaubt der Kern einen Kontextwechsel, wenn ein Prozeß in den Schlafzustand übergeht, denn es kann eine größere Zeitspanne verstreichen, bis der Prozeß wieder aufwacht, und in der Zwischenzeit können andere Prozesse arbeiten. Der Kern erlaubt auch einen Kontextwechsel, wenn ein Prozeß nicht zur sofortigen Abarbeitung eingeteilt ist, um ein faireres Scheduling zu ermöglichen: Beendet ein Prozeß einen Systemaufruf oder kommt er aus einem Interrupt zurück und es gibt noch einen wartenden Prozeß mit höherer Priorität, so wäre es unfair, diesen Prozeß weiter warten zu lassen.

Die Prozedur für einen Kontextwechsel gleicht der zur Bearbeitung von Interrupts und Systemaufrufen mit der Ausnahme, daß der Kern anstelle der vorherigen Kontextebene des gleichen Prozesses die Kontextebene eines anderen Prozesses wiederherstellt. Die Gründe für den Kontextwechsel spielen dabei keine Rolle. Auch ist die Auswahl, welcher Prozeß als nächster ablaufen soll, eine politische Entscheidung, die auf die Vorgänge beim Kontextwechsel keinen Einfluß hat.

1. Entscheidung, ob ein Kontextwechsel durchgeführt werden soll und ob er jetzt durchgeführt werden kann.
2. Sichern des Kontexts des *alten* Prozesses.
3. Suchen des *passendsten* Prozesses zum Ablauf über den Scheduleralgorithmus in Kapitel 8.
4. Wiederherstellen des Kontexts des neuen Prozesses.

Abb. 6.15: Schritte zum Ausführen eines Kontextwechsels

Der Code zur Implementierung des Kontextwechsels in UNIX-Systemen ist für gewöhnlich der am schwierigsten zu verstehende Teil des Betriebssystems, denn hier vermitteln Funktionsaufrufe den Eindruck, in einigen Fällen nicht zurückzukehren bzw. aus dem Nichts heraus zu entstehen. Der Grund hierfür liegt bei vielen Implementierungen darin, daß der Kern den Kontext eines Prozesses an einer Stelle im Code sichert, den Kontextwechsel und die Algorithmen zum Scheduling aber im Kontext des „alten" Prozesses fortführt. Lädt er später den Kontext des Prozesses wieder zurück, läuft die Verarbeitung entsprechend dem vorher gesicherten Kontext weiter. Um zwischen dem Fall, wo der Kern die Arbeit im Kontext eines neuen Prozesses wieder aufnimmt, und dem Fall, wo der Kern im Kontext des alten Prozesses nach dessen Sicherstellung weiterläuft, zu unterscheiden, können die Returncodes kritischer Funktionen verschieden sein bzw. kann der Befehlszähler für den Kern künstlich verändert werden.

Abbildung 6.16 zeigt ein Szenario für einen Kontextwechsel. Die Funktion *save_context* stellt Informationen über den Kontext des laufenden Prozesses sicher und gibt den Wert 1 zurück. Neben anderen Informationen sichert der Kern auch den Wert des aktuellen Befehlszählers (in der Funktion *save_context*) sowie den Wert 0, der später als Returncode aus *save_context* in Register 0 verwendet wird. Der Kern läuft nun weiter im Kontext des alten Prozesses (A), wählt einen anderen Prozeß (B) zum Ablauf aus und ruft *resume_context* zum Rückladen des neuen Kontexts (von Prozeß B) auf. Nachdem der neue Kontext hergestellt ist, führt das System Prozeß B aus; der alte Prozeß (A) wird nicht weiter bearbeitet, er hinterläßt jedoch seinen gesicherten Kontext (deshalb der Kommentar „never gets here" in der Abbildung). Später wird der Kern, wenn ein anderer Prozeß einen Kontextwechsel wie gerade beschrieben durchführt, wieder Prozeß A zum Ablauf auswählen (außer natürlich im Falle von *exit*). Ist der Kontext von Prozeß A wiederhergestellt, setzt der Kern den Befehlszähler auf den Wert, den Prozeß A vorher in der Funktion *save_context*

```
if (save_context())        /* save context of executing process */
{
        /* pick another process to run */
        .
        .
        .
        resume_context(new_process);
        /* never gets here ! */
}
/* resuming process executes from here */
```

Abb. 6.16: Pseudocode für einen Kontextwechsel

sichergestellt hat, und legt auch den als Returncode gesicherten Wert 0 im Register 0 ab. Der Kern nimmt jetzt die Bearbeitung von Prozeß A innerhalb von *save_context* wieder auf, obwohl er vor dem Kontextwechsel den Code bis zum Aufruf von *resume_context* ausgeführt hat. Schließlich kehrt Prozeß A aus der Funktion *save_context* mit dem Wert 0 (in Register 0) zurück und fährt mit der Bearbeitung nach der Kommentarzeile „resuming process executes from here" fort.

6.4.4 Sichern des Kontexts bei erzwungener Rückkehr

Es können Situationen auftreten, in denen der Kern die aktuelle Prozeßbearbeitung abbrechen und sofort aus einem vorher gesicherten Kontext heraus weiterfahren muß. Spätere Kapitel über *sleep* und *signals* beschreiben die Umstände, unter denen ein Prozeß einen sofortigen Kontextwechsel durchführen muß. Dieser Abschnitt behandelt den Mechanismus zum Ausführen eines vorher gesicherten Kontexts. Der Algorithmus *setjmp* dient zum Sichern, der Algorithmus *longjmp*[3] zum Wiederherstellen des Kontexts. Die Vorgehensweise entspricht der im vorhergehenden Abschnitt beschriebenen Funktion *save_context* mit der Ausnahme, daß *save_context* eine neue Kontextebene ablegt, während *setjmp* den gesicherten Kontext in den *u-Bereich* überträgt und in der alten Kontextebene weiterarbeitet. Will der Kern den mit *setjmp* gesicherten Kontext wiederherstellen, so führt er *longjmp* aus, lädt dadurch den Kontext aus dem *u-Bereich* zurück und gibt von *setjmp* den Wert 1 zurück.

6.4.5 Kopieren von Daten zwischen System- und Benutzeradreßraum

Soweit bisher besprochen läuft ein Prozeß entweder im Systemmodus oder im Benutzermodus ab, wobei es keine Überschneidungen der Modi gibt. Jedoch transportieren viele der im letzten Kapitel untersuchten Systemaufrufe Daten zwischen System und Benutzer hin und her, so z. B. beim Kopieren der Parameter für einen Systemaufruf vom Benutzer in den Kern, oder beim Kopieren der Daten aus einem I/O-Puffer im *read*-Aufruf. Viele Maschinen gestatten dem Kern direkten Zugriff auf Adressen im Benutzerbereich. Der Kern muß jedoch sicherstellen, daß die Adresse zum Schreiben oder Lesen wie im Benutzermodus erreichbar ist; andernfals könnte er den normalen Speicherschutz umgehen und unbeabsichtigt zum Lesen und Schreiben auf Adressen außerhalb des Benutzeradreßraums zugreifen (möglicherweise sogar Datenstrukturen des Systems). Das Kopieren von Daten zwischen Kern und Benutzer ist deshalb ein aufwendiger Vorgang, der mehr als nur eine Anweisung erfordert.

Abbildung 6.17 zeigt ein Beispiel des Maschinencodes auf einer VAX zum Transport eines einzigen Zeichens vom Adreßraum des Benutzers in den Adreßraum des Systems. Die Anweisung *prober* prüft, ob ein Byte an der Adresse *argument pointer register+4*(*4(ap)) im Benutzermodus (Modus 3) gelesen werden kann; wenn nicht, verzweigt der Kern nach Adresse *eret*, legt -1 im Register 0 ab und kehrt zurück; der Transport des Zeichens ist mißglückt. Andernfalls transportiert der Kern ein Byte von der gegebenen Benutzeradresse nach Register 0 und gibt diesen Wert an den Aufrufer zurück. Die Prozedur ist recht aufwendig, benötigt sie doch fünf Befehle (einschließlich des Funktionsaufrufs *fubyte*) für den Transport eines einzigen Zeichens.

---

[3] Diese Algorithmen dürfen nicht mit den Bibliotheksfunktionen gleichen Namens verwechselt werden, die der Benutzer direkt aus seinem Programm heraus aufrufen kann (siehe [SVID 85]). Ihre Funktionen sind jedoch gleich.

```
fubyte:                                        # move byte from user space
                prober   $3,$1,*4(ap)          # byte accessible?
                beql     eret                  # no
                movzbl   *4(ap),r0
                ret
eret:
                mnegl    $1,r0                 # error return (-1)
                ret
```

Abb. 6.17: Datentransport vom Benutzer zum System auf einer VAX

6.5 Umgang mit dem Adreßraum eines Prozesses

Bis jetzt haben wir in diesem Kapitel beschrieben, wie der Kern den Kontext zwischen Prozessen wechselt, wie er Kontextebenen sichert und zurückládt, und haben dabei den Benutzerkontext immer als statisches Objekt betrachtet, das sich während der Wiederherstellung des Prozeßkontexts nicht verändern kann. Wie wir im nächsten Kapitel sehen werden, verändern jedoch viele Systemaufrufe den virtuellen Adreßraum eines Prozesses anhand wohldefinierter Operationen auf Regionsebene. Der folgende Abschnitt beschreibt die Datenstruktur einer Region und die darauf anwendbaren Operationen; das nächste Kapitel behandelt dann die Systemaufrufe, die sich dieser Operationen bedienen.

Der Eintrag in der Regionstabelle enthält die zum Beschreiben einer Region nötigen Informationen. Im besonderen enthält er die folgenden Felder:

- einen Pointer auf die Inode der Datei, deren Inhalt ursprünglich in die Region geladen wurde
- den Regionstyp (Text, gemeinsamer Speicher, private Daten bzw. Stack)
- die Größe der Region
- die Position der Region im physikalischen Speicher
- den Status der Region, der eine Kombination sein kann aus:
  - gesperrt
  - angefordert
  - im Ladezustand
  - gültig, in den Speicher geladen
- den Referenzzähler, der die Anzahl der Prozesse enthält, die auf die Region zugreifen.

Die Operationen zum Bearbeiten einer Region sind Sperren, Entsperren, Zuteilen, Verknüpfen mit dem Speicherplatz eines Prozesses, Verändern der Größe, Laden von einer Datei in den Speicherplatz eines Prozesses, Freigeben, Lösen vom Speicherplatz eines Prozesses und Duplizieren des Inhalts. Der Systemaufruf *exec* beispielsweise, der den Adreßraum des Benutzers mit dem Inhalt einer ausführbaren Datei überlagert, löst alte Regionen los, gibt sie frei, soweit sie nicht gemeinsam benutzt werden, teilt neue Regionen zu, verknüpft sie und lädt sie mit dem Inhalt der Datei. Der Rest dieses Abschnitts beschreibt die Regionsoperationen genauer; wir setzen dabei das bereits früher beschriebene Modell der Speicherverwaltung (Seitentabellen und Hardware-Registertripel) sowie das Vorhandensein von Algorithmen zur Zuteilung von Seitentabellen und physikalischen Speicherseiten (Kapitel 9) voraus.

6.5.1 Sperren und Entsperren einer Region

Der Kern verfügt über Operationen zum Sperren und Entsperren einer Region, die unabhängig von den Operationen zum Zuordnen und Freigeben einer Region sind, so wie es auch beim Dateisystem Operationen zum Sperren und Entsperren bzw. Zuordnen und Freigeben von Inodes gibt (*iget* und *iput*). So kann der Kern eine Region sperren, zuordnen und später entsperren, ohne sie dazu freigeben zu müssen. In ähnlicher Weise kann er eine zugeordnete Region sperren und später wieder entsperren, wenn er sie bearbeiten will, und so den Zugriff anderer Prozesse verhindern.

6.5.2 Zuteilen einer Region

Der Kern teilt eine neue Region (Algorithmus *allocreg* in Abbildung 6.18) während der Systemaufrufe *fork*, *exec* und *shmget* (für gemeinsame Speicherbereiche) zu. Er unterhält eine Regionstabelle, deren Einträge entweder in einer freien, verketteten Liste oder in einer aktiven, verketteten Liste enthalten sind. Ordnet der Kern einen Regionstabelleneintrag zu, so nimmt er den ersten verfügbaren Eintrag aus der freien Liste, stellt ihn in die aktive Liste, sperrt die Region und kennzeichnet ihren Typ (gemeinsam oder privat). Abgesehen von wenigen Ausnahmen ist jeder Prozeß als Ergebnis eines vorhergegangenen *exec*- Aufrufs mit einer ausführbaren Datei verbunden; *allocreg* setzt das Inodefeld im Regionstabelleneintrag auf die Inode dieser ausführbaren Datei. Diese Inode identifiziert für den Kern die Region, so daß auch andere Prozesse, falls gewünscht, auf die Region zugreifen können. Der Kern erhöht den Inodereferenzzähler, um andere Prozesse am Entfernen ihres Inhalts mit *unlink* zu hindern, wie in Abschnitt 7.5 noch erläutert wird. *Allocreg* gibt eine gesperrte, aber zugeordnete Region zurück.

```
algorithm allocreg        /* allocate a region data structure */
input:  (1) inode pointer
        (2) region type
output: locked region
{
      remove region from linked list of free regions;
      assign region type;
      assign region inode pointer;
      if (inode pointer not null)
            increment inode reference count;
      place region on linked list of active regions;
      return(locked region);
}
```

Abb. 6.18: Algorithmus zum Zuteilen einer Region

6.5.3 Verknüpfen einer Region mit einem Prozeß

Der Kern verknüpft eine Region während der Systemaufrufe *fork*, *exec* und *shmat* mit dem Adreßraum eines Prozesses (Algorithmus *attachreg*, Abbildung 6.19). Die Region kann neu zugeordnet, aber auch eine bereits bestehende Region sein, in die sich der Prozeß dann gemeinsam mit anderen Prozessen teilt. Der Kern ordnet einen freien P-Regionseintrag zu, setzt sein Typfeld auf Text, Daten, gemeinsamer Speicher oder Stack und vermerkt die virtuelle Adresse, an der die Region im Adreßraum des Prozesses liegt. Der Prozeß darf die vom System gesetzte Grenze für die höchste virtuelle Adresse nicht überschreiten, und die virtuellen Adressen der neuen Region dürfen sich auch nicht mit den Adressen der bestehenden Regionen überschneiden. Beschränkt das System beispielsweise die höchste virtuelle Adresse eines Prozesses auf 8 Megabytes, so wäre es unstatthaft, an der virtuellen Adresse 7.5M eine Region von einem Megabyte anzuknüpfen. Darf die Region dagegen verknüpft werden, erhöht der Kern das Längenfeld im Prozeßtabelleneintrag um die Größe der Region sowie den Referenzzähler der Region um eins.

```
algorithm attachreg        /* attach a region to a process */
input:  (1) pointer to (locked) region being attached
        (2) process to which region is being attached
        (3) virtual address in process where region will be attached
        (4) region type
output: per process region table entry
{
        allocate per process region table entry for process;
        initialize per process region table entry:
                set pointer to region being attached;
                set type field;
                set virtual address field;
        check legality of virtual address, region size;
        increment region reference count;
        increment process size according to attached region;
        initialize new hardware register triple for process;
        return(per process region table entry);
}
```

Abb. 6.19: Algorithmus für attachreg

Attachreg initialisiert nun einen neuen Satz von Registertripeln für die Speicherverwaltung des Prozesses: Ist die Region nicht bereits mit einem anderen Prozeß verknüpft, so ordnet der Kern in einem Aufruf an *growreg* (siehe nächster Abschnitt) Seitentabellen für sie zu; anderenfalls verwendet er die bereits vorhandenen Seitentabellen. Schließlich gibt *attachreg* noch einen Zeiger auf den P-Regionseintrag für die neu verknüpfte Region zurück. Nehmen wir zum Beispiel an, der Kern will eine bestehende (gemeinsame) Textregion von 7K Bytes mit der virtuellen Adresse 0 eines Prozesses verknüpfen (Abbildung 6.20): er ordnet ein neues Registertripel für die Speicherverwaltung zu und initialisiert es mit der Adresse der Seitentabelle der Region, der virtuellen Adresse des Prozesses (0), sowie der Größe der Seitentabelle (9 Einträge).

6.5.4 Verändern der Größe einer Region

Ein Prozeß kann mit dem Systemaufruf *sbrk* seinen virtuellen Adreßraum erweitern bzw. verringern. In ähnlicher Weise vergrößert sich auch automatisch (d. h. der Prozeß führt keinen expliziten Systemaufruf durch) der Stack eines Prozesses in Abhängigkeit von der Tiefe seiner verschachtelten Prozeduraufrufe. Intern ruft der Kern zum Verändern der Größe

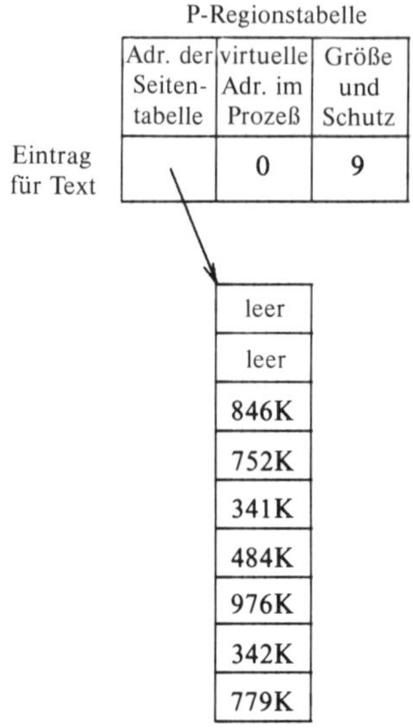

Abb. 6.20: Beispiel für das Anknüpfen an eine bestehende Textregion

einer Region (Abbildung 6.21) den Algorithmus *growreg* auf. Wird eine Region vergrößert, stellt der Kern sicher, daß die virtuellen Adressen der vergrößerten Region sich nicht mit denen einer anderen Region überschneiden und daß durch die Vergrößerung der Region die Prozeßgröße nicht die maximal erlaubte virtuelle Speichergröße überschreitet. Der Kern verwendet *growreg* jedoch nie dazu, eine gemeinsam benutzte Region zu vergrößern, die bereits mit mehreren Prozessen verknüpft ist; er braucht sich deshalb nicht darum zu kümmern, ob durch das Vergrößern der Region für einen Prozeß die Systemgrenze für die Prozeßgröße durch einen anderen Prozeß überschritten wird. Die beiden Fälle, in denen der Kern *growreg* auf eine bestehende Region anwendet, sind der Systemaufruf *sbrk* für die Datenregion eines Prozesses sowie das automatische Vergrößern des Benutzerstacks. Beide Regionen sind privat. Textregionen und gemeinsame Speicherregionen können nicht mehr wachsen, wenn sie einmal initialisiert sind. Diese Fälle werden im nächsten Kapitel verdeutlicht.

Der Kern ordnet nun Seitentabellen zu (oder erweitert bestehende Seitentabellen), um die vergrößerte Region aufzunehmen, sowie in Systemen ohne Demand-Paging auch noch physikalischen Speicher. Für die Zuordnung physikalischen Speichers stellt er jedoch vor dem Aufruf von *growreg* sicher, daß dieser Speicher auch verfügbar ist; ist der Speicher nicht verfügbar, greift der Kern, wie wir in Kapitel 9 sehen werden, zu anderen Maßnahmen, um die Region zu vergrößern. Verkleinert der Prozeß die Region, gibt der Kern einfach dafür zugeordneten Speicher frei. In beiden Fällen berichtigt er Prozeßgröße sowie Regionsgröße und reinitialisiert den P-Regionseintrag und die Registertripel zur Speicherverwaltung auf die neue Speicherbelegung.

Nehmen wir als Beispiel an, die Stackregion eines Prozesses beginnt bei der virtuellen Adresse 128K und enthält aktuell 6K Bytes; der Kern will jetzt die Region um 1K Bytes (1 Seite) vergrößern. Bleibt die Prozeßgröße im erlaubten Rahmen und gehören die virtuellen

```
algorithm growreg          /* change the size of a region */
input:  (1) pointer to per process region table entry
        (2) change in size of region (may be positive or negative)
output: none
{
        if (region size increasing)
        {
                check legality of new region size;
                allocate auxiliary tables (page tables);
                if (not system supporting demand paging)
                {
                        allocate physical memory;
                        initialize auxiliary tables, as necessary;
                }
        }
        else        /* region size decreasing */
        {
                free physical memory, as appropriate;
                free auxiliary tables, as appropriate;
        }

        do (other) initialization of auxiliary tables, as necessary;
        set size field in process table;
}
```

Abb. 6.21: Algorithmus Growreg zum Ändern der Größe einer Region

Adressen 134K bis 135K-1 nicht zu einer anderen mit dem Prozeß verknüpften Region, so vergrößert der Kern die Region. Er erweitert die Seitentabelle, ordnet eine Seite Speicher zu und initialisiert den neuen Seitentabelleneintrag. Abbildung 6.22 verdeutlicht diesen Fall.

6.5.5 Laden einer Region

In einem System mit Demand-Paging kann der Kern beim Systemaufruf *exec* eine Datei auf den Adreßraum eines Prozesses legen und, wie in Kapitel 9 erläutert wird, es so einrichten, daß die einzelnen physikalischen Seiten erst später bei Bedarf gelesen werden. Unterstützt der Kern kein Demand-Paging, muß er die ausführbare Datei in den Speicher kopieren und damit die Regionen des Prozesses an die in der ausführbaren Datei festgelegten virtuellen Adressen laden. Er kann aber auch eine Region an einer anderen virtuellen Adresse verknüpfen, als es in der ausführbaren Datei festgelegt ist, und dadurch eine Lücke in der Seitentabelle erzeugen (erinnern wir uns an Abbildung 6.20). Diese Möglichkeit wird beispielsweise zum Hervorrufen von Speicherfehlern verwendet, wenn Programme unerlaubt auf Adresse 0 zugreifen. Programme mit Pointervariablen verwenden diese manchmal fehlerhaft ohne zu prüfen, ob ihr Inhalt 0 ist, als Pointer also nicht verwendet werden darf. Durch geeigneten Schutz der Seite mit der Adresse 0 erzeugen Programme, die irrtümlich darauf zugreifen, einen Fehler und werden abgebrochen, was dem Programmierer die Möglichkeit bietet, solche Fehler schneller zu entdecken.

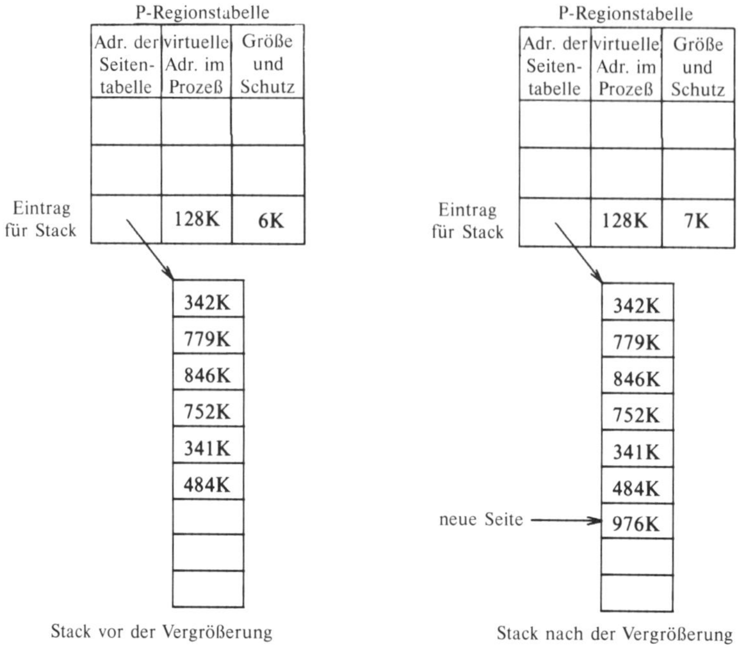

Abb. 6.22: Vergrößern der Stackregion um 1K Bytes

```
algorithm loadreg          /* load a portion of a file into a region */
input:  (1) pointer to per process region table entry
        (2) virtual address to load region
        (3) inode pointer of file for loading region
        (4) byte offset in file for start of region
        (5) byte count for amount of data to load
output: none
{
     increase region size according to eventual size of region
                 (algorithm growreg);
     mark region state: being loaded into memory;
     unlock region;
     set up u area parameters for reading file:
                 target virtual address where data is read to,
                 start offset value for reading file,
                 count of bytes to read from file;
     read file into region (internal variant of read algorithm);
     lock region;
     mark region state: completely loaded into memory;
     awaken all processes waiting for region to be loaded;
}
```

Abb. 6.23: Algorithmus für Loadreg

Um eine Datei in eine Region zu laden, berücksichtigt *loadreg* (Abbildung 6.23) die Lücke zwischen der virtuellen Adresse, an der die Region mit dem Prozeß verknüpft ist, und der virtuellen Startadresse für die Daten der Region und erweitert die Region um den benötigten Speicherplatz. Dann versetzt der Algorithmus die Region in den Zustand „wird in den Speicher geladen“ und liest die Daten der Region mit einer internen Variation des Systemaufrufs *read* von der Datei in den Speicher.

Lädt der Kern eine Textregion, die von mehreren Prozessen benützt werden kann, so kann ein anderer Prozeß die Region finden und versuchen, sie zu benutzen, bevor ihr Inhalt vollständig geladen ist, denn der erste Prozeß könnte ja beim Lesen von der Datei eingeschlafen sein. Die Einzelheiten, wie dies geschehen könnte und warum Sperren hier nicht anwendbar sind, heben wir uns für die Besprechung von *exec* im folgenden und in Kapitel 9 auf. Um das Problem zu vermeiden, prüft der Kern ein Statusflag der Region, das anzeigt, ob die Region bereits vollständig geladen ist, und, falls noch nicht geladen, ob der Prozeß schläft. Am Ende von *loadreg* weckt der Kern alle Prozesse, die auf das Laden der Region warteten und ändert den Status der Region in gültig und im Speicher befindlich.

Nehmen wir als Beispiel an, der Kern will Text der Länge 7K in eine Region laden, die mit der virtuellen Adresse 0 eines Prozesses verknüpft ist, will aber eine Lücke von 1K Bytes am Anfang der Region freilassen (Abbildung 6.24). Zu diesem Zeitpunkt hat der Kern bereits über die Algorithmen *allocreg* und *attachreg* einen Regionstabelleneintrag zugeordnet und die Region mit Adresse 0 verknüpft. Er ruft jetzt den Algorithmus *loadreg* auf, der seiner-

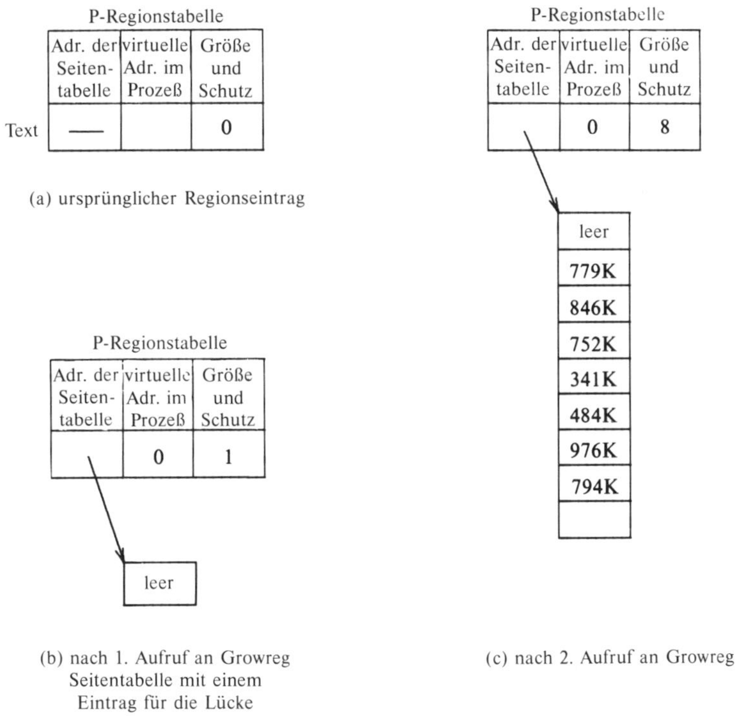

Abb. 6.24: Laden einer Textregion

seits zweimal *growreg* aufruft - zuerst zum Berücksichtigen der Lücke von 1K Bytes am Anfang der Region und dann zum Zuordnen von Speicherplatz für den Inhalt der Region -, und *growreg* ordnet eine Seitentabelle für die Region zu. Der Kern setzt nun zum Lesen der Datei einige Felder im *u-Bereich*: Er liest 7K Bytes ab einem bestimmten Offset (als Parameter an den Kern übergeben) in der Datei an die virtuelle Adresse 1K des Prozesses.

6.5.6 Freigeben einer Region

Ist eine Region nicht länger mit Prozessen verknüpft, kann der Kern sie freigeben und wieder in die freie Regionsliste einreihen (Abbildung 6.25). Ist die Region auch noch mit einer Inode verbunden, gibt der Kern die Inode mit *iput* frei, so wie er umgekehrt vorher in *allocreg* den Inodereferenzzähler erhöht hat. Der Kern gibt sodann alle mit der Region zusammenhängenden physikalischen Betriebsmittel wie Seitentabellen und Speicherseiten frei. Als Beispiel nehmen wir an, daß der Kern die Stackregion in Abbildung 6.22 wieder freigeben will. In der Annahme, der Regionszähler sei 0, gibt er hier 7 Seiten physikalischen Speicher und die Seitentabelle frei.

```
algorithm freereg          /* free an allocated region */
input:  pointer to a (locked) region
output: none
{
        if (region reference count non zero)
        {
                /* some process still using region */
                release region lock;
                if (region has an associated inode)
                        release inode lock;
                return;
        }
        if (region has associated inode)
                release inode (algorithm iput);
        free physical memory still associated with region;
        free auxiliary tables associated with region;
        clear region fields;
        place region on region free list;
        unlock region;
}
```

Abb. 6.25: Algorithmus zum Freigeben einer Region

6.5.7 Ablösen einer Region von einem Prozeß

Der Kern löst Regionen in den Systemaufrufen *exec*, *exit* und *shmdt* (Ablösen von gemeinsamem Speicher) ab. Er berichtigt den P-Regionseintrag und trennt durch Löschen der zugehörigen Registertripel zur Speicherverwaltung die Verbindung zum physikalischen Speicher (Algorithmus *detachreg*, Abbildung 6.26). Die dadurch ungültig gemachten Adreßumsetzungen beziehen sich speziell auf den *Prozeß*, nicht auf die Region (wie im Algorithmus *freereg*). Der Kern erniedrigt den Regionszähler und berichtigt das Größenfeld im Prozeßtabelleneintrag entsprechend der Größe der Region. Fällt der Regionszähler auf 0 zurück und gibt es auch sonst keinen Grund mehr, die Region aktiv zu lassen (die Region ist kein gemeinsamer Speicherbereich oder eine Textregion mit gesetztem *Stickybit*, wie in Abschnitt 7.5 beschrieben wird), so gibt der Kern die Region mit *freereg* frei. Anderenfalls löst er die Sperren auf Region und Inode, die zum Verhindern von Wettlaufbedingungen, wie in Abschnitt 7.5 beschrieben wird, gesperrt waren, läßt aber die Region mit den zugehörigen Betriebsmitteln weiter zugeordnet.

```
algorithm detachreg         /* detach a region from a process */
input:   pointer to per process region table entry
output: none
{
        get auxiliary memory management tables for process,
                      release as appropriate;
        decrement process size;
        decrement region reference count;
        if (region reference count is 0 and region not sticky bit)
                free region (algorithm freereg);
        else        /* either reference count non-0 or region sticky bit on */
        {
                free inode lock, if applicable (inode associated with region);
                free region lock;
        }
}
```

Abb. 6.26: Algorithmus Detachreg

6.5.8 Duplizieren einer Region

Der Systemaufruf *fork* macht es notwendig, daß der Kern die Regionen eines Prozesses dupliziert. Wird eine Region gemeinsam benutzt (gemeinsamer Text oder gemeinsamer Speicherplatz), muß der Kern die Region natürlich nicht physikalisch kopieren; stattdessen erhöht er den Regionszähler und erlaubt damit Vater und Sohn, die Region gemeinsam zu nutzen. Kann die Region dagegen nicht gemeinsam benutzt werden und muß der Kern sie physikalisch kopieren, so ordnet er Regionstabelleneintrag, Seitentabelle sowie physikalischen Speicher für die Region neu zu. In Abbildung 6.27 hat zum Beispiel Prozeß A mit *fork* Prozeß B erzeugt und seine Region dupliziert. Prozeß A verfügt über eine gemeinsame Textregion, also kann auch Prozeß B sie gemeinsam mit A benutzen. Daten- sowie Stackregion von Prozeß A sind jedoch privat, Prozeß B dupliziert sie also, indem er ihren Inhalt in die neu zugeordnete Region kopiert. Sogar für private Regionen ist ein physikalisches Kopieren, wie wir noch sehen werden (Kapitel 9), nicht immer notwendig. Abbildung 6.28 zeigt den Algorithmus für *dupreg*.

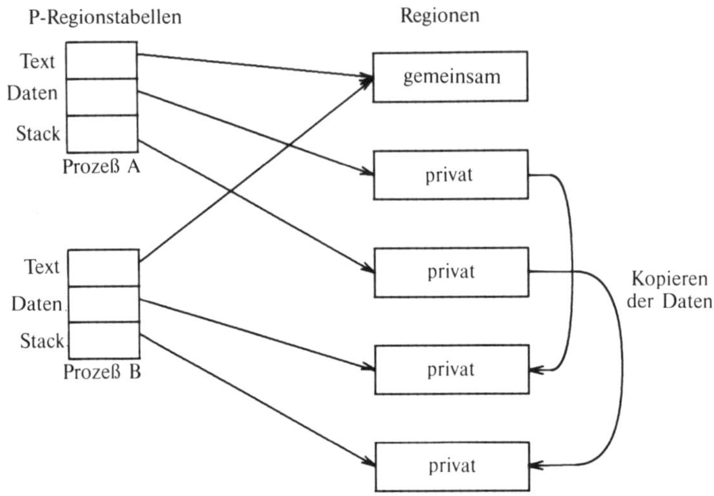

Abb. 6.27: Duplizieren einer Region

```
algorithm dupreg        /* duplicate an existing region */
input:  pointer to region table entry
output: pointer to a region that looks identical to input region
{
        if (region type shared)
                /* caller will increment region reference count
                 * with subsequent attachreg call
                 */
                return(input region pointer);
        allocate new region (algorithm allocreg);
        set up auxiliary memory management structures, as currently
                exists in input region;
        allocate physical memory for region contents;
        "copy" region contents from input region to newly allocated
                region;
        return(pointer to allocated region);
}
```

Abb. 6.28: Algorithmus für Dupreg

6.6 Schlaf

Bis hierher haben wir in diesem Kapitel alle Funktionen der unteren Ebene behandelt, die für den Übergang von und aus dem Zustand „Ablauf im Systemmodus" ausgeführt werden, ausgenommen jedoch die Funktionen, die einen Prozeß in den Schlafzustand versetzen. Wir wollen das Kapitel mit einer Darstellung der Algorithmen für *sleep*, den Übergang des Prozesses vom Zustand „Ablauf im Systemmodus" in den Zustand „schlafend im Speicher", und *wakeup*, den Übergang des Prozesses vom Zustand „schlafend" in den Zustand „lauffähig" im Speicher bzw. ausgelagert, beschließen.

Geht ein Prozeß schlafen, so tut er dies typischerweise während der Ausführung eines Systemaufrufs: Der Prozeß kommt durch Ausführen einer Systemfalle in den Systemmodus (Kontextebene 1) und schläft beim Warten auf Betriebsmittel ein. Zum Einschlafen führt der Prozeß einen Kontextwechsel durch, sichert seine aktuelle Kontextebene und läuft in Systemkontextebene 2 weiter (Abbildung 6.29). Prozesse schlafen auch ein, wenn sie Seitenfehler als Folge des Zugriffs auf nicht geladene virtuelle Adressen erzeugen; sie schlafen dann, während der Kern den Inhalt der Seiten einliest.

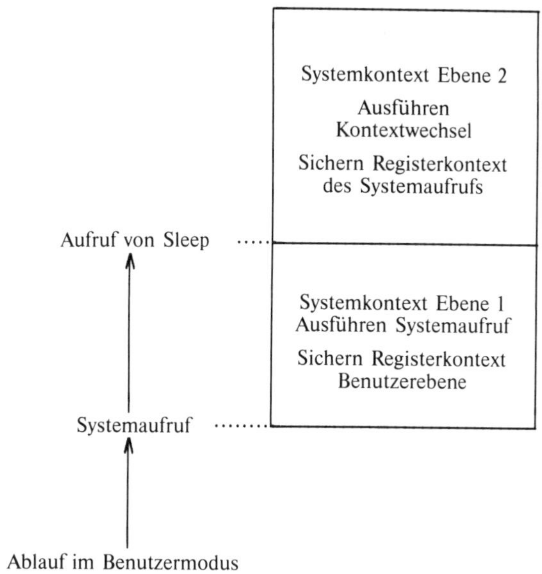

Abb. 6.29: Typische Kontextebenen für einen schlafenden Prozeß

6.6.1 Ereignisse und Adressen für den Schlaf

Aus Kapitel 2 wissen wir, daß Prozesse auf ein Ereignis hin schlafen, d. h. sie schlafen, bis ein Ereignis eintritt, durch das sie dann aufwachen und in den Zustand „lauffähig" (im Speicher bzw. ausgelagert) übergehen. Obwohl des System die Abstraktion des Schlafens auf ein Ereignis hin verwendet, bildet die Implementierung die möglichen Ereignisse auf einen Satz von virtuellen (System-) Adressen ab. Die Adressen, die die einzelnen Ereignisse repräsentieren, sind in den Kern kodiert, und ihre einzige Bedeutung liegt darin, daß der Kern für eine bestimmte Adresse ein Ereignis erwartet. Weder die Abstraktion noch die Implementierung erkennen, wieviele Prozesse auf ein Ereignis warten. Daraus ergeben sich zwei Anomalien. Tritt ein Ereignis auf und es wird ein *wakeup*-Aufruf für die darauf wartenden Prozesse ausgegeben, so wachen sie *alle* auf und gehen vom Schlaf in den Zustand „lauffähig" über. Der Kern weckt also nicht nur immer einen Prozeß auf, selbst wenn sich mehrere um eine gesperrte Struktur streiten und viele nach einem kurzen Besuch im Zustand „laufend im Systemmodus" wieder in den Schlazf zurückfallen (Erinnern Sie sich an die Diskussion in den Kapiteln 2 und 3). Abbildung 6.30 zeigt verschiedene Prozesse beim Schlafen auf Ereignisse hin.

Die zweite Anomalie bei der Implementierung liegt darin, daß mehrer Ereignisse auf eine Adresse abgebildet werden können. Zum Beispiel führen in Abbildung 6.30 die Ereignisse „Warten auf (Freiwerden des) Puffer(s)" und „Warten auf Beendigung einer I/O-Operation" beide zur Adresse für die Pufferbearbeitung („addr A"). Wird die I/O für den Puffer beendet, weckt der Kern alle Prozesse, die bis zu einem der beiden Ereignisse schlafen. Da ein auf I/O wartender Prozeß den Puffer gesperrt hält, schlafen andere Prozesse, die auf das Freiwerden des Puffers warten, wieder ein, sobald sie zur Ausführung kommen und feststellen, daß der Puffer immer noch gesperrt ist. Wirksamer wäre sicherlich eine 1:1-Abbildung von Ereignissen auf Adressen. In der Praxis wird allerdings der Durchsatz kaum beeinträchtigt, denn die Abbildung mehrerer Ereignisse auf eine Adresse ist selten; auch gibt der laufende Prozeß die gesperrten Betriebsmittel meist wieder frei bevor andere Prozesse zum Zug kommen. Rein stilistisch würde es den Kern allerdings etwas leichter verständlich machen, wenn diese Zuordnung 1:1 wäre.

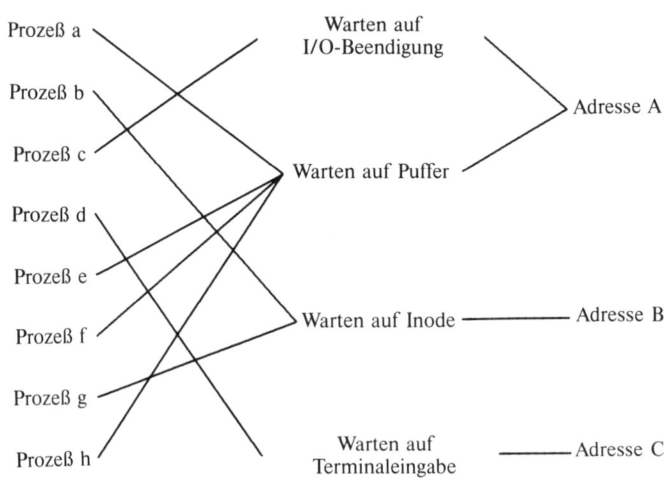

Abb. 6.30: Prozesse beim Schlaf auf Ereignisse hin und Abbildung der Ereignisse auf Adressen

6.6.2 Algorithmen für Sleep und Wakeup

Abbildung 6.31 zeigt den Algorithmus für *sleep*. Zunächst hebt der Kern die Ausführungsebene des Prozessors an, um alle Interrupts zu verhindern und so auszuschließen, daß Wettlaufbedingungen entstehen, während er die Schlafqueues bearbeitet; er sichert die

```
algorithm sleep
input:  (1) sleep address
        (2) priority
output: 1 if process awakened as a result of a signal that process catches,
        longjump algorithm if process awakened as a result of a signal
                        that it does not catch,
        0 otherwise;
{
    raise processor execution level to block all interrupts;
    set process state to sleep;
    put process on sleep hash queue, based on sleep address;
    save sleep address in process table slot;
    set process priority level to input priority;
    if (process sleep is NOT interruptible)
    {
        do context switch;
        /* process resumes execution here when it wakes up */
        reset processor priority level to allow interrupts as when
            process went to sleep;
        return(0);
    }

    /* here, process sleep is interruptible by signals */
    if (no signal pending against process)
    {
        do context switch;
        /* process resumes execution here when it wakes up */
        if (no signal pending against process)
        {
            reset processor priority level to what it was when
                process went to sleep;
            return(0);
        }
    }
    remove process from sleep hash queue, if still there;

    reset processor priority level to what it was when process went to sleep;
    if (process sleep priority set to catch signals)
        return(1)
    do longjmp algorithm;
}
```

Abb. 6.31: Algorithmus für Sleep

alte Ausführungsebene des Prozessors, damit sie später beim Aufwachen des Prozesses wieder hergestellt werden kann. Er kennzeichnet den Prozeß als „schlafend", sichert Schlafadresse und Priorität in der Prozeßtabelle und stellt ihn in eine Hashqueue schlafender Prozesse. Im einfachsten Fall (der Schlaf kann nicht durch einen Interrupt unterbrochen werden) führt der Prozeß einen Kontextwechsel durch und befindet sich dann in sicherem Schlaf. Wacht ein schlafender Prozeß auf, teilt ihn der Kern in der Folge einmal zum Ablauf ein: Der Prozeß kehrt aus seinem Kontextwechsel im Algorithmus *sleep* zurück, stellt die Ausführungsebene des Prozessors wieder auf die Werte, die sie vor dem Eintritt des Prozesses in den Algorithmus besaß, und kehrt zurück.

Um einen schlafenden Prozeß zu wecken, führt der Kern den Algorithmus *wakeup* (Abbildung 6.32) entweder im Rahmen der Algorithmen für einen normalen Systemaufruf oder bei der Behandlung eines Interrupts aus. Zum Beispiel gibt der Algorithmus *iput* eine gesperrte Inode frei und weckt alle Prozesse, die auf das Lösen dieser Sperre warten. In ähnlicher Weise weckt die Platteninterruptroutine einen Prozeß, der auf das Ende der I/O-Operation wartet. In *wakeup* hebt der Kern die Ausführungsebene des Prozessors an, um Interrupts zu verhindern. Dann setzt er das Prozeßzustandsfeld jedes Prozesses, der auf ein Ereignis für die Eingabeschlafadresse wartet, auf „ablauffähig", entnimmt den Prozeß aus der verketteten Liste der schlafenden Prozesse, reiht ihn in die verkettete Liste der zur Auswahl bereiten Prozesse ein und löscht das Feld in der Prozeßtabelle, das seine Schlafadresse enthielt. Ist ein aufgewachter Prozeß noch nicht im Speicher, weckt der Kern den Swapper, um den Prozeß wieder in den Speicher zu holen (immer in der Annahme, daß das System Demand-Paging nicht unterstützt); ist der geweckte Prozeß ablaufwürdiger als der aktuell laufende, setzt der Kern ein Schedulerflag, so daß der Prozeß bei Rückkehr in den Benutzermodus noch den Scheduleralgorithmus durchläuft (siehe Kapitel 8). Schließlich

```
algorithm wakeup              /* wake up a sleeping process */
input:  sleep address
output: none
{
        raise processor execution level to block all interrupts;
        find sleep hash queue for sleep address;
        for (every process asleep on sleep address)
        {
                remove process from hash queue;
                mark process state "ready to run";
                put process on scheduler list of processes ready to run;
                clear field in process table entry for sleep address:
                if (process not loaded in memory)
                        wake up swapper process (0);
                else if (awakened process is more elligible to run than
                                        currently running process)
                        set scheduler flag;
        }
        restore processor execution level to original level;
}
```

Abb. 6.32: Algorithmus für Wakeup

stellt der Kern die Ausführungsebene des Prozessors wieder her. Es kann nicht genug betont werden: *wakeup* führt *nicht* zur sofortigen Ausführung eines Prozesses; der Algorithmus macht den Prozeß nur für die Ausführung verfügbar.

Die vorstehende Beschreibung ist nur der einfache Fall der Algorithmen *sleep* und *wakeup*, denn er geht davon aus, daß der Prozeß bis zum Eintritt des passenden Ereignisse schläft. Prozesse schlafen häufig bis zum Auftreten „sicherer" Ereignisse, wie etwa beim Warten auf blockierte Betriebsmittel (Inodes oder Puffer) oder auf Beendigung einer I/O-Operation auf der Platte. Der Prozeß kann sicher sein, wieder aufzuwachen, denn die Benützung solcher Betriebsmittel ist grundsätzlich nur temporär. Allerdings kann ein Prozeß manchmal auch bis zum Eintritt von Ereignissen schlafen, die nicht unbedingt auftreten müssen; in diesem Fall muß er eine Möglichkeit haben, die Kontrolle wieder zu erlangen und mit der Ausführung fortzufahren. In solchen Fällen unterbricht der Kern schlafende Prozesse direkt durch Senden eines *Signals*. Das nächste Kapitel behandelt *Signale* genauer; für den Augenblick gehen wir davon aus, daß der Kern als Ergebnis eines Signals einen schlafenden Prozeß (selektiv) aufwecken kann, und daß der Prozeß erkennt, daß ihm ein Signal gesendet wurde.

Gibt zum Beispiel ein Prozeß einen *read*-Aufruf an ein Terminal aus, kann der Kern den Aufruf solange nicht bedienen, wie der Benutzer keine Daten über seine Tastatur eingibt (Kapitel 10). Folgender Sachverhalt ist denkbar: Ein Benutzer startet einen Prozeß und verläßt dann wegen einer Besprechung sein Terminal, der Prozeß schläft und wartet auf Eingabe. Ein anderer Benutzer will das Terminal benützen und greift zu drastischen Maßnahmen (er schaltet also z. B. das Terminal aus). Der Kern muß hier eine Möglichkeit haben, denn solchermaßen stillgelegten Prozeß wiederzubeleben: Als erstes muß er den Prozeß als Ergebnis eines Signals aus seinem Schlaf erwecken. Unter uns gesagt, es ist nichts schlechtes an einem Prozeß, der über längere Zeit schläft. Schlafende Prozesse belegen jeweils einen Eintrag in der Prozeßtabelle und können so für bestimmte Algorithmen die Suche verlängern, so benötigen aber ansonsten keine CPU-Zeit, ihr Overhead ist also gering.

Um die verschiedenen Arten von Schlafzuständen zu unterscheiden, setzt der Kern beim Eintritt in den Schlafzustand die Ausführungspriorität des schlafenden Prozesses in Abhängigkeit von der Schlafpriorität. Das heißt, er ruft den *sleep*-Algorithmus mit einem Prioritätswert auf, der sich darauf gründet, ob das Ereignis zum Beenden des Schlafes sicher auftritt oder nicht. Liegt die Priorität über einem Schwellenwert, wird der Prozeß durch Erhalt eines Signals nicht vorzeitig aufwachen, sondern bis zum Eintritt des gewünschten Ereignisses schlafen. Liegt die Priorität unter dem Schwellenwert, wird der Prozeß bei Erhalt eines Signals[4] sofort aufwachen.

Ist für einen Prozeß beim Eintritt in den *sleep*-Algorithmus bereits ein Signal gesetzt, bestimmen die gerade erwähnten Bedingungen, ob der Prozeß überhaupt einschläft. Liegt zum Beispiel die Schlafpriorität über dem Schwellenwert, schläft der Prozeß ein und wartet auf einen expliziten Weckaufruf. Liegt die Schlafpriorität dagegen unter dem Schwellenwert, schläft der Prozeß nicht ein, sondern antwortet auf das Signal wie wenn dieses während des Schlafs eingetroffen wäre. Würde der Kern nicht vor dem Einschlafen die Prüfung auf Signale durchführen, könnte das Signal etwa kein zweites Mal auftreten und der Prozeß so nie wieder aufwachen.

---

[4] Die Bezeichnungen „über" bzw. „unter" beziehen sich auf den üblichen Gebrauch der Ausdrücke „hohe" und „niedrige" Priorität. Der Kern verwendet zum Messen des Prioritätswertes dagegen Integerzahlen, bei denen ein niedrigerer Wert eine höhere Priorität bedeutet.

Ist ein Prozeß als Ergebnis eines Signals geweckt (oder schläft er wegen der Existenz eines Signals erst gar nicht ein), kann der Kern in Abhängigkeit von der Ursache, wegen der der Prozeß einschlief, *longjmp* ausführen. Grundsätzlich führt der Kern *longjmp* zum Wiederherstellen eines vorher gesicherten Kontexts aus, wenn es keinen anderen Weg mehr gibt, den gerade in Ausführung befindlichen Systemaufruf zu beenden. Wird zum Beispiel der *read*-Aufruf an ein Terminal dadurch unterbrochen, daß der Benutzer das Terminal ausschaltet, sollte dieser Aufruf nicht beendet, sondern mit einer Fehlermeldung daraus zurückgekehrt werden. Dies gilt für alle Systemaufrufe, die im Schlaf unterbrochen werden können. Der Prozeß sollte nach dem Aufwachen aus dem Schlaf nicht normal weiterlaufen, denn das Ereignis zum Aufwachen ist ja nicht eingetreten. In Hinsicht auf die Notwendigkeit eines späteren Aufrufs von *longjmp* sichert der Kern am Anfang der meisten Systemaufrufe mit *setjmp* den Kontext des Prozesses.

Es gibt Gelegenheiten, bei denen ein Prozeß nach Erhalt eines Signals zwar aufwachen, der Kern aber *longjmp* nicht auführen soll. Der Kern ruft dazu den *sleep*-Algorithmus mit einer speziellen Priorität auf, die die Ausführung von *longjmp* verhindert und *sleep* zur Rückgabe von -1 veranlaßt. Dies ist effizienter als das Ausführen von *setjmp* unmittelbar vor dem *sleep*-Aufruf und Durchführen von *longjmp* zum Wiederherstellen des ursprünglichen Kontexts für den Prozeß (also wie er vor dem Aufruf von *sleep* bestand). Der Zweck liegt in der Möglichkeit für den Kern, lokale Datenstrukturen zu bereinigen. Zum Beispiel kann ein Gerätetreiber private Datenstrukturen zuordnen und dann mit einer unterbrechenbaren Priorität einschlafen; wacht er durch ein Signal auf, sollte er die zugeordneten Datenstrukturen freigeben und dann, falls nötig, *longjmp* ausführen. Der Benutzer hat keine Kontrolle darüber, ob ein Prozeß *longjmp* durchführt; die Durchführung hängt von den Gründen ab, aus denen der Prozeß einschlief und davon, ob Datenstrukturen des Kerns vor Rückkehr des Prozesses aus dem Systemaufruf eine Modifizierung benötigen.

6.7 Zusammenfassung

Dieses Kapitel definierte den Kontext eines Prozesses. Prozesse im UNIX-System bewegen sich nach wohldefinierten Regeln zwischen verschiedenen logischen Zuständen; die Zustandsinformation ist in der Prozeßtabelle und im *u-Bereich* festgehalten. Der Kontext eines Prozesses besteht aus seinem Benutzerkontext und seinem Systemkontext. Der Benutzerkontext besteht aus Prozeßtext, Daten, (Benutzer-) Stack und gemeinsamen Speicherregionen, der Systemkontext besteht aus einem statischen (Prozeßtabelleneintrag, *u-Bereich* und Information zur Adreßumsetzung) und einem dynamischen Teil (Systemstack und gesicherte Register vorausgehender Ebenen des Systemkontexts), der gesichert und auch wieder zurückgeladen wird, wenn ein Prozeß Systemaufrufe ausgibt, Interrupts bearbeitet und Kontextwechsel durchführt. Der Benutzerkontext eines Prozesses teilt sich in Regionen, die jeweils einen zusammenhängenden Raum virtueller Adressen umfassen und als selbständige Objekte für Zugriffsschutz und gemeinsame Benutzung behandelt werden. Das zum Beschreiben der virtuellen Adreßbelegung eines Prozesses verwendete Speicherverwaltungsmodell geht von der Verwendung einer Seitentabelle für jede Prozeßregion aus. Der Kern verfügt über verschiedene Algorithmen zum Bearbeiten von Regionen. Schließlich beschrieb das Kapitel noch die Algorithmen für *sleep* und *wakeup*. Die folgenden Kapitel bauen auf den hier beschriebenen Strukturen und Algorithmen niederer Ebene auf und erläutern die Systemaufrufe zur Prozeßverwaltung, zum Prozeßscheduling und die Implementierung der Strategie zur Speicherverwaltung.

6.8 Übungen

1. Entwerfen Sie einen Algorithmus zum Umsetzen virtueller Adressen in physikalische, wenn die virtuelle Adresse sowie die Adresse des P-Regionseintrags bekannt sind.
2. Die Rechner 3B2 von AT&T sowie die Serie 32000 von NSC verwenden ein zweistufiges (segmentiertes) Schema zum Umsetzen virtueller Adressen in physikalische. Das heißt, das System enthält einen Pointer auf eine Tabelle von Seitentabellenpointern; entsprechend dem Offset in der Tabelle kann über jeden Eintrag ein fester Teil des Adreßbereichs eines Prozesses angesprochen werden. Vergleichen Sie den Mechanismus zur virtuellen Adreßumsetzung auf diesen Maschinen mit dem Algorithmus für das im Text besprochene Speichermodell. Bedenken Sie dabei die Fragen des Durchsatzes und des für die zusätzlichen Tabellen benötigten Speicherplatzes.
3. Die Architektur der VAX-11 verfügt über zwei Sätze von Basis- und Grenzregistern, die die Maschine zur Adreßumsetzung verwendet. Die Vorgehensweise ist gleich der im vorbeschriebenen Problem, nur daß hier die Anzahl der Seitentabellenpointer zwei ist. Was wäre eine gute Lösung zum Abbilden der Regionen auf Seitentabellen und zur Verwendung der beiden Registersätze, wenn wir von einem Prozeß mit drei Regionen, Text, Daten und Stack, ausgehen? Der Stack wächst in der Architektur der VAX-11 in Richtung auf die niedrigeren virtuellen Adressen. Wie sollte die Stackregion aussehen? Kapitel 11 wird noch eine weitere Region für gemeinsame Speicherbereiche besprechen: Wie sollte diese in die Architektur der VAX-11 eingepaßt werden?
4. Entwerfen Sie einen Algorithmus zum Zuordnen und Freigeben von Speicherseiten und Seitentabellen. Welche Datenstrukturen würden den höchsten Durchsatz bzw. die einfachste Implementierung erlauben?
5. Die Speicherverwaltungseinheit MC68451 für die Motorola-Rechnerfamilie 68000 erlaubt die Zuordnung von Speichersegmenten einer Größenordnung zwischen 256 Bytes und 16 Megabytes in Stufen der Potenz von 2. Jede (physikalische) Speicherverwaltungseinheit enthält 32 Segmentdeskriptoren. Beschreiben Sie eine wirkungsvolle Methode der Speicherzuordnung. Wie sollte die Implementierung der Regionen aussehen?
6. Erinnern Sie sich an die Adreßbelegung in Abbildung 6.5. Nehmen wir an, der Kern lagert den Prozeß (in einem System mit Swapping) oder viele Seiten der Stackregion (in einem System mit Paging) aus. Später liest der Prozeß die (virtuelle) Adresse 68.432 wieder: muß er die gleiche physikalische Stelle im Speicher, die er bereits vor dem Swappen oder Paging gelesen hat, noch einmal lesen? Falls die niederen Ebenen der Speicherverwaltung über Seitentabellen implementiert sind: müssen sich die Seitentabellen wieder an den gleichen Stellen im physikalischen Speicher befinden?

* 7. Das System kann so implementiert werden, daß der Systemstack sich an der Spitze des Benutzerstacks befindet. Diskutieren Sie die Vor- und Nachteile einer solchen Implementierung.

8. Wie kann der Kern beim Verknüpfen einer Region mit einem Prozeß prüfen, daß die Region sich mit keinen virtuellen Adressen anderer Regionen überschneidet, die bereits mit dem Prozeß verknüpft sind?
9. Erinnern Sie sich an den Algorithmus zum Ausführen eines Kontextwechsels. Wir gehen davon aus, daß das System nur einen lauffähigen Prozeß enthält; mit anderen Worten, der Kern wählt den Prozeß zur Bearbeitung aus, dessen Kontext gerade gesichert wurde. Beschreiben Sie, was jetzt geschieht.

10. Nehmen wir an, ein Prozeß schläft ein und das System enthält keine weiteren lauffähigen Prozesse. Was geschieht, wenn der (gerade) einschlafende Prozeß seinen Kontextwechsel durchführt?
11. Nehmen wir an, ein im Benutzermodus ablaufender Prozeß hat seine zugeteilte Rechenzeit verbraucht; als Ergebnis eines Zeitgeberinterrupts teilt der Kern einen neuen Prozeß zum Ablauf ein. Zeigen Sie, daß der Kontextwechsel auf Ebene 2 des Systemkontexts erfolgt.
12. In einem System mit Paging kann ein im Benutzermodus laufender Prozeß einen Seitenfehler erzeugen, wenn er versucht, auf eine nicht in den Speicher geladene Seite zuzugreifen. Bei der Bedienung des Interrupts liest der Kern die Seite von einem Swapgerät und schläft ein. Zeigen Sie, daß der Kontextwechsel (während des Schlafs) auf Ebene 2 des Systemkontexts erfolgt.
13. Ein Prozeß führt in einem System mit Paging den Aufruf

```
read(fd,buf,1024);
```

aus. Nehmen wir an, der Kern führt den Algorithmus *read* bis zu dem Punkt aus, an dem er die Daten in den Systempuffer gelesen hat, beim Versuch des Kopierens der Daten in den Adreßraum des Benutzers jedoch einen Seitenfehler erzeugt, da die Seite mit *buf* ausgelagert ist. Der Kern bearbeitet den Interrupt und liest die auslösende Seite in den Speicher. Was geschieht auf jeder Ebene des Systemkontexts? Was geschieht, wenn die Behandlungsroutine für Seitenfehler beim Warten auf das Übertragen der Seite in den Hauptspeicher einschläft?
14. Was würde beim Kopieren der Daten aus dem Adreßraum des Benutzers in den Kern (Abbildung 6.17) geschehen, wenn die vom Benutzer gelieferte Adresse unzulässig ist?
*15. In den Algorithmen *sleep* und *wakeup* hebt der Kern zum Verhindern von Interrupts die Ausführungsebene des Prozessors an. Welche schlimmen Dinge könnten geschehen, wenn er dies nicht tut? (Hinweis: Der Kern weckt oft schlafende Prozesse aus Interruptroutinen heraus.)
*16. Nehmen wir an, ein Prozeß versucht bis zum Auftreten von Ereignis A zu schlafen, hat aber den Code zum Blockieren der Interrupts im Algorithmus *sleep* noch nicht ausgeführt; bevor der Prozeß in *sleep* die Ausführungsebene des Prozessors erhöht, tritt ein Interrupt auf; die Interruptroutine versucht, alle bis zum Ereignis A schlafenden Prozesse zu wecken. Was geschieht mit dem Prozeß, der gerade versucht, einzuschlafen? Ist die Situation gefährlich? Falls ja, wie kann der Kern sie vermeiden?
17. Was geschieht, wenn der Kern einen *wakeup*-Aufruf für alle bis zum Ereignis A schlafenden Prozesse ausgibt, und im Augenblick kein dafür schlafender Prozeß vorhanden ist?
18. Viele Prozesse können auf ein bestimmtes Ereignis hin schlafen, es kann aber sein, daß der Kern nur ausgewählte Prozesse wecken will, die ein bestimmtes Signal erhalten. Nehmen wir an, der Signalmechanismus kann einen bestimmten Prozeß erkennen. Beschreiben Sie, wie der Algorithmus *wakeup* geändert werden müßte, um nur einen auf ein Ereignis hin schlafenden Prozeß und nicht alle zu wecken.
19. Das Multics-System enthält Algorithmen für *sleep* und *wakeup* mit folgender Syntax:

```
sleep(event);
wakeup(event,priority);
```

Das bedeutet, der Algorithmus *wakeup* ordnet dem Prozeß, den er weckt, eine Priorität zu. Vergleichen Sie diese Aufrufe mit den Aufrufen für *sleep* und *wakeup* im UNIX-System.

7 Prozeßsteuerung

Das vorausgehende Kapitel definierte den Kontext eines Prozesses und erklärte die Algorithmen zu seiner Bearbeitung; dieses Kapitel beschreibt nun Verwendung und Implementierung der Systemaufrufe zur Steuerung des Prozeßkontexts. Der Systemaufruf *fork* erzeugt einen neuen Prozeß, *exit* beendet die Ausführung eines Prozesses, und der Aufruf *wait* erlaubt einem *Vaterprozeß*, seinen Ablauf mit dem *exit*-Aufruf eines *Sohnprozesses* zu synchronisieren. Signale informieren die Prozesse über asynchron auftretende Ereignisse. Da der Kern die Ausführung von *exit* und *wait* über Signale synchronisiert, werden in diesem Kapitel Signale noch vor den Aufrufen *exit* und *wait* behandelt. Der Aufruf *exec* erlaubt es einem Prozeß, ein „neues" Programm aufzurufen, d. h. seinen Adreßraum mit dem ausführbaren Abbild einer Datei zu überlagern. Der Aufruf *brk* gestattet es einem Prozeß, weiteren Speicher dynamisch zuzuordnen; in ähnlicher Weise läßt das System auch ein dynamisches Anwachsen des Benutzerstacks zu, indem über den gleichen Mechanismus wie in *brk* bei Bedarf zusätzlich Speicher zugeordnet wird. Schließlich skizziert das Kapitel noch den Aufbau von *init* und der Hauptschleifen der Shell.

Abbildung 7.1 zeigt den Zusammenhang zwischen den Systemaufrufen in diesem Kapitel und den Algorithmen zur Speicherverwaltung, wie sie im letzten Kapitel beschrieben wurden. Fast alle Aufrufe verwenden die in der Abbildung nicht aufgeführten Algorithmen *sleep* und *wakeup*. Außerdem arbeitet *exec* auch noch mit den in Kapitel 4 und 5 beschriebenen Algorithmen des Dateisystems zusammen.

Systemaufrufe zur Speicherverwaltung			Systemaufrufe zur Synchronisierung				Verschiedene	
fork	exec	brk	exit	wait	signal	kill	setpgrp	setuid
dupreg attachreg	detachreg allocreg attachreg growreg loadreg mapreg	growreg	detachreg					

Abb. 7.1: Systemaufrufe eines Prozesses und ihre Beziehung zu anderen Algorithmen

7.1 Erzeugen eines Prozesses

Der einzige Weg für einen Benutzer, im UNIX-System einen neuen Prozeß zu erzeugen, ist der Systemaufruf *fork*. Der Prozeß, der *fork* ausgibt, wird als *Vaterprozeß*, der neu erzeugte Prozeß als *Sohnprozeß* bezeichnet. Die Syntax das Systemaufrufs *fork* lautet:

```
pid = fork();
```

Bei der Rückkehr aus *fork* verfügen beide Prozesse über identische Kopien ihres Benutzerkontexts, ausgenommen der Returncode *pid*. Im Vaterprozeß ist *pid* die Prozeß-ID des Sohnprozesses, im Sohnprozeß enthält *pid* den Wert 0. Prozeß 0, beim Systemstart automatisch vom Kern erzeugt, ist der einzige Prozeß, der nicht über *fork* erzeugt wird.

Der Kern führt beim Aufruf von *fork* die folgende Reihe von Operationen aus:

1. Er ordnet einen Eintrag in der Prozeßtabelle für den neuen Prozeß zu.
2. Er ordnet für den Sohnprozeß eine eindeutige ID-Nummer zu.
3. Er erzeugt eine logische Kopie des Kontexts des Vaterprozesses. Da bestimmte Teile eines Prozesses, wie etwa die Textregion, von beiden Prozessen möglicherweise gemeinsam benutzt werden, genügt es manchmal, daß der Kern nur einen Regionszähler erhöht, anstatt die Region an eine neue physikalische Position im Speicher zu kopieren.
4. Er erhöht Datei- und Inodetabellenzähler für die mit dem Prozeß verbundenen Dateien.
5. Er gibt die ID-Nummer des Sohnprozesses an den Vaterprozeß sowie den Wert 0 an den Sohnprozeß zurück.

Die Implementierung des Systemaufrufs *fork* ist nicht einfach zu verstehen, denn der Sohnprozeß scheint seine Ausführung aus dem Nichts heraus zu beginnen. Der Algorithmus von *fork* ist für Systeme mit Demand-Paging bzw. Swapping geringfügig verschieden; die folgende Besprechung gründet auf einem System mit Swapping, doch werden wir die Stellen besonders hervorheben, an denen Unterschiede zu Systemen mit Demand-Paging auftreten. Wir gehen auch davon aus, daß das System über genügend Speicher verfügt, um den Sohnprozeß abzulegen. Kapitel 9 behandelt den Fall, in dem nicht genügend Speicher für den Sohnprozeß vorhanden ist, sowie die Implementierung von *fork* in einem System mit Paging.

Abbildung 7.2 zeigt den Algorithmus für *fork*. Zuerst stellt der Kern dabei sicher, daß die nötigen Betriebsmittel für eine erfolgreiche Ausführung von *fork* vorhanden sind. In einem System mit Swapping benötigt er zur Aufnahme des Sohnprozesses Speicher- bzw. Plattenplatz; in einem System mit Paging muß er Speicher für zusätzliche Tabellen, wie etwa Seitentabellen, zuordnen. Sind die Betriebsmittel nicht verfügbar, wird der Aufruf *fork* fehlerhaft beendet. Der Kern holt sich einen Eintrag in der Prozeßtabelle, beginnt mit dem Aufbau des Kontexts für den Sohnprozeß und stellt sicher, daß der Benutzer, der *fork* ausgegeben hat, nicht bereits zuviele Prozesse am Laufen hat. Er holt sich auch eine eindeutige ID-Nummer für den neuen Prozeß, die um eins höher ist als die zuletzt zugewiesene. Ist die neue ID-Nummer bereits von einem anderen Prozeß belegt, versucht der Kern wiederum, die nächst höhere Nummer zuzuweisen. Erreichen die vergebenen ID-Nummern ihren Maximalwert, beginnt die Zuweisung wieder bei 0. Da die meisten Prozesse nur über eine kurze Zeit laufen, werden auch beim Umklappen der ID-Zuweisung die meisten Nummern nicht in Benutzung sein.

Das System legt eine (konfigurierbare) Grenze für die Anzahl von Prozessen fest, die ein Benutzer gleichzeitig ausführen kann, damit kein Benutzer zuviele Prozeßtabelleneinträge belegt und dadurch andere Benutzer am Erzeugen neuer Prozesse hindert. In ähnlicher Weise kann der Benutzer auch keinen Prozeß erzeugen, der den letzten Eintrag in der Prozeßtabelle belegt, denn das System würde sonst in eine Deadlocksituation geraten. Der Kern kann nämlich nicht garantieren, daß bestehende Prozesse auf natürliche Weise mit *exit* beendet werden, und so können, da alle Prozeßtabelleneinträge in Verwendung sind, keine neuen Prozesse mehr erzeugt werden. Auf der anderen Seite kann ein Superuser beliebig viele Prozesse ausführen, beschränkt nur durch die Größe der Prozeßtabelle, und

```
algorithm fork
input:  none
output: to parent process, child PID number
        to child process, 0
{
        check for available kernel resources;
        get free proc table slot, unique PID number;
        check that user not running too many processes;
        mark child state "being created;"
        copy data from parent proc table slot to new child slot;
        increment counts on current directory inode and changed root (if applicable);
        increment open file counts in file table;
        make copy of parent context (u area, text, data, stack) in memory;
        push dummy system level context layer onto child system level context;
                dummy context contains data allowing child process
                to recognize itself, and start running from here
                when scheduled;
        if (executing process is parent process)
        {
                change child state to "ready to run;"
                return(child ID);       /* from system to user */
        }
        else    /* executing process is the child process */
        {
                initialize u area timing fields;
                return(0);      /* to user */
        }
}
```

Abb. 7.2: Algorithmus für fork

ein Prozeß des Superusers darf auch den letzten Eintrag in der Prozeßtabelle belegen. Vermutlich kann ein Superuser drastische Maßnahmen ergreifen und einen Prozeß generieren, der nötigenfalls andere Prozesse zur Beendigung über *exit* zwingt (siehe Abschnitt 7.2.3 für den Systemaufruf *kill*).

Als nächstes initialisiert der Kern den Prozeßtabelleneintrag für den Sohnprozeß und kopiert dazu mehrere Felder aus dem Prozeßtabelleneintrag des Vaters. Zum Beispiel erbt der Sohn die reale und die effektive Prozeßnummer des Vaters, die Prozeßgruppe des Vaters sowie dessen *nice*-Wert, der zur Berechnung der Schedulingpriorität verwendet wird. In späteren Abschnitten werden wir die Bedeutung dieser Felder besprechen. Der Kern setzt nun das Feld für die ID-Nummer des Vaterprozesses im Prozeßtabelleneintrag des Sohns, gliedert damit den Sohn in die Baumstruktur der Prozesse ein und initialisiert noch mehrere Schedulingparameter wie etwa Priorität, CPU-Nutzung und weitere Zeitangaben. Der erste Zustand des Prozesses lautet „in der Erzeugung“ (siehe auch Abbildung 6.1).

Der Kern berichtigt nun die Referenzzähler für die Dateien, mit denen der Sohnprozeß automatisch verbunden ist. Als erstes befindet sich der Sohnprozeß im aktuellen Katalog des Vaterprozesses. Die Anzahl der Prozesse, die aktuell auf den Katalog zugreifen, erhöht sich um 1, und entsprechend erhöht der Kern auch dessen Inodereferenzzähler. Als zweites erbt der Sohn, falls der Vaterprozeß oder einer seiner Vorfahren einen *chroot*-Aufruf zum Ändern seines Wurzelkatalogs ausgegeben hat, den neuen Wurzelkatalog und erhöht entsprechend dessen Inodereferenzzähler. Schließlich durchsucht der Kern noch die Benutzer-Filedeskriptorentabelle des Vaters noch offenen Dateien, die auch dem Sohn bekannt sind, und erhöht entsprechend den mit jeder offenen Datei verbundenen globalen Referenzzähler in der Dateitabelle. Der Sohn erbt dabei nicht nur die Zugriffsrechte auf offene Dateien, sondern er teilt sich auch den Zugriff darauf mit dem Vater, denn beide Prozesse bearbeiten ja die gleichen Dateitabelleneinträge. In Hinsicht auf offene Dateien ist das Ergebnis von *fork* ähnlich dem von *dup*: Ein neuer Eintrag in der Benutzer-Filedeskriptorentabelle zeigt auf den Eintrag für die offene Datei in der globalen Dateitabelle. Allerdings befinden sich die Einträge in der Benutzer-Filedeskriptorentabelle bei *dup* in einem Prozeß, bei *fork* in verschiedenen Prozessen.

Der Kern ist nun bereit, den Benutzerkontext des Sohnprozesses zu erzeugen. Er ordnet Speicherplatz für den *u-Bereich*, die Regionen und zusätzliche Seitentabellen des Sohns zu, dupliziert jede Region des Vaters mit *dupreg* und verknüpft sie über *attachreg* mit dem Sohn. In einem System mit Swapping kopiert er nun den Inhalt der nicht gemeinsam benutzten Regionen in einen neuen Speicherbereich. Wir wissen aus Abschnitt 6.2.4, daß jeder *u-Bereich* einen Zeiger auf den zugehörigen Prozeßtabelleneintrag enthält. Mit Ausnahme dieses Felds ist der Inhalt des *u-Bereichs* des Sohns anfänglich identisch mit dem *u-Bereich* des Vaters, nach Beendigung von *fork* kann er jedoch unterschiedlich werden. Zum Beispiel kann der Vaterprozeß nach *fork* mit *open* eine neue Datei eröffnen, der Sohn hat jetzt aber nicht mehr automatisch Zugriff darauf.

Bis jetzt hat der Kern den statischen Teil des Sohnkontexts erzeugt; nun erzeugt er den dynamischen. Dazu kopiert er Kontextebene 1 des Vaters, die den gesicherten Registerkontext des Benutzers und den Stackframe des Kerns für den *fork*-Aufruf enthält. Ist über die Implementierung der Systemstack Teil des *u-Bereichs*, so erzeugt der Kern den Systemstack des Sohns automatisch über dessen *u-Bereich*. Andernfalls muß der Vater seinen Systemstack in einen privaten Speicherbereich des Sohns kopieren. In beiden Fällen sind die Systemstacks von Vater und Sohn identisch. Nun erzeugt der Kern eine Dummykontextebene (2) für den Sohn, die den gesicherten Registerkontext aus Kontextebene (1) enthält. Er setzt den Befehlszähler und andere Register im gesicherten Registerkontext, so daß er den Kontext des Sohns zurückladen kann, selbst wenn dieser vorher nie zur Ausführung kam, und damit der Sohn sich selbst bei der Ausführung auch als Sohn erkennt. Prüft der Kern zum Beispiel den Inhalt von Register 0, um festzustellen, ob es sich um Vater oder Sohn handelt, so schreibt er den entsprechenden Wert in den gesicherten Registerkontext des Sohns in Ebene 1. Der Mechanismus ähnelt dem für einen Kontextwechsel aus dem vorigen Kapitel.

Ist der Kontext des Sohns vollständig, so beendet der Vater seinen Teil des *fork*-Aufrufs durch Ändern des Zustands des Sohns in „ablauffähig (im Speicher)" und durch Rückgabe der Prozeß-ID des Sohns an den Benutzer. Später teilt der Kern dann den Sohn mit den normalen Scheduling-Algorithmen zum Ablauf ein, und der Sohn „beendet" *seinen* Teil des *fork*-Aufrufs. Der Kontext des Sohns ist vom Vater aufgebaut; für den Kern sieht der Sohn wie ein Prozeß aus, der nach dem Warten auf Betriebsmittel wieder aufgewacht ist. Der Sohn führt nun entsprechend dem Befehlszähler, den der Kern aus dem gesicherten Registerkontext von Ebene 2 zurückgeladen hat, einen Teil des Codes von *fork* aus und kehrt mit 0 aus dem Systemaufruf zurück.

Abbildung 7.3 gibt einen logischen Überblick über Vater- und Sohnprozeß und ihren Bezug zu anderen Datenstrukturen des Kerns unmittelbar nach Beendigung des *fork*-Aufrufs. Zusammenfassend läßt sich feststellen: beide Prozesse greifen auf gemeinsame Dateien zu, die der Vater zum Zeitpunkt des *fork*-Aufrufs geöffnet hatte, der Referenzzähler für diese Dateien in der Dateitabelle ist um eins größer als vorher. Ebenso hat der Sohn denselben aktuellen Katalog wie der Vater, und, falls zutreffend, denselben geänderten Wurzelkatalog; der Inodereferenzzähler für diese Kataloge ist jeweils um eins größer als vorher. Die Prozesse verfügen über identische Kopien von Text-, Daten- und (Benutzer-) Stackregion; Regionstyp und Systemimplementierung bestimmen, ob die Prozesse das physikalische Abbild der Region gemeinsam benutzen können.

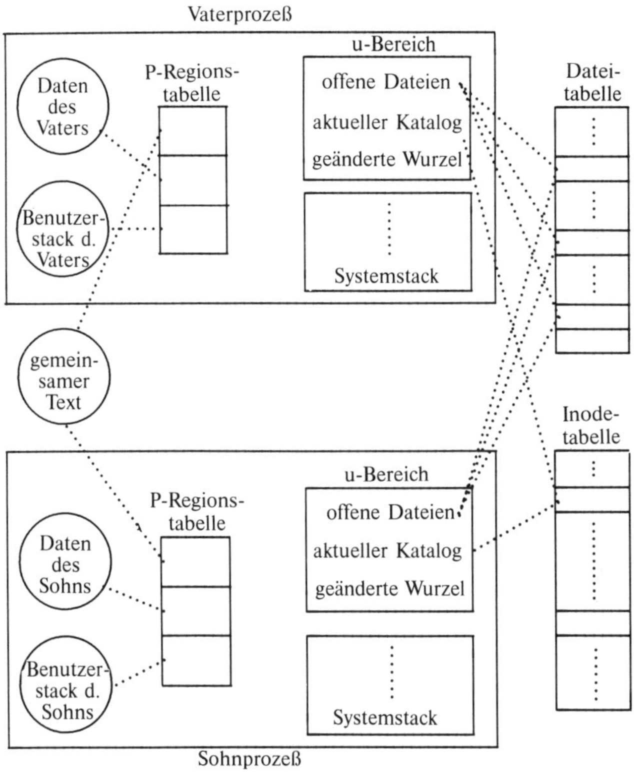

Abb. 7.3: fork beim Erzeugen eines neuen Prozeßkontexts

Sehen Sie sich das Programm in Abbildung 7.4 an, ein Beispiel für das gemeinsame Benutzen einer Datei über einen *fork*-Aufruf hinweg. Ein Benutzer sollte das Programm mit zwei Parametern aufrufen, dem Namen der bestehenden Datei und dem Namen der neu zu erzeugenden Datei. Der Prozeß öffnet mit *open* die bestehende Datei, erzeugt mit *creat* die neue Datei und - falls keine Fehler auftreten - mit *fork* einen Sohnprozeß. Intern macht der Kern eine Kopie des Vaterkontexts für den Sohn; der Vater läuft in einem Adreßraum, der Sohn in einem anderen ab. Jeder Prozeß hat Zugriff auf private Kopien der globalen Variablen *fdrd*, *fdwt* und *c* sowie der Stackvariablen *argc* und *argv*, doch kann kein Prozeß auf die

Variablen des anderen Prozesses zugreifen. Jedoch hat der Kern während der Ausführung von *fork* den *u-Bereich* des ursprünglichen Prozesses zum Sohn kopiert, der Sohn erbt also durch den Zugriff auf die gleichen Filedeskriptoren auch den Zugriff auf die Dateien des Vaters (d. h. auf die vom Vater eröffneten und erzeugten Dateien).

```
#include <fcntl.h>
int fdrd, fdwt;
char c;

main(argc, argv)
        int argc;
        char *argv[];
{
        if (argc != 3)
                exit(1);
        if ((fdrd = open(argv[1], O_RDONLY)) == -1)
                exit(1);
        if ((fdwt = creat(argv[2], 0666)) == -1)
                exit(1);

        fork();
        /* both procs execute same code */
        rdwrt();
        exit(0);
}

rdwrt()
{
        for (;;)
        {
                if (read(fdrd, &c, 1) != 1)
                        return;
                write(fdwt, &c, 1);
        }
}
```

Abb. 7.4: Programm mit gemeinsamem Dateizugriff durch Vater und Sohn

Vater und Sohn rufen die Funktion *rdwrt*, natürlich unabhängig voneinander, auf, durchlaufen eine Schleife und lesen dabei jeweils ein Byte mit *read* aus der Quelldatei und schreiben es mit *write* in die Zieldatei. Die Funktion *rdwrt* kehrt zurück, wenn der Systemaufruf *read* auf das Ende der Datei trifft. Der Kern hat die Zähler in der Dateitabelle für Quell- und Zieldatei erhöht, die Filedeskriptoren beider Prozesse beziehen sich auf *dieselben* Dateitabelleneinträge. Das heißt, die Filedeskriptoren *fdrd* beziehen sich bei beiden Prozessen auf den Dateitabelleneintrag für die Quelldatei, und die Filedeskriptoren *fdwt* beziehen sich bei beiden Prozessen auf den Dateitabelleneintrag für die Zieldatei. Die beiden Prozesse lesen oder schreiben dabei nie an denselben Dateioffsets, denn der Kern erhöht sie ja nach jedem Zugriff über *read* oder *write*. Obwohl die Prozesse die Quelldatei scheinbar doppelt so schnell kopieren, da sie sich ja die Arbeit teilen, hängt der Inhalt der Zieldatei von der Reihenfolge ab, in der der Kern die Prozesse zur Arbeit einteilt. Teilt er sie so ein, daß sie abwechselnd ihre Systemaufrufe ausführen, oder daß sie abwechselnd jeweils das Aufrufpaar *read-write* ausführen, dann ist der Inhalt der Zieldatei identisch mit dem Inhalt der Quelldatei. Aber sehen wir uns einmal das folgende Szenario an, in dem die beiden Prozesse mit *read* die Zeichenfolge „ab" in der Quelldatei bearbeiten. Nehmen wir an, der Vater liest das Zeichen „a" und der Kern führt einen Kontextwechsel durch, um den Sohn zur Ausführung zu bringen, bevor der Vater seinen *write*-Aufruf durchführen kann. Liest der Sohn nun das Zeichen „b" und schreibt es in die Zieldatei, bevor der Vater wieder an der Reihe ist, so wird die Zieldatei nicht die Zeichenfolge „ab", sondern „ba" enthalten. Der Kern garantiert uns nämlich nicht, wie lange ein Prozeß jeweils zur Ausführung gelangt.

Sehen wir uns nun das Programm in Abbildung 7.5 an, das die Filedeskriptoren 0 und 1 (Standard-Eingabe und Standard-Ausgabe) von seinem Vater erbt. Die Ausführung jedes *pipe*-Aufrufs führt zur Zuordnung von jeweils zwei weiteren Filedeskriptoren in den Arrays *to_par* und *to_chil*. Der Prozeß führt *fork* aus und erstellt eine Kopie seines Kontexts: Jeder Prozeß kann, wie im vorhergehenden Beispiel, auf seine eigenen Daten zugreifen. Der Vater schließt nun mit *close* seine Standard-Ausgabe (Filedeskriptor 1) und dupliziert mit *dup* den für die Pipe *to_chil* zurückgegebenen Schreibdeskriptor. Da der erste freie Eintrag in der Filedeskriptorentabelle des Vaters der gerade durch *close* freigewordene Eintrag ist, kopiert der Kern den Schreibdeskriptor der Pipe nach Eintrag 1 in der Filedeskriptorentabelle; der Filedeskriptor der Standard-Ausgabe wird zum Schreibdeskriptor der Pipe *to_chil*. In einer ähnlichen Operation macht der Vater den Filedeskriptor der Standard-Eingabe zum Lesedeskriptor der Pipe *to_par*. Auf die gleiche Weise schließt der Sohn seine Standard-Eingabe (Filedeskriptor 0) und dupliziert mit *dup* den für die Pipe *to_chil* zurückgegebenen Lesedeskriptor. Da der erste freie Eintrag in der Filedeskriptorentabelle der Eintrag für die frühere Standard-Eingabe ist, wird die Standard-Eingabe des Sohns zum Lesedeskriptor der Pipe *to_chil*. In einer ähnlichen Operation macht der Sohn nun den Filedeskriptor der Standard-Ausgabe zum Schreibdeskriptor der Pipe *to_par*. Beide Prozesse schließen mit *close* die von *pipe* zurückgegebenen Filedeskriptoren - eine vernünftige Vorgehensweise, wie wir noch erläutern werden. Im Ergebnis schreibt der Vater beim Zugriff auf seine Standard-Ausgabe in die Pipe *to_chil* und sendet damit Daten an den Sohn, der wiederum beim Lesezugriff auf seine Standard-Eingabe von dieser Pipe liest. Greift der Sohn auf seine Standard-Ausgabe zu, so schreibt er damit in die Pipe *to_par* und sendet dadurch Daten an den Vater, der wiederum die Pipe als Standard-Eingabe liest. Die beiden Prozesse tauschen also auf diese Weise über die beiden Pipes Nachrichten aus.

Die Ergebnisse aus diesem Beispiel sind immer die gleichen, unabhängig von der Reihenfolge, in der die Prozesse ihre jeweiligen Systemaufrufe ausgeben. Das heißt, es macht keinen Unterschied, ob der Vater vor oder nach dem Sohn aus dem Aufruf *fork* zurückkehrt. In ähnlicher Weise macht es auch keinen Unterschied, in welcher relativen Reihenfolge die Prozesse die Systemaufrufe ausgeben, bevor sie in ihre Schleifen eintreten: Die Strukturen des Kerns sind identisch. Liest der Sohn, bevor der Vater geschrieben hat, so wird der Sohn schlafen bis der Vater in die Pipe schreibt und ihn damit weckt. Schreibt der Vater in die Pipe bevor der Sohn gelesen hat, so wird er seinen *read*-Aufruf auf die Standard-Eingabe nicht beenden, bevor der Sohn seine eigene Standard-Eingabe gelesen und in seine Standard-Ausgabe geschrieben hat. Von diesem Punkt an ist der Ablauf festgelegt: Jeder Prozeß beendet einen *read*- und *write*-Aufruf und kann den nächsten *read*-Aufruf erst dann vollenden, wenn der andere Prozeß seinen *read*- und *write*-Aufruf abgeschlossen hat. Der Vater beendet seine Arbeit mit *exit* nach 15 Schleifendurchläufen; der Sohn erhält beim *read*-

Aufruf dann „Dateiende“ zurück, da für die Pipe kein schreibender Prozeß mehr vorhanden ist, und beendet seine Arbeit mit *exit*. Würde der Sohn noch nach dem *exit*-Aufruf des Vaters in die Pipe schreiben, würde er ein Signal erhalten, daß er in eine Pipe schreibt, für die kein lesender Prozeß vorhanden ist.

```
#include <string.h>
char string[] = "hello world";
main()
{
        int count, i;
        int to_par[2], to_chil[2];          /* for pipes to parent, child */
        char buf[256];
        pipe(to_par);
        pipe(to_chil);
        if (fork() == 0)
        {
                /* child process executes here */
                close(0);           /* close old standard input */
                dup(to_chil[0]);    /* dup pipe read to standard input */
                close(1);           /* close old standard output */
                dup(to_par[1]);     /* dup pipe write to standard out */
                close(to_par[1]);   /* close unnecessary pipe descriptors */
                close(to_chil[0]);
                close(to_par[0]);
                close(to_chil[1]);
                for (;;)
                {
                        if ((count = read(0, buf, sizeof(buf))) == 0)
                                exit();
                        write(1, buf, count);
                }
        }
        /* parent process executes here */
        close(1);       /* rearrange standard in, out */
        dup(to_chil[1]);
        close(0);
        dup(to_par[0]);
        close(to_chil[1]);
        close(to_par[0]);
        close(to_chil[0]);
        close(to_par[1]);
        for (i = 0;  i < 15;  i++)
        {
                write(1, string, strlen(string));
                read(0, buf, sizeof(buf));
        }
}
```

Abb. 7.5: Verwendung von Pipe, Dup und Fork

Wie wir bereits vorher erwähnt haben, ist es guter Stil, überflüssige Filedeskriptoren mit *close* abzuschließen, und dies aus drei Gründen: Erstens sparen wir damit Filedeskriptoren im Hinblick auf die vom System gesetzte Grenze. Zweitens bleiben die Filedeskriptoren, wie wir noch sehen werden, auch im neuen Kontext weiter zugeordnet, wenn ein Sohn *exec* ausführt. Das Schließen solcher Dateien vor einem *exec*-Aufruf erlaubt es Programmen, in einer sauberen und überraschungsfreien Umgebung mit nur jeweils einem geöffneten Filedeskriptor für Standard-Eingabe, Standard-Ausgabe und Diagnose-Ausgabe abzulaufen. Und drittens schließlich gibt der *read*-Aufruf auf eine Pipe nur dann Dateiende zurück, wenn kein Prozeß diese zum Schreiben geöffnet hat. Hält ein lesender Prozeß den Schreibdeskriptor der Pipe geöffnet, wird er nie erfahren, wann die schreibenden Prozesse ihre Ausgabe in die Pipe mit *close* beenden. Auch das oben gezeigte Beispiel läuft nicht korrekt, wenn der Sohn nicht seine Schreibdeskiptoren für die Pipe vor dem Eintritt in die Schleife schließt.

7.2 Signale

Signale informieren Prozesse über das Auftreten asynchroner Ereignisse. Prozesse können sich auch gegenseitig mit dem *kill*-Aufruf *Signale* senden, und auch der Kern kann intern Signale ausgeben. Im System V (Release 2) von UNIX gibt es 19 verschiedene Signale, die wir wie folgt in Klassen einteilen können (siehe dazu auch die Beschreibung des Systemaufrufs für Signale in [SVID 85]):

- Signale im Zusammenhang mit der Beendigung eines Prozesses, die beim Aufruf von *exit* oder *signal* mit dem Parameter *Tod des Sohns* gesendet werden;
- Signale im Zusammenhang mit vom Prozeß hervorgerufenen Ausnahmezuständen wie z.B. Zugriff eines Prozesses auf Adressen außerhalb seines virtuellen Adreßraums, Schreibversuche auf Speicherbereiche, die nur zum Lesen bestimmt sind (wie Textbereiche eines Programms), Ausführen privilegierter Befehle oder Hardwarefehler;
- Signale im Zusammenhang mit nicht mehr behebbaren Fehlerbedingungen bei Systemaufrufen, wie etwa ein Betriebsmittelengpaß während eines *exec*-Aufrufs, nachdem der ursprüngliche Adreßraum bereits freigegeben ist (siehe Abschnitt 7.5);
- Signale, die durch unvorhergesehene Fehlerbedingungen während eines Systemaufrufs hervorgerufen werden, wie etwa ein nicht existierender Systemaufruf (der Prozeß übergibt die Nummer eines Systemaufrufs, die keinem zulässigen Aufruf entspricht), Schreiben in eine Pipe, für die kein Leseprozeß vorhanden ist, oder Verwenden einer unzulässigen „Referenz" für *lseek*. Konsequenter wäre bei solchen Systemaufrufen eigentlich die Rückgabe eines Fehlercodes anstelle eines Signals, doch ist die Verwendung von Signalen zum Abbruch von Prozessen mit Fehlverhalten der pragmatischere Weg[1].
- Signale aus einem Prozeß im Benutzermodus, wie etwa wenn ein Prozeß nach einer bestimmten Zeitspanne ein *alarm*-Signal erhalten will, oder wenn sich Prozesse über den Aufruf *kill* gegenseitig Signale senden;
- Signale im Zusammenhang mit Terminalbedienung, wie etwa wenn ein Benutzer ein Terminal ausschaltet (oder wenn aus irgendeinem Grund das Trägersignal einer Leitung ausfällt), oder wenn er die Tasten „break" bzw. „delete" auf seiner Tastatur drückt;
- Signale zum Verfolgen des Ablaufs eines Prozesses.

---

[1] Die Verwendung von Signalen kann unter bestimmten Umständen das Vorhandensein von Fehlern in Programmen aufdecken, die nicht auf Fehler in Systemaufrufen prüfen (private Mitteilung von D. Ritchie).

Die Diskussion in diesem und in den folgenden Kapiteln erklärt die Umstände, unter denen die Signale der einzelnen Klassen verwendet werden.

Die Bearbeitung eines Signals hat verschiedene Aspekte, etwa die Art, wie der Kern ein Signal an einen Prozeß sendet, wie der Prozeß das Signal bearbeitet, und wie ein Prozeß seine Reaktion auf Signale steuert. Um ein Signal an einen Prozeß zu senden setzt der Kern entsprechend dem Typ des empfangenen Signals ein Bit im Signalfeld des Prozeßtabelleneintrags. Schläft der Prozeß in einer unterbrechenbaren Priorität, so weckt ihn der Kern. Damit ist die Aufgabe des Senders (Prozeß oder Kern) beendet. Ein Prozeß kann sich verschiedene Arten von Signalen merken, er kann sich aber nicht daran erinnern, wieviele Signale eines bestimmten Typs er empfangen hat. Empfängt der Prozeß zum Beispiel ein Hangup- und ein Killsignal, so setzt er die entsprechenden Bits im Signalfeld des Prozeßtabelleneintrags, er kann aber nicht feststellen, wie oft er ein bestimmtes Signal empfangen hat.

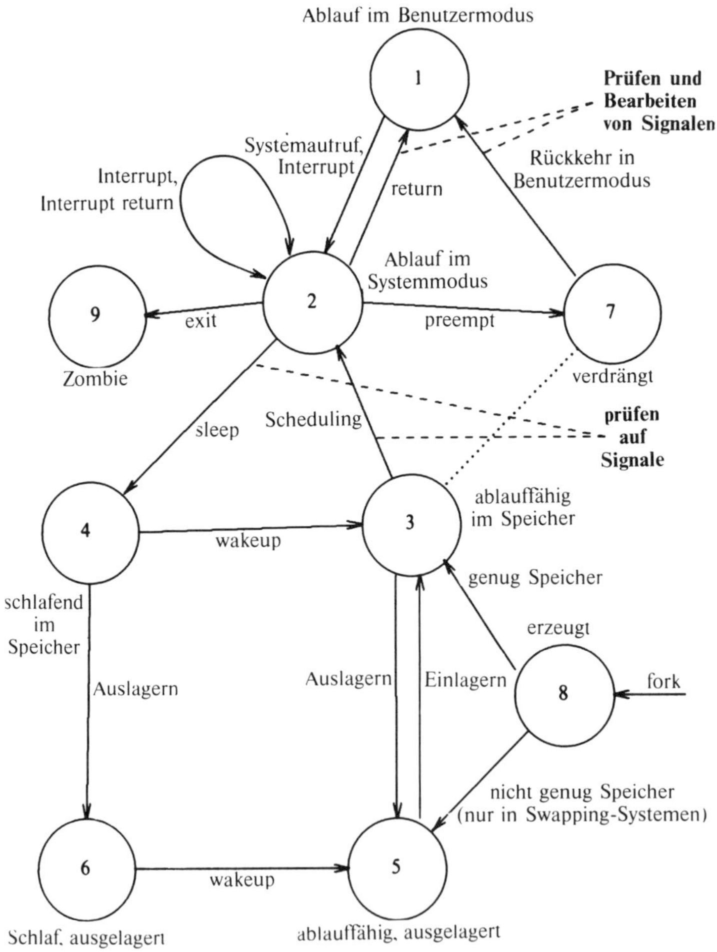

Abb. 7.6 Prüfen und Bearbeiten von Signalen im Prozeßzustandsdiagramm

Der Kern prüft auf Empfang eines Signals, wenn ein Prozeß vom System- in den Benutzermodus zurückkehrt und wenn er auf genügend niedriger Schedulingpriorität in den Schlafzustand eintritt oder diesen verläßt (siehe Abbildung 7.6). Der Kern bearbeitet Signale nur bei Rückkehr eines Prozesses aus dem System- in den Benutzermodus. Damit hat ein Signal keine sofortige Wirkung auf einen im Systemmodus laufenden Prozeß. Läuft ein Prozeß im Benutzermodus und bearbeitet der Kern einen Interrupt, der ein Signal an den Prozeß auslöst, so wird der Kern das Signal bei Rückkehr aus der Interruptbehandlung erkennen und bearbeiten. Ein Prozeß wird also nie im Benutzermodus laufen, bevor er nicht die anstehenden Signale bearbeitet hat.

Abbildung 7.7 zeigt den Algorithmus, den der Kern ausführt um zu erkennen, ob ein Prozeß ein Signal empfangen hat. Den Fall des Signals „Tod des Sohnes“ werden wir später in diesem Kapitel besprechen. Wie wir sehen werden, kann sich ein Prozeß entschließen, über den Systemaufruf *signal* ein Signal zu ignorieren. Im Algorithmus *issig* schaltet der Kern einfach die Signalanzeigen für die Signale ab, die der Prozeß ignorieren will, hält die Existenz der Signale jedoch fest, die er nicht ignoriert.

```
algorithm issig                         /* test for receipt of signals */
input:  none
output: true, if process received signals that it does not ignore
        false otherwise
{
        while (received signal field in process table entry not 0)
        {
                find a signal number sent to the process;
                if (signal is death of child)
                {
                        if (ignoring death of child signals)
                                free process table entries of zombie children;
                        else if (catching death of child signals)
                                return(true);
                }
                else if (not ignoring signal)
                        return(true);
                turn off signal bit in received signal field in process table;
        }
        return(false);
}
```

Abb. 7.7: Algorithmus für das Erkennen von Signalen

7.2.1 Bearbeiten von Signalen

Der Kern bearbeitet Signale im Kontext des Prozesses, der sie empfängt, zur Bearbeitung von Signalen muß also ein Prozeß laufen. Es gibt drei Fälle der Bearbeitung von Signalen: ein Prozeß beendet bei Empfang eines Signals mit *exit* seine Arbeit, er ignoriert das Signal, oder er führt bei Empfang des Signals eine spezielle (Benutzer-) Funktion aus. Die Standardfunktion im Systemmodus ist der Aufruf von *exit*, doch kann ein Prozeß mit dem Aufruf *signal* eine spezielle Aktion festlegen, die bei Empfang eines bestimmten Signals ausgeführt werden soll.

Die Syntax für den Aufruf *signal* lautet:

```
oldfunction = signal(signum,function);
```

Dabei ist *signum* die Nummer des Signals, für das der Prozeß eine Aktion spezifiziert, *function* ist die Adresse einer (Benutzer-) Funktion, die der Prozeß bei Empfang des Signals ausführen will, und der Returncode *oldfunction* ist der zurückgegebene Wert von *function* beim letzten Aufruf von *signal* für *signum*. Der Prozeß kann anstelle der Adresse einer Funktion auch die Werte 0 bzw. 1 übergeben: Für den Parameterwert 1 wird der Prozeß jedes weitere Auftreten dieses Signals ignorieren (Abschnitt 7.4 behandelt den Sonderfall des Ignorierens des Signals „Tod des Sohns"), für den Parameterwert 0 (den Standardwert) wird er bei Empfang des Signals seine Arbeit mit *exit* beenden. Der *u-Bereich* enthält ein Array von Feldern für die Signalbearbeitung, eines für jedes im System definierte Signal. Der Kern legt die Adresse der Benutzerfunktion in dem der jeweiligen Signalnummer entsprechenden Feld ab. Die Angabe einer Benutzerroutine für einen bestimmten Signaltyp hat keine Auswirkung auf die Bearbeitung der übrigen Signaltypen.

Bei der Bearbeitung eines Signals (Abbildung 7.8) bestimmt der Kern dessen Art und löscht das entsprechende Bit im Prozeßtabelleneintrag, das beim Empfang des Signals durch den Prozeß gesetzt wurde. Steht die Bearbeitungsfunktion für das Signal auf dem Standardwert, so gibt der Kern für bestimmte Arten von Signalen vor dem Aufruf von *exit* einen Speicherabzug des Prozesses aus (siehe Übung 7.7). Dieser Dump ist eine Hilfe für den Programmierer, die ihm das Feststellen der Dumpursache und dadurch die Fehlerbehebung im Programm erleichtert. Der Kern gibt einen Dump für Signale aus, die anzeigen, daß etwas mit dem Prozeß nicht stimmt, also wenn er eine unzulässige Anweisung ausführt oder wenn er auf eine Adresse außerhalb seines virtuellen Adreßraums zugreift. Bei Signalen, die auf keinen Programmfehler zurückzuführen sind, gibt der Kern auch keinen Dump aus. Zum Beispiel bedeutet der Empfang eines Interruptsignals, wenn ein Benutzer die Tasten „break" bzw. „delete" an seinem Terminal drückt, nur, daß der Benutzer einen Prozeß vorzeitig abbrechen will; auch der Empfang eines hangup-Signals zeigt nur an, daß das Terminal, von dem aus das Login durchgeführt wurde, nicht mehr mit dem Rechner verbunden ist. Diese Signale bedeuten also nicht, daß mit dem Prozeß etwas nicht stimmt. Das *quit*-Signal erzeugt dagegen sogar einen Dump, wenn es von außerhalb des laufenden Prozesses kommt. Dieses Signal wird gewöhnlich durch Drücken von Ctrl- und Leertaste am Terminal erzeugt und ermöglicht es dem Programmierer, einen Dump des laufenden Prozesses zu erhalten, was zum Beispiel von Nutzen ist, wenn dieser in einer Endlosschleife läuft.

Hat sich ein Prozeß entschieden, ein bestimmtes Signal zu ignorieren, und empfängt er ein solches Signal, so läuft er weiter wie wenn das Signal nie aufgetreten wäre. Da der Kern das Feld im *u-Bereich*, das angibt, daß das Signal zu ignorieren ist, nicht löscht, wird der Prozeß das Signal auch beim nächsten Auftreten ignorieren. Hat sich ein Prozeß entschieden, ein

```
algorithm psig   /* handle signals after recognizing their existence */
input:  none
output: none
{
        get signal number set in process table entry;
        clear signal number in process table entry;
        if (user had called signal sys call to ignore this signal)
                return;                 /* done */
        if (user specified function to handle the signal)
        {
                get user virtual address of signal catcher stored in u area;
                /* the next statement has undesirable side-effects */
                clear u area entry that stored address of signal catcher;
                modify user level context:
                        artificially create user stack frame to mimic
                        call to signal catcher function;
                modify system level context:
                        write address of signal catcher into program
                        counter field of user saved register context;
                return;
        }
        if (signal is type that system should dump core image of process)
        {
                create file named "core" in current directory;
                write contents of user level context to file "core";
        }
        invoke exit algorithm immediately;
}
```

Abb. 7.8: Algorithmus zur Bearbeitung von Signalen

bestimmtes Signal anzunehmen, und empfängt er ein solches Signal, so führt er sofort nach der Rückkehr in den Benutzermodus die benutzerspezifische Signalbehandlungsroutine aus. Zuvor hat der Kern noch folgende Schritte durchlaufen:

1. Der Kern greift auf den gesicherten Registerkontext des Benutzers zu und findet Befehlszähler sowie Stackpointer, die er vorher für die Rückkehr in den Benutzerprozeß sichergestellt hat.
2. Er löscht das Feld für die Signalbearbeitungsroutine im *u-Bereich* und setzt es auf den Standardwert.
3. Der Kern erzeugt einen neuen Stackframe im Benutzerstack, legt dort die aus dem sichergestellten Registerkontext des Benutzers entnommenen Werte für Befehlszähler und Stackpointer ab und ordnet, falls nötig, neuen Speicherplatz zu. Der Benutzerstack sieht so aus, wie wenn der Prozeß am Punkt des Systemaufrufs oder bei der Unterbrechung durch den Kern (bevor er das Signal feststellte) eine Benutzerfunktion (die Routine zur Signalbearbeitung) aufgerufen hätte.
4. Der Kern ändert den gesicherten Registerkontext des Benutzers: Er setzt den Befehlszähler zurück auf die Adresse der Signalbearbeitungsroutine sowie den Stackpointer entsprechend der Vergrößerung des Benutzerstacks.

Nach Rückkehr aus dem System- in den Benutzermodus wird der Prozeß die Funktion zur Signalbearbeitung ausführen; bei der Rückkehr aus dieser Funktion gelangt er wieder an die Stelle im Benutzercode, an der Systemaufruf bzw. Unterbrechung ursprünglich erfolgten, und simuliert dabei die Rückkehr aus dem Systemaufruf bzw. der Unterbrechung.

```
#include <signal.h>
main()
{
        extern catcher();
        signal(SIGINT, catcher);
        kill(0, SIGINT);
}

catcher()
{
}
```

Abb. 7.9: Quellprogramm zum Auffangen von Signalen

```
   ****   VAX   DISASSEMBLER   ****
_main()
            e4:
            e6:   pushab   0x18(pc)
            ec:   pushl    $0x2
   # next line calls signal
            ee:   calls    $0x2,0x23(pc)
            f5:   pushl    $0x2
            f7:   clrl     -(sp)
   # next line calls kill library routine
            f9:   calls    $0x2,0x8(pc)
           100:   ret
           101:   halt
           102:   halt
           103:   halt
_catcher()
           104:
           106:   ret
           107:   halt
_kill()
           108:
   # next line traps into kernel
           10a:   chmk     $0x25
           10c:   bgequ    0x6 <0x114>
           10e:   jmp      0x14(pc)
           114:   clrl     r0
           116:   ret
```

Abb. 7.10: Deassembliertes Programm zum Auffangen von Signalen

Zum Beispiel enthält Abbildung 7.9 ein Programm, das Interruptsignale abfängt (*SIGINT*) und selbst ein solches Signal ausgibt (hier das Ergebnis eines *kill*-Aufrufs); Abbildung 7.10 enthält wichtige Teile des deassemblierten Lademoduls hierfür auf einer VAX 11/780. Führt das System den Prozeß aus, kommt der Aufruf für die Bibliotheksroutine *kill* von der (hexadezimalen) Adresse ee, die Bibliotheksroutine führt die Anweisung *chmk* (Wechseln in den Systemmodus) bei Adresse 10a aus, um den Aufruf *kill* durchzuführen. Die Rückkehradresse für den Systemaufruf ist 10c. Beim Ausführen des Systemaufrufs sendet der Kern ein Interruptsignal an den Prozeß. Bei der Rückkehr in den Benutzermodus entdeckt der Kern das Signal, entnimmt die Adresse 10c aus dem gesicherten Registerkontext des Benutzers und legt sie im Benutzerstack ab. Sodann nimmt er die Adresse der Funktion *catcher*, 104, und legt diese im gesicherten Registerkontext des Benutzers ab. Abbildung 7.11 zeigt den Zustand des Benutzerstacks und den gesicherten Registerkontext.

In dem hier beschriebenen Algorithmus zur Behandlung von Signalen existieren mehrere Anomalien. Als erstes und wichtigstes löscht der Kern, wenn ein Prozeß ein Signal behandelt, aber noch nicht im Benutzermodus angekommen ist, im *u-Bereich* das Feld mit der Adresse der Benutzerroutine zur Signalbehandlung. Will ein Prozeß später das Signal wieder bearbeiten, so muß er erneut den Aufruf *signal* ausgeben. Dies hat negative Nebenwirkungen: Eine Wettlaufbedingung kann entstehen, wenn das Signal ein zweites Mal auftritt bevor der Prozeß die Möglichkeit hatte, den Systemaufruf auszugeben. Da der Prozeß im Benutzermodus läuft, könnte der Kern einen Kontextwechsel durchführen und damit die Chance erhöhen, daß der Prozeß des Signal noch vor dem Löschen der Adresse der Benutzerroutine empfängt.

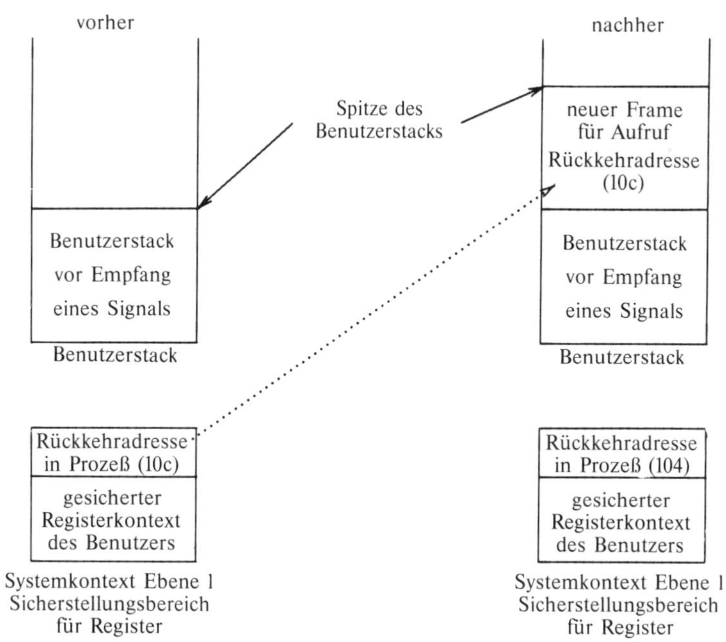

Abb. 7.11: Benutzerstack und Sicherungsbereich des Kerns vor und nach dem Empfang eines Signals

```
#include <signal.h>
sigcatcher()
{
	printf("PID %d caught one\n", getpid());	/* print proc id */
	signal(SIGINT, sigcatcher);
}

main()
{
	int ppid;

	signal(SIGINT, sigcatcher);

	if (fork() == 0)
	{
		/* give enough time for both procs to set up */
		sleep(5);		/* lib function to delay 5 secs */
		ppid = getppid();	/* get parent id */
		for (;;)
			if (kill(ppid, SIGINT) == -1)
				exit();
	}

	/* lower priority, greater chance of exhibiting race */
	nice(10);
	for (;;)
		;
}
```

Abb. 7.12: Programm zum Aufzeigen von Wettlaufbedingungen beim Abfangen von Signalen

Das Programm in Abbildung 7.12 veranschaulicht die Wettlaufbedingung. Der Prozeß gibt den Aufruf *signal* aus, um das Abfangen von Interruptsignalen und Ausführen der Funktion *sigcatcher* möglich zu machen. Er erzeugt sodann einen Sohn, erniedrigt mit dem Aufruf *nice* seine Schedulingpriorität in Bezug auf den Sohn (siehe Kapitel 8) und geht in eine Endlosschleife. Der Sohn unterbricht seine Ausführung für 5 Sekunden, um dem Vater Zeit zum Ausführen von *nice* und Erniedrigen seiner Priorität zu geben. Auch der Sohn geht jetzt in eine Endlosschleife und sendet bei jedem Schleifendurchgang über *kill* ein Interruptsignal an den Vater. Kehrt *kill* wegen eines Fehlers zurück, vermutlich weil der Vater nicht mehr vorhanden ist, so beendet auch der Sohn seine Arbeit mit *exit*. Als Idee liegt zugrunde, daß der Vater bei jedem Empfang eines Interruptsignals die Behandlungsroutine aufruft. Diese Routine gibt eine Meldung aus und ruft *signal* auf, um das nächste Auftreten eines Interruptsignals abfangen zu können; der Vater läuft dann in seiner Endlosschleife weiter.

Allerdings kann die folgende Reihe von Ereignissen eintreten:

1. Der Sohn sendet ein Interruptsignal an den Vater.

2. Der Vater fängt das Signal auf und ruft die Signalroutine, der Kern verdrängt jedoch den Prozeß und wechselt den Kontext, bevor er den *signal*-Aufruf ein weiteres Mal ausgeben kann.
3. Der Sohn ist wieder an der Reihe und sendet ein weiteres Interruptsignal an den Vater.
4. Der Vater empfängt das zweite Interruptsignal, hat aber keine Vorkehrungen zum Auffangen des Signals getroffen. Wenn er seine Ausführung wieder aufnimmt, ruft er *exit* auf.

Das Programm ist extra zum Begünstigen eines solchen Verhaltens geschrieben, denn der Aufruf von *nice* durch den Vater veranlaßt den Kern, den Sohn häufiger zur Ausführung zu bringen. Dennoch ist es unbestimmt, ob sich dieses Ergebnis auch einstellt.

Nach Ritchie (persönliche Meinung) waren Signale eigentlich als Ereignisse gedacht, die zum Abbruch eines Prozesses führen sollten oder aber auch ignoriert werden konnten, nicht notwendigerweise aber eine Bearbeitung erforderten, die Wettlaufbedingung war also in den ersten Fassungen von UNIX noch nicht gegeben. Sie stellt allerdings für Programme, die Signale abfangen wollen, ein ernsthaftes Problem dar. Das Problem ließe sich lösen, würde nicht das Signalfeld beim Empfang des Signals gelöscht. Doch könnte eine solche Lösung ein neues Problem hervorrufen: Kommen Signale weiterhin an und werden bearbeitet, könnte der Benutzerstack wegen der verschachtelten Aufrufe an die Signalbehandlungsroutine aus den Fugen geraten. Alternativ dazu könnte der Kern den Adreßwert der Funktion zur Signalbehandlung löschen, um Signale des jeweiligen Typs so lange zu ignorieren, bis er wieder angibt, was damit geschehen soll. Eine solche Lösung beeinhaltet allerdings einen Informationsverlust, denn der Prozeß hat keine Möglichkeit festzustellen, wieviele Signale er empfängt. Jedoch ist der Informationsverlust auch nicht schwerwiegender als in dem Fall, in dem der Prozeß viele Signale eines Typs empfängt, bevor er eine Möglichkeit zu ihrer Bearbeitung hat. Schließlich erlaubt es das BSD-System einem Prozeß noch, den Empfang von Signalen mit einem neuen Systemaufruf zu blockieren bzw. wieder zuzulassen; läßt ein Prozeß Signale zu, so sendet der Kern auch die noch anstehenden und bisher blockierten Signale an den Prozeß. Empfängt ein Prozeß ein Signal, so blockiert der Kern sofort den weiteren Empfang von Signalen gleicher Art bis die Signalbearbeitung abgeschlossen ist. Das Verfahren läuft analog der Reaktion des Kerns auf Hardwareinterrupts: er blockiert die Annahme weiterer Interrupts, während er den vorausgehenden bedient.

Die zweite Anomalie in der Behandlung von Signalen betrifft deren Bearbeitung während sich der Prozeß in einem Systemaufruf befindet und in einer nicht unterbrechenbaren Priorität schläft. Das Signal veranlaßt den Prozeß zur Ausführung von *longjmp* aus dem Schlaf heraus, zur Rückkehr in den Benutzermodus und zum Aufruf der Signalroutine. Kehrt die Signalroutine zurück, scheint der Prozeß mit der Anzeige, daß der Systemaufruf unterbrochen wurde, fehlerhaft daraus zurückzukehren. Der Benutzer kann bei der Rückkehr eine Prüfung auf diesen Fehlercode durchführen und dann den Systemaufruf erneut ausgeben, doch wäre es manchmal sicher einfacher, wenn der Kern den Aufruf automatisch wiederholen würde, wie es auch im BSD-System geschieht.

Eine dritte Anomalie besteht für den Fall, daß der Prozeß ein Signal ignoriert. Trifft das Signal ein, während der Prozeß auf einer unterbrechenbaren Prioritätsebene schläft, wacht der Prozeß auf, führt aber *longjmp* nicht aus. Das heißt, der Kern erkennt das Ignorieren eines Signals durch den Prozeß erst, nachdem er ihn aufgeweckt und laufen lassen hat. Eine konsistentere Strategie wäre es, den Prozeß einfach schlafen zu lassen. Allerdings legt der Kern die Adresse der Signalfunktion im *u-Bereich* ab, und der *u-Bereich* ist möglicherweise nicht verfügbar, wenn das Signal an den Prozeß gesendet wird. Eine Lösung dieses Problems bestünde im Ablegen der Adresse für die Signalfunktion im Prozeßtabelleneintrag, wo der Kern dann prüfen könnte, ob er den Prozeß bei Empfang eines Signals wecken soll. Alternativ dazu könnte der Prozeß im *sleep*-Algorithmus sofort in den Schlaf zurückkehren, sobald er entdeckt, daß er eigentlich nicht hätte geweckt werden sollen. Nichtsdestoweniger bemerken Benutzerprozesse gar nicht, daß sie aufwachten, denn der Kern schließt den Eintritt in den *sleep*-Algorithmus in eine „while"-Schleife ein (erinnern wir uns an Kapitel 2), die den Prozeß in den Schlaf zurückversetzt, wenn das Ereignis, auf das der Prozeß hin schläft, nicht wirklich eingetreten ist.

Schließlich führt der Kern noch für Signale der Art „Tod des Sohns" eine Sonderbehandlung durch. Erkennt ein Prozeß, daß er das Signal „Tod des Sohns" erhalten hat, löscht er den Hinweis im Signalfeld des Prozeßtabelleneintrags und handelt im Standardfall so wie wenn kein Signal gesendet worden wäre. Die Wirkung der Signalart „Tod des Sohns" besteht nur im Wecken eines Prozesses, der auf unterbrechenbarer Priorität schläft. Fängt der Prozeß ein solches Signal auf, ruft er wie auch bei den anderen Signalen die Benutzerroutine zur Signalbearbeitung auf. Die Operationen des Kerns beim Ignorieren des Signals durch den Prozeß werden wir in Abschnitt 7.4 besprechen. Gibt schließlich ein Prozeß den Aufruf *signal* mit dem Parameter „Tod des Sohns" aus, sendet der Kern dem aufrufenden Prozeß ein Signal „Tod des Sohns", falls Söhne im Zombiestatus existieren. Abschnitt 7.4 behandelt die Logik beim Aufruf von *signal* mit dem Parameter „Tod des Sohns".

7.2.2 Prozeßgruppen

Obwohl Prozesse im UNIX-System durch eine eindeutige ID-Nummer identifiziert werden, muß der Kern sie manchmal auch nach „Gruppen" behandeln. So haben zum Beispiel Prozesse mit einer login-Shell als gemeinsamem Vorfahren Beziehungen untereinander und erhalten auch alle ein Signal, wenn ein Benutzer die „delete"- oder „break"-Taste am Terminal drückt bzw. wenn die Terminalleitung ausfällt. Der Kern verwendet die *Prozeßgruppen-ID* zum Identifizieren von Gruppen verwandter Prozesse, die bei bestimmten Ereignissen ein gemeinsames Signal erhalten sollen. Er legt die Prozeßgruppen-ID in der Prozeßtabelle ab; Prozesse in der gleichen Prozeßgruppe haben identische Gruppen-IDs.

Der Systemaufruf *setpgrp* initialisiert die Prozeßgruppennummer eines Prozesses und setzt sie auf den Wert der Prozeß-ID. Die Syntax für den Systemaufruf lautet:

```
grp = setpgrp();
```

Dabei ist *grp* die neue Prozeßgruppennummer. Ein Sohn erhält über *fork* die Prozeßgruppennummer seiner Eltern. *Setpgrp* hat auch noch bedeutende Auswirkungen für das Einrichten des Steuerterminals eines Prozesses (siehe Abschnitt 10.3.5).

7.2.3 Senden von Signalen aus Prozessen

Prozesse verwenden den Systemaufruf *kill* zum Senden von Signalen. Die Syntax für den Systemaufruf lautet:

```
kill(pid,signum);
```

Dabei identifiziert *pid* den Satz von Prozessen, die das Signal empfangen sollen, *signum* ist die Nummer des Signals, das gesendet werden soll. Die folgende Liste zeigt den Bezug zwischen den Werten von *pid* und den jeweiligen Prozeßmengen.

- Ist *pid* eine positive Integerzahl, so sendet der Kern das Signal an den Prozeß mit der ID *pid*.
- Ist *pid* = 0, so sendet der Kern das Signal an alle Prozesse in der Gruppe des Sendeprozesses.
- Ist *pid* = -1, so sendet der Kern das Signal an alle Prozesse, deren reale Benutzer-ID gleich ist der effektiven Benutzer-ID des Senders (Abschnitt 7.6 definiert reale und effektive Benutzer-IDs). Hat der Sendeprozeß die effektive Benutzer-ID des Superusers, sendet der Kern das Signal an alle Prozesse mit Ausnahme von Prozeß 0 und 1.
- Ist *pid* eine negative Integerzahl, aber nicht -1, so sendet der Kern das Signal an alle Prozesse der Prozeßgruppe mit einem Gruppen-ID gleich dem absoluten Wert von *pid*.

In allen Fällen, in denen der Sendeprozeß nicht die effektive Benutzer-ID des Superusers hat, bzw. in denen die reale oder effektive Benutzer-ID des Senders sich nicht mit der realen oder effektiven Benutzer-ID des Empfängers deckt, schlägt der Aufruf *kill* fehl.

Im Programm in Abbildung 7.13 setzt der Prozeß seine Gruppennummer zurück und erzeugt 10 Nachfahren. Bei seiner Erzeugung hat jeder Sohnprozeß die gleiche Prozeßgruppennummer wie der Vaterprozeß, die bei den ungeradzahligen Schleifendurchläufen erzeugten Prozesse setzen jedoch ihre Prozeßgruppennummer zurück. Die Systemaufrufe *getpid* und *getpgrp* geben Prozeß-ID und Gruppen-ID des laufenden Prozesses zurück, der Aufruf *pause* unterbricht die Ausführung des Prozesses bis zum Empfang eines Signals. Schließlich führt der Vater noch den Aufruf *kill* aus und sendet damit ein Interruptsignal an alle Prozesse innerhalb seiner Gruppe. Der Kern gibt das Signal jedoch nur an die fünf „geradzahligen" Prozesse weiter, die ihre Prozeßgruppe nicht rückgesetzt haben; die fünf „ungeradzahligen" Prozesse laufen weiter in der Schleife.

```
#include <signal.h>
main()
{
        register int i;

        setpgrp();
        for (i = 0;  i < 10;  i++)
        {
                if (fork() == 0)
                {
                        /* child proc */
                        if (i & 1)
                                setpgrp();
                        printf("pid = %d pgrp = %d\n", getpid(), getpgrp());
                        pause();        /* sys call to suspend execution */
                }
        }
        kill(0, SIGINT);
}
```

Abb. 7.13: Beispielanwendung von Setpgrp

7.3 Prozeßbeendigung

Prozesse im UNIX-System beenden ihren Ablauf durch Ausgeben des Systemaufrufs *exit*. Beim Ausführen von *exit* geht ein Prozeß in den Zombiezustand (erinnern wir uns an Abbildung 6.1) über, gibt seine Betriebsmittel frei und baut seinen Kontext bis auf den Eintrag in der Prozeßtabelle ab. Die Syntax für den Systemaufruf lautet:

```
exit(status);
```

Dabei wird der Wert in *status* an den Vaterprozeß zur Überprüfung zurückgegeben. Prozesse können *exit* am Ende eines Programm explizit oder implizit aufrufen: die Startroutine, die mit allen C-Programmen verknüpft ist, ruft *exit* bei Rückkehr des Programms aus der Funktion *main*, dem Einsprungpunkt für jedes Programm, auf. Alternativ dazu kann der Kern, wie schon besprochen, *exit* intern beim Empfang von nicht vorgesehenen Signalen durch einen Prozeß aufrufen. In diesem Fall enthält *status* die Signalnummer.

Das System setzt für die Ausführung eines Prozesses keine Zeitgrenze, und häufig existieren Prozesse auch über lange Zeit hinweg. Beispielsweise existieren Prozeß 0 (der Swapper) und 1 (*init*) während der gesamten Lebensdauer des Systems. Andere Beispiele wären *getty*-Prozesse zum Überwachen einer Terminalleitung, die auf das Login eines Benutzers warten, und Verwaltungsprozesse für spezielle Zwecke.

Abbildung 7.14 zeigt den Algorithmus für *exit*. Zuerst schaltet der Kern die Signalbearbeitung für den Prozeß aus, denn es hat ja keinen Sinn mehr, weiterhin Signale zu bearbeiten. Ist der in *exit* befindliche Prozeß ein *Prozeßgruppenführer* und mit einem Steuerterminal verbunden (siehe Abschnitt 10.3.5), so nimmt der Kern an, daß der Benutzer keine sinnvolle Arbeit mehr tun will und sendet an alle Prozesse in der Gruppe ein hangup-Signal. Gibt also ein Benutzer „Dateiende" (Ctrl-D) in die Login-Shell ein, während einige mit diesem Terminal verbundene Prozesse noch am Leben sind, sendet der im *exit* befindliche Prozeß ein hangup-Signal an sie. Auch setzt der Kern die Prozeßgruppennummer für alle Prozesse in der Gruppe auf 0, denn es kann ja sein, daß später ein Prozeß die Prozeß-ID des im *exit* befindlichen Prozesses erhält, und daß auch er ein Prozeßgruppenführer ist. Die zur früheren Gruppe gehörenden Prozesse sollen ja nicht automatisch zu dieser neuen Gruppe gehören. Dann geht der Kern die offenen Filedeskriptoren durch, schließt jeden intern mit *close* ab und gibt die Inodes für aktuellen Katalog und gewechselten Wurzelkatalog (falls vorhanden) mit *iput* frei.

Nun gibt der Kern den gesamten Benutzerspeicher durch Freigabe der entsprechenden Regionen über *detachreg* frei und ändert den Prozeßzustand in Zombie. Er sichert *exit*-Code und aufgelaufene Benutzer- sowie Systemzeit des Prozesses und seiner Abkömmlinge in der Prozeßtabelle. Die Beschreibung von *wait* in Abschnitt 7.4 zeigt, wie ein Prozeß die Zeitangaben für seine Abkömmlinge erhält. Der Kern schreibt auch einen Accountsatz mit verschiedenen statistischen Angaben zur Laufzeit wie Benutzer-ID, CPU- und Speicherauslastung sowie I/O-Bedarf in eine globale Accountdatei. Programme auf Benutzerebene können später diese Accountdatei lesen und statistische Informationen daraus sammeln, die nützlich für die Überwachung des Systemdurchsatzes und für die Abrechnung mit den Benutzern sind. Schließlich gliedert der Kern den Prozeß noch aus der Baumstruktur der Prozesse aus und läßt alle seine Nachkömmlinge von Prozeß 1 (*init*) adoptieren. Dadurch wird Prozeß 1 zum legalen Vater aller Abkömmlinge, die der im *exit* befindliche Prozeß erzeugt hat. Sind Abkömmlinge bereits im Zombiezustand, sendet der Prozeß im *exit* das Signal „Tod des Sohns" an *init*, so daß *init* sie aus der Prozeßtabelle entfernen kann (siehe Abschnitt 7.9); der im *exit* befindliche Prozeß sendet natürlich auch seinem Vater das Signal „Tod des Sohns". In einem typischen Szenario führt der Vaterprozeß einen *wait*-Aufruf aus, um sich mit dem *exit* des Sohns zu synchronisieren. Der zum Zombie gewordene Prozeß

```
algorithm exit
input:  return code for parent process
output: none
{
        ignore all signals;
        if (process group leader with associated control terminal)
        {
                send hangup signal to all members of process group;
                reset process group for all members to 0;
        }
        close all open files (internal version of algorithm close);
        release current directory (algorithm iput);
        release current (changed) root, if exists (algorithm iput);
        free regions, memory associated with process (algorithm freereg);
        write accounting record;
        make process state zombie
        assign parent process ID of all child processes to be init process (1);
                if any children were zombie, send death of child signal to init;
        send death of child signal to parent process;
        context switch;
}
```

Abb. 7.14: Algorithmus für exit

```
main()
{
        int child;

        if ((child = fork()) == 0)
        {
                printf("child PID %d\n", getpid());
                pause();        /* suspend execution until signal */
        }
        /* parent */
        printf("child PID %d\n", child);
        exit(child);
}
```

Abb. 7.15: Beispiel für exit

führt einen Kontextwechsel durch, so daß der Kern einen anderen Prozeß zum Ablauf einteilen kann; der Kern bringt nämlich nie einen Zombieprozeß zur Ausführung.

Im Programm in Abbildung 7.15 erzeugt ein Prozeß einen Sohn, der seine PID ausgibt, den Aufruf *pause* ausführt und sich so bis zum Empfang eines Signals in den Wartezustand versetzt. Der Vater gibt die PID des Sohns aus, führt *exit* aus und erhält die PID des Sohns als Statuscode zurück. Wäre der *exit*-Aufruf hier nicht vorhanden, würde die Startroutine *exit* bei der Rückkehr des Prozesses aus *main* aufrufen. Der vom Vater erzeugte Sohn lebt bis zum Empfang eines Signals weiter, selbst wenn der Vater längst verschieden ist.

7.4 Warten auf Prozeßbeendigung

Ein Prozeß kann seine Arbeit mit der Beendigung eines Sohnprozesses durch den Aufruf *wait* synchronisieren. Die Syntax für den Systemaufruf lautet:

```
pid = wait(stat_addr);
```

Dabei ist *pid* die Prozeß-ID des Zombiekinds, *stat_addr* ist die Adresse einer Variablen im Benutzerbereich, die den *exit*-Code des Sohns aufnimmt.

Abbildung 7.16 zeigt den Algorithmus für *wait*. Der Kern sucht nach Zombiekindern des Prozesses und gibt, falls keine vorhanden sind, eine Fehlermeldung zurück. Findet er ein Zombiekind, ermittelt er dessen PID-Nummer und den *exit*-Parameter des Kinds und gibt diese Werte aus dem Systemaufruf zurück. Ein Prozeß im *exit* kann so verschiedene Returncodes zur Anzeige der Gründe für den *exit* ausgeben, nur wird diese Möglichkeit in der Praxis von den meisten Programmen nicht konsequent genutzt. Der Kern addiert nun noch die vom Sohn im Benutzer- bzw. Systemmodus verbrauchte Zeit auf die entsprechenden Felder im *u-Bereich* des Vaters und gibt schließlich den bisher vom Zombie belegten Prozeßtabelleneintrag frei. Der Eintrag ist jetzt für einen neuen Prozeß verfügbar.

Hat der den *wait*-Aufruf ausführende Prozeß Nachkommen, von denen keine Zombies sind, schläft er auf einer unterbrechenbaren Priorität bis zum Erhalt eines Signals. Der Kern verfügt über keinen eigenen Weckaufruf für einen in *wait* schlafenden Prozeß: diese Prozesse erwachen nur bei Empfang eines Signals. Bei allen Signalen mit Ausnahme von „Tod des Sohns" wird der Prozeß wie oben beschrieben reagieren. Im Falle von „Tod des Sohns" wird die Reaktion jedoch anders ablaufen.

```
algorithm wait
input:  address of variable to store status of exiting process
output: child ID, child exit code
{
        if (waiting process has no child processes)
                return(error);

        for (;;)        /* loop until return from inside loop */
        {
                if (waiting process has zombie child)
                {
                        pick arbitrary zombie child;
                        add child CPU usage to parent;
                        free child process table entry;
                        return(child ID, child exit code);
                }
                if (process has no children)
                        return error;
                sleep at interruptible priority (event child process exits);
        }
}
```

Abb. 7.16: Algorithmus für Wait

- Im Standardfall wacht der Prozeß von seinem Schlaf in *wait* auf und *sleep* prüft mit *issig* auf Signale. *Issig* (Abbildung 7.7) erkennt den Sonderfall des Signals „Tod des Sohns" und gibt „falsch" zurück. Als Folge führt der Kern nicht aus *sleep* heraus *longjmp* aus, sondern kehrt nach *wait* zurück. Der Kern durchläuft erneut die *wait*-Schleife, findet ein Zombiekind - mindestens eines muß ja vorhanden sein, gibt den Prozeßtabelleneintrag des Sohns frei und kehrt aus dem Systemaufruf *wait* zurück.
- Soll der Prozeß das Signal „Tod des Sohns" behandeln, wird der Kern, wie er es auch für andere Signale tut, die nötigen Vorkehrungen zum Aufruf der Signalbehandlungsroutine des Benutzers treffen.
- Ignoriert der Prozeß das Signal „Tod des Sohns", so geht der Kern erneut in die *wait*-Schleife, gibt die Prozeßtabelleneinträge der Zombiekinder frei und sucht nach weiteren Nachkommen.

So erhält der Benutzer zum Beispiel verschiedene Ergebnisse, wenn er das Programm in Abbildung 7.17 mit oder ohne Parameter aufruft. Sehen wir uns einmal den ersten Fall an, in dem der Benutzer das Programm ohne Parameter aufruft (*argc* = 1, also der Programmname). Der (Vater-) Prozeß erzeugt 15 Kinder, die möglicherweise *exit* mit Returncode *i*, dem Wert der Schleifenvariablen zur Zeit der Erzeugung des Sohns, aufrufen. Der Kern findet bei der Ausführung von *wait* für den Vater einen Zombienachkommen und gibt dessen Prozeß-ID und *exit*-Code zurück. Es ist jedoch unbestimmt, welchen Nachkommen der Prozeß auffindet. Die C-Bibliotheksfunktion für den Systemaufruf *exit* legt den *exit*-Code in den Bits 8 bis 15 von *ret_code* ab und gibt für den *wait*-Aufruf die Prozeß-ID des Sohns zurück. Auf diese Weise ist *ret_code* = 256**i*, also abhängig vom Wert von *i* für den Sohnprozeß, und *ret_val* gleich dem Wert der Prozeß-ID des Sohns.

Ruft ein Benutzer das obige Programm mit einem Parameter auf (*argc* > 1), so gibt der (Vater-) Prozeß den Aufruf *signal* aus, um Signale des Typs „Tod des Sohns" zu ignorieren. Nehmen wir an, der Vater schläft in *wait* bevor irgendein Nachkomme *exit* ausgibt: Gibt

```
#include <signal.h>
main(argc, argv)
	int argc;
	char *argv[];
{
	int i, ret_val, ret_code;

	if (argc >= 1)
		signal(SIGCLD, SIG_IGN);	/* ignore death of children */
	for (i = 0;  i < 15;  i++)
		if (fork() == 0)
		{
			/* child proc here */
			printf("child proc %x\n", getpid());
			exit(i);
		}
	ret_val = wait(&ret_code);
	printf("wait ret_val %x ret_code %x\n", ret_val, ret_code);
}
```

Abb. 7.17: Beispiel für Wait und das Ignorieren eines Signals „Tod des Sohns"

jetzt ein Nachkomme *exit* aus, sendet er das Signal „Tod des Sohns" an den Vaterprozeß; dieser erwacht, denn sein Schlaf in *wait* findet auf einer unterbrechenbaren Priorität statt. Kommt der Vater möglicherweise zum Ablauf, so stellt er fest, daß es sich bei dem anstehenden Signal um „Tod des Sohns" handelt; da er diesen Signaltyp aber ignoriert, entfernt der Kern den Eintrag für das Zombiekind aus der Prozeßtabelle und fährt mit der Ausführung von *wait* fort wie wenn das Signal nicht aufgetreten wäre.

Der Kern führt die obige Prozedur bei jedem Erhalt eines Signals „Tod des Sohns" durch den Vater durch, bis er schließlich die *wait*-Schleife durchläuft und feststellt, daß der Vater keine Kinder mehr besitzt. In diesem Fall gibt der Systemaufruf *wait* den Wert -1 zurück. Der Unterschied zwischen den beiden Programmaufrufen liegt darin, daß der Vater im ersten Fall auf die Beendigung eines *beliebigen* Sohnprozesses wartet, im zweiten Fall dagegen auf die Beendigung *aller* Sohnprozesse.

In älteren Versionen von UNIX sind die Aufrufe *exit* und *wait* ohne das Signal „Tod des Sohns" implementiert. Anstelle ein Signal „Tod des Sohns" zu senden, weckt *exit* hier den Vaterprozeß. Schläft der Vater gerade in *wait*, wacht er auf, findet ein Zombiekind und kehrt zurück. Schläft er nicht in *wait*, bleibt das Wecken wirkungslos; der Vater findet dann bei seinem nächsten *wait*-Aufruf ein Zombiekind. In ähnlicher Weise würde auch der *init*-Prozeß in *wait* schlafen, Prozesse im *exit* würden ihn wecken, sobald er neue Zombieprozesse zu adoptieren hätte.

Das Problem bei dieser Implementierung liegt darin, daß es nicht möglich ist, Zombieprozesse aufzuräumen, bevor nicht der Vater einen *wait*-Aufruf ausführt. Erzeugt ein Prozeß viele Nachkommen, führt er aber nie *wait* aus, wird die Prozeßtabelle nach Ausgabe von *exit* durch die Nachkommen voller Zombies. Sehen Sie sich dazu das Dispatcherprogramm in Abbildung 7.18 an. Der Prozeß liest bis zum Dateiende von seiner Standard-Eingabe und erzeugt bei jedem *read*-Aufruf einen Sohn. Allerdings führt der Vater bis zur Beendigung des Sohns keinen *wait*-Aufruf aus, denn er will die Prozesse ja schnellstmöglich zum Ablauf bringen, und das Warten auf den *exit* des Sohns könnte zuviel Zeit in Anspruch nehmen. Gibt der Vater den Aufruf *signal* aus, um Signale des Typs „Tod des Sohns" zu ignorieren, entfernt der Kern automatisch die Einträge der Zombieprozesse. Anderenfalls könnten die Zombieprozesse schließlich den ganzen maximal erlaubten Platz in der Prozeßtabelle belegen.

```
#include <signal.h>
main(argc, argv)
{
        char buf[256];

        if (argc != 1)
                signal(SIGCLD, SIG_IGN);        /* ignore death of children */
        while (read(0, buf, 256))
                if (fork() == 0)
                {
                        /* child proc here typically does something with buf */
                        exit(0);
                }
}
```

Abb. 7.18: Beispiel zur Verdeutlichung der Gründe für den Signaltyp „Tod des Sohns"

7.5 Aufruf anderer Programme

Der Systemaufruf *exec* ruft ein anderes Programm auf und überlagert dazu den Speicherbereich des Prozesses mit der Kopie einer ausführbaren Datei. Der Inhalt des Benutzerkontexts so wie er vor dem *exec*-Aufruf bestand ist danach nicht mehr erreichbar, ausgenommen die Parameter für *exec*, die der Kern vom alten in den neuen Adreßraum kopiert. Die Syntax des Systemaufrufs lautet:

```
execve(filename,argv,envp);
```

Dabei ist *filename* der Name der aufgerufenen ausführbaren Datei, *argv* ist ein Pointer auf ein Array von Zeichenpointern, die als Parameter für das auszuführende Programm dienen, und *envp* ist schließlich ein Pointer auf ein Array von Zeichenpointern, die die *Umgebung* des ausgeführten Programms darstellen. Es gibt mehrere Bibliotheksfunktionen, die den Systemaufruf *exec* ansprechen, etwa *execl*, *execv*, *execle* usw. Alle diese Funktionen rufen schließlich *execve* auf, also haben auch wir diesen Aufruf hier für *exec* verwendet. Verwendet ein Programm wie in

```
main(argc,argv)
```

Parameter aus der Kommandozeile, so stellt *argv* eine Kopie des Parameters *argv* für *exec* dar. Die Strings der Umgebung haben die Form „name=value" und können notwendige Informationen für das Programm enthalten, so etwa den Katalog des Benutzers oder einen Pfad auf Kataloge für die Suche nach einem ausführbaren Programm. Prozesse können auf ihre Umgebung über die globale Variable *environ*, die von der C-Startroutine initialisiert wird, zugreifen.

```
algorithm exec
input:  (1) file name
        (2) parameter list
        (3) environment variables list
output: none
{
    get file inode (algorithm namei);
    verify file executable, user has permission to execute;
    read file headers, check that it is a load module;
    copy exec parameters from old address space to system space;
    for (every region attached to process)
        detach all old regions (algorithm detach);
    for (every region specified in load module)
    {
        allocate new regions (algorithm allocreg);
        attach the regions (algorithm attachreg);
        load region into memory if appropriate (algorithm loadreg);
    }
    copy exec parameters into new user stack region;
    special processing for setuid programs, tracing;
    initialize user register save area for return to user mode;
    release inode of file (algorithm iput);
}
```

Abb. 7.19: Algorithmus für exec

Abbildung 7.19 zeigt den Algorithmus für den Systemaufruf *exec*. Zuerst greift *exec* mit *namei* auf die Datei zu, um festzustellen, ob sie ausführbar und regulär (d.h. kein Katalog) ist, und ob der Benutzer das Ausführungsrecht für das Programm besitzt. Nun liest der Kern den Dateiheader, um den Aufbau der ausführbaren Datei zu ermitteln.

Abbildung 7.20 zeigt das logische Format einer ausführbaren Datei, so wie es im Dateisystem existiert und typischerweise vom Assembler oder Lader erzeugt wurde. Es besteht aus vier Teilen:

1. Der primäre Header enthält die Anzahl der Sektionen in der Datei, die Startadresse zur Prozeßausführung und die *magische Zahl*, die den Typ der ausführbaren Datei angibt.
2. Sektionsheader beschreiben jede Sektion der Datei und enthalten die Größe der Sektion und die virtuellen Adressen, die die Sektion beim Ablauf im System einnehmen soll, sowie noch weitere Informationen.
3. Die Sektionen enthalten „Daten“ wie etwa den Text, die zu Beginn in den Adreßraum des Prozesses geladen werden.
4. Verschiedene weitere Sektionen können Symboltabellen und andere Daten enthalten, die vor allem bei der Fehlersuche von Nutzen sind.

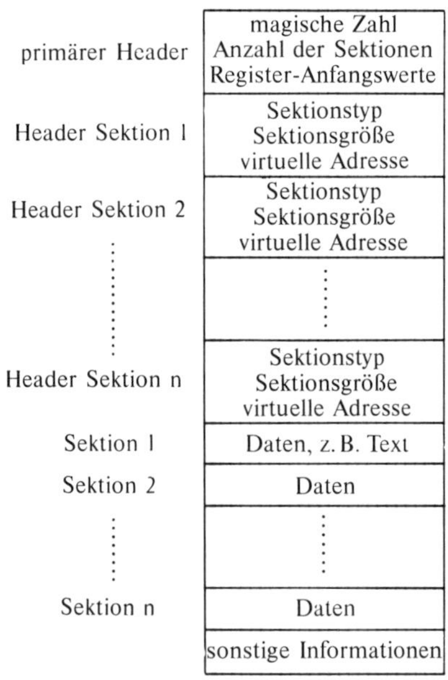

Abb. 7.20: Abbild einer ausführbaren Datei

Im Laufe der Jahre haben sich verschiedene Formate für ausführbare Dateien herausgebildet, doch enthalten alle einen primären Header mit einer magischen Zahl.

Die magische Zahl ist eine kurze Integerzahl, die die Datei als Lademodul kennzeichnet und dem Kern Laufzeitcharakteristika mitteilt. Zum Beispiel diente die Verwendung einer bestimmten magischen Zahl auf einer PDP 11/70 zur Information des Kerns darüber, daß der Prozeß anstelle von 64K Bytes 128K[2] verwenden durfte, doch spielt die magische Zahl, wie wir in Kapitel 9 sehen werden, auch heute noch in Pagingsystemen eine wichtige Rolle.

Im Augenblick hat der Kern auf die Inode der ausführbaren Datei zugegriffen und überprüft, ob er sie ausführen kann. Sodann will er den Speicher freigeben, der gegenwärtig den Benutzerkontext des Prozesses bildet. Da die Parameter für das neue Programm sich aber im freizugebenden Speicher befinden, kopiert der Kern die Argumente bis zum Verknüpfen der Regionen für den neuen Speicherplatz aus dem alten Speicherbereich in einen temporären Puffer.

Da die Parameter für *exec* aus Benutzeradressen für Stringarrays bestehen, kopiert der Kern für jeden String zuerst die Adresse und dann den String selbst in einen Speicherbereich des Systems. In Abhängigkeit von der Implementierung kann er dabei verschiedene Stellen zum Speichern der Strings benutzen. Die häufigsten Stellen hierfür sind der Systemstack (ein lokales Array in einer Routine des Kerns), momentan nicht zugeordnete Speicherbereiche (wie etwa Seiten), die vorübergehend ausgeliehen werden können. oder Sekundärspeicher wie etwa ein Swapgerät.

Die einfachste Implementierung zum Kopieren der Parameter in den neuen Benutzerkontext ist die Verwendung des Systemstacks. Da die Systemkonfiguration jedoch gewöhnlich eine Grenze für die Größe des Systemstacks setzt, und da die Parameter für *exec* beliebige Länge aufweisen können, muß dieser Weg mit einem anderen kombiniert werden. Von den anderen Möglichkeiten wird bei den meisten Implementierungen die jeweils schnellste bevorzugt. Können zum Beispiel leicht Speicherseiten zugeordnet werden, ist dieser Weg vorzuziehen, denn der Zugriff auf primären Speicher läuft wesentlich schneller als der auf sekundären Speicher (wie etwa ein Swaperät).

Nach dem Kopieren der *exec*-Parameter an eine Speicherstelle im Kern löst dieser mit *detachreg* die alten Regionen vom Prozeß. Die besondere Behandlung von Textregionen werden wir später in diesem Abschnitt besprechen. Im Augenblick verfügt der Prozeß über keinen Benutzerkontext, alle von nun an auftretenden Fehler werden also über ein Signal zu seiner Beendigung führen. Zu solchen Fehlern gehören das Erschöpfen der Regionstabelle im Kern, der Versuch, ein Programm zu laden, dessen Größe die Systemgrenzen sprengt, der Versuch, ein Programm zu laden, dessen Regionsadressen sich überschneiden, und noch andere mehr. Der Kern ordnet nun Regionen für Text und Daten zu und verknüpft sie und lädt den Inhalt der ausführbaren Datei in den Hauptspeicher (mit *allocreg*, *attachreg* und *loadreg*). Die Datenregion des Prozesses besteht (am Anfang) aus zwei Teilen: Daten, die zur Zeit der Kompilierung initialisiert wurden, und Daten, die zur Zeit der Kompilierung nicht initialisiert wurden („bss"). Die erstmalige Zuordnung und Verknüpfung der Datenregion geschieht nur für initialisierte Daten. Der Kern vergrößert dann mit *growreg* die Datenregion für die Aufnahme der „bss"-Daten und initialisiert diesen Speicher mit 0. Schließlich ordnet er noch eine Region für den Prozeßstack zu, verknüpft sie mit dem Prozeß und teilt Speicher zur Aufnahme der *exec*-Parameter zu. Hat der Kern die *exec*-Parameter in Speicherseiten abgelegt, so kann er jetzt diese Seiten für den Stack verwenden. Ansonsten muß er die *exec*-Parameter in den Benutzerstack kopieren.

[2] Die Werte der magischen Zahl waren eigentlich Sprungziele für den jump-Befehl der PDP 11; ursprüngliche Versionen des Systems führten diesen Befehl aus und sprangen in Abhängigkeit von der Größe des Headers und vom Typ der ausführbaren Datei zu verschiedenen Zielen (im Kern)! Diese Eigenschaft wird nicht mehr verwendet, seit das System in C umgeschrieben wurde.

Der Kern löscht die Adressen von Benutzerroutinen zur Signalbehandlung aus dem *u-Bereich*, denn diese Adressen sind im neuen Benutzerkontext bedeutungslos. Bisher ignorierte Signale werden jedoch auch im neuen Kontext ignoriert. Nun setzt der Kern Werte im gesicherten Registerkontext für den Benutzermodus, speziell den Anfangswert für den Stackpointer des Benutzerstacks sowie für den Befehlszähler: Der Lader hat den Anfangswert für den Befehlszähler im Dateiheader abgelegt. Der Kern führt nun noch besondere Aktionen für *setuid*-Programme und für die Ablaufverfolgung des Prozesses durch, die im nächsten Abschnitt und in Kapitel 11 behandelt werden. Schließlich ruft er *iput* auf und gibt damit die Inode frei, die ursprünglich mit *namei* am Beginn von *exec* zugeordnet wurde. Die Verwendung von *namei* und *iput* in *exec* entspricht der Verwendung dieser Algorithmen beim Öffnen und Schließen von Dateien mit *open* und *close*; der Zustand einer Datei während eines *exec*-Aufrufs ähnelt dem einer geöffneten Datei, abgesehen davon, daß hier kein Dateitabelleneintrag vorhanden ist. Kehrt der Prozeß aus dem *exec*-Aufruf zurück, führt er den Code des neuen Programms aus. Es handelt sich aber immer noch um den gleichen Prozeß wie vor *exec*; seine Prozeß-ID ändert sich nicht, und auch seine Priorität in der Prozeßhierarchie bleibt gleich. Geändert hat sich nur der Benutzerkontext.

Zum Beispiel erzeugt das Programm in Abbildung 7.21 einen Sohn, der *exec* aufruft. Unmittelbar nach Rückkehr aus dem Aufruf *fork* führen Vater und Sohn zwei unabhängige Kopien des Programms aus. Beim Aufruf von *exec* durch den Sohn besteht seine Textregion aus den Anweisungen für das Programm, seine Datenregion besteht aus den Strings „/bin/date“ und „date“ und sein Stack enthält die vom Prozeß abgelegten Stackframes, damit er zum *exec*-Aufruf gelangen konnte. Der Kern findet die Datei „/bin/date“ im Dateisystem, stellt fest, daß alle Benutzer sie ausführen dürfen und daß sie ein ausführbarer Lademodul ist. Per Konvention ist der erste Parameter der Argumentliste *argv* für *exec* der letzte (Teil des) Pfadname(ns) für die ausführbare Datei. Der Prozeß hat dadurch auf Benutzerebene Zugriff auf den Programmnamen, eine manchmal recht nützliche Eigenschaft[3]. Jetzt kopiert der Kern die Strings „/bin/date“ und „date“ in einen internen Pufferbereich und gibt die vom Prozeß belegten Text-, Daten- und Stackregionen frei. Er ordnet für den Prozeß neue Text-, Daten- und Stackregionen zu, kopiert die Anweisungssektion der Datei „/bin/date“ in die Textregion und kopiert schließlich noch die Datensektion der Datei in die Datenregion. Der Kern stellt die ursprüngliche Parameterliste wieder her (hier den Zeichenstring „date“) und legt sie in der Stackregion ab. Nach dem *exec*-Aufruf führt der Sohn nicht mehr das alte Programm, sondern das Programm „date“ aus: Ist das Programm „date“ beendet, erhält der Vater aus dem Aufruf *wait* seinen *exit*-Code.

```
main()
{
        int status;
        if (fork() == 0)
                execl("/bin/date", "date", 0);
        wait(&status);
}
```

Abb. 7.21: Verwendung von Exec

[3] Im System V bilden beispielsweise die Programme zum Umbenennen (*mv*), Kopieren (*cp*) und Linken (*ln*) einer Datei eine einzige ausführbare Datei, denn sie führen alle denselben Code aus. Zum Ermitteln der vom Benutzer gewünschten Tätigkeit sieht der Prozeß im Namen nach, mit dem der Benutzer ihn aufrief.

Bis jetzt sind wir davon ausgegangen, daß Text und Daten eines Prozesses getrennte Sektionen eines ausführbaren Programmes und damit auch getrennte Regionen eines laufenden Prozesses belegen. Zwei Vorteile ergeben sich daraus, Text und Daten getrennt zu halten: Schutz und gemeinsame Verwendung. Liegen Text und Daten in der gleichen Region, kann das System einen Prozeß nicht daran hindern, seine eigenen Anweisungen zu überschreiben, denn es weiß ja nicht, an welchen Adressen sich Text bzw. Daten befinden. Befinden sich Text und Daten dagegen in getrennten Regionen, kann der Kern Schutzmechanismen der Hardware dazu einsetzen, Prozesse am Überschreiben ihrer Textbereiche zu hindern. Versucht ein Prozeß wegen eines Fehlers, seinen Textbereich zu überschreiben, erzeugt er einen Speicherschutzfehler, der typischerweise zum Abbruch des Prozesses führt.

Zum Beispiel weist das Programm in Abbildung 7.22 dem Pointer *ip* die Adresse der Funktion *f* zu und trifft Vorkehrungen, alle Signale zu behandeln. Ist das Programm so kompiliert, daß sich Text und Daten in getrennten Regionen befinden, erzeugt der das Programm ausführende Prozeß beim Versuch, den Inhalt von *ip* zu schreiben, einen Speicherschutzfehler, denn er schreibt damit in seine schreibgeschützte Textregion. Auf einem AT&T 3B20-Rechner sendet der Kern dem Prozeß ein *SIGBUS*-Signal, andere Implementierungen können natürlich andere Signale senden. Der Prozeß fängt das Signal ab und beendet die Arbeit über *exit*, ohne die print-Anweisung in *main* auszuführen. Ist das Programm dagegen so kompiliert, daß Text und Daten Teile einer Region (der Datenregion) sind, bemerkt der Kern nicht, daß der Prozeß die Adresse der Funktion *f* überschreibt. Die Adresse von *f* enthält jetzt den Wert 1! Der Prozeß führt auch noch die print-Anweisung in *main* aus, beim Aufruf von *f* jedoch führt er einen ungültigen Befehlscode aus. Der Kern sendet ein *SIGILL*-Signal und der Prozeß läuft auf *exit*.

```
#include <signal.h>
main()
{
        int i, *ip;
        extern f(), sigcatch();

        ip = (int *)f;          /* assign ip to address of function f */
        for (i = 0;  i < 20;  i++)
                signal(i, sigcatch);
        *ip = 1;                /* attempt to overwrite address of f */
        printf("after assign to ip\n");
        f();
}

f()
{
}

sigcatch(n)
        int n;
{
        printf("caught sig %d\n", n);
        exit(1);
}
```

Abb. 7.22: Beispiel für ein Programm, das seinen eigenen Textbereich überschreibt

Das Halten von Befehlen und Daten in getrennten Regionen erleichtert also den Schutz gegen Adressierungsfehler. Frühe Versionen von UNIX ließen wegen der Beschränkung der Prozeßgröße auf PDP-Rechnern jedoch Text und Daten in einer Region zu: Die Programme waren kleiner und benötigten weniger „Segmentierungs-" Register, wenn Text und Daten die gleiche Region belegten. Die aktuellen Systemversionen weisen keine so zwingenden Einschränkungen für Prozesse mehr auf, und zukünftige Compiler werden auch die Möglichkeit, Text und Daten in eine Region zu laden, nicht mehr unterstützen.

```
algorithm xalloc              /* allocate and initialize text region */
input:  inode of executable file
output: none
{
        if (executable file does not have separate text region)
                return;
        if (text region associated with text of inode)
        {
                /* text region already exists...attach to it */
                lock region;
                while (contents of region not ready yet)
                {
                        /* manipulation of reference count prevents total
                         * removal of the region.
                         */
                        increment region reference count;
                        unlock region;
                        sleep (event contents of region ready);
                        lock region;
                        decrement region reference count;
                }
                attach region to process (algorithm attachreg);
                unlock region;
                return;
        }
        /* no such text region exists---create one */
        allocate text region (algorithm allocreg); /* region is locked */
        if (inode mode has sticky bit set)
                turn on region sticky flag;
        attach region to virtual address indicated by inode file header
                                        (algorithm attachreg);
        if (file specially formatted for paging system)
                /* Chapter 9 discusses this case */
        else        /* not formatted for paging system */
                read file text into region (algorithm loadreg);
        change region protection in per process region table to read only;
        unlock region;
}
```

Abb. 7.23: Algorithmus für das Zuordnen von Textregionen

Der zweite Vorteil getrennter Regionen für Text und Daten liegt in der Möglichkeit, Regionen gemeinsam zu benutzen. Kann ein Prozeß nicht in seine Textregion schreiben, so wird der Text sich auch vom Zeitpunkt an, wo der Kern ihn von der ausführbaren Datei lädt, nicht mehr verändern. Führen mehrere Prozesse gleichzeitig eine Datei aus, können sie deshalb speichersparend eine Textregion gemeinsam benutzen. Ordnet der Kern deshalb in *exec* die Textregion für einen Prozeß zu, so prüft er, ob die ausführbare Datei die gemeinsame Nutzung ihres Texts, angezeigt durch die magische Zahl, gestattet. Ist dem so, folgt der Kern dem Algorithmus *xalloc* zum Auffinden einer bestehenden Region für den Text der Datei oder um eine neue Region zuzuweisen (siehe Abbildung 7.23).

In *xalloc* durchsucht der Kern die Liste der aktiven Regionen nach der Textregion der Datei, die daran erkennbar ist, daß ihr Inodezeiger auf die Inode der ausführbaren Datei zeigt. Existiert keine solche Region, ordnet der Kern (mit *allocreg*) eine neue Region zu, verknüpft sie (über *attachreg*) mit dem Prozeß, lädt sie (mit *loadreg*) in den Speicher und setzt ihren Schreibschutz. Letzterer Schritt verursacht einen Speicherschutzfehler, wenn ein Prozeß versucht, in die Textregion zu schreiben. Entdeckt der Kern bei seiner Suche in der Liste aktiver Regionen eine Region mit dem Text der Datei, so stellt er sicher, daß die Region in den Speicher geladen ist (andernfalls schläft er so lange) und verknüpft sie mit dem Prozeß. Bei Beendigung von *xalloc* entsperrt der Kern die Region und verringert später auch bei der Ausführung von *detachreg* in *exit* oder *exec* den Regionszähler. Herkömmliche Implementierungen des Systems enthalten eine *Texttabelle*, die der Kern in der gerade für Textregionen beschriebenen Weise bearbeitet. Der Satz von Textregionen kann also auch als eine moderne Version der früheren Texttabelle angesehen werden.

Erinnern wir uns, daß der Kern beim erstmaligen Zuordnen einer Region in *allocreg* (Abschnitt 6.5.2) den Referenzzähler der mit der Region verbundenen Inode erhöht, nachdem er den Zähler bereits mit *namei* (über *iget*) am Anfang von *exec* erhöht hat. Da der Kern aber den Referenzzähler in *iput* am Ende von *exec* wieder erniedrigt, ist der Referenzzähler einer in Ausführung befindlichen (gemeinsamen) Textdatei mindestens 1: Gibt ein Prozeß deshalb *unlink* auf die Datei aus, bleibt ihr Inhalt bestehen. Nach dem Laden in den Speicher benötigt der Kern die Datei nicht mehr, er benötigt jedoch den Zeiger auf die Speicherinode in der Regionstabelle, um die zur Region gehörende Datei zu identifizieren. Würde der Referenzzähler auf 0 fallen, könnte der Kern die Speicherinode für eine andere Datei neu zuordnen und würde so die Bedeutung des Inodezeigers in der Regionstabelle verfälschen: Führt ein Benutzer mit *exec* die neue Datei aus, findet er durch diesen Fehler die Textregion der alten Datei. Der Kern vermeidet dieses Problem durch Erhöhen des Inodereferenzzählers in *allocreg*, wodurch eine Neuzuweisung der Speicherinode verhindert wird. Löst der Prozeß die Textregion in *exit* oder *exec* wieder, erniedrigt der Kern den Inodereferenzzähler ein weiteres Mal in *freereg*, außer, wie wir noch sehen werden, das Stickybit in der Inode ist gesetzt.

Erinnern wir uns an den *exec*-Aufruf von „/bin/date" in Abbildung 7.21 und nehmen wir dafür an, daß die Datei getrennte Regionen für Text und Daten besitzt. Bei der ersten Ausführung von „/bin/date" ordnet der Kern einen Regionstabelleneintrag für den Text zu (Abbildung 7.24) und läßt den Inodereferenzzähler (nach Beendigung von *exec*) auf 1. Erreicht „/bin/date" *exit*, ruft der Kern *detachreg* und *freereg* auf und erniedrigt damit den Inodereferenzzähler auf 0. Hätte der Kern den Inodereferenzzähler für „/bin/date" beim ersten Aufruf von *exec* nicht erhöht, wäre dieser bereits zur Laufzeit des Prozesses 0 und die Inode in der freien Liste. Nehmen wir jetzt an, ein anderer Prozeß führt mit *exec* „/bin/who" aus, und der Kern ordnet die bisher für „/bin/date" verwendete Speicherinode auf „/bin/who" zu. Der Kern durchsucht die Regionstabelle nach der Inode für „/bin/who", fin-

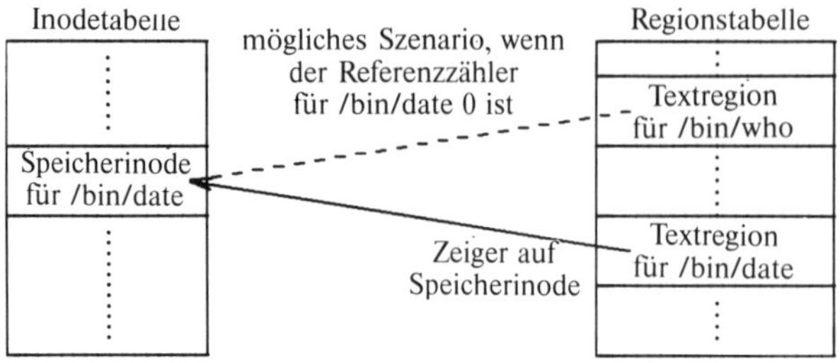

Abb. 7.24: Beziehung zwischen Inodetabelle und Regionstabelle für gemeinsame Textbereiche

det aber stattdessen die Inode für „/bin/date". In der Annahme, die Region enthalte den Text für „/bin/who", führt der Kern das falsche Programm aus. Der Inodereferenzzähler für in Ausführung befindliche gemeinsame Textdateien ist folglich mindestens 1, damit der Kern die Inode nicht erneut zuordnen kann.

Die Fähigkeit zum gemeinsamen Verwenden von Regionen erlaubt es dem Kern, durch Verwendung des *Stickybits* die Aufbauphase für ein mit *exec* auszuführendes Programm zu verkürzen. Der Systemverwalter kann für häufig verwendete ausführbare Dateien mit dem Systemaufruf (und Kommando) *chmod* den Stickybit-Modus für Dateien setzen. Führt ein Prozeß eine Datei mit gesetztem Stickybit aus, gibt der Kern den für den Text zugeordneten Speicher nicht frei, wenn er später bei *exit* oder *exec* die Region löst, auch wenn dabei der Regionszähler auf 0 fällt. Der Kern läßt die Textregion mit einem *Inodereferenzzähler* = 1 im Speicher, selbst wenn sie mit keinem Prozeß mehr verknüpft ist. Gibt ein anderer Prozeß *exec* auf die Datei aus, findet er den Regionstabelleneintrag für den Text der Datei. Die Aufbauzeit für den Prozeß ist gering, denn er muß den Text nicht erst aus dem Dateisystem lesen: Befindet sich der Text noch im Speicher, muß der Kern für ihn keine I/O-Operationen durchführen; hat der Kern den Text auf ein Swapgerät ausgelagert, ist es, wie wir in Kapitel 9 sehen werden, immer noch schneller, den Text hiervon zurückzuladen, als ihn aus dem Dateisystem zu lesen.

In den folgenden Fällen entfernt der Kern jedoch auch Textregionen mit gesetztem Stickybit:

1. Öffnet ein Prozeß eine Datei mit *open* zum Schreiben, wird die *write*-Operation den Inhalt der Datei verändern und damit den Inhalt der Textregion ungültig machen.
2. Ändert ein Prozeß die Zugriffsrechte auf eine Datei (*chmod*) so, daß das Stickybit nicht mehr gesetzt ist, sollte die Datei nicht mehr in der Regionstabelle bleiben.
3. Gibt ein Prozeß *unlink* auf eine Datei aus, kann kein Prozeß sie mehr mit *exec* ausführen, denn für die Datei ist kein Eintrag mehr im Dateisystem vorhanden; es werden also auch keine neuen Prozesse auf die Regionstabelle der Datei zugreifen. Da somit kein Bedarf mehr für die Textregion besteht, kann der Kern sie entfernen und dadurch wieder Betriebsmittel verfügbar machen.
4. Demontiert ein Prozeß das Dateisystem, ist die Datei nicht länger verfügbar und kein Prozeß kann sie mit *exec* ausführen, es trifft also dann die Logik von Punkt 3 zu.
5. Findet der Kern keinen Platz mehr auf dem Swapgerät, versucht er dadurch Platz zu schaffen, daß er Regionen mit gesetztem Stickybit freigibt, die augenblicklich nicht genutzt werden. Obwohl auch andere Prozesse in Kürze die Textregion benötigen könnten, hat doch der Kern im Augenblick vorrangigere Bedürfnisse.

In den ersten beiden Fällen muß die Textregion trotz gesetztem Stickybit entfernt werden, denn sie gibt nicht länger den aktuellen Zustand der Datei wieder. In den restlichen drei Fällen entfernt der Kern die Regionen, weil es pragmatisch und sinnvoll ist. Natürlich gibt der Kern eine Region *nur* frei, wenn keine Prozesse aktuell darauf zugreifen (ihr Referenzzähler ist 0); in den restlichen Fällen (Fälle 1, 3 und 4) werden die Systemaufrufe *open*, *unlink* und *umount* mit Fehler beendet.

Ein wenig komplizierter wird das Szenario für *exec*, wenn ein Prozeß sich selbst mit *exec* ausführt. Gibt ein Benutzer

```
sh script
```

ein, so gibt die Shell *fork* aus, der Sohn gibt *exec* auf die Shell aus und führt dann die Befehle in der Datei „script" aus. Gibt ein Prozeß *exec* auf sich selbst aus und gestattet gemeinsamen Zugriff auf seine Textregion, muß der Kern durch Inode- und Regionssperren hervorgerufene Deadlocksituationen verhindern. Das heißt, der Kern kann nicht einfach die „alte" Textregion sperren, die Sperre aufrecht erhalten und dann versuchen, die „neue" Textregion zu sperren, denn alte und neue Region sind identisch. Stattdessen läßt der Kern die alte Textregion einfach mit dem Prozeß verknüpft, denn sie wird ja weiterverwendet.

Prozesse rufen *exec* gewöhnlich nach *fork* auf; der Sohn kopiert dabei in *fork* den Adreßraum des Vaters, entfernt ihn in *exec* und führt dann ein anderes Programmabbild aus als der Vater. Wäre es hier nicht natürlicher, die zwei Systemaufrufe in einen zusammenzufassen, der ein Programm aufruft und es als neuen Prozeß laufen läßt? Ritchie vermutet, daß *fork* und *exec* deshalb als getrennte Aufrufe vorhanden sind, weil er und Thompson bei der Entwicklung von UNIX in der Lage waren, den Aufruf *fork* ohne große Änderungen am bestehenden Systemkern hinzuzufügen (siehe Seite 1584 in [Ritchie 84a]). Die Trennung von *fork* und *exec* ist jedoch auch von funktioneller Bedeutung, denn Prozesse können so unabhängg voneinander die Filedeskriptoren für ihre Standard-Eingabe und Standard-Ausgabe bearbeiten und damit eleganter Pipes aufbauen, als dies mit einem kombinierten Systemaufruf möglich wäre. Das Beispiel der Shell in Abschnitt 7.8 unterstreicht diese Eigenschaft.

7.6 Die Benutzer-ID eines Prozesses

Der Kern führt unabhängig von der Prozeß-ID für jeden Prozeß zwei Benutzer-IDs: die *reale Benutzer-ID* und die *effektive Benutzer-ID* bzw. *setuid* (set user ID). Die reale Benutzer-ID gibt den Benutzer an, der für den Ablauf des Prozesses verantwortlich ist. Die effektive Benutzer-ID wird zum Zuweisen der Eigentümerschaft an neu erzeugten Dateien, zum Prüfen von Dateizugriffsrechten und zum Prüfen auf die Berechtigung zum Senden von Signalen an Prozesse über den Systemaufruf *kill* verwendet. Der Kern gestattet es einem Prozeß, durch Ausführen eines *setuid*-Programms oder durch expliziten Aufruf von *setuid*, seine effektive Benutzer-ID zu verändern.

Ein *setuid*-Programm ist eine ausführbare Datei, in deren Berechtigungsfeld das *setuid*-Bit gesetzt ist. Führt ein Prozeß mit *exec* ein *setuid*-Programm aus, setzt der Kern die Felder für die effektive Benutzer-ID in der Prozeßtabelle und im *u-Bereich* auf die Eigentümer-ID der Datei. Zur besseren Unterscheidung wollen wir das Feld in der Prozeßtabelle als *gesicherte* Benutzer-ID bezeichnen. Ein Beispiel zeigt den Unterschied zwischen den beiden Feldern.

Die Syntax für den Systemaufruf *setuid* lautet:

```
setuid(uid);
```

Dabei ist *uid* die neue Benutzer-ID; der Wert der Variablen ist abhängig vom aktuellen Wert der effektiven Benutzer-ID. Ist die effektive Benutzer-ID des aufrufenden Prozesses der Superuser, so setzt der Kern die Felder für reale und effektive Benutzer-ID in der Prozeßtabelle und im *u-Bereich* zurück auf den Wert von *uid*. Ist die effektive Benutzer-ID des aufrufenden Prozesses nicht der Superuser, setzt der Kern die effektive Benutzer-ID im *u-Bereich* zurück auf *uid*, falls *uid* den Wert der realen Benutzer-ID oder der gesicherten Benutzer-ID enthält. Ansonsten kehrt der Systemaufruf mit Fehler zurück. Im allgemeinen erbt ein Prozeß reale und effektive Benutzer-IDs über den *fork*-Aufruf von seinen Eltern und hält ihre Werte über *exec*-Aufrufe hinweg konstant.

Das Programm in Abbildung 7.25 zeigt den Systemaufruf *setuid*. Nehmen wir an, die durch Übersetzen des Programms erzeugte ausführbare Datei hat den Besitzer „maury" (Benutzer-ID 8319), ihr *setuid*-Bit ist gesetzt, und alle Benutzer haben Ausführungsrecht auf die Datei. Außerdem setzen wir voraus, daß die Benutzer „mjb" (Benutzer-ID 5088) und „maury" jeweils Dateien dieses Namens besitzen und daß beide Dateien für ihre Besitzer nur Lesezugriff gestatten. Bei Ausführung des Programms erhält der Benutzer „mjb" folgendes Ergebnis:

```
uid 5088 euid 8319
fdmjb -1 fdmaury 3
after setuid(5088): uid 5088 euid 5088
fdmjb 4 fdmaury -1
after setuid(8319): uid 5088 euid 8319
```

```
#include <fcntl.h>
main()
{
        int uid, euid, fdmjb, fdmaury;

        uid = getuid();                 /* get real UID */
        euid = geteuid();       /* get effective UID */
        printf("uid %d euid %d\n", uid, euid);

        fdmjb = open("mjb", O_RDONLY);
        fdmaury = open("maury", O_RDONLY);
        printf("fdmjb %d fdmaury %d\n", fdmjb, fdmaury);

        setuid(uid);
        printf("after setuid(%d): uid %d euid %d\n", uid, getuid(), geteuid());

        fdmjb = open("mjb", O_RDONLY);
        fdmaury = open("maury", O_RDONLY);
        printf("fdmjb %d fdmaury %d\n", fdmjb, fdmaury);

        setuid(euid);
        printf("after setuid(%d): uid %d euid %d\n", euid, getuid(), geteuid());
}
```

Abb. 7.25: Beispiel für die Ausführung eines setuid-Programms

Die Systemaufrufe *getuid* und *geteuid* geben die reale und effektive Benutzer-ID des Prozesses, also 5088 und 8319 für den Benutzer „mjb“, zurück. Der Prozeß kann die Datei „mjb“ nicht öffnen, denn seine effektive Benutzer-ID (8319) gestattet keinen Lesezugriff darauf, er kann jedoch *open* auf die Datei „maury“ ausführen. Nach Aufruf von *setuid* zum Rücksetzen der effektiven Benutzer-ID des Prozesses auf die reale Benutzer-ID („mjb“) gibt die print-Anweisung die Werte 5088 und 5088, die Benutzer-ID von „mjb“, aus. Jetzt kann der Prozeß die Datei „mjb“ öffnen, denn seine effektive Benutzer-ID gestattet Lesezugriff auf die Datei, er kann dagegen keinen *open*-Aufruf auf „maury“ durchführen. Schließlich gibt die dritte print-Anweisung nach einem weiteren *setuid*-Aufruf zum Rücksetzen der effektiven Benutzer-ID auf den gesicherten *setuid*-Wert des Programms (8319) wieder die Werte 5088 und 8319 aus. Letzterer Fall zeigt, daß ein Prozeß ein *setuid*-Programm ausführen und damit seine effektive Benutzer-ID zwischen realer Benutzer-ID und *setuid*-Wert hin- und herschalten kann.

Der Benutzer „maury“ erhält bei Ausführung des Programms das folgende Ergebnis:

```
uid 8319 euid 8319
fdmjb -1 fdmaury 3
after setuid(8319): uid 8319 euid 8319
fdmjb -1 fdmaury 4
after setuid(8319): uid 8319 euid 8319
```

Reale und effektive Benutzer-ID sind immer 8193: der Prozeß kann *open* auf die Datei „maury“, nicht aber auf die Datei „mjb“ ausführen. Die im *u-Bereich* abgelegte effektive Benutzer-ID ist das Ergebnis des letzten *setuid*-Aufrufs bzw. der letzten Ausführung eines *setuid*-Programms; sie allein ist maßgeblich für das Ermitteln der Dateizugriffsrechte. Die *gesicherte* Benutzer-ID in der Prozeßtabelle erlaubt es einem Prozeß, seine effektive Benutzer-ID durch Ausführen eines *setuid*-Aufrufs rückzusetzen und damit seine ursprüngliche effektive Benutzer-ID wiederherzustellen.

Das *login*-Programm, das von Benutzern beim Einloggen ins System ausgeführt wird, ist ein typisches Beispiel für ein Programm mit *setuid*-Aufruf. *Login* ist ein *setuid* auf die Wurzel (den Superuser) und läuft deshalb mit der *effektiven Benutzer-ID* der Wurzel. Es erfragt vom Benutzer verschiedene Informationen wie Name und Paßwort und ruft nach entsprechenden Antworten *setuid* auf, um seine reale und effektive Benutzer-ID auf die des im Login befindlichen Benutzers zu setzen (die entsprechenden Daten finden sich in der Datei „/etc/passwd“). *Login* ruft abschließend die Shell auf, die dann mit entsprechend dem Benutzer gesetzten realen und effektiven Benutzer-IDs läuft.

Der Befehl *mkdir* ist ein typisches *setuid*-Programm. Wir wissen aus Abschnitt 5.8, daß nur ein Prozeß mit effektiver Benutzer-ID des Superusers einen Katalog erzeugen kann. Um auch gewöhnlichen Benutzern die Möglichkeit zum Erzeugen von Katalogen zu geben, ist der Befehl *mkdir* ein zur Wurzel gehörendes *setuid*-Programm (mit den Rechten des Superusers). Bei Ausführung von mkdir läuft der Prozeß mit den Zugriffsrechten des Superusers, erzeugt mit *mknod* den Katalog für den Benutzer und ändert dann Eigentümer und Zugriffsrechte das Katalogs auf den tatsächlichen Benutzer ab.

7.7 Ändern der Größe eines Prozesses

Ein Prozeß kann über den Systemaufruf *brk* den Umfang seiner Datenregion vergrößern oder verkleinern. Die Syntax des Systemaufrufs *brk* lautet:

```
brk(endds);
```

Dabei wird *endds* die höchste virtuelle Adresse der Datenregion des Prozesses (auch als *break*-Wert bezeichnet). Alternativ dazu kann der Benutzer auch den Aufruf

```
oldendds = sbrk(increment)
```

ausgeben. Dabei verändert *increment* den aktuellen break-Wert um die angegebene Anzahl Bytes, *oldendds* ist der break-Wert vor dem Aufruf. *Sbrk* ist lediglich eine C-Bibliotheksroutine zum Aufruf von *brk*. Wird als Ergebnis des Aufrufs der Datenbereich des Prozesses vergrößert, grenzt der neu zugeordnete Datenbereich virtuell direkt an den bisherigen an; das heißt, der virtuelle Adreßraum des Prozesses erstreckt sich kontinuierlich bis in den neu zugeordneten Datenbereich. Der Kern prüft zudem, ob die neue Prozeßgröße kleiner ist als die Systemgrenze und ob sich die neue Datenregion nicht mit dem vorher zugeordneten virtuellen Adreßraum überschneidet (Abbildung 7.26). Sind alle Prüfungen erfolgreich beendet, ruft der Kern *growreg* auf, ordnet den zusätzlichen Speicher für die Datenregion zu (z. B. Seitentabellen) und erhöht die Prozeßgröße. In einem Swappingsystem versucht er außerdem, realen Speicherplatz für den neuen Adreßraum zuzuordnen und diesen auf Null zu initialisieren; ist im Speicher kein Platz vorhanden, lagert er den Prozeß aus, um den benötigten neuen Platz zu erhalten (dies wird genauer in Kapitel 9 erklärt). Ruft der Prozeß *brk* zur Freigabe von früher zugeordnetem Speicherplatz auf, so gibt der Kern diesen frei; greift der Prozeß später auf virtuelle Adressen in Seiten zu, die er bereits freigegeben hat, erzeugt er einen Seitenfehler.

```
algorithm brk
input:  new break value
output: old break value
{
        lock process data region;
        if (region size increasing)
                if (new region size is illegal)
                {
                        unlock data region;
                        return(error);
                }
        change region size (algorithm growreg);
        zero out addresses in new data space;
        unlock process data region;
}
```

Abb. 7.26: Algorithmus für Brk

Abbildung 7.27 zeigt ein Programm zur Verwendung von *brk* und seine Ausgabe beim Ablauf auf einem AT&T 3B20-Rechner. Nachdem er mit dem Aufruf von *signal* Vorkehrungen für das Abfangen von Signalen wegen *Segmentfehler* getroffen hat, ruft der Prozeß *sbrk* auf und gibt seinen anfänglichen *break*-Wert aus. Dann geht er in eine Schleife, erhöht

```
#include <signal.h>
char *cp;
int callno;

main()
{
        char *sbrk();
        extern catcher();

        signal(SIGSEGV, catcher);
        cp = sbrk(0);
        printf("original brk value %u\n", cp);
        for (;;)
                *cp++ = 1;
}

catcher(signo)
        int signo;
{
        callno++;
        printf("caught sig %d %dth call at addr %u\n", signo, callno, cp);
        sbrk(256);
        signal(SIGSEGV, catcher);
}
```

```
original brk value 140924
caught sig 11 1th call at addr 141312
caught sig 11 2th call at addr 141312
caught sig 11 3th call at addr 143360
      ... (same address printed out to 10th call)
caught sig 11 10th call at addr 143360
caught sig 11 11th call at addr 145408
      ... (same address printed out to 18th call)
caught sig 11 18th call at addr 145408
caught sig 11 19th call at addr 145408
                    .
                    .
```

Abb. 7.27: Verwendung von Brk und Beispiel der Programmausgabe

einen Zeichenzeiger und schreibt an die dadurch bestimmte Stelle, bis er an eine Adresse außerhalb seiner Datenregion schreiben will und dadurch ein *Segmentfehlersignal* verursacht. *Catcher* fängt das Signal ab und ruft *sbrk* auf, um weitere 256 Bytes in der Datenregion zuzuteilen; der Prozeß läuft von der Stelle, an der er in der Schleife unterbrochen wurde, weiter und schreibt in den neu zugeteilten Bereich. Gerät er wieder über seine Datenregion hinaus, wiederholt sich der geschilderte Vorgang. Eine interessante Erscheinung tritt bei Maschinen auf, deren Speicher wie bei der 3B20 in Seiten zugeteilt wird. Eine

Seite ist die kleinste von der Hardware geschützte Speichermenge; die Hardware kann deshalb nicht feststellen, ob ein Prozeß an Stellen schreibt, die außerhalb seines *break*-Wertes liegen, sich aber noch in einer halblegalen Seite befinden. Den Vorgang zeigt die Ausgabe des Programms in Abbildung 7.27: der erste *sbrk*-Aufruf gibt 140924 zurück, was bedeutet, daß in der Seite, die auf einer 3B20 2K Bytes umfaßt, noch 388 Bytes verfügbar sind. Der Prozeß wird jedoch erst dann einen Fehler erzeugen, wenn er bei Adresse 141312 die nächste Seite erreicht. *Catcher* addiert 256 auf den *break*-Wert, erhöht ihn also auf 141180, was immer noch unter der Adresse der nächsten Seite liegt. Der Prozeß erzeugt also sofort wieder einen Fehler und gibt dieselbe Adresse 141312 aus. Nach dem nächsten Aufruf *sbrk* ordnet der Kern eine neue Speicherseite zu, der Prozeß kann also weiter 2K Bytes bis zur Adresse 143360 ansprechen, obwohl sein *break*-Wert nicht so hoch liegt. Wenn er den nächsten Fehler erzeugt, wird er bis zum Weiterarbeiten *sbrk* achtmal aufrufen. Ein Prozeß kann sich also manchmal Speicherplatz über seinen *break*-Wert hinaus erschwindeln; ein solcher Stil stellt dem Programmierer jedoch ein Armutszeugnis aus.

Der Kern erweitert die Größe des Benutzerstacks automatisch bei dessen Überlauf und folgt dabei einem Algorithmus, der *brk* ähnelt. Ein Prozeß enthält anfänglich genügend Platz im (Benutzer-) Stack für die Aufnahme der *exec*-Parameter, der ursprüngliche Bereich wird jedoch überschritten, wenn der Prozeß während der Ausführung Daten im Stack ablegt. Beim Überlauf des Stacks entsteht ein Speicherfehler, denn der Prozeß ver-

```
/* read command line until "end of file" */
while (read(stdin, buffer, numchars))
{
        /* parse command line */
        if (/* command line contains & */)
                amper = 1;
        else
                amper = 0;
        /* for commands not part of the shell command language */
        if (fork() == 0)
        {
                /* redirection of IO? */
                if (/* redirect output */)
                {
                        fd = creat(newfile, fmask);
                        close(stdout);
                        dup(fd);
                        close(fd);
                        /* stdout is now redirected */
                }
                if (/* piping */ )
                {
                        pipe(fildes);
```

Abb. 7.28: Hauptschleife der Shell

sucht auf eine Stelle außerhalb seines Adreßraums zuzugreifen. Der Kern stellt durch Vergleichen von (fehlerhaftem) Stackpointer und Größe der Stackregion fest, daß die Ursache für den Speicherfehler ein Stacküberlauf war. Der Kern ordnet nun genauso, wie er vorher neuen Platz für *brk* zugeordnet hat, neuen Platz für die Stackregion zu. Nach der Rückkehr aus dem Interrupt verfügt der Prozeß über den zur Fortsetzung seiner Arbeit nötigen Stackbereich.

7.8 Die Shell

Wir haben in diesem Kapitel genug Voraussetzungen erfüllt, um jetzt besprechen zu können, wie die *Shell* arbeitet. Die Shell ist natürlich wesentlich komplexer als hier beschrieben, doch die Beziehungen der Prozesse untereinander sind beispielhaft für das tatsächliche Programm. Abbildung 7.28 zeigt die Hauptschleife der Shell und führt asynchrone Ausführung, Umleitung von Ausgaben und Pipes vor.

Die Shell liest mit *read* eine Kommandozeile von der Standard-Eingabe und interpretiert sie mittels eines festen Satzes von Regeln. Die Filedeskriptoren für Standard-Eingabe und Standard-Ausgabe der Login-Shell sind normalerweise, wie wir in Kapitel 10 sehen werden, das Terminal, an dem sich der Benutzer anmeldete. Erkennt die Shell den Eingabestring als

```
                    if (fork() == 0)
                    {
                            /* first component of command line */
                            close(stdout);
                            dup(fildes[1]);
                            close(fildes[1]);
                            close(fildes[0]);
                            /* stdout now goes to pipe */
                            /* child process does command */
                            execlp(command1, command1, 0);
                    }
                    /* 2nd command component of command line */
                    close(stdin);
                    dup(fildes[0]);
                    close(fildes[0]);
                    close(fildes[1]);
                    /* standard input now comes from pipe */
            }
            execve(command2, command2, 0);
    }
    /* parent continues over here...
     * waits for child to exit if required
     */
    if (amper == 0)
            retid = wait(&status);
}
```

Abb. 7.28: Hauptschleife der Shell (Fortsetzung)

eingebauten Befehl (beispielsweise die Befehle *cd*, *for*, *while*, und noch einige andere), so führt sie diesen Befehl intern und ohne Erzeugen eines neuen Prozesss aus; ansonsten geht sie davon aus, daß der Befehl der Name einer ausführbaren Datei ist.

Die einfachsten Kommandozeilen enthalten einen Programmnamen und einige Parameter, so etwa:

```
who
grep -n include *.c
ls -1
```

Die Shell ruft *fork* auf und erzeugt einen Sohn, der mit *exec* das vom Benutzer in der Kommandozeile angegebene Programm ausführt. Der Vater, also die vom Benutzer gerade verwendete Shell, wartet mit *wait* auf den *exit* des Sohns aus dem Kommando und geht dann wieder in die *read*-Schleife für den nächsten Befehl.

Um einen Prozeß wie in

```
nroff -mm bigdocument &
```

auszuführen, setzt die Shell beim Antreffen des Zeichens & eine interne Variable *amper*. Ist die Variable bei Schleifenende gesetzt, wird kein *wait* ausgeführt, sondern der Schleifendurchlauf erneut gestartet und mit *read* die nächste Kommandozeile gelesen.

Die Abbildung zeigt, daß der Sohn nach *fork* Zugriff auf eine Kopie der Kommandozeile der Shell hat. Zum Umleiten der Standard-Ausgabe in eine Datei, wie in

```
nroff -mm bigdocument > output
```

erzeugt der Sohn mit *creat* die in der Kommandozeile angegebene Ausgabedatei; schlägt *creat* fehl (beispielsweise beim Erzeugen einer Datei mit falschen Zugriffsberechtigungen für den Katalog), führt der Sohn sofort *exit* aus. Ist *creat* dagegen erfolgreich, schließt der Sohn die frühere Standard-Ausgabe und erzeugt mit *dup* eine Kopie des Filedeskriptors der neuen Ausgabedatei. Der Filedeskriptor der Standard-Ausgabe bezieht sich jetzt (umgeleitet) auf die Datei. Der Sohn schließt nun den von *creat* erhaltenen Filedeskriptor, um für das mit *exec* auszuführende Programm Filedeskriptoren einzusparen. In ähnlicher Weise leitet die Shell auch Standard-Eingabe und Diagnose-Ausgabe um.

Der Code zeigt, wie die Shell eine Kommandozeile mit einer einzelnen *Pipe* bearbeiten könnte, wie etwa:

```
ls -1|wc
```

Nachdem der Vater *fork* aufgerufen und einen Sohn erzeugt hat, erzeugt der Sohne eine *Pipe*. Dann gibt auch der Sohn *fork* aus; er und sein Kind bearbeiten jeweils einen Teil der Kommandozeile. Das mit dem zweiten *fork*-Aufruf erzeugte Enkelkind führt die erste Komponente der Kommandozeile (ls) aus: Es schreibt in die *Pipe*, es schließt also den Filedeskriptor seiner Standard-Ausgabe, dupliziert den Schreibdeskriptor der Pipe und schließt den ursprünglichen Schreibdeskriptor der Pipe, da dieser jetzt unnötig ist. Der Vater (*wc*) des letzten Sohns (*ls*) ist der Sohn der urprünglichen Shell (siehe Abbildung 7.29). Dieser Prozeß (*wc*) schließt seine Standard-Eingabe, dupliziert den Lesedeskriptor der Pipe und macht ihn zum Filedeskriptor der Standard-Eingabe. Jetzt schließt er den ursprünglichen Lesedeskriptor der Pipe, da er ihn ja nicht länger benötigt, und führt den zweiten Teil der ursprünglichen Kommandozeile aus. Die beiden Prozesse, die jetzt die Kommandozeile ausführen, laufen asynchron ab, die Ausgabe des einen Prozesses läuft in die Eingabe des anderen. Die (Vater-) Shell wartet in der Zwischenzeit auf den *exit* ihres Sohns (*wc*) und fährt dann wie gewöhnlich fort: beim *exit* von *wc* ist die ganze Kommandozeile abgearbeitet. Die Shell geht in ihre Schleife und liest das nächste Kommando.

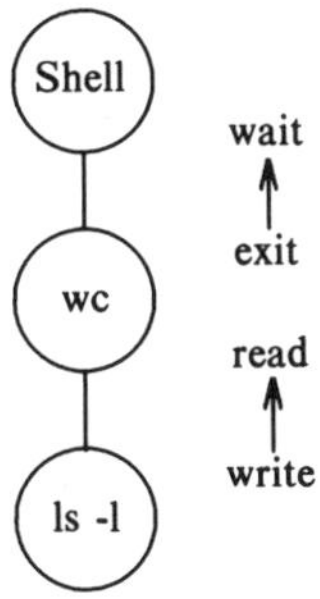

Abb. 7.29: Beziehung zwischen Prozessen bei ls -1 | wc

7.9 Systemstart und Init-Prozeß

Zum Initialisieren eines inaktiven Systems geht der Systemverwalter eine Startprozedur (bootstrap) durch: Er startet (bootet) das System. Die Startprozeduren unterscheiden sich je nach dem Typ des Rechners, doch allen ist ein Ziel gemeinsam: Übertragen einer Kopie des Betriebssystems in den Speicher des Rechners und Start der Ausführung des Systems. Gewöhnlich geschieht dies in einer Reihe von Schritten, daher der (englische) Name „bootstrap". Der Systemverwalter kann bestimmtc Schalter an der Bedienungskonsole des Rechners setzen, um damit die Adresse eines spezifischen, festverdrahteten Bootstrap-Programms anzugeben, oder auch nur einen einzigen Knopf drücken, der dann den Rechner veranlaßt, ein Bootstrap-Programm aus seinem Mikrocode zu laden. Ein solches Programm besteht meist nur aus wenigen Anweisungen und veranlaßt den Rechner, seinerseits ein anderes Programm auszuführen. In UNIX-Systemen liest die Startprozedur den Bootblock (Block 0) von einer Platte und lädt ihn in den Speicher. Das in diesem Bootblock enthaltene Programm lädt den Kern aus dem Dateisystem (zum Beispiel aus der Datei „/unix" oder einem anderen, vom Systemverwalter angegebenen Dateinamen). Ist der Kern in den Speicher geladen, überträgt das Boot-Programm die Steuerung an die Startadresse des Kerns und der Kern beginnt seine Ausführung (Algorithmus *start*, Abbildung 7.30).

Der Kern initialisiert seine internen Datenstrukturen. Zum Beispiel erzeugt er verkettete Listen freier Puffer und Inodes, Hashqueues für Puffer und Inodes, initialisiert die Regionsstrukturen, Seitentabelleneinträge usw. Nach Beendigung der Initialisierungsphase montiert er mit *mount* des Wurzeldateisystem („/") und bereitet die Umgebung für Prozeß 0 vor, erzeugt also einen *u-Bereich*, initialisiert Eintrag 0 in der Prozeßtabelle und macht unter anderem die Wurzel zum aktuellen Katalog für Prozeß 0.

Nach Aufbau der Umgebung für Prozeß 0 läuft das System als Prozeß 0. Prozeß 0 ruft *fork* auf, und zwar direkt aus dem Kern heraus, denn er läuft ja im Systemmodus. Der neue Prozeß, Prozeß 1, läuft ebenfalls im Systemmodus und erzeugt seinen Benutzerkontext durch Zuordnen einer Datenregion und Verknüpfen derselben mit seinem Adreßraum. Er erweitert die Region auf die passende Größe und kopiert Code (die Beschreibung hierfür folgt in Kürze) aus dem Adreßraum des Kerns in die neue Region: Dieser Code bildet den Benutzerkontext für Prozeß 1. Prozeß 1 baut dann den gesicherten Registerkontext des Benutzers auf, kehrt aus dem Systemmodus in den Benutzermodus „zurück" und führt den Code aus, den er gerade aus dem Kern kopiert hat. Prozeß 1 ist ein Benutzerprozeß, ganz im Gegensatz zu Prozeß 0, einem Systemprozeß, der auch im Systemmodus abläuft. Der aus dem Kern kopierte Text für Prozeß 1 besteht aus einem *exec*-Aufruf zur Ausführung des Programms „/etc/init“. Prozeß 1 gibt also einen *exec*-Aufruf aus und führt dann das Programm ganz normal aus. Prozeß 1 wird allgemein als *init* bezeichnet, ist er doch für das Initialisieren neuer Prozesse verantwortlich.

Warum kopiert nun der Kern den Code für den *exec*-Aufruf in den Benutzeradreßraum von Prozeß 1? Er könnte zwar eine interne Version von *exec* direkt aufrufen, doch wäre dies umständlicher als die gerade beschriebene Implementierung. *Exec* müßte nämlich dann Dateinamen im Adreßraum des Kerns bearbeiten anstatt wie in der aktuellen Implementierung im Adreßraum des Benutzers. Diesen nur für *init* notwendigen Sonderfall ins allgemeine zu übertragen hieße, den Code für *exec* unnötig zu komplizieren und damit dessen Durchsatz für die allgemeineren Fälle zu verringern.

Der *init*-Prozeß (Abbildung 7.31) ist ein Prozeßverwalter, der unter anderem Prozesse erzeugt, die Benutzern das Login ins System gestatten. *Init* liest in der Datei „/etc/inittab“ nach, welche Prozesse er erzeugen soll. Die Datei „/etc/inittab“ enthält dazu Zeilen mit

```
algorithm start                /* system startup procedure */
input:  none
output: none
{
        initialize all kernel data structures;
        pseudo-mount of root;
        hand-craft environment of process 0;
        fork process 1:
        {
                /* process 1 in here */
                allocate region;
                attach region to init address space;
                grow region to accommodate code about to copy in;
                copy code from kernel space to init user space to exec init;
                change mode: return from kernel to user mode;
                /* init never gets here---as result of above change mode,
                 * init exec's /etc/init and becomes a "normal" user process
                 * with respect to invocation of system calls
                 */
        }
        /* proc 0 continues here */
        fork kernel processes;
        /* process 0 invokes the swapper to manage the allocation of
         * process address space to main memory and the swap devices.
         * This is an infinite loop; process 0 usually sleeps in the
         * loop unless there is work for it to do.
         */
        execute code for swapper algorithm;
}
```

Abb. 7.30: Algorithmus zum Starten des Systems

einer „ID“, einem Statuskennzeichen (Einzelsystem, Multi-User-System, usw.), einer „Aktion“ (siehe dazu Übung 7.43) und einer Programmangabe (siehe Abbildung 7.32). *Init* liest diese Datei und erzeugt, falls sein *Status* zum Zeitpunkt des Aufrufs mit dem in einer Zeile enthaltenen „ID“ übereinstimmt, einen Prozeß zum Ausführen des angegebenen Programms. Wird *init* beispielsweise im Zustand „Multi-User“ (Status 2) aufgerufen, so erzeugt es typischerweise *getty*-Prozesse zum Überwachen der im System konfigurierten Terminalleitungen. Meldet sich ein Benutzer erfolgreich im System an, durchläuft *getty* eine *login*-Prozedur und ruft, wie in Kapitel 10 beschrieben, eine login-Shell auf. In der Zwischenzeit gibt *init* den Aufruf *wait* aus und überwacht den Tod seiner Kinder sowie den Tod von Prozessen, die durch den *exit* der Eltern zu Waisenkindern wurden.

```
algorithm init          /* init process, process 1 of the system */
input:  none
output: none
{
        fd = open("/etc/inittab", O_RDONLY);
        while (line_read(fd, buffer))
        {
                /* read every line of file */
                if (invoked state != buffer state)
                        continue;       /* loop back to while */
                /* state matched */
                if (fork() == 0)
                {
                        execl("process specified in buffer");
                        exit();
                }
                /* init process does not wait */
                /* loop back to while */
        }

        while ((id = wait((int *) 0)) != -1)
        {
                /* check here if a spawned child died;
                 * consider respawning it */
                /* otherwise, just continue */
        }
}
```

Abb. 7.31: Algorithmus für Init

```
Format: identifier, state, action, process specification
Fields separated by colons.
Comment at end of line preceded by '#'

co::respawn:/etc/getty console console              # Console in machine room
46:2:respawn:/etc/getty -t 60 tty46 4800H            # comments here
```

Abb. 7.32: Beispiel einer Inittab-Datei

Prozesse sind unter UNIX entweder Benutzerprozesse und Dämonen oder Systemprozesse. In einem typischen System sind die meisten Prozesse Benutzerprozesse und mit Benutzern an einem Terminal verbunden. *Dämonen* sind nicht mit Benutzern verbundene Prozesse, die Funktionen über das ganze System hinweg erfüllen, wie etwa die Verwaltung und Steuerung von Netzwerken, Ausführen zeitabhängiger Arbeiten, Druckerspooling usw. *Init* kann Dämonen erzeugen, die während der gesamten Lebensdauer des Systems existieren, bei Gelegenheit kann dies jedoch auch durch Benutzer geschehen. Dämonen verhalten sich wie Benutzerprozesse, laufen also im Benutzermodus und geben für den Zugriff auf Systemdienste auch Systemaufrufe aus.

Systemprozesse laufen nur im Systemmodus ab. Prozeß 0 erzeugt Systemprozesse wie etwa den Prozeß *vhand* zur Seitenanforderung, und wird dann zum *Swapper.* Systemprozesse gleichen Dämonen darin, daß sie systemweite Dienste versehen, sie haben jedoch größere Kontrollmöglichkeiten über ihre Ablaufprioritäten, denn ihr Code ist ja Teil des Systems. Sie können auf Algorithmen und Datenstrukturen des Kerns direkt und ohne die Verwendung von Systemaufrufen zugreifen und sind dadurch extrem mächtig. Jedoch sind sie nicht so flexibel wie Dämonen, denn für eine Änderung muß jeweils das System neu kompiliert werden.

7.10 Zusammenfassung

Dieses Kapitel behandelte die Systemaufrufe zur Bearbeitung des Kontexts sowie zur Steuerung des Ablaufs von Prozessen. Der Aufruf *fork* erzeugt einen neuen Prozeß durch Duplizieren aller mit dem Vater verknüpften Regionen. Der Trick bei der Implementierung von *fork* ist das Initialisieren des gesicherten Registerkontexts des Sohns, so daß dieser noch innerhalb von *fork* mit der Ausführung beginnt und erkennt, daß er der Sohn ist. Alle Prozesse beenden ihre Arbeit mit einem Aufruf an *exit*, der die Regionen vom Prozeß löst und ein Signal „Tod des Sohns" an seine Eltern sendet. Ein Vater kann seine Ausführung mit der Beendigung eines Sohnes über den Aufruf *wait* synchronisieren. Mit *exec* kann ein Prozeß andere Programme aufrufen und seinen Adreßraum mit dem Inhalt einer ausführbaren Datei überlagern. Der Kern löst die alten Prozeßregionen und ordnet entsprechend der ausführbaren Datei neue zu. Gemeinsam benutzbare Textdateien und Verwendung des Stickybit-Modus verbessern die Speichernutzung und verkürzen die Startzeit für mit *exec* aufgerufene Programme. Mit *setuid*-Programmen und über den Aufruf *setuid* gestattet es das System gewöhnlichen Benutzern, unter Nutzung der Privilegien anderer Benutzer, möglicherweise sogar des Superusers, abzulaufen. Der Aufruf *brk* ermöglicht einem Prozeß das Verändern der Größe seiner Datenregion. Prozesse steuern ihre Reaktion auf Signale mit dem Aufruf *signal.* Wollen sie ein Signal abfangen, ändert der Kern den Benutzerstack und den gesicherten Registerkontext des Benutzers so, daß ein Aufruf an die Signalbehandlungsroutine erzeugt wird. Prozesse können über den Aufruf *kill* Signale senden und den Empfang von Signalen für bestimmte Prozeßgruppen durch den Aufruf *setpgrp* steuern.

Die Shell und *init* stellen über normale Systemaufrufe ausgefeilte Funktionen zur Verfügung, die man normalerweise bei anderen Systemen nur im Kern antrifft. Die Shell verwendet Systemaufrufe zum Interpretieren von Benutzerkommandos, zum Umleiten von Standard-Eingabe, Standard-Ausgabe und Diagnose-Ausgabe, zum Erzeugen von Prozessen, zum Aufbau von Pipes zwischen erzeugten Prozessen, zum Synchronisieren der Bearbeitung mit Sohnprozessen und zum Festhalten des Returncodes von Kommandos. In ähnlicher Weise erzeugt auch *init* verschiedenste Prozesse insbesondere zum Steuern der Terminalbearbeitung. Geht ein solcher Prozeß in den *exit*, kann *init* für dieselbe Funktion einen neuen Prozeß erzeugen, wenn dies in der Datei „/etc/inittab" so vermerkt ist.

7.11 Übungen

1. Lassen Sie das Programm in Abbildung 7.33 am Terminal laufen. Leiten Sie seine Standard-Ausgabe in eine Datei um und vergleichen Sie die Ergebnisse.

```
main()
{
        printf("hello\n");
        if (fork() == 0)
                printf("world\n");
}
```

Abb. 7.33: Fork und Standard-I/O

```
#include <fcntl.h>
int fdrd, fdwt;
char c;

main(argc, argv)
        int argc;
        char *argv[];
{
        if (argc != 3)
                exit(1);
        fork();


        if ((fdrd = open(argv[1], O_RDONLY)) == -1)
                exit(1);
        if (((fdwt = creat(argv[2], 0666)) == -1) &&
                        ((fdwt = open(argv[2], 0_WRONLY)) == -1))
                exit(1);
        rdwrt();
}
rdwrt()
{
        for (;;)
        {
                if (read(fdrd, &c, 1) != 1)
                        return;
                write(fdwt, &c, 1);
        }
}
```

Abb. 7.34: Programm, bei dem Vater und Sohn keinen gemeinsamen Dateizugriff besitzen

2. Beschreiben Sie, was im Programm in Abbildung 7.34 geschieht, und vergleichen Sie die Ergebnisse mit denen aus Abbildung 7.4.
3. Erinnern Sie sich an das Programm in Abbildung 7.5, wo zwei Prozesse Nachrichten über ein Paar von Pipes austauschen. Was geschieht, wenn sie diesen Austausch über eine Pipe versuchen?
4. Besteht ganz allgemein eine Möglichkeit des Informationsverlustes, wenn ein Prozeß mehrmals dasselbe Signal erhält, bevor er eine Möglichkeit hat, darauf zu reagieren? (Gehen Sie dabei von einem Prozeß aus, der die Anzahl der empfangenen Interruptsignale zählt.) Sollte eine Lösung für dieses Problem gefunden werden?
5. Beschreiben Sie eine Implementierung des Systemaufrufs *kill.*
6. Das Programm in Abbildung 7.35 fängt das Signal „Tod des Sohns" ab und setzt wie viele andere Funktionen zur Signalbearbeitung die Signalroutine zurück. Was geschieht im Programm?

```
#include <signal.h>
main()
{
        extern catcher();

        signal(SIGCLD, catcher);
        if (fork() == 0)
                exit();
        /* pause suspends execution until receipt of a signal */
        pause();
}

catcher()
{
        printf("parent caught sig\n");
        signal(SIGCLD, catcher);
}
```

Abb. 7.35: Abfangen des Signals „Tod des Sohns"

7. Empfängt ein Prozeß bestimmte Signale und bearbeitet sie nicht, dumpt der Kern ein Abbild des Prozesses zum Zeitpunkt des Signalempfangs. Der Kern erzeugt dazu eine Datei „core" im aktuellen Katalog des Prozesses und kopiert *u-Bereich*, Text-, Daten- und Stackregion in die Datei. In der Folge kann ein Benutzer mit Standardwerkzeugen für Debugging das ausgedumpte Abbild des Prozesses untersuchen. Beschreiben Sie einen Algorithmus, dem der Kern zum Erzeugen der Datei „core" folgen könnte. Was sollte der Algorithmus tun, falls eine Datei „core" im aktuellen Katalog bereits vorhanden ist? Was sollte der Kern tun, falls mehrere Prozesse „core"-Dateien in denselben Katalog ausgeben?
8. Erinnern Sie sich an das Programm in Abbildung 7.12, wo ein Prozeß einen anderen mit Signalen überschüttet, die dieser dann abfängt. Diskutieren Sie, was geschehen würde, wenn der Algorithmus zur Signalbehandlung auf die folgenden zwei Arten geändert würde:

- Der Kern verändert die Funktion zur Signalbehandlung nicht bis der Benutzer dies ausdrücklich verlangt;
- Der Kern veranlaßt den Prozeß zum Ignorieren des Signals bis der Benutzer erneut einen *signal*-Aufruf ausgibt.

9. Überarbeiten Sie den Algorithmus zur Signalbehandlung so, daß der Kern automatisch dafür sorgt, daß ein Prozeß jedes weitere Auftreten eines in Bearbeitung befindlichen Signals ignoriert bis er aus der Behandlungsroutine zurückgekehrt ist. Wie kann der Kern feststellen, wann die Signalroutine, die ja im Benutzermodus abläuft, zurückgekehrt ist? Diese Spezifizierung ist an die Bearbeitung von Signalen in BSD-Systemen angelehnt.

*10. Erhält ein Prozeß ein Signal, während er auf einer unterbrechenbaren Priorität in einem Systemaufruf schläft, führt er einen *longjmp* aus diesem Aufruf aus. Der Kern sorgt dafür, daß der Prozeß, falls vorhanden, die entsprechende Signalbehandlungsroutine durchläuft; kehrt der Prozeß aus der Signalbehandlung zurück, scheint er in System V mit einer Fehleranzeige (Unterbrechung) aus dem Systemaufruf zurückzukehren. Das BSD-System führt hier eine automatische Wiederholung des Systemaufrufs durch. Wie kann diese Eigenschaft implementiert werden?

11. Die übliche Implementierung des Kommandos *mkdir* gibt zum Erzeugen des Katalogknotens (im Dateibaum) den Aufruf *mknod* und dann zweimal den Aufruf *link* aus, um die Katalogeinträge „." und „.." mit dem Katalogknoten und seinem Vaterkatalog zu verknüpfen. Ohne diese drei Operationen weist der Katalog kein gültiges Format auf. Was geschieht, wenn *mkdir* während der Ausführung ein Signal erhält? Was geschieht, wenn es sich dabei um das Signal *SIGKILL* handelt, das nicht abgefangen werden kann? Berücksichtigen Sie dieses Problem für den Fall, daß im System ein Aufruf *mkdir* implementiert werden soll.

12. Ein Prozeß prüft auf vorhandene Signale, wenn er in den oder aus dem Schlafzustand wechselt (falls er auf einer unterbrechenbaren Priorität schläft) und wenn er nach Beendigung eines Systemaufrufs oder nach Bearbeitung eines Interrupts aus dem Systemmodus in den Benutzermodus zurückkehrt. Warum muß der Prozeß nicht auf Signale prüfen, wenn er zur Ausführung eines Systemaufrufs in den Systemmodus wechselt?

*13. Nehmen wir an, ein Prozeß kehrt gerade nach Bearbeitung eines Systemaufrufs in den Benutzermodus zurück und findet keine anstehenden Signale. Unmittelbar nach dieser Prüfung bearbeitet der Kern einen Interrupt und sendet ein Signal an den Prozeß. (Beispielsweise könnte ein Benutzer die „break"-Taste gedrückt haben.) Was macht der Prozeß, wenn der Kern aus dem Interrupt zurückkehrt?

*14. Werden verschiedene Signale gleichzeitig an einen Prozeß gesandt, bearbeitet der Kern sie in der im Handbuch festgelegten Reihenfolge. Ausgehend von den drei Möglichkeiten der Antwort auf den Empfang eines Signals - Abfangen des Signals, *exit* nach Ausdumpen eines Speicherabzugs des Prozesses und *exit* ohne Dump - gibt es eine bessere Reihenfolge für die Bearbeitung gleichzeitig auftretender Signale? Empfängt ein Prozeß zum Beispiel ein quit-Signal (verursacht einen Dump) und ein Interruptsignal (kein Dump), ist es dann sinnvoller, das quit-Signal oder das Interruptsignal zuerst zu bearbeiten?

15. Implementieren Sie folgenden neuen Systemaufruf:

```
newpgrp(pid,ngrp);
```

Der Aufruf setzt die Prozeßgruppennummer eines durch die Prozeß-ID *pid* bestimmten Prozesses auf den neuen Wert *ngrp*. Diskutieren Sie den möglichen Nutzen und die möglichen Gefahren eines solchen Systemaufrufs.

16. Kommentieren Sie die folgende Aussage: Ein Prozeß kann in *wait* bis zum Eintritt eines beliebigen Ereignisses schlafen; das System arbeitet in jedem Fall korrekt.
17. Überlegen Sie sich die Implementierung des folgenden neuen Systemaufrufs:
```
nowait(pid);
```
Dabei kennzeichnet die Prozeß-ID *pid* einen Sohn des Prozesses, der den Aufruf ausgibt. Durch den Aufruf informiert der Prozeß das System, in keinem Fall auf den *exit* des Sohns zu warten, so daß der Kern sofort nach dem Tod des Sohns dessen Prozeßeintrag löschen kann. Wie könnte der Kern eine solche Lösung implementieren? Diskutieren Sie die Vorzüge eines solchen Systemaufrufs und vergleichen Sie ihn mit der Verwendung des Signals „Tod des Sohns".
18. Der C-Lader bindet automatisch eine Startroutine in Programme ein, die dann die Funktion *main* im Benutzerprogramm aufruft. Ruft das Benutzerprogramm nicht bereits intern *exit* auf, so übernimmt dies die Startroutine nach Rückkehr aus *main* für den Benutzer. Was würde geschehen, wenn der Prozeß aus *main* zurückkehrt und dieser Aufruf an *exit* in der Startroutine fehlt (etwa wegen eines Fehlers im Lader)?
19. Welche Information findet *wait* vor, wenn der Sohnprozeß *exit* ohne Parameter aufruft? Das heißt, der Sohn gibt *exit()* anstelle *exit(n)* aus. Falls ein Programmmierer konstant *exit* ohne Parameter aufruft, wie vorhersagbar ist der Wert, denn *wait* dann untersucht? Demonstrieren und beweisen Sie Ihre Aussage.
20. Beschreiben Sie, was geschieht, wenn ein Prozeß bei Ausführung des Programms in Abbildung 7.36 sich selbst mit *exec* aufruft. Wie vermeidet der Kern Deadlocksituationen durch gesperrte Inodes?

```
main(argc, argv)
     int argc;
     char *argv[];
{
     execl(argv[0], argv[0], 0);
}
```

Abb. 7.36: Ein interessantes Programm

21. Per Konvention ist das erste Argument für *exec* der Name (bzw. die letzte Komponente des Namens) der Datei, die der Prozeß ausführt. Was geschieht, wenn ein Benutzer das Programm in Abbildung 7.37 ausführt? Was geschieht, wenn „a.out" der durch Kompilierung des Programms in Abbildung 7.36 erzeugte Lademodul ist?
22. Nehmen wir an, C unterstütze einen neuen Datentyp „read-only", so daß ein Prozeß immer dann einen Speicherschutzfehler erzeugt, wenn er versucht, in „read-only"-Daten zu schreiben. Beschreiben Sie eine Implementierung hierfür. (Hinweis: Stellen Sie einen Vergleich mit gemeinsamen Textbereichen her.) Welche Algorithmen im Kern ändern sich? Welche anderen Objekte könnten noch für eine Implementierung als Region in Frage kommen?
23. Beschreiben Sie, wie sich die Algorithmen für *open*, *chmod*, *unlink* und *umount* bei Dateien mit gesetztem Stickybit ändern. Was sollte der Kern beispielsweise mit einer Stickybit-Datei tun, wenn auf diese bereits ein *unlink*-Aufruf ausgegeben wurde?
24. Der Superuser ist der einzige Benutzer mit *Schreibrecht* auf die Paßwortdatei „/etc/passwd", wodurch die Datei vor irrtümlicher oder mutwilliger Beschädigung durch Benutzer geschützt ist. Das Programm *passwd* gestattet es einem Benutzer, seine eige-

nen Paßworteinträge zu ändern, muß aber sicherstellen, daß er nicht die Einträge anderer Leute verändern kann. Wie sollte das Programm arbeiten?

```
main()
{
    if (fork() == 0)
    {
        execl("a.out", 0);
        printf("exec failed\n");
    }
}
```

Abb. 7.37: Ein unkonventionelles Programm

*25. Erläutern Sie das Sicherheitsproblem, das besteht, wenn ein *setuid*-Programm nicht schreibgeschützt ist.

26. Führen Sie die folgende Reihe von Shell-Kommandos aus, wobei „a.out“ eine ausführbare Datei ist.

```
chmod 4777 a.out
chown root a.out
```

Das *chmod*-Kommando setzt das *setuid*-Bit (die 4 in 4777), der Eigentümer von „root“ ist per Konvention der Superuser. Kann das Ausführen einer solchen Kommandofolge eine Verletzung der Sicherheit ermöglichen?

27. Was geschieht, wenn Sie das Programm in Abbildung 7.38 laufen lassen? Warum?

```
main()
{
    char *endpt;
    char *sbrk();
    int brk();

    endpt = sbrk(0);
    printf("endpt = %ud after sbrk\n", (int) endpt);

    while (endpt--)
    {
        if (brk(endpt) == -1)
        {
            printf("brk of %ud failed\n", endpt);
            exit();
        }
    }
}
```

Abb. 7.38: „In der Klemme“

28. Die Bibliotheksroutine *malloc* ordnet einem Prozeß durch Aufruf von *brk* weiteren Speicherplatz für Daten zu, die Bibliotheksroutine *free* gibt den vorher über *malloc* zugeteilten Speicherplatz wieder frei. Die Syntax für die beiden Aufrufe lautet:

```
ptr = malloc(size);
free(ptr);
```

Dabei ist *size* eine vorzeichenlose Ganzzahl und stellt die Anzahl der zuzuteilenden Bytes dar; *ptr* ist ein Zeichenpointer auf den neu zugeteilten Speicher. Wird *ptr* als Parameter für *free* verwendet, muß der Wert vorher von *malloc* zurückgegeben worden sein. Implementieren Sie diese Bibliotheksroutinen.

29. Was geschieht beim Lauf des Programms in Abbildung 7.39? Vergleichen Sie mit den nach dem Systemhandbuch zu erwartenden Ergebnissen.

```
main()
{
        int i;
        char *cp;
        extern char *sbrk();

        cp = sbrk(10);
        for (i = 0;  i < 10;  i++)
                *cp++ = 'a' + i;
        sbrk(-10);
        cp = sbrk(10);
        for (i = 0;  i < 10;  i++)
                printf("char %d = '%c'\n", i, *cp++);
}
```

Abb. 7.39: Ein einfaches Beispiel für Sbrk

30. Wie weiß die Shell, wenn sie zum Ausführen eines Kommandos einen neuen Prozeß erzeugt, daß die Datei ausführbar ist? Falls die Datei ausführbar ist, wie kann die Shell zwischen einer Shelldatei und einer durch Kompilieren erzeugten Datei unterscheiden? Wie lautet die korrekte Folge für das Prüfen auf diese Fälle?

31. Das Symbol „>>“ veranlaßt die Shell, die Ausgabe an eine angegebene Datei anzufügen: zum Beispiel erzeugt

```
run >> outfile
```

die Datei „outfile“ und schreibt die Daten in sie, falls sie noch nicht existiert; ist sie vorhanden, wird die Datei geöffnet und die neuen Daten hinter den alten angefügt. Schreiben sie den nötigen Code, um diese Eigenschaft zu implementieren.

```
main()
{
        exit(0);
}
```

Abb. 7.40: Programm Truth

32. Die Shell überprüft den Returncode aus dem *exit* eines Prozesses und behandelt dabei den Wert 0 als wahr und alle Werte ungleich 0 als falsch (Beachten Sie die Inkonsistenz zu C). Nehmen wir an, der Name der ausführbaren Datei für das Programm in Abbildung 7.40 sei *truth*. Beschreiben Sie, was beim Ausführen der folgenden Schleife durch die Shell geschieht. Verbessern Sie den Code des Shell-Beispiels für die Behandlung dieses Falles.

```
while truth
do
truth &
done
```

33. Warum muß die Shell die Prozesse zum Bearbeiten der beiden Kommandoteile der Pipeline in der angegebenen Reihenfolge erzeugen (Abbildung 7.25)?
34. Machen Sie den Code für das Beispiel der Shell-Schleife in Bezug auf die Bearbeitung von Pipes allgemeiner. Das heißt, gestatten Sie die Bearbeitung einer beliebigen Anzahl von Pipes in der Kommandozeile.
35. Die Umgebungsvariable PATH beschreibt einen geordneten Satz von Katalogen, den die Shell nach ausführbaren Dateien absuchen soll. Die Bibliotheksfunktionen *execlp* und *execvp* stellen die in PATH angegebenen Kataloge denjenigen als Argument angelieferten Dateinamen voraus, die nicht mit einem Schrägstrich beginnen. Implementieren Sie diese Funktionen.

*36. Ein Superuser sollte die Umgebungsvariable PATH so setzen, daß die Shell *nicht* im aktuellen Katalog nach ausführbaren Dateien sucht. Welches Sicherheitsproblem besteht, falls sie versucht, Dateien im aktuellen Katalog auszuführen?

37. Wie bearbeitet die Shell den *cd*-Befehl (change directory)? Was tut die Shell im Falle der folgenden Kommandozeile:

```
cd pathname &
```

38. Beim Drücken der Tasten „delete“ oder „break“ durch den Benutzer am Terminal schickt der Terminaltreiber ein Interruptsignal an alle Prozesse in der Prozeßgruppe der Login-Shell. Der Benutzer will damit von der Shell erzeugte Prozesse anhalten, will aber kein Logoff durchführen. Wie sollte die Schleife der Shell in Abbildung 7.29 verbessert werden?
39. Der Benutzer kann das Kommando

```
nohup command_line
```

zum Verhindern des Empfangs von hangup- und quit-Signalen in den für „command_line“ erzeugten Prozessen eingeben. Wie sollte die Schleife der Shell in Abbildung 7.29 diesen Fall behandeln?

40. Sehen Sie sich die Shell-Kommandos

```
nroff -mm bigfile1 > big1out &
nroff -mm bigfile2 > big2out
```

an und überprüfen Sie nochmals die in Abbildung 7.29 gezeigte Schleife der Shell. Was geschieht, wenn der erste Aufruf von *nroff* seine Arbeit vor dem zweiten beendet? Wie sollte der Code für die Schleife der Shell verändert werden, um diesen Fall korrekt zu bearbeiten?

41. Beim Ausführen ungetesteter Programme durch die Shell ist eine häufige Fehlermeldung „Bus-Fehler - Dump“. Augenscheinlich hat das Programm etwas unerlaubtes getan; wie weiß die Shell, daß sie eine Fehlermeldung ausgeben muß?

42. Nur ein *init*-Prozeß kann als Prozeß 1 im System laufen. Der Systemverwalter kann jedoch über den Aufruf von *init* den Status des Systems verändern. Zum Beispiel kann sich ein System nach dem Start im Einzelbenutzer-Zustand befinden, was bedeutet, daß zwar die Systemkonsole, aber keine Benutzerterminals aktiv sind. Der Systemverwalter gibt das Kommando

    ```
    init 2
    ```

    an der Konsole ein, um den *init*-Zustand von 1 auf 2 (den Mehrbenutzerzustand) zu ändern. Die Konsolshell gibt *fork* aus und läßt *init* ablaufen. Was sollte im System unter dem Gesichtspunkt geschehen, daß nur ein *init*-Prozeß aktiv sein soll?

43. Das Format der Einträge in der Datei „/etc/inittab“ gestattet es, für jeden erzeugten Prozeß eine bestimmte, damit verbundene Aktion anzugeben. Zum Beispiel lautet die typischerweise mit *getty* verbundene Aktion *respawn*, was bedeutet, daß *init* den Prozeß im Todesfall neu erzeugen soll. In der Praxis bedeutet dies, daß *init* nach dem Logoff eines Benutzers einen neuen *getty*-Prozeß erzeugt und damit einem anderen Benutzer den Zugriff auf die jetzt unbenutzte Terminalleitung ermöglicht. Wie kann *init* die Aktion respawn implementieren?

44. Verschiedene Algorithmen des Kerns erfordern ein Durchsuchen der Prozeßtabelle. Die Suchzeit kann durch Verwendung von Eltern-, Kinder- und Geschwisterpointern verkürzt werden: Der Elternpointer zeigt auf den Vater des Prozesses, der Kinderpointer zeigt auf einen Sohn des Prozesses, und der Geschwisterpointer zeigt auf einen anderen Prozeß mit denselben Eltern. Ein Prozeß findet durch Verfolgen seines Kinderpointers und anschließendes Verfolgen der Geschwisterpointer schließlich alle seine Söhne (Schleifen sind dabei unzulässig). Welche Algorithmen profitieren von dieser Implementierung? Welche Algorithmen müssen gleich bleiben?

8 Prozeßscheduling und Prozeßzeit

In einem Timesharingsystem teilt das System einem Prozeß die CPU für einen Zeitraum zu, den wir als Zeitscheibe oder Zeitmenge bezeichnen, verdrängt ihn beim Ablauf der Zeitscheibe und teilt einen anderen Prozeß ein, und plant den Prozeß schließlich für eine Wiederaufnahme seiner Bearbeitung zu einem späteren Zeitpunkt ein. Die Scheduler-Funktion von UNIX verwendet die relative Ausführungszeit als Parameter zum Ermitteln des nächsten Prozesses für den Ablauf. Jeder aktive Prozeß besitzt eine Schedulerpriorität; beim Durchführen eines Kontextwechsels wechselt der Kern in den Kontext des Prozesses mit der höchsten Priorität. Bei der Rückkehr aus dem System- in den Benutzermodus berechnet der Kern die Priorität des laufenden Prozesses neu; außerdem berichtigt er periodisch die Priorität aller Prozesse, die sich „ablaufbereit" im Benutzermodus befinden.

Auch einige Benutzerprozesse benötigen Kenntnis über die verbrauchte Zeit: Zum Beispiel gibt das *time*-Kommando die Zeit aus, die die Ausführung eines anderen Kommandos benötigte, das *date*-Kommando gibt Datum und Tageszeit aus. Verschiedene zeitbezogene Systemaufrufe erlauben es Prozessen, Zeitangaben aus dem Kern zu übernehmen bzw. dort entsprechende Werte zu setzen sowie den Verbrauch des Prozesses an CPU-Zeit festzustellen. Das System ermittelt die Zeit über einen Hardwarezeitgeber, der die CPU in einem festen, hardwareabhängigen Abstand, typischerweise zwischen 50 und 100 Mal pro Sekunde, unterbricht. Jedes Auftreten eines solchen Zeitgeberinterrupts bezeichnen wir als *Zeitgebertick*. Dieses Kapitel behandelt zeitbezogene Aktivitäten im UNIX-System wie Prozeßscheduling, Systemaufrufe für die Zeit und die Funktionen der Interruptroutine für den Zeitgeber.

8.1 Prozeßscheduling

Der UNIX-Scheduler gehört zur Gruppe der Scheduler von Betriebssystemen, die wir als *round robin mit Mehrlagen-Feedback* bezeichnen, was bedeutet, daß der Kern einem Prozeß die CPU für eine bestimmte Zeit zuteilt, einen Prozeß, der die zugeteilte Zeit überschritten hat, verdrängt und ihn in einer von mehreren Prioritätswarteschlangen ablegt. Ein Prozeß kann bis zu seiner Beendigung viele Durchläufe durch diese Feedbackschleife benötigen. Führt der Kern einen Kontextwechsel durch und lädt dabei den Kontext eines Prozesses zurück, nimmt der Prozeß die Arbeit dort wieder auf, wo er vorher unterbrochen wurde.

8.1.1 Algorithmus

Am Ende eines Kontextwechsels führt der Kern den Algorithmus zum Scheduling eines Prozesses (Abbildung 8.1) aus und wählt aus den Prozessen im Zustand „ablauffähig im Speicher" und „verdrängt" den mit der höchsten Priorität aus. Es ist sinnlos, einen Prozeß auszuwählen, der nicht in den Speicher geladen ist, denn er kann ja nicht ablaufen, bis er nicht zurückgeladen ist. Besitzen mehrere Prozesse gleichzeitig die höchste Priorität, so wählt der Kern über eine round-robin Strategie den aus, der sich die längste Zeit im Zustand „ablauffähig" befand. Können keine Prozesse zur Ausführung ausgewählt werden, läuft der Kern bis zum nächsten Interrupt, der nach längstens einem Zeitgebertick auftreten wird, leer; nach Bearbeiten dieser Unterbrechung versucht der Kern erneut, einen Prozeß zum Ablauf einzuteilen.

```
algorithm schedule_process
input:  none
output: none
{
        while (no process picked to execute)
        {
                for (every process on run queue)
                        pick highest priority process that is loaded in memory;
                if (no process eligible to execute)
                        idle the machine;
                        /* interrupt takes machine out of idle state */
        }
        remove chosen process from run queue;
        switch context to that of chosen process, resume its execution;
}
```

Abb. 8.1: Algorithmus zum Prozeßscheduling

8.1.2 Parameter für das Scheduling

Jeder Prozeßtabelleneintrag verfügt zum Prozeßscheduling über ein Prioritätsfeld. Die Priorität eines Prozesses im Benutzermodus ist eine Funktion seines letzten CPU-Bedarfs, wobei Prozesse eine niedrigere Priorität erhalten, wenn sie die CPU gerade erst benutzt haben. Die Gesamtmenge der Prioritäten kann in zwei Klassen eingeteilt werden (siehe Abbildung 8.2): Benutzerprioritäten und Systemprioritäten. Jede Klasse enthält verschiedene Prioritätswerte, jede Priorität verfügt über eine Warteschlange von Prozessen, die logisch mit ihr verbunden sind. Prozesse mit Benutzerprioritäten wurden bei ihrer Rückkehr vom System- in den Benutzermodus verdrängt, Prozesse mit Systemprioritäten erhielten diese im Verlauf des *sleep*-Algorithmus. Die Benutzerprioritäten liegen unterhalb eines Schwellenwerts, die Systemprioritäten liegen darüber. Systemprioritäten sind noch weiter unterteilt: Prozesse mit niedriger Systempriorität wachen bei Empfang eines Signals auf, Prozesse mit hoher Systempriorität schlafen weiter (siehe Abschnitt 7.2.1).

Abbildung 8.2 zeigt die Grenze zwischen Benutzer- und Systempriorität als Doppellinie zwischen den Prioritäten „Warten auf exit des Sohns" und „Benutzerpriorität 0". Die Prioritäten „Swapper", „Warten auf Platten-I/O", „Warten auf Puffer" und „Warten auf Inodes" sind hohe, nicht unterbrechenbare Systemprioritäten mit 1, 3, 2 und 1 Prozeß in der zugehörigen Warteschlange, die Prioritäten „Warten auf tty-Eingabe", „Warten auf tty-Ausgabe" und „Warten auf exit des Sohns" dagegen sind niedrige, unterbrechenbare Systemprioritäten mit jeweils 4, 0 und 2 Prozessen in der zugehörigen Warteschlange. Die Abbildung unterscheidet auch noch zwischen den Benutzerprioritäten „Benutzerpriorität 0", „Benutzerpriorität 1" bis „Benutzerpriorität n"[1] mit jeweils 0, 4 und 1 Prozeß in der zugehörigen Warteschlange.

[1] Der höchste Prioritätswert im System ist 0. Solchermaßen hat Benutzerebene 0 höhere Priorität als Benutzerebene 1, usw.

Der Kern berechnet in bestimmten Prozeßzuständen die Priorität eines Prozesses.

- Er ordnet einem Prozeß, der gerade in den Schlaf übergeht, eine feste, mit der Ursache des Schlafes in Bezug stehende Priorität zu. Die Priorität hängt nicht von den Laufzeiteigenschaften des Prozesses (I/O-intensiv bzw. CPU-intensiv) ab, sondern ist ein festcodierter Wert für jeden Aufruf an sleep in Abhängigkeit von der Ursache für den Schlaf des Prozesses. Prozesse, die in Algorithmen der unteren Ebenen schlafen, tendieren dazu, mehr Systemengpässe zu verursachen, je länger sie inaktiv sind; sie erhalten also eine höhere Priorität als Prozesse, die weniger Engpässe verursachen. Beispielsweise hat ein Prozeß, der schläft und auf die Beendigung einer Platten-I/O wartet, aus verschiedenen Gründen eine höhere Priorität als ein Prozeß, der nur auf einen freien Puffer wartet: Erstens hat ein Prozeß, der auf die Beendigung einer I/O-Operation wartet, bereits einen Puffer; wacht er auf, so besteht die Aussicht, daß er genügend Arbeiten ausführt, um den Puffer und möglicherweise auch andere Betriebsmittel freizugeben. Je mehr Betriebsmittel er freigibt, desto größer werden die Chancen für andere Prozesse, beim Warten hierauf nicht blockiert zu werden. Das System muß weniger Kontextwechsel durchführen, folglich wird die Antwortzeit des Systems geringer und sein Durchsatz größer. Zweitens kann ein Prozeß beim Warten auf einen freien Puffer genau auf den Puffer warten, den der auf I/O-Ende wartende Prozeß gerade noch belegt. Ist die I/O beendet, wachen beide Prozesse auf, denn sie schlafen ja bis zu einem Ereignis mit derselben Adresse. Würde der auf den Puffer wartende Prozeß zuerst laufen, würde er auf jeden Fall bis zur Freigabe des Puffers durch den anderen Prozeß wieder einschlafen; seine Priorität ist deshalb niedriger.

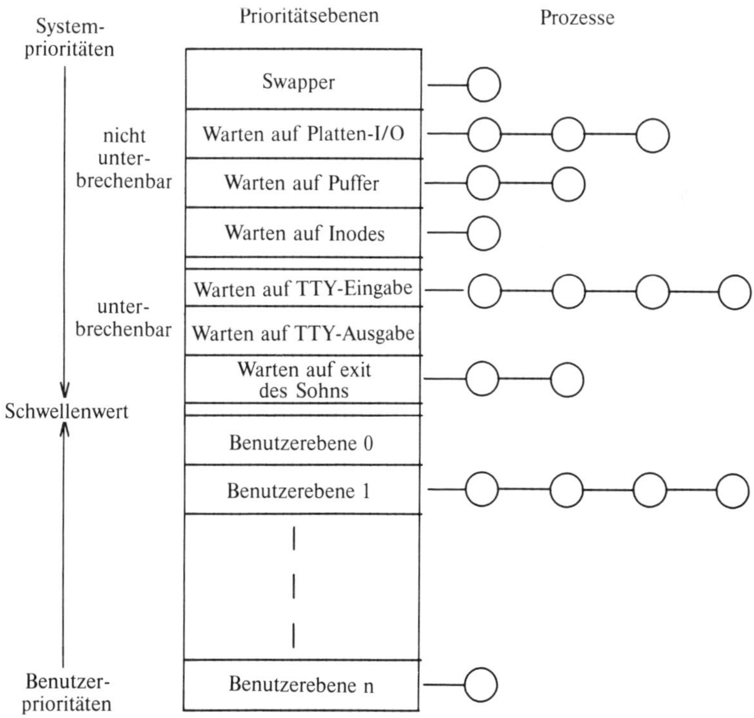

Abb. 8.2: Prozeßprioritäten

- Der Kern berichtigt die Priorität eines Prozesses, der aus dem Systemmodus in den Benutzermodus zurückkehrt. Der Prozeß kann ja vorher in den Schlafzustand übergegangen sein und dadurch eine Systempriorität erhalten haben, die jetzt bei Rückkehr in den Benutzermodus wieder auf Benutzerpriorität gesenkt werden muß. Auch gibt der Kern aus Gründen der Fairness den anderen Prozessen gegenüber dem laufenden Prozeß Strafpunkte, denn er hat ja gerade wertvolle Betriebsmittel des Kerns benötigt.
- Die Zeitgeberroutine berichtigt (im System V) im Abstand von jeweils 1 Sekunde die Prioritäten aller Prozesse im Benutzermodus und veranlaßt den Kern, den Scheduleralgorithmus zu durchlaufen und so einen Prozeß von der alleinigen Nutzung der CPU abzuhalten.

Der Zeitgeber kann einen Prozeß während der ihm zugeteilten Zeitscheibe mehrmals unterbrechen; bei jedem Zeitgeberinterrupt erhöht die Zeitgeberroutine ein Feld in der Prozeßtabelle, das die aktuelle CPU-Nutzung des Prozesses enthält. Einmal pro Sekunde berichtigt die Zeitgeberroutine die aktuelle CPU-Nutzung aller Prozesse, im System V über die Alterungsfunktion:

```
decay(CPU) = CPU/2;
```

Beim Neuberechnen der aktuellen CPU-Nutzung berechnet die Zeitgeberroutine auch die Priorität jedes Prozesses im Zustand „verdrängt, aber laufbereit" mittels der Formel:

```
priority = ("recent CPU usage"/2) + (base level user priority)
```

Dabei ist „base level user priority" der bereits beschriebene Schwellenwert der Priorität zwischen System- und Benutzermodus. Ein numerisch niedriger Wert bedeutet dabei eine hohe Schedulingpriorität. Untersuchen wir die Funktionen zur Neuberechnung der aktuellen CPU-Nutzung sowie der Prozeßpriorität, so stellen wir fest, daß es umso länger dauert, bis der Prozeß den Schwellenwert erreicht, je geringer die Alterungsrate für die aktuelle CPU-Nutzung ist; folglich neigen Prozesse im Zustand „ablauffähig" dazu, mehr Prioritätsebenen zu belegen.

Das Ergebnis des Neuberechnens der Priorität einmal pro Sekunde besteht darin, daß Prozesse mit Benutzerprioritäten sich, wie in Abbildung 8.3 dargestellt, zwischen den Prioritätswarteschlangen hin und herbewegen. Im Vergleich zu Abbildung 8.2 hat ein Prozeß aus der Warteschlange für Benutzerpriorität 1 in die Warteschlange für Benutzerpriorität 0 gewechselt. In einem realen System würden alle Prozesse mit Benutzerprioritäten dauernd die Prioritätswarteschlange wechseln, wir haben aber hier nur einen herausgegriffen. Der Kern ändert dagegen die Priorität der Prozesse im Systemmodus nicht und erlaubt es auch keinem Prozeß mit Benutzerpriorität, den Schwellenwert zu überschreiten und Systempriorität anzunehmen, außer dieser gibt einen Systemaufruf aus und schläft ein.

Der Kern versucht zwar, die Priorität aller aktiven Prozesse einmal pro Sekunde neu zu berechnen, doch kann sich diese Zeitspanne geringfügig ändern. Tritt der Zeitgeberinterrupt auf, während der Kern Code in einer kritischen Region ausführt (das heißt, die Bearbeitungsebene des Prozessors ist zwar angehoben, jedoch offensichtlich nicht genug, um auch den Zeitgeberinterrupt zu unterdrücken), so berechnet er die Prioritäten nicht neu, denn dies würde den Kern zu lange in der kritischen Region festhalten. Stattdessen erinnert sich der Kern später, daß er die Prozeßprioritäten neu berechnen soll, und tut dies auch, wenn bei einem nachfolgenden Zeitgeberinterrupt die Ausführungsebene des Prozessors wieder genügend niedrig ist. Das periodische Wiederberechnen der Prozeßpriorität stellt eine round-robin Strategie beim Scheduling für Prozesse im Benutzermodus sicher. Natürlich antwortet der Kern auf interaktive Anforderungen etwa von Texteditoren oder

Programmen mit Eingabemasken: solche Prozesse haben ein hohes Verhältnis von Wartezeit zu CPU-Bedarf, folglich steigt ihr Prioritätswert, wenn sie zum Ablauf bereit sind (siehe dazu Seite 1937 von [Thompson 78]). Andere Implementierungen des Schedulingmechanismus variieren diese Zeitperiode in Abhängigkeit von der Auslastung des Systems dynamisch zwischen 0 und 1. Diese Implementierungen können so schneller auf die Anforderungen von Prozessen reagieren, denn diese brauchen nicht nochmals bis zu einer Sekunde zum Ablauf zu warten; andererseits führt dies zu mehr Systemoverhead durch zusätzliche Kontextwechsel.

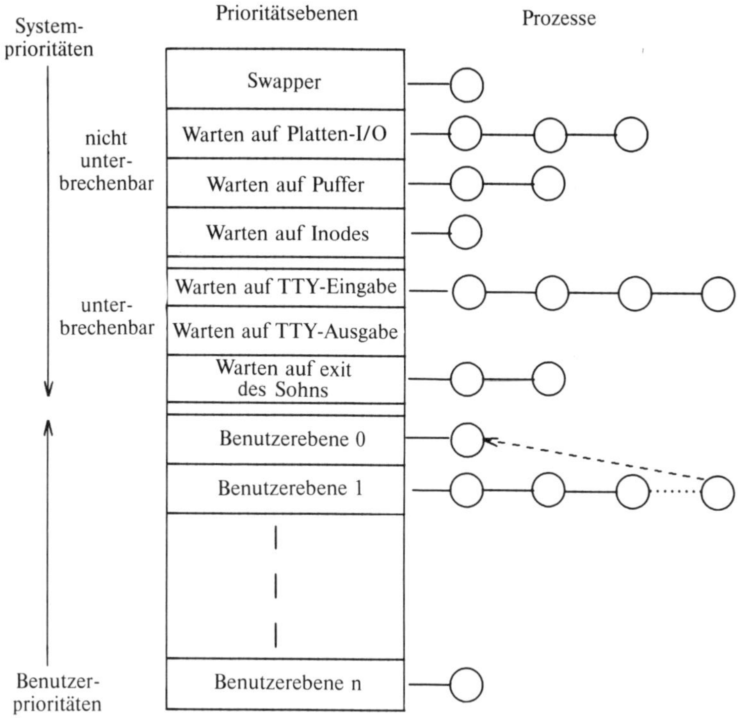

Abb. 8.3: Wandern eines Prozesses in Prioritätswarteschlangen

8.1.3 Beispiele für Prozeßscheduling

Abbildung 8.4 zeigt die Schedulingprioritäten im System V für 3 Prozesse A, B und C unter den folgenden Voraussetzungen: Die Prozesse sind gleichzeitig mit einer Anfangspriorität 60 erzeugt, die höchste Benutzerpriorität ist 60, der Zeitgeber unterbricht das System 60 Mal pro Sekunde, die Prozesse geben keine Systemaufrufe aus, und keine anderen Prozesse sind ablaufbereit. Der Kern berechnet die Alterung der CPU-Nutzung als:

```
CPU = decay(CPU) = CPU/2;
```

und die Prozeßpriorität als:

```
priority = (CPU/2)+60;
```

Zeit	Prozeß A Priorität	Prozeß A CPU-Zähler	Prozeß B Priorität	Prozeß B CPU-Zähler	Prozeß C Priorität	Prozeß C CPU-Zähler
0	60	0 1 2 ⋮ 60	60	0	60	0
1	75	30	60	0 1 2 ⋮ 60	60	0
2	67	15	75	30	60	0 1 2 ⋮ 60
3	63	7 8 9 ⋮ 67	67	15	75	30
4	76	33	63	7 8 9 ⋮ 67	67	15
5	68	16	76	33	63	7

Abb. 8.4: Beispiel für Prozeßscheduling

Wir nehmen an, Prozeß A läuft als erster, beginnt seinen Ablauf am Anfang seiner Zeitscheibe, und läuft für die Dauer einer Sekunde: in dieser Zeit unterbricht der Zeitgeber das System 60 Mal, und die Zeitgeberroutine erhöht das Feld für die CPU-Nutzung von Prozeß A ebenfalls 60 Mal (auf den Endwert 60). An der Sekundengrenze erzwingt der Kern einen Kontextwechsel und bringt nach Neuberechnung der Prioritäten aller Prozesse schließlich Prozeß B zum Ablauf. Während der nächsten Sekunde erhöht die Zeitgeberroutine das Feld für die CPU-Nutzung von Prozeß B 60 Mal, berechnet dann ebenfalls CPU-Nutzung und Priorität aller Prozesse neu und erzwingt einen Kontextwechsel. Dieses Vorgehensmuster wiederholt sich, und alle Prozesse gelangen reihum immer wieder zur Abarbeitung.

Sehen wir uns nun die Prozesse mit den in Abbildung 8.5 gezeigten Prioritäten an und gehen wir zusätzlich davon aus, daß sich auch noch andere Prozesse im System befinden. Der Kern kann beispielsweise Prozeß A verdrängen, läßt ihn aber im Zustand „lauffähig“, nachdem er mehrfach nacheinander die CPU erhalten hat und seine Benutzerpriorität folglich niedrig ist (Abbildung 8.5a). Mit fortschreitender Zeit erreicht Prozeß B den Zustand „lauffähig“, seine Benutzerpriorität kann in diesem Augenblick höher als die von Prozeß A sein (Abbildung 8.5b). Bringt der Kern jetzt für einige Zeit keinen der beiden Prozesse zum Ablauf (weil er andere Prozesse einteilt), so können sich möglicherweise beide Prozesse auf derselben Benutzerpriorität befinden, obwohl Prozeß B diese Priorität wahrscheinlich zuerst erreicht, da auch seine ursprüngliche Priorität bereits näher lag. (Abbildungen 8.5c

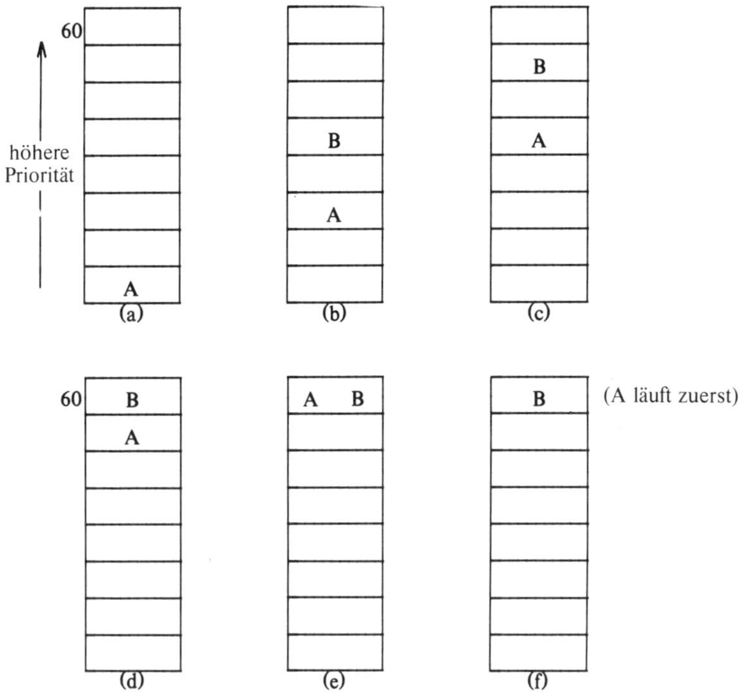

Abb. 8.5: Round Robin Strategie und Prozeßprioritäten

und 8.5d). Trotzdem würde der Kern Prozeß A vor B zum Ablauf bringen, denn er befand sich bereits länger im Zustand „lauffähig" (Abbildung 8.5e): Dies ist die Entscheidungsregel bei Prozessen mit gleicher Priorität.

Wir wissen aus Abschnitt 6.4.3, daß der Kern das Scheduling für einen Prozeß am Ende eines Kontextwechsels durchführt: Ein Prozeß muß einen Kontextwechsel durchführen, wenn er in Schlaf übergeht oder *exit* ausführt; er hat die *Möglichkeit* für einen Kontextwechsel, wenn er aus dem System- in den Benutzermodus zurückkehrt. Der Kern verdrängt einen gerade in den Benutzermodus zurückkehrenden Prozeß, wenn ein Prozeß mit höherer Priorität ablauffähig ist. Ein solcher Prozeß ist vorhanden, wenn der Kern einen Prozeß mit höherer Priorität als den gerade laufenden geweckt hat, oder wenn die Zeitgeberroutine die Priorität aller lauffähigen Prozesse geändert hat. Im ersten Fall sollte der aktuelle Prozeß nicht im Benutzermodus laufen, falls ein Prozeß mit höherer Priorität im Systemmodus vorhanden ist. Im zweiten Fall stellt die Zeitgeberroutine fest, daß der Prozeß seine Zeitscheibe verbraucht hat; da sich auch bei vielen Prozessen die Priorität verändert hat, führt der Kern einen Kontextwechsel durch und erreicht dadurch ein erneutes Scheduling.

8.1.4 Steuern der Prozeßprioritäten

Prozesse können mit dem Systemaufruf *nice* eine einfache Kontrolle über ihre Schedulingpriorität ausüben:

```
nice(value);
```

Dabei wird *value* in der Berechnung der Prozeßprorität mit addiert:

```
priority=("recent CPU usage"/constant)+(base priority)+(nice value);
```

Der Systemaufruf *nice* erhöht oder erniedrigt das *nice*-Feld in der Prozeßtabelle um den Wert des Parameters, wobei jedoch nur der Superuser *nice*-Werte übergeben kann, die die Prozeßpriorität erhöhen. In ähnlicher Weise kann auch nur der Superuser *nice*-Werte unterhalb eines bestimmten Schwellenwertes übergeben. Benutzer, die den Systemaufruf *nice* verwenden, um ihre Prozeßpriorität beim Ausführen rechenintensiver Jobs zu erniedrigen, sind „nett" zu den anderen Benutzern im System, daher der Name des Aufrufs. Über den Aufruf *fork* erben Prozesse den *nice*-Wert ihrer Eltern. Der Aufruf ist nur für laufende Prozesse ausführbar; auch kann ein Prozeß nicht den *nice*-Wert eines anderen Prozesses rücksetzen. In der Praxis bedeutet dies, daß der Systemverwalter, wenn er die Prioritätswerte verschiedener Prozesse erniedrigen will, weil sie zuviel Zeit verbrauchen, keine andere Möglichkeit hat als diese mit *kill* abzubrechen.

8.1.5 Fair Share Scheduler

Der bisher beschriebene Scheduleralgorithmus unterscheidet nicht zwischen Benutzerklassen. Das heißt, es ist nicht möglich, auf Wunsch zum Beispiel die Hälfte der CPU-Zeit einer bestimmten Gruppe von Prozessen zuzuteilen. Solche Überlegungen sind jedoch in einem Rechenzentrum von Bedeutung, wo etwa eine Gruppe von Benutzern die Hälfte der CPU-Zeit eines Rechners kauft, um sich eine bestimmte Qualität des Antwortverhaltens zu sichern, und ihr diese Maschinenzeit auch garantiert werden muß. Der folgende Abschnitt beschreibt nun eine als Fair Share bezeichnete Schedulingstrategie, die im Indian Hill Rechenzentrum der AT&T Bell Laboratorien implementiert ist [Henry 84].

Das Prinzip des fair share Schedulers besteht darin, die Benutzergemeinschaft in einen Satz von fair share Gruppen zu unterteilen, so daß die Mitglieder einer Gruppe jeweils in Hinsicht auf die anderen Prozesse in ihrer Gruppe den regulären Bestimmungen des Prozeßschedulers unterworfen sind. Allerdings verteilt das System die CPU-Zeit gleichmäßig auf alle Gruppen ohne Rücksicht darauf, wieviele Prozesse sich nun in den einzelnen Gruppen befinden. Nehmen wir zum Beispiel an, das System verfügt über vier fair share Gruppen, jeder Gruppe sind 25% der CPU-Zeit zugeteilt, und die Gruppen enthalten jeweils 1, 2, 3 und 4 CPU-intensive Prozesse, die die CPU nie freiwillig abgeben (weil sie beispielsweise in einer Endlosschleife laufen). Wenn wir davon ausgehen, daß sich keine weiteren Prozesse im System befinden, so wird jeder der Prozesse in den vier Gruppen bei Verwendung des regulären Scheduleralgorithmus 10% der CPU erhalten (es sind insgesamt 10 Prozesse), denn es gibt keine weitere Möglichkeit, sie zu unterscheiden. Bei Verwendung des fair share Schedulers dagegen wird der Prozeß in Gruppe 1 doppelt soviel Zeit wie jeder der beiden Prozesse in Gruppe 2, dreimal soviel Zeit wie jeder der drei Prozesse in Gruppe 3 und viermal soviel Zeit wie jeder der vier Prozesse in Gruppe 4 erhalten. Auf die Dauer sollte der gesamte CPU-Verbrauch der Prozesse in jeder Gruppe im Beispiel gleich sein, denn alle Prozesse laufen in einer Endlosschleife.

Die Implementierung dieser Strategie ist einfach, eine Eigenschaft, die sie attraktiv macht: der Formel zur Berechnung der Prozeßpriorität wird nur ein zusätzlicher Ausdruck hinzugefügt, eine „fair share Gruppenpriorität". Jeder Prozeß erhält in seinem *u-Bereich* ein neues Feld, das auf ein fair share CPU-Verbrauchsfeld zeigt, das von allen Prozessen in der fair share Gruppe gemeinsam benutzt wird. Die Zeitgeberroutine erhöht den Eintrag für den CPU-Verbrauch der fair share Gruppe für den laufenden Prozeß ebenso wie dessen eigenes CPU-Verbrauchsfeld und unterwirft den Inhalt aller fair share CPU-Verbrauchsfelder auch der einmal pro Sekunde stattfindenden Alterung. Beim Ermitteln der Prozeßprioritäten stellt der Gruppen-CPU-Verbrauch, normalisiert entsprechend der der fair share Gruppe zugeteilten CPU-Zeit, einen neuen Bestandteil der Berechnung dar. Je mehr CPU-Zeit Prozesse in der Gruppe gerade erhalten haben, desto höher ist der numerische Wert des CPU-Gruppenverbrauchsfelds und desto niedriger ist folglich die Priorität aller Prozesse in der fair share Gruppe.

Sehen wir uns zum Beispiel die drei in Abbildung 8.6 gezeigten Prozesse an und gehen wir dabei davon aus, daß Prozeß A sich in einer Gruppe, die Prozesse B und C sich in einer anderen Gruppe befinden. Wir nehmen an, der Kern bringt zuerst Prozeß A zum Ablauf, er wird also über die nächste Sekunde hinweg CPU-Verbrauchsfeld und CPU-Gruppenverbrauchsfeld für Prozeß A erhöhen. Bei der Neuberechnung der Prozeßprioritäten an der Einsekundenmarke erhalten die Prozesse B und C die höchste Priorität; wir nehmen an, der Kern bringt jetzt Prozeß B zum Ablauf. Im Laufe der nächsten Sekunde erhöht sich das CPU-Verbrauchsfeld für Prozeß B bis auf 60, und ebenso das Gruppenverbrauchsfeld für die Prozesse B und C. Bei der Neuberechnung der Prozeßprioritäten an der Zweisekundenmarke hat Prozeß C die Priorität 75 (vergleichen Sie mit Abbildung 8.6), der Kern wird Prozeß A mit Priorität 74 zur Ausführung bringen. Die Abbildung zeigt, wie sich dieses Vorgehensmuster wiederholt: der Kern bringt die Prozesse in der Reihenfolge A, B, A, C, A, B usw. zum Ablauf.

Zeit	Prozeß A			Prozeß B			Prozeß C		
	Priorität	CPU	Gruppe	Priorität	CPU	Gruppe	Priorität	CPU	Gruppe
0	60	0	0	60	0	0	60	0	0
		1	1						
		2	2						
		⋮	⋮						
		60	60						
1	90	30	30	60	0	0	60	0	0
					1	1			1
					2	2			2
					⋮	⋮			⋮
					60	60			60
2	74	15	15	90	30	30	75	0	30
		16	16						
		17	17						
		⋮	⋮						
		75	75						
3	96	37	37	74	15	15	67	0	15
						16		1	16
						17		2	17
						⋮		⋮	⋮
						75		60	75
4	78	18	18	81	7	37	93	30	37
		19	19						
		20	20						
		⋮	⋮						
		78	78						
5	98	39	39	70	3	18	76	15	18

Abb. 8.6: Beispiel für Fair Share Scheduling – drei Prozesse, zwei Gruppen

8.1.6 Echtzeitverarbeitung

Echtzeitverarbeitung beinhaltet die Fähigkeit, eine sofortige Antwort auf bestimmte externe Ereignisse vorzusehen, also bestimmte Prozesse innerhalb einer festgelegten Zeitspanne nach Auftreten eines Ereignisses zum Ablauf einzuteilen. Beispielsweise könnte ein Rechner das Lebenserhaltungssystem von Patienten in einem Krankenhaus überwachen und dazu sofortige Reaktionen auf einen Wechsel im Zustand eines Patienten benötigen. Prozesse wie Texteditoren dagegen betrachten wir nicht als Echtzeitprozesse: Es ist zwar wünschenswert, daß die Reaktion auf den Benutzer schnell erfolgt, doch ist der Fall nicht so kritisch, daß der Benutzer nicht noch einige Sekunden warten könnte (obwohl der Benutzer hier anderer Ansicht sein kann). Die bisher besprochenen Scheduleralgorithmen sind für die Verwendung in einem Timesharingsystem gedacht und ungeeignet für ein Echtzeitsystem, denn sie können nicht garantieren, daß der Kern einen bestimmten Prozeß innerhalb einer festgelegten Zeitspanne zum Ablauf bringen kann. Ein weiteres Hindernis für die Unterstützung von Echtzeitverarbeitung ist die Tatsache, daß der Kern nicht verdrängt werden kann; der Kern ist ohne größere Änderungen nicht in der Lage, einen Echtzeitprozeß im Benutzermodus zum Ablauf zu bringen, wenn er gerade einen anderen Prozeß im Systemmodus bearbeitet. Gegenwärtig müssen Systemprogrammierer Echtzeitprozesse im Kern implementieren, um wirkliches Echtzeitverhalten zu erreichen. Eine wirkliche Lösung des Problems muß jedoch dynamisches Auftreten von Echtzeitprozessen zulassen (d. h. sie dürfen nicht fest in den Kern codiert sein) und eine Möglichkeit für sie vorsehen, den Kern über ihre Echtzeitabhängigkeiten zu informieren. Allerdings verfügt zur Zeit kein Standard-UNIX-System über diese Eigenschaft.

8.2 Systemaufrufe für die Zeit

Es gibt verschiedene zeitbezogene Systemaufrufe wie *stime*, *time*, *times* und *alarm*. Die beiden ersteren beziehen sich auf die globale Systemzeit, die beiden letzteren auf die individuelle Zeit eines Prozesses.

Stime erlaubt es dem Superuser, eine globale Systemvariable mit der aktuellen Zeit zu besetzen:

```
stime(pvalue);
```

Dabei zeigt *pvalue* auf eine lange Integerzahl, die die Zeit in Sekunden ab dem 1.Januar 1970, 00:00:00 Uhr (GMT) enthält. Die Zeitgeberroutine erhöht diese Systemvariable einmal pro Sekunde. *Time* gibt die (mit *stime* gesetzte) aktuelle Zeit zurück:

```
time(tloc);
```

Dabei zeigt *tloc* auf eine Stelle im Benutzerprozeß zur Aufnahme des zurückgegebenen Wertes. *Time* gibt diesen Wert aus dem Systemaufruf zurück. Befehle wie *date* verwenden *time* zum Ermitteln der aktuellen Zeit.

Times gibt die Zeiten kumuliert zurück, die der aufrufende Prozeß im Benutzer- und Systemmodus verbrachte, sowie ebenfalls kumuliert die Zeiten, die alle seine Zombiekinder im Benutzer-und Systemmodus verbrachten. Die Syntax des Aufrufs lautet:

```
times(buffer);
struct tms *tbuffer;
```

Dabei enthält die Struktur *tms* die ermittelten Zeiten und ist wie folgt definiert:

```
struct tms {
    /* time_t is the data structure for time */
    time_t tms_utime; /* user time of process */
   time_t tms_time; /* kernel time of process */
   time_t tms_cutime; /* user time of children */
   time_t tms_cstime; /* kernel time of children */
};
```

```
#include <sys/types.h>
#include <sys/times.h>
extern long times();

main()
{
        int i;
        /* tms is data structure containing the 4 time elements */
        struct tms pb1, pb2;
        long pt1, pt2;

        pt1 = times(&pb1);
        for (i = 0;  i < 10;  i++)
                if (fork() == 0)
                        child(i);

        for (i = 0;  i < 10;  i++)
                wait((int *) 0);
        pt2 = times(&pb2);
        printf("parent real %u user %u sys %u cuser %u csys %u\n",
                pt2 - pt1, pb2.tms_utime - pb1.tms_utime, pb2.tms_stime - pb1.tms_stime,
                pb2.tms_cutime - pb1.tms_cutime, pb2.tms_cstime - pb1.tms_cstime);
}

child(n)
        int n;
{
        int i;
        struct tms cb1, cb2;
        long t1, t2;

        t1 = times(&cb1);
        for (i = 0;  i < 10000;  i++)
                ;
        t2 = times(&cb2);
        printf("child %d: real %u user %u sys %u\n", n, t2 - t1,
                cb2.tms_utime - cb1.tms_utime, cb2.tms_stime - cb1.tms_stime);
        exit();
}
```

Abb. 8.7: Programm für die Verwendung von Times

Times gibt die „seit einem beliebigen Zeitpunkt in der Vergangenheit", gewöhnlich dem Zeitpunkt des Systemstarts, verstrichene Zeit zurück.

Im Programm in Abbildung 8.7 erzeugt ein Prozeß 10 Söhne, und jeder Sohn durchläuft 10000 Mal eine Schleife. Der Vater ruft *times* vor dem Erzeugen der Söhne und nach der Ausgabe von *exit* durch alle Söhne auf, jeder Sohn ruft *times* vor und nach dem Bearbeiten der Schleife auf. Wir könnten jetzt ganz naiv erwarten, daß *Benutzer-* und *Systemzeit* der *Kinder* beim Vater zusammen gleich sind der Summe der *Benutzer-* und *Systemzeiten* der *Sohnprozesse*, und daß die *reale Zeit* beim Vater gleich ist der Summe der *realen Zeiten* aller Söhne. Die Zeitangaben bei den Söhnen enthalten jedoch die in den Systemaufrufen *fork* und *exit* verbrauchte Zeit nicht, außerdem können alle Zeitangaben durch die für Interruptbehandlung und Kontextwechsel verbrauchte Zeit verzerrt werden.

Benutzerprozesse können mit dem Systemaufruf *alarm* Alarmsignale einplanen. Zum Beispiel prüft das Programm in Abbildung 8.8 jede Minute die Zugriffszeiten auf eine Datei und gibt eine Nachricht aus, falls ein Zugriff erfolgte. Zu diesem Zweck geht das Programm in eine Endlosschleife: Bei jedem Schleifendurchlauf ruft es *stat* auf, um den Zeitpunkt des letzten Zugriffs auf die Datei zu erhalten; erfolgte während der letzten Minute ein Zugriff, gibt es eine Nachricht aus. Der Prozeß ruft nun *signal* zum Abfangen der Alarmsignale, *alarm* für die Anmeldung eines Alarmsignals nach 60 Sekunden und *pause* zum Unterbrechen seiner Arbeit bis zum Empfang eines Signals auf. Nach Ablauf von 60 Sekunden wird das Alarmsignal ausgelöst, der Kern bereitet den Benutzerstack des Prozesses zum Aufruf der Signalbehandlungsroutine *wakeup* vor, die Funktion kehrt an die Stelle nach dem Aufruf *pause* im Code zurück und der Prozeß durchläuft wiederum die Schleife.

Die Gemeinsamkeit bei allen zeitbezogenen Systemaufrufen besteht in ihrem Aufbau auf dem Systemzeitgeber: der Kern bearbeitet die verschiedenen Zeitzähler bei der Behandlung des Zeitgeberinterrupts und stößt die jeweilige Behandlung an.

8.3 Zeitgeber

Die Funktionen der Zeitgeberroutine sind:

- Wiederanstoßen des Zeitgebers
- Einplanen des Aufrufs interner Funktionen des Kerns, ausgelöst über interne Zeitzähler
- Vermitteln einer Profilierungsmöglichkeit für System- und Benutzerprozesse
- Sammeln statistischer Angaben für System- und Prozeßabrechnung
- Weiterzählen der Zeit
- nach Anforderung Absenden von Alarmsignalen an Prozesse
- periodisches Wecken des Swappers (siehe nächstes Kapitel)
- Steuern des Prozeßscheduling

Einige Operationen werden bei jedem Zeitgeberinterrupt ausgeführt, andere dagegen erst nach einigen Zeitgeberticks. Die Zeitgeberroutine läuft unter hochgesetzter Ausführungsebene des Prozessors, wodurch andere Ereignisse (wie etwa Interrupts von peripheren Geräten) während der Arbeit der Routine verhindert werden. Die Zeitgeberroutine läuft deshalb sehr schnell ab, die kritischen Zeitabschnitte, in denen andere Interrupts nicht zugelassen sind, sind so kurz wie möglich. Abbildung 8.9 zeigt den Algorithmus zur Behandlung des Zeitgeberinterrupts.

```
#include <sys/types.h>
#include <sys/stat.h>
#include <sys/signal.h>

main(argc, argv)
    int argc;
    char *argv[];
{
    extern unsigned alarm();
    extern wakeup();
    struct stat statbuf;
    time_t axtime;

    if (argc != 2)
    {
        printf("only 1 arg\n");
        exit();
    }

    axtime = (time_t) 0;
    for (;;)
    {
        /* find out file access time */
        if (stat(argv[1], &statbuf) == -1)
        {
            printf("file %s not there\n", argv[1]);
            exit();
        }
        if (axtime != statbuf.st_atime)
        {
            printf("file %s accessed\n", argv[1]);
            axtime = statbuf.st_atime;
        }
        signal(SIGALRM, wakeup);        /* reset for alarm */
        alarm(60);
        pause();            /* sleep until signal */
    }
}

wakeup()
{
}
```

Abb. 8.8: Programm zur Anwendung von alarm

```
algorithm clock
input:  none
output: none
{
    restart clock;              /* so that it will interrupt again */
    if (callout table not empty)
    {
        adjust callout times;
        schedule callout function if time elapsed;
    }
    if (kernel profiling on)
        note program counter at time of interrupt;
    if (user profiling on)
        note program counter at time of interrupt;
    gather system statistics;
    gather statistics per process;
    adjust measure of process CPU utilitization;
    if (1 second or more since last here and interrupt not in critical
                                            region of code)
    {
        for (all processes in the system)
        {
            adjust alarm time if active;
            adjust measure of CPU utilization;
            if (process to execute in user mode)
                adjust process priority;
        }
        wakeup swapper process is necessary;
    }
}
```

Abb. 8.9: Algorithmus für die Zeitgeberroutine

8.3.1 Neusetzen des Zeitgebers

Die meisten Rechner erfordern nach einem aufgetretenen Zeitgeberinterrupt ein erneutes Setzen des Zeitgebers durch Softwareanweisungen, damit dieser den Prozessor nach einer geeigneten Zeitspanne erneut unterbrechen kann. Solche Anweisungen sind jedoch hardwareabhängig und sollen hier nicht besprochen werden.

8.3.2 Interne Zeitgrenzen des Systems

Einige Operationen des Kerns wie Gerätetreiber und Netzwerkprotokolle erfordern den Aufruf von Systemfunktionen auf Echtzeitbasis. Zum Beispiel kann ein Prozeß ein Terminal in den Rohmodus versetzen, wobei der Kern dann *read*-Anforderungen des Benutzers in festen Zeitabständen anstatt durch Abwarten der Eingabe eines CR-Zeichens erfüllt (siehe Abschnitt 10.3.3). Der Kern legt die dazu nötigen Informationen in der *callout*-Tabelle ab (Abbildung 8.9); diese Tabelle enthält die Funktion, die beim Ablauf des Zeitintervalls aufgerufen werden soll, einen Parameter für die Funktion und die Zeit bis zum Aufruf der Funktion in Zeitgeberticks.

Der Benutzer hat keinen unmittelbaren Zugriff auf die Einträge in der callout-Tabelle; die Einträge werden bei Bedarf durch verschiedene Algorithmen des Kerns gemacht. Der Kern sortiert die Einträge der callout-Tabelle entsprechend der Zeit bis zu ihrem Eintritt und unabhängig von der Reihenfolge, in der sie in der Tabelle abgelegt sind. Wegen dieser Anordnung nach dem zeitlichen Ablauf enthält das Zeitfeld jedes Eintrags in der callout-Tabelle nur noch den Abstand vom (zeitlich) vorhergehenden Eintrag. Die Zeit bis zum Auslösen eines gegebenen Eintrags in der Tabelle bestimmt sich aus der Summe der Zeiten aller Einträge bis und einschließlich des gewünschten.

Abbildung 8.10 zeigt die *callout*-Tabelle vor und nach dem Hinzufügen eines neuen Eintrags für die Funktion *f*. (Die negative Zeitangabe für die Funktion *a* werden wir in Kürze besprechen.) Beim Einfügen des neuen Eintrags ermittelt der Kern die korrekte (Zeit-) Position und berichtigt das Zeitfeld des direkt auf den neuen Eintrag folgenden Elements entsprechend. In der Abbildung soll der Kern die Funktion *f* nach 5 Zeitgeberticks aufrufen: er erzeugt einen Eintrag für *f* mit einem Zeitfeld = 2 nach dem Eintrag für *b* (die Summe der Zeitfelder für *b* und *f* ergibt 5) und ändert den Inhalt des Zeitfeldes von *c* auf 8 (*c* wird nach 13 Zeitgeberticks ausgelöst). Implementierungen des Kerns können für die callout-Tabelle eine verkettete Liste verwenden, oder aber auch beim Ändern der Tabelle die Position der Einträge jeweils neu festlegen. Letztere Möglichkeit ist nicht allzu aufwendig, wenn der Kern die callout-Tabelle nicht zu häufig benutzt.

Bei jedem Zeitgeberinterrupt prüft die Zeitgeberroutine, ob in der callout-Tabelle Einträge vorhanden sind, und erniedrigt, falls Einträge vorhanden, das Zeitfeld des ersten Eintrags. Entsprechend der Art, in der der Kern die Zeitfelder der callout-Tabelle aufgebaut hat, bedeutet das Erniedrigen des Zeitfelds im ersten Eintrag zugleich das Erniedrigen der Zeit für alle Einträge in der Tabelle. Ist das Zeitfeld des ersten Eintrags in der Liste kleiner oder gleich 0, dann sollte die angegebene Funktion aufgerufen werden. Die Zeitgeberroutine ruft die Funktion jedoch nicht direkt auf, damit sie auf diese Weise nicht unbeabsichtigt folgende Zeitgeberinterrupts blockiert: Die Prioritätsebene des Prozessors ist im Augenblick so gesetzt, daß Zeitgeberinterrupts nicht zugelassen werden, der Kern weiß jedoch nicht, wie lange die Funktion bis zu ihrer Beendigung brauchen wird. Dauert die Funktion länger als ein Zeitgebertick, wird der nächste Zeitgeberinterrupt (und alle anderen auftretenden

Funktion	Zeit bis zum Aufruf
a()	-2
b()	3
c()	10

vorher

Funktion	Zeit bis zum Aufruf
a()	-2
b()	3
f()	2
c()	8

nachher

Abb. 8.10: Callout-Tabelle und neuer Eintrag für f

Interrupts) blockiert. Stattdessen bringt die Zeitgeberroutine die gewünschte Funktion typischerweise über einen „Softwareinterrupt“ zum Ablauf; dieser wird manchmal auch als „programmierter Interrupt“ bezeichnet, wird er doch durch Ausführen eines bestimmten Maschinenbefehls erzeugt. Da Softwareinterrupts aber eine niedrigere Priorität als andere Interrupts haben, sind sie blockiert bis der Kern die Bearbeitung aller anderen Interrupts beendet hat. Viele Interrupts einschließlich des Zeitgeberinterrupts können zwischen der Bereitschaft des Kerns zum Aufruf einer Funktion aus der callout-Tabelle und dem Eintritt des Softwareinterrupts auftreten, weshalb das Zeitfeld im ersten callout-Eintrag auch einen negativen Wert annehmen kann. Tritt der Softwareinterrupt schließlich auf, entfernt die Interruptroutine die Einträge, deren Zeitfelder abgelaufen sind, aus der callout-Tabelle und ruft die entsprechende Funktion auf.

Da die Zeitfelder der ersten Einträge in der callout-Tabelle möglicherweise 0 oder negativ sind, muß die Zeitgeberroutine den ersten Eintrag mit positivem Zeitfeld ermitteln und dieses erniedrigen. In Abbildung 8.10 zum Beispiel enthält das Zeitfeld des Eintrags für die Funktion *a* den Wert -2, Es sind also seit dem Zeitpunkt, zu dem *a* aufrufbar wurde, bereits 2 Zeitgeberinterrupts aufgetreten. Würde sich der Eintrag für *b* in der Tabelle 2 Zeitgeberticks danach befinden, würde der Kern den Eintrag für *a* entfernen und das Zeitfeld von *b* erniedrigen.

8.3.3 Profildarstellung

Die Profildarstellung des Kerns liefert ein Maß dafür, wieviel Zeit der Kern im Benutzer- bzw. Systemmodus verbringt, und wieviel Zeit er für die Ausführung einzelner Routinen im Kern aufwendet. Der Profiltreiber des Kerns zeichnet den relativen Durchsatz der Module des Kerns auf, indem er die Systemaktivität zum Zeitpunkt eines Zeitgeberinterrupts festhält. Der Profiltreiber verfügt dazu über eine Liste der zu überwachenden Systemadressen, für gewöhnlich der Adressen von Systemfunktionen; dazu hat ein Prozeß vorher diese Adressen mit *write* in den Profiltreiber geladen. Ist die Profildarstellung des Kerns zugeschaltet, ruft die Zeitgeberroutine die Interruptroutine für den Profiltreiber auf, die dann feststellt, ob der Prozessor zur Zeit des Interrupts im Benutzer- oder Systemmodus lief. Lief der Prozessor im Benutzermodus, so erhöht der Profiltreiber einen Zähler für diesen Ausführungsmodus, lief der Prozessor im Systemmodus, so erhöht der Treiber dagegen einen dem Befehlszähler entsprechenden internen Zähler. Benutzerprozesse können dann auf den Profiltreiber zugreifen, um die Zählerwerte des Kerns zu erhalten und damit statistische Auswertungen vorzunehmen.

Zum Beispiel zeigt Abbildung 8.11 die hypothetischen Adressen verschiedener Routinen des Kerns. Die Abbildung zeigt die vom Kern gesicherten Werte für folgende Sequenz von Befehlszählerinhalten über die Dauer von 10 Zeitgeberinterrupts: 110, 330, 145, Benutzeradresse, 125, 440, 130, 320, Benutzeradresse, 104. Aus der Abbildung könnten wir schließen, daß das System 20% seiner Zeit im Benutzermodus und 50% seiner Zeit mit der Ausführung der Systemroutine *bread* verbringt.

Ist die Profildarstellung des Kerns über einen langen Zeitraum hinweg zugeschaltet, so entwickelt sich das Muster der aufgezeichneten Befehlszählerwerte immer mehr hin zu einem echten Abbild der Systemnutzung. Allerdings zählt der verwendete Mechanismus die in der Zeitgeberroutine und beim Ausführen von Code, der Interrupts auf der Zeitgeberebene ausschließt, verbrauchte Zeit nicht mit, denn der Zeitgeber kann solche kritischen Codeabschnitte nicht unterbrechen und folglich auch die Profilbehandlungsroutine nicht aufrufen. Dies ist eine etwas unglückliche Lösung, denn gerade solch kritische Code-

Algorithmus	Adresse	Zähler
bread	100	5
breada	150	0
bwrite	200	0
brelse	300	2
getblk	400	1
user	–	2

Abb. 8.11: Beispieladressen für Algorithmen des Kerns

regionen im Kern sind häufig diejenigen, für die eine Profildarstellung sehr wichtig wäre. Die Ergebnisse der Profildarstellung des Kerns sind also mit Vorsicht zu genießen. Weinberger [Weinberger 84] beschreibt zwar eine Möglichkeit zum Generieren von Zählern in grundlegenden Codeblöcken wie etwa dem Körper von „if-then-else"-Anweisungen, um exakte Angaben darüber zu erhalten, wie oft sie ausgeführt werden. Allerdings erhöht diese Methode den Verbrauch an CPU-Zeit in einem Bereich von 50% bis 200%, ihre Anwendung als dauernder Mechanismus zur Profildarstellung des Kerns ist also nicht praktikabel.

Benutzer können auf Anwenderebene die Profildarstellung eines Prozesses mit dem Systemaufruf *profil* zuschalten:

```
profil(buff,bufsize,offset,scale);
```

Dabei ist *buff* die Adresse eines Arrays im Adreßraum des Benutzers, *bufsize* die Größe dieses Arrays, *offset* die virtuelle Adresse einer Benutzerroutine (gewöhnlich die erste Routine), und *scale* schließlich ein Faktor, über den virtuelle Benutzeradressen in das Array abgebildet werden. Der Kern behandelt *scale* als binären Bruch mit dem Binärpunkt an der äußersten „linken" Stelle: Der Hexadezimalwert 0xffff führt zu einer direkten Abbildung von Befehlszählerwerten auf die Wörter in *buff*, 0x7fff führt zu einer Abbildung von jeweils einem Paar von Programmadressen auf ein Wort in *buff*, 0x3fff bildet eine Gruppe von jeweils 4 Programmadressen auf ein Wort in *buff* ab, und so fort. Der Kern legt die Parameter für den Systemaufruf im *u-Bereich* des Prozesses ab. Unterbricht der Zeitgeber den Prozeß im Benutzermodus, so nimmt die Zeitgeberroutine den Befehlszähler des Benutzers zum Zeitpunkt des Interrupts, vergleicht ihn mit *offset* und erhöht den Inhalt der Stelle in *buff*, die sich als Funktion von *bufsize* und *scale* ergibt.

Sehen wir uns als Beispiel das Programm in Abbildung 8.12 an, das die Profildarstellung für zwei aufeinanderfolgende Funktionen *f* und *g* in einer Endlosschleife bewirkt. Der Prozeß gibt zuerst den Aufruf *signal* aus, damit beim Auftreten eines Interruptsignals die Funktion *theend* aufgerufen wird, berechnet dann den Bereich der Textadressen, die dargestellt werden sollen, und der sich von der Adresse der Funktion *main* bis zur Adresse der Funktion *theend* erstreckt, und gibt schließlich den Aufruf *profil* aus, um dem Kern mitzuteilen, daß er für seine Ausführung die Profildarstellung zuschalten soll. Der Ablauf des Programms über eine Dauer von 10 Sekunden auf einem schwach belasteten AT&T 3B20-Rechner ergab die in Abbildung 8.13 gezeigte Ausgabe. Die Adresse von *f* ist um 204 größer als Profiladresse 0; da die Textgröße von *f* 12 Bytes und die Größe einer Integerzahl auf einem AT&T 3B20-Rechner 4 Bytes beträgt, werden die Adressen von *f* auf die Einträge 51, 52 und 53 in *buf* abgebildet. In ähnlicher Weise werden die Adressen von *g* auf die Einträge

54, 55 und 56 in *buf* abgebildet. Die Einträge 46, 48 und 49 in *buf* stellen die Adressen der Schleife in *main* dar. In einem typischen Anwendungsfall wird der für die Profildarstellung zu verwendende Adreßbereich aus den Textadressen in der Symboltabelle des zu profilierenden Programmes ermittelt. Wegen seiner Komplexität raten wir Benutzern von der direkten Verwendung des Aufrufs *profil* ab; stattdessen ermöglicht es uns eine Option des C-Compilers, den zum Profilieren eines Programmes nötigen Code implizit zu generieren.

```
#include <signal.h>
int buffer[4096];
main()
{
        int offset, endof, scale, eff, gee, text;
        extern theend(), f(), g();
        signal(SIGINT, theend);
        endof = (int) theend;
        offset = (int) main;
        /* calculates number of words of program text */
        text = (endof - offset + sizeof(int) - 1)/sizeof(int);
        scale = 0xffff;
        printf("offset %d endof %d text %d\n", offset, endof, text);
        eff = (int) f;
        gee = (int) g;
        printf("f %d  g %d  fdiff %d gdiff %d\n", eff, gee, eff-offset, gee-offset);
        profil(buffer, sizeof(int)*text, offset, scale);
        for (;;)
        {
                f();
                g();
        }
}
f()
{
}
g()
{
}
theend()
{
        int i;
        for (i = 0;  i < 4096;  i++)
                if (buffer[i])
                        printf("buf[%d] = %d\n", i, buffer[i]);
        exit();
}
```

Abb. 8.12: Programm mit Aufruf von Profil

```
offset 212 endof 440 text 57
f 416  g 428  fdiff 204 gdiff 216
buf[46] = 50
buf[48] = 8585216
buf[49] = 151
buf[51] = 12189799
buf[53] = 65
buf[54] = 10682455
buf[56] = 67
```

Abb. 8.13: Beispielausgabe für ein Programm mit Aufruf von Profil

8.3.4 Abrechnung und Statistik

Unterbricht der Zeitgeber das System, kann dieses gerade im Systemmodus, im Benutzermodus, oder leer (ohne einen Prozeß auszuführen) laufen. Es läuft beispielsweise dann leer, wenn alle Prozesse schlafen und auf ein Ereignis warten. Der Kern führt interne Zähler für jeden Zustand des Prozessors und berichtigt sie bei jedem Zeitgeberinterrupt, indem er jeweils den aktuellen Zustand des Rechners festhält. Benutzerprozesse können dann später die im Kern gesammelten statistischen Daten auswerten.

Jeder Prozeß verfügt in seinem *u-Bereich* über zwei Felder, die die verbrauchte System- und Benutzerzeit enthalten. Bei der Bearbeitung von Zeitgeberinterrupts berichtigt der Kern das entsprechende Feld für den laufenden Prozeß in Abhängigkeit davon, ob der Prozeß im System- oder Benutzermodus lief. Vaterprozesse erhalten die statistischen Daten ihrer Kinder über den *wait*-Aufruf, der die statistischen Daten der im *exit* befindlichen Sohnprozesse sammelt.

Jeder Prozeß verfügt in seinem *u-Bereich* über ein Feld, in dem der Kern seinen Speicherbedarf aufzeichnet. Unterbricht der Zeitgeberinterrupt einen laufenden Prozeß, so berechnet der Kern den von einem Prozeß insgesamt belegten Speicher als Funktion aus seinen privaten Speicherregionen und seinem Anteil an der Nutzung gemeinsamer Regionen. Benutzt zum Beispiel ein Prozeß eine Textregion von 50K Bytes gemeinsam mit vier anderen Prozessen und zusätzlich Daten- und Stackregionen von 25K bzw. 40K Bytes, so ermittelt der Kern für den Prozeß einen Speicherverbrauch von 75K Bytes (50K/5+25K+40K). In einem Pagingsystem ermittelt er den Speicherverbrauch durch Zählen der gültigen Speicherseiten in jeder Region. Verwendet also ein Prozeß zwei private Regionen und teilt sich eine dritte Region mit einem anderen Prozeß, so berechnet ihm der Kern die Anzahl der gültigen Speicherseiten in den privaten Regionen plus die Hälfte der gültigen Speicherseiten der gemeinsam benutzten Region als Speicherverbrauch. Beim *exit* des Prozesses schreibt der Kern diese Information in einen Abrechnungssatz, sie kann dann später für die Abrechnung mit dem Benutzer verwendet werden.

8.3.5 Zeit

Der Kern erhöht bei jedem Zeitgeberinterrupt eine Zeitgebervariable, die die Zeit vom Systemstart an in Zeitgeberticks enthält. Der Kern verwendet die Zeitgebervariable für die Rückgabe eines Zeitwerts im Aufruf *time* und für die Berechnung der gesamten (echten) Ausführungszeit eines Prozesses. Beim Erzeugen eines Prozesses mit dem Aufruf *fork* legt der Kern dessen Startzeit in seinem *u-Bereich* ab, zieht diesen Wert dann beim *exit* des Prozesses von der aktuellen Zeit ab und erhält somit die tatsächliche Ausführungszeit des Prozesses. Eine weitere Zeitgebervariable, die über den Systemaufruf *stime* gesetzt und jede Sekunde erhöht wird, dient zum Mitführen der Uhrzeit.

8.4 Zusammenfassung

Dieses Kapitel beschrieb die grundlegenden Algorithmen zum Prozeßscheduling im UNIX-System. Der Kern teilt jedem Prozeß im System eine Schedulingpriorität zu; der jeweilige Wert wird periodisch in der Zeitgeberroutine oder aber beim Einschlafen eines Prozesses zugeordnet. Die beim Einschlafen eines Prozesses zugeteilte Priorität ist ein fester Wert, der nur vom Algorithmus des Kerns abhängt, den der Prozeß gerade ausführte. Die von der Zeitgeberroutine (oder bei der Rückkehr eines Prozesses vom System- in den Benutzermodus) zugeteilte Priorität hängt dagegen davon ab, wie lange der Prozeß gerade die CPU belegt hat: Er erhält eine niedrigere Priorität, wenn er die CPU gerade benützt hat, ansonsten eine höhere. Der Systemaufruf *nice* ermöglicht es einem Prozeß, einen der bei der Prioritätsberechnung für einen Prozeß verwendeten Parameter zu verändern.

Dieses Kapitel beschrieb außerdem die Systemaufrufe für die Zeit: Setzen und Ermitteln der Systemzeit, Ermitteln der Ausführungszeit eines Prozesses, und Setzen von Alarmsignalen für einen Prozeß. Schließlich wurden noch die Funktionen der Zeitgeberroutine bechrieben, die die Systemzeit mitführt, die callout-Tabelle verwaltet, statistische Daten sammelt und die Vorbereitungen für den Aufruf des Prozeßschedulers, des Prozeßswappers und des Seitendiebs trifft. Swapper und Seitendieb sind Thema des nächsten Kapitels.

8.5 Übungen

1. Weist der Kern beim Übergang eines Prozesses in den Schlaf neue Prioritäten zu, so erhält der auf eine gesperrte Inode wartende Prozeß eine höhere Priorität als der auf einen gesperrten Puffer wartende. In ähnlicher Weise erhält auch ein auf eine Terminaleingabe wartender Prozeß eine höhere Priorität als ein auf eine Terminalausgabe wartender. Rechtferigen Sie beide Fälle.

* 2. Der Algorithmus zur Bearbeitung des Zeitgeberinterrupts berechnet in 1-Sekundenabständen die Prioritäten neu und führt auch ein erneutes Scheduling durch. Diskutieren Sie einen Algorithmus, der diesen Zeitabstand in Abhängigkeit von der Systemauslastung dynamisch ändert. Lohnt der Gewinn den gesteigerten Aufwand?

3. Die sechste Ausgabe von UNIX verwendet die folgende Formel zum Ermitteln des aktuellen CPU-Verbrauchs eines Prozesses:

   ```
   decay(CPU) = max(threshold priority,CPU-10);
   ```

   Die siebte Ausgabe verwendet dagegen die Formel:

   ```
   decay(CPU) = .8 * CPU;
   ```

   Beide Systeme berechnen die Prozeßpriorität über die Formel:

   ```
   priority = CPU/16 + (base level priority);
   ```

   Versuchen Sie diese Alterungsfunktionen auf das Beispiel in Abbildung 8.4 anzuwenden.

4. Wiederholen Sie das Beispiel aus Abbildung 8.4 mit sieben Prozessen anstelle von drei. Wiederholen Sie das Beispiel außerdem mit 100 Zeitgeberinterrupts pro Sekunde anstelle von 60. Kommentieren Sie.
5. Entwerfen Sie eine Strategie, nach der das System eine Zeitgrenze für die Ausführungsdauer eines Prozesses setzt und ihn beim Überschreiten dieser Grenze zum *exit* zwingt. Wie sollte der Benutzer diese Prozesse von solchen unterscheiden, die ohne zeitliche Begrenzung laufen dürfen? Falls die einzige Erfordernis darin bestünde, eine solche Strategie von der Shell aus laufen zu lassen, was müßte getan werden?
6. Führt ein Prozeß den Systemaufruf *wait* aus und findet einen Zombie, so addiert der Kern das CPU- Verbrauchsfeld des Sohns auf das des Vaters. Was ist die Begründung für eine solche Strafmaßnahme gegen den Vater?
7. Das Kommando *nice* bewirkt, daß das folgende Kommando wie in

   ```
   nice 6 nroff -mm big_meme > output
   ```

   mit dem angegebenen nice-Wert aufgerufen wird. Schreiben Sie den C-Code für das *nice*-Kommando.
8. Verfolgen Sie das Scheduling des Prozesses in Abbildung 8.4 mit einem *nice*-Wert für Prozeß A von 5 oder -5.
9. Implementieren Sie einen Systemaufruf *renice x y*, wobei *x* die Prozeß-ID (eines aktiven Prozesses) und *y* der Wert ist, den dessen *nice*-Wert dann annehmen soll.
10. Betrachten Sie das Beispiel in Abbildung 8.6 unter Verwendung des fair share Schedulers. Wir nehmen dazu an, die Gruppe mit Prozeß A erhalte 33%, die Gruppe mit den Prozessen B und C 66% der CPU-Zeit. Wie sollte die Folge der zum Ablauf eingeteilten Prozesse aussehen? Verallgemeinern Sie die Berechnung der Prozeßprioritäten, so daß der Inhalt des Felds für den CPU-Gruppenverbrauch normalisiert wird.
11. Implementieren Sie das Kommando *date*: das Kommando benötigt keine Argumente und gibt das im System gespeicherte aktuelle Datum aus; durch Verwendung eines Parameters wie in

    ```
    date mmddhhmmyy
    ```

    kann ein Benutzer (Superuser) das aktuelle Systemdatum auf den Wert Monat, Tag, Jahr, Stunde und Minute setzen. Zum Beispiel setzt

    ```
    date 0911205084
    ```

    das Systemdatum auf den 11.September 1984, 20:50 Uhr.
12. Programme können eine *sleep*-Funktion

    ```
    sleep(seconds);
    ```

    auf Benutzerebene verwenden, um die Bearbeitung für die angegebene Anzahl von Sekunden auszusetzen. Implementieren Sie die Funktion unter Verwendung der Systemaufrufe *alarm* und *pause*. Was sollte geschehen, wenn der Prozeß *alarm* vor *sleep* aufruft? Bedenken Sie zwei Möglichkeiten: der vorausgehende *alarm*-Aufruf verfällt, während der Prozeß schläft, bzw. der *alarm*-Aufruf verfällt, nachdem der *sleep*-Aufruf ausgeführt ist.

*13. Bezugnehmend auf das letzte Problem könnte der Kern in der *sleep*-Funktion zwischen *alarm*- und *pause*-Aufruf einen Kontextwechsel durchführen, der Prozeß könnte dann das *alarm*-Signal vor seinem Aufruf an *pause* erhalten. Was würde geschehen? Wie kann diese Wettlaufbedingung behoben werden?

9 Strategien zur Speicherverwaltung

Der im letzten Kapitel beschriebene Schedulingalgorithmus für die CPU ist stark von den Strategien zur Speicherverwaltung beeinflußt. Mindestens ein Teil eines Prozesses muß sich für den Ablauf im Hauptspeicher befinden; einen Prozeß, der sich vollständig im Sekundärspeicher befindet, kann die CPU nicht ausführen. Der Hauptspeicher ist jedoch ein kostbares Betriebsmittel, das häufig nicht alle im System aktiven Prozesse aufnehmen kann. Verfügt ein System zum Beispiel über 8 Megabytes Primärspeicher, so passen 9 Prozesse mit einer Größe von jeweils 1 Megabyte nicht gleichzeitig hinein. Das Speicherverwaltungssystem entscheidet nun, welche Prozesse (zumindest teilweise) im Hauptspeicher residieren sollen und verwaltet die Teile des virtuellen Adreßraums eines Prozesses, die nicht speicherresident sind. Es überwacht die Menge des verfügbaren Primärspeichers und kann auch periodisch Prozesse auf ein als *Swapgerät* bezeichnetes Sekundärspeichergerät schreiben, um wieder mehr Platz im Primärspeicher verfügbar zu machen. Zu einem späteren Zeitpunkt liest der Kern dann die Daten vom Swapgerät wieder zurück in den Hauptspeicher.

Früher transportierten UNIX-Systeme nur vollständige Prozesse zwischen Primärspeicher und Swapgerät hin und her, nicht jedoch einzelne Teile eines Prozesses, außer es handelte sich dabei um gemeinsam benutzte Textbereiche. Eine solche Strategie zur Speicherverwaltung bezeichnen wir als *Swapping*. Die Implementierung einer solchen Strategie machte auf einer PDP 11 noch Sinn, bei der die maximale Prozeßgröße nur 64K Bytes betrug. Bei dieser Strategie ist die Größe eines Prozesses durch die Menge des im System verfügbaren physikalischen Speichers begrenzt. Das BSD-System (Release 4.0) war die erste größere Implementierung einer Strategie mit *Demand-Paging*, wobei Speicherseiten anstelle von Prozessen vom und zum Sekundärspeichergerät transportiert wurden; auch neuere Versionen von UNIX System V unterstützen Demand-Paging. Dabei muß sich zur Ausführung nicht der ganze Prozeß im Hauptspeicher befinden; der Kern lädt die Seiten für einen Prozeß erst bei Bedarf, also wenn der Prozeß auf sie zugreifen will. Der Vorteil des Demand-Paging liegt in der größeren Flexibilität beim Abbilden des virtuellen Adreßraums eines Prozesses auf den physikalischen Speicher der Maschine, wobei ein Prozeß gewöhnlich auch größer sein kann als der zur Verfügung stehende physikalische Speicher, und wobei sich auch mehr Prozesse gleichzeitig im Speicher befinden können. Die Vorteile des Swapping liegen in der einfacheren Implementierung und im geringeren Systemoverhead. Dieses Kapitel behandelt nun Swapping und Paging, die beiden Strategien zur Speicherverwaltung.

9.1 Swapping

Die Beschreibung des Swappingalgorithmus zerfällt in drei Teile: Verwaltung des Platzes auf dem Swapgerät, Swappen von Prozessen aus dem Hauptspeicher, und Swappen von Prozessen in den Hauptspeicher.

9.1.1 Zuweisen von Swapbereichen

Das Swapgerät ist ein Blockgerät in einem konfigurierbaren Bereich einer Platte. Während der Kern den Platz für Dateien jeweils in einzelnen Blöcken zuteilt, teilt er den Platz auf dem Swapgerät in Gruppen von unmittelbar aufeinanderfolgenden Blöcken zu. Der Dateiplatz wird statisch verwendet; da der Platz für lange Zeit zugeteilt bleibt, ist die Zuteilungsstrategie flexibel, um den Anfall an Blockfragmenten und damit an nicht mehr zuteilbarem Speicher im Dateisystem niedrig zu halten. Die Zuteilung von Platz auf dem Swapgerät geschieht dagegen nur vorübergehend und in Abhängigkeit vom Prozeßscheduling. Ein Prozeß, der sich im Augenblick auf dem Swapgerät befindet, wird wieder zurück in den Hauptspeicher wandern und den auf dem Swapgerät vorher belegten Platz wieder freigeben. Da die Geschwindigkeit hier kritisch ist und das System die I/O in einer Operation über mehrere Blöcke schneller durchführen kann als in mehreren Operationen über jeweils einen Block, teilt der Kern auf dem Swapgerät zusammenhängenden Platz ohne Rücksicht auf mögliche Blockfragmente zu.

Da sich die Zuordnungsstrategie für das Swapgerät von der Zuordnungsstrategie für das Dateisystem unterscheidet, unterscheiden sich auch die Datenstrukturen zum Aufzeichnen des freien Platzes. Der Kern verwaltet den freien Platz im Dateisystem über eine verkettete Liste freier Blöcke, die über den Superblock des Dateisystems erreichbar ist, den freien Platz auf dem Swapgerät verwaltet er dagegen in einer Speichertabelle, die wir als *Map* bezeichnen. Solche Maps, die neben dem Swapgerät auch noch für andere Betriebsmittel Verwendung finden (zum Beispiel für einige Gerätetreiber), gestatten eine schnelle Zuteilung zusammenhängender „Blöcke“ von Betriebsmitteln.

Eine Map ist ein Array, dessen Elemente jeweils aus der Adresse eines zuteilbaren Betriebsmittels und der Anzahl der dort verfügbaren Betriebsmitteleinheiten bestehen; der Kern interpretiert Adresse und Einheiten entsprechend dem Typ der jeweiligen Map. Am Anfang besteht eine Map nur aus einem einzigen Eintrag, der die Adresse und die Gesamtheit der Einheiten eines Betriebsmittels umfaßt. Zum Beispiel behandelt der Kern jeden Eintrag der Swapmap als Gruppe von Plattenblöcken; die Adresse stellt den jeweiligen Blockoffset vom Anfang des Swapbereichs dar. Abbildung 9.1 zeigt eine Swapmap im Ursprungszustand mit 10000 Blöcken und der Anfangsadresse 1. Zum Zuteilen und Freigeben von Betriebsmitteln berichtigt der Kern auch die Map, so daß sie immer die aktuelle Information über die verfügbaren Betriebsmittel enthält.

Adresse	Einheiten
1	10000

Abb. 9.1: Swapmap im Ursprungszustand

Abbildung 9.2 zeigt den Algorithmus *malloc* zum Zuteilen von Speicherplatz über eine Map. Der Kern sucht dabei in der Map nach dem ersten Eintrag, der genug Speicherplatz enthält, um die Anforderung zu bedienen. Benötigt die Anforderung den gesamten, im Mapeintrag enthaltenen Speicherplatz, so entfernt der Kern den Eintrag aus dem Array und komprimiert die Map (sie umfaßt also jetzt einen Eintrag weniger). In allen anderen Fällen berichtigt er Adresse und Einheitenfeld des Eintrags entsprechend der zugeteilten Betriebsmittelmenge. Abbildung 9.3 zeigt eine Folge von Zuständen der Swapmap nach Zuteilung von jeweils 100, 50 und wiederum 100 Einheiten. Der Kern berichtigt die Swapmap so, daß sie jetzt die ersten 250 Einheiten als zugeteilt zeigt und noch 9750 freie Einheiten mit der Startadresse 251 enthält.

Beim Freigeben von Betriebsmitteln findet der Kern die richtige Position in der Map über die Adresse. Drei Fälle sind dabei möglich:

1. Die freigegebenen Betriebsmittel füllen exakt eine Lücke in der Map: sie fügen sich also lückenlos zwischen die Einträge ein, deren Adressen ihnen in der Map unmittelbar vorausgehen bzw. folgen. In diesem Fall zieht der Kern die neu freigegebenen Betriebsmittel und die (beiden) bestehenden Einträge zu einem Eintrag in der Map zusammen.
2. Die freigegebenen Betriebsmittel füllen nur teilweise eine Lücke in der Map. Fügt sich die Adresse der freigegebenen Betriebsmittel lückenlos an die Adresse des Mapeintrags an, der ihnen unmittelbar vorausgeht bzw. folgt (aber nicht an beide), so berichtigt der Kern Adresse und Einheitenfeld des passenden Eintrags so, daß dieser die gerade freigegebenen Betriebsmittel mit umfaßt. Die Anzahl der Einträge in der Map bleibt gleich.

```
algorithm malloc        /* algorithm to allocate map space */
input:  (1) map address       /* indicates which map to use */
        (2) requested number of units
output: address, if successful
        0, otherwise
{
        for (every map entry)
        {
                if (current map entry can fit requested units)
                {
                        if (requested units == number of units in entry)
                                delete entry from map;
                        else
                                adjust start address of entry;
                        return (original address of entry);
                }
        }
        return(0);
}
```

Abb. 9.2: Algorithmus zum Zuteilen von Speicherplatz über eine Map

Adresse	Einheiten
1	10000

(a)

Adresse	Einheiten
101	9900

(b)

Adresse	Einheiten
151	9850

(c)

Adresse	Einheiten
251	9750

(d)

Abb. 9.3: Zuteilen von Swapbereichen

3. Die freigegebenen Betriebsmittel füllen zwar teilweise eine Lücke in der Map, fügen sich aber nicht nahtlos an irgendeinen Bereich in der Map an. In diesem Fall erzeugt der Kern einen neuen Eintrag und fügt ihn an der passenden Stelle in die Map ein.

Gibt in unserem vorigen Beispiel der Kern 50 Einheiten Swapbereich ab Adresse 101 frei, so wird die Swapmap einen neuen Eintrag für die freigegebenen Betriebsmittel enthalten, denn die zurückgegebenen Betriebsmittel schließen sich an keinen der vorhandenen Einträge lückenlos an. Gibt der Kern jetzt 100 Einheiten Swapbereich ab Adresse 1 frei, so berichtigt er den ersten Eintrag der Swapmap, denn der freigegebene Bereich schließt sich ohne Lücke an den im ersten Eintrag enthaltenen an. Abbildung 9.4 zeigt die diesen Ereignissen entsprechende Folge von Swapmapinhalten.

Nehmen wir an, der Kern benötigt jetzt 200 Einheiten Swapbereich. Da der erste Eintrag in der Swapmap nur 150 Einheiten enthält, erfüllt der Kern die Anforderung über den zweiten Eintrag (siehe Abbildung 9.5). Schließlich nehmen wir noch an, der Kern gebe 350 Einheiten Swapbereich ab Adresse 151 frei. Obwohl diese 350 Einheiten separat zugeteilt wurden, gibt es keinen Grund für den Kern, sie nicht sofort freizugeben. (Dies trifft jedoch in Wirklichkeit nicht auf Swapbereiche zu, denn die Anforderungen für Swapbereiche sind voneinander unabhängig.) Der Kern bemerkt, daß der freigegebene Bereich genau in die Lücke zwischen erstem und zweitem Eintrag in der Swapmap paßt und erzeugt jetzt einen Eintrag für die bisherigen zwei (und den neu freigegebenen Bereich).

Adresse	Einheiten
251	9750

(a)

Adresse	Einheiten
101	50
251	9750

(b)

Adresse	Einheiten
1	150
251	9750

(c)

Abb. 9.4: Freigeben von Swapbereichen

Adresse	Einheiten
1	150
251	9750

(a)

Adresse	Einheiten
1	150
451	9550

(b)

Abb. 9.5: Zuteilen von Swapbereich aus dem zweiten Eintrag der Map

Traditionelle UNIX-Implementierungen verwenden ein Swapgerät, die neueste Implementierung von System V gestattet jedoch auch die Verwendung mehrerer Swapgeräte. Der Kern bestimmt dabei das Swapgerät nach einem round-robin-Verfahren, vorausgesetzt auf dem Gerät ist genügend zusammenhängender Platz verfügbar. Der Systemverwalter kann Swapgeräte dynamisch erzeugen und auch wieder aus dem System entfernen. Soll ein Swapgerät aus dem System entfernt werden, lagert der Kern keine Daten mehr darauf aus; durch das Zurückverlagern der Daten in den Speicher wird das Swapgerät im Laufe der Zeit immer leerer und schließlich frei, kann also dann aus dem System entfernt werden.

9.1.2 Auslagern (Swappen) von Prozessen aus dem Speicher

Der Kern lagert Prozesse aus, wenn er Platz im Speicher benötigt, was folgende Gründe haben kann:

1. der Systemaufruf *fork* muß Speicherplatz für einen Sohnprozeß zuordnen;
2. der Systemaufruf *brk* erweitert die Größe eines Prozesses;
3. ein Prozeß wird durch das Anwachsen seines Stackbereichs größer;
4. der Kern benötigt freien Platz im Speicher für Prozesse, die er früher ausgelagert hat und jetzt wieder zurückladen will.

Der Aufruf *fork* bildet dabei einen Sonderfall, denn hier wird der bis dahin vom Prozeß belegte Hauptspeicher *nicht* freigegeben.

Entschließt sich der Kern, einen Prozeß aus dem Hauptspeicher auszulagern, so erniedrigt er den Referenzzähler für jede Region des Prozesses und lagert die Region aus, wenn der Referenzzähler auf 0 fällt. Der Kern ordnet Speicherplatz auf einem Swapgerät zu, sperrt den Prozeß im Hauptspeicher (für die Fälle 1-3) und hindert so den Swapper daran, den Prozeß auszulagern (siehe dazu auch Übung 9.12), während die Swapoperation noch läuft. Der Kern sichert die Swapadresse der Region im Regionstabelleneintrag.

Der Kern transportiert soviel Daten wie möglich in einer I/O-Operation unter Umgehung des Blockdepots direkt zwischen Swapgerät und Adreßraum des Benutzers hin und her. Kann die Hardware nicht mehrere Seiten in einer Operation transportieren, so muß dies die Systemsoftware schrittweise jeweils Seite für Seite tun. Die genaue Datentransferrate hängt also unter anderem von den Eigenschaften des Plattencontrollers und der Implementierung der Speicherverwaltung ab. Ist der Speicher zum Beispiel in Seiten aufgeteilt, so liegen die auszulagernden Daten wahrscheinlich nicht zusammenhängend im physikalischen Speicher. Der Kern muß also die Seitenadressen der auszulagernden Daten zusamenfassen, der Plattentreiber kann diese Sammlung von Seitenadressen dann zum Vorbereiten der I/O verwenden. Der Swapper wartet dabei jeweils auf die Beendigung einer I/O-Operation, bevor er andere Daten auslagert.

Es ist nicht notwendig, daß der Kern den vollständigen virtuellen Adreßraum eines Prozesses auf das Swapgerät schreibt. Statt dessen kopiert er den einem Prozeß zugeteilten physikalischen Speicher in den auf dem Swapgerät zugeordneten Bereich, läßt dabei jedoch nicht zugeordnete virtuelle Adressen außer acht. Lädt der Kern den Prozeß wieder zurück in den Speicher, so kennt er die virtuelle Adreßbelegung des Prozesses, kann ihn also den richtigen virtuellen Adressen zuordnen. Der Kern umgeht ein zusätzliches Kopieren der Daten von einem Puffer in den Speicher durch direktes Einlesen an die physikalischen Speicherstellen, die zuvor für die jeweiligen virtuellen Adressen ermittelt wurden.

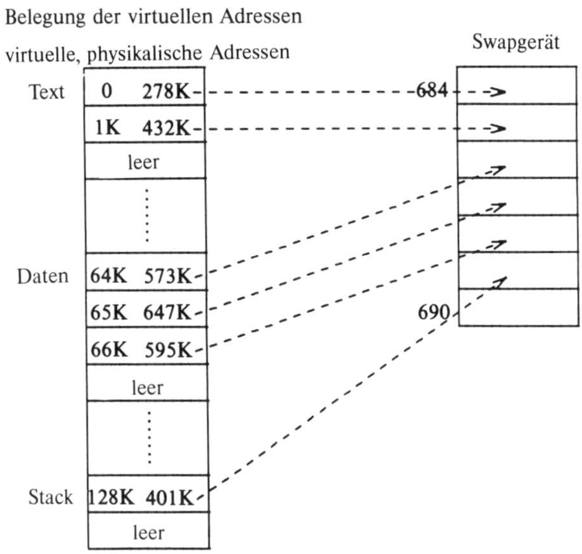

Abb. 9.6: Abbilden des Prozeßraums auf ein Swapgerät

Abbildung 9.6 zeigt ein Beispiel für das Abbilden des Speicherbereichs eines Prozesses auf ein Swapgerät[1]. Der Prozeß verfügt über drei Regionen für Text, Daten und Stack: die Textregion endet an der virtuellen Adresse 2K, die Datenregion beginnt an der virtuellen Adresse 64K, es bleibt also eine Lücke von 62K im virtuellen Adreßraum. Lagert der Kern den Prozeß aus, so lagert er die Seiten für die virtuellen Adressen 0, 1K, 64K, 65K, 66K und 128K aus; er ordnet keinen Swapbereich für die leeren 62K Bytes zwischen Text- und Datenregion bzw. die leeren 61K Bytes zwischen Daten- und Stackregion zu, sondern füllt stattdessen den Swapbereich fortlaufend und lückenlos. Beim Zurückladen des Prozesses in den Speicher hat der Kern durch Nachsehen in der Prozeßspeichertabelle Kenntnis von dieser 62K Bytes großen Lücke und ordnet den physikalischen Speicher entsprechend zu. Abbildung 9.7 zeigt diesen Fall. Ein Vergleich zwischen Abbildung 9.6 und Abbildung 9.7 zeigt außerdem, daß die vom Prozeß vor und nach dem Swappen belegten physikalischen Adressen nicht gleich sind; jedoch bemerkt der Prozeß diesen Wechsel auf Benutzerebene nicht, denn der Inhalt seines virtuellen Adreßraums bleibt bestehen.

Theoretisch ist der gesamte von einem Prozeß belegte Speicherplatz einschließlich *u-Bereich* und Systemstack auslagerbar, obwohl der Kern zeitweilig während bestimmter kritischer Operationen eine Region im Speicher sperren kann. In der Praxis lagern die verschiedenen Implementierungen des Kerns den *u-Bereich* dann nicht aus, wenn dieser die Adreßumsetztabellen für den Prozeß enthält. Die Implementierung bestimmt auch, ob ein Prozeß sich selbst auslagern kann oder ob er dazu eine Anforderung an einen besonderen Prozeß stellen muß (siehe Übung 9.4).

[1] Aus Gründen der Einfachheit wird hier und in den folgenden Abbildungen der virtuelle Adreßraum eines Prozesses als lineares Array von Seitentabelleneinträgen dargestellt; wir vernachlässigen dabei die Tatsache, daß jede Region normalerweise eine eigene Seitentabelle besitzt.

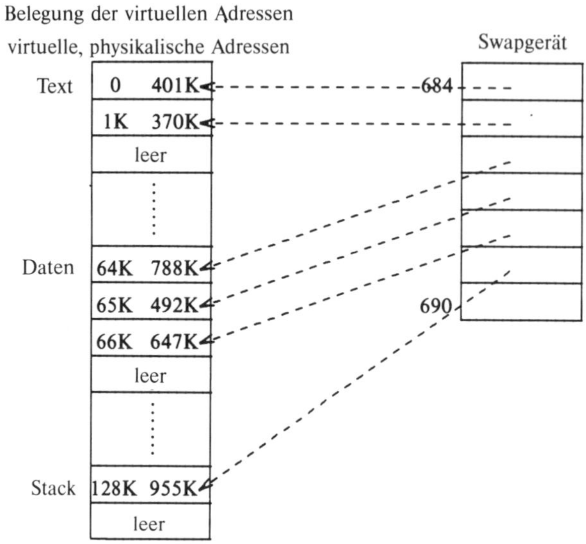

Abb. 9.7: Zurückladen eines Prozesses in den Speicher

9.1.2.1 Auslagern bei fork

Die Beschreibung des Systemaufrufs *fork* (Abschnitt 7.1) ging davon aus, daß der Vaterprozeß über genügend Speicher für das Erzeugen des Sohnprozesses verfügt. Andernfalls lagert der Kern den Prozeß aus, ohne den (vom Vater) belegten Speicher freizugeben. Nach Beendigung des Swapvorgangs existiert der Sohn auf dem Swapgerät; der Vater versetzt ihn in den Zustand „lauffähig" (siehe Abbildung 6.1) und kehrt in den Benutzermodus zurück. Da sich der Sohn im Zustand „lauffähig" befindet, wird ihn der Swapper bei Gelegenheit in den Speicher laden, wo ihn der Kern dann zum Ablauf einteilt; der Sohn wird dann seinen Teil am *fork*-Aufruf beenden und in den Benutzermodus zurückkehren.

9.1.2.2 Erweiterungsswapping

Benötigt ein Prozeß als Folge einer Vergrößerung des Benutzerstacks oder durch Ausgeben des Systemaufrufs *brk* mehr physikalischen Speicher als ihm augenblicklich zugeteilt und insgesamt im System verfügbar ist, so führt der Kern für den Prozeß ein *Erweiterungsswapping* durch. Er reserviert auf dem Swapgerät Platz für den aktuellen Speicherbedarf des Prozesses einschließlich des neu angeforderten Bereichs. Dann berichtigt er die Adreßumsetztabelle des Prozesses für den neuen virtuellen Speicher, weist jedoch noch keinen physikalischen Speicherplatz zu (da ja gerade keiner verfügbar ist). Zuletzt lagert er den Prozeß in einer normalen Swapoperation aus und belegt den neu zugeteilten Speicherplatz auf dem Swapgerät mit Nullen vor (siehe Abbildung 9.8). Lädt der Kern den Prozeß später in den Speicher zurück, ordnet er den physikalischen Speicher entsprechend der neuen (vergrößerten) Adreßumsetztabelle zu. Nimmt der Prozeß dann seine Arbeit wieder auf, verfügt er über genügend Speicherplatz.

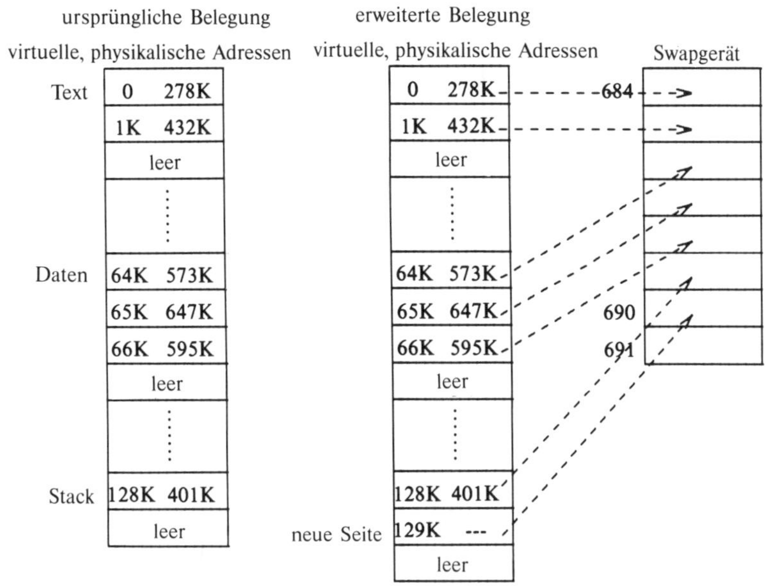

Abb. 9.8: Berichtigen der Speichertabelle für Erweiterungsswapping

9.1.3 Zurückladen von Prozessen

Prozeß 0, der Swapper, ist der einzige Prozeß, der Prozesse von Swapgeräten in den Speicher zurücklädt. Am Ende der Systeminitialisierung geht der Swapper in eine Endlosschleife, seine einzige Aufgabe besteht, wie in Abschnitt 7.9 beschrieben, im Swappen von Prozessen. Er versucht, Prozesse vom Swapgerät zurück in den Speicher zu laden, und er lagert Prozesse aus, wenn der Bedarf an Hauptspeicher dies erfordert. Der Swapper schläft, solange keine Arbeit für ihn vorhanden ist (falls zum Beispiel keine Prozesse zum Zurückladen existieren) oder wenn er nichts tun kann (weil keine auszulagernden Prozesse existieren); wie wir noch sehen werden, weckt der Kern den Swapper periodisch. Er teilt ihn wie alle anderen Prozesse zum Ablauf ein, jedoch mit höherer Priorität; zudem läuft der Swapper nur im Systemmodus. Der Swapper verwendet für seine Arbeit keine Systemaufrufe, sondern interne Systemfunktionen; er ist der Urtyp für alle Arten von Systemprozessen.

Wie bereits kurz in Kapitel 8 erwähnt wurde, mißt die Zeitgeberroutine die Zeit, die jeder Prozeß im Speicher oder auf dem Swapgerät verbracht hat. Wacht der Swapper auf, um Prozesse in den Speicher zu laden, so prüft er alle Prozesse im Zustand „lauffähig, aber ausgelagert“ und wählt den aus, der die längste Zeit ausgelagert war (siehe Abbildung 9.9). Ist genug freier Speicherplatz vorhanden, lädt der Swapper den Prozeß in einer Operation, die genau entgegengesetzt zum Auslagern abläuft, zurück in den Speicher: Er ordnet physikalischen Speicher zu, liest den Prozeß vom Swapgerät und gibt schließlich den Swapbereich frei.

Hat der Swapper einen Prozeß erfolgreich in den Speicher zurückgeladen, durchsucht er die Menge der Prozesse im Zustand „lauffähig, aber ausgelagert“ nach weiteren Prozessen zum Zurückladen und wiederholt nötigenfalls die vorbeschriebene Prozedur. Dabei kann eine der folgenden Situationen auftreten:

- Auf dem Swapgerät ist kein Prozeß im Zustand „lauffähig“ vorhanden: Der Swapper schläft, bis ein Prozeß auf dem Swapgerät aufwacht oder bis der Kern einen Prozeß im Zustand „lauffähig“ auslagert. (Erinnern Sie sich an des Zustandsdiagramm in Abbildung 6.1)
- Der Swapper findet einen Prozeß zum Zurückladen, doch das System verfügt nicht über genügend Speicherplatz: Der Swapper versucht, einen anderen Prozeß auszulagern, und durchläuft im Erfolgsfall erneut den Swapalgorithmus, um nach einem Prozeß zum Zurückladen zu suchen.

```
algorithm swapper          /* swap in swapped out processes,
                            * swap out other processes to make room */
input:  none
output: none
{
  loop:
     for (all swapped out processes that are ready to run)
            pick process swapped out longest;
     if (no such process)
     {
            sleep (event must swap in);
            goto loop;
     }
     if (enough room in main memory for process)
     {
            swap process in;
            goto loop;
     }
  /* loop2: here in revised algorithm (see page 285) */
     for (all processes loaded in main memory, not zombie and not locked in memory)
     {
            if (there is a sleeping process)
                   choose process such that priority + residence time
                                 is numerically highest;
            else  /* no sleeping processes */
                   choose process such that residence time + nice
                                 is numerically highest;
     }
     if (chosen process not sleeping or residency requirements not
                                 satisfied)
            sleep (event must swap process in);
     else
            swap out process;
     goto loop;        /* goto loop2 in revised algorithm */
}
```

Abb. 9.9: Algorithmus für den Swapper

Muß der Swapper einen Prozeß auslagern, überprüft er alle Prozesse im Speicher: Zombieprozesse werden nicht ausgelagert, denn sie benötigen ja keinen physikalischen Speicher; ebenso werden Prozesse nicht ausgelagert, die im Speicher gesperrt sind, etwa weil sie gerade Operationen an Regionen vornehmen. Der Kern lagert außerdem eher schlafende Prozesse aus als solche, die sich im Zustand „lauffähig" befinden, denn lauffähige Prozesse haben eine größere Chance, in nächster Zeit zum Ablauf eingeteilt zu werden. Die Entscheidung, welcher schlafende Prozeß ausgelagert werden soll, ist eine Funktion von Prozeßpriorität und der Zeit, die der Prozeß im Speicher zugebracht hat. Befinden sich keine schlafenden Prozesse im Speicher, ist die Entscheidung, welcher lauffähige Prozeß ausgelagert werden soll, eine Funktion aus dem nice-Wert des Prozesses und der Zeit, die er im Speicher zugebracht hat.

Ein lauffähiger Prozeß muß mindestens 2 Sekunden speicherresident gewesen sein, bevor er ausgelagert werden kann, und ein Prozeß, der zurückgeladen werden soll, muß mindestens 2 Sekunden ausgelagert gewesen sein. Findet der Swapper keine Prozesse zum Auslagern oder haben weder der auszulagernde noch der zurückzuladende Prozeß die notwendigen 2 Sekunden Aufenthalt in ihrer jeweiligen Umgebung angesammelt[2], so schläft er bis zu dem Zeitpunkt ein, daß er einen Prozeß in den Speicher laden soll, aber nicht genug Platz für ihn findet. Der Zeitgeber weckt den Swapper in diesem Zustand einmal pro Sekunde. Der Kern weckt den Swapper auch, wenn ein anderer Prozeß einschläft, denn dieser ist möglicherweise besser zum Auslagern geeignet als die ursprünglich vom Swapper dafür vorgesehenen Prozesse. Lagert der Swapper einen Prozeß aus oder schläft er, weil er einen Prozeß nicht auslagern konnte, so nimmt er seine Arbeit beim nächsten Mal wieder am Anfang des Swappingalgorithmus auf und versucht, passende Prozesse zurückzuladen.

Abbildung 9.10 zeigt fünf Prozesse und die Zeiten, die sie beim Durchlaufen einer Folge von Swapoperationen im Speicher oder auf dem Swapgerät verbringen. Der Einfachheit halber nehmen wir an, daß alle Prozesse CPU-intensiv sind und keine Systemaufrufe ausgeben; ein Kontextwechsel kann sich also nur durch die im Sekundenabstand erfolgenden Zeitgeberunterbrechungen ergeben. Der Swapper läuft mit der höchsten Schedulerpriorität, er läuft also, falls Arbeit für ihn vorhanden ist, immer ziemlich genau in Sekundenintervallen. Außerdem nehmen wir an, daß alle Prozesse die gleiche Größe haben und das System maximal zwei Prozesse gleichzeitig im Speicher halten kann. Am Anfang befinden sich Prozeß A und B im Speicher, die anderen Prozesse sind ausgelagert. Während der ersten 2 Sekunden kann der Swapper keine Prozesse swappen, denn kein Prozeß hat sich für 2 Sekunden (die Mindestaufenthaltsdauer) im Speicher oder auf dem Swapgerät befunden; an der 2-Sekundengrenze werden die Prozesse A und B ausgelagert und die Prozesse C und D in den Speicher geladen. Der Swapper versucht auch noch Prozeß E zurückzuladen, doch schlägt dieser Versuch fehl, da nicht mehr genug Platz im Hauptspeicher vorhanden ist. An der 3-Sekundengrenze ist Prozeß E wieder zum Swappen ausgewählt, denn er befindet sich bereits 3 Sekunden auf dem Swapgerät, der Swapper kann jedoch keine Prozesse aus dem Hauptspeicher auslagern, denn ihre Verweilzeit beträgt noch unter 2 Sekunden. An der 4-Sekundengrenze lagert der Swapper dann die Prozesse C und D aus und lädt die Prozesse E und A zurück in den Speicher.

---

[2] Die Implementierung der Version 6 von UNIX lagerte einen Prozeß nicht aus, um Platz für einen neuen Prozeß zu machen, solange dieser nicht mindestens 3 Sekunden auf der Platte ausgelagert war. Der auszulagernde Prozeß mußte außerdem mindestens 2 Sekunden im Speicher verbracht haben. Die Auswahl dieser Zeitspannen vermindert Hektik bei der Arbeit des Systems und erhöht den Durchsatz.

Zeit	Prozeß A	Prozeß B	Prozeß C	Prozeß D	Prozeß E
0	0 Ablauf	0	auslagern 0	auslagern 0	auslagern 0
1	1	1 Ablauf	1	1	1
2	2 auslagern 0	2 auslagern 0	2 zurückladen 0 Ablauf	2 zurückladen 0	2
3	1	1	1	1 Ablauf	3
4	2 zurückladen 0	2	2 auslagern 0	2 auslagern 0	4 zurückladen 0 Ablauf
5	1 Ablauf	3	1	1	1
6	2 auslagern 0	4 zurückladen 0 Ablauf	2 zurückladen 0	2	2 auslagern 0

Abb. 9.10: Folge von Swapoperationen

Der Swapper wählt zurückzuladende Prozesse über die Zeit aus, die diese ausgelagert waren. Ein anderes Kriterium hätte sein können, den lauffähigen Prozeß mit der höchsten Priorität zurückzuladen, denn solche Prozesse haben eine größere Chance, zum Ablauf eingeteilt zu werden. Es wurde nachgewiesen, daß eine solche Strategie bei hoher Systembelastung zu einem „geringfügig“ besseren Durchsatz führt (siehe [Peachey 84]).

Der Algorithmus zur Auswahl eines Prozesses zum Auslagern, um im Speicher Platz zu schaffen, hat dagegen ernstliche Schwachstellen. Zum ersten lagert der Swapper einen Prozeß in Abhängigkeit von seiner Priorität, seiner Verweildauer im Speicher und seinem *nice*-Wert aus. Obwohl er einen Prozeß nur auslagert, um Platz für einen anderen, zurückzuladenden zu schaffen, kann er einen Prozeß auslagern, der nicht genügend Platz für den neuen Prozeß freimacht. Versucht der Swapper beispielsweise, einen Prozeß zurückzuladen, der 1 Megabyte Speicher benötigt, und im System ist kein freier Platz vorhanden, so ist es unsinnig, einen Prozeß auszulagern, der nur 2K Bytes belegt. Eine Alternative wäre es, Gruppen von Prozessen nur dann auszulagern, wenn dadurch genügend Platz für den zurückzuladenden Prozeß geschaffen wird. Experimente auf einer PDP 11/23 haben gezeigt, daß eine solche Strategie den Durchsatz bei hoher Systembelastung um etwa 10% steigern kann (siehe [Peachey 84]).

Zeit	Prozeß A	Prozeß B	Prozeß C	Prozeß D	Prozeß E
0	0 Ablauf	0	auslagern 0	nice 25 auslagern 0	auslagern 0
1	1	1 Ablauf	1	1	1
2	2 auslagern 0	2 auslagern 0	2 zurückladen 0 Ablauf	2 zurückladen 0	2
3	1	1	1	1 auslagern 0	3 zurückladen 0 Ablauf
4	2 zurückladen 0 Ablauf	2	2 auslagern 0	1	1
5	1	3 zurückladen 0 Ablauf	1	2	2 auslagern 0
6	2 auslagern 0	1	2	3 zurückladen 0 Ablauf	1

Abb. 9.11: Durch Swapping verursachtes Hinauswerfen von Prozessen

Zum zweiten sucht der Swapper erneut nach einem Prozeß zum Zurückladen, wenn er wegen Speichermangel beim Zurückladen eingeschlafen ist, obwohl er dabei ja bereits einen Prozeß ausgewählt hat. Der Grund hierfür liegt darin, daß andere ausgelagerte Prozesse in der Zwischenzeit aufgewacht und besser zum Zurückladen geeignet sein könnten. Doch das ist nur ein schwacher Trost für den ursprünglichen Prozeß, der immer noch versucht, in den Speicher zurückgeladen zu werden. In einigen Implementierungen versucht der Swapper, viele kleinere Prozesse auszulagern, um Platz für den großen, zurückzuladenden Prozeß zu schaffen, bevor er auf die Suche nach einem anderen Prozeß zum Zurückladen geht; diese Überarbeitung am Swapperalgorithmus ist im Kommentar in Abbildung 9.9 gezeigt.

Zum dritten ist es möglich, daß der Swapper einen lauffähigen Prozeß zum Auslagern auswählt und dieser seit dem Zurückladen noch nicht zur Ausführung gelangt ist. Abbildung 9.11 zeigt einen solchen Fall, in dem der Kern Prozeß D an der 2-Sekundengrenze zurücklädt, Prozeß C zum Ablauf bringt und dann Prozeß D an der 3-Sekundengrenze zugunsten von Prozeß E (durch Berücksichtigung des *nice*-Wertes) auslagert, obwohl D bisher nicht zum Ablauf gekommen ist. Ein solches Hinauswerfen von Prozessen ist eindeutig nicht wünschenswert.

Eine letzte Gefahr ist noch der Erwähnung wert. Versucht der Swapper, einen Prozeß auszulagern, und findet nicht genug Platz auf dem Swapgerät, so kann, falls die folgenden vier Bedingungen erfüllt sind, eine Deadlocksituation im System auftreten: Alle Prozesse im Hauptspeicher schlafen, alle lauffähigen Prozesse sind ausgelagert, auf dem Swapgerät ist kein Platz mehr für neue Prozesse, und auch im Speicher ist kein Platz mehr dafür vorhanden. Übung 9.5 erläutert diese Situation. Das Interesse am Beseitigen dieser Probleme mit dem Swapper hat jedoch in den letzten Jahren mit der Implementierung von Algorithmen zum Demand-Paging in UNIX abgenommen.

9.2 Demand-Paging

Rechner, deren Speicherarchitektur auf Seiten aufbaut und deren CPU Befehle wiederholen[3] kann, sind in der Lage, ein System zu unterstützen, das einen Algorithmus zum Demand-Paging implementiert, also Speicherseiten zwischen Hauptspeicher und Swapgerät hin- und hertransportiert. Systeme mit Demand-Paging befreien Prozesse von der Größeneinschränkung, die ihnen ansonsten durch die Größe des auf dem Rechner verfügbaren physikalischen Speichers auferlegt wird. Beispielsweise können so Rechner mit 1 oder 2 Megabytes physikalischem Speicher Prozesse mit einer Größe von 4 oder 5 Megabytes ausführen. Auch hier setzt der Kern noch eine Grenze für die virtuelle Größe eines Prozesses, sie ist jedoch nur durch die Menge des virtuellen Speichers beschränkt, die der Rechner adressieren kann. Da ein Prozeß unter Umständen nicht vollständig in den physikalischen Speicher paßt, muß der Kern seine relevanten Teile dynamisch in den Speicher laden und ausführen, selbst wenn andere Teile des Prozesses zur selben Zeit nicht geladen sind. Demand-Paging ist außer durch die für einen Prozeß zulässige virtuelle Größe für den Benutzer unsichtbar.

Prozesse tendieren dazu, Befehle nur in kleinen Abschnitten ihres Textbereichs wie Programmschleifen und häufig aufgerufenen Unterprogrammen auszuführen, ihre Datenreferenzen neigen zur Konzentration auf kleine Teilbereiche des gesamten Datenraums des Prozesses. Diese Eigenschaft ist auch als Prinzip der „Lokalität“ bekannt. Denning [Denning 68] formalisierte die Notion des *Arbeitssatzes* eines Prozesses, einem Satz von Speicherseiten, die der Prozeß mit den letzten *n* Speicherzugriffen angesprochen hat; die Zahl *n* bezeichnen wir als *Fenster* im Arbeitssatz. Da der Arbeitssatz nur ein Teil eines vollständigen Prozesses ist, passen mehr Prozesse gleichzeitig in den Hauptspeicher als in einem Swappingsystem und erhöhen über die reduzierten Swapoperationen den Systemdurchsatz. Adressiert ein Prozeß eine Seite, die nicht in seinem Arbeitssatz enthalten ist, erzeugt er einen Seitenfehler; bei der Bearbeitung des Fehlers berichtigt der Kern den Arbeitssatz und liest, falls nötig, die Seiten vom Sekundärspeicher.

Abbildung 9.12 zeigt eine Folge von Seitenzugriffen, die ein Prozeß durchführen könnte, sowie die Arbeitssätze für verschiedene Fenstergrößen unter Verfolgung einer Strategie des Austausches der am längsten unbenutzten Seite. Mit der Ausführung eines Prozesses ändert sich auch sein Arbeitssatz in Abhängigkeit von den durchgeführten Speicherzugriffen; eine erhöhte Fenstergröße führt zu einem größeren Arbeitssatz, bewirkt aber auch, daß der Prozeß weniger Seitenfehler erzeugt. Ein reines Arbeitssatzmodell ist praktisch nicht zu implementieren, denn es ist verhältnismäßig aufwendig, die Reihenfolge der Seitenzu-

[3] Führt ein Rechner einen *Teil* eines Befehls aus und erzeugt einen Seitenfehler, so muß die CPU den Befehl nach Beheben des Fehlers neu starten, denn die vor dem Auftreten des Seitenfehlers erzielten (Teil-) Ergebnisse können zwischenzeitich verloren sein.

griffe festzuhalten. Stattdessen nähern sich die Implementierungen nur einem Arbeitssatzmodell, indem sie bei jedem Zugriff eines Prozesses auf eine Seite ein *Zugriffsbit* setzen und Speicherzugriffe periodisch festhalten: Wurde auf eine Seite gerade zugegriffen, ist sie Teil des Arbeitssatzes; ansonsten altert sie im Speicher bis sie ausgelagert werden kann.

Greift ein Prozeß auf eine Seite zu, die nicht Teil seines Arbeitssatzes ist, so erzeugt er einen *Seitengültigkeitsfehler*. Der Kern unterbricht die Ausführung des Prozesses, bis er die Seite in den Speicher gelesen und für den Prozeß verfügbar gemacht hat. Ist die Seite in den Speicher geladen, startet der Prozeß den Befehl neu, den er beim Auftreten des Fehlers ausführte. Die Implementierung eines Pagingsystems besteht also aus zwei Teilen: Auslagern von selten benutzten Seiten auf ein Swapgerät und Behandlung von Seitenfehlern. Diese allgemeine Beschreibung der Pagingstrategie gilt auch für nicht-UNIX Systeme. Der restliche Teil dieses Kapitels behandelt die Pagingstrategie für System V im einzelnen.

Reihenfolge der Seitenzugriffe	Arbeitssätze 2	3	Fenstergrößen 4	5
24	24	24	24	24
15	15 24	15 24	15 24	15 24
18	18 15	18 15 24	18 15 24	18 15 24
23	23 18	23 18 15	23 18 15 24	23 18 15 24
24	24 23	24 23 18		
17	17 24	17 24 23	17 24 23 18	17 24 23 18 15
18	18 17	18 17 24		
24	24 18			
18	18 24			
17	17 18			
17	17			
15	15 17	15 17 18	15 17 18 24	
24	24 15	24 15 17		
17	17 24			
24	24 17			
18	18 24	18 24 17		

Abb. 9.12: Arbeitssatz eines Prozesses

9.2.1 Datenstrukturen für Demand-Paging

Der Kern verfügt über 4 Hauptdatenstrukturen zur Unterstützung der Speicherverwaltungsfunktionen der unteren Ebene sowie von Demand-Paging: Seitentabelleneinträge, *Plattenblockdeskriptoren*, die *Seitenrahmen-Datentabelle* (kurz: *Pf-Datentabelle*) und die Swaptabelle. Der Kern ordnet den Platz für die Pf-Datentabelle einmal für die Lebensdauer des Systems zu, für die übrigen Strukturen jedoch dynamisch Speicherseiten.

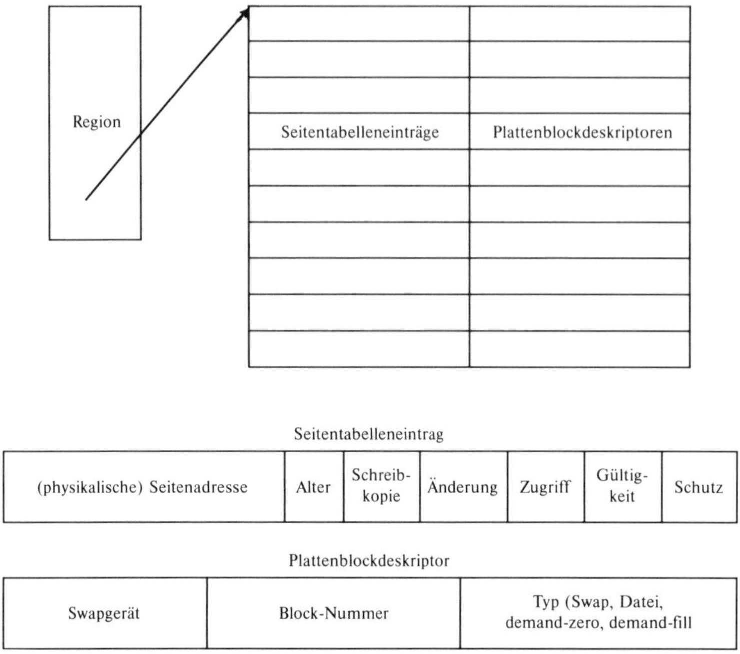

Abb. 9.13: Seitentabelleneinträge und Plattenblockdeskriptoren

Wir wissen aus Kapitel 6, daß eine Region Seitentabellen für den Zugriff auf den physikalischen Speicher besitzt. Jeder Eintrag in einer Seitentabelle (Abbildung 9.13) enthält die physikalische Adresse der Seite, Schutzbits zur Angabe, ob Prozesse die Seite zum Lesen, Schreiben oder Ausführen verwenden können, und außerdem die folgenden Bitfelder zur Unterstützung des Demand-Paging:

- Gültigkeit
- Zugriff
- Änderung
- Schreibkopie
- Alter

Der Kern setzt das *Gültigkeitsbit* um anzuzeigen, daß der Inhalt einer Seite zulässig ist; wie wir noch sehen werden, ist der Seitenzugriff jedoch nicht notwendigerweise illegal, wenn das *Gültigkeitsbit* gelöscht ist. Das *Zugriffsbit* zeigt an, ob ein Prozeß in letzter Zeit auf eine Seite zugegriffen hat, das *Änderungsbit* zeigt an, ob ein Prozeß in letzter Zeit den Inhalt einer Seite verändert hat. Das beim Systemaufruf *fork* verwendete Bit für *Schreibkopie* zeigt an, daß der Kern eine neue Kopie der Seite erzeugen muß, sobald ein Prozeß ihren Inhalt verändert. Schließlich bearbeitet der Kern noch die *Altersbits,* um anzuzeigen, wie lange eine Seite bereits Teil des Arbeitssatzes eines Prozesses ist. Wir gehen davon aus, daß der Kern die Bits für Gültigkeit, Schreibkopie und Alter bearbeitet, die Hardware dagegen die Bits für Zugriff und Änderung im Seitentabelleneintrag bedient; in Abschnitt 9.2.4 gehen wir auch auf Hardware ein, die nicht über diese Eigenschaften verfügt.

Jeder Seitentabelleneintrag ist mit einem Plattenblockdeskriptor verbunden, der die Plattenkopie der virtuellen Seite beschreibt (Abbildung 9.13). Prozesse, die eine Region gemeinsam benutzen, greifen deshalb auch auf gemeinsame Seitentabelleneinträge und Plattenblockdeskriptoren zu. Der Inhalt einer virtuellen Seite befindet sich entweder in einem bestimmten Block auf einem Swapgerät, in einer ausführbaren Datei, oder aber nicht auf einem Swapgerät. Befindet sich die Seite auf einem Swapgerät, so enthält der Plattenblockdeskriptor die logische Gerätenummer und die Nummer des Blocks, der den Inhalt der Seite enthält. Befindet sich die Seite in einer ausführbaren Datei, so enthält der Plattenblockdeskriptor die logische Nummer des Blocks in der Datei, der die Seite enthält; der Kern kann diese Nummer schnell auf die entsprechende Plattenadresse abbilden. Der Plattenblockdeskriptor zeigt zudem noch zwei spezielle Bedingungen an, die bei der Ausführung von *exec* gesetzt werden: demand-fill und demand-zero für die Seite. Abschnitt 9.2.1.2 wird diese Bedingungen genauer erläutern.

Die Pf-Datentabelle beschreibt jede Seite des *physikalischen* Speichers, als Zugriffsindex dient die Seitennummer. Ein Eintrag enthält die folgenden Felder:

- Der Seitenstatus zeigt an, ob die Seite sich auf einem Swapgerät oder in einer ausführbaren Datei befindet, ob die DMA augenblicklich für die Seite tätig ist (etwa zum Lesen der Daten von einem Swapgerät), oder ob die Seite frei zur erneuten Zuteilung ist.
- Der Referenzzähler gibt die Anzahl der Prozesse an, die auf eine Seite zugreifen. Der Zählerwert entspricht der Anzahl der gültigen Seitentabelleneinträge für diese Seite. Er kann sich, wie wir später beim Eingehen auf den Algorithmus für *fork* noch sehen werden, von der Anzahl der Prozesse unterscheiden, die gemeinsam Regionen mit dieser Seite benutzen.
- Die logische Gerätenummer (Swapgerät oder Gerät im Dateisystem) und die Nummer des Blocks, der eine Kopie der Seite enthält.
- Zeiger auf andere Einträge der Pf-Datentabelle in einer Liste freier Seiten sowie in einer Hashqueue für Seiten.

Der Kern verkettet die Einträge der Pf-Datentabelle zu einer freien Liste und zu einer verhashten Liste analog den verketteten Listen des Blockdepots. Die freie Liste ist ein Depot von Seiten, die zur Wiederverwendung zur Verfügung stehen; ein Prozeß kann beim Ansprechen einer Adresse einen Seitenfehler erzeugen und feststellen, daß sich die entsprechende Seite noch unbenutzt in der freien Liste befindet. Über die freie Liste ist es dem Kern somit möglich, unnötige Leseoperationen vom Swapgerät zu vermeiden. Der Kern teilt neue Seiten aus der Liste in der Reihenfolge der geringsten Nutzung zu. Der Kern verhasht den Eintrag in der Pf-Datentabelle entsprechend dessen (Swap-) Gerätenummer und Blocknummer. So kann der Kern über Geräte- und Blocknummer schnell eine Seite lokalisieren, falls sie sich im Speicher befindet. Zum Zuteilen einer physikalischen Seite an eine Region entnimmt der Kern einen freien Seitenrahmen vom Anfang der freien Liste, berichtigt Swapgeräte- und Blocknummer, und stellt ihn dann in die korrekte Hashqueue.

Die Swaptabelle enthält einen Eintrag für jede Seite auf dem Swapgerät. Der Eintrag besteht aus einem Referenzzähler, der angibt, wieviele Seitentabelleneinträge auf eine Seite auf dem Swapgerät zeigen.

Abbildung 9.14 zeigt die Beziehungen zwischen Seitentabelleneinträgen, Plattenblockdeskriptoren, Einträgen der Pf-Datentabelle und der Swaptabelle. Die virtuelle Adresse 1493K eines Prozesses wird abgebildet auf einen Seitentabelleneintrag, der auf die physikalische Seite 794 zeigt; der Plattenblockdeskriptor für den Seitentabelleneintrag zeigt, daß eine Kopie dieser Seite im Plattenblock 2743 des Swapgeräts 1 existiert. Auch der Eintrag in der Pf-Datentabelle für die physikalische Seite 794 zeigt, daß eine Kopie dieser Seite im Plattenblock 2473 des Swapgeräts 1 existiert und daß ihr Speicherreferenzzähler auf 1 steht. In Abschnitt 9.2.4.1 werden wir erläutern, warum die Plattenblocknummer sowohl in der Pf-Datentabelle als auch im Plattenblockdeskriptor enthalten ist. Der Swapzähler für die virtuelle Seite ist 1, was bedeutet, daß ein Seitentabelleneintrag auf die Kopie der Seite auf dem Swapgerät zeigt.

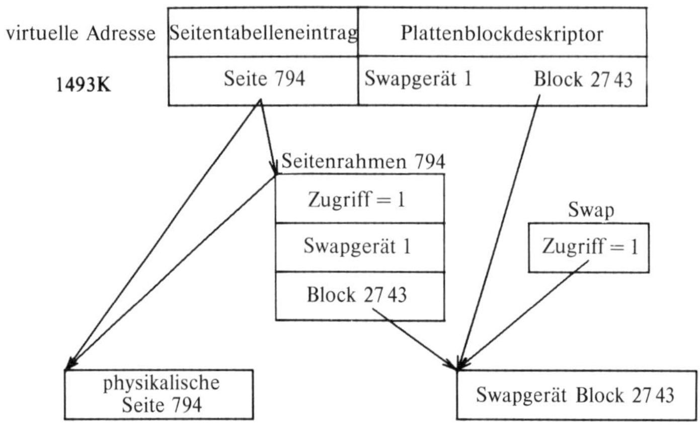

Abb. 9.14: Beziehung der Datenstrukturen bei Demand-Paging

9.2.1.1 Fork in einem Pagingsystem

Wie bereits in Abschnitt 7.1 besprochen, dupliziert der Kern beim Systemaufruf *fork* jede Region des Vaterprozesses und verknüpft die Kopie dann mit dem Sohn. Traditionell erstellt der Kern eines Swappingsystems eine physikalische Kopie des elterlichen Adreßraums, für gewöhnlich eine sinnlose Operation, denn Prozesse führen oft kurz nach *fork* einen *exec*-Aufruf aus und geben den gerade kopierten Speicherbereich sofort wieder frei. Im System V mit Paging vermeidet der Kern dieses Kopieren der Seite durch geeignete Maßnahmen an Regionstabellen, Seitentabelleneinträgen und Einträgen in der Pf-Datentabelle: Er erhöht einfach den Regionszähler der gemeinsam benutzten Regionen. Für private Regionen wie Daten und Stack dagegen ordnet er einen neuen Regionstabelleneintrag und eine neue Seitentabelle zu und prüft dann jeden Eintrag in der Seitentabelle des Vaters: Ist die Seite gültig, wird der Referenzzähler im Eintrag der Pf-Datentabelle, der angibt, wieviele Prozesse die Seite gemeinsam über *verschiedene* Regionen benutzen (im Gegensatz zur Zahl der Prozesse, die die Seite über eine gemeinsame Region benutzen), erhöht. Liegt die Seite auf einem Swapgerät, wird der Swapzähler für die Seite erhöht.

Die Seite kann nun über beide Regionen angesprochen werden, die die Seite gemeinsam verwenden, bis ein Prozeß in sie schreibt. Jetzt kopiert der Kern die Seite, so daß jede Region über eine private Kopie verfügt. Zu diesem Zweck setzt der Kern während des Systemaufrufs *fork* das Bit „Schreibkopie" bei jedem Seitentabelleneintrag für private Regionen von Vater und Sohn. Schreibt einer der beiden Prozesse in die Seite, erzeugt er einen Speicherschutzfehler; bei der Behandlung des Fehlers legt der Kern für den verursachenden Prozeß eine Kopie der Seite an. Das physikalische Kopieren einer Seite wird also bis zu dem Zeitpunkt verzögert, wo ein Prozeß es wirklich benötigt.

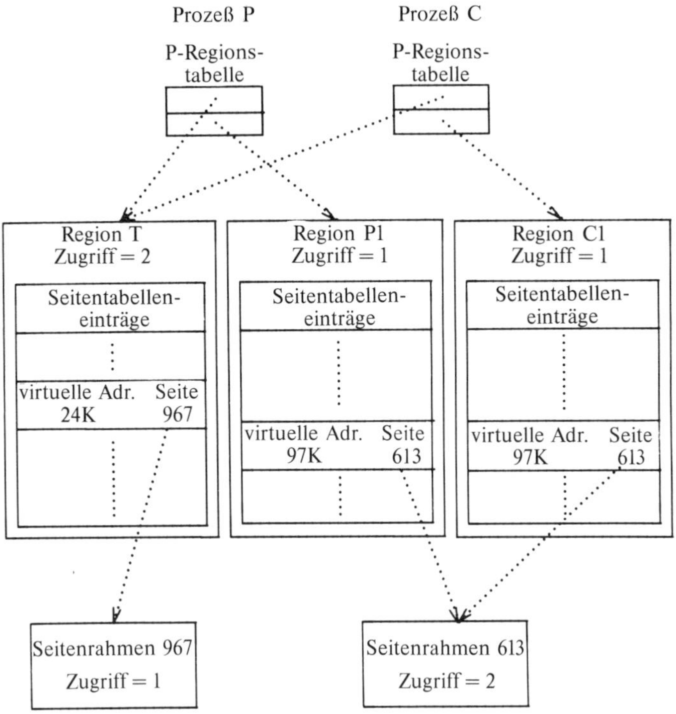

Abb. 9.15: Eine Seite in einem Prozeß mit Fork

Abbildung 9.15 zeigt die Datenstrukturen bei der Ausgabe des Aufrufs *fork* durch einen Prozeß. Beide Prozesse haben Zugriff auf die Seitentabelle der gemeinsamen Textregion T, der Referenzzähler für die Region steht also auf 2, der Referenzzähler in der Pf-Datentabelle für die Seiten der Textregion auf 1. Der Kern ordnet für den Sohn eine neue Datenregion *C1* zu, eine Kopie der Region *P1* des Vaterprozesses. Die Seitentabelleneinträge für beide Regionen sind identisch, wie wir am Eintrag für die virtuelle Adresse 97K sehen. Die Seitentabelleneinträge zeigen auf den Eintrag 613 in der Pf-Datentabelle, dessen Referenzzähler auf 2 steht und damit anzeigt, daß die Seite zu zwei Regionen gehört.

Die Implementierung von *fork* im BSD-System erzeugt eine physikalische Kopie der Seiten des Vaterprozesses. In Kenntnis der Leistungssteigerung, die durch den Wegfall dieses Kopierens erzielt wird, verfügt das BSD-System jedoch auch über einen Aufruf *vfork*, der davon ausgeht, daß der Sohn nach Rückkehr aus *vfork* sofort *exec* ausgeben wird. *Vfork* kopiert auch keine Seitentabellen, ist also schneller als die Implementierung von *fork* in System V. Der Sohn läuft jedoch im selben physikalischen Adreßraum ab wie der Vater (bis zu einem *exec*- oder *exit*-Aufruf) und kann so Daten und Stack des Vaters überschreiben. Verwendet ein Programmierer *vfork* nicht korrekt, können gefährliche Situationen entstehen, die Verantwortung beim Aufruf von *vfork* liegt also beim Programmierer. Der Unterschied im Vorgehen von System V und BSD ist philosophischer Natur: Soll der Kern die Feinheiten seiner Implementierung vor dem Benutzer verbergen, oder soll er geschickten Anwendern die Möglichkeit eröffnen, Nutzen aus der Implementierung zu ziehen und damit logische Funktionen effizienter anzuwenden?

```
int global;
main()
{
        int local;

        local = 1;
        if (vfork() == 0)
        {
                /* child */
                global = 2;         /* write parent data space */
                local = 3;          /* write parent stack */
                _exit();
        }
        printf("global %d local %d\n", global, local);
}
```

Abb. 9.16: Vfork und Beschädigen von Speicherinhalten eines Prozesses

Sehen wir uns zum Beispiel das Programm in Abbildung 9.16 an. Nach dem *vfork*-Aufruf führt der Sohn kein *exec* aus, sondern setzt die Variablen *global* und *local* zurück und gibt dann *exit* aus[4]. Das System stellt sicher, daß der Vaterprozeß unterbrochen bleibt, bis der Sohn *exec* oder *exit* ausgibt. Nimmt der Vater schließlich seine Arbeit wieder auf, stellt er fest, daß die Werte der beiden Variablen nicht mehr ihrem Inhalt vor dem Aufruf von *vfork* entsprechen! Noch spektakulärer sind die Auswirkungen, wenn der Sohn aus der Funktion zurückkehrt, die *vfork* ausgegeben hat (siehe dazu Übung 9.8).

9.2.1.2 Exec in einem Pagingsystem

Gibt ein Prozeß den Systemaufruf *exec* aus, so liest der Kern, wie in Kapitel 7 beschrieben, die ausführbare Datei vom Dateisystem in den Speicher. In einem System mit Demand-Paging kann die ausführbare Datei jedoch zu groß sein, um vollständig in den verfügbaren Hauptspeicher geladen zu werden. Der Kern ordnet deshalb den Speicher für die ausführbare Datei nicht im voraus zu, sondern teilt ihn nach Bedarf über die auftretenden Seitenfehler zu. Er ordnet also zuerst Seitentabellen und Plattenblockdeskriptoren für die ausführbare Datei zu und kennzeichnet die Einträge in der Seitentabelle als demand-fill (für nicht-bss Daten) bzw. demand-zero (für bss Daten). Beim Lesen der Datei in den Speicher folgt der Prozeß einer Variante des *read*-Algorithmus und erzeugt beim Lesen jeder Seite einen Gültigkeitsfehler. Die Fehlerroutine legt fest, ob eine Seite den Status demand-fill erhält, was bedeutet, daß sie sofort mit dem Inhalt der ausführbaren Datei überschrieben werden kann, also nicht extra gelöscht werden muß, oder ob sie den Status demand-zero erhält, was bedeutet, daß ihr Inhalt gelöscht werden muß. Die Beschreibung der Behandlungsroutine für Gültigkeitsfehler in Abschnitt 9.2.3 zeigt, wie dazu vorgegangen wird. Paßt der Prozeß nicht in den Speicher, so lagert der Seitendieb periodisch Seiten aus dem Speicher aus und schafft damit Platz für die zu ladende Datei.

---

[4] Der Aufruf *_exit* wird verwendet, da *exit* die Datenstrukturen der Standard-I/O (auf Benutzerebene) für Vater *und* Sohn bereinigt und dadurch die *printf*-Anweisung des Vaters am korrekten Arbeiten hindert; dies ist ein weiterer unglücklicher Nebeneffekt von *vfork*.

Dieses Schema hat offensichtliche Schwachstellen. Zum ersten erzeugt ein Prozeß beim Lesen jeder Seite der ausführbaren Datei einen Seitenfehler, selbst wenn er später nie auf diese Seite zugreift. Zum zweiten kann der Seitendieb vor Beendigung von *exec* bereits Seiten aus dem Speicher auslagern, was zu zwei zusätzlichen Swapoperationen führt, wenn der Prozeß die Seite frühzeitig benötigt. Um *exec* effizienter zu machen kann der Kern deshalb Demand-Paging direkt von der ausführbaren Datei aus durchführen, falls deren Daten passend ausgerichtet sind, was durch eine spezielle magische Zahl angezeigt wird. Allerdings würde die Verwendung der Standardalgorithmen (wie etwa *bmap* in Kapitel 4) zum Zugriff auf eine Datei Demand-Paging aus indirekten Blöcken wegen der zum Lesen eines Blocks notwendigen vielfachen Zugrifffe auf das Blockdepot recht aufwendig machen. Zudem könnten Konsistenzprobleme auftreten, denn *bmap* ist nicht reentrant. Während eines *read*-Aufrufs setzt der Kern verschiedenste I/O-Parameter im *u-Bereich.* Versucht nun ein Prozeß, Daten in den Benutzerbereich zu kopieren, und erzeugt dabei in einem *read*-Aufruf einen Seitenfehler, so würde er beim Lesen der Seite aus dem Dateisystem diese Felder überschreiben. Der Kern kann deshalb beim Laden der Seiten aus dem Dateisystem die regulären Algorithmen nicht verwenden. Diese Algorithmen sind natürlich im Normalfall reentrant, denn jeder Prozeß verfügt über seinen eigenen *u-Bereich* und kann nicht gleichzeitig mehrere Systemaufrufe ausführen.

Um Seiten direkt aus einer ausführbaren Datei zu laden ermittelt der Kern im *exec*-Aufruf alle Plattenblocknummern der ausführbaren Datei und verknüpft diese Liste mit der Inode der Datei. Beim Aufbau der Seitentabellen für eine solche ausführbare Datei versieht der Kern den Plattenblockdeskriptor mit der Nummer des logischen Blocks (ausgehend von Block 0 in der Datei), der die Seite enthält; die Routine für Gültigkeitsfehler verwendet diese Information später zum Laden der Seite aus der Datei. Abbildung 9.17 zeigt eine typische Konstellation, bei der der Plattenblockdeskriptor anzeigt, daß die Seite sich im logischen Block mit Offset 84 in der Datei befindet. Der Kern folgt dem Pointer von der Region zur Inode und erhält die passende Plattenblocknummer (279).

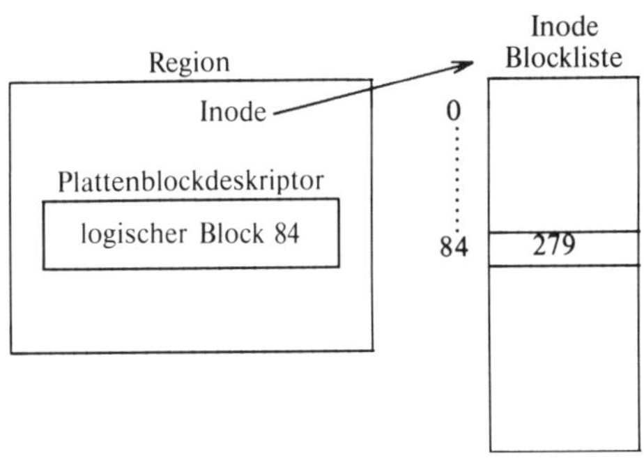

Abb. 9.17: Abbilden einer Datei auf eine Region

9.2.2 Der Seitendieb

Der Seitendieb ist ein Systemprozeß, der Speicherseiten auslagert, die nicht länger zum Arbeitssatz eines Prozesses gehören. Der Kern erzeugt den Seitendieb bei der Initialisierung des Systems und ruft ihn während der Lebensdauer des System immer dann auf, wenn die freien Seiten knapp werden. Er überprüft jede ungesperrte, aktive Region, übergeht gesperrte Regionen in der Hoffnung, sie beim nächsten Durchgang durch die Regionsliste überprüfen zu können, und erhöht das Altersfeld aller gültigen Seiten. Der Kern sperrt eine Region, wenn ein Prozeß für eine ihrer Seiten einen Seitenfehler erzeugt, so daß der Seitendieb die gerade nachgeladene Seite nicht stehlen kann.

Eine Seite im Speicher kann zwei Pagingzustände einnehmen: Die Seite altert und kann noch nicht ausgelagert werden, oder die Seite kann ausgelagert werden und steht zur erneuten Zuordnung auf andere virtuelle Seiten zur Verfügung. Der erste Zustand zeigt an, daß ein Prozeß erst jüngst auf die Seite zugegriffen hat und sie deshalb zu seinem Arbeitssatz gehört. Einige Rechner setzen beim Zugiff auf eine Seite ein *Zugriffsbit*, doch kann diese Eigenschaft auch durch Softwaremaßnahmen ersetzt werden, falls die Hardware nicht darüber verfügt (Abschnitt 9.2.4). Der Seitendieb löscht das *Zugriffsbit* solcher Seiten, hält aber fest, wieviele Überprüfungen seit dem letzten Zugriff auf die Seite erfolgten. Der erste Zustand besteht also aus mehreren Unterzuständen entsprechend der Anzahl der Schritte, die der Seitendieb durchläuft, bevor die Seite ausgelagert werden kann (siehe Abbildung 9.18). Überschreitet diese Zahl einen Schwellenwert, so versetzt der Kern die Seite in den zweiten Zustand, sie ist bereit zum Auslagern. Die längste Zeitspanne für das Altern einer Seite bis zur Auslagerungsfähigkeit hängt von der Systemimplementierung und dabei wiederum von der Anzahl der verfügbaren Bits im Seitentabelleneintrag ab.

Abbildung 9.19 zeigt die Interaktion zwischen Prozessen im Zugriff auf eine Seite und den Überprüfungen durch den Seitendieb. Die Seite liegt zu Beginn im Hauptspeicher, die Abbildung zeigt die Anzahl der Überprüfungen durch den Seitendieb zwischen den Speicherzugriffen. Ein Prozeß greift nach der zweiten Überprüfung auf die Seite zu, ihr Alter fällt auf 0. In gleicher Weise greift nach einer weiteren Überprüfung erneut ein Prozeß auf die Seite zu. Zuletzt überprüft der Seitendieb die Seite dreimal ohne zwischenzeitlichen Zugriff und lagert sie aus.

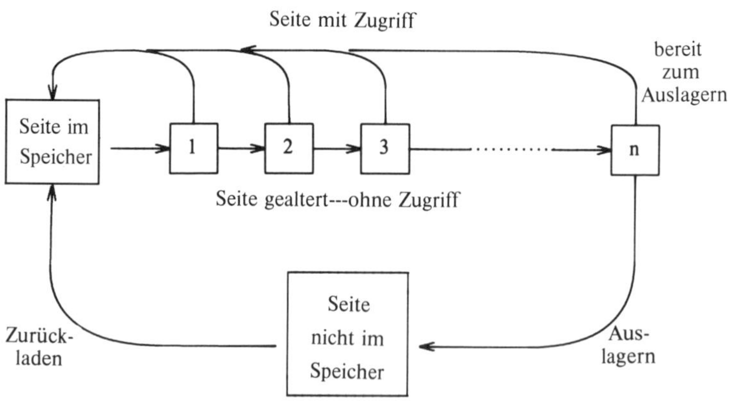

Abb. 9.18: Zustandsdiagramm für das Altern einer Seite

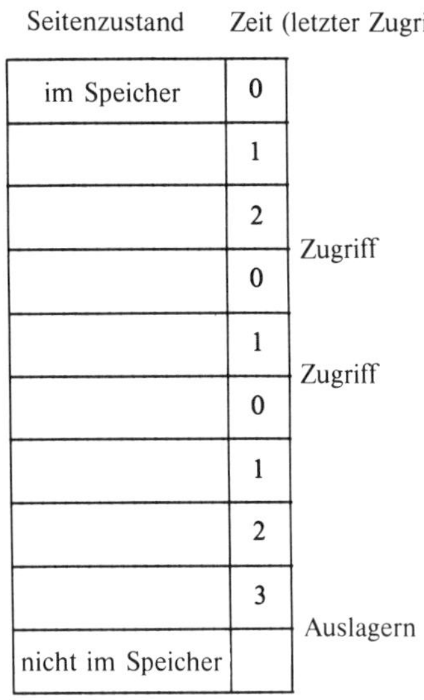

Abb. 9.19: Beispiel für das Altern einer Seite

Teilen sich zwei oder mehr Prozesse in eine Region, so verändern sie die *Zugriffsbits* desselben Satzes von Seitentabelleneinträgen. Die Seiten können also Teil des Arbeitssatzes von mehr als einem Prozeß sein, doch spielt dies für den Seitendieb keine Rolle. Gehört eine Seite zum Arbeitssatz eines beliebigen Prozesses, so bleibt sie im Speicher; gehört sie nicht zum Arbeitssatz eines Prozesses, kann sie augelagert werden. Es spielt dabei keine Rolle, ob eine Region über mehr Seiten im Speicher verfügt als andere: der Seitendieb versucht nämlich nicht, von allen aktiven Regionen die gleiche Anzahl von Seiten auszulagern.

Der Kern weckt den Seitendieb, wenn der verfügbare freie Speicher im System eine bestimmte Untergrenze unterschreitet; der Seitendieb lagert dann so lange Seiten aus, bis der verfügbare freie Speicher im System eine bestimmte Obergrenze überschreitet. Die Verwendung von Ober- und Untergrenzen verringert Verzögerungen: Würde der Kern nur einen Schwellenwert verwenden, so würde er zwar genügend Seiten auslagern, um über diesen Schwellenwert (für freie Seiten) zu gelangen, als Ergebnis des beim nächsten Seitenfehler erfolgenden Zurückladens von Seiten in den Speicher würde diese Zahl aber bald wieder unter den Schwellenwert sinken. Der Seitendieb müßte also dauernd darum kämpfen, diesen Schwellenwert einzuhalten. Durch das Auslagern von Seiten bis zum Erreichen einer Obergrenze für die Anzahl freier Seiten dauert es jedoch erheblich länger, bis die Anzahl freier Seiten wieder unter die Untergrenze fällt, der Seitendieb muß also nicht so oft laufen. Der Systemverwalter kann die Werte für Ober- und Untergrenze auf den besten Durchsatz hin konfigurieren.

Entschließt sich der Seitendieb, eine Seite auszulagern, berücksichtigt er, ob sich eine Kopie der Seite bereits auf einem Swapgerät befindet. Dabei gibt es drei Möglichkeiten:

1. Befindet sich keine Kopie der Seite auf einem Swapgerät, so teilt der Kern die Seite zum Swapping ein: Der Seitendieb stellt die Seite in eine Liste auszulagernder Seiten und fährt in seiner Arbeit fort; der Auslagerungsvorgang ist logisch bereits beendet. Erreicht die Liste der auszulagernden Seiten eine bestimmte Größe (abhängig von den Fähigkeiten des Plattenkontrollers), so schreibt der Kern die Seiten auf das Swapgerät.

2. Befindet sich bereits eine Kopie der Seite auf einem Swapgerät und hat kein Prozeß sie im Speicher verändert (das *Änderungsbit* des Seitentabelleneintrags ist nicht gesetzt), so löscht der Kern das *Gültigkeitsbit* im Seitentabelleneintrag, erniedrigt den Referenzzähler im Eintrag der Pf-Datentabelle und stellt den Seitentabelleneintrag zur weiteren Verwendung in die freie Liste.
3. Befindet sich eine Kopie der Seite auf einem Swapgerät und hat ein Prozeß sie im Speicher verändert, so teilt der Kern die Seite wie vorher zum Auslagern ein und gibt den Platz, den sie augenblicklich auf dem Swapgerät belegt, frei.

In den Fällen 1 und 3 kopiert der Seitendieb die Seite auf das Swapgerät.

Um die Unterschiede zwischen den letzten beiden Fällen zu verdeutlichen nehmen wir an, eine Seite befindet sich auf einem Swapgerät und wird in den Hauptspeicher geladen, nachdem ein Prozeß einen Seitenfehler erzeugt hat. Wir nehmen außerdem an, daß der Kern nicht automatisch die Plattenkopie der Seite entfernt. Möglicherweise beschließt jetzt der Seitendieb, die Seite wieder auszulagern. Hat seit dem Zurückladen kein Prozeß in die Seite geschrieben, so ist die Speicherkopie der Seite identisch mit ihrer Plattenkopie, es gibt also keinen Grund, die Seite erneut auf das Swapgerät zu schreiben. Hat jedoch ein Prozeß in die Seite geschrieben, so unterscheiden sich Speicherkopie und Plattenkopie, der Kern muß also nach Freigabe des vorher von der Seite auf dem Swapgerät belegten Platzes diese wieder auf das Swapgerät schreiben. Dabei wird der Platz auf dem Swapgerät nicht unmittelbar wiederbenutzt, so daß dieser für besseren Durchsatz zusammenhängend gehalten werden kann.

Der Seitendieb bildet eine Liste auszulagernder Seiten, möglicherweise auch aus verschiedenen Regionen, und lagert diese Seiten auf ein Swapgerät aus, wenn die Liste voll ist. Nicht jede Seite eines Prozesses muß ausgelagert werden: Einige Seiten könnten beispielsweise noch nicht genügend gealtert sein. Dies stellt einen Unterschied zur Strategie des Swappingprozesses dar, der jede Seite eines Prozesses aus dem Speicher auslagert, doch die Methode des Schreibens von Daten auf das Swapgerät entspricht der in Abschnitt 9.1.2 für ein Swappingsystem beschriebenen. Enthält kein Swapgerät genügend zusammenhängenden Platz, so lagert der Kern nur jeweils eine Seite aus, was ganz klar zu einer Verzögerung führt. Der Platz auf einem Swapgerät ist in einem Pagingsystem wesentlich mehr zerstükkelt als in einem Swappingsystem, denn der Kern lagert zwar ganze Blöcke von Seiten aus, lädt jedoch immer nur eine Seite zurück.

Schreibt der Kern eine Seite auf ein Swapgerät, so löscht er das *Gültigkeitsbit* in ihrem Seitentabelleneintrag und erniedrigt den Verwendungszähler in ihrem Eintrag in der Pf-Datentabelle. Fällt der Zähler auf 0, so reiht er den Eintrag der Pf-Datentabelle am Ende der freien Liste ein und puffert ihn so bis zur Wiederverwendung. Ist der Zähler nicht 0, so greifen mehrere Prozesse als Ergebnis eines vorausgehenden *fork*-Aufrufs gemeinsam auf die Seite zu, doch der Kern lagert sie dennoch aus. Schließlich ordnet der Kern Swapbereich zu, sichert die Swapadresse im Plattenblockdeskriptor und erhöht den Zähler für die Seite in der Swaptabelle. Erzeugt ein Prozeß einen Seitenfehler, während sich die Seite in der freien Liste befindet, so kann er diese wieder aus dem Speicher zurückgewinnen, anstatt sie vom Swapgerät zu holen. Sie wird jedoch immer noch ausgelagert, wenn sie sich in der Swapliste befindet.

Nehmen wir als Beispiel an, der Seitendieb lagert 30, 40, 50 und 20 Seiten aus den Prozessen A, B, C und D aus; er ist in der Lage, 64 Seiten in einer Schreiboperation auf das Swapgerät zu schreiben. Abbildung 9.20 zeigt die Folge von Swapoperationen, die auftritt, wenn der Seitendieb die Seiten der Prozesse in der Reihenfolge A, B, C und D überprüft. Er ordnet

Platz für 64 Seiten auf dem Swapgerät zu und lagert 30 Seiten aus Prozeß A und 34 Seiten aus Prozeß B aus. Sodann ordnet er Platz für weitere 64 Seiten auf dem Swapgerät zu und lagert die 6 restlichen Seiten von Prozeß B, 50 Seiten von Prozeß C und 8 Seiten von Prozeß D aus. Die Bereiche für die beiden Schreiboperationen auf dem Swapgerät müssen nicht unmittelbar aufeinander folgen. Die restlichen 12 Seiten von Prozeß D hält der Seitendieb in der Liste der auszulagernden Seiten fest, lagert sie jedoch erst aus, wenn die Liste voll ist. In dem Maße, in dem Prozesse durch Seitenfehler Seiten vom Swapgerät nachladen oder Seiten nicht länger benötigt werden (da Prozesse ihre Arbeit mit *exit* beenden), nimmt der freie Platz auf dem Swapgerät zu.

Zusammenfassend ergeben sich beim Auslagern einer Seite aus dem Speicher zwei Phasen. Zuerst ermittelt der Seitendieb die zum Auslagern geeigneten Seiten und legt die Seitennummer in einer Liste auszulagernder Seiten ab. Zum zweiten kopiert der Kern, falls nötig, die Seite auf ein Swapgerät, löscht das *Gültigkeitsbit* im Seitentabelleneintrag, erniedrigt den Referenzzähler im Eintrag der Pf-Datentabelle und reiht schließlich, falls der Referenzzähler auf 0 fällt, den Eintrag der Pf-Datentabelle am Ende der freien Liste ein. Der Inhalt der physikalischen Seite im Speicher bleibt bis zu deren Neuverwendung gültig.

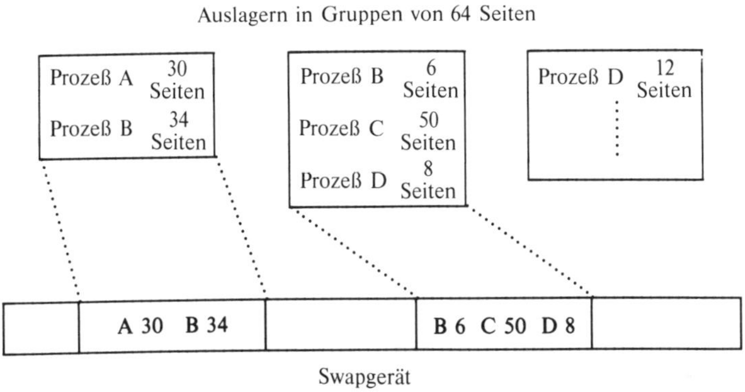

Abb. 9.20: Zuordnung von Swapbereich in einem Pagingsystem

9.2.3 Seitenfehler

Zwei Arten von Seitenfehlern können im System auftreten: Gültigkeitsfehler und Speicherschutzfehler. Da die Fehlerroutinen Seiten von der Platte in den Speicher lesen müssen und dabei während der I/O-Operation schlafen, stellen sie eine Ausnahme von der allgemeinen Regel dar, daß Interruptroutinen nicht schlafen können. Schläft die Fehlerroutine im Kontext des Prozesses ein, der den Speicherfehler verursachte, so bezieht sich der Fehler auf den laufenden Prozeß; es werden also nicht beliebige Prozesse in Schlaf versetzt.

9.2.3.1 Routine für Gültigkeitsfehler

Versucht ein Prozeß, auf eine Seite zuzugreifen, deren *Gültigkeitsbit* nicht gesetzt ist, so erzeugt er einen Gültigkeitsfehler, und der Kern ruft die Routine zu deren Behandlung auf (Abbildung 9.21). Das *Gültigkeitsbit* ist nicht gesetzt bei Seiten außerhalb des virtuellen Adreßraums eines Prozesses; es ist auch nicht gesetzt bei Seiten, die zwar Teil des virtuellen Adreßraums sind, denen aber im Augenblick keine physikalische Seite zugeordnet ist. Die Hardware liefert dem Kern die virtuelle Adresse, auf die beim Auslösen des Speicherfehlers zugegriffen wurde, der Kern ermittelt dann den Seitentabelleneintrag und den Plattenblockdeskriptor dieser Seite. Er sperrt außerdem die Region mit diesem Seitentabelleneintrag, um Wettlaufbedingungen zu verhindern, die aufreten würden, wenn der Seitendieb versucht, diese Seite auszulagern. Enthält der Plattenblockdeskriptor keine Angabe über die auslösende Seite, so ist der versuchte Speicherzugriff ungültig und der Kern sendet ein Signal „Segmentverletzung" an den verursachenden Prozeß (erinnern wir uns an Abbildung 7.25). Die gleiche Prozedur verfolgt auch ein Swappingsystem beim Zugriff eines Prozesses auf eine ungültige Adresse mit der Ausnahme, daß es den Fehler sofort erkennt, denn alle gültigen Seiten befinden sich im Speicher. War der Speicherzugriff jedoch erlaubt, so ordnet der Kern eine Speicherseite zu und liest den Seiteninhalt vom Swapgerät oder von der ausführbaren Datei.

Die den Fehler verursachende Seite befindet sich in einem von fünf Zuständen:

1. auf einem Swapgerät und nicht im Speicher,
2. auf der Liste freier Seiten im Speicher,
3. in einer ausführbaren Datei,
4. als „demand-zero" gekennzeichnet,
5. als „demand-fill" gekennzeichnet.

Betrachten wir nun jeden dieser Zustände genauer.

Befindet sich eine Seite auf einem Swapgerät und nicht im Speicher (Fall 1), so befand sie sich einmal im Hauptspeicher, wurde aber vom Seitendieb ausgelagert. Aus dem Plattenblockdeskriptor ermittelt der Kern Swapgerät und Nummer des Blocks, in dem die Seite abgelegt ist, und überprüft, ob die Seite sich nicht im Seitenpuffer befindet. Der Kern berichtigt den Seitentabelleneintrag, so daß dieser auf die Seite zeigt, die gerade eingelesen wird, stellt den Eintrag der Pf-Datentabelle in eine Hashliste, um dadurch die spätere Arbeit der Fehlerroutine zu beschleunigen, und liest schließlich die Seite vom Swapgerät. Der auslösende Prozeß schläft bis zur Beendigung der I/O-Operation, wo der Kern dann auch alle anderen Prozesse weckt, die darauf warteten, daß der Inhalt der Seite eingelesen wird.

Sehen wir uns als Beispiel den Seitentabelleneintrag für die virtuelle Adresse 66K in Abbildung 9.22 an. Erzeugt ein Prozeß beim Zugriff auf die Seite einen Gültigkeitsfehler, so überprüft die Fehlerroutine den Plattenblockdeskriptor und stellt fest, daß die Seite sich in Block 847 des Swapgeräts (wir nehmen an, daß nur ein Swapgerät vorhanden ist) befindet: Die virtuelle Adresse ist folglich zulässig. Nun durchsucht die Fehlerroutine den Seitenpuffer, kann aber keinen Eintrag für Plattenblock 847 finden. Es befindet sich also keine Kopie der virtuellen Seite im Speicher, die Fehlerroutine muß sie vom Swapgerät lesen. Der Kern ordnet jetzt die Seite 1776 zu (Abbildung 9.23), liest den Inhalt der virtuellen Seite vom Swapgerät in die neue Seite und berichtigt den Seitentabelleneintrag, damit er auf Seite 1776 zeigt. Schließlich berichtigt er noch den Plattenblockdeskriptor, um anzuzeigen, daß die Seite immer noch ausgelagert ist, sowie den Eintrag für Seite 1776 in der Pf-Datentabelle, um anzuzeigen, daß Block 847 auf dem Swapgerät ein Duplikat der virtuellen Seite enthält.

```
algorithm vfault          /* handler for validity faults */
input:  address where process faulted
output: none
{
        find region, page table entry, disk block descriptor
                        corresponding to faulted address, lock region;
        if (address outside virtual address space)
        {
                send signal (SIGSEGV: segmentation violation) to process;
                goto out;
        }
        if (address now valid)          /* process may have slept above */
                goto out;
        if (page in cache)
        {
                remove page from cache;
                adjust page table entry;
                while (page contents not valid) /* another proc faulted first */
                        sleep (event contents become valid);
        }
        else        /* page not in cache */
        {
                assign new page to region;

                put new page in cache, update pfdata entry;
                if (page not previously loaded and page "demand zero")
                        clear assigned page to 0;
                else
                {
                        read virtual page from swap dev or exec file;
                        sleep (event I/O done);
                }
                awaken processes (event page contents valid);
        }
        set page valid bit;
        clear page modify bit, page age;
        recalculate process priority;
  out:  unlock region;
}
```

Abb. 9.21: Algorithmus der Routine für Gültigkeitsfehler

Der Kern muß nicht immer eine I/O-Operation durchführen, wenn er auf einen Gültigkeitsfehler stößt, selbst dann nicht, wenn der Plattenblockdeskriptor anzeigt, daß die Seite ausgelagert ist (Fall 2). Es ist nämlich möglich, daß der Kern die physikalische Seite nach ihrem Auslagern nie wieder neu zugeordnet hat, oder daß ein anderer Prozeß die virtuelle Seite in eine andere physikalische Seite übertragen hat. In beiden Fällen findet die Fehlerroutine, ausgehend von der Blocknummer im Plattenblockdeskriptor, die Seite im Seitenpuffer. Sie weist den Seitentabelleneintrag neu zu, so daß er jetzt auf die gerade gefundene Seite zeigt, erhöht ihren Seitenreferenzzähler und entnimmt, falls nötig, die Seite aus der freien Liste. Nehmen wir zum Beispiel an, ein Prozeß erzeugt beim Zugriff auf die virtuelle Adresse 64K in Abbildung 9.22 einen Fehler. Bei der Suche im Seitenpuffer stellt der Kern fest, daß der Seitenrahmen 1861 wie auch der Plattenblockdeskriptor mit Plattenblock 1206 verbunden sind. Er setzt den Seitentabelleneintrag für die virtuelle Adresse 64K so, daß dieser auf Seite 1861 zeigt, setzt das *Gültigkeitsbit* und kehrt zurück. Die Plattenblocknummer assoziiert so einen Seitentabelleneintrag mit einem Eintrag in der Pf-Datentabelle und gibt hierdurch eine Erklärung dafür, warum beide Tabellen sie enthalten.

In ähnlicher Weise muß die Fehlerroutine die Seite nicht in den Speicher lesen, wenn ein anderer Prozeß bei derselben Seite einen Fehler erzeugte, sie aber noch nicht vollständig eingelesen hat. Die Fehlerroutine findet die Region mit dem Seitentabelleneintrag durch ein weiteres Auftreten der Fehlerroutine gesperrt. Sie schläft nun, bis diese zweite Fehlerroutine ihre Arbeit beendet hat, findet eine gültge Seite und kehrt zurück. Abbildung 9.24 zeigt ein solches Szenario.

	Seitentabelleneinträge		Plattenblockdeskriptoren	
virtuelle Adresse	phys. Seite	Zustand	Zustand	Block
0				
1K	1648	ungültig	Datei	3
2K				
3K	keine	ungültig	DF	5
4K				
⋮				
64K	1917	ungültig	Platte	1206
65K	keine	ungültig	DZ	
66K	1036	ungültig	Platte	847
67K				

Seitenrahmen		
Seite	Plattenblock	Zähler
1036	387	0
⋮		
1648	1618	1
⋮		
1861	1206	0

Abb. 9.22: Auftreten eines Gültigkeitsfehlers

Liegt die Kopie der Seite nicht auf einem Swapgerät, sondern in der originalen ausführbaren Datei (Fall 3), so liest der Kern die Seite von dieser Datei. Die Fehlerroutine prüft den Plattenblockdeskriptor und ermittelt die Nummer des logischen Blocks in der Datei, der die Seite enthält, sowie die mit dem Eintrag in der Regionstabelle verbundene Inode. Sie ver-

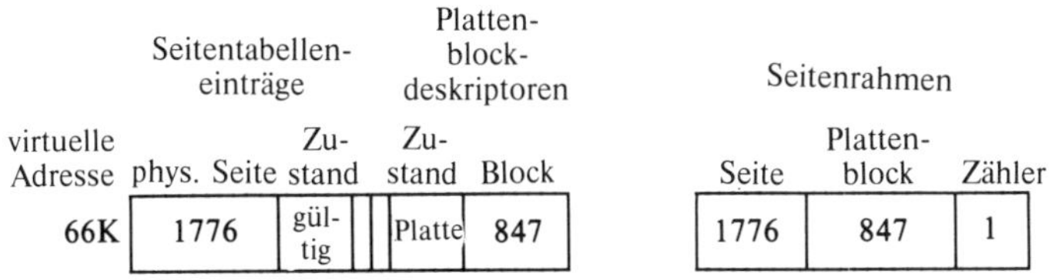

Abb. 9.23: Nach dem Zurückladen einer Seite in den Speicher

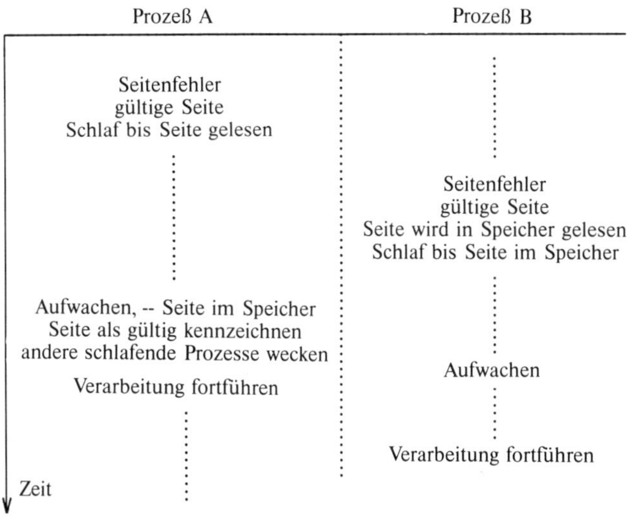

Abb. 9.24: Doppelter Fehler beim Zugriff auf eine Seite

wendet die logische Blocknummer nun als Offset in das Array von Plattenblocknummern, das bei *exec* mit der Inode verknüpft wurde. Nachdem nun die Plattenblocknummer bekannt ist, liest sie die Seite in den Speicher. Zum Beispiel zeigt der Plattenblockdeskriptor für die virtuelle Adresse 1K in Abbildung 9.22, daß sich der Inhalt der Seite im logischen Block 3 der ausführbaren Datei befindet.

Erzeugt ein Prozeß einen Seitenfehler für eine Seite, die als „demand-fill" bzw. „demand-zero" (Fälle 4 und 5) gekennzeichnet ist, so ordnet der Kern eine freie Seite im Speicher zu und berichtigt den entsprechenden Seitentabelleneintrag. Für „demand-zero" belegt er außerdem die Seite mit Nullen vor. Schließlich löscht er noch die Flags „demand-fill" bzw. „demand-zero": Die Seite befindet sich nun gültig im Speicher, ihr Inhalt ist nicht auf ein Swapgerät oder in ein Dateisystem dupliziert. Dies würde beispielsweise beim Zugriff auf die virtuellen Adressen 3K und 65K in Abbildung 9.22 geschehen: Kein Prozeß hat nach dem Ausführen der Datei durch *exec* wieder auf diese Seiten zugegriffen.

Die Routine für Gültigkeitsfehler beendet ihre Arbeit durch Setzen des *Gültigkeitsbits* und Löschen des *Änderungsbits* für die Seite. Sie berechnet die Prozeßpriorität neu, denn der Prozeß könnte ja in der Fehlerroutine auf Systempriorität geschlafen haben, was ihm nach Rückkehr in den Benutzermodus einen unfairen Vorteil beim Scheduling verschaffen würde. Schließlich prüft die Routine noch, falls sie in den Benutzermodus zurückkehrt, auf den Empfang von Signalen, die während der Behandlung des Seitenfehlers aufgetreten sind.

9.2.3.2 Routine für Speicherschutzfehler

Die zweite Art von Speicherfehlern, die ein Prozeß erzeugen kann, sind *Speicherschutzfehler*, was bedeutet, daß der Prozeß zwar auf eine gültige Seite zugegriffen hat, daß aber die mit der Seite verbundenen Erlaubnisbits diesen Zugriff nicht gestatteten. (Erinnern wir uns an das Beispiel des Prozesses in Abbildung 7.22, der versucht, in seinen Textbereich zu schreiben.) Ein Prozeß erzeugt auch einen Speicherschutzfehler, wenn er versucht, in eine Seite zu schreiben, bei der das Bit *Schreibkopie* im Systemaufruf *fork* gesetzt wurde. Der Kern muß herausfinden, ob der Zugriff auf die Seite wegen dieses Bits verweigert wurde, oder ob etwas wirklich unerlaubtes geschehen ist.

Die Hardware liefert der Routine für Speicherschutzfehler die virtuelle Adresse, an der der Fehler auftrat, die Fehlerroutine ermittelt die entsprechende Region sowie den Seitentabelleneintrag (Abbildung 9.25). Sie sperrt die Region, so daß der Seitendieb die Seite nicht stehlen kann, solange die Routine für Speicherschutzfehler damit arbeitet. Stellt die Routine fest, daß der Fehler durch ein gesetztes Bit *Schreibkopie* erzeugt wurde und daß die Seite mit anderen Prozessen gemeinsam benutzt wird, so ordnet der Kern eine neue Seite zu und kopiert den Inhalt der alten in sie; die anderen Prozesse behalten ihren Bezug auf die alte Seite. Nach dem Kopieren der Seite und Berichtigen des Seitentabelleneintrags auf die neue Seitennummer erniedrigt der Kern den Referenzzähler im alten Eintrag der Pf-Datentabelle. Abbildung 9.26 erläutert dieses Szenario: Drei Prozesse benutzen gemeinsam die physikalische Seite 828. Prozeß B schreibt in die Seite und erzeugt einen Speicherschutzfehler, denn das Bit *Schreibkopie* ist gesetzt. Die Routine für Speicherschutzfehler teilt Seite 786 zu, kopiert den Inhalt von Seite 828 in die neue Seite, erniedrigt den Referenzzähler von Seite 828 und berichtigt den von Prozeß B benutzten Seitentabelleneintrag auf die neue Seitennummer 786.

Ist das Bit *Schreibkopie* gesetzt und benutzen keine anderen Prozesse die Seite mit, so gestattet es der Kern dem Prozeß, die physikalische Seite weiter zu benutzen. Er löscht das Bit *Schreibkopie* und trennt, falls vorhanden, die Verbindung der Seite mit ihrer Plattenkopie, denn andere Prozesse können ja gemeinsam diese benutzen. Er entnimmt sodann den Eintrag der Pf-Datentabelle aus der Seitenqueue, denn die neue Kopie der virtuellen Seite liegt nicht auf dem Swapgerät. Dann erniedrigt er den Swapzähler für die Seite und gibt, falls der Zähler auf 0 fällt, den Swapbereich frei (siehe Übung 9.11).

Ist ein Seitentabelleneintrag ungültig und zusätzlich sein Bit *Schreibkopie* gesetzt, um einen Speicherschutzfehler zu erzeugen, so wollen wir davon ausgehen, daß das System den Gültigkeitsfehler beim Zugriff eines Prozesses auf die Seite zuerst behandelt (Übung 9.17 behandelt den entgegengesetzten Fall). Trotzdem muß die Routine für Speicherschutzfehler überprüfen, ob die Seite noch gültig ist, denn sie könnte beim Sperren einer Region einschlafen und der Seitendieb in der Zwischenzeit die Seite aus dem Speicher auslagern. Ist die Seite ungültig (das *Gültigkeitsbit* ist gelöscht), kehrt die Fehlerroutine sofort zurück und der Prozeß wird einen Gültigkeitsfehler erzeugen. Der Kern behandelt nun den Gültigkeitsfehler, doch dann wird der Prozeß wiederum einen Speicherschutzfehler erzeugen. Höchstwahrscheinlich wird er diesen letzten Speicherschutzfehler ohne weitere Beeinträchtigungen behandeln können, denn es wird einige Zeit dauern, bis die Seite wieder genügend gealtert ist, um ausgelagert zu werden. Abbildung 9.27 zeigt diesen Ablauf der Ereignisse.

Beim Ende ihrer Arbeit setzt die Routine für Speicherschutzfehler *Änderungs-* und *Schutzbit*, löscht jedoch das Bit *Schreibkopie*. Sie berechnet die Prozeßpriorität neu und prüft auf Signale, wie es auch am Ende der Routine für Gültigkeitsfehler geschieht.

```
algorithm pfault                /* protection fault handler */
input:     address where process faulted
output:      none
{
        find region, page table entry, disk block descriptor,
                        page frame for address, lock region;
        if (page not valid in memory)
                goto out;
        if (copy on write bit not set)
                goto out;               /* real program error - signal */
        if (page frame reference count > 1)
        {
                allocate a new physical page;
                copy contents of old page to new page;
                decrement old page frame reference count;
                update page table entry to point to new physical page;
        }
        else        /* "steal" page, since nobody else is using it */
        {
                if (copy of page exists on swap device)
                        free space on swap device, break page association;
                if (page is on page hash queue)
                        remove from hash queue;
        }
        set modify bit, clear copy on write bit in page table entry;
        recalculate process priority;
        check for signals;
  out:  unlock region;
}
```

Abb. 9.25: Algorithmus der Routine für Speicherschutzfehler

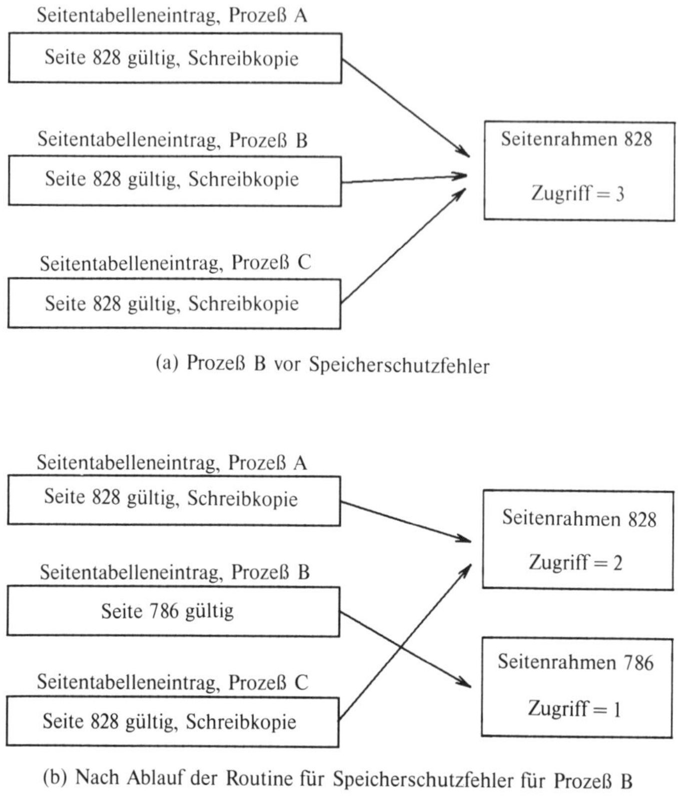

Abb. 9.26: Speicherschutzfehler bei gesetztem Bit „Schreibkopie“

9.2.4 Demand-Paging bei einfacher Hardwareausstattung

Die Algorithmen für Demand-Paging sind besonders wirkungsvoll, wenn die Hardware *Zugriffs-* und *Änderungsbits* setzt und Speicherschutzfehler erzeugt, wenn ein Prozeß in eine Seite schreibt, deren Bit *Schreibkopie* gesetzt ist. Es ist jedoch auch möglich, die hier beschriebenen Pagingalgorithmen zu implementieren, wenn die Hardware nur Gültigkeits- und Schutzbit erkennt. Wird das *Gültigkeitsbit* in ein von der *Software erzeugtes Gültigkeitsbit* kopiert, das dann angibt, ob die Seite wirklich gültig ist, so kann der Kern das *Gültigkeitsbit* der *Hardware* löschen und die anderen Bits über die Software simulieren. Zum Beispiel verfügt die Hardware der VAX-11 über kein Zugriffsbit (siehe [Levy 82]). Der Kern kann das *Gültigkeitsbit* der Hardware löschen und diesem Szenario folgen: Greift ein Prozeß auf die Seite zu, erzeugt er einen Gültigkeitsfehler, denn das *Gültigkeitsbit* in der Hardware ist gelöscht; die Interruptroutine für Seitenfehler überprüft jetzt die Seite. Da das *Gültigkeitsbit* in der *Software* gesetzt ist, erkennt der Kern die Seite als gültig und im Speicher befindlich; er setzt das *Zugriffsbit* in der Software sowie das *Gültigkeitsbit* in der Hardware, weiß aber jetzt, daß auf die Seite zugegriffen wurde. Nachfolgende Zugriffe auf die Seite

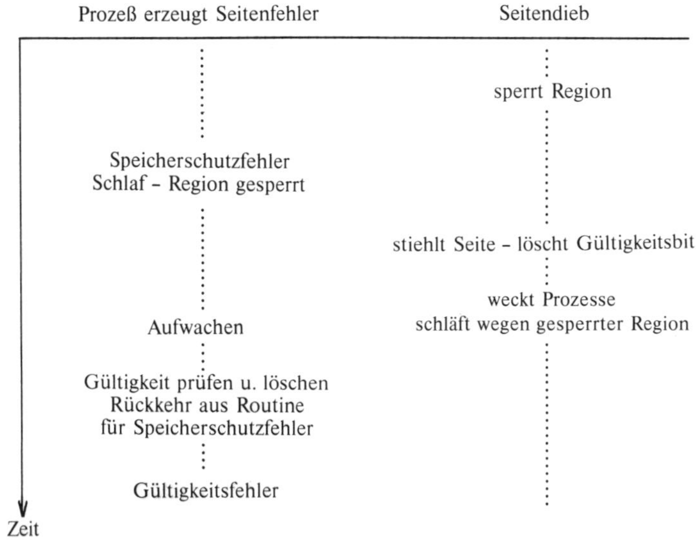

Abb. 9.27: Interaktion von Speicherschutz- und Gültigkeitsfehler

Hardware Gültigkeit	Software Gültigkeit	Software Zugriff
Off	On	Off

(a) vor Ändern der Seite

Hardware Gültigkeit	Software Gültigkeit	Software Zugriff
On	On	On

(b) nach Ändern der Seite

Abb. 9.28: Nachbilden des Änderungsbits der Hardware durch die Software

werden keinen Gültigkeitsfehler mehr erzeugen, denn das *Gültigkeitsbit* in der Hardware ist gesetzt. Überprüft der Seitendieb die Seite, so löscht er das *Gültigkeitsbit* in der Hardware, wodurch Prozesse beim Zugriff auf die Seite wieder einen Fehler erzeugen und der Kreislauf wieder von vorne beginnt. Abbildung 9.28 zeigt diesen Fall.

9.3 Hybridsystem mit Swapping und Demand-Paging

Obwohl Systeme mit Demand-Paging den Speicher flexibler handhaben als Swappingsysteme, können Situationen entstehen, in denen Seitendieb und die Routine für Gültigkeitsfehler wegen Speichermangel leer laufen. Ist die Summe der Arbeitssätze aller Prozesse größer als der physikalische Speicher der Maschine, wird die Fehlerroutine gewöhnlich schlafen, denn sie kann keine Seiten mehr für einen Prozeß zuteilen. Der Seitendieb wird nicht in der Lage sein, schnell genug Seiten zu stehlen, denn diese befinden sich alle in einem Arbeitssatz. Der Systemdurchsatz leidet, denn der Kern verbraucht beim andauernden Neuordnen des Speichers in rasender Eile zuviel Zeit.

Um dieses Leerlaufproblem zu vermeiden, verwendet der Kern von System V sowohl Swapping- als auch Demand-Paging-Algorithmen. Kann der Kern keine Seiten für einen Prozeß zuteilen, weckt er den Swapper und versetzt den aufrufenden Prozeß in einen Zustand, der „lauffähig, aber ausgelagert" entspricht. Mehrere Prozesse können sich gleichzeitig in diesem Zustand befinden. Der Swapper lagert vollständige Prozesse aus, bis die Menge des verfügbaren Speichers ihre Obergrenze überschreitet. Für jeden ausgelagerten Prozeß macht er einen anderen Prozeß lauffähig, der sich im Zustand „lauffähig, aber ausgelagert" befindet. Er lädt diese Prozesse jedoch nicht über den normalen Swappingalgorithmus zurück, sondern läßt sie nach Bedarf Seiten über Seitenfehler nachfordern. Spätere Durchläufe des Swappers werden es auch noch anderen Prozessen gestatten, so in den Speicher zu gelangen, wenn im System genügend Speicherplatz vorhanden ist. Dieses Vorgehen verringert die (Seiten-) Fehlerrate des Systems und vermeidet die erwähnten Leerlaufsituationen; seine Philosophie ähnelt den im VAX/VMS-Betriebssystem verwendeten Methoden ([Levy 82]).

9.4 Zusammenfassung

Dieses Kapitel untersuchte die Algorithmen zum Swappen von Prozessen und zum Demand-Paging im UNIX System V. Der Swappingalgorithmus bewegt vollständige Prozesse zwischen Hauptspeicher und einem Swapgerät hin und her. Das System lagert Prozesse aus dem Speicher aus, wenn ihre Größe so anwächst, daß kein Platz mehr im Hauptspeicher bleibt (als Folge der Systemaufrufe *fork*, *exec* oder *sbrk* bzw. als Folge des ganz normalen Anwachsens des Stack), oder wenn es Platz für einen Prozeß schaffen muß, der zurückgeladen werden soll. Der Kern lädt Prozesse mittels eines speziellen Swapperprozesses, Prozeß 0, zurück, den er immer dann aufruft, wenn ein Prozeß im Zustand „lauffähig" auf dem Swapgerät vorhanden ist. Der Swapper lädt alle diese Prozesse so lange zurück, bis entweder keine Prozesse mehr auf dem Swapgerät vorhanden sind oder aber kein Platz mehr im Speicher ist. Im letzteren Fall versucht er, Prozesse aus dem Hauptspeicher auszulagern, verringert aber den möglichen Leerlauf durch Unterbinden des Zurückladens von Prozessen, die die nötigen Erfordernisse für den Aufenthalt im Speicher nicht erfüllen; es wird dem Swapper also nicht bei jedem Durchlauf gelingen, alle Prozesse zurück in den Speicher zu laden. Falls Arbeit für ihn vorhanden ist, weckt die Zeitgeberroutine den Swapper einmal pro Sekunde.

Die Implementierung des Demand-Paging gestattet Prozessen den Ablauf, selbst wenn ihr virtueller Adreßraum sich nicht vollständig im Speicher befindet; die virtuelle Größe eines Prozesses kann deshalb die Menge des in einem System verfügbaren physikalischen Speichers überschreiten. Gehen dem Kern die freien Seiten aus, so sieht der Seitendieb die aktiven Seiten jeder Region durch, kennzeichnet zum Diebstahl geeignete Seiten, wenn sie genügend gealtert sind, und kopiert sie möglicherweise auf ein Swapgerät. Adressiert ein Prozeß eine virtuelle Seite, die gerade ausgelagert ist, so erzeugt er einen Gültigkeitsfehler. Der Kern ruft die Routine für Gültigkeitsfehler auf, um eine neue physikalische Seite für die Region zuzuordnen, und kopiert den Inhalt der virtuellen Seite in den Hauptspeicher.

Mit der Implementierung des Algorithmus zum Demand-Paging erhöhen einige zusätzliche Eigenschaften die Leistung des Systems. Zum ersten verwendet der Kern beim Erzeugen von Prozessen über *fork* das Bit *Schreibkopie* und umgeht damit in den meisten Fällen die Notwendigkeit zum Erzeugen physikalischer Kopien der betroffenen Seiten. Zum zweiten kann der Kern über Demand-Paging den Inhalt einer ausführbaren Datei aus dem

Dateisystem laden und so bei *exec* die Notwendigkeit umgehen, diese Datei sofort in den Speicher zu lesen. Dies erhöht den Durchsatz, denn möglicherweise werden diese Seiten während der ganzen Lebensdauer des Prozesses niemals benötigt, und es vermeidet zusätzlichen Leerlauf, falls der Seitendieb diese Seiten auslagern sollte, bevor sie benutzt werden.

9.5 Übungen

1. Entwerfen Sie einen Algorithmus *mfree*, der Speicher frei- und ihn an eine *Map* zurückgibt.
2. Abschnitt 9.1.2 beschreibt, daß das System einen auszulagernden Prozeß sperrt, damit kein anderer Prozeß ihn während des Ablaufs dieser Operation auslagern kann. Was würde geschehen, wenn das System den Prozeß nicht sperrt?
3. Nehmen wir an, der *u-Bereich* enthält Segment- und Seitentabellen für einen Prozeß. Wie kann der Kern den *u-Bereich* auslagern?
4. Warum kann ein Prozeß sich nicht selbst auslagern, wenn der Systemstack sich im *u-Bereich* befindet? Wie würden Sie einen Systemprozeß zum Auslagern anderer Prozesse kodieren, und wie sollte dieser aufgerufen werden?
5. * Nehmen wir an, der Kern lagert einen Prozeß auf ein Swapgerät aus, um Platz für andere Prozesse zu schaffen. Ist auf keinem Swapgerät genug Platz vorhanden, schläft der Swapper bis wieder mehr Platz verfügbar ist. Ist es möglich, daß alle Prozesse im Speicher schlafen, und daß alle lauffähigen Prozesse sich auf dem Swapgerät befinden? Beschreiben Sie ein solches Szenario. Was sollte der Kern tun, um die Situation zu bereinigen?
6. Spielen Sie das Swappingbeispiel in Abbildung 9.10 für den Fall durch, daß im Speicher nur Platz für einen Prozeß ist.
7. Sehen Sie sich nochmals das Beispiel in Abbildung 9.11 an. Konstruieren Sie ein Beispiel, in dem ein Prozeß dauernd an der Benutzung der CPU gehindert ist. Gibt es eine Möglichkeit, dies zu verhindern?

```
main()
{
        f();
        g();
}

f()
{
        vfork();
}

g()
{
        int blast[100], i;
        for (i = 0;  i < 100;  i++)
                blast[i] = i;
}
```

Abb. 9.29: Vfork mit zerstörerischen Folgen

8. Was geschieht bei der Ausführung des Programms in Abbildung 9.29 auf einem 4.2 BSD System? Was geschieht mit dem Stack des Vaterprozesses?
9. Warum ist es vorteilhaft, nach einem *fork*-Aufruf den Sohn vor dem Vater zum Ablauf einzuteilen, wenn bei gemeinsam benutzten Seiten das Bit *Schreibkopie* gesetzt ist? Wie kann der Kern den Sohn dazu zwingen, zuerst zu laufen?

*10. Der im Text vorgestellte Algorithmus für Gültigkeitsfehler lädt immer nur eine Seite zurück. Seine Wirksamkeit kann erhöht werden, wenn er zusätzlich zur auslösenden Seite noch die umgebenden Seiten zurücklädt. Erweitern Sie die Routine für Gültigkeitsfehler um dieses Prepaging.

11. Die Algorithmen des Seitendiebs und der Routine für Gültigkeitsfehler gehen davon aus, daß eine Seite genau einen Plattenblock groß ist. Wie sollten diese Algorithmen zur Behandlung der Fälle verbessert werden, in denen die Größen nicht gleich sind?

*12. Gibt ein Prozeß den Aufruf *fork* aus, so wird der Seitenzähler in der Pf-Datentabelle bei allen gemeinsam benutzten Seiten erhöht. Nehmen wir an, der Seitendieb lagert eine (gemeinsam benutzte) Seite auf ein Swapgerät aus, und ein Prozeß (etwa der Vaterprozeß) lädt sie später nach einem Gültigkeitsfehler wieder zurück. Die virtuelle Seite befindet sich jetzt in einer physikalischen. Erklären Sie, warum der Sohn immer in der Lage sein wird, eine gültige Kopie der Seite aufzufinden, selbst nachdem der Vater in diese Seite geschrieben hat. Warum muß der Vater, wenn er in die Seite schreibt, sofort die Verbindung zu deren Plattenkopie lösen?

13. Was sollte eine Routine für Seitenfehler tun, wenn das System über keine freien Seiten mehr verfügt?

*14. Entwerfen Sie einen Algorithmus, der selten benutzte Teile des Kerns auslagert. Welche Teile des Kerns können nicht ausgelagert werden und wie sollten sie zu erkennen sein?

15. Entwerfen Sie einen Algorithmus, der die Zuordnung von Platz auf einem Swapgerät mit einer Bitmap anstelle der in diesem Kapitel beschriebenen Maps verfolgt. Vergleichen Sie die Effizienz der beiden Methoden.
16. Nehmen wir an, die Hardware einer Maschine verfügt über kein *Gültigkeitsbit*, hat dafür aber Schutzbits für Lesen, Schreiben und Ausführen einer Seite. Simulieren Sie die Bearbeitung eines über die Software dargestellten *Gültigkeitsbits.*
17. Die Hardware der VAX-11 prüft zunächst auf Speicherschutzfehler, dann erst auf Gültigkeitsfehler. Welche Auswirkungen hat dies auf die Algorithmen für Seitenfehler?
18. Der Systemaufruf *plock* gestattet es dem Superuser, Text- und Datenregionen des aufrufenden Prozesses im Speicher zu sperren bzw. freizugeben. Swapper und Seitendieb können gesperrte Regionen nicht aus dem Speicher entnehmen. Prozesse, die diesen Aufruf verwenden, müssen nie auf das Zurückladen in den Speicher warten, was ihnen kürzere Reaktionszeiten als anderen Prozessen garantiert. Wie sollte dieser Systemaufruf implementiert werden? Sollte es eine Möglichkeit geben, auch die Stackregion im Speicher zu sperren? Was sollte geschehen, wenn der gesamte Speicherplatz der mit *plock* gesperrten Regionen größer ist als der auf dem Rechner verfügbare Speicher?
19. Was tut das Programm in Abbildung 9.30? Überlegen Sie eine alternative Pagingstrategie, bei der jeder Prozeß nur eine bestimmte Maximalzahl von Seiten in seinem Arbeitssatz hat.

```
struct fourmeg
{
        int page[512];          /* assume int is 4 bytes */
} fourmeg[2048];

main()
{
        for (;;)
        {
                switch(fork())
                {
                case -1:    /* parent can't fork---too many children */
                case 0:     /* child */
                        func();
                default:
                        continue;
                }
        }
}

func()
{
        int i;

        for (;;)
        {
                printf("proc %d loops again\n", getpid());
                for (i = 0;  i < 2048;  i++)
                        fourmeg[i].page[0] = i;
        }
}
```

Abb. 9.30: Ein Programm, das sich schlecht benimmt

10 Das Dateisystem

Das Dateisystem gestattet einem Prozeß die Kommunikation mit peripheren Geräten wie Platten, Bandgeräten, Terminals, Druckern, Netzwerken und den Modulen des Kerns, die Geräte steuern und gemeinhin als *Gerätetreiber* bezeichnet werden. Normalerweise besteht eine 1:1-Entsprechung zwischen Gerätetreibern und Gerätetypen: Ein System kann über einen Plattentreiber zum Steuern aller Plattengeräte, über einen Terminaltreiber zum Steuern aller Terminals, und über einen Bandtreiber zum Steuern aller Bandgeräte verfügen. Installationen, die über Geräte von mehr als einem Hersteller verfügen - beispielsweise Bandgeräte von zwei verschiedenen Herstellern - können die Geräte als verschiedene Gerätetypen behandeln und somit zwei getrennte Gerätetreiber dafür verwenden, denn diese Geräte benötigen möglicherweise verschiedene Befehlsfolgen zum ordnungsgemäßen Betrieb. Ein Gerätetreiber steuert dabei viele physikalische Geräte eines gegebenen Typs. Beispielsweise kann ein Terminaltreiber alle mit dem System verbundenen Terminals steuern. Erst der Treiber unterscheidet zwischen den einzelnen Geräten, die er bedient: Ausgaben für ein bestimmtes Terminal dürfen nicht an ein anderes geschickt werden.

Das System unterstützt außerdem „Softwaregeräte", die mit keinem physikalischen Gerät verbunden sind. Beispielsweise behandelt es den physikalischen Speicher als Gerät, um einem Prozeß den Zugriff auf Speicher außerhalb seines Adreßraums zu ermöglichen, obwohl der Speicher natürlich kein peripheres Gerät darstellt. Der Befehl *ps* liest zum Beispiel mit *read* Datenstrukturen des Kerns aus dem physikalischen Speicher, um Prozeßstatistiken zu erzeugen. In ähnlicher Weise können Treiber auch für die Fehlersuche wertvolle Trace-Datensätze schreiben, ein Trace-Treiber kann dann dem Benutzer das Lesen dieser Datensätze gestatten. Schließlich ist auch der in Kapitel 8 beschriebene Profilierer des Kerns als Treiber implementiert: Ein Prozeß schreibt die in der Symboltabelle des Kerns gefundenen Adressen der Systemroutinen und liest die Ergebnisse des Profilierens.

Dieses Kapitel untersucht nun die Schnittstellen zwischen Prozessen und Dateisystem sowie zwischen Maschine und Gerätetreibern. Es ermittelt die allgemeine Struktur und Funktion von Gerätetreibern und behandelt dann Plattentreiber und Terminaltreiber als detaillierte Beispiele für diese allgemeine Schnittstelle. Das Kapitel schließt mit der Beschreibung von *Streams*, einer neuen Methode zur Implementierung von Gerätetreibern.

10.1 Treiberschnittstellen

Das UNIX-System verfügt über zwei Typen von Geräten, *Blockgeräte* und *Rohdaten-* oder *Zeichengeräte*. Wie in Kapitel 2 definiert, sehen Blockgeräte wie Platten und Magnetbänder für den Rest des Systems wie Direktzugriffsgeräte aus; Zeichengeräte umfassen alle übrigen Geräte wie etwa Terminals und auch Netzwerke. Blockgeräte können zusätzlich eine Schnittstelle für Zeichengeräte haben.

Die Benutzerschnittstelle für Geräte läuft über das Dateisystem (erinnern wir uns an Abbildung 2.1): Jedes Gerät besitzt einen Namen, der wie ein Dateiname aussieht, und wird auch wie eine Datei angesprochen. Die Geräte-Spezialdatei verfügt über eine Inode und belegt einen Knoten in der Kataloghierarchie des Dateisystems. Die Gerätedatei unterscheidet sich durch den in ihrer Inode gespeicherten Dateityp, also „Block"- oder „Zeichen"-Spezialdatei entsprechend dem Gerät, das sie darstellt. Hat ein Gerät sowohl eine

Block- als auch eine Zeichenschnittstelle, wird es durch zwei Gerätedateien dargestellt: eine Block-Gerätespezialdatei und eine Zeichen-Gerätespezialdatei. Systemaufrufe für gewöhnliche Dateien wie *open*, *close*, *read* und *write* haben, wie später noch erläutert wird, eine entsprechende Bedeutung auch für Geräte. Der Aufruf *ioctl* stellt eine Schnittstelle zur Verfügung, die es Prozessen gestattet, Zeichengeräte zu steuern, er ist jedoch auf reguläre Dateien nicht anwendbar[1]. Nicht jeder Gerätetreiber muß Schnittstellen für alle Systemaufrufe unterstützen. Zum Beispiel erlaubt es der bereits erwähnte Tracetreiber Benutzern, von anderen Treibern abgelegte Datensätze zu lesen, nicht jedoch, solche zu schreiben.

10.1.1 Systemkonfiguration

Das Konfigurieren des Systems ist die Prozedur, über die der Systemverwalter installationsabhängige Parameter spezifiziert. Einige Parameter bestimmen dabei die Größe von Tabellen des Kerns wie etwa der Prozeßtabelle, der Inodetabelle und der Dateitabelle sowie die Anzahl der für den Pufferpool zuzuordnenden Puffer. Andere Parameter bestimmen die Gerätekonfiguration, teilen dem Kern also die in der Installation vorhandenen Geräte und deren „Adressen" mit. Zum Beispiel kann eine Konfiguration bestimmen, daß ein Terminal an einen bestimmten Anschluß der Hardware angeschlossen wird.

Es gibt drei Ebenen, auf denen die Gerätekonfiguration bestimmt werden kann. Zum ersten kann der Systemverwalter Konfigurationsdaten fest in Dateien kodieren, die dann beim Erstellen des Systemcodes kompiliert und mit eingelinkt werden. Typischerweise werden diese Konfigurationsdaten in einem einfachen Format angegeben, ein Konfigurationsprogramm verwandelt sie dann in eine zum Kompilieren geeignete Datei. Zum zweiten kann der Systemverwalter Konfigurationsinformationen auch später bei bereits laufendem System angeben; der Kern berichtigt dann dynamisch die internen Konfigurationstabellen. Schließlich kann der Kern noch an Geräten, die sich selbst zu erkennen geben, feststellen, welche Geräte im System installiert sind. Der Kern liest dabei, um sich selbst zu konfigurieren, die Stellung von Schaltern in der Hardware. Die Einzelheiten der Systemkonfiguration würden für dieses Buch zu weit gehen, doch erzeugt oder vervollständigt die Konfigurationsprozedur in allen Fällen Tabellen, die Bestandteil des Kerns sind.

Die Schnittstelle des Kerns zu den Gerätetreibern wird durch die *Blockgeräte-Schalttabelle* und die *Zeichengeräte-Schalttabelle* beschrieben (Abbildung 10.1). Für jeden Gerätetyp bestehen Einträge in der Tabelle, die den Kern bei Systemaufrufen zu den passenden Treiberschnittstellen führen. Die Systemaufrufe *open* und *close* für eine Gerätedatei laufen entsprechend dem Dateityp über die beiden Geräte-Schalterdateien. Die Aufrufe *mount* und *umount* rufen auch noch die Eröffnungs- und Abschlußprozeduren für Blockgeräte auf. Die Aufrufe *read*, *write* und *ioctl* laufen bei Zeichen-Spezialdateien über die entsprechenden Prozeduren in der Zeichengeräte-Schaltertabelle. Die Aufrufe *read* und *write* bei Blockgeräten und Dateien in montierten Dateisystemen rufen dagegen die Algorithmen für das Blockdepot auf, die dann ihrerseits die gerätespezifischen Prozeduren anstoßen. Wie wir noch sehen werden, rufen einige Gerätetreiber die Behandlungsroutinen auch direkt aus den read- und write-Prozeduren auf. Der nächste Abschnitt behandelt die einzelnen Treiberschnittstellen im Detail.

---

[1] Als Gegenstück hierzu bietet der Systemaufrufer *fenctl* Steueroperationen auf der Ebene von Filedeskriptoren, und nicht auf Geräteebene. Andere Implementierungen verwenden *ioctl* für alle Dateitypen.

Die Schnittstelle zwischen Hardware und Treiber besteht aus maschinenabhängigen Steuerregistern oder I/O-Befehlen zum Bedienen von Geräten und Interruptvektoren: Tritt ein Geräteinterrupt auf, so stellt das System das den Interrupt verursachende Gerät fest und ruft die jeweilige Interruptroutine auf. Logischerweise verfügen Softwaregeräte wie etwa der Profiltreiber des Kerns (Kapitel 8) über keine Hardwareschnittstelle, doch können andere Interruptroutinen eine solche „Routine für Softwareinterrupts“ direkt aufrufen. So ruft zum Beispiel die Zeitgeberroutine die Systemroutine für den Profilinterrupt auf.

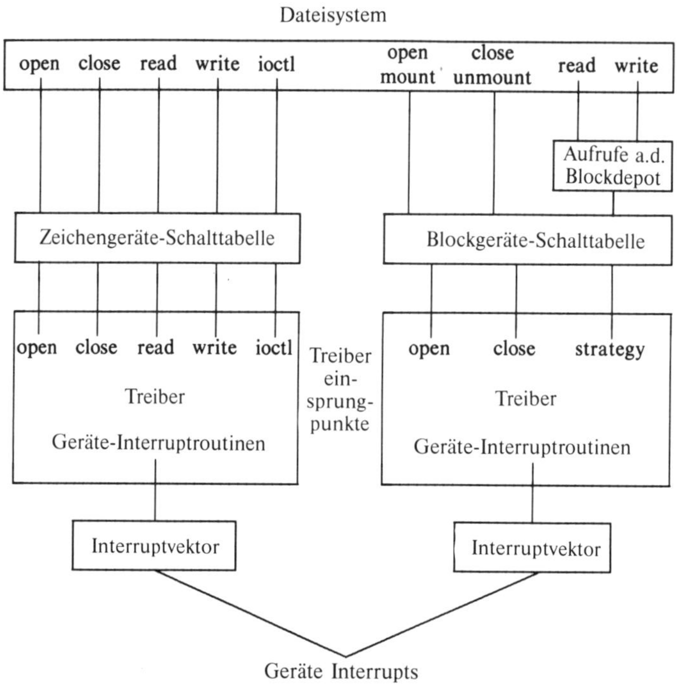

Abb. 10.1: Einsprungpunkte in Gerätetreiber

Der Systemverwalter richtet Gerätespezialdateien mit dem Befehl *mknod* ein und gibt dazu den Dateityp (Block oder Zeichen) und Major- sowie Minor-Gerätenummer an. Der Befehl *mknod* gibt dann zum Erzeugen der Gerätedatei den Systemaufruf *mknod* aus. Beispielsweise ist in der Befehlszeile

```
mknod /dev/tty13 c 2 13
```

„/dev/tty13“ der Dateiname des Geräts, *c* zeigt an, daß es sich um eine Zeichen-Spezialdatei handelt (*b* würde Block-Spezialdatei bedeuten), 2 ist die Major-Gerätenummer und 13 schließlich die Minor-Gerätenummer. Die Major-Gerätenummer gibt den Gerätetyp mit entsprechendem Eintrag in der Block- oder Zeichengeräte-Schalttabelle an, die Minor-Gerätenummer gibt die Nummer des Geräts an. Eröffnet ein Prozeß die Block-Spezialdatei „/dev/dsk1“ mit einer Major-Gerätenummer 0, so ruft der Kern die Routine *gdopen* im Eintrag 0 der Blockgeräte-Schalttabelle (Abbildung 10.2) auf; liest ein Prozeß die Zeichen-Spe-

Blockgeräte-Schalttabelle			
Eintrag	open	close	strategy
0	gdopen	gdclose	gdstrategy
1	gtopen	gtclose	gtstrategy

Zeichengeräte-Schalttabelle					
Eintrag	open	close	read	write	ioctl
0	conopen	conclose	conread	conwrite	conioctl
1	dzbopen	dzbclose	dzbread	dzbwrite	dzbioctl
2	syopen	nulldev	syread	sywrite	syioctl
3	nulldev	nulldev	mmread	mmwrite	nodev
4	gdopen	gdclose	gdread	gdwrite	nodev
5	gtopen	gtclose	gtread	gtwrite	nodev

Abb. 10.2: Beispiel für Block- und Zeichengeräte-Schalttabellen

zialdatei „/dev/mem" mit einer Major-Gerätenummer 3, so ruft der Kern die Routine *mmread* im Eintrag 3 der Zeichengeräte-Schalttabelle auf. Die Routine *nulldev* ist eine „Leerroutine", die immer dann verwendet wird, wenn kein Bedarf für eine bestimmte Treiberfunktion besteht. Viele Peripheriegeräte können mit einer einzigen Major-Gerätenummer verbunden sein; die Unterscheidung untereinander erfolgt dann über die Minor-Gerätenummer. Gerätespezialdateien müssen nicht bei jedem Systemstart neu erzeugt werden; sie müssen nur verändert werden, wenn sich auch die Konfiguration des Systems ändert, also etwa, wenn neue Geräte an eine Anlage angeschlossen werden.

10.1.2 Systemaufrufe und Treiberschnittstellen

Der folgende Abschnitt beschreibt die Schnittstelle zwischen Kern und Gerätetreibern. Bei Systemaufrufen mit Filedeskriptoren folgt der Kern Pointern aus dem Benutzer-Filedeskriptor zur Dateitabelle und Inode im Kern, wo er dann den Dateityp prüft und entsprechend auf Block- oder Zeichengeräte-Schalttabelle zugreift. Er entnimmt Major- und Minor-Gerätenummer aus der Inode, verwendet die Major-Nummer als Index in die jeweilige Tabelle, und ruft die Treiberfunktion entsprechend dem gemachten Systemaufruf auf, wobei er die Minor-Nummer als Parameter übergibt. Ein wichtiger Unterschied zwischen Systemaufrufen auf Geräte und solchen auf gewöhnliche Dateien besteht darin, daß die Inode einer Spezialdatei während der Ausführung des Treibers durch den Kern *nicht* gesperrt ist. Da Treiber häufig beim Warten auf Hardwareanschlüsse oder ankommende Daten schlafen, kann der Kern nicht bestimmen, wie lange ein Prozeß schlafen wird. Wäre in diesem Fall die Inode gesperrt, würden andere Prozesse beim Zugriff darauf (beispielsweise über den Systemaufruf *stat*) auf unbestimmte Zeit schlafen, weil bereits ein anderer Prozeß im Treiber schläft.

Der Gerätetreiber interpretiert die Parameter des Systemaufrufs entsprechend dem jeweiligen Gerät. Der Treiber unterhält Datenstrukturen, die den Zustand jedes Geräts, das er bedient, beschreiben; Treiberfunktionen und Interruptroutinen laufen entsprechend dem Status des Treibers und der gewünschten Aktion ab (beispielsweise Datenein- bzw. Ausgabe). Die einzelnen Schnittstellen werden in der Folge genauer beschrieben.

10.1.2.1 Open

Zum Eröffnen eines Geräts folgt der Kern der gleichen Prozedur wie zum Eröffnen gewöhnlicher Dateien (siehe Abschnitt 5.1), ordnet also eine Speicherinode zu, erhöht ihren Referenzzähler und weist einen Dateitabelleneintrag sowie einen Benutzer-Filedeskriptor zu. Der Kern gibt den Benutzer-Filedeskriptor an den aufrufenden Prozeß zurück, so daß das Eröffnen eines Geräts wirklich wie das Öffnen einer gewöhnlichen Datei aussieht. Er ruft jedoch vor Rückkehr in den Benutzermodus die gerätespezifische *open*-Prozedur auf (Abbildung 10.3). Bei einem Blockgerät ruft er die in der Blockgeräte-Schalttabelle festgelegte *open*-Prozedur auf, für ein Zeichengerät ruft er die in der Zeichengeräte-Schalttabelle festgelegte *open*-Prozedur auf. Ist ein Gerät sowohl Block- als auch Zeichengerät, so ruft der Kern die *open*-Prozedur in Abhängigkeit von der Gerätedatei auf, die der Benutzer eröffnete: In Abhängigkeit vom jeweiligen Treiber können diese beiden Prozeduren sogar identisch sein.

```
algorithm open                /* for device drivers */
input:  pathname
        openmode
output: file descriptor
{
        convert pathname to inode, increment inode reference count,
        allocate entry in file table, user file descriptor,
                as in open of regular file;

        get major, minor number from inode;

        save context (algorithm setjmp) in case of long jump from driver;

        if (block device)
        {
                use major number as index to block device switch table;
                call driver open procedure for index:
                                pass minor number, open modes;
        }
        else
        {
                use major number as index to character device switch table;
                call driver open procedure for index:
                                pass minor number, open modes;
        }

        if (open fails in driver)
                decrement file table, inode counts;
}
```

Abb. 10.3: Algorithmus zum Eröffnen eines Geräts

Die gerätespezifische *open*-Prozedur stellt eine Verbindung zwischen dem aufrufenden Prozeß und dem eröffneten Gerät her und initialisiert private Datenstrukturen des Treibers. Bei einem Terminal kann die *open*-Prozedur beispielsweise den Prozeß in Schlaf versetzen bis der Rechner ein (Hardware-) Trägersignal feststellt, das anzeigt, daß ein Benutzer sich in das System einloggen will. Erst dann initialisiert sie die Datenstrukturen des Treibers entsprechend den jeweiligen Terminaleinstellungen (wie etwa Baudrate des Terminals). Bei Softwaregeräten wie etwa dem Speicher braucht die *open*-Prozedur keine Initialisierung durchzuführen.

Muß ein Prozeß beim Eröffnen eines Geräts wegen externer Gründe schlafen, so ist es möglich, daß das Ereignis, das den Prozeß aus seinem Schlaf wecken soll, nie eintritt. Loggt sich zum Beispiel nie ein Benutzer an einem bestimmten Terminal ein, so schläft der Prozeß *getty*, der das Terminal eröffnete (Abschnitt 7.9), bis ein Benutzer versucht, sich einzuloggen, möglicherweise also eine lange Zeit. Der Kern muß jedoch in der Lage sein, den Prozeß aus seinem Schlaf zu wecken und den *open*-Aufruf bei Empfang eines Signals rückgängig zu machen: Er muß, da der *open*-Aufruf fehlschlägt, Inode, Dateitabelleneintrag und Benutzer-Filedeskriptor rücksetzen, die er vor Einsprung in den Treiber zugeordnet hatte. Der Kern sichert deshalb vor dem Einsprung in die gerätespezifische *open*-Routine mit *setjmp* (Abschnitt 6.4.4) den Kontext des Prozesses; erwacht der Prozeß wegen eines Signals aus seinem Schlaf, stellt der Kern den Kontext des Prozesses mit *longjmp* (Abschnitt 6.4.4) in dem Zustand wieder her, in dem er sich vor Einsprung in den Treiber befand, und gibt alle Datenstrukturen frei, die er für *open* zugeteilt hatte. In ähnlicher Weise kann der Treiber nötigenfalls das Signal auch abfangen und private Datenstrukturen bereinigen. Der Kern bereinigt die Datenstrukturen des Dateisystems auch beim Antreffen einer Fehlerbedingung durch den Treiber, etwa wenn ein Benutzer versucht, auf ein nicht konfiguriertes Gerät zuzugreifen. In solchen Fällen schlägt der *open*-Aufruf fehl.

Prozesse können eine Vielzahl von Optionen bei der *open*-Prozedur für ein Gerät angeben. Die häufigste Option ist dabei „no delay", was bedeutet, daß der Prozeß in der *open*-Prozedur nicht schläft, falls das Gerät nicht bereit ist. Der *open*-Aufruf kehrt sofort zurück, der Benutzer hat keine Kenntnis davon, ob die Verbindung zur Hardware hergestellt wurde oder nicht. Wie wir noch sehen werden, beeinflußt das Eröffnen eines Gerätes mit der Option „no delay" auch die Semantik des Systemaufrufs *read* (Abschnitt 10.3.4).

Wird ein Gerät viele Male eröffnet, so bearbeitet der Kern Benutzer-Filedeskriptoren sowie Inode- und Dateitabelleneinträge wie in Kapitel 5 beschrieben und ruft bei jedem *open*-Aufruf die gerätespezifische *open*-Prozedur auf. Der Gerätetreiber kann so mitzählen, wie oft das Gerät eröffnet wurde, und den *open*-Aufruf fehlschlagen lassen, wenn der Zähler unpassende Werte annimmt. Es ist beispielsweise sinnvoll, mehreren Prozessen das Eröffnen eines Terminals zum Schreiben zu gestatten, damit Benutzer dadurch Nachrichten austauschen können. Es ist jedoch wenig sinnvoll, mehreren Prozessen das Eröffnen eines Druckers zum gleichzeitigen Schreiben zu gestatten, denn dadurch könnten sie sich gegenseitig Daten überschreiben. Die Unterschiede sind eher praktischer Natur als durch die Implementierung bedingt: simultane Schreiberlaubnis auf Terminals fördert die Kommunikation zwischen den Benutzern; das Verhindern gleichzeitiger Druckausgaben erhöht die Chance, lesbare Druckeroutputs zu erhalten[2].

---

[2] In der Praxis werden Drucker normalerweise von Spooler-Prozessen gesteuert; dabei sind die Berechtigungen so gesetzt, daß nur der Spooler auf den Drucker zugreifen kann. Die Analogie ist jedoch durchaus vorhanden.

10.1.2.2 Close

Ein Prozeß trennt mit *close* seine Verbindung zu einem eröffneten Gerät. Allerdings ruft der Kern die gerätespezifische *close*-Prozedur nur für den letzten *close*-Aufruf auf ein Gerät auf, also nur dann, wenn keine anderen Prozesse mehr das Gerät geöffnet halten, denn die *close*-Prozedur für ein Gerät beendet Hardwareverbindungen; logischerweise muß damit gewartet werden, bis keine anderen Prozesse mehr auf das Gerät zugreifen. Da der Kern die *open*-Prozedur für das Gerät bei jedem *open*-Aufruf durchläuft, die *close*-Prozedur jedoch nur ein einziges Mal, weiß der Gerätetreiber nie, wieviel Prozesse das Gerät noch verwenden. Treiber können sich, wenn sie nicht sorgfältig kodiert sind, leicht selbst matt setzen: Schlafen sie in der *close*-Prozedur ein und ein anderer Prozeß eröffnet das Gerät vor Beendigung der close-Prozedur, kann das Gerät unverwendbar werden, falls die Kombination von open und close einen undefinierten Zustand ergibt.

```
algorithm close                    /* for devices */
input:  file descriptor
output: none
{
        do regular close algorithm (chapter 5xxx);
        if (file table reference count not 0)
                goto finish;
        if (there is another open file and its major, minor numbers
                                are same as device being closed)
                goto finish;            /* not last close after all */
        if (character device)
        {
                use major number to index into character device switch table;
                call driver close routine:  parameter minor number;
        }
        if (block device)
        {
                if (device mounted)
                        goto finish;
                write device blocks in buffer cache to device;
                use major number to index into block device switch table;
                call driver close routine:  parameter minor number;
                invalidate device blocks still in buffer cache;
        }
    finish:
        release inode;
}
```

Abb. 10.4: Algorithmus zum Schließen eines Geräts

Der Algorithmus zum Schließen eines Geräts ähnelt dem zum Schließen einer gewöhnlichen Datei (Abbildung 10.4). Allerdings führt der Kern vor dem Freigeben der Inode spezifische Arbeiten für Gerätedateien durch.

1. Er durchsucht die Dateitabelle, um sicherzustellen, daß keine anderen Prozesse das Gerät noch geöffnet halten. Der Zähler in der Dateitabelle genügt dabei nicht, um den letzten *close*-Aufruf auf ein Gerät anzuzeigen, denn mehrere Prozesse können über verschiedene Dateitabelleneinträge auf das Gerät zugreifen. Auch der Zähler in der Inodetabelle reicht nicht aus, denn mehrere Gerätedateien können sich auf dasselbe Gerät beziehen. Zum Beispiel zeigen die Ergebnisse des folgenden Kommandos *ls -l* zwei Zeichengerätedateien (das erste „c" in der Zeile), die sich aber auf ein Gerät beziehen, denn ihre Major- und Minor-Gerätenummern (9 und 1) sind gleich. Der Verweiszähler 1 bei beiden Dateien zeigt an, daß zwei Inodes vorhanden sind.

   ```
   crw--w--w- 1 root vis 9,1 Aug 6 1984 /dev/tty01
   crw--w--w- 1 root unix 9,1 May 3 15:02 /dev/fty01
   ```

   Eröffnen Prozesse die beiden Dateien unabhängig voneinander, greifen sie über verschiedene Inodes auf das gleiche Gerät zu.

2. Bei Zeichengeräten ruft der Kern die *close*-Prozedur für das Gerät auf und kehrt in den Benutzermodus zurück. Bei Blockgeräten durchsucht der Kern auch noch die Montagetabelle, um sicherzustellen, daß das Gerät kein montiertes Dateisystem enthält. Ist auf dem Blockgerät ein montiertes Dateisystem vorhanden, kann der Kern die Abschlußprozedur für das Gerät nicht aufrufen, denn es handelt sich dann ja nicht um den letzten *close*-Aufruf für das Gerät. Selbst wenn das Gerät kein montiertes Dateisystem enthält, könnte das Blockdepot noch Datenblöcke aus einem früher montierten Dateisystem enthalten, die nie auf das Gerät geschrieben wurden, weil sie für „verzögertes Schreiben" gekennnzeichnet waren. Der Kern sucht deshalb im Blockdepot nach solchen Blöcken und schreibt sie auf das Gerät, bevor er dafür die *close*-Prozedur aufruft. Nach dem Abschliessen des Geräts geht der Kern noch einmal das Blockdepot durch und macht alle Puffer mit Blöcken für das jetzt geschlossene Gerät ungültig, wodurch Puffer mit nützlichen Daten länger im Blockdepot verweilen können.

3. Der Kern gibt die Inode der Gerätedatei frei.

Zusammenfassend können wir sagen, daß die *close*-Prozedur die Verbindung zum Gerät trennt und Datenstrukturen des Treibers sowie die Hardware neu initialisiert, damit der Kern das Gerät später wieder eröffnen kann.

10.1.2.3 Read und Write

Die Algorithmen des Kerns für *read*- und *write*-Aufrufe auf ein Gerät ähneln denen für eine gewöhnliche Datei. Greift ein Prozeß mit *read* oder *write* auf ein Zeichengerät zu, so ruft der Kern die *read*- bzw. *write*-Prozedur des Gerätetreibers auf. Obwohl es wichtige Fälle gibt, in denen der Kern Daten direkt zwischen Adreßraum des Benutzers und Gerät transportiert, puffern Gerätetreiber die Daten intern. Beispielsweise verwenden Terminaltreiber *C-Listen* zum Puffern von Daten (Abschnitt 10.3.1). In solchen Fällen ordnet der Gerätetreiber einen „Puffer" zu, kopiert bei *write* die Daten aus dem Benutzerbereich und gibt dann die Daten aus dem „Puffer" an das Gerät aus. Die *write*-Prozedur des Treibers drosselt die auszugebende Datenmenge (Der Vorgang wird auch als Datenflußkontrolle bezeichnet): Erzeugen Prozesse die Daten schneller als das Gerät sie ausgeben kann, versetzt die *write*-Prozedur sie in Schlaf bis das Gerät wieder Daten annehmen kann. Bei der *read*-Prozedur übernimmt der Gerätetreiber die Daten vom Gerät in einen Puffer und kopiert dann die Daten vom Puffer an die beim Systemaufruf angegebene Benutzeradresse.

Die exakte Art und Weise, auf die ein Treiber mit einem Gerät zusammenarbeitet, hängt von der Hardware ab. Einige Rechner sehen dafür *speicherbezogene I/O* vor, was bedeutet, daß bestimmte Adressen im Adreßraum des Kerns sich nicht auf physikalische Speicherstellen beziehen, sondern spezielle Register zur Steuerung bestimmter Geräte darstellen. Durch das Schreiben von Steuerinformationen in bestimmte Register entsprechend den Vorgaben der Hardware steuert der Treiber das Gerät. Beispielsweise enthalten die I/O-Kontroller der VAX-11 spezielle Register zum Festhalten des Gerätestatus (*Steuer- und Statusregister*) und zur Datenübertragung (*Datenpuffer*), die sich an festgelegten Adressen im physikalischen Speicher befinden. Im einzelnen steuert der Terminalkontroller DZ11 einer VAX 8 asynchrone Terminalleitungen (siehe [Levy 80] für Einzelheiten über die Architektur der VAX). Nehmen wir an, das *Steuer- und Statusregister* eines bestimmten DZ11 befindet sich an der Adresse 160120, der *Sendepuffer* befindet sich an der Adresse 160126, und der *Empfangspuffer* schließlich befindet sich an der Adresse 160122 (Abbildung 10.5). Um ein Zeichen an das Terminal „/dev/tty09" auszugeben, schreibt der Terminaltreiber die Nummer 1 (1 = 9 modulo 8) an eine bestimmte Bitposition im *Steuer- und Statusregister* und dann das auszugebende Zeichen in den *Sendepuffer*. Der Vorgang des Schreibens in den *Sendepuffer* überträgt die Daten. Der DZ11 setzt ein *erledigt*-Bit im *Steuer- und Statusregister*, wenn er wieder bereit ist, Daten anzunehmen. Fakultativ kann der Treiber auch noch ein *transmit interrupt enable*-Bit im Steuer- und Statusregister setzen, das den DZ11 veranlaßt, das System zu unterbrechen, wenn er wieder bereit ist, Daten anzunehmen. Das Lesen von Daten aus dem DZ11 geschieht in ähnlicher Weise.

Andere Rechner verfügen über *programmierte I/O*, was bedeutet, daß der Rechner Befehle zum Steuern von Geräten besitzt. Treiber steuern Geräte dann durch Ausführen der entsprechenden Befehle. Beispielsweise verfügt die IBM 370 über einen Befehl *Start I/O*, der eine I/O-Operation auf einem Gerät einleitet. Für den Benutzer ist es nicht erkennbar, welche Methode ein Treiber zur Kommunikation mit der Peripherie verwendet.

Da die Schnittstelle zwischen Gerätetreiber und darunterliegender Hardware maschinenabhängig ist, gibt es auf dieser Ebene keine Standardschnittstellen. Sowohl bei speicherbezogener als auch programmierter I/O kann ein Treiber Steuersequenzen an ein Gerät senden, um *direkten Speicherzugriff* (direct memory access = *DMA*) dafür einzurichten. Das System ermöglicht über den direkten Speicherzugriff den Austausch großer Datenmengen

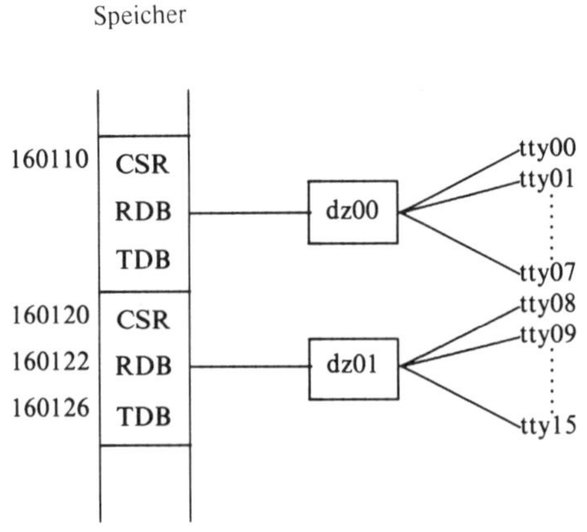

Abb. 10.5: Speicherbezogene I/O über den Kontroller DZ11 auf einer VAX

zwischen Gerät und Speicher parallel zu den Operationen der CPU; bei Beendigung eines solchen Datentransfers unterbricht das Gerät das System. Der Treiber bildet die virtuellen Adressen entsprechend ab, so daß die korrekten Speicheradressen von der DMA verwendet werden.

Sehr schnelle Geräte sind manchmal in der Lage, Daten direkt zwischen Gerät und Adreßraum des Benutzers ohne Zwischenschalten von Systempuffern auszutauschen. Dies führt wegen des entfallenden Kopiervorgangs durch den Kern zu höherer Übertragungsgeschwindigkeit; außerdem ist die Menge der in einem Transfervorgang übertragbaren Daten nicht durch die Puffergrößen des Kerns beschränkt. Treiber, die diese „Roh"-I/O nützen, rufen normalerweise aus *read*- und *write*-Prozeduren für Zeichengeräte die Schnittstelle zur Blockstrategie auf, falls entsprechende Prozeduren für Blockgeräte vorhanden sind.

10.1.2.4 Strategie-Schnittstelle

Der Kern verwendet die *Strategieschnittstelle*, um Daten zwischen Blockdepot und einem Gerät zu transportieren, obwohl, wie bereits erwähnt, auch *read*- und *write*-Prozeduren von Zeichengeräten manchmal die entsprechenden (Blockgeräte-) *Strategieprozeduren* verwenden, um Daten direkt zwischen dem Gerät und dem Adreßraum des Benutzers zu transportieren. Die Strategieprozedur kann I/O-Anforderungen für ein Gerät in eine Arbeitsliste einreihen oder auch noch ausgefeiltere Techniken verwenden, um I/O-Anforderungen zum Ablauf einzuteilen. Treiber können auch je nach Anforderung den Datentransport zu einer oder zu mehreren Adressen einrichten. Der Kern übergibt dazu der Strategieprozedur des Treibers die Adresse eines Pufferheaders; der Pufferheader enthält eine Liste von (Seiten-) Adressen und Größenangaben für die Übertragung der Daten vom oder zum Gerät. Auf die gleiche Weise arbeiten auch die in Kapitel 9 beschriebenen Swappingoperationen. Im Fall des Blockdepots überträgt der Kern die Daten von einer Datenadresse; beim Swapping überträgt der Kern die Daten von vielen Datenadressen (Seiten). Werden Daten vom oder zum Adreßraum des Benutzers kopiert, muß der Treiber den Prozeß (oder zumindest dessen jeweilige Seiten) im Speicher sperren, bis die I/O beendet ist.

Beispielsweise identifiziert der Kern nach dem Montieren eines Dateisystems jede Datei in diesem Dateisystem über ihre Geräte-und Inodenummer. Die Gerätenummer ist dabei eine Zusammenfassung von Major- und Minor-Gerätenummer. Greift der Kern auf einen Block einer Datei zu, kopiert er, wie in Kapitel 3 beschrieben, Geräte- und Blocknummer in den Pufferheader. Greifen die Algorithmen des Blockdepots (beispielsweise *bread* oder *bwrite*) auf die Platte zu, rufen sie die durch die Major-Gerätenummer bestimmte Strategieprozedur auf. Die Strategieprozedur verwendet Minor-Gerätenummer und Blocknummer aus dem Pufferheader, um herauszufinden, wo die Daten sich auf dem Gerät befinden, sowie die Pufferadresse, um festzulegen, wohin die Daten übertragen werden sollen. Greift ein Prozeß auf ein Blockgerät direkt zu (das heißt, der Prozeß öffnet mit *open* das Blockgerät und greift dann mit *read* oder *write* darauf zu), verwendet er in ähnlicher Weise die Algorithmen des Blockdepots; die Schnittstelle arbeitet dann genau wie vorher beschrieben.

10.1.2.5 Ioctl

Der Systemaufruf *ioctl* ist eine Verallgemeinerung der terminalspezifischen Systemaufrufe *stty* (set terminal settings) und *gtty* (get terminal settings) aus früheren UNIX-Versionen. Er bietet einen allgemeinen und allumfassenden Einsprungpunkt für gerätespezifische Befehle und gestattet einem Prozeß das Setzen von Hardwareoptionen für das Gerät sowie von Softwareoptionen für den Treiber. Die spezifischen, mit *ioctl* möglichen Aktionen hängen vom jeweiligen Gerät ab und sind durch den Gerätetreiber festgelegt. Programme, die *ioctl* verwenden, müssen den Typ der Datei kennen, die sie bearbeiten, denn sie sind geräteabhängig. Wir haben hier also eine Ausnahme von der allgemeinen Regel, daß das System nicht zwischen verschiedenen Dateitypen unterscheidet. Abschnitt 10.3.3 bringt noch weitere Einzelheiten für die Verwendung von *ioctl* bei Terminals.

Die Syntax des Systemaufrufs lautet:

```
ioctl(fd,command,arg);
```

Dabei ist *fd* der von einem vorausgegangenen *open*-Aufruf gelieferte Filedeskriptor, *command* ist eine Anforderung an den Treiber, eine bestimmte Aktion auszuführen, und *arg* ist schließlich noch ein Parameter für *command* (etwa ein Pointer auf eine Struktur). Die Befehle sind treiberspezifisch; jeder Treiber interpretiert die Befehle entsprechend interner Spezifikationen, und auch das Format der Datenstruktur *arg* hängt vom jeweiligen Befehl ab. Treiber können die Datenstruktur *arg* entsprechend vordefinierter Formate aus dem Benutzerbereich lesen, sie können aber auch Geräteeinstellungen an die Stelle *arg* im Benutzerbereich schreiben. Zum Beispiel erlaubt es die Schnittstelle für *ioctl* dem Benutzer, die Baudrate von Terminals zu setzen; sie erlaubt es dem Benutzer auch, das Magnetband auf einem Bandgerät zurückzuspulen; und schließlich ermöglicht sie auch Netzwerkoperationen wie das Spezifizieren von virtuellen Ringnummern und Netzwerkadressen.

10.1.2.6 Weitere Systemaufrufe für das Dateisystem

Aufrufe an das Dateisystem wie *stat* und *chmod* arbeiten für Geräte genauso wie für gewöhnliche Dateien; sie bearbeiten die Inode ohne Zugriff auf den Treiber. Sogar der Aufruf *lseek* ist für Geräte möglich. Sucht ein Prozeß beispielsweise mit *lseek* bis zu einem bestimmten Byteoffset auf einem Magnetband, so berichtigt der Kern zwar den Offset in der Dateitabelle, führt aber keine treiberspezifischen Aktionen durch. Führt der Prozeß später einen *read*- oder *write*-Aufruf aus, so überträgt der Kern wie bei gewöhnlichen Dateien den Offset der Dateitabelle in den *u-Bereich* und das Gerät sucht dann *physikalisch* bis zu dem im *u-Bereich* angegebenen Offset. Ein Beispiel in Abschnitt 10.3 erläutert diesen Fall.

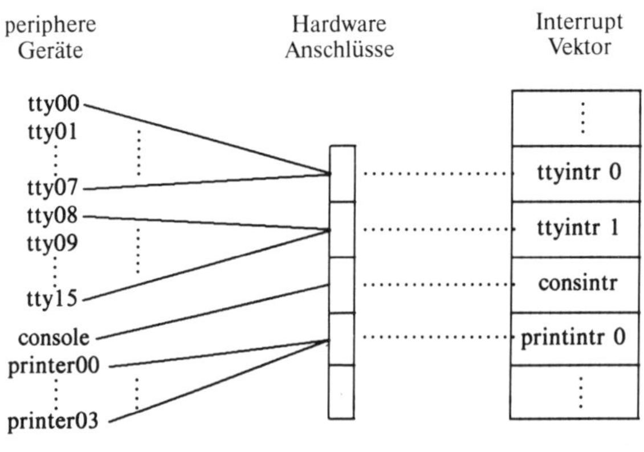

Abb. 10.6: Geräteinterrupts

10.1.3 Interruptroutinen

Wie bereits früher erläutert (Abschnitt 6.4.1) veranlaßt das Auftreten eines Interrupts den Kern, eine Interruptroutine auszuführen, die durch den Bezug zwischen unterbrechendem Gerät und einem Offset in der Interruptvektortabelle bestimmt ist. Der Kern ruft die gerätespezifische Interruptroutine auf und übergibt ihr die Gerätenummer bzw. andere Parameter, um das Gerät zu bestimmen, das den Interrupt auslöste. Zum Beispiel zeigt Abbildung 10.6 zwei Einträge zur Behandlung von Terminalinterrupts („ttyintr") in der Interruptvektortabelle, die jeweils 8 Terminals bedienen können. Unterbricht Gerät *tty09* das System, so ruft dieses die Interruptroutine auf, die mit der Hardwareposition des unterbrechenden Geräts verbunden ist. Da viele physikalische Geräte mit einem Interruptvektoreintrag verbunden sein können, muß der Treiber ermitteln können, welches Gerät den Interrupt verursachte. In der Abbildung sind die beiden Interruptvektoreinträge für „ttyintr" mit 0 und 1 bezeichnet, wobei wir annehmen, daß das System beim Aufruf der Interruptroutine auf irgendeine Weise zwischen den beiden Vektoreinträgen unterscheiden kann, also etwa die Nummer als Parameter beim Aufruf verwendet. Die Interruptroutine wird dann diese Nummer und auch noch weitere vom Interruptmechanismus übergebene Informationen verwenden, um sicherzustellen, daß beispielsweise Gerät *tty09* und nicht Gerät *tty12* das System unterbrochen hat. Dieses Beispiel ist eine grobe Vereinfachung dessen, was im wirklichen System geschieht, wo mehrere Ebenen von Kontrollern mit den zugehörigen Interruptroutinen auf der Bildfläche erscheinen, doch reicht es zur Erläuterung des allgemeinen Prinzips aus.

Zusammenfassend können wir sagen, daß die von der Interruptroutine verwendete Gerätenummer eine Hardware-Einheit identifiziert, die Minor-Gerätenummer in der Gerätedatei dagegen ein Gerät für den Kern identifiziert. Der Treiber setzt dann die Minor-Gerätenummer in Bezug zur Gerätenummer der Hardware.

10.2 Plattentreiber

Historisch gesehen wurden Platten in UNIX-Systemen schon immer als in Sektionen aufgeteilt konfiguriert, von denen jede dann jeweils ein eigenes Dateisystem enthielt; dadurch wurde der Gesamtbereich der Platte in leichter zu behandelnde Einzelbereiche aufgesplittet (siehe dazu [System V 84b]). Enthält eine Platte beispielsweise vier Dateisysteme, so kann der Systemverwalter eines unmontiert lassen, eines nur zum Lesen montieren, und schließlich die beiden restlichen zum Lesen und Schreiben montieren. Obwohl alle Dateisysteme nebeneinander auf demselben physikalischen Gerät existieren, können Benutzer auf Dateien im unmontierten Dateisystem mit den in Kapitel 4 und 5 beschriebenen Methoden nicht zugreifen; auch kann kein Benutzer in die Dateien des als „read-only" montierten Dateisystems schreiben. Außerdem ist es, da jede Sektion (und damit jedes Dateisystem) sich über zusammenhängende Spuren und Zylinder auf der Platte erstreckt, leichter, vollständige Dateisysteme zu kopieren, als wenn diese über die ganze Platte verstreut wären.

Der Plattentreiber setzt die Adresse des Dateisystems, bestehend aus logischer Gerätenummer und Blocknummer, in einen bestimmten Sektor auf der Platte um. Der Treiber kann diese Adresse auf zwei mögliche Arten erhalten: Entweder verwendet die Strategieprozedur einen Puffer aus dem Blockdepot, wobei dann der Pufferheader Geräte- und Blocknummer enthält, oder die *read*- und *write*-Prozeduren haben die logische (Minor-) Gerätenummer als Parameter übergeben erhalten; über den im *u-Bereich* gesicherten

Byteoffset ergibt sich dann die jeweilige Blockadresse. Der Plattentreiber verwendet die Gerätenummer zur Bestimmung des physikalischen Laufwerks und der zu benutzenden Sektion; zum Auffinden des Sektors, der den Anfang einer Plattensektion bildet, unterhält er interne Tabellen. Schließlich addiert er noch die Blocknummer aus dem Dateisystem auf die Nummer des Anfangssektors und erhält damit den zur I/O-Übertragung benötigten Plattensektor.

Aus der Entwicklungsgeschichte her sind Größen und Längen von Plattensektionen für die einzelnen Plattentypen festgelegt. Eine DEC-Platte vom Typ RP07 ist beispielsweise in die in Abbildung 10.7 gezeigten Sektionen aufgeteilt. Wir nehmen an, die Dateien „/dev/dsk0", „/dev/dsk1", „/dev/dsk2" und „/dev/dsk3" entsprechen den Sektionen 0 bis 3 einer RP07 und haben die Minor-Gerätenummern 0 bis 3. Außerdem gehen wir davon aus, daß die Größe eines logischen Blocks im Dateisystem der Größe eines Plattenblocks entspricht. Versucht der Kern, auf Block 940 im in „/dev/dsk3" enthaltenen Dateisystem zuzugreifen, formt der Plattentreiber die Anforderung in einen Zugriff auf Block 336940 auf der Platte um.

Die Größen von Plattensektionen können verschieden sein, der Systemverwalter konfiguriert Dateisysteme in Sektionen mit passender Größe: Große Dateisysteme kommen in große Sektionen, und so weiter. Sektionen auf einer Platte können sich überschneiden. Beispielsweise liegen die Sektionen 0 und 1 auf der RP07 nicht beieinander, belegen aber zusammen die Blöcke 0 bis 1008000, also die ganze Platte. Auch Sektion 7 belegt die ganze Platte. Das Überschneiden der Sektionen spielt keine Rolle, vorausgesetzt die in den Sektionen enthaltenen Dateisysteme sind so konfiguriert, daß *sie* sich nicht überschneiden. Es kann von Vorteil sein, wenn eine Sektion die ganze Platte umfaßt, denn sie kann dadurch beispielsweise schnell und vollständig kopiert werden.

Die Verwendung fester Sektionen schränkt die Flexibilität der Plattenkonfiguration ein. Die festkodierte Größe der Plattensektionen sollte nicht im Plattentreiber enthalten sein, sondern in einem konfigurierbaren Inhaltsverzeichnis auf der Platte abgelegt werden. Es ist jedoch schwierig, für das Inhaltsverzeichnis eine einheitliche Position auf allen Platten zu finden und gleichzeitig die Kompatibilität mit früheren Versionen des Systems zu bewahren. Aktuelle Implementierungen von System V erwarten den Bootblock des ersten Dateisystems auf einer Platte im ersten Sektor der Platte, obwohl dies natürlich der logische Platz für ein Platteninhaltsverzeichnis wäre. Der Plattentreiber könnte jedoch festkodierte Informationen darüber enthalten, wo sich auf einer bestimmten Platte das Inhaltsverzeichnis befindet, und damit Plattensektionen variabler Größe gestatten.

Sektion	Start Block	Länge in Blöcken
	Blocklänge = 512 Bytes	
0	0	64000
1	64000	944000
2	168000	840000
3	336000	672000
4	504000	504000
5	672000	336000
6	840000	168000
7	0	1008000

Abb. 10.7: Sektionen auf einer Platte vom Typ RP07

Wegen des für UNIX-Systeme typischen hohen Anfalls an Plattenverkehr muß der Plattentreiber den Datendurchsatz maximieren, um bestmöglichen Systemdurchsatz zu erzielen. Die neuesten Plattenkontroller teilen selbst die Plattenanforderungen zur Bearbeitung ein, positionieren den Zugriffsarm und transportieren Daten zwischen Platte und CPU; normalerweise ist dies die Aufgabe des Plattentreibers.

Dienstprogramme können zum direkten Zugriff auf Plattendaten entweder die Rohdaten- oder die Blockschnittstelle benutzen und damit die in Kapitel 4 und 5 beschriebene reguläre Zugriffsmethode des Dateisystems umgehen. Zwei wichtige Programme, die direkt auf Platten zugreifen, sind *mkfs* und *fsck*. *Mkfs* formatiert eine Sektion einer Platte für ein UNIX-Dateisystem und erzeugt Superblock, Inodeliste, verkettete Liste freier Plattenblöcke und Wurzelkatalog für das neue Dateisystem. *Fsck* prüft, wie in Kapitel 5 beschrieben, die Konsistenz eines bestehenden Dateisystems und behebt Fehler.

Sehen wir uns nun das Programm in Abbildung 10.8 und die Dateien „/dev/dsk15" und „/dev/rdsk15" an und gehen wir davon aus, der Befehl *ls* gebe die folgende Information aus:

```
#include "fcntl.h"
main()
{
        char buf1[4096], buf2[4096];
        int fd1, fd2, i;

        if (((fd1 = open("/dev/dsk5", O_RDONLY)) == -1) ||
                        ((fd2 = open("/dev/rdsk5", O_RDONLY)) == -1))
        {
                printf("failure on open\n");
                exit();
        }

        lseek(fd1, 8192L, 0);
        lseek(fd2, 8192L, 0);

        if ((read(fd1, buf1, sizeof(buf1)) == -1) || (read(fd2, buf2, sizeof(buf2)) == -1))
        {
                printf("failure on read\n");
                exit();
        }

        for (i = 0;  i < sizeof(buf1);  i++)
                if (buf1[i] != buf2[i])
                {
                        printf("different at offset %d\n", i);
                        exit();
                }
        printf("reads match\n");
}
```

Abb. 10.8: Lesen von Plattendaten über Block- und Rohdatenschnittstelle

```
ls -1 /dev/dsk15 /dev/rdsk15
br-------- 2 root root 0, 21 Feb 12 15:40 /dev/dsk15
crw-rw---- 2 root root 7, 21 Mar 7 09:29 /dev/rdsk15
```

Das Ergebnis zeigt, daß „/dev/dsk15" ein Blockgerät ist, zum Besitzer „root" gehört und nur „root" mit *read* direkt darauf zugreifen kann. Die Major-Gerätenummer ist 0, die Minor-Gerätenummer ist 21. Die Datei „/dev/rdsk15" ist ein Zeichengerät, gehört ebenfalls zu „root", läßt aber Schreib- und Lesezugriff durch Besitzer und Gruppe zu (beide sind hier „root"). Ihre Major-Gerätenummer ist 7, ihre Minor-Gerätenummer ist 21. Ein Prozeß, der die Dateien eröffnet, erhält über die Blockgeräte-Schalttabelle bzw. die Zeichengeräte-Schalttabelle Zugriff auf das Gerät; die Minor-Gerätenummer 21 informiert den Plattentreiber über die anzusprechende Plattensektion - beispielsweise physikalisches Laufwerk 2, Sektion 1. Da die Minor-Gerätenummern für beide Dateien gleich sind, beziehen sich beide auch auf die gleiche Plattensektion und nehmen an, es handle sich um dasselbe Gerät[3]. Ein das Programm ausführender Prozeß gibt also zweimal (über verschiedene Schnittstellen) *open* auf den gleichen Treiber aus, sucht mit *lseek* auf den Geräten bis zum Byteoffset 8192 und liest von dieser Stelle dann Daten. Die Ergebnisse der *read*-Aufrufe sollten identisch sein, vorausgesetzt, im Dateisystem findet keine andere Aktivität statt.

Programme, die mit *read* und *write* direkt auf die Platte zugreifen, sind gefährlich, denn sie können sensitive Daten lesen bzw. schreiben und damit die Sicherheit des Systems gefährden. Der Systemverwalter muß also durch Setzen entsprechender Zugriffssperren auf den Plattengerätedateien die Block- und Rohdatenschnittstelle schützen. Zum Beispiel sollten die Plattendateien „/dev/dsk15" und „/dev/rdsk15" zum Besitzer „root" gehören und nur diesem das Lesen der Datei gestatten, allen anderen Benutzern jedoch das Lesen und Schreiben der Datei verwehren.

Programme, die mit *read* und *write* direkt auf die Platte zugreifen, können auch die Konsistenz der Daten im Dateisystem zerstören. Die in Kapitel 3, 4 und 5 erläuterten Algorithmen des Dateisystems koordinieren die Platten-I/O, um die Konsistenz der Datenstrukturen auf der Platte einschließlich der verketteten Liste freier Blöcke und der Pointer von Inodes auf direkte und indirekte Datenblöcke zu erhalten. Prozesse, die direkt auf die Platte zugreifen, umgehen diese Algorithmen. Selbst wenn sie sorgfältig kodiert sind, können immer noch Konsistenzprobleme auftreten, falls bei ihrem Ablauf andere Aktivitäten des Dateisystems weitergehen. Aus diesem Grunde sollte *fsck* nicht über aktive Dateisysteme laufen.

Der Unterschied zwischen den beiden Plattenschnittstellen liegt in der Behandlung des Blockdepots. Beim Zugriff auf die Blockgeräteschnittstelle folgt der Kern den gleichen Algorithmen wie für gewöhnliche Dateien mit der Ausnahme, daß er nach dem Umwandeln des logischen Byteoffsets in einen logischen Blockoffset (erinnern wir uns an den Algorithmus *bmap* in Kapitel 4) diesen Offset als physikalische Blocknummer im Dateisystem behandelt. Dann greift er über das Blockdepot und letztendlich über die Strategieschnittstelle des Treibers auf die Daten zu. Greift der Kern dagegen über die Rohdatenschnittstelle auf die Platte zu, wandelt er den Byteoffset in die Datei nicht um, sondern gibt ihn über den *u-Bereich* sofort an den Treiber weiter. Die *read*- bzw. *write*-Routine des Treibers wandelt den Byteoffset in einen Blockoffset um und kopiert unter Umgehung der Puffer des Kerns die Daten direkt in den Adreßraum des Benutzers.

---

[3] Es gibt keine Möglichkeit zum Überprüfen, ob ein Zeichengerätetreiber und ein Blockgerätetreiber auf das gleiche Gerät zugreifen, als in der Konfigurationstabelle des Systems und im Code des Treibers nachzusehen.

Schreibt also ein Prozeß auf ein Blockgerät und liest ein zweiter Prozeß an derselben Stelle von einem Rohdatengerät, kann der zweite Prozeß unter Umständen die vom ersten Prozeß geschriebenen Daten nicht lesen, weil diese sich noch im Blockdepot und nicht auf der Platte befinden. Hätte der zweite Prozeß dagegen vom Blockgerät gelesen, so hätte er automatisch die neuen Daten aus dem Blockdepot erhalten.

Die Verwendung der Rohdatenschnittstelle kann noch weitere seltsame Verhaltensweisen hervorrufen. Greift ein Prozeß mit *read* oder *write* auf ein Rohdatengerät zu und ist die Datenmenge kleiner als die Blockgröße, so sind die Ergebnisse zum Beispiel vom Treiber abhängig. Wird beispielsweise mit *write* jeweils ein Byte auf ein Magnetbandgerät ausgegeben, so kann jedes Byte in einem anderen Block auf dem Magnetband liegen.

Der Vorteil bei der Verwendung der Rohdatenschnittstelle liegt in der Geschwindigkeit, vorausgesetzt es liegt kein Nutzen im Puffern der Daten für späteren Zugriff. Prozesse, die auf Blockgeräte zugreifen, transportieren Datenblöcke, deren Größe durch die logische Blockgröße des Dateisystems beschränkt ist. Hat ein Dateisystem zum Beispiel eine logische Blockgröße von 1K Bytes, so werden mit jeder I/O-Operation maximal 1K Bytes transportiert. Dagegen können Prozesse, die auf die Platte als Rohdatengerät zugreifen, viele Plattenblöcke in einer einzigen Plattenoperation übertragen; die einzige Einschränkung liegt dabei beim Plattenkontroller selbst. Funktionell sieht der Prozeß dasselbe Ergebnis, nur ist die Rohdatenschnittstelle wesentlich schneller. Liest zum Beispiel in Abbildung 10.8 ein Prozeß 4096 Bytes über die Blockschnittstelle eines Dateisystems mit 1K Bytes pro Block, so läuft der Kern intern viermal in einer Schleife und greift bei jedem Schleifendurchlauf vor Rückkehr aus dem Systemaufruf auf die Platte zu, liest der Prozeß jedoch über die Rohdatenschnittstelle, kann der Treiber die *Leseanforderung* mit einer Plattenoperation bedienen. Zudem bewirkt die Verwendung der Blockschnittstelle ein zusätzliches Kopieren der Daten zwischen dem Adreßraum des Benutzers und den Puffern des Kerns, was bei der Rohdatenschnittstelle vermieden wird.

10.3 Terminaltreiber

Terminaltreiber haben die gleiche Funktion wie andere Treiber: sie steuern die Übertragung von Daten von und zu Terminals. Allerdings stellen Terminals einen Sonderfall dar, denn sie sind die Schnittstelle des Benutzers zum System. Um den interaktiven Gebrauch von UNIX zu erleichtern, besitzen die Terminaltreiber eine interne Schnittstelle zu Zeilendisziplin-Modulen, die Ein- und Ausgaben interpretieren. Im kanonischen Modus konvertiert die Zeilendisziplin die über die Tastatur eingegebenen Folgen von Rohdaten in eine bestimmte Form (wie sie der Benutzer eigentlich habe wollte), bevor sie die Daten an einen empfangenden Prozeß sendet; ebenso konvertiert die Zeilendisziplin auch die von einem Prozeß geschriebenen Rohdatenfolgen in ein vom Benutzer gewünschtes Format. Im *Rohdatenmodus* reicht die Zeilendisziplin die Daten zwischen Prozeß und Terminal ohne Veränderung weiter.

Beispielsweise sind Programmierer sehr schnelle, aber fehlerträchtige Maschinenschreiber. Terminals verfügen über eine Löschtaste (oder wie auch immer eine solche Taste bezeichnet wird), damit der Benutzer Teile der eingegebenen Zeichenfolge logisch löschen und Änderungen anbringen kann. Das Terminal sendet die komplette Zeichenfolge einschließlich der Löschzeichen[4] an den Rechner. Im kanonischen Modus puffert die Zeilen-

[4] Wir gehen in diesem Abschnitt von primitiven Terminals aus, die alle vom Benutzer eingegebenen Zeichen ohne Bearbeitung weitergeben.

disziplin die Daten zeilenweise (jeweils die Zeichenfolge bis zum Auftreten eines Wagenrücklaufzeichens[5]) und verarbeitet Löschzeichen intern vor dem Absenden der überarbeiteten Zeichenfolge an den empfangenden Prozeß.

Die Funktionen der Zeilendisziplin sind:

- Zerlegen von Eingabestrings in Zeilen;
- Verarbeiten von Löschzeichen;
- Verarbeiten von „Kill"-Zeichen, d.h. Löschen aller bis dahin in einer Zeile eingegebenen Zeichen;
- Echo (d.h. Ausgabe) der empfangenen Zeichen auf das Terminal;
- Expandieren der Ausgabe, also etwa Umwandeln von Tabulatorzeichen in eine Folge von Leerstellen;
- Erzeugen von Signalen an Prozesse bei Terminalblockaden, Leitungszusammenbrüchen, oder als Ergebnis des Drückens der Delete-Taste durch einen Benutzer;
- Zulassen eines Rohdatenmodus, der Sonderzeichen wie Löschen, Kill oder Wagenrücklauf nicht auswertet.

Die Unterstützung des Rohdatenmodus beinhaltet die Verwendung asynchroner Terminals, denn Prozesse können Zeichen so lesen, wie diese eingegeben werden, anstatt zu warten, bis ein Benutzer eine Wagenrücklauf- oder Enter-Taste drückt.

Ritchie bemerkt, daß die ursprüngliche, für Terminals verwendete Zeilendisziplin, die während der Entwicklung des Systems um 1970 in Gebrauch war, sich in der Shell und in Editorprogrammen, nicht aber im Kern befand (siehe Seite 1580 in [Ritchie 84]). Da ihre Funktion jedoch von vielen Programmen benötigt wird, ist der richtige Platz für sie im Kern. Obwohl die Zeilendisziplin eine Funktion erfüllt, die sie logisch zwischen Terminaltreiber und das übrige System stellt, ruft der Kern sie nicht direkt, sondern nur über den Terminaltreiber auf. Abbildung 10.9 zeigt den logischen Datenfluß durch Terminaltreiber und Zei-

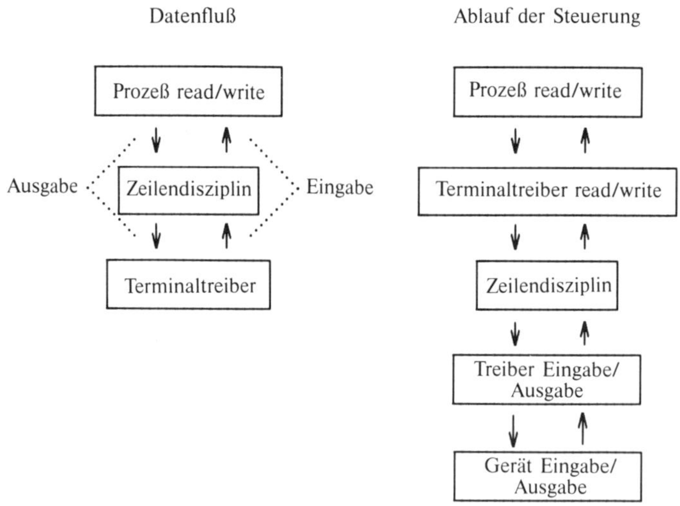

Abb. 10.9: Aufruffolge und Datenfluß durch die Zeilendisziplin

[5] Wir verwenden in diesem Kapitel die Bezeichnung „Wagenrücklaufzeichen" (CR) sowohl für CR- als auch für LF-(Zeilenvorschub-) Zeichen.

lendisziplin sowie den entsprechenden Ablauf der Steuerung durch den Terminaltreiber. Mit dem Aufruf *ioctl* können Benutzer angeben, welche Zeilendisziplin verwendet werden soll, doch ist es schwierig, ein Schema zu implementieren, nach dem ein Gerät verschiedene Zeilendisziplinen simultan verwenden kann und wo schrittweise jeder Modul der Zeilendisziplin den nächsten anruft und die Daten zur Bearbeitung an ihn weitergibt.

10.3.1 C-Listen

Die Zeilendisziplin bearbeitet Daten in *C-Listen.* Eine C-Liste (character list) ist eine verkettete Liste variabler Länge aus *C-Blöcken* mit einem Zähler für die Anzahl der in der Liste enthaltenen Zeichen. Ein C-Block enthält einen Pointer auf den nächsten C-Block in der verketteten Liste, ein kleines Zeichenarray für die Daten und einen Satz von Offsetwerten zur Anzeige der Position der gültigen Daten im C-Block (Abbildung 10.10). Der *Startoffset* gibt die erste Stelle mit gültigen Daten im Array an, der *Endoffset* die erste Stelle mit ungültigen Daten.

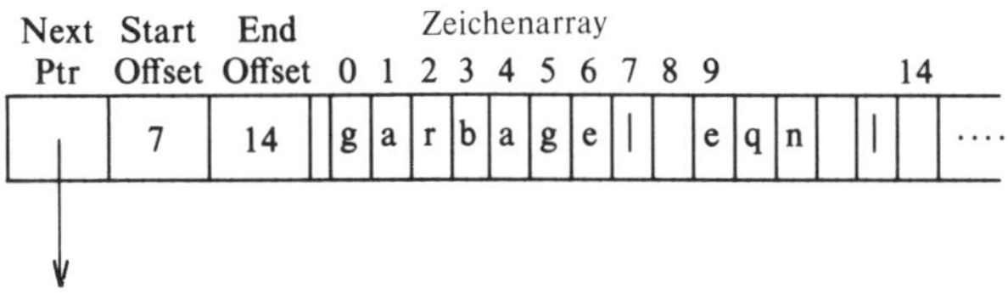

Abb. 10.10: Ein C-Block

Der Kern pflegt eine verkettete Liste freier C-Blöcke und verfügt über sechs Operationen auf C-Listen und C-Blöcke.

1. Der Kern verfügt über eine Operation zum Zuordnen eines C-Blocks aus der freien Liste an einen Treiber.
2. Er verfügt ebenso über eine Operation zur Rückgabe eines C-Blocks an die freie Liste.
3. Der Kern kann das erste Zeichen aus einer C-Liste entnehmen: Er entfernt das erste Zeichen aus dem ersten C-Block in der Liste und berichtigt den Zeichenzähler der C-Liste sowie die Indizes in den C-Block, damit nachfolgende Operationen nicht wieder dasselbe Zeichen liefern. Verbraucht eine Entnahmeoperation das letzte Zeichen eines C-Blocks, so stellt der Kern den leeren C-Block in die freie Liste zurück und berichtigt die Pointer der C-Liste. Enthält eine C-Liste beim Ausführen einer Entnahmeoperation keine Zeichen, gibt der Kern ein Nullzeichen zurück.
4. Der Kern kann ein Zeichen auch an das Ende einer C-Liste stellen, indem er den letzten C-Block der C-Liste aufsucht, das Zeichen in ihm ablegt und die Offsetwerte entsprechend berichtigt. Ist der C-Block voll, ordnet der Kern einen neuen C-Block zu, verknüpft ihn mit dem Ende der C-Liste und legt das Zeichen schließlich in diesem neuen C-Block ab.
5. Der Kern kann vom Anfang der C-Liste auch eine Gruppe von Zeichen entnehmen, und zwar jeweils den Inhalt eines C-Blocks. Die Operation entspricht dem zeichenweisen Entnehmen aller Zeichen aus dem C-Block.
6. Der Kern kann einen C-Block mit Zeichen am Ende einer C-Liste anhängen.

C-Listen bilden einen einfachen, aber nützlichen Puffermechanismus für die Übertragung von kleinen Datenmengen, die typisch für langsame Geräte, also etwa Terminals, sind. Sie gestatten die Bearbeitung der Daten zeichenweise oder in Gruppen von C-Blöcken. Das Beispiel in Abbildung 10.11 zeigt die Entnahme von Zeichen aus einer C-Liste; der Kern entnimmt jeweils ein Zeichen aus dem ersten C-Block in der C-Liste (Abbildung 10.11 a-c) bis keine weiteren Zeichen mehr im C-Block enthalten sind (Abbildung 10.11d); dann berichtigt er die Pointer der C-Liste so, daß sie auf den nächsten C-Block zeigen, der jetzt zum ersten in der verketteten Liste wird. In ähnlicher Weise zeigt Abbildung 10.12, wie der Kern Zeichen in eine C-Liste ablegt; in der Annahme, daß ein C-Block bis zu 8 Zeichen aufnehmen kann, fügt der Kern am Ende der verketteten Liste einen neuen C-Block an (Abbildung 10.12d).

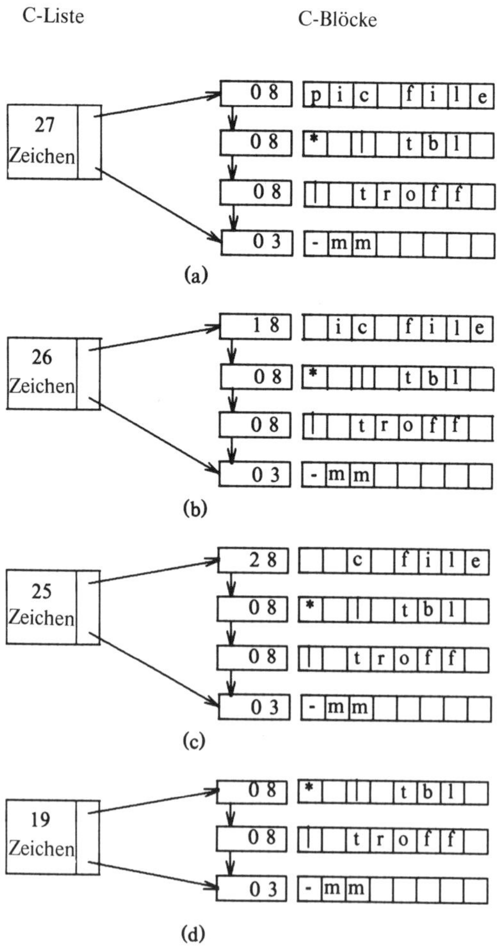

Abb. 10.11: Entnehmen von Zeichen aus einer C-Liste

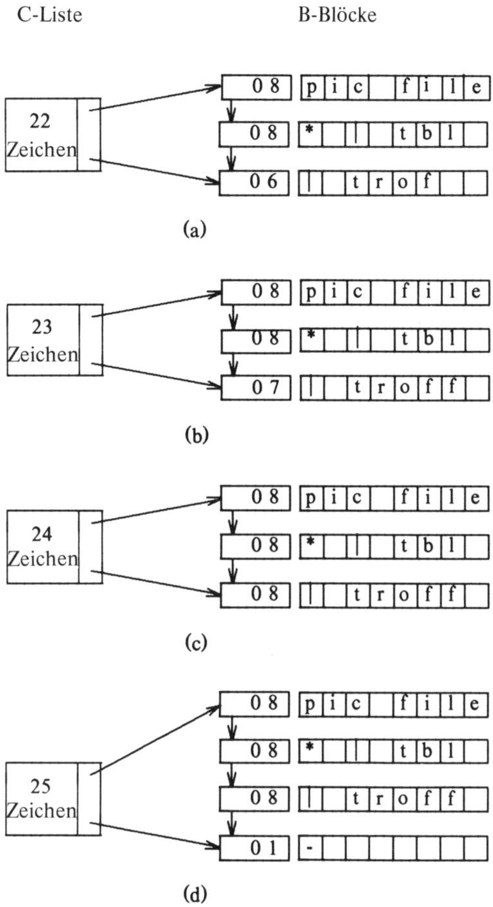

Abb. 10.12: Ablegen von Zeichen in einer C-Liste

10.3.2 Der Terminaltreiber im kanonischen Modus

Die Datenstrukturen für Terminaltreiber sind mit drei C-Listen verbunden: eine C-Liste dient zum Speichern der auf das Terminal auszugebenden Daten, eine zweite C-Liste dient zum Speichern der „Roh"-Daten, wie sie von der Routine für Terminalinterrupts nach der Eingabe durch den Benutzer zur Verfügung gestellt werden, und eine dritte C-Liste schließlich dient zum Speichern der aufbereiteten Eingabedaten, wie sie nach Bearbeitung der C-Liste für Rohdaten durch die Zeilendisziplin zur Verfügung gestellt werden, also nach Berücksichtigung von Lösch- und Killzeichen.

Schreibt ein Prozeß auf ein Terminal (Abbildung 10.13), so ruft der Terminaltreiber die Zeilendiziplin auf. Diese geht in eine Schleife, liest die auszugebenden Zeichen aus dem Adreßraum des Benutzers und stellt sie in die C-Liste für die Ausgabe, bis schließlich die

Daten erschöpft sind. Die Zeilendisziplin bearbeitet dabei die auszugebenden Zeichen, erweitert also beispielsweise Tabulatorzeichen zu einer Folge von Leerzeichen. Wird die Anzahl der Zeichen in der C-Liste zur Ausgabe größer als eine bestimmte Obergrenze, so ruft die Zeilendisziplin Treiberroutinen zum Senden der Daten von der C-Liste zur Ausgabe an das Terminal auf und versetzt den schreibenden Prozeß in Schlaf. Fällt die Anzahl der Zeichen in der C-Liste zur Ausgabe unter eine bestimmte Untergrenze, weckt die Interruptroutine alle Prozesse, die daraufhin schliefen, daß ein Terminal weitere Daten annehmen kann. Die Zeilendisziplin beendet ihre Schleife, nachdem sie alle Ausgabedaten vom Benutzerbereich in die C-Liste zur Ausgabe kopiert hat, und ruft, wie bereits beschrieben, Treiberprozeduren zum Senden der Daten an das Terminal auf.

```
algorithm terminal_write
{
        while (more data to be copied from user space)
        {
                if (tty flooded with output data)
                {
                        start write operation to hardware with data
                                                on output clist;
                        sleep (event: tty can accept more data);
                        continue;        /* back to while loop */
                }
                copy cblock size of data from user space to output clist:
                                line discipline converts tab characters, etc;
        }

        start write operation to hardware with data on output clist;
}
```

Abb. 10.13: Algorithmus zum Schreiben von Daten auf ein Terminal

Schreiben mehrere Prozesse auf ein Terminal, so folgen sie unabhängig voneinander der vorgegebenen Prozedur. Die Ausgabe kann jedoch verstümmelt werden; das bedeutet, daß die von den Prozessen geschriebenen Daten auf dem Terminal vermischt erscheinen können. Dies ist möglich, weil ein Prozeß mit mehreren *write*-Aufrufen auf das Terminal schreiben kann. Der Kern könnte dann, während sich der Prozeß zwischen den einzelnen *write*-Aufrufen im Benutzermodus befindet, den Kontext wechseln; ein neu zum Ablauf eingeteilter Prozeß kann dann, während der ursprüngliche Prozeß schläft, auf das Terminal schreiben. Die auszugebenden Daten können auch dadurch verstümmelt werden, daß ein schreibender Prozeß mitten in einem *write*-Aufruf einschläft, weil er darauf warten muß, daß die Daten früherer Ausgaben aus dem System abfließen. Der Kern könnte jetzt andere Prozesse zum Ablauf bringen, die auf das Terminal schreiben, bevor der ursprüngliche Prozeß wieder an der Reihe ist. Aus diesem Grund übernimmt der Kern *keine* Garantie dafür, daß der Inhalt eines mit *write* auszugebenden Datenpuffers zusammenhängend auf dem Terminal erscheint.

Sehen wir uns das Programm in Abbildung 10.14 an. Der Vaterprozeß erzeugt bis zu 18 Söhne; jeder Sohn formatiert (über die Bibliotheksfunktion *sprintf*) im Array *output* einen String, der eine Nachricht und den Wert von *i* zum Zeitpunkt des *fork*-Aufrufs enthält, und

```
char form[] = "this is a sample output string from child ";
main()
{
        char output[128];
        int i;

        for (i = 0;  i < 18;  i++)
        {
                switch (fork())
                {
                case -1:        /* error --- hit max procs */
                        exit();

                default:        /* parent process */
                        break;

                case 0:                 /* child process */
                        /* format output string in variable output */
                        sprintf(output, "%s%d\n%s%d\n", form, i, form, i);
                        for (;;)
                                write(1, output, sizeof(output));
                }
        }
}
```

Abb. 10.14: Überfluten der Standardausgabe mit Daten

geht dann in eine Schleife, in der bei jedem Durchlauf der String mit *write* in die Standard-Ausgabe geschrieben wird. Ist die Standard-Ausgabe das Terminal, so reguliert der Terminaltreiber den Datenfluß zum Bildschirm. Der Ausgabestring ist länger als 64 Zeichen, also zu lang, um bei Implementierungen von System V in einen C-Block (64 Bytes) zu passen. Der Terminaltreiber benötigt also für jeden *write*-Aufruf mehr als einen C-Block, die Ausgabe könnte verstümmelt werden. Zum Beispiel waren die folgenden Zeilen Teil der Ausgabe beim Ablauf des Programms auf einem AT&T-Rechner vom Typ 3B20:

```
this is a sample output string from child 1
this is a sample outthis is a sample output string from child 0
```

Das Lesen von Daten von einem Terminal im kanonischen Modus ist eine komplexere Operation. Der *read*-Aufruf gibt die Anzahl von Bytes an, die der Prozeß lesen will, die Zeilendisziplin bedient den Aufruf aber nach Erhalt eines Wagenrücklaufzeichens, selbst wenn die Anzahl der zu lesenden Zeichen noch nicht erreicht ist. Dies ist recht praktisch, denn ein Prozeß kann unmöglich vorhersehen, wieviel Zeichen der Benutzer auf der Tastatur eingeben wird; auch hat es wenig Sinn, zu warten, bis der Benutzer eine große Zahl von Zeichen eingegeben hat. Beispielsweise geben Benutzer Kommandozeilen an die Shell ein und erwarten von dieser, daß sie nach Erhalt des Wagenrücklaufzeichens auf das Kommando reagiert. Dabei macht es keinen Unterschied, ob es sich um einfache Kommandos wie „date" oder „who" handelt, oder aber um komplizierte Kommandofolgen wie

```
pic file* | tbl |eqn | troff -mm -Taps | apsend
```

Der Terminaltreiber und die Zeilendisziplin wissen nichts von der Syntax der Shell, und das ist auch richtig so, denn auch andere Programme, die von Terminals lesen (wie etwa Editoren), haben ihre eigene Befehlssyntax. Aus diesem Grund bedient die Zeilendisziplin *read*-Aufrufe bei Erhalt eines Wagenrücklaufzeichens.

Abbildung 10.15 zeigt den Algorithmus zum Lesen von einem Terminal. Wir nehmen dazu an, das Terminal befinde sich im kanonischen Modus; der Rohdatenmodus wird in Abschnitt 10.3.3 behandelt. Befinden sich in keiner der C-Listen zur Eingabe Daten, schläft der lesende Prozeß bis zur Ankunft einer Datenzeile. Treffen Daten ein, so ruft die Routine für Terminalinterrupts die „Interruptroutine" der Zeilendisziplin auf, die die Daten in die C-Liste für Rohdateneingabe sowie für das Echo auf den Bildschirm in die C-Liste für Ausgabe des *lesenden* Prozesses stellt. Enthält der Eingabestring ein Wagenrücklaufzeichen, so weckt die Interruptroutine alle schlafenden Leser-Prozesse. Kommt ein lesender Prozeß zum Ablauf, entnimmt der Treiber Zeichen aus der C-Liste für Rohdaten, verarbeitet

```
algorithm terminal_read
{
        if (no data on canonical clist)
        {
                while (no data on raw clist)
                {
                        if (tty opened with no delay option)
                                return;
                        if (tty in raw mode based on timer and timer not active)
                                arrange for timer wakeup (callout table);
                        sleep (event: data arrives from terminal);
                }

                /* there is data on raw clist */
                if (tty in raw mode)
                        copy all data from raw clist to canonical clist;
                else        /* tty is in canonical mode */
                {
                        while (characters on raw clist)
                        {
                                copy one character at a time from raw clist
                                                to canonical clist:
                                                do erase, kill processing;
                                if (char is carriage return or end-of-file)
                                        break;              /* out of while loop */
                        }
                }
        }

        while (characters on canonical list and read count not satisfied)
                copy from cblocks on canonical list to user address space;
}
```

Abb. 10.15: Algorithmus zum Lesen von einem Terminal

Lösch- und Killzeichen, und stellt die Zeichen in die kanonische C-Liste. Dann kopiert er die Zeichen bis zum Wagenrücklaufzeichen oder bis der Zählerwert im *read*-Aufruf erreicht ist in den Adreßraum des Benutzers; ausschlaggebend ist dabei der niedrigere Wert. Allerdings kann ein Prozeß feststellen, daß die Daten, deretwegen er aufwachte, nicht mehr vorhanden sind: Andere Prozesse können vom Terminal lesen und die Daten aus der C-Liste für Rohdaten entnehmen, bevor der erste Prozeß wieder zum Ablauf eingeteilt wird. Dies ähnelt dem Fall, in dem mehrere Prozesse Daten aus einer Pipe lesen.

Die Zeichenverarbeitung für Ein- und Ausgabe läuft asymmetrisch, was durch die beiden C-Listen zur Eingabe und die eine C-Liste zur Ausgabe augenscheinlich wird. Die Zeilendisziplin gibt Daten aus dem Benutzerbereich aus, bearbeitet sie und stellt sie in die C-Liste zur Ausgabe. Aus Gründen der Symmetrie dürfte es auch nur eine C-Liste zur Eingabe geben. Das würde allerdings bedeuten, daß die Interruptroutine Lösch- und Killzeichen bearbeiten müßte, was sie komplexer und zeitaufwendiger machen und außerdem andere Interrupts zu einem kritischen Zeitpunkt blockieren würde. Die Verwendung von zwei C-Listen zur Eingabe bedeutet, daß die Interruptroutine die Zeichen einfach in der C-Liste für Rohdaten abladen und die *lesenden* Prozesse wecken kann, auf die dann gerechterweise die Aufgabe der Bearbeitung der Eingabedaten zukommt. Trotzdem stellt die Interruptroutine die Eingabezeichen sofort in die C-Liste für Ausgabe, damit der Benutzer mit minimaler Verzögerung die eingegebenen Zeichen am Bildschirm sehen kann.

```
char input[256];

main()
{
	register int i;

	for (i = 0;  i < 18;  i++)
	{
		switch (fork())
		{
		case -1:	/* error */
			printf("error cannot fork\n");
			exit();

		default:	/* parent process */
			break;

		case 0:		/* child process */
			for (;;)
			{
				read(0, input, 256);	/* read line */
				printf("%d read %s\n", i, input);
			}
		}
	}
}
```

Abb. 10.16: Streit um Eingabedaten vom Terminal

Abbildung 10.16 zeigt ein Programm, in dem ein Prozeß viele Söhne erzeugt, die von ihrer Standard-Eingabe lesen und dabei um Daten von einem Terminal streiten. Die Terminaleingabe ist gewöhnlich zu langsam, um alle *lesenden* Prozesse bedienen zu können, also werden die Prozesse die meiste Zeit schlafend im Algorithmus *terminal_read* zubringen und auf Eingabedaten warten. Gibt ein Benutzer eine Datenzeile ein, weckt die Routine für Terminalinterrupts alle *lesenden* Prozesse; da sie alle auf derselben Prioritätsebene schliefen, werden sie auch auf derselben Priorität ablaufen. Der Benutzer kann deshalb nicht vorhersehen, welcher Prozeß laufen und die Datenzeile lesen wird; der erfolgreiche Prozeß gibt den Wert von *i* zum Zeitpunkt des Wiederanlaufs aus. Alle anderen Prozesse werden zwar möglicherweise zum Ablauf eingeteilt, doch werden sie wahrscheinlich keine Eingabedaten in der C-Liste für Eingabe finden und sich wieder schlafen legen. Die ganze Prozedur wird bei jeder Eingabezeile wiederholt; es kann jedoch nicht ausgeschlossen werden, daß ein Prozeß alle Eingabedaten an sich zieht.

Es ist eine zweideutige Sache, mehreren Lesern gleichzeitig den Zugriff auf ein Terminal zu gestatten, doch versucht der Kern, so gut er kann mit der Situation fertig zu werden. Andererseits *muß* der Kern mehreren Prozessen den gleichzeitigen Zugriff auf ein Terminal erlauben, denn sonst würden von der Shell erzeugte Prozesse, die von der Standard-Eingabe lesen, nie laufen können, weil ja auch die Shell auf die Standard-Eingabe zugreift. Kurz gesagt müssen Prozesse den Zugriff auf Terminals auf Benutzerebene synchronisieren.

Gibt ein Benutzer ein Dateiendezeichen (ASCII Ctrl-D) ein, so bedient die Zeilendisziplin *read*-Aufrufe des Terminals auf den Eingabestring bis zum, aber nicht einschließlich des Dateiendezeichens. Sie gibt keine Daten an einen *read*-Aufruf zurück (Returncode 0), der *nur* das Dateiendezeichen in der C-Liste auffindet; der aufrufende Prozeß muß selbst feststellen, daß er das Dateiende gelesen hat und keine weiteren *read*-Aufrufe an das Terminal senden sollte. Bezüglich des Codebeispiels für die Shell in Kapitel 7 sehen wir, daß die Schleife der Shell beendet wird, sobald ein Benutzer Ctrl-D eingibt: Der *read*-Aufruf gibt 0 zurück, die Shell läuft auf *exit*.

In diesem Abschnitt gingen wir von unintelligenter Terminalhardware aus, die die Daten Zeichen für Zeichen, exakt so wie der Benutzer sie eingibt, an den Rechner schickt. Intelligente Terminals bearbeiten die Eingabe bereits an der Peripherie und stellen dadurch die CPU für andere Arbeiten frei. Die Struktur der in sie eingebauten Treiber gleicht den Treibern für unintelligente Terminals, wobei natürlich die Funktionen der Zeilendisziplin entsprechend den Fähigkeiten des jeweiligen Terminals verschieden sind.

10.3.3 Der Terminaltreiber im Rohdatenmodus

Der Benutzer kann mit dem Systemaufruf *ioctl* Terminalparameter wie Lösch- und Killzeichen setzen und umgekehrt auch die eingestellten Werte dort abfragen. In ähnlicher Weise steuert er auch, ob der Terminal die Eingabe als Echo ausgibt, setzt die Baudrate des Terminals (die Übertragungsgeschwindigkeit der einzelnen Bits), löscht Ein- bzw. Ausgabezeichenketten oder startet bzw. stoppt manuell die Zeichenausgabe. Die Datenstruktur des Terminaltreibers sichert verschiedenste Steuerparameter (siehe [SVID 85] Seite 281), die Zeilendisziplin erhält die Parameter des Aufrufs *ioctl* und setzt damit die entsprechenden Felder der Datenstruktur des Terminals bzw. liest diese Werte aus. Setzt ein Prozeß die Terminalparameter, so gelten diese für alle das Terminal benutzenden Prozesse. Die Einstellungen des Terminals werden nicht automatisch wieder rückgesetzt, wenn der ändernde Prozeß *exit* ausgibt.

Prozesse können das Terminal auch in den *Rohdatenmodus* versetzen, in dem die Zeilendisziplin Zeichen genauso weiterleitet, wie der Benutzer sie eingab: Es findet also keine Bearbeitung der Eingabe statt. Der Kern muß hier jedoch wissen, wann er einen *read*-Aufruf des Benutzers zu beenden hat, denn auch das Wagenrücklaufzeichen wird als normale Eingabe behandelt. Er beendet einen *read*-Aufruf deshalb nach Eingabe einer Mindestmenge von Zeichen oder nach Ablauf einer bestimmten Zeitspanne nach der Eingabe von Zeichen am Terminal. Im letzteren Fall bestimmt der Kern die Zeit nach dem Eingang von Zeichen vom Terminal durch Einträge in die Callout-Tabelle (siehe Kapitel 8). Beide Kriterien

```
#include     <signal.h>
#include     <termio.h>
struct termio savetty;
main()
{
        extern sigcatch();
        struct termio newtty;
        int nrd;
        char buf[32];
        signal(SIGINT, sigcatch);
        if (ioctl(0, TCGETA, &savetty) == -1)
        {
                printf("ioctl failed: not a tty\n");
                exit();
        }
        newtty = savetty;
        newtty.c_lflag &= ~ICANON;      /* turn off canonical mode */
        newtty.c_lflag &= ~ECHO;       /* turn off character echo */
        newtty.c_cc[VMIN] = 5;            /* minimum 5 chars */
        newtty.c_cc[VTIME] = 100;      /* 10 sec interval */
        if (ioctl(0, TCSETAF, &newtty) == -1)
        {
                printf("cannot put tty into raw mode\n");
                exit();
        }
        for (;;)
        {
                nrd = read(0, buf, sizeof(buf));
                buf[nrd] = 0;
                printf("read %d chars '%s'\n", nrd, buf);
        }
}
sigcatch()
{
        ioctl(0, TCSETAF, &savetty);
        exit();
}
```

Abb. 10.17: Rohdatenmodus - Lesen von jeweils 5 Zeichen

(Mindestzahl von Zeichen und festgelegte Zeitspanne) werden über den Aufruf *ioctl* gesetzt. Ist ein bestimmtes Kriterium erfüllt, weckt die Interruptroutine für Zeilendisziplin alle schlafenden Prozesse. Der Treiber übernimmt alle Zeichen aus der C-Liste für Rohdaten in die kanonische C-Liste und erfüllt die *read*-Anforderung, wobei er dem gleichen Algorithmus wie im kanonischen Modus folgt. Der Rohdatenmodus ist besonders wichtig bei bildschirmorientierten Anwendungen wie etwa dem Editor *vi*, der über viele Kommandos verfügt, die nicht mit einem Wagenrücklaufzeichen abgeschlossen werden. So löscht zum Beispiel der Befehl *dw* das Wort an der aktuellen Cursorposition.

Abbildung 10.17 zeigt ein Programm, das mit dem Aufruf *ioctl* die aktuellen Terminaleinstellungen für Filedeskriptor 0, die Standard-Eingabe, sichert. Der Aufruf *ioctl TCGETA* weist den Treiber an, die Einstellungen zu ermitteln und sie in der Struktur *savetty* im Adreßraum des Benutzers zu sichern. Dieser Befehl wird allgemein dazu verwendet, um herauszufinden, ob es sich bei einer Datei um ein Terminal handelt, denn er nimmt keine Veränderungen im System vor: Geht der Aufruf schief, nehmen die Prozesse an, die Datei sei kein Terminal. In unserem Beispiel führt der Prozeß noch einen zweiten *ioctl*-Aufruf aus, um das Terminal in den Rohdatenmodus zu versetzen: Er schaltet das Echo der Zeichen auf dem Bildschirm ab und legt fest, daß *read*-Anforderungen an das Terminal erfüllt sind, wenn mindestens 5 Zeichen empfangen wurden oder aber 10 Sekunden seit dem Empfang des ersten Zeichens verstrichen sind. Bei Empfang eines Interruptsignals stellt der Prozeß die ursprünglichen Terminaleinstellungen wieder her und beendet seine Arbeit.

10.3.4 Polling auf ein Terminal

Es ist manchmal angebracht, Polling auf ein Gerät auszuführen, also einen *read*-Aufruf darauf auszugeben, um festzustellen, ob dort Daten anliegen, und ansonsten in der normalen Verarbeitung fortzufahren. Das Programm in Abbildung 10.18 zeigt diesen Fall: Durch den *open*-Aufruf für das Terminal mit der Option „no delay" werden nachfolgende *read*-Aufrufe nicht einschlafen, wenn keine Daten anliegen, sondern sofort zurückkehren (siehe Algorithmus *terminal_read* in Abbildung 10.15). Ein solches Vorgehen ist auch sinnvoll, wenn ein Prozeß viele Geräte überwacht: er kann jedes Gerät mit „no delay" eröffnen und dann beim Warten auf die Eingabe auf alle Polling durchführen. Allerdings verschwendet diese Methode Rechnerleistung.

Das BSD-System verfügt über einen Systemaufruf *select*, der Polling auf Geräte ermöglicht. Die Syntax dieses Aufrufs lautet:

```
select(nfds,rfds,wfds,efds,timeout);
```

Dabei ist *nfds* die Anzahl der auszuwählenden Filedeskriptoren, *rfds*, *wfds* und *efds* zeigen auf eine Bitmaske zur Auswahl der offenen Filedeskriptoren. Das heißt, Bit *1<<fd* (1 um den Wert des Filedeskriptors nach links geschoben) wird gesetzt, wenn ein Benutzer diesen Filedeskriptor auswählen will. *Timeout* gibt schließlich noch an, wie lange *select* schlafen soll, um beispielsweise auf ankommende Daten zu warten; kommen Daten für Filedeskriptoren an und der timeout-Wert ist noch nicht erschöpft, so kehrt *select* zurück und gibt in den Bitmasken an, welche Filedeskriptoren ausgewählt wurden. Will zum Beispiel ein Benutzer bis zum Erhalt von Daten auf den Filedeskriptoren 0, 1 oder 2 schlafen, so würde *rfds* auf die Bitmaske 7 zeigen; bei der Rückkehr aus *select* wäre die Bitmaske dann von einer anderen überschrieben, die anzeigt, bei welchen Filedeskriptoren Daten anliegen. Die Bitmaske *wfds* führt eine ähnliche Funktion für Filedeskriptoren zum Schreiben aus, die Bitmaske *efds* gibt an, ob Ausnahmezustände für bestimmte Filedeskriptoren existieren, was besonders in Netzwerken nützlich ist.

```
#include <fcntl.h>

main()
{
    register int i, n;
    int fd;
    char buf[256];

    /* open terminal read—only with no—delay option */
    if ((fd = open("/dev/tty", O_RDONLY | O_NDELAY)) == -1)
        exit();

    n = 1;
    for (;;)        /* for ever */
    {
        for (i = 0;  i < n;  i++)
            ;

        if (read(fd, buf, sizeof(buf)) > 0)
        {
            printf("read at n %d\n", n);
            n--;
        }
        else        /* no data read; returns due to no—delay */
            n++;
    }
}
```

Abb. 10.18: Polling auf ein Terminal

10.3.5 Einrichten eines Steuerterminals

Das Steuerterminal ist das Terminal, an dem ein Benutzer sich in das System einloggt; es steuert die Prozesse, die der Benutzer vom Terminal initialisiert. Eröffnet ein Prozeß ein Terminal, so eröffnet der Terminaltreiber die Zeilendisziplin. Ist der Prozeß als Folge eines vorausgegangenen Systemaufrufs *setpgrp* ein Prozeßgruppenführer und verfügt er nicht über ein zugehöriges Steuerterminal, so macht die Zeilendisziplin das eröffnete Terminal zum Steuerterminal. Sie legt die Major- und Minor-Gerätenummer der Gerätedatei des Terminals im *u-Bereich* sowie die Prozeßgruppennummer des öffnenden Prozesses in der Datenstruktur des Terminaltreibers ab. Der eröffnende Prozeß ist der Steuerprozeß, typischerweise, wie wir später sehen werden, die Login-Shell.

Das Steuerterminal spielt eine wichtige Rolle bei der Behandlung von Signalen. Drückt ein Benutzer eine der Tasten delete, break, rubout oder quit, so ruft die Interruptroutine die Zeilendisziplin auf, die dann die entsprechenden Signale an alle Prozesse in der Gruppe des steuernden Prozesses sendet. Schaltet der Benutzer ab, so erhält die Routine für Terminalinterrupts in ähnlicher Weise von der Hardware eine Anzeige, und die Zeilendisziplin sendet ein Hangup-Signal an alle Prozesse in der jeweiligen Prozeßgruppe. Auf diese Weise erhalten alle von einem bestimmten Terminal initialisierten Prozesse das Hangup-Signal; die Standardreaktion der meisten Prozesse auf den Empfang eines Signals ist der Aufruf von *exit*; auf diese Weise werden auch verstreute Prozesse noch beendet, wenn ein Benutzer plötzlich sein Terminal ausschaltet. Nach Absenden es Hangup-Signals trennt die Routine für Terminalinterrupts das Terminal von der Prozeßgruppe, wodurch Prozesse in dieser Prozeßgruppe keine weiteren, von diesem Terminal ausgehenden Signale mehr empfangen können.

10.3.6 Indirekte Terminaltreiber

Prozesse müssen häufig Daten direkt vom Steuerterminal lesen bzw. auf dieses schreiben, selbst wenn Standard-Ein- und Ausgabe auf andere Dateien umgeleitet sind. Beispielsweise kann die Shell dringende Nachrichten direkt an das Terminal senden, selbst wenn Standard-Ausgabe und Diagnose-Ausgabe auf andere Dateien umgeleitet sind. UNIX-Systeme sehen dazu einen „indirekten" Terminalzugriff über die Gerätedatei „/dev/tty" vor, die das Steuerterminal für jeden Prozeß angibt, der über ein solches verfügt. An anderen Terminals eingeloggte Benutzer können auf „/dev/tty" zugreifen, bedienen normalerweise aber nur ihre eigenen Terminals.

Zum Ermitteln des Steuerterminals aus dem Dateinamen „/dev/tty" durch den Kern existieren zwei verschiedene Implementierungen. Zum ersten kann der Kern eine spezielle Gerätenummer für die indirekte Terminaldatei mit einem eigenen Eintrag in der Zeichengeräte-Schalttabelle definieren. Beim Aufrufen des indirekten Terminals entnimmt der *Treiber* für das indirekte Terminal die Major- und Minor-Gerätenummer für das Steuerterminal aus dem *u-Bereich* und ruft über die Zeichengeräte-Schalttabelle den realen Terminaltreiber auf. Die zweite übliche Implementierung zum Ermitteln des Steuerterminals aus dem Namen „/dev/tty" prüft vor dem Aufruf der *open*-Routine des Treibers, ob die Major-Gerätenummer die des indirekten Terminals ist. Falls ja, gibt sie die Inode für „/dev/tty" frei, ordnet die Inode für das Steuerterminal zu, setzt den Eintrag in der Dateitabelle so, daß er auf die Inode des Steuerterminals zeigt, und ruft schließlich die *open*-Routine des Terminaltreibers auf. Der beim Öffnen von „/dev/tty" zurückgegebene Filedeskriptor bezieht sich direkt auf das Steuerterminal und einen regulären Treiber.

10.3.7 Einloggen

Wie in Kapitel 7 bereits beschrieben, läuft Prozeß 1, der *init*-Prozeß, in einer Endlosschleife und liest die Datei „/etc/inittab" nach Anweisungen durch, was beim Eintritt in Systemzustände wie „Einzelbenutzer" oder „Mehrbenutzer" zu tun ist. Im Mehrbenutzerzustand ist es eine wichtige Aufgabe von *init*, den Benutzern das Login an Terminals (Abbildung 10.19) zu ermöglichen. *Init* erzeugt *getty*-Prozesse (für „get terminal" bzw. „get tty") und führt Buch darüber, welcher *getty*-Prozeß welches Terminal eröffnet; jeder *getty*-Prozeß setzt mit dem Aufruf *setpgrp* seine Prozeßgruppe zurück, öffnet eine bestimmte Terminalleitung und schläft dann gewöhnlich im *open*, bis der Rechner eine Hardwareverbindung mit dem Terminal feststellt. Kehrt *getty* aus dem *open* zurück, führt er mit *exec* das *login*-Programm aus, das vom Benutzer eine Identifizierung durch Login-Name und Paßwort anfordert. Ist der Login-Vorgang für den Benutzer erfolgreich, ruft *login* mit *exec* die Shell auf, und der Benutzer kann seine Arbeit beginnen. Diesen Aufruf der Shell bezeichnen wir auch als die *Login-Shell*. Der Shell-Prozeß hat dieselbe Prozeß-ID wie der ursprüngliche *getty*-Prozeß, die Login-Shell ist folglich ein Prozeßgruppenführer. Kann sich ein Benutzer nicht erfolgreich einloggen, so ruft *login* nach einer angemessenen Zeitspanne *exit* auf, schließt die eröffnete Terminalleitung, und *init* erzeugt dann einen neuen *getty*-Prozeß dafür. *Init* geht sodann bis zum Empfang eines Signals „Tod des Sohns" in *pause*. Beim Aufwachen stellt er fest, ob der Zombieprozeß eine Login-Shell war, und erzeugt, falls dem so ist, einen weiteren *getty*-Prozeß zum Öffnen des Terminals anstelle des gerade verstorbenen Prozesses.

```
algorithm login             /* procedure for logging in */
{
    getty process executes:
    set process group (setpgrp system call);
    open tty line;              /* sleeps until opened */
    if (open successful)
    {
        exec login program:
        prompt for user name;
        turn off echo, prompt for password;
        if (successful)         /* matches password in /etc/passwd */
        {
            put tty in canonical mode (ioctl);
            exec shell;
        }
        else
            count login attempts, try again up to a point;
    }
}
```

Abb. 10.19: Algorithmus zum Einloggen

10.4 Streams

Das Schema zur Implementierung von Gerätetreibern leidet, obwohl es durchaus angemessene Leistung erbringt, an einigen Schwachstellen, die im Laufe der Jahre augenscheinlich wurden. Verschiedene Treiber tendieren dazu, dieselben Funktionen auszuführen, was besonders für Treiber zur Implementierung von Netzwerkprotokollen gilt, die typischerweise einen Gerätesteuerteil und einen Protokollteil enthalten. Obwohl dieser Protokollteil für alle Netzwerkgeräte gemeinsam vorhanden sein sollte, ist dies in der Praxis nicht der Fall, denn der Kern verfügt über keinen passenden Mechanismus, um die gemeinsame Nutzung sicherzustellen. Beispielsweise wären C-Listen wegen ihrer Speicherfähigkeit recht nützlich, doch sind sie wegen der zeichenweisen Bearbeitung recht aufwendig zu handhaben. Versuche, diesen Mechanismus aus Gründen des besseren Durchsatzes zu umgehen, führen zur Aufgabe der Modularität des I/O-Systems. Dieser Mangel an Gemeinsamkeit auf Treiberebene zieht sich bis zur Befehlsebene des Benutzers durch, wo verschiedene Kommandos dieselben logischen Funktionen nur für verschiedene Geräte bewirken. Ein weiterer Nachteil des Treiberschemas liegt darin, daß Netzwerkprotokolle eine der Zeilendisziplin ähnliche Fähigkeit benötigen, wobei jede Zeilendisziplin einen bestimmten Teil eines Protokolls implementieren und die übrigen, hardwarebezogenen Teile in flexibler Weise kombinierbar sein müßten. Es ist allerdings schwierig, die konventionellen Zeilendisziplinen zusammenzuziehen.

Ritchie implementierte jüngst ein als *Streams* bezeichnetes Schema, um für das I/O-System größere Modularität und Flexibilität zu schaffen. Unsere Beschreibung basiert auf seiner Arbeit [Ritchie 84b], obwohl die Implementierung in System V geringfügig davon abweicht. Ein *Stream* ist eine Vollduplexverbindung zwischen einem Prozeß und einem Gerätetreiber. Er besteht aus einem Satz linear verketteter Paare von Queues, wobei von jedem Paar ein Element für die Eingabe und ein Element für die Ausgabe bestimmt ist. Gibt ein Prozeß mit *write* Daten in einen Stream aus, schickt der Kern die Daten hinab in die Ausgabequeues; empfängt ein Gerätetreiber Daten, schickt er sie über die Eingabequeues hinauf zum lesenden Prozeß. Über eine wohldefinierte Schnittstelle tauschen benachbarte Queues untereinander Nachrichten aus. Jedes Paar von Queues steht in Bezug zu einem Vorkommen eines Kernmoduls, wie etwa Treiber, Zeilendisziplin oder Protokoll; die Module bearbeiten die durch ihre Qeues geleiteten Daten.

Jede Queue ist eine Datenstruktur mit den folgenden Elementen:

- Eine *open*-Prozedur, die bei einem *open*-Aufruf benutzt wird
- Eine *close*-Prozedur, die bei einem *close*-Aufruf benutzt wird
- Eine put-Prozedur, die zur Übergabe einer Nachricht in die Queue aufgerufen wird
- Eine Service-Prozedur, die bei Einteilung einer Queue zur Bearbeitung aufgerufen wird
- Ein Pointer auf die nächste Queue im Stream
- Ein Pointer auf eine Liste von Meldungen, die auf Bearbeitung warten
- Ein Pointer auf eine private Datenstruktur, die den Zustand der Queue enthält
- Flags und Ober- bzw. Untergrenzen zur Steuerung des Datenflusses, zum Scheduling und zum Berichtigen des Zustands der Queue

Der Kern ordnet immer Paare von Queues zu, die im Speicher direkt nebeneinander liegen; eine Queue kann also immer ganz leicht die andere Hälfte des Paares finden.

Ein Gerät mit einem Streamtreiber ist ein Zeichengerät; es verfügt über ein besonderes Feld in der Zeichengeräte-Schalttabelle, das auf die Initialisierungsstruktur eines Streams zeigt und die Adressen bestimmter Routinen sowie die vorher erwähnten Ober- und Untergrenzen enthält. Führt der Kern den *open*-Aufruf aus und stellt dabei fest, daß die Gerätedatei eine Zeichenspezialdatei ist, so überprüft er dieses neue Feld in der Zeichengeräte-Schalttabelle. Ist hier kein Eintrag vorhanden, so ist der Treiber kein Streamtreiber, und der Kern folgt den üblichen Prozeduren für Zeichengeräte. Beim ersten *open* auf einen Streamtreiber ordnet der Kern dagegen zwei Paare von Queues zu, eines für den *Streamkopf* und eines für den Treiber. Der Streamkopf-Modul ist gleich für jedes Vorkommen eines geöffneten Streams: Er enthält typische put- und Service-Prozeduren und bildet die Schnittstelle zu den Systemmodulen höherer Ebene, die die Aufrufe *read*, *write* und *ioctl* implementieren. Der Kern initialisiert die Queuestruktur des Treibers, weist Queuepointer zu, kopiert die Adressen von Treiberroutinen aus einer Treiber-Initialisierungsstruktur und ruft die *open*-Prozedur des Treibers auf. Die *open*-Prozedur des Treibers führt die übliche Initialisierung durch, stellt aber auch Informationen sicher, um die Queue wieder aufrufen zu können, zu der sie in Bezug steht. Schließlich setzt der Kern noch einen speziellen Pointer in der Speicherinode, um den Streamkopf anzuzeigen (Abbildung 10.20). Greift ein anderer Prozeß mit *open* auf das Gerät zu, so findet der Kern über den Pointer in der Inode den vorher zugeordneten Stream und ruft die *open*-Prozedur für alle Module im Stream auf.

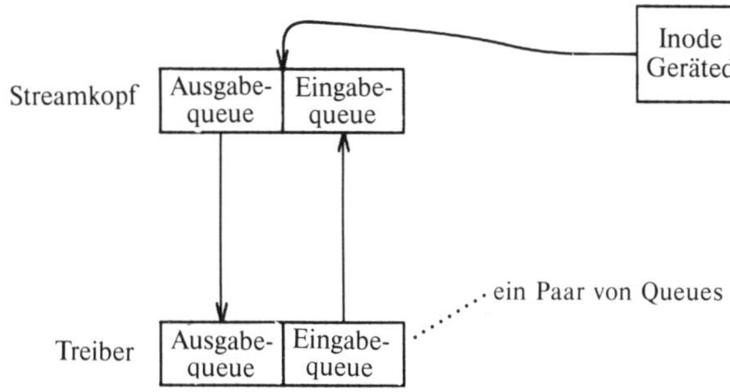

Abb. 10.20: Ein Stream nach Open

Module können durch Übermitteln von Nachrichten an benachbarte Module in einem Stream miteinander kommunizieren. Eine Nachricht besteht aus einer verketteten Liste von Nachrichten-Blockheadern; jeder Blockheader zeigt auf den Anfang und das Ende der Daten des Blocks. Es gibt zwei Arten von Nachrichten - Steuernachricht und Datennachricht -, die durch eine Typangabe im Nachrichtenheader unterschieden werden. Steuernachrichten können das Ergebnis von *ioctl*-Aufrufen oder von speziellen Bedingungen, etwa Hangup eines Terminals, sein, Datennachrichten können das Ergebnis von *write*- Aufrufen oder der Ankunft von Daten aus einem Gerät sein.

Schreibt ein Prozeß in einen Stream, so kopiert der Kern die Daten aus dem Benutzerbereich in vom Streamkopf zugeteilte Nachrichtenblöcke. Der Modul für den Streamkopf ruft die put-Prozedur des nächsten Moduls in der Queue auf, die die Nachricht bearbeiten, sie sofort an die nächste Queue weiterreichen, oder sie für spätere Bearbeitung in die Queue einfügen kann. In letzterem Fall verknüpft der Modul die Header der Nachrichtenblöcke und bildet daraus eine in zwei Richtungen verkettete Liste (Abbildung 10.21). Dann setzt er ein Flag in der Datenstruktur seiner Queue, um anzuzeigen, daß Daten zu verarbeiten sind, und teilt sich selbst zur Bearbeitung ein. Der Modul stellt die Queue in eine verkettete Liste von Queues, die Bearbeitung erfordern, und ruft den Schedulermechanismmus auf; dieser Scheduler ruft dann die Serviceprozeduren für die einzelnen Queues in der Liste auf. Der Kern könnte die Module auch, ähnlich dem Aufruf von Funktionen in der Callout-Tabelle, über einen Softwareinterrupt zum Ablauf einteilen (wie in Kapitel 8 beschrieben wurde); die Routine für Softwareinterrupts ruft dann die einzelnen Serviceprozeduren auf.

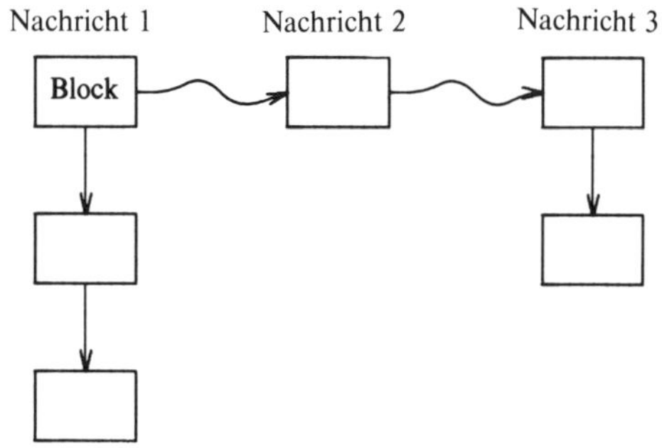

Abb. 10.21: Nachrichtenstreams

Durch Aufruf von *ioctl* können Prozesse Module in einen offenen Stream ablegen. Der Kern fügt die abzulegenden Module direkt unterhalb des Streamkopfs ein und verknüpft die Pointer der Queue so, daß die Struktur der doppelt verketteten Liste erhalten bleibt. Weiter unten im Stream liegende Module müssen sich nicht darum kümmern, ob sie mit dem Streamkopf oder mit einem abgelegten Modul kommunizieren: Die Schnittstelle ist die put-Prozedur der nächsten Queue im Stream; die nächste Queue gehört immer zum gerade abgelegten Modul. Zum Beispiel kann ein Prozeß einen Modul der Zeilendisziplin in den Stream eines Terminaltreibers ablegen, um das Verarbeiten von Lösch- und Killzeichen zu ermöglichen (Abbildung 10.22); dieser Modul der Zeilendisziplin hat nicht dieselbe Schnittstelle wie die in Abschnitt 10.3 beschriebenen Zeilendisziplinen, seine Funktionen sind jedoch gleich. Ohne den Modul der Zeilendisziplin verarbeitet der Terminaltreiber keine Eingabezeichen, sie kommen dann unverändert am Streamkopf an. Ein Codesegment, das einen Terminal eröffnet und eine Zeilendisziplin ablegt, könnte etwa so aussehen:

```
fd = open(„/dev/ttyxy",O_RDWR);
ioctl(fd,PUSH,TTYLD);
```

Dabei ist *PUSH* der Befehlsname und *TTYLD* eine Nummer zum Identifizieren des Moduls der Zeilendisziplin. Es gibt keine Beschränkung hinsichtlich der Anzahl der in einem Stream abzulegenden Module. Ein Prozeß kann mit einem weiteren *ioctl*-Aufruf die Module in einer LIFO-Reihenfolge auch wieder aus dem Stream entnehmen.

```
ioctl(fd,POP,0);
```

In der Annahme, der Modul für Zeilendisziplin eines Terminals implementiere die üblichen Verarbeitungsfunktionen eines Terminals, kann das darunterliegende Gerät auch eine Netzwerkverbindung anstelle der Verbindung zu einem bestimmten Terminal sein. Der Modul für Zeilendisziplin arbeitet ohne Rücksicht auf den darunterliegenden Modul immer in derselben Weise. Dieses Beispiel zeigt die größere Flexibilität, die durch solche Kombination von Modulen des Kerns entsteht.

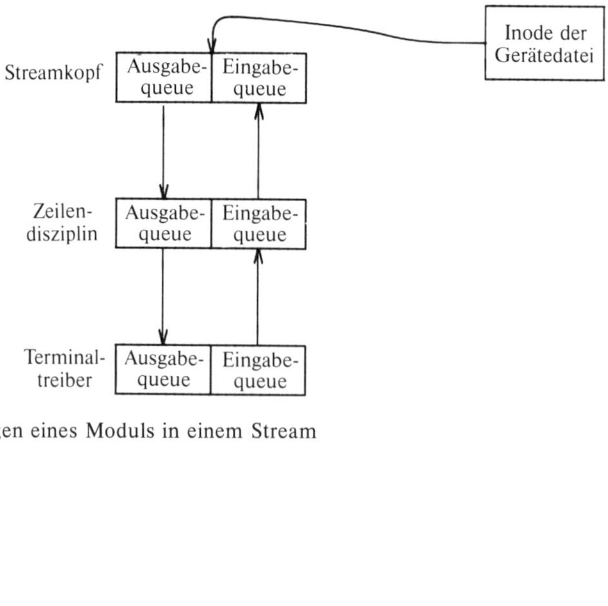

Abb. 10.22: Ablegen eines Moduls in einem Stream

10.4.1 Ein detaillierteres Beispiel für Streams

Pike beschreibt eine Implementierung von virtuellen Terminals im Multiplexbetrieb unter Verwendung von Streams (siehe [Pike 84]). Der Benutzer sieht dabei mehrere virtuelle Terminals, von denen jedes ein eigenes *Fenster* (window) auf einem physikalischen Terminal belegt. Obwohl Pike's Papier ein Schema für intelligente graphische Terminals beschreibt, arbeitet es auch mit einfachen Terminals; jedes Fenster würde dabei den ganzen Bildschirm belegen, der Benutzer müßte zum Umschalten zwischen den virtuellen Fenstern eine Steuersequenz eingeben.

Abbildung 10.23 zeigt die Anordnung von Prozessen und Systemmodulen. Der Benutzer ruft einen Prozeß *mpx* zur Steuerung des physikalischen Terminals auf. *Mpx* liest von der physikalischen Leitung und wartet auf das Erkennen von Steuerereignissen wie Erzeugen eines neuen Fensters, Umschalten auf ein anderes Fenster, Löschen eines Fensters und so fort.

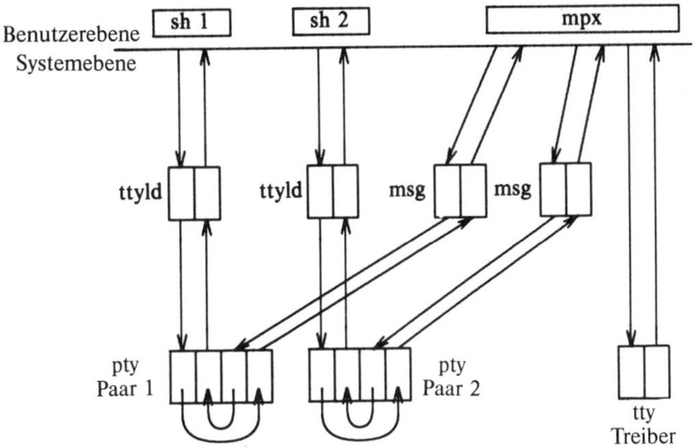

Abb. 10.23: Abbilden von virtuellen Terminals in Windowtechnik auf einem physikalischen Terminal

Erhält *mpx* die Nachricht, daß ein Benutzer ein neues Fenster erzeugen will, so erzeugt es einen Prozeß zur Steuerung des neuen Fensters und kommuniziert mit diesem über ein *Pseudo-Terminal* (abgekürzt *pty*). Ein *pty* ist ein paarweise arbeitendes Softwaregerät: Die für den einen Teil des Paars bestimmte Ausgabe wird an die Eingabe des anderen Teils gesendet; die Eingabe wird an den im Stream darüberliegenden Modul geschickt. Um ein Fenster aufzubauen (Abbildung 10.24), ordnet *mpx* ein *pty*-Paar zu, eröffnet einen Teil davon und stellt einen Stream zu ihm her (der *open*-Aufruf des Treibers stellt sicher, daß das *pty* nicht bereits zugeordnet ist). *Mpx* gibt *fork* aus, und der neue Prozeß eröffnet den anderen Teil des *pty*-Paars. Jetzt schiebt *mpx* einen Nachrichtenmodul in seinen *pty*-Stream, um die Steuernachrichten in Datennachrichten umzuwandeln (dies wird im nächsten Abschnitt erläutert), und der Sohn schiebt vor dem *exec*-Aufruf an die Shell einen Modul der Zeilendisziplin in seinen *pty*-Stream. Diese Shell läuft jetzt auf einem virtuellen Terminal; für den Benutzer ist dieses jedoch nicht von einem physikalischen Terminal zu unterscheiden.

Mpx ist ein Multiplexer-Prozeß, der die Ausgaben der virtuellen Terminals auf das physikalische Terminal bringt sowie die Eingaben vom physikalischen Terminal auf die richtigen virtuellen Terminals verteilt. Mit dem Aufruf *select* wartet *mpx* auf die Ankunft von Daten auf einer beliebigen Leitung. Kommen Daten vom physikalischen Terminal an, entscheidet *mpx*, ob es sich um eine Steuernachricht handelt, die es anweist, ein neues Fenster zu erzeugen oder ein altes zu löschen, oder ob es sich um eine Datennachricht handelt, die an Prozesse weitergeleitet werden muß, die von einem virtuellen Terminal lesen. In letzterem Fall geht den Daten ein Header voran, der das virtuelle Zielterminal identifiziert; *mpx* trennt diesen Header von der Nachricht ab und schreibt die Daten in den entsprechenden *pty*-Stream. Der *pty*-Treiber lenkt die Daten über die Zeilendisziplin des Terminals an die lesenden Prozesse. Der entgegengesetzte Vorgang läuft ab, wenn ein Prozeß auf das virtuelle Terminal schreibt: *mpx* stellt den Daten einen Header voran, der dem physikalischen Terminal mitteilt, in welches Fenster die Daten auszugeben sind.

```
/* assume file descriptors 0 and 1 already refer to physical tty */
for (;;)        /* loop */
{
        select(input);              /* wait for some line with input */
        read input line;
        switch (line with input data)
        {
        case physical tty:               /* input on physical tty line */
                if (control command)        /* e.g. create new window */
                {
                        open a free pseudo—tty;
                        fork a new process:
                        if (parent)
                        {
                                push a msg discipline on mpx side;
                                continue;       /* back to for loop */
                        }
                        /* child here */
                        close unnecessary file descriptors;
                        open other member of pseudo—tty pair, get
                                        stdin, stdout, stderr;
                        push tty line discipline;
                        exec shell;             /* looks like virtual tty */
                }
                /* "regular" data from tty coming up for virtual tty */
                demultiplex data read from physical tty, strip off
                                headers and write to appropriate pty;
                continue;           /* back to for loop */

        case logical tty:           /* a virtual tty is writing a window */
                encode header indicating what window data is for;
                write header and data to physical tty;
                continue;               /* back to for loop */
        }
}
```

Abb. 10.24: Pseudocode zum Multiplexen von Windows

Gibt ein Prozeß den Aufruf *ioctl* an ein virtuelles Terminal aus, so setzt die Zeilendisziplin des Terminals die notwendigen Terminaleinstellungen für die virtuelle Leitung des Prozesses; diese Einstellungen können für jedes virtuelle Terminal anders sein. Allerdings kann, abhängig vom jeweiligen Gerät, die Weitergabe einiger Informationen an das physikalische Terminal notwendig sein. Der Nachrichtenmodul wandelt die von *ioctl* erzeugten Steuernachrichten in zum Lesen und Schreiben durch *mpx* geeignete Datennachrichten um, die dann zum physikalischen Terminal übertragen werden.

10.4.2 Analyse von Streams

Ritchie erwähnt, daß er versuchte, Streams nur mit put-Prozeduren bzw. nur mit Serviceprozeduren allein zu implementieren. Die Serviceprozedur ist jedoch für die Ablaufsteuerung notwendig, denn Module müssen Daten manchmal in Queues einreihen, wenn benachbarte Module kurzzeitig keine Daten mehr annehmen können. Ebenso ist aber auch die Schnittstelle der put-Prozedur notwendig, denn manchmal müssen Daten auch sofort an einen benachbarten Modul abgeliefert werden. Zum Beispiel muß die Zeilendisziplin eines Terminals die Eingabedaten als Echo schnellstmöglich wieder auf den Bildschirm bringen. Natürlich könnte der Systemaufruf *write* die put-Prozedur der nächsten Queue direkt aufrufen, die dann ihrerseits die put-Prozedur der nächsten Queue aufrufen würde usw., wobei kein Schedulingmechanismus notwendig wäre. Sind die Ausgabequeues verstopft, würde der Prozeß schlafen. Allerdings dürfen Module auf der Eingabeseite nicht schlafen, denn sie werden von Interruptroutinen aufgerufen; anderenfalls würden unschuldige Prozesse in Schlaf versetzt. Auch wäre die Kommunikation zwischen den Modulen in Richtung Eingabe bzw. Ausgabe nicht symmetrisch, was der Eleganz des Schemas abträglich wäre.

Es wäre auch möglich gewesen, jeden Modul als eigenen Prozeß zu implementieren, doch könnte die Verwendung einer großen Zahl von Modulen zum Überlauf der Prozeßtabelle führen. Sie sind deshalb über einen speziellen Schedulingmechanismus - Softwareinterrupts - und unabhängig vom normalen Prozeßscheduler implementiert. Module können auch nicht einschlafen, denn sie würden einen beliebigen Prozeß in Schlaf versetzen (nämlich den gerade unterbrochenen). Module müssen zudem ihre Statusinformation intern sichern, was ihren Code schwerfälliger macht, als wenn Schlafen erlaubt wäre.

Bei der Implementierung von Streams bestehen mehrere Anomalien.

- Die Prozeßabrechnung ist bei Verwendung von Streams schwierig, denn die Module laufen nicht notwendigerweise im Kontext des Prozesses, der den Stream verwendet. Es wäre auch falsch, anzunehmen, daß alle Prozesse in gleichem Umfang an der Ausführung von Streammodulen beteiligt sind, denn einige können die Nutzung komplizierter Netzwerkprotokolle erfordern, während andere nur die einfache Zeilendisziplin eines Terminals benötigen.
- Benutzer können einen Terminaltreiber in den Rohdatenmodus versetzen, so daß *read*-Aufrufe nach kurzer Zeit zurückkehren, wenn keine Daten verfügbar sind (beispielsweise für *newtty.c_cc[VMIN]=0* in Abbildung 10.17). Diese Eigenschaft ist über Streams schwer zu implementieren, außer es wird am Streamkopf Code für Sonderfälle vorgesehen.
- Streams stellen lineare Verbindungen dar und erlauben nicht ohne weiteres Multiplexing im Kern. So führt auch das Beispiel für Windows im vorhergehenden Abschnitt Multiplexing in einem Prozeß auf Benutzerebene durch.

Trotz dieser Anomalien sind Streams in Hinsicht auf Verbesserungen bei der Entwicklung von Treibermodulen sehr vielversprechend.

10.5 Zusammenfassung

Dieses Kapitel bot einen Überblick über Gerätetreiber unter UNIX. Geräte sind entweder Block- oder Zeichengeräte; die Schnittstelle zwischen ihnen und dem Rest des Systems ist abhängig vom jeweiligen Gerät. Die Schnittstelle für Blockgeräte ist die Blockgeräte-Schalttabelle, die aus Einsprungpunkten für *open-*, *close-* und Strategieprozeduren für Geräte besteht. Die Strategieprozedur steuert den Datentransport vom und zum Blockgerät. Die Schnittstelle für Zeichengeräte ist die Zeichengeräte-Schalttabelle, die aus Einsprungpunkten für *open-*, *close-*, *read-*, *write-* und *ioctl*-Prozeduren für Geräte besteht. Der Systemaufruf *ioctl* benutzt die *ioctl*-Schnittstelle der Zeichengeräte, die den Austausch von Steuerinformationen zwischen Prozessen und Geräten erlaubt. Bei Empfang eines Geräteinterrupts ruft der Kern in Abhängigkeit von Informationen in der Interruptvektortabelle und von durch die unterbrechende Hardware gelieferten Parametern die Routine für Geräteinterrupts auf.

Plattentreiber wandeln die vom Dateisystem verwendeten logischen Blocknummern in Positionen auf der physikalischen Platte um. Die Blockschnittstelle gestattet dem Kern das Puffern von Daten. Die Rohdatenschnittstelle dagegen gestattet schnellere I/O von und auf die Platte, umgeht aber das Blockdepot und erhöht dadurch die Wahrscheinlichkeit für Fehler im Dateisystem.

Terminaltreiber bilden die Hauptschnittstelle zu den Benutzern. Der Kern verbindet drei C-Listen mit jedem Terminal, eine für die Rohdateneingabe von der Tastatur, eine für die bearbeitete Eingabe unter Berücksichtigung von Lösch-, Kill- und Wagenrücklaufzeichen, und eine für die Ausgabe. Der Aufruf *ioctl* gestattet Prozessen die Kontrolle darüber, wie der Kern Eingabedaten bearbeitet, das Versetzen des Terminals in den kanonischen Modus oder das Setzen verschiedener Parameter für den Rohdatenmodus. Der Prozeß *getty* eröffnet Terminalleitungen und wartet auf eine Verbindung: Er setzt seine Prozeßgruppe so, daß die Login-Shell zum Prozeßgruppenführer wird, initialisiert mit *ioctl* Terminalparameter und führt den Benutzer durch eine Login-Sequenz. Das so eingerichtete Steuerterminal sendet als Antwort auf Ereignisse wie Aufgeben der Arbeit oder Drücken der Break-Taste durch den Benutzer Signale an Prozesse in der Gruppe.

Streams sind ein Schema zur Verbesserung der Modularität von Gerätetreibern und Protokollen. Ein Stream ist eine Vollduplexverbindung zwischen Prozessen und Gerätetreibern, die Module für Zeilendisziplin und Protokolle zur Bearbeitung der auf dem Weg befindlichen Daten enthalten kann. Streammodule sind durch wohldefinierte Schnittstellen und durch ihre Flexibilität bei der Kombination mit anderen Modulen gekennzeichnet. Diese von ihnen gebotene Flexibilität hat große Vorteile bei der Anwendung in Netzwerken und Treibern.

10.6 Übungen

* 1. Wir nehmen an, ein System enthält zwei Gerätedateien, die dieselbe Major- und Minor-Gerätenummer besitzen und beide Zeichengeräte sind. Zwei Prozesse wollen gleichzeitig das physikalische Gerät eröffnen; zeigen Sie, daß es keinen Unterschied macht, ob sie dieselbe Gerätedatei oder zwei verschiedene Gerätedateien eröffnen. Was geschieht, wenn sie das Gerät schließen?

* 2. Wir wissen aus Kapitel 5, daß der Systemaufruf *mknod* die Rechte des Superusers zum Erzeugen einer Geräte-Spezialdatei benötigt. Warum muß *mknod* unter der Voraussetzung, daß der Gerätezugriff durch die Zugriffsrechte auf eine Datei bestimmt wird, die Rechte des Superusers erfordern?

3. Schreiben Sie ein Programm zum Überprüfen, daß die Dateisysteme auf einer Platte sich nicht überschneiden. Das Programm soll zwei Argumente berücksichtigen: eine Gerätedatei, die die Platte darstellt, und eine Deskriptordatei, die Sektionsnummern und Sektionslängen für den Plattentyp enthält. Das Programm soll den Superblock lesen, um sicherzustellen, daß Dateisysteme sich nicht überschneiden. Wird ein solches Programm immer korrekt laufen?

4. Das Programm *mkfs* initialisiert ein Dateisystem auf einer Platte und erzeugt den Superblock, läßt Platz für die Inodeliste, fügt alle Datenblöcke in eine verkettete Liste ein und macht die Wurzelinode zum Katalog. Wie würden Sie *mkfs* programmieren? Wie würde sich das Programm ändern, wenn ein Platteninhaltsverzeichnis vorhanden ist? Wie sollte es das Platteninhaltsverzeichnis initialisieren?

5. Die Programme *mkfs* und *fsck* (Kapitel 5) sind Programme auf Benutzerebene, anstatt Teil des Kerns zu sein. Kommentieren Sie.

6. Nehmen wir an, ein Programmierer will ein Datenbanksystem schreiben, das auf UNIX laufen soll. Die Datenbankprogramme laufen auf Benutzerebene, sie sind kein Teil des Kerns. Wie sollte das System mit der Platte zusammenarbeiten? Bedenken Sie folgende Punkte:
   - Verwendung der regulären Schnittstelle des Dateisystems oder Rohdatenmodus,
   - hohe Verarbeitungsgeschwindigkeit,
   - Kenntnis darüber, wann Daten sich auf der Platte befinden,
   - Größe der Datenbank: Paßt sie in ein Dateisystem, eine Platte, oder benötigt sie mehrere Platten?

7. Der UNIX-Kern geht stillschweigend davon aus, daß das Dateisystem sich auf Platten in perfektem Zustand befindet. Platten können jedoch Fehler enthalten, die bestimmte Sektoren unbrauchbar machen, obwohl der Rest der Platte noch in Ordnung ist. Wie könnte ein Plattentreiber (oder intelligenter Plattenkontroller) kleine Mengen fehlerhafter Sektoren zulassen? Wie würde sich dies auf die Leistung auswirken?

8. Beim Montieren eines Dateisystems ruft der Kern die *open*-Prozedur des Treibers auf, gibt aber später am Ende des *mount*-Aufrufs die Inode der Geräte-Spezialdatei wieder frei. Beim Demontieren eines Dateisystems greift der Kern auf die Inode der Geräte-Spezialdatei zu, ruft die *close*-Prozedur des Treibers auf, und gibt dann die Inode frei. Vergleichen Sie die Folge der Inodeoperationen und der *open*- und *close*-Aufrufe an den Treiber mit der Aufruffolge bei *open* und *close* auf eine Blockgerätedatei. Kommentieren Sie.

9. Lassen Sie das Programm in Abbildung 10.14 laufen, legen Sie die Ausgabe aber auf eine Datei. Vergleichen Sie den Inhalt der Datei mit der Ausgabe auf ein Terminal. Um die Prozesse zu beenden, müssen Sie sie unterbrechen; lassen Sie sie lange genug laufen, damit Sie genügend Output erhalten. Was geschieht, wenn der *write*-Aufruf im Programm durch
   ```
   printf(output);
   ```
   ersetzt wird?

10. Was geschieht, wenn ein Benutzer versucht, im Hintergrund einen Text zu editieren:
   ```
   ed file &
   ```
   Warum geschieht es?

11. Terminaldateien haben, wenn ein Benutzer eingeloggt ist, typischerweise Zugriffsberechtigungen wie:
    `crw--w--w- 2 mjb lus 33, 11 Oct 25 20:27 tty61`
    Das bedeutet, für den Benutzer „mjb" besteht Schreib-und Lese-Erlaubnis, für alle anderen Benutzer jedoch nur Schreiberlaubnis. Warum?
12. Nehmen wir an, Sie kennen den Gerätenamen des Terminals eines Freundes; schreiben Sie ein Programm, das Ihnen das Schreiben von Nachrichten auf das Terminal Ihres Freundes ermöglicht. Welche zusätzlichen Informationen benötigen Sie, um ein vernünftiges Gegenstück zur üblichen *write*-Anweisung zu kodieren?
13. Implementieren Sie das Kommando *stty*: ohne Parameter ermittelt es die Terminaleinstellungen und zeigt sie dem Benutzer an. Andernfalls kann der Benutzer bestimmte Einstellungen interaktiv ändern.
14. Schreiben Sie eine Zeilendisziplin, die den Namen des Rechners an den Anfang jeder Ausgabezeile stellt.
15. Im kanonischen Modus kann ein Benutzer vorübergehend die Ausgabe auf ein Terminal durch Drücken von Ctrl-S stoppen und sie mit Ctrl-Q wieder weiterführen. Wie sollte die Standard-Zeilendisziplin diese Eigenschaft implementieren?

*16. Der *init*-Prozeß erzeugt einen *getty*-Prozeß für jede Terminalleitung im System. Was würde geschehen, wenn zwei *getty*-Prozesse gleichzeitig für einen Prozeß existieren und auf das Login eines Benutzers warten? Kann der Kern dies verhindern?

17. Nehmen wir an, die Shell wäre so kodiert, daß sie Dateiende nicht erkennt und weiter von der Standard-Eingabe liest. Was würde geschehen, wenn ein Benutzer (in der Login-Shell) Dateiende eingibt und dann mit der Dateneingabe fortfährt?

*18. Nehmen wir an, ein Prozeß liest von seinem Steuerterminal, ignoriert aber Hangup-Signale bzw. fängt diese ab. Was geschieht, wenn der Prozeß weiterhin vom Steuerterminal liest?

19. Das Programm *getty* ist für das Eröffnen einer Terminalleitung zuständig, *login* ist für Überprüfen der Login- und Paßwortinformation zuständig. Welche Vorteile liegen darin, daß die beiden Funktionen in getrennten Programmen durchgeführt werden?
20. Sehen Sie sich die in Abschnitt 10.3.6 beschriebenen zwei Methoden zum Implementieren von indirekten Terminaltreibern („/dev/tty") an. Welche Unterschiede würde ein Benutzer feststellen? (Hinweis: Denken Sie an die Systemaufrufe *stat* und *fstat*.)
21. Entwerfen Sie eine Methode zum Scheduling von Streammodulen, bei der der Kern über einen speziellen Prozeß zum Ausführen der Serviceprozeduren der Module verfügt, wenn diese zur Bearbeitung eingeteilt sind.

*22. Entwerfen Sie ein Schema für virtuelle Terminals (Windows) unter Verwendung von konventionellen Treibern (also keine Streams).

*23. Entwerfen Sie eine Methode zur Implementierung virtueller Terminals über Streams, so daß anstelle eines Benutzerprozesses ein Modul des Kerns die I/O zwischen virtuellen und physikalischen Terminals multiplext. Beschreiben Sie einen Mechanismus zum Verbinden von Streams, um Fan-In und Fan-Out zu ermöglichen. Ist es besser, einen Multiplexermodul in den Kern zu legen, oder ihn als Benutzerprozeß anzulegen?

24. Der Befehl *ps* gibt interessante Informationen über Prozeßaktivitäten im laufenden System aus. In traditionellen Implementierungen liest *ps* die Information in der Prozeßtabelle direkt aus dem Speicherbereich des Systems. Eine solches Verfahren ist jedoch in einer Entwicklungsumgebung mit wechselnder Größe der Prozeßtabelleneinträge instabil; *ps* kann die korrekten Einträge in der Prozeßtabelle nicht ohne Schwierigkeiten ermitteln. Kodieren Sie einen Treiber, der unempfindlich für eine wechselnde Umgebung ist.

11 Prozeßkommunikation

Die Mechanismen zur Prozeßkommunikation gestatten es beliebigen Prozessen, Daten auszutauschen und die Ausführung zu synchronisieren. Wir haben bereits verschiedene Formen der Prozeßkommunikation wie Pipes, benannte Pipes und Signale besprochen. Pipes (namenlose Pipes) haben den Nachteil, daß sie nur den Abkömmlingen des Prozesses bekannt sind, der den Aufruf *pipe* ausgab: nicht verwandte Prozesse können über Pipes nicht kommunizieren. Obwohl mit benannten Pipes auch die Kommunikation nicht verwandter Prozesse möglich ist, können Pipes nicht in einem Netzwerk verwendet werden (siehe Kapitel 13), noch können sie ohne Schwierigkeiten zum Aufbau der vielfältigen Kommunikationswege für verschiedene Sätze kommunizierender Prozesse herangezogen werden: das Multiplexen benannter Pipes zum Ermöglichen privater Nachrichtenkanäle für jeweils ein Paar kommunizierender Prozesse ist nicht möglich. Beliebige Prozesse können zwar auch durch das Senden von Signalen über den Systemaufruf *kill* untereinander kommunizieren, doch beschränkt sich die „Nachricht" auf die Signalnummer.

Dieses Kapitel beschreibt nun andere Formen der Prozeßkommunikation. Es beginnt mit der Untersuchung der Prozeßüberwachung, wobei ein Prozeß die Ausführung eines anderen überwacht und steuert, und erläutert dann das IPC-Paket (IPC: Inter Process Communication = Prozeßkommunikation) in System V: Nachrichten, gemeinsamer Speicher und Semaphore. Das Kapitel zeigt die traditionellen Methoden, mit denen Prozesse auf einem Rechner über ein Netzwerk mit Prozessen auf anderen Rechnern kommunizieren können, und gibt schließlich einen Überblick auf Benutzerebene über die Socketaufrufe des BSD-Systems. Das Kapitel geht dagegen nicht auf netzwerkspezifische Dinge wie Protokolle, Adressierung und Namen ein, die über den Rahmen dieses Buches hinausgehen würden.

11.1 Prozeßüberwachung

UNIX sieht eine einfache Form der Prozeßkommunikation zum Überwachen von Prozessen vor, was besonders bei der Fehlersuche hilft. Ein Debug-Prozeß wie etwa *sdb* erzeugt einen zu überwachenden Prozeß, steuert dessen Ausführung mit dem Aufruf *ptrace*, setzt und löscht Breakpoints und liest aus dessen bzw. schreibt in dessen virtuellen Adreßraum. Die Prozeßüberwachung besteht also aus der Synchronisation des Debug-Prozesses mit dem überwachten Prozeß sowie dem Steuern von dessen Ausführung.

Der Pseudocode in Abbildung 11.1 zeigt die typische Struktur eines Debug-Programms. Der Debugger erzeugt einen Sohn, der den Aufruf *ptrace* ausgibt; als Ergebnis setzt der Kern das Tracebit im Prozeßtabelleneintrag des Sohns. Der Sohn führt nun mit *exec* das zu überwachende Programm aus. Will ein Benutzer zum Beispiel das Programm *a.out* testen, so führt der Sohn *exec* auf *a.out* aus. Der Kern führt den *exec*-Aufruf wie gewöhnlich aus, bemerkt aber zum Schluß, daß das Tracebit gesetzt ist, und sendet ein Trapsignal an den Sohn. Bei Rückkehr aus dem *exec*-Aufruf prüft der Kern auf Signale, so wie er es nach jedem Systemaufruf tut, findet das Trapsignal, das er gerade selbst gesetzt hat, und führt als Sonderfall der Behandlung von Signalen den Code zur Prozeßüberwachung aus. In Kenntnis, daß das Tracebit in seinem Prozeßtabelleneintrag gesetzt ist, weckt der Sohn den Vater aus seinem Schlaf in *wait* (wie wir noch sehen werden), geht in einen dem Schlaf ähnlichen Überwachungszustand über (im Prozeßzustandsdiagramm in Abbildung 6.1 nicht gezeigt) und führt einen Kontextwechsel durch.

```
if ((pid = fork()) == 0)
{
        /* child – traced process */
        ptrace(0, 0, 0, 0);
        exec("name of traced process here");
}
/* debugger process continues here */
for (;;)
{
        wait((int *) 0);
        read(input for tracing instructions)
        ptrace(cmd, pid, ...);
        if (quitting trace)
            break;
}
```

Abb. 11.1: Struktur eines Debug-Prozesses

Typischerweise ist der Vaterprozeß (Debugger) in der Zwischenzeit auf Benutzerebene in eine Schleife eingetreten und wartet darauf, durch den überwachten Prozeß geweckt zu werden. Weckt der überwachte Prozeß den Debugger, so kehrt dieser aus *wait* zurück, liest mit *read* die Benutzeranweisungen und verwandelt sie in eine Folge von *ptrace*-Aufrufen zur Steuerung des (überwachten) Sohnprozesses. Die Syntax des Aufrufs *ptrace* lautet:

```
ptrace(cmd,pid,addr,data);
```

Dabei gibt *cmd* ein beliebiges Kommando wie etwa Lesen oder Schreiben von Daten, Fortfahren in der Ausführung usw. an, *pid* ist die Prozeß-ID des überwachten Prozesses, *addr* ist die virtuelle Adresse, an der im Sohnprozeß gelesen oder geschrieben werden soll, und *data* stellt schließlich einen zu schreibenden Integerwert dar. Bei Ausführung des Aufrufs *ptrace* prüft der Kern, ob der Debugger einen Sohn mit der ID *pid* hat und ob dieser Sohn sich im Überwachungsmodus befindet, und verwendet dann die globalen Trace-Datenstrukturen, um Daten zwischen den beiden Prozessen zu übertragen. Er sperrt die Trace-Datenstruktur, um andere Prozesse an deren Überschreiben zu hindern, kopiert *cmd*, *addr* und *data* in die Datenstruktur, weckt den Sohn und versetzt ihn in den Zustand „lauffähig", und schläft dann, bis der Sohn antwortet. Nimmt der Sohn seine Arbeit (im Systemmodus) wieder auf, führt er den entsprechenden Trace-Befehl aus, schreibt seine Antwort in die Trace-Datenstruktur und weckt den Debugger. Abhängig vom eingegebenen Befehl kann der Sohn wieder in den Trace-Zustand wechseln und auf einen neuen Befehl warten oder aber aus der Signalbehandlung zurückkehren und seine Arbeit wieder aufnehmen. Kommt der Debugger wieder zur Arbeit, so sichert der Kern den vom überwachten Prozeß gelieferten Returncode, gibt die Trace-Datenstrukturen frei und kehrt zum Benutzer zurück.

Schläft der Debug-Prozeß nicht im *wait*-Aufruf, wenn der Sohn in den Trace-Zustand wechselt, so wird er seinen zu überwachenden Sohn nicht bemerken, bis dieser *wait* ausgibt; dann allerdings wird er sofort zurückkehren und wie gerade beschrieben verfahren.

Sehen wir uns die beiden Programme *trace* und *debug* in den Abbildungen 11.2 und 11.3 an. Beim Ablauf von *trace* am Terminal ist der Inhalt des Arrays *data* 0; der Prozeß gibt die Adresse *data* aus und geht nach *exit*. Läuft jedoch *debug* mit einem Parameter entsprechend

```
int data[32];
main()
{
        int i;
        for (i = 0;  i < 32;  i++)
                printf("data[%d] = %d\n", i, data[i]);
        printf("ptrace data addr 0x%x\n", data);
}
```

Abb. 11.2: Trace - ein überwachter Prozeß

```
#define TR_SETUP 0
#define TR_WRITE 5
#define TR_RESUME 7
int addr;

main(argc, argv)
        int argc;
        char *argv[];
{
        int i, pid;

        sscanf(argv[1], "%x", &addr);

        if ((pid = fork()) == 0)
        {
                ptrace(TR_SETUP, 0, 0, 0);
                execl("trace", "trace", 0);
                exit();
        }
        for (i = 0;  i < 32;  i++)
        {
                wait((int *) 0);
                /* write value of i into address addr in proc pid */
                if (ptrace(TR_WRITE, pid, addr, i) == -1)
                        exit();
                addr += sizeof(int);
        }
        /* traced process should resume execution */
        ptrace(TR_RESUME, pid, 1, 0);
}
```

Abb. 11.3: Debug - ein überwachender Prozeß

dem von *trace* ausgegebenen Wert, so stellt *debug* den Parameter in *addr* sicher, erzeugt einen Sohn, der *ptrace* ausgibt, um sich überwachbar zu machen, und führt mit *exec trace* aus. Der Kern sendet am Ende von *exec* an den Sohn (wir haben ihn *trace* genannt) ein Signal *SIGTRAP*, und *trace* geht in den Trace-Zustand und wartet auf Befehle von *debug*. Hat *debug* in *wait* geschlafen, wacht er auf, findet den überwachten Sohn und kehrt aus *wait* zurück. Jetzt ruft *debug* *ptrace* auf, schreibt den Wert der Schleifenvariablen *i* an der Adresse *addr* in den Datenbereich von *trace* und erhöht *addr*; in *trace* ist *addr* die Adresse eines Eintrags im Array *data*. Der letzte Aufruf von *debug* an *ptrace* führt zum Ablauf von *trace*, zu diesem Zeitpunkt enthält das Array *data* die Werte 0 bis 31. Ein Debugger wie *sdb* hat Zugriff auf die Symboltabelle des überwachten Prozesses, wodurch er die Adressen bestimmen kann, die er als Parameter für die *ptrace*-Aufrufe benötigt.

Die Verwendung von *ptrace* zur Prozeßüberwachung ist primitiv und leidet an mehreren Einschränkungen.

- Der Kern muß zum Transport eines Datenwortes zwischen Debugger und überwachtem Prozeß vier Kontextwechsel durchführen: Der Kern wechselt den Kontext im Debugger im Aufruf *ptrace*, bis der überwachte Prozeß auf eine Anfrage antwortet, er wechselt den Kontext in den und vom überwachten Prozeß, und er wechselt schließlich mit der Antwort auf den *ptrace*-Aufruf den Kontext zurück zum Debug-Prozeß. Dieser Overhead ist nötig, denn der Debugger hat keine andere Möglichkeit, Zugriff auf den virtuellen Adreßraum des zu überwachenden Prozesses zu erhalten; das Überwachen eines Prozesses ist folglich sehr zeitaufwendig.
- Ein Debug-Prozeß kann mehrere Sohnprozesse gleichzeitig überwachen, obwohl diese Eigenschaft in der Praxis selten Verwendung findet. Kritischer ist schon, daß ein Debugger nur Sohnprozesse überwachen kann: Gibt ein Sohn *fork* aus, so hat der Debugger keine Kontrolle mehr über das Enkelkind, was einen großen Nachteil beim Debuggen von komplexen Programmen darstellt. Gibt ein überwachter Prozeß *exec* aus, werden wegen des ursprünglichen *ptrace*-Aufrufs auch die später ausgeführten Abbilder immer noch überwacht, jedoch kennt der Debugger deren Namen nicht, was Debuggen über Symbole erschwert.
- Ein Debugger kann keinen Prozeß überwachen, der sich bereits in der Ausführung befindet, außer dieser hat bereits vorher *ptrace* aufgerufen, um dem Kern mitzuteilen, daß er der Überwachung zustimmt. Dies ist unangenehm, denn ein Prozeß, der Debuggen erforderlich macht, muß zu diesem Zweck abgebrochen und im Tracemodus neu gestartet werden.
- Es ist nicht möglich, *setuid*-Programme zu überwachen, denn der Benutzer könnte durch das Schreiben in deren Adreßraum über *ptrace* und das Ausführen illegaler Operationen die Sicherheit verletzen. Nehmen wir zum Beispiel an, ein *setuid*-Programm ruft *exec* mit dem Dateinamen „privatefile" auf. Ein schlauer Benutzer könnte *ptrace* verwenden, um den Dateinamen mit „/bin/sh" zu überschreiben, und so die Shell (und alle von ihr ausgeführten Programme) mit unerlaubten Berechtigungen ausführen. *Exec* ignoriert deshalb des *setuid*-Bit, wenn der Prozeß unter Trace läuft, um den Benutzer am Überschreiben des Adreßraums des *setuid*-Programms zu hindern.

Killian [Killian 84] beschreibt ein anderes Schema zur Prozeßüberwachung, das auf dem in Kapitel 5 beschriebenen Wechsel des Dateisystems beruht. Der Systemverwalter montiert ein Dateisystem „/proc"; Benutzer identifizieren Prozesse über ihre PID und behandeln sie als Dateien in „/proc". Der Kern gibt die Erlaubnis zum Öffnen der Dateien entsprechend der Benutzer- und Gruppen-ID des Prozesses. Benutzer können den Adreßraum des Prozesses durch Lesen der Datei überprüfen und Breakpoints durch Schreiben in die Datei setzen. *Stat* gibt verschiedene Statistiken über den Prozeß zurück. Die Methode bietet Abhilfe für drei Nachteile von *ptrace*. Zum ersten ist sie schneller, denn ein Debug-Prozeß kann mit einem Systemaufruf mehr Daten übertragen als mit *ptrace*. Zum zweiten kann ein Debugger beliebige Prozesse überwachen und bleibt nicht notwendigerweise auf einen

Sohnprozeß beschränkt. Und zum dritten schließlich muß der überwachte Prozeß keine Maßnahmen treffen, um das Überwachen zu ermöglichen; ein Debugger kann auch bereits bestehende Prozesse überwachen. Als Folge des regulären Schutzmechanismus des Dateisystems kann nur ein Superuser Prozesse überwachen, deren ID auf root gesetzt ist.

11.2 Prozeßkommunikation (IPC) in System V

Das IPC-Paket von System V besteht aus drei Mechanismen. Über Nachrichten ist es Prozessen möglich, formatierte Datenstreams an beliebige Prozesse zu senden, gemeinsamer Speicher erlaubt es Prozessen, Teile ihres virtuellen Adreßraums miteinander zu benutzen, und Semaphore schließlich ermöglichen Prozessen das Synchronisieren der Ausführung. Als eine Einheit implementiert, bedienen sie sich gemeinsam der folgenden Einrichtungen.

- Jeder Mechanismus verfügt über eine Tabelle, deren Einträge jedes Auftreten dieses Mechanismus beschreiben.
- Jeder Eintrag enthält einen numerischen *Schlüssel*, der seinen vom Benutzer gewählten Namen darstellt.
- Jeder Mechanismus enthält einen get-Aufruf, um einen Eintrag zu erzeugen bzw. einen bestehenden aufzufinden; die Parameter für den Aufruf enthalten Flags und einen Schlüssel. Der Kern sucht in der passenden Tabelle nach einem Eintrag, dessen Name über den Schlüssel geliefert wird. Prozesse können den get-Aufruf mit dem Schlüssel *IPC_PRIVATE* ausführen, um den Erhalt eines unbenutzten Eintrags sicherzustellen. Sie können im Flagfeld das Bit *IPC_CREAT* setzen, um einen neuen Eintrag zu erzeugen, falls für den angegebenen Schlüssel noch kein Eintrag existiert, und sie können durch Setzen der Flags *IPC_EXCL* und *IPC_CREAT* eine Fehlermeldung erzwingen, falls für den angegebenen Schlüssel bereits ein Eintrag vorhanden ist. Die get-Aufrufe geben einen vom Kern bestimmten Deskriptor zur Verwendung in anderen Systemaufrufen zurück und entsprechen dahingehend den *creat*- und *open*-Aufrufen für das Dateisystem.
- Für jeden IPC-Mechanismus verwendet der Kern die folgende Formel, um aus dem Deskriptor den Index in die Tabelle der Datenstrukturen zu ermitteln:

  ```
  Index = Deskriptor modulo (Anzahl der Tabelleneinträge)
  ```

  Enthält die Tabelle der Nachrichtenstrukturen beispielsweise 100 Einträge, dann sind die Deskriptoren 1, 101, 201 usw. für Eintrag 1. Entfernt ein Prozeß einen Eintrag, so erhöht der Kern den mit ihm verbundenen Deskriptor um die Anzahl der Tabelleneinträge: Der erhöhte Wert wird zum neuen Deskriptor für den Eintrag, wenn er durch einen get-Aufruf wieder zugeordnet wird. Prozesse, die versuchen, über den alten Deskriptor auf den Eintrag zuzugreifen, laufen beim Zugriff auf Fehler. Hat beim geschilderten Beispiel der Deskriptor für den Nachrichteneintrag 1 beim Entfernen des Eintrags den Wert 201, so weist der Kern für den neuen Deskriptor den Wert 301 zu. Prozesse, die versuchen, auf Deskriptor 201 zuzugreifen, erhalten eine Fehlermeldung, denn dieser ist nicht mehr gültig. Der Kern kann Deskriptornummern wiederverwenden, allerdings erst nach einer genügend großen Zeitspanne.
- Jeder IPC-Eintrag verfügt über eine Erlaubnisstruktur, die Benutzer- und Gruppen-ID des Prozesses, der den Eintrag erzeugte, und eine über den Steueraufruf (wird noch erklärt) gesetzte Benutzer- und Gruppen-ID umfaßt, sowie einen Satz von Lese-, Schreib- und Ausführungsberechtigungen für Benutzer, Gruppe und andere, ähnlich den Zugriffsrechten bei Dateien.

- Jeder Eintrag enthält zusätzliche Statusinformationen wie die Prozeß-ID des Prozesses, der den Eintrag zuletzt änderte (Senden bzw. Empfangen einer Nachricht, Anknüpfen von gemeinsamem Speicher usw.) und den Zeitpunkt des letzten Zugriffs bzw. der letzten Änderung.
- Jeder Mechanismus verfügt über einen Steuer-Systemaufruf zum Abfragen des Zustands eines Eintrags, zum Setzen von Statusinformationen und zum Entfernen des Eintrags aus dem System. Fragt ein Prozeß den Zustand eines Eintrags ab, so prüft der Kern, ob der Prozeß Leserecht besitzt, und kopiert dann die Daten vom Tabelleneintrag an die Benutzeradresse. In ähnlicher Weise prüft der Kern beim Setzen von Parametern in einem Eintrag, ob die Benutzer-ID des Prozesses mit der Benutzer-ID des Eintrags bzw. der Benutzer-ID des Eintragserzeugers übereinstimmt oder ob der Prozeß etwa unter einem Superuser abläuft; Schreiberlaubnis allein genügt nicht zum Setzen von Parametern. Der Kern kopiert dann die Benutzerdaten in den Tabelleneintrag und setzt Benutzer-ID, Gruppen-ID, Zugriffsrechte und andere Felder in Abhängigkeit vom jeweiligen Mechanismus. Der Kern ändert jedoch Benutzer- und Gruppen-ID des Eintragserzeugers nicht, damit der Benutzer, der den Eintrag erzeugte, weiterhin die Steuerrechte darüber behält. Schließlich kann ein Benutzer einen Eintrag entfernen, wenn er der Superuser ist oder seine Prozeß-ID mit einem ID-Feld in der Eintragsstruktur übereinstimmt. Der Kern erhöht nun die Deskriptornummer, damit beim nächsten Zuweisen des Eintrags ein anderer Deskriptor zurückgegeben wird. Folglich werden, wie bereits erläutert, Systemaufrufe fehlschlagen, wenn ein Prozeß versucht, über eine alte Deskriptornummer auf einen Eintrag zuzugreifen.

11.2.1 Nachrichten

Vier Systemaufrufe für Nachrichten stehen zur Verfügung: *msgget* (erzeugt und) gibt einen Nachrichtendeskriptor zurück, der eine Nachrichtenqueue zur Verwendung in anderen Systemaufrufen bezeichnet, *msgctl* setzt Optionen und gibt auf einen Nachrichtendeskriptor bezogene Parameter zurück, *msgsnd* sendet eine Nachricht, und *msgrcv* schließlich dient zum Empfang einer Nachricht.

Die Syntax des Aufrufs *msgget* lautet:

```
msgqid = msgget(key,flag);
```

Dabei ist *msgqid* der vom Aufruf zurückgegebene Nachrichtendeskriptor, *key* und *flag* haben die zuvor beim allgemeinen „get“-Aufruf beschriebene Bedeutung. Der Kern legt die Nachrichten in einer verketteten Liste (Queue) für jeden Deskriptor ab und verwendet *msgqid* als Index in ein Array von Nachrichtenqueue-Headern. Zusätzlich zu den bereits erwähnten allgemeinen IPC-Erlaubnisfeldern enthält die Queuestruktur folgende Felder:

- Pointer auf den ersten und letzten Eintrag in der verketteten Liste;
- Die Anzahl der Nachrichten sowie die der Datenbytes in der verketteten Liste;
- Die maximale Zahl von Datenbytes, die sich in der verketteten Liste befinden können;
- Die Prozeß-IDs der letzten Sende- und Empfängerprozesse für Nachrichten;
- Zeitstempel für die letzten *msgsnd*-, *msgrcv*- und *msgctl*-Operationen.

Gibt ein Benutzer *msgget* zum Erzeugen eines neuen Deskriptors aus, so sucht der Kern im Array der Nachrichtenqueues nach einer Nachricht mit dem gegebenen Schlüssel. Ist für den Schlüssel kein Eintrag vorhanden, ordnet der Kern eine neue Queuestruktur zu, initialisiert sie und gibt eine Kennung an den Benutzer zurück. Andernfalls überprüft er die Zugriffsrechte und kehrt zurück.

Ein Prozeß verwendet den Aufruf *msgsnd* zum Senden einer Nachricht:

```
msgsnd(msgqid,msg,count,flag);
```

Dabei ist *msgqid* der Deskriptor der Nachrichtenqueue, wie er typischerweise von einem *msgget*-Aufruf zurückgegeben wird, *msg* ist ein Pointer auf eine Struktur aus einem vom Benutzer gewählten (Integer-) Typ und einem Zeichenarray, *count* gibt die Größe des Datenarrays an, und *flag* bezeichnet die Aktion, die der Kern durchführen soll, wenn der interne Pufferplatz nicht mehr ausreicht.

Der Kern prüft (Abbildung 11.4), ob der sendende Prozeß Schreiberlaubnis für den Nachrichtendeskriptor besitzt, ob die Länge der Nachricht die vom System gesetzte Grenze nicht überschreitet, ob die Nachrichtenqueue nicht zuviele Bytes enthält, und ob der Nachrichtentyp eine positive Ganzzahl ist. Sind alle Prüfungen erfolgreich, ordnet der Kern Platz für die Nachricht aus einer *Nachrichtenmap* zu (erinnern wir uns an Abschnitt 9.1) und kopiert die Daten aus dem Benutzerbereich. Der Kern ordnet weiterhin einen Nachrichtenkopf zu und stellt ihn an das Ende der verketteten Liste von Nachrichtenköpfen für die Nachrichtenqueue. Er hält Nachrichentyp und -größe im Nachrichtenkopf fest, läßt den Nachrichtenkopf auf die Nachrichtendaten zeigen und berichtigt verschiedene statistische Felder (Anzahl von Nachrichten und Bytes in der Queue, Zeitstempel und Prozeß-ID des Senders) im Queue-Header. Der Kern weckt nun alle Prozesse, die darauf warteten, daß in der Queue Nachrichten eintreffen. Übersteigt die Anzahl der Bytes in der Queue den für die Queue zulässigen Höchstwert, schläft der Prozeß, bis andere Nachrichten aus der Queue entfernt werden. Hat der Prozeß allerdings angegeben, daß er nicht warten will (mit dem Flag IPC_NOWAIT), so kehrt er sofort mit einer Fehlermeldung zurück. Abbildung 11.5 zeigt Nachrichten in einer Queue, Queue-Header, verkettete Liste der Nachrichtenköpfe und die Pointer von den Nachrichtenköpfen auf einen Datenbereich.

```
algorithm msgsnd              /* send a message */
input:  (1) message queue descriptor
        (2) address of message structure
        (3) size of message
        (4) flags
output: number of bytes sent
{
      check legality of descriptor, permissions;
      while (not enough space to store message)
      {
            if (flags specify not to wait)
                  return;
            sleep(until event enough space is available);
      }
      get message header;
      read message text from user space to kernel;
      adjust data structures: enqueue message header,
                  message header points to data,
                  counts, time stamps, process ID;
      wakeup all processes waiting to read message from queue;
}
```

Abb. 11.4: Algorithmus für Msgsnd

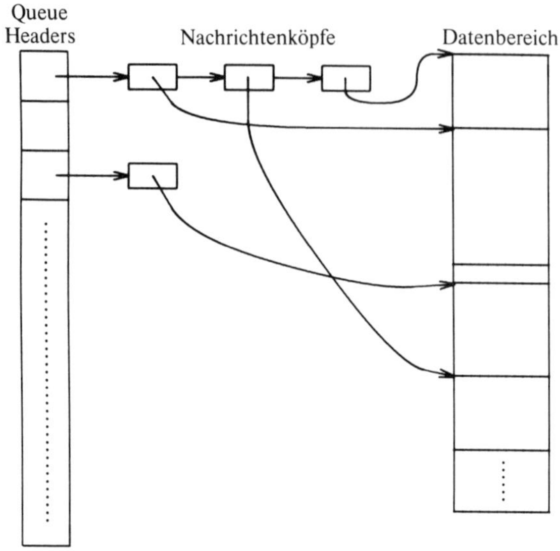

Abb. 11.5: Datenstrukturen für Nachrichten

Sehen wir uns das Programm in Abbildung 11.6 an: Ein Prozeß ruft *msgget* auf, um einen Deskriptor für *MSGKEY* zu erhalten. Er baut eine Nachricht von 256 Bytes Länge auf, obwohl er nur den ersten Integerwert benutzt, kopiert seine Prozeß-ID in den Nachrichtentext, setzt den Nachrichtentyp auf 1 und ruft dann zum Senden der Nachricht *msgsnd* auf. Wir werden später wieder auf dieses Beispiel zurückkommen.

Ein Prozeß empfängt Nachrichten mit:

```
count = msgrcv(id,msg,maxcount,type,flag);
```

Dabei ist *id* der Nachrichtendeskriptor, *msg* ist die Adresse einer Benutzerstruktur zur Aufnahme der empfangenen Nachricht, *maxcount* ist die Größe das Datenarrays in *msg*, *type* gibt den Typ der Nachricht an, die der Benutzer lesen will, und *flag* teilt dem Kern mit, was zu tun ist, wenn sich keine Nachrichten in der Queue befinden. Der Rückgabewert *count* enthält die Anzahl der an den Benutzer zurückgegebenen Bytes.

Der Kern prüft wie zuvor (Abbildung 11.7), ob der Benutzer die nötigen Zugriffsrechte für die Nachrichtenqueue besitzt. Ist der *Typ* der angeforderten Nachricht 0, sie nimmt der Kern die erste Nachricht in der verketteten Liste. Ist die Größe der Nachricht kleiner oder gleich der vom Benutzer geforderten, so kopiert der Kern die Daten der Nachricht in die Benutzerdatenstruktur und berichtigt seine internen Strukturen entsprechend: Er erniedrigt den Zähler für die Nachrichten sowie die Anzahl der Datenbytes in der Queue, setzt Empfangszeit und Prozeß-ID des Empfängers, berichtigt die verkettete Liste und gibt den Platz im Kern frei, der die Daten der Nachricht enthielt. Warten noch Prozesse auf das Senden von Nachrichten, weil vorher kein Platz mehr in der Liste war, so weckt sie der Kern jetzt. Ist die Nachricht länger als der vom Benutzer angegebene *maxcount* erlaubt, so kehrt der Kern mit einer Fehlermeldung aus dem Systemaufruf zurück und läßt die Nachricht in der Queue. Ignoriert der Prozeß jedoch Größenbeschränkungen (das Bit *MSG_NOERROR* ist in *flag* gesetzt), so kürzt der Kern die Nachricht entsprechend, gibt die angeforderte Anzahl Bytes zurück und entfernt die gesamte Nachricht aus der Liste.

```
#include     <sys/types.h>
#include     <sys/ipc.h>
#include     <sys/msg.h>

#define MSGKEY      75

struct msgform {
        long        mtype;
        char        mtext[256];
};

main()
{
        struct msgform msg;
        int msgid, pid, *pint;

        msgid = msgget(MSGKEY, 0777);

        pid = getpid();
        pint = (int *) msg.mtext;
        *pint = pid;          /* copy pid into message text */
        msg.mtype = 1;

        msgsnd(msgid, &msg, sizeof(int), 0);
        msgrcv(msgid, &msg, 256, pid, 0);        /* pid is used as the msg type */
        printf("client: receive from pid %d\n", *pint);
}
```

Abb. 11.6: Ein Kundenprozeß

Ein Prozeß kann durch entsprechendes Setzen des *type*-Parameters Nachrichten eines bestimmten Typs empfangen. Ist *type* eine positive Integerzahl, so übergibt der Kern die erste Nachricht dieses Typs. Ist *type* negativ, ermittelt der Kern den niedrigsten Nachrichtentyp in der Queue, vorausgesetzt dieser ist kleiner oder gleich dem absoluten Wert von *type*, und gibt die erste Nachricht dieses Typs zurück. Enthält eine Queue zum Beispiel drei Nachrichten der Typen 3, 1 und 2, und fordert ein Benutzer eine Nachricht vom Typ -2 an, so gibt der Kern die Nachricht mit Typ 1 zurück. In allen Fällen, in denen keine Nachricht in der Queue die Empfangsanforderung erfüllt, versetzt der Kern den Prozeß in Schlaf, außer dieser hat durch Setzen des Bits *IPC_NOWAIT* in *flag* die sofortige Rückkehr bestimmt.

Sehen wir uns nun die Programme in den Abbildungen 11.6 und 11.8 an. Das Programm in Abbildung 11.8 zeigt die Struktur eines *Servers*, der spezifische Dienste für *Kundenprozesse* bietet. Er kann beispielsweise von Kundenprozessen die Anforderung erhalten, Informationen aus einer Datenbank zu besorgen; der Serverprozeß ist dann der einzige Punkt für einen Zugriff auf die Datenbank, was das Gewährleisten von Konsistenz und Sicherheit einfacher macht. Der Server erzeugt durch Setzen das Flags *IPC_CREAT* im Aufruf *msgget* eine Nachrichtenstruktur und empfängt alle Nachrichten vom Typ 1 - die Anforderungen der Kundenprozesse. Er liest den Nachrichentext, stellt die Prozeß-ID des Kundenprozesses fest und setzt den Nachrichtentyp der Antwort auf die Prozeß-ID des Kunden. Im Beispiel sendet er seine eigene Prozeß-ID im Nachrichtentext an den Kundenprozeß zurück, und dieser erhält dann Nachrichten, deren Typ seiner Prozeß-ID entspricht. Auf diese Weise empfängt der Server nur Nachrichen von Kundenprozessen, und Kundenprozesse empfangen nur Nachrichen, die ihnen vom Server gesendet wurden. Die Prozesse arbeiten dazu beim Aufbau mehrfacher Kanäle in einer einzigen Nachrichtenqueue zusammen.

Nachrichten sind als Informationspaar aus Typangabe und Nachrichtendaten gebildet, wogegen die Daten einer Datei einen Bytestream bilden. Die *type*-Angabe gestattet es Prozessen, nach Wunsch Nachrichten eines bestimmten Typs auszuwählen, eine Eigenschaft, die im Dateisystem nicht einfach zu erreichen ist. Prozesse können so Nachrichten eines bestimmten Typs in der Reihenfolge ihres Eintreffens aus der Nachrichtenqueue entnehmen, wobei der Kern für die richtige Reihenfolge sorgt. Obwohl es natürlich auch möglich

```
algorithm msgrcv                /* receive message */
input:  (1) message descriptor
        (2) address of data array for incoming message
        (3) size of data array
        (4) requested message type
        (5) flags
output: number of bytes in returned message
{
        check permissions;
    loop:
        check legality of message descriptor;
        /* find message to return to user */
        if (requested message type == 0)
                consider first message on queue;
        else if (requested message type > 0)
                consider first message on queue with given type;
        else    /* requested message type < 0 */
                consider first of the lowest typed messages on queue,
                        such that its type is <= absolute value of
                        requested type;
        if (there is a message)
        {
                adjust message size or return error if user size too small;
                copy message type, text from kernel space to user space;
                unlink message from queue;
                return;
        }
        /* no message */
        if (flags specify not to sleep)
                return with error;
        sleep (event message arrives on queue);
        goto loop;
}
```

Abb. 11.7: Algorithmus zum Empfangen einer Nachricht

ist, ein Nachrichtenübermittlungsschema auf Benutzerebene über das Dateisystem zu implementieren, bieten Nachrichten doch für Benutzeranwendungen einen effizienteren Weg zum Datentransport zwischen Prozessen.

Ein Prozeß kann mit dem Aufruf *msgctl* den Status eines Nachrichtendeskriptors abfragen, ihn setzen, bzw. den Deskriptor entfernen. Die Syntax für den Aufruf lautet:

```
msgctl(id,cmd,mstatbuf);
```

```
#include        <sys/types.h>
#include        <sys/ipc.h>
#include        <sys/msg.h>

#define MSGKEY        75
struct msgform
{
        long mtype;
        char mtext[256];
} msg;
int msgid;

main()
{
        int i, pid, *pint;
        extern cleanup();

        for (i = 0;  i < 20;  i++)
                signal(i, cleanup);
        msgid = msgget(MSGKEY, 0777 | IPC_CREAT);

        for (;;)
        {
                msgrcv(msgid, &msg, 256, 1, 0);
                pint = (int *) msg.mtext;
                pid = *pint;
                printf("server: receive from pid %d\n", pid);
                msg.mtype = pid;
                *pint = getpid();
                msgsnd(msgid, &msg, sizeof(int), 0);
        }
}

cleanup()
{
        msgctl(msgid, IPC_RMID, 0);
        exit();
}
```

Abb. 11.8: Ein Serverprozeß

Dabei ist *id* der Nachrichtendeskriptor, *cmd* gibt den Typ des Befehls an, und *mstatbuf* ist die Adresse einer Benutzerdatenstruktur für Steuerparameter bzw. die Ergebnisse der Abfrage. Die Implementierung des Systemaufrufs ist einfach; der Anhang enthält genaueres über die Parameter.

Kehren wir wieder zurück zum Beispiel des Servers in Abbildung 11.8; der Prozeß fängt Signale ab und ruft die Funktion *cleanup* auf, um die Queue aus dem System zu entfernen. Würde er die Signale nicht abfangen oder erhält er ein Signal *SIGKILL* (das nicht abgefangen werden kann), so würde die Nachrichtenqueue im System bleiben, selbst wenn keine Prozesse mehr auf sie zugreifen. Nachfolgende Versuche, eine neue Nachrichtenqueue (exklusiv) für den gegebenen Schlüssel einzurichten, würden bis zu ihrer Entfernung fehlschlagen.

11.2.2 Gemeinsamer Speicher

Prozesse können direkt miteinander kommunizieren, indem sie Teile ihres virtuellen Adreßraums gemeinsam benutzen und die im *gemeinsamen Speicher* abgelegten Daten lesen bzw. schreiben. Die Systemaufrufe zur Bearbeitung von gemeinsamem Speicher ähneln denen für Nachrichten. Der Aufruf *shmget* erzeugt eine neue Region gemeinsamen Speichers bzw. gibt eine bereits bestehende zurück, der Aufruf *shmat* verknüpft eine Region logisch mit dem virtuellen Adreßraum eines Prozesses, der Aufruf *shmdt* löst die Verbindung einer Region mit dem virtuellen Adreßraum eines Prozesses, und der Aufruf *shmctl* schließlich bearbeitet verschiedene, in Zusammenhang mit gemeinsamem Speicher stehende Parameter. Prozesse verwenden zum Lesen und Schreiben von gemeinsamem Speicher dieselben Maschinenbefehle wie zum Lesen und Schreiben von normalem Speicher. Nach dem Anknüpfen des gemeinsamen Speichers wird dieser Teil des virtuellen Adreßraums eines Prozesses, ist also genauso wie andere virtuelle Adressen ansprechbar; für den Zugriff auf die Daten im gemeinsamen Speicher sind also keine eigenen Systemaufrufe notwendig.

Die Syntax des Aufrufs *shmget* lautet:

```
shmid = shmget(key,size,flag);
```

Dabei ist *size* die Anzahl von Bytes in der Region. Der Kern durchsucht die gemeinsame Speichertabelle nach dem gegebenen Schlüssel *key*: findet er einen Eintrag und sind die Zugriffsrechte passend, gibt er den Deskriptor für den Eintrag zurück. Findet er keinen Eintrag und hat der Benutzer das Flag *IPC_CREAT* gesetzt, um eine neue Region zu erzeugen, so prüft der Kern, ob die Größe sich zwischen den im System gültigen Minimal- und Maximalwerten bewegt und weist dann mit dem Algorithmus *allocreg* (Abschnitt 6.5.2) die Datenstruktur einer Region zu. Der Kern sichert Zugriffsrechte, Größe und einen Pointer auf den Eintrag in der Regionstabelle in der gemeinsamen Speichertabelle (Abbildung 11.9) und setzt dort ein Flag, um anzuzeigen, daß kein Speicher mit der Region verbunden ist. Er ordnet den Speicher (Seitentabellen usw.) für die Region nur zu, wenn ein Prozeß die Region mit seinem Adreßraum verknüpft. Der Kern setzt zudem ein Flag im Regionstabelleneintrag, das anzeigt, daß die Region nicht freigegeben werden darf, wenn der letzte mit ihr verknüpfte Prozeß *exit* ausgibt. Auf diese Weise bleiben Daten im gemeinsamen Speicher auch dann erhalten, wenn kein Prozeß sie zu seinem virtuellen Adreßraum zählt.

Ein Prozeß verknüpft eine gemeinsame Speicherregion über den Systemaufruf *shmat* mit seinem virtuellen Adreßraum:

```
virtaddr = shmat(id,addr,flags);
```

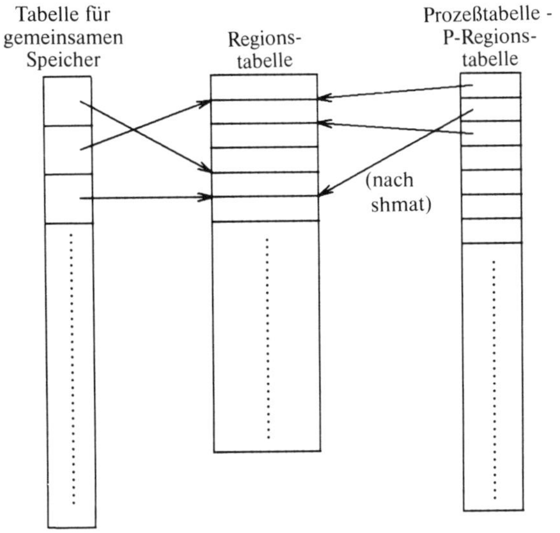

Abb. 11.9: Datenstrukturen für gemeinsamen Speicher

Dabei identifiziert *id*, von einem vorausgegangenen Aufruf *shmget* zurückgegeben, die gemeinsame Speicherregion, *addr* ist die virtuelle Adresse, an die der Benutzer den gemeinsamen Speicher verknüpfen will, und *flags* gibt an, ob die Region nur zum Lesen verwendet werden darf, und ob der Kern die vom Benutzer angegebene Adresse abrunden darf. Der Rückgabewert *virtaddr* ist die virtuelle Adresse, an die der Kern die Region verknüpft, allerdings nicht notwendigerweise der vom Prozeß angeforderte Adreßwert.

Bei der Ausführung des Systemaufrufs *shmat* prüft der Kern, ob der Prozeß über die nötigen Berechtigungen zum Zugriff auf die Region verfügt (Abbildung 11.10). Er überprüft auch die vom Benutzer angegebene Adresse: Ist sie 0, sucht der Kern selbst eine passende virtuelle Adresse.

Der gemeinsame Speicher darf andere Regionen im virtuellen Adreßraum des Prozesses nicht überlagern; er muß also so gewählt werden, daß andere Regionen nicht in den gemeinsamen Speicher hineinwachsen können. Beispielsweise kann ein Prozeß mit dem Aufruf *brk* die Größe seiner Datenregion erhöhen, die neue Datenregion schließt dann virtuell lückenlos an die bestehenden Region an; der Kern sollte deshalb keinen nahe an der Datenregion liegenden gemeinsamen Speicher mit anknüpfen. In ähnlicher Weise sollte er gemeinsamen Speicher auch nicht an der Spitze des Stacks einrichten, damit der Stack nicht in ihn hineinwachsen kann. Wächst der Stack zum Beispiel in Richtung auf die höheren Adressen, so wäre der beste Platz für gemeinsamen Speicher unmittelbar vor dem Beginn der Stackregion.

Der Kern prüft außerdem, ob die gemeinsame Speicherregion in den Adreßraum des Prozesses paßt, und verknüpft dann die Region über den Algorithmus *attachreg*. Ist der aufrufende Prozeß der erste, der die Region anknüpft, ordnet der Kern mit *growreg* die nötigen Tabellen zu, berichtigt im gemeinsamen Speichertabelleneintrag das Feld für „letzte Verknüpfung" und gibt die virtuelle Adresse zurück, an die er die Region verknüpfte.

```
algorithm shmat                /* attach shared memory */
input:  (1) shared memory descriptor
        (2) virtual address to attach memory
        (3) flags
output: virtual address where memory was attached
{
     check validity of descriptor, permissions;
     if (user specified virtual address)
     {
          round off virtual address, as specified by flags;
          check legality of virtual address, size of region;
     }
     else        /* user wants kernel to find good address */
          kernel picks virtual address: error if none available;
     attach region to process address space (algorithm attachreg);
     if (region being attached for first time)
          allocate page tables, memory for region
                                  (algorithm growreg);
     return(virtual address where attached);
}
```

Abb. 11.10: Algorithmus zum Verknüpfen von gemeinsamem Speicher

Ein Prozeß löst eine gemeinsame Speicherregion mit folgendem Aufruf aus seinem virtuellen Adreßraum:

```
shmdt(addr);
```

Dabei ist *addr* die virtuelle Adresse, die von einem früheren *shmat*-Aufruf zurückgegeben wurde. Obwohl es logischer erscheinen könnte, eine Kennung zu übergeben, wird doch die virtuelle Adresse des gemeinsamen Speichers verwendet, damit der Prozeß zwischen mehreren Erscheinungen einer gemeinsamen Speicherregion unterscheiden kann, die mit seinem Adreßraum verknüpft sind, und weil die Kennung ja inzwischen hätte entfernt werden können. Der Kern sucht nun nach der mit der angegebenen virtuellen Adresse verknüpften Prozeßregion und löst sie über den Algorithmus *detachreg* aus dem Adreßraum des Prozesses (Abschnitt 6.5.7). Da die Regionstabellen keine Pointer zurück auf die gemeinsame Speichertabelle besitzen, durchsucht der Kern die gemeinsame Speichertabelle nach dem Eintrag, der auf die Region zeigt, und berichtigt das Feld für den Zeitpunkt des letzten Lösens der Region.

Sehen wir uns das Programm in Abbildung 11.11 an: Ein Prozeß erzeugt eine 128K Bytes große gemeinsame Speicherregion und verknüpft sie zweimal an verschiedenen virtuellen Adressen mit seinem Adreßraum. Er schreibt Daten in den „ersten" gemeinsamen Speicher und liest sie aus dem „zweiten". Abbildung 11.12 zeigt einen weiteren Prozeß, der dieselbe Region mit sich verknüpft (er holt sich nur 64K Bytes, um zu zeigen, daß jeder Prozeß sich mit einer anderen Menge einer gemeinsamen Speicherregion verknüpfen kann); er wartet nun, bis der erste Prozeß einen Wert ungleich Null in das erste Wort der gemeinsamen Speicherregion geschrieben hat und liest dann aus dem gemeinsamen Speicher. Der erste Prozeß gibt *pause* aus, um dem zweiten eine Chance zu lassen, zur Ausführung zu gelangen; erhält der erste Prozeß ein Signal, entfernt er die gemeinsame Speicherregion.

```
#include        <sys/types.h>
#include        <sys/ipc.h>
#include        <sys/shm.h>
#define SHMKEY       75
#define      K       1024
int shmid;

main()
{
        int i, *pint;
        char *addr1, *addr2;
        extern char *shmat();
        extern cleanup();

        for (i = 0;  i < 20;  i++)
                signal(i, cleanup);
        shmid = shmget(SHMKEY, 128 * K, 0777 | IPC_CREAT);
        addr1 = shmat(shmid, 0, 0);
        addr2 = shmat(shmid, 0, 0);
        printf("addr1 0x%x  addr2 0x%x\n", addr1, addr2);
        pint = (int *) addr1;

        for (i = 0;  i < 256;  i++)
                *pint++ = i;
        pint = (int *) addr1;
        *pint = 256;

        pint = (int *) addr2;
        for (i = 0;  i < 256;  i++)
                printf("index %d\tvalue %d\n", i, *pint++);

        pause();
}

cleanup()
{
        shmctl(shmid, IPC_RMID, 0);
        exit();
}
```

Abb. 11.11: Zweimaliges Verknüpfen von gemeinsamem Speicher mit einem Prozeß

Ein Prozeß verwendet den Systemaufruf *shmctl*, um Parameter für die gemeinsame Speicherregion zu setzen und um ihren Status abzufragen:

```
shmctl(id,cmd,shmstatbuf);
```

Dabei gibt *id* den gemeinsamen Speichertabelleneintrag und *cmd* den Typ der gewünschten Operation an; *shmstatbuf* ist die Adresse einer Benutzerdatenstruktur, die beim Abfragen

```
#include    <sys/types.h>
#include    <sys/ipc.h>
#include    <sys/shm.h>

#define SHMKEY 75
#define K 1024
int shmid;

main()
{
        int i, *pint;
        char *addr;
        extern char *shmat();

        shmid = shmget(SHMKEY, 64 * K, 0777);

        addr = shmat(shmid, 0, 0);
        pint = (int *) addr;

        while (*pint == 0)
                ;
        for (i = 0;  i < 256;  i++)
                printf("%d\n", *pint++);
}
```

Abb. 11.12: Gemeinsame Verwendung von Speicher durch Prozesse

oder Setzen des Status die Statusinformation des gemeinsamen Speichertabelleneintrags enthält. Der Kern behandelt die Befehle zur Statusabfrage und zum Ändern von Besitzer und Berechtigungen ähnlich wie bei der Implementierung von Nachrichten. Zum Entfernen einer gemeinsamen Speicherregion gibt der Kern den Eintrag frei und sieht sich die Regionstabelle an: Hält kein Prozeß mehr die Region mit seinem virtuellen Adreßraum verknüpft, gibt er den Regionstabelleneintrag mit allen zugehörigen Betriebsmitteln über den Algorithmus *freereg* (Abschnitt 6.5.6) frei. Ist die Region noch mit einigen Prozessen verknüpft (ihr Referenzzähler ist größer 0), so löscht der Kern nur das Flag, das anzeigt, daß die Region nach dem Ablösen des letzten Prozesses von ihr nicht freigegeben werden darf. Prozesse, die den gemeinsamen Speicher noch verwenden, können dies weiterhin tun, doch können sich keine neuen Prozesse mehr mit ihm verknüpfen. Haben sich alle Prozesse von der Region gelöst, gibt der Kern sie frei. Der Vorgang entspricht dem Fall im Dateisystem, wo ein Prozeß *open* auf eine Datei ausgibt und auch nach *unlink* weiterhin auf sie zugreifen kann.

11.2.3 Semaphore

Die Systemaufrufe für Semaphore erlauben Prozessen das Synchronisieren ihrer Abarbeitung durch Ausführen eines Satzes atomarer Operationen über eine Anzahl Semaphore. Vor der Implementierung von Semaphoren mußte ein Prozeß mit *creat* eine Sperrdatei erzeugen, wenn er Betriebsmittel sperren wollte: Existiert die Datei bereits, schlägt *creat*

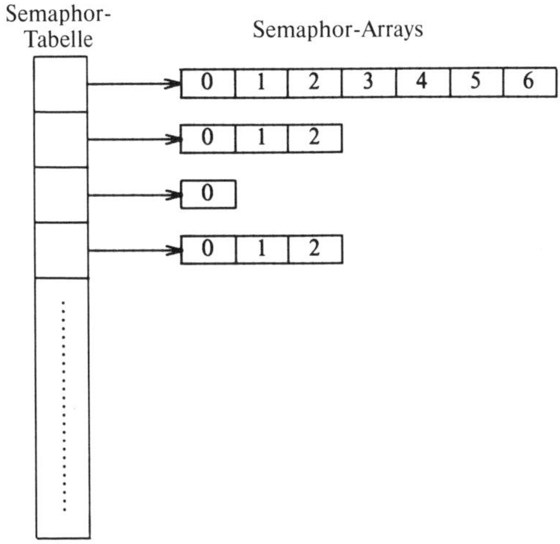

Abb. 11.13: Datenstrukturen für Semaphore

fehl, und der Prozeß kann davon ausgehen, daß ein anderer Prozeß das entsprechende Betriebsmittel gesperrt hat. Die hauptsächlichen Nachteile dieses Verfahrens liegen darin, daß der Prozeß nicht weiß, wann er einen erneuten Versuch starten kann, und daß Sperrdateien unbeabsichtigt bestehen bleiben können, falls etwa das System zusammenbricht oder erneut gestartet wird.

Dijkstra veröffentlichte den Dekker-Algorithmus, der die Implementierung von *Semaphoren* beschreibt, Objekten mit Integerwerten, für die zwei Operationen definiert sind: *P* und *V* (siehe [Dijkstra 68]). Die *P*-Operation erniedrigt den Wert eines Semaphors, falls dieser größer 0 ist, die *V*-Operation erhöht seinen Wert. Da die Operationen atomar sind, kann praktisch immer eine *P*- oder *V*-Operation zu beliebiger Zeit auf ein Semaphor ausgeführt werden. Die Aufrufe für Semaphore in System V sind Verallgemeinerungen von Dijkstra's *P*- und *V*-Operationen, bei denen auch mehrere Operationen gleichzeitig zulässig sind und das Erhöhen bzw. Erniedrigen des Inhalts um Werte größer 1 erfolgen kann. Der Kern führt alle diese Operationen atomar durch; kein anderer Prozeß kann Semaphore ändern, bevor nicht alle Operationen abgeschlossen sind. Kann der Kern nicht *alle* Operationen ausführen, so führt er überhaupt *keine* aus; wie wir noch sehen werden, schläft der Prozeß, bis er alle Operationen ausführen kann.

Ein Semaphor in System V bsteht aus den folgenden Elementen:

- dem Wert des Semaphors,
- der Prozeß-ID des letzten Prozesses, der das Semaphor bearbeitete,
- der Anzahl der Prozesse, die darauf warten, den Wert des Semaphors zu erhöhen,
- der Anzahl der Prozesse, die darauf warten, daß der Wert des Semaphors 0 wird.

Die Systemaufrufe für Semaphore sind *semget* zum Erzeugen und zum Erhalten des Zugriffs auf einen Satz von Semaphoren, *semctl* zum Ausführen verschiedener Steueroperationen auf den Satz von Semaphoren, und schließlich *semop* zum Verändern der Werte von Semaphoren.

Der Aufruf *semget* erzeugt ein Array von Semaphoren:

```
id = semget(key,count,flag);
```

```
#include        <sys/types.h>
#include        <sys/ipc.h>
#include        <sys/sem.h>

#define SEMKEY        75
int semid;
unsigned int count;
/* definition of sembuf in file sys/sem.h
 * struct sembuf {
 *      unsigned shortsem_num;
 *      short sem_op;
 *      short sem_flg;
}; */
struct sembuf psembuf, vsembuf;              /* ops for P and V */

main(argc, argv)
        int argc;
        char *argv[];
{
        int i, first, second;
        short initarray[2], outarray[2];
        extern cleanup();

        if (argc == 1)
        {
                for (i = 0;  i < 20;  i++)
                        signal(i, cleanup);
                semid = semget(SEMKEY, 2, 0777 | IPC_CREAT);
                initarray[0] = initarray[1] = 1;
                semctl(semid, 2, SETALL, initarray);
                semctl(semid, 2, GETALL, outarray);
                printf("sem init vals %d %d\n", outarray[0], outarray[1]);
                pause();        /* sleep until awakened by a signal */
        }

        /* continued next page */
```

Abb. 11.14: Operationen zum Sperren und Entsperren

Dabei gleichen *key*, *flag* und *id* den entsprechenden Parametern für Nachrichten und gemeinsamen Speicher. Der Kern ordnet einen Eintrag zu, der auf ein Array von Semaphorstrukturen mit *count* Elementen (Abbildung 11.13) zeigt. Der Eintrag gibt auch die Anzahl der Semaphore im Array an, den Zeitpunkt des letzten *semop*- sowie des letzten *semctl*-Aufrufs. Beispielsweise erzeugt der *semget*-Aufruf in Abbildung 11.14 ein Semaphor mit zwei Elementen.

Prozesse bearbeiten Semaphore über den Systemaufruf *semop*:

```
oldval = semop(id,oplist,count);
```

```
        else if (argv[1][0] == 'a')
        {
            first = 0;
            second = 1;
        }
        else
        {
            first = 1;
            second = 0;
        }

        semid = semget(SEMKEY, 2, 0777);
        psembuf.sem_op = -1;
        psembuf.sem_flg = SEM_UNDO;
        vsembuf.sem_op = 1;
        vsembuf.sem_flg = SEM_UNDO;

        for (count = 0; ; count++)
        {
            psembuf.sem_num = first;
            semop(semid, &psembuf, 1);
            psembuf.sem_num = second;
            semop(semid, &psembuf, 1);
            printf("proc %d count %d\n", getpid(), count);
            vsembuf.sem_num = second;
            semop(semid, &vsembuf, 1);
            vsembuf.sem_num = first;
            semop(semid, &vsembuf, 1);
        }
    }

    cleanup()
    {
        semctl(semid, 2, IPC_RMID, 0);
        exit();
    }
```

Abb. 11.14: Operationen zum Sperren und Entsperren (Fortsetzung)

Dabei ist *id* der von *semget* zurückgegebene Deskriptor, *oplist* ist ein Pointer auf ein Array von Semaphoroperationen, und *count* enthält die Größe des Arrays. Der Rückgabewert *oldval* ist der Wert des zuletzt im Satz bearbeiteten Semaphors vor der Durchführung der Operation. Das Format jedes Elements von *oplist* ist:

- die Semaphornummer, die den zu bearbeitenden Eintrag im Semaphorarray kennzeichnet,
- die auszuführende Operation,
- Flags.

```
algorithm semop               /* semaphore operations */
inputs: (1) semaphore descriptor
        (2) array of semaphore operations
        (3) number of elements in array
output: start value of last semaphore operated on
{
        check legality of semaphore descriptor;
 start: read array of semaphore operations from user to kernel space;
        check permissions for all semaphore operations;

        for (each semaphore operation in array)
        {
                if (semaphore operation is positive)
                {
                        add "operation" to semaphore value;
                        if (UNDO flag set on semaphore operation)
                                update process undo structure;
                        wakeup all processes sleeping (event semaphore value increases);
                }
                else if (semaphore operation is negative )
                {
                        if ("operation" + semaphore value >= 0)
                        {
                                add "operation" to semaphore value;
                                if (UNDO flag set)
                                        update process undo structure;
                                if (semaphore value 0)
                                        /* continued next page */
```

Abb. 11.15: Algorithmus für Semaphoroperationen

Der Kern liest das Array *oplist* der Semaphoroperationen aus dem Adreßraum des Benutzers und prüft, ob die Semaphornummern zulässig sind und ob der Prozeß die nötigen Berechtigungen besitzt, um Semaphore zu lesen oder zu ändern (Abbildung 11.15). Wird die Erlaubnis nicht gegeben, schlägt der Systemaufruf fehl. Muß der Kern beim Ausführen der Liste von Operationen schlafen, stellt er den Inhalt der bereits bearbeiteten Semaphore so wieder her, wie dieser beim Beginn des Systemaufrufs war; er schläft nun bis zum Auftreten des Ereignisses, auf das er wartet, und fährt dann mit dem Systemaufruf fort. Da der Kern die Semaphoroperationen in einem globalen Array sicherstellt, liest er das Datenarray beim Wiederanlauf des Systemaufrufs erneut aus dem Benutzerbereich. Dadurch werden die Operationen atomar ausgeführt - entweder sofort und vollständig oder überhaupt nicht.

Der Kern verändert den Wert eines Semaphors entsprechend dem Wert der Operation. Ist dieser positiv, erhöht er den Wert des Semaphors und weckt alle Prozesse, die darauf warten, daß der Wert des Semaphors sich erhöht. Ist als Semaphoroperation 0 angegeben, prüft der Kern den Wert des Semaphors: Ist dieser 0, fährt er mit den anderen Operationen im Array fort; anderenfalls erhöht er die Anzahl der schlafenden Prozesse, die darauf warten, daß der Wert des Semaphors 0 wird, und schläft selbst ein. Ist die Semaphoroperation nega-

```
                    wakeup all processes sleeping (event
                        semaphore value becomes 0);
                continue;
            }
            reverse all semaphore operations already done
                this system call (previous iterations);
            if (flags specify not to sleep)
                return with error;
            sleep (event semaphore value increases);
            goto start;        /* start loop from beginning */
        }
        else        /* semaphore operation is zero */
        {
            if (semaphore value non 0)
            {
                reverse all semaphore operations done
                    this system call;
                if (flags specify not to sleep)
                    return with error;
                sleep (event semaphore value == 0);
                goto start;       /* restart loop */
            }
        }
    } /* for loop ends here */
    /* semaphore operations all succeeded */
    update time stamps, process ID's;
    return value of last semaphore operated on before call succeeded;
}
```

Abb. 11.15: Algorithmus für Semaphoroperationen (Fortsetzung)

tiv und ihr absoluter Wert kleiner oder gleich dem Wert des Semaphors, so addiert der Kern den Operationswert (eine negative Zahl) auf den Wert des Semaphors. Ist das Ergebnis 0, weckt der Kern alle schlafenden Prozesse, die darauf warten, daß der Semaphorwert 0 wird. Ist der Semaphorwert kleiner als der absolute Wert der Semaphoroperation, so läßt der Kern den Prozeß bis zu dem Zeitpunkt schlafen, wo sich der Wert des Semaphors wieder erhöht. Schläft ein Prozeß mitten in einer Semaphoroperation ein, so schläft er auf einer nicht unterbrechenbaren Priorität; er wacht also nur beim Empfang eines Signals auf.

Sehen wir uns das Programm in Abbildung 11.14 an und gehen wir davon aus, daß ein Benutzer es (*a.out*) dreimal in der folgende Reihenfolge laufen läßt:

```
a.out &
a.out a &
a.out b &
```

Läuft der Prozeß ohne Parameter, so erzeugt er einen Satz Semaphore mit zwei Elementen und initialisiert ihren Wert auf 1. Er gibt sodann *pause* aus und schläft, bis er von einem Signal geweckt wird, wo er dann in *cleanup* das Semaphor entfernt. Läuft das Programm mit dem Parameter 'a', so führt der Prozeß (A) vier getrennte Semaphoroperationen in der

Schleife aus: Er erniedrigt den Wert von Semaphor 0, erniedrigt den Wert von Semaphor 1, führt die print-Anweisung aus und erhöht dann die Werte der Semaphore 1 und 0. Ein Prozeß schläft ein, wenn er versucht, den Wert eines Semaphors zu erniedrigen, das auf 0 steht, das Semaphor wird deshalb als *gesperrt* betrachtet. Da die Semaphore auf 1 initialisiert wurden und keine anderen Prozesse sie verwenden, wird Prozeß A nie einschlafen, und die Semaphorwerte werden zwischen 0 und 1 hin und herwechseln. Wird das Programm mit dem Parameter 'b' ausgeführt, erniedrigt der Prozeß (B) die Semaphore 0 und 1 in entgegengesetzter Reihenfolge wie Prozeß A. Laufen Prozeß A und B gleichzeitig, könnte eine Situation entstehen, in der Prozeß A Semaphor 0 gesperrt hat und Semaphor 1 zu sperren versucht, Prozeß B dagegen Semaphor 1 gesperrt hat und Semaphor 0 zu sperren versucht. Beide Prozesse schlafen und können nicht weiterarbeiten. Sie befinden sich in einer Deadlocksituation und gehen nur bei Empfang eines Signals in den exit.

Um solche Probleme zu vermeiden, können Prozesse mehrere Semaphoroperationen gleichzeitig ausführen. Die Verwendung von nachfolgenden Strukturen und Code würde im letzten Beispiel die gewünschte Wirkung erzielen.

```
struct sembuf psembuf[2];
psembuf[0].sem_num = 0;
psembuf[1].sem_num = 1;
psembuf[0].sem_op = -1;
psembuf[1].sem_op = -1;
semop(semid,psembuf,2);
```

Psembuf ist ein Array von Semaphoroperationen, das zum gleichzeitigen Erniedrigen der Semaphore 0 und 1 dient. Kann eine der Operationen nicht ausgeführt werden, schläft der Prozeß, bis beide erfolgreich durchgeführt werden können. Hat beispielsweise Semaphor 0 den Wert 1 und Semaphor 1 den Wert 0, dann läßt der Kern beide Werte bestehen, bis er beide verringern kann.

Mit dem Systemaufruf *semop* kann ein Prozeß das Flag *IPC_NOWAIT* setzen; gelangt der Kern an einen Punkt, an dem der Prozeß schlafen würde, weil er darauf warten muß, daß der Semaphorwert einen bestimmten Wert überschreitet oder 0 erreicht, dann kehrt er aus dem Systemaufruf mit einem Fehlercode zurück. Auf diese Weise ist es möglich, ein bedingtes Semaphor zu implementieren, bei dem ein Prozeß nicht einschläft, wenn er eine atomare Operation nicht durchführen kann.

Gefährliche Situationen könnten entstehen, wenn ein Prozeß eine Semaphoroperation durchführt, also etwa ein Betriebsmittel sperrt, und dann ohne Rücksetzen des Semaphorwerts in den *exit* geht. Solche Situationen können als Ergebnis eines Programmierfehlers oder durch den Empfang eines Signals entstehen, das die sofortige Beendigung eines Prozesses bewirkt. Empfängt der Prozeß in Abbildung 11.14 nach dem Erniedrigen der Semaphorwerte ein kill-Signal, so hat er keine Möglichkeit mehr, die Werte wieder zu erhöhen, denn kill-Signale können nicht abgefangen werden. Andere Prozesse werden das Semaphor also gesperrt vorfinden, selbst wenn der Prozeß, der es gesperrt hat, längst nicht mehr existiert. Um solche Probleme zu verhindern, kann ein Prozeß mit dem *semop*-Aufruf das Flag *SEM_UNDO* setzen; geht der Prozeß in den *exit*, so verkehrt der Kern die Wirkung jeder vom Prozeß durchgeführten Semaphoroperation in ihr Gegenteil. Zur Implementierung dieser Eigenschaft unterhält der Kern eine Tabelle mit einem Eintrag für jeden Prozeß im System. Jeder Eintrag zeigt auf einen Satz von *undo*-Strukturen, jeweils eine für jedes vom Prozeß verwendete Semaphor (Abbildung 11.16). Jede undo-Struktur ist ein Array von Tripeln, bestehend aus der Semaphor-ID, einer Semaphornummer innerhalb des durch ID bestimmten Satzes und einem Ausgleichswert.

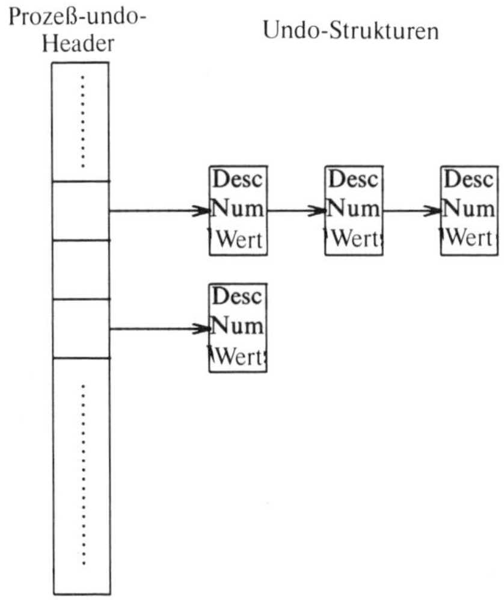

Abb. 11.16: Undo-Strukturen für Semaphore

Der Kern ordnet *undo*-Strukturen dynamisch zu, wenn ein Prozeß seinen ersten *semop*-Aufruf mit gesetztem Flag *SEM_UNDO* ausgibt. Bei nachfolgenden *semop*-Aufrufen mit gesetztem Flag *SEM_UNDO* durchsucht der Kern die undo-Strukturen des Prozesses nach einer mit gleicher Semaphor-ID und -nummer wie in der *semop*-Operation: Findet er eine solche Struktur, so zieht er den Wert der Semaphoroperation vom Ausgleichswert ab. Auf diese Weise enthält die undo-Struktur eine negierte Aufsummierung aller Semaphoroperationen, die der Prozeß auf das Semaphor ausgeführt hat, für das das Flag *SEM_UNDO* gesetzt ist. Existiert für das Semaphor keine undo-Struktur, so erzeugt der Kern eine, wozu er eine Liste von Strukturen nach Semaphor-ID und -nummer sortiert. Fällt ein Ausgleichswert auf 0, so entfernt der Kern die jweilige undo-Struktur. Gibt ein Prozeß *exit* aus, so ruft der Kern eine spezielle Routine auf, die die mit dem Prozeß verbundenen undo-Strukturen durchgeht und die spezifizierte Aktion auf das angegebene Semaphor ausführt.

Sehen wir uns noch einmal Abbildung 11.14 an. Der Kern erzeugt bei jedem Erniedrigen des Semaphorwerts durch den Prozeß eine undo-Struktur und entfernt die Struktur bei jedem Erhöhen eines Semaphorwerts, denn der Ausgleichswert der undo-Struktur ist 0. Abbildung 11.17 zeigt den Ablauf beim Aufruf des Programms mit Parameter 'a'. Nach der ersten Operation hat der Prozeß ein Tripel für *semid* mit Semaphornummer 0 und Ausgleichswert 1, nach der zweiten Operation hat er ein zweites Tripel mit Semaphornummer 1 und Ausgleichswert 1. Muß der Prozeß jetzt plötzlich exit ausgeben, geht der Kern die Tripel durch und addiert den Wert 1 auf jedes Semaphor, wodurch ihre Werte alle 0 werden. Im Normalfall erniedrigt der Kern den Ausgleichswert für Semaphor 1 entsprechend dem Erhöhen des Semaphorwertes während der dritten Operation und entfernt das Tripel, denn sein Ausgleichswert ist jetzt 0. Nach der vierten Operation findet der Kern keine Tripel mehr, denn alle Ausgleichswerte sind 0.

Die Arrayoperationen auf Semphore erlauben es Prozessen, wie bereits gezeigt, Deadlockprobleme zu vermeiden, jedoch sind die Operationen schwierig, und die meisten Anwendungen benötigen auch nicht ihre volle Leistung. Anwendungen, die den Gebrauch mehrfacher Semaphore erfordern, sollten Deadlockbedingungen auf Benutzerebene behandeln, und der Kern sollte so komplizierte Systemaufrufe nicht enthalten.

semaphor id	semid
semaphor num	0
Ausgleichswert	1

(a) nach der ersten Operation

semaphor id	semid	semid
semaphor num	0	1
Ausgleichswert	1	1

(b) nach der zweiten Operation

semaphor id	semid
semaphor num	0
Ausgleichswert	1

(c) nach der dritten Operation

leer

(d) nach der vierten Operation

Abb. 11.17: Folge von undo-Strukturen

Der Systemaufruf *semctl* umfaßt eine Unmenge von Steueroperationen für Semaphore:

```
semctl(id,number,cmd,arg);
```

Dabei ist *arg* als union deklariert:

```
union semunion {
  int val;
  struct semid_ds *semstat;/* für die Definition */
  unsigned short *array; /* siehe Anhang   */
} arg;
```

Der Kern interpretiert *arg* anhand des Werts von *cmd*, so wie er auch die *ioctl*-Befehle (Kapitel 10) interpretiert. Mit *cmd* werden Aktionen spezifiziert, die Steuerparameter abfragen oder setzen (Berechtigungen u.ä.), einen oder alle Semaphorwerte eines Satzes setzen, oder Semaphorwerte lesen. Die Details für jeden dieser Befehle finden Sie im Anhang. Beim Befehl *IPC_RMID* zum Entfernen von Strukturen ermittelt der Kern alle Prozesse mit undo-Strukturen für Semaphore und entfernt die jeweiligen Tripel. Dann initialisiert er die Semaphordatenstrukturen neu und weckt alle Prozesse, die bis zum Auftreten eines Semaphorereignisses schlafen: Nehmen die Prozesse ihre Ausführung wieder auf, stellen sie fest, daß die Semaphor-ID nicht mehr gültig ist, und geben einen Fehlercode an den Aufrufer zurück.

11.2.4 Allgemeine Anmerkungen

Es bestehen mehrere Ähnlichkeiten zwischen Dateisystem und IPC-Mechanismus. Die get-Aufrufe ähneln den Systemaufrufen *creat* und *open*, und die „Steuer“-Aufrufe enthalten eine Option zum Entfernen von Deskriptoren aus dem System ähnlich dem Systemaufruf *unlink*. Es gibt jedoch keine analogen Operationen für den *close*-Aufruf des Dateisystems. Der Kern hat also folglich keine Erinnerung daran, welche Prozesse auf einen IPC-Mechanismus zugreifen können, und tatsächlich können Prozesse auf einen IPC-Mechanismus zugreifen, wenn sie die korrekte ID erraten und die Zugriffsberechtigungen passen, selbst wenn sie nie einen get-Aufruf ausführten. Auch kann der Kern unbenutzte IPC-Strukturen nicht automatisch wieder entfernen, denn er weiß nie, wann sie wirklich nicht mehr benötigt werden. Fehllaufende Prozesse können so unnötige und unbenutzte Strukturen zurücklassen und damit das System verstopfen. Obwohl der Kern Statusinformationen und Daten nach dem Tod eines Prozesses in den IPC-Strukturen sichern kann, ist es doch besser, zu diesem Zweck Dateien zu verwenden.

Die IPC-Mechanismen führen anstelle der traditionellen, allgegenwärtigen Dateien ein neues Namensspektrum key (=Schlüssel) ein. Das Ausdehnen der Schlüsselsemantik auf ein Netzwerk ist jedoch schwierig, denn sie können auf verschiedenen Rechnern verschiedene Objekte beschreiben: kurzum, sie wurden für die Arbeitsumgebung auf einem Rechner entwickelt. Wie wir in Kapitel 13 noch sehen werden, sind Dateinamen für eine verteilte Umgebung besser verwendbar. Die Verwendung von Schlüsseln anstelle von Dateinamen bedeutet auch, daß die IPC-Einrichtungen für sich eine Einheit bilden und zwar nützlich für spezielle Anwendungen sein können, daß ihnen aber zum Beispiel die Tool-bildenden Eigenschaften fehlen, die in Pipes und Dateien vorhanden sind. Viel von ihrer Funktionalität kann auch durch Verwendung anderer Systemeinrichtungen erzielt werden, so daß sie sich aus ästhetischen Gründen nicht im Kern befinden sollten. Allerdings sorgen sie bei eng zusammenarbeitenden Anwenderpaketen für besseren Durchsatz als die Standardeinrichtungen des Dateisystems (siehe dazu auch die Übungen).

11.3 Kommunikation in Netzwerken

Programme wie Mail (elektronische Post), Dateifernübertragung und Fern-Login, die mit anderen Rechnern kommunizieren wollen, haben historisch gesehen adhoc-Verfahren zum Aufbau der Verbindungen und zum Austausch von Daten benutzt. So legen beispielsweise Standardmailprogramme den Text der Benutzernachrichten in einer bestimmten Datei, etwa „/usr/mail/mjb“ für den Benutzer „mjb“, ab. Sendet eine Person Post an einen anderen Benutzer auf demselben Rechner, so hängt das *Mailprogramm* die Post an die (Mail-) Datei des Empfängers an und verwendet dazu Sperrdateien und temporäre Dateien, um die Konsistenz des Dateisystems zu bewahren. Liest eine Person die Post, so öffnet das *Mailprogramm* die Maildatei dieser Person und liest die Nachrichten. Zum Senden von Post an einen Benutzer auf einem anderen Rechner muß das *Mailprogramm* letztendlich die Maildatei auf diesem Rechner finden. Da es die Dateien dort nicht direkt bearbeiten kann, muß ein Prozeß auf dem anderen Rechner für den lokalen Mailprozeß agieren; der lokale Prozeß benötigt dazu eine Möglichkeit, mit seinem entfernten Mittelsmann über die Maschinengrenzen hinweg zu kommunizieren. Wir bezeichnen den lokalen Prozeß als *Kunden* des entfernten *Serverprozesses.*

Da UNIX neue Prozesse mit dem *fork*-Aufruf erzeugt, muß der Serverprozeß vorhanden sein, bevor der Kundenprozeß versucht, eine Verbindung aufzubauen. Es würde nämlich nicht zum Design des Systems passen, wenn der Kern des entfernten Systems einen neuen Prozeß erzeugen müßte, sobald eine Verbindungsanforderung über das Netzwerk eintrifft. Stattdessen erzeugt ein Prozeß, für gewöhnlich *init*, einen *Serverprozeß*, der einen Kommunikationskanal bis zum Eintreffen einer Serviceanforderung liest und dann zum vollständigen Aufbau der Verbindung einem bestimmten Protokoll folgt. Kunde und Server wählen dazu normalerweise Netzwerkmedien und -protokolle entsprechend den Informationen in Anwenderdatenbanken, oder aber diese Daten sind fest in die Programme kodiert.

Das Programm *uucp* erlaubt beispielsweise Dateitransfer über ein Netzwerk und Fernausführung von Kommandos (siehe [Nowitz 80]). Ein Kundenprozeß fragt in einer Datenbank nach Adresse und Weginformationen (wie etwa eine Telefonnummer), eröffnet ein Selbstwählgerät, gibt mit *write* oder *ioctl* die Information an den geöffneten Filedeskriptor und ruft schließlich den entfernten Rechner. Dieser wiederum kann bestimmte Leitungen für die Verwendung durch *uucp* reserviert halten; sein *init*-Prozeß erzeugt *getty*-Prozesse – die Server –, um die Leitungen zu überwachen und auf das Erkennen von Verbindungen zu warten. Nachdem die Hardwareverbindung aufgebaut ist, führt der Kunde Login durch und folgt dabei dem üblichen Loginprotokoll: *getty* führt mit *exec* einen speziellen Befehlsinterpreter *uucico* aus, der in der Datei „/etc/passwd" angegeben ist, und der Kunde gibt mit *write* Befehlsfolgen an den entfernten Rechner aus, wodurch dieser dann Prozesse für den lokalen Rechner ausführt.

Kommunikation in Netzwerken stellt für UNIX-Systeme ein Problem dar, denn die übermittelten Nachrichten bestehen häufig aus Daten- und Steuerteil. Der Steuerteil kann Adreßinformationen enthalten, um den Empfänger der Nachricht zu bestimmen. Die Adreßinformation ist jedoch entsprechend dem Typ von verwendetem Netzwerk und Protokoll strukturiert. Prozesse müssen also wissen, mit welchem Typ von Netzwerk sie sprechen, was gegen des Prinzip verstößt, daß Benutzer keinen Dateityp zu kennen brauchen, da alle Geräte wie Dateien aussehen. Traditionelle Methoden zum Implementieren von Netzwerken stützen sich folglich stark auf den Systemaufruf *ioctl*, um Steuerinformationen zu übermitteln, doch ist die Verwendung des Aufrufs über die einzelnen Netzwerktypen hinweg nicht einheitlich. Dies hat den unglücklichen Nebeneffekt, daß für ein bestimmtes Netzwerk entwickelte Programme auf anderen Netzwerken möglicherweise nicht laufen können.

Es wurden bisher erhebliche Anstrengungen unternommen, um die Netzwerkschnittstelle für UNIX-Systeme zu verbessern. Die Implementierung von Streams in den neuesten Versionen von System V bietet einen eleganten Mechanismus zur Unterstützung von Netzwerken, denn Protokollmodule können durch Schieben auf offene Streams flexibel kombiniert werden, ihre Verwendung auf Benutzerebene ist gleichbleibend. Der nächste Abschnitt gibt einen kurzen Abriß über Sockets, die Lösung dieses Problems im BSD-System.

11.4 Sockets

Der vorausgehende Abschnitt zeigte, wie Prozesse auf verschiedenen Rechnern miteinander kommunizieren können, doch können die Methoden, mit denen sie die Kommunikation aufbauen, in Abhängigkeit von Protokollen und Hardware voneinander abweichen. Zudem können diese Methoden Prozessen die Kommunikation mit anderen Prozessen auf dem gleichen Rechner nicht ermöglichen, denn sie gehen von der Existenz eines Serverprozesses aus, der in einem *open*- oder *read*-Aufruf eines Treibers schläft. Um eine allgemeine Methode zur Prozeßkommunikation anzubieten und um die Verwendung ausgefeilter Netzwerkprotokolle zu ermöglichen, sieht das BDS-System einen als *Sockets* (siehe [Berkely 83]) bezeichneten Mechanismus vor. Dieser Abschnitt behandelt nun in Kürze einige Benutzeraspekte von Sockets.

Die entsprechende Struktur des Kerns umfaßt drei Teile: Socketebene, Protokollebene und Geräteebene (Abbildung 11.18). Die Socketebene bildet die Schnittstelle zwischen den Systemaufrufen und den niedrigeren Ebenen, die Protokollebene enthält die zur Kommunikation verwendeten Protokollmodule (in der Abbildung TCP und IP), und die Geräteebene schließlich enthält die Gerätetreiber zum Steuern der Netzwerkgeräte. Zulässige

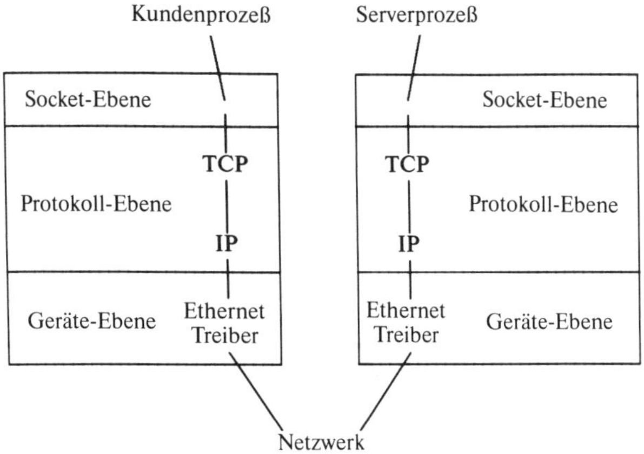

Abb. 11.18: Ein Modell für Sockets

Kombinationen aus Protokollen und Treibern werden beim Konfigurieren des Systems angegeben, ein Weg, der natürlich nicht so flexibel ist wie das Schieben von Modulen auf Streams. Prozesse kommunizieren miteinander über das Kunden-Server-Modell: ein Serverprozeß hört auf einen *Socket*, das eine Ende eines Kommunikationsweges in beiden Richtungen, und Kundenprozesse kommunizieren mit dem Serverprozeß über einen weiteren Socket, das andere Ende des Kommunikationsweges, das sich auch auf einem anderen Rechner befinden kann. Der Kern hält intern die Verbindungen aufrecht und leitet die Daten vom Kunden zum Server.

Sockets mit gemeinsamen Kommunikationseigenschaften wie etwa Namenskonventionen und Protokolladreßformaten, werden in *Domänen* zusammengefaßt. Das BSD-System 4.2 unterstützt „UNIX-Systemdomänen" zur Prozeßkommunikation auf einem Rechner sowie die „Internet-Domäne" zur Prozeßkommunikation über ein Netzwerk nach dem DARPA-Protokoll (Defense Advanced Research Project Agency) (siehe [Postel 80] und [Postel 81]). Jeder Socket hat einen Typ - *virtueller Kreis* (nach Berkeley-Terminologie *„Streamsocket"*) oder *Datagramm*. Ein virtueller Kreis erlaubt die regelmäßige und zuverlässige Zustellung von Daten. Datagramme dagegen können regelmäßige und zuverlässige Zustellung oder auch das Unterbinden von Doppelzustellungen nicht garantieren, sind aber wesentlich weniger aufwendig als virtuelle Kreise, denn sie benötigen keine umfangreichen Vorbereitungsoperationen; sie sind also für bestimmte Arten von Kommunikation sehr nützlich. Das System verfügt über ein Standardprotokoll für jede zulässige Domänen-Socket-Typkombination. Beispielsweise unterstützt das Transport Connect Protocol (TCP) virtuelle Kreise, das User Datagram Protocol (UDP) unterstützt Datagrammdienste in der Internetdomäne.

Der Socketmechanismus enthält mehrere Systemaufrufe. Der Systemaufruf *socket* errichtet den Endpunkt einer Kommunikationsverbindung.

```
sd = socket(format,type,protocol);
```

Dabei gibt *format* die Kommunikationsdomäne (UNIX oder Internet) an, *type* enthält den Typ der Kommunikation über den Socket (virtueller Kreis oder Datagramm), und *protocol* schließlich gibt das zur Steuerung der Kommunikation verwendete Protokoll an. Prozesse verwenden den Socketdeskriptor *sd* auch noch in anderen Systemaufrufen. Der *close*- Aufruf etwa dient zum Schließen von Sockets.

Der Systemaufruf *bind* verbindet einen Namen mit dem Socketdeskriptor:

```
bind(sd,address,length);
```

Dabei ist *sd* der Socketdeskriptor, *address* zeigt auf eine Struktur zur Angabe eines spezifischen Namens für die Komunikationsdomäne und das im *socket*-Aufruf angegebene Protokoll. *Length* enthält die Länge von *address*; ohne diesen Parameter kennt der Kern die Länge von address nicht, denn sie kann je nach Domäne und Protokoll verschieden sein. Beispielsweise ist address in der UNIX-Domäne ein Dateiname. Mit *bind* verknüpfen Serverprozesse *address* mit den entsprechenden Sockets und geben ihre Namen bekannt, um sich gegenüber Kundenprozessen zu identifizieren.

Der Systemaufruf *connect* fordert den Kern auf, eine Verbindung zu einem bestehenden Socket herzustellen:

```
connect(sd,address,length);
```

Die Semantik der Parameter entspricht dem Aufruf *bind*, jedoch ist *address* die Adresse des Zielsockets, der das andere Ende der Kommunikationsleitung bildet. Beide Sockets müssen dieselben Kommunikationsdomänen sowie -protokolle verwenden, der Kern veranlaßt, daß die Kommunikationsverbindung korrekt aufgebaut wird. Ist der *Sockettyp* Datagramm, so informiert der *connect*-Aufruf den Kern über die Adresse, die er in nachfolgenden *send*-Aufrufen über den Socket verwenden soll; die Verbindung wird jedoch zum Zeitpunkt des *connect*-Aufrufs noch nicht hergestellt.

Bereitet ein Serverprozeß eine Verbindung über einen virtuellen Kreis vor, so muß der Kern eingehende Anforderungen bis zu ihrer Bedienung in eine Warteschlange einreihen. Der Systemaufruf *listen* gibt dazu die maximale Warteschlangenlänge an:

```
listen(sd,qlength);
```

Dabei ist *sd* der Socketdeskriptor und *qlength* die maximale Anzahl der zu bedienenden Anforderungen.

Der Systemaufruf *accept* empfängt eingehende Anforderungen nach einer Verbindung mit einem Serverprozeß:

```
nsd = accept(sd,address,addrlen);
```

Dabei ist *sd* der Socketdeskriptor, *address* zeigt auf ein Benutzerdatenarray, das der Kern mit der Rückkehradresse des die Verbindung betreibenden Kunden auffüllt, und *addrlen* schließlich enthält die Größe des Benutzerarrays. Bei der Rückkehr aus *accept* überschreibt der Kern den Inhalt von *addrlen* mit einer Zahl, die den von der Adresse belegten Speicherplatz anzeigt. *Accept* gibt einen neuen Socketdeskriptor *nsd* zurück, der von *sd* verschieden ist. Ein Server kann, während er über einen eigenen Kommunikationskanal mit einem Kundenprozeß kommuniziert, weiterhin auf den bekanntgegebenen Socket hören (Abbildung 11.19).

Die Systemaufrufe *send* und *recv* übertragen Daten über einen angeschlossenen Socket:

```
count = send(sd,msg,length,flags);
```

Dabei ist *sd* der Socketdeskriptor, *msg* ist ein Pointer auf die zu sendenden Daten, *length* enthält deren Länge, und *count* enthält schließlich die Anzahl der tatsächlich gesendeten Bytes. Der Parameter *flags* kann auf den Wert *SOF_OOB* gesetzt werden, um Daten „out-of-band“, d. h. außer der Reihe zu senden, was bedeuten soll, daß die gesendeten Daten nicht als Teil der regulären Abfolge des Datenaustausches zwischen den kommunizierenden Pro-

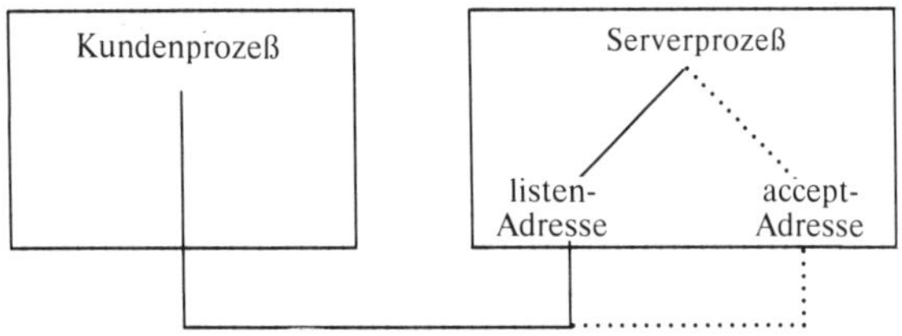

Abb. 11.19: Ein Server bei der Annahme eines Anrufs

zessen zu betrachten sind. Ein entferntes Login-Programm kann beispielsweise eine Nachricht „out of band" senden, um das Drücken der delete-Taste durch einen Benutzer am Terminal vorzutäuschen. Die Syntax des Systemaufrufs *recv* lautet:

```
count = recv(sd,buf,length,flags);
```

Dabei ist *buf* ein Datenarray für die ankommenden Daten, *length* ist deren erwartete Länge, und *count* enthält die Anzahl der in das Benutzerprogramm kopierten Bytes. *Flags* kann gesetzt werden, um auf eine ankommende Nachricht zu zeigen und um deren Inhalt zu prüfen, ohne sie aus der Warteschlange zu entnehmen, oder um Daten „out of band" zu empfangen. Die Datagramm-Versionen dieser Aufrufe, *sendto* und *recvfrom*, weisen zusätzliche Parameter für Adressen auf. Nach Aufbau der Verbindung können Prozesse auf Streamsockets anstelle von *send* und *recv* auch die Aufrufe *read* und *write* verwenden. Dadurch können Server netzwerkspezifische Protokollarbeiten ausführen und Prozesse erzeugen, die, wie wenn sie gewöhnliche Dateien benutzen würden, nur *read*- und *write*-Aufrufe ausgeben.

Der Systemaufruf *shutdown* schließt eine Verbindung über Sockets ab:

```
shutdown(sd,mode);
```

Dabei gibt *mode* an, ob die Senderseite, die Empfängerseite, oder aber beide Seiten keinen weiteren Datentransport mehr zulassen. Der Aufruf informiert die darunterliegenden Protokolle, die Kommunikation über das Netzwerk abzuschließen, die Socketdeskriptoren bleiben jedoch bestehen. Erst der *close*-Aufruf gibt auch den Socketdeskriptor frei.

Der Systemaufruf *getsockname* ermittelt den Namen eines von einem vorausgegangenen *bind*-Aufruf benannten Sockets:

```
getsockname(sd,name,length);
```

Die Aufrufe *getsockopt* und *setsockopt* ermitteln und setzen entsprechend der Kommunikationsdomäne und dem Protokoll des Sockets verschiedene, damit verbundene Optionen.

Sehen Sie sich das Serverprogramm in Abbildung 11.20 an. Der Prozeß erzeugt einen Streamsocket in der UNIX-Domäne und gibt ihm mit *bind* den Namen *sockname*. Er ruft dann *listen* auf, um die interne Warteschlangenlänge für ankommende Nachrichten festzulegen, und geht in eine Schleife, um auf eingehende Anforderungen zu warten. Der Aufruf *accept* schläft, bis das darunterliegende Protokoll eine Verbindungsanforderung für den Namen des Sockets feststellt; jetzt gibt *accept* einen neuen Deskriptor für die eingehende Anforderung zurück. Der Server erzeugt mit *fork* einen Prozeß zur Kommunikation mit dem Kundenprozeß: Vater und Sohn schließen ihre jeweiligen Deskriptoren, so daß sie den Übertragungsverkehr des anderen Prozesses nicht stören. Der Sohn fährt in der Unterhaltung mit dem Kundenprozeß fort und beendet in unserem Beispiel seine Arbeit nach Rückkehr aus dem *read*-Aufruf. Der Server läuft jetzt weiter in seiner Schleife und wartet im Aufruf *accept* auf die nächste Verbindungsanforderung.

```
#include <sys/types.h>
#include <sys/socket.h>

main()
{
        int sd, ns;
        char buf[256];
        struct sockaddr sockaddr;
        int fromlen;

        sd = socket(AF_UNIX, SOCK_STREAM, 0);

        /* bind name - don't include null char in the name */
        bind(sd, "sockname", sizeof("sockname") - 1);
        listen(sd, 1);

        for (;;)
        {

                ns = accept(sd, &sockaddr, &fromlen);
                if (fork() == 0)
                {
                        /* child */
                        close(sd);
                        read(ns, buf, sizeof(buf));
                        printf("server read '%s'\n", buf);
                        exit();
                }
                close(ns);
        }
}
```

Abb. 11.20: Ein Serverprozeß in der UNIX-Domäne

Abbildung 11.21 zeigt den dem Server entsprechenden Kundenprozeß. Der Kunde erzeugt einen Socket in derselben Domäne wie der Server und gibt eine *connect*-Anforderung für den Namen *sockname* aus, der vom Server mit einem Socket verbunden ist. Kehrt *connect* zurück, hat der Kunden einen virtuellen Kreis zu einem Server hergestellt. In unserem Beispiel gibt er mit *write* eine einzelne Nachricht aus und geht in den *exit*.

Würde der Server Prozesse in einem Netzwerk bedienen, könnten seine Systemaufrufe mit

```
socket(AF_INET,SOCK_STREAM,0);
```

angeben, daß der Socket sich in der Internet-Domäne befindet, und ihm mit *bind* eine über einen Namensserver erhaltene Netzwerkadresse geben. Das BSD-System verfügt über Bibliotheksaufrufe für diese Funktionen. In ähnlicher Weise würde der zweite Parameter beim *connect*-Aufruf des Kunden die zum Identifizieren des Rechners im Netzwerk nötige

```
#include <sys/types.h>
#include <sys/socket.h>

main()
{
        int sd, ns;
        char buf[256];
        struct sockaddr sockaddr;
        int fromlen;

        sd = socket(AF_UNIX, SOCK_STREAM, 0);

        /* connect to name - null char is not part of name */
        if (connect(sd, "sockname", sizeof("sockname") - 1) == -1)
                exit();

        write(sd, "hi guy", 6);
}
```

Abb. 11.21: Ein Kundenprozeß in der UNIX-Domäne

Adreßinformation (bzw. Leitinformationen zum Senden von Nachrichten über Zwischenrechner an den Zielrechner) sowie zusätzliche Information zum Erkennen eines bestimmten Sockets auf dem Zielrechner enthalten. Will der Server auf Netzwerk und lokale Prozesse hören, müßte er zwei Sockets und den *select*-Aufruf verwenden, um festzustellen, welcher Kunde eine Verbindung aufbaut.

```
#include        <sys/types.h>
#include        <sys/ipc.h>
#include        <sys/msg.h>
#define ALLTYPES 0

main()
{
        struct msgform
        {
                long mtype;
                char mtext[1024];
        } msg;
        register unsigned int id;

        for (id = 0;  ;  id++)
                while (msgrcv(id, &msg, 1024, ALLTYPES, IPC_NOWAIT) > 0)
                        ;
}
```

Abb. 11.22: Ein horchendes Programm

11.5 Zusammenfassung

Dieses Kapitel zeigte verschiedene Formen der Prozeßkommunikation. Es behandelte Prozeßüberwachung, wo zwei Prozesse zusammenarbeiten, um einen nützlichen Mechanismus zur Fehlersuche in Programmen zu bieten. Allerdings ist die Prozeßüberwachung über *ptrace* zeitaufwendig und primitiv, da nur eine begrenzte Datenmenge bei jedem Aufruf transportiert werden kann, viele Kontextwechsel auftreten, die Kommunikation auf Vater-Sohnprozesse beschränkt ist, und Prozesse vor der Ausführung der Überwachung zustimmen müssen. UNIX System V enthält ein IPC-Paket, das Nachrichten, Semaphore und gemeinsamen Speicher umfaßt. Unglücklicherweise sind diese Aufrufe auf einen speziellen Zweck zugeschnitten, vertragen sich nicht gut mit anderen Grundzügen des Betriebssystems und sind auch nicht auf ein Netzwerk ausdehnbar. Sie sind jedoch für viele Anwendungen von Nutzen und erlauben einen im Vergleich zu anderen Methoden höheren Durchsatz.

UNIX unterstützt eine Vielzahl von Netzwerken. Traditionelle Methoden zur Implementierung der Protokollbearbeitung stützen sich vor allem auf den Aufruf *ioctl*, doch sind die Methoden über verschiedene Netzwerktypen hinweg nicht gleich. Das BSD-System führte, um einen allgemeineren Rahmen für Netzwerk-Kommunikation zu bieten, den Systemaufruf *socket* ein. In Zukunft soll System V den in Kapitel 10 beschriebenen Streammechanismus verwenden, um Netzwerkkonfigurationen einheitlich zu behandeln.

11.6 Übungen

1. Was geschieht, wenn von *debug* der *wait*-Aufruf übergangen wird (Abbildung 11.3)? (Hinweis: Es gibt zwei Möglichkeiten.)
2. Ein Debugger liest über *ptrace* mit jedem Aufruf ein Datenwort aus einem überwachten Prozeß. Welche Änderungen sollten im Kern durchgeführt werden, um mit einem Aufruf viele Datenwörter zu lesen? Welche Änderungen wären an *ptrace* notwendig?
3. Erweitern Sie den Aufruf *ptrace* so, daß *pid* nicht der Sohn des aufrufenden Prozesses sein muß. Bedenken Sie folgende Sicherheitsprobleme: Unter welchen Umständen sollte es einem Prozeß erlaubt sein, im Adreßraum eines beliebigen anderen Prozesses zu lesen? Unter welchen Umständen sollte er in den Adreßraum eines anderen Prozesses schreiben dürfen?
4. Implementieren Sie den Satz der Systemaufrufe für Nachrichten als Bibliotheksaufrufe auf Benutzerebene unter Verwendung gewöhnlicher Dateien, benannter Pipes und einfacher Sperrmechanismen. Beim Erzeugen einer Nachrichtenqueue soll eine Steuerdatei aufgebaut werden, die den Status der Queue enthält; die Datei soll über Dateisperren oder ähnliche passende Mechanismen geschützt werden. Beim Senden einer Nachricht eines gegebenen Typs soll eine benannte Pipe für alle Nachrichten dieses Typs erzeugt werden, falls sie nicht bereits vorhanden ist; die Daten sollen (mit einem vorangestellten Bytezähler) in diese benannte Pipe geschrieben werden. Die Steuerdatei sollte die Typnummer mit dem Namen der Pipe in Beziehung setzen. Beim Lesen von Nachrichten lenkt die Steuerdatei den Prozeß zur richtigen benannten Pipe. Vergleichen Sie diese Methode hinsichtlich Durchsatz, Komplexität des Codes und Funktionalität mit der in diesem Kapitel beschriebenen Implementierung.
5. Was versucht das Programm in Abbildung 11.22?

* 6. Schreiben Sie ein Programm, das gemeinsamen Speicher zu nahe an das Ende seines Stacks verknüpft, und lassen Sie den Stack in die gemeinsame Speicherregion hineinwachsen. Wann führt dies zu einem Speicherschutzfehler?

7. Schreiben Sie das Programm in Abbildung 11.14 neu und verwenden Sie das Flag *IPC_NOWAIT*, damit die Semaphoroperationen bedingt ausgeführt werden. Zeigen Sie, wie dadurch Deadlocks vermieden werden.

8. Zeigen Sie, wie Dijkstra's Semaphoroperationen *P* und *V* über benannte Pipes implementiert werden können. Wie würden Sie eine bedingte *P*-Operation implementieren?

9. Schreiben Sie Programme zum Sperren von Betriebsmitteln unter Verwendung (a) benannter Pipes, (b) der Systemaufrufe *creat* und *unlink*, sowie (c) der Systemaufrufe für Nachrichten. Vergleichen Sie ihre Leistung.

10. Schreiben Sie Programme zum Vergleich der Leistung von Nachrichten-Systemaufrufen und den *read*- und *write*-Aufrufen auf benannte Pipes.

11. Schreiben Sie Programme zum Vergleich der Geschwindigkeit des Datentransports über gemeinsamen Speicher und Nachrichten. Die Programme für gemeinsamen Speicher sollten Semaphore zum Synchronisieren des Abschlusses der *read*- und *write*-Aufrufe enthalten.

12 Multiprozessorsysteme

Das klassische Design des UNIX-Systems geht von der Verwendung einer Einprozessorarchitektur, bestehend aus einer CPU, Speicher und Peripherie, aus. Eine Multiprozessorarchitektur enthält dagegen zwei oder mehr CPUs, die sich gemeinsam in Speicher und Peripherie teilen (Abbildung 12.1) und dadurch größeren Systemdurchsatz ermöglichen, denn Prozesse können jetzt gleichzeitig auf verschiedenen Prozessoren laufen. Jede CPU läuft unabhängig, doch alle führen nur eine einzige Kopie des Kerns aus. Prozesse verhalten sich genauso wie in Einprozessorsystemen - die Semantik jedes Systemaufrufs bleibt gleich - doch können sie zwischen den einzelnen Prozessoren wandern. Unglücklicherweise verbraucht ein Prozeß auch nicht weniger CPU-Zeit. Bestimmte Multiprozessorsysteme werden auch als Coprozessorsysteme bezeichnet, denn ihre Peripherie ist nicht für alle Prozessoren zugänglich. Dieses Kapitel wird nicht zwischen Coprozessor- und allgemeinen Multiprozessorsystemen unterscheiden, außer dies ist ausdrücklich erwähnt.

Wird es mehreren Prozessoren gestattet, für verschiedene Prozesse gleichzeitig im Systemmodus zu arbeiten, so führt dies, wenn keine Schutzmechanismen zur Anwendung kommen, zu Integritätsproblemen. Dieses Kapitel erklärt auch, warum UNIX im ursprünglichen Design nicht unverändert auf einem Multiprozessorsystem laufen kann und stellt zwei Entwürfe zum Ablauf auf einem Multiprozessorsystem vor.

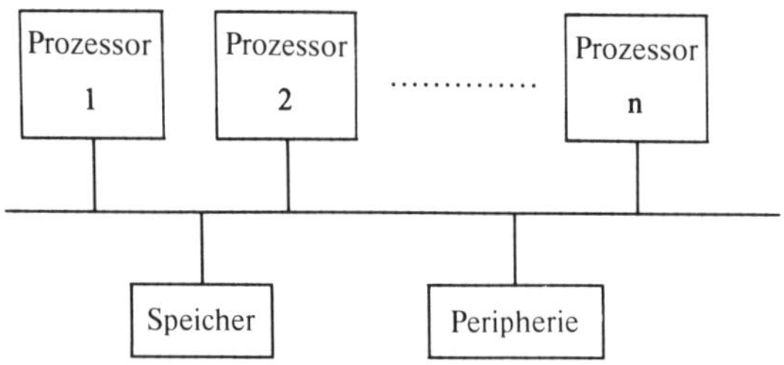

Abb. 12.1: Konfiguration eines Multiprozessorsystems

12.1 Probleme von Multiprozessorsystemen

Wir wissen aus Kapitel 2, daß die Struktur von UNIX auf zwei Arten die Integrität der Datenstrukturen des Kerns schützt: Der Kern kann keinen Prozeß verdrängen und einen Kontextwechsel auf einen anderen Prozeß durchführen, solange er im Systemmodus läuft, und er maskiert beim Ausführen kritischer Coderegionen Interrupts aus, falls eine Interruptroutine die Datenstrukturen des Kerns beschädigen könnte. In einem Multiprozessorsystem dagegen, in dem zwei oder mehr Prozesse gleichzeitig auf getrennten Prozessoren im Systemmodus arbeiten, kann der Kern trotz der Schutzmaßnahmen, die für Einprozessorsysteme ausreichend sind, beschädigt werden.

Erinnern wir uns zum Beispiel noch einmal an das Codefragment aus Kapitel 2 (Abbildung 12.2), das eine Datenstruktur (Pointer *bp1*) nach einer bestehenden Struktur (Pointer *bp*) einfügt. Nehmen wir an, zwei Prozesse führen den Code gleichzeitig auf verschiedenen Prozessoren aus, so daß Prozessor A die Struktur *bpA* nach *bp* und Prozessor B die Struktur

```
struct queue {

} *bp, *bp1;
bp1->forp = bp->forp;
bp1->backp = bp;
bp->forp = bp1;
/* consider possible context switch here */
bp1->forp->backp = bp1;
```

Abb. 12.2: Einreihen eines Puffers in eine doppelt verkettete Liste

bpB nach *bp* einfügen will. Über die Verarbeitungsgeschwindigkeit der Prozessoren können jedoch keine Aussagen gemacht werden: auch der schlimmste Fall ist möglich, in dem Prozessor B die vier C-Anweisungen ausführt, bevor Prozessor A eine einzige Anweisung ausführen kann. Zum Beispiel kann die Bearbeitung eines Interrupts das Ausführen der Codesequenz auf Prozessor A verzögern. Beschädigungen wie die in Kapitel 2 gezeigten können sogar bei blockierten Interrupts auftreten.

Der Kern muß sicherstellen, daß solche Beschädigungen nie auftreten können. Ließe er eine Möglichkeit zum Entstehen einer schädlichen Situation offfen, ganz gleich wie gering diese auch sein mag, so wäre der Kern nicht mehr sicher und sein Verhalten nicht mehr vorhersehbar. Es gibt drei Methoden, solche Schäden zu verhindern (siehe [Holley 79]):

1 Ausführen aller kritischen Aktivitäten auf einem Prozessor, also Rückgriff auf die Standardmethoden eines Einprozessorsystems zum Vermeiden von Schäden;
2. Serialisieren des Zugriffs auf kritische Coderegionen und Verwendung einfacher Sperren;
3. Neudesign der Algorithmen, um Streit um Datenstrukturen zu vermeiden.

Dieses Kapitel beschreibt nun die ersten beiden Methoden zum Schutz des Kerns vor Schäden, eine Übung befaßt sich mit der dritten Methode.

12.2 Lösung mit Master- und Slaveprozessoren

Goble implementierte ein System auf einem Paar modifizierter Rechner vom Typ VAX 11/780, wobei ein Prozessor, als *Master* bezeichnet, auch im Systemmodus arbeiten kann, und der andere Prozessor, als *Slave* bezeichnet, nur im Benutzermodus arbeitet (siehe [Goble 82]). Obwohl Gobles Implementierung nur zwei Rechner umfaßte, ist die Technik auch auf Systeme mit einem Master und mehreren Slaves anwendbar. Der Masterprozessor ist dabei für die Bearbeitung aller Systemaufrufe und Interrupts verantwortlich. Slaveprozessoren bearbeiten Prozesse im Benutzermodus und informieren den Master, wenn ein Prozeß einen Systemaufruf ausgibt.

Der Scheduleralgorithmus entscheidet, welcher Prozessor einen Prozeß bearbeiten soll (Abbildung 12.3). Ein neues Feld in der Prozeßtabelle gibt die Prozessor-ID an, unter der der Prozeß laufen muß; der Einfachheit halber gehen wir davon aus, daß es nur Master oder Slave angeben kann. Gibt ein Prozeß auf einem Slaveprozessor einen Systemaufruf aus, so setzt das Slavesystem die Prozessor-ID in der Prozeßtabelle zur Angabe, daß der Prozeß nur auf dem Masterprozessor laufen soll, und führt einen Kontextwechsel durch, um auch andere Prozesse zur Ausführung gelangen zu lassen (Abbildung 12.4). Das Mastersystem teilt den Prozeß mit höchster Priorität auf dem Masterprozessor zum Ablauf ein und führt ihn aus. Hat es den Systemaufruf beendet, setzt es die Prozessor-ID auf Slave und erlaubt es dem Prozeß dadurch, wieder auf Slaveprozessoren abzulaufen.

Müssen Prozesse auf dem Masterprozessor ablaufen, sollte dieser sie vorzugsweise sofort bearbeiten und nicht warten lassen. Dies entspringt der gleichen Überlegung wie das Zulassen der Verdrängung eines Prozesses nach Rückkehr aus einem Systemaufruf auf einem Einprozessorsystem, um die schnellere Erledigung dringenderer Arbeiten zu errei-

```
algorithm schedule_process (modified)
input:  none
output: none
{
        while (no process picked to execute)
        {
                if (running on master processor)
                        for (every process on run queue)
                                pick highest priority process
                                that is loaded in memory;
                else     /* running on a slave processor */
                        for (every process on run queue that need not run on master)
                                pick highest priority process that is loaded in memory;
                if (no process eligible to execute)
                        idle the machine;
                        /* interrupt takes machine out of idle state */
        }
        remove chosen process from run queue;
        switch context to that of chosen process, resume its execution;
}
```

Abb. 12.3: Scheduler-Algorithmus

```
algorithm syscall        /* revised algorithm for invocation of system call */
input:  system call number
output: result of system call
{
        if (executing on slave processor)
        {
                set processor ID field in process table entry;
                do context switch;
        }
        do regular algorithm for system call here;
        reset processor ID field to "any" (slave);
        if (other processes must run on master processor)
                do context switch;
}
```

Abb. 12.4: Algorithmus für die Bearbeitung von Systemaufrufen

chen. Führt der Masterprozessor einen Prozeß im Benutzermodus aus, während ein Slaveprozessor die Bedienung eines Systemaufrufs anfordert, würde der Masterprozess nach diesem Schema bis zum nächsten Kontextwechsel weiterlaufen. Der Masterprozessor könnte jedoch schneller reagieren, wenn der Slaveprozessor ein globales Flag setzen würde, das der Masterprozessor dann in der Zeitgeberroutine prüft; der Masterprozessor würde jetzt spätestens beim nächsten Zeitgebertick einen Kontextwechsel durchführen. Als Alternative könnte der Slaveprozessor auch den Masterprozessor unterbrechen und ihn zum sofortigen Ausführen eines Kontextwechsels zwingen, doch setzt dies spezielle Hardwareeigenschaften voraus.

Die Zeitgeberroutine in einem Slaveprozessor stellt sicher, daß Prozesse periodisch neu zum Ablauf eingeteilt werden, damit kein Prozeß dauernd die CPU belegen kann. Daneben „weckt" die Zeitgeberroutine einen Slaveprozessor einmal pro Sekunde aus einem Ruhezustand auf. Der Slaveprozessor teilt dann den Prozeß mit der höchsten Priorität, der nicht auf dem Masterprozessor laufen muß, zum Ablauf ein.

Die einzige Möglichkeit zur Beschädigung der Datenstrukturen des Kerns liegt im Scheduleralgorithmus, denn er trifft keine Vorkehrungen dagegen, daß ein Prozeß auf zwei Prozessoren zur Bearbeitung ausgewählt wird. Besteht beispielsweise eine Konfiguration aus einem Masterprozessor und zwei Slaves, so können beide Slaves den gleichen Prozeß im Benutzermodus und ausführbereit vorfinden. Bringen beide Prozessoren den Prozeß gleichzeitig zum Ablauf, so würden sie beide in seinem Adreßraum lesen und schreiben und diesen so beschädigen.

Das System kann dieses Problem auf zwei Arten vermeiden. Zum ersten kann der Master den Slaveprozessor bestimmen, auf dem der Prozeß ablaufen soll, und dabei mehr als einen Prozeß für einen Prozessor zulassen. Allerdings können hier Probleme in der Lastverteilung auftreten: Einem Prozessor könnten eine Menge Prozesse zugeteilt sein, während andere Prozessoren sich im Ruhezustand befinden. Das Mastersystem müßte also die Last auf die Prozessoren verteilen. Zum zweiten kann der Kern bestimmen, daß immer nur ein Prozeß zu einem bestimmten Zeitpunkt die Schedulerschleife durchlaufen darf, was, wie im nächsten Abschnitt beschrieben, über Mechanismen wie *Semaphore* geschehen kann.

12.3 Ein Lösungsweg über Semaphore

Ein anderer Weg zum Betrieb von UNIX-Systemen auf Multiprozessorkonfigurationen ist das Aufteilen des Kerns in kritische Regionen, so daß höchstens ein Prozessor zu einem bestimmten Zeitpunkt den Code in einer kritischen Region ausführen kann. Solche Multiprozessorsysteme wurden unter Verwendung von Semaphoren zum Aufteilen des Kerns in kritische Regionen (siehe [Bach 84]) für den Gebrauch auf AT&T-Rechnern des Typs 3B20A sowie auf IBM 370 entworfen. Unsere Beschreibung wird diesen Implementierungen folgen. Dabei gibt es zwei Hauptgesichtspunkte: Wie sollen Semaphore implementiert und wo sollen kritische Regionen definiert werden.

Wie in Kapitel 2 herausgestellt, verwenden verschiedene Algorithmen in UNIX-Einprozessorsystemen eine Schlafsperre, um andere Prozesse von kritischen Regionen fernzuhalten, falls der erste Prozeß innerhalb der kritischen Region einschläft. Der Mechanismus zum Setzen der Sperre lautet:

```
while (lock is set)  /* Prüfoperation */
  sleep (condition until lock is free);
set lock;
```

Der Mechanismus zum Lösen der Sperre lautet:

```
free lock;
wake up all processe sleeping on condition lock set;
```

Schlafsperren kennzeichnen zwar einige kritische Regionen, sie funktionieren aber, wie in Abbildung 12.5 gezeigt, nicht auf Multiprozessorsystemen. Nehmen wir an, eine Sperre ist nicht gesetzt, und zwei Prozesse auf zwei verschiedenen Prozessoren wollen sie gleichzeitig prüfen und setzen. Sie stellen fest, daß die Sperre zum Zeitpunkt *t* nicht gesetzt ist, setzen sie, gehen in die kritische Region, und können dadurch Datenstrukturen des Kerns beschädigen. Das Problem liegt in der Gleichzeitigkeit: die Schlafsperre funktioniert nicht, wenn keiner der Prozesse die Sperroperation durchführt, bevor der andere Prozeß die Prüfung ausführt. Behandelt beispielsweise Prozeß A einen Interrupt, nachdem er festgestellt hat, daß die Sperre nicht gesetzt ist, und prüft jetzt Prozeß B auf die Sperre und setzt sie, so wird auch Prozeß A nach Rückkehr aus dem Interrupt die Sperre setzen. Um diese Situation zu verhindern, muß die Sperroperation atomar ablaufen. Die Aktionen zum Prüfen und Setzen der Sperre müssen als eine einzige, unteilbare Operation ausgeführt werden, so daß jeweils nur ein Prozeß zu einem bestimmten Zeitpunkt die Sperre bearbeiten kann.

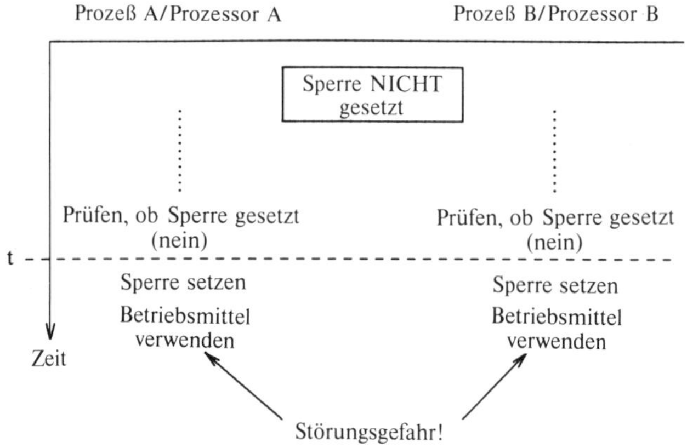

Abb. 12.5: Wettlaufbedingungen bei Schlafsperren auf Multiprozessoren

12.3.1 Definition von Semaphoren

Ein Semaphor ist ein vom Kern bedientes Objekt mit Integerwert, für das die folgenden atomaren Operationen definiert sind:

- Initialisierung des Semaphors auf einen nicht negativen Wert;
- Eine *P*-Operation, die den Wert des Semaphors vermindert. Ist der Wert des Semaphors nach dem Vermindern kleiner 0, so schläft der *P* ausführende Prozeß ein;
- Eine *V*-Operation, die den Wert des Semaphors erhöht. Wird als Ergebnis der Wert des Semaphors größer oder gleich 0, so wacht *ein* Prozeß, der als Folge einer *P*-Operation einschlief, wieder auf;
- Eine *bedingte P*-Operation, abgekürzt *CP*, die den Wert des Semaphors vermindert und „wahr" zurückgibt, wenn sein Wert größer 0 ist. Ist der Wert des Semaphors kleiner oder gleich 0, so bleibt er unverändert und es wird „falsch" zurückgegeben.

Die hier definierten Semaphore sind natürlich unabhängig von den in Kapitel 11 beschriebenen Semaphoren auf Benutzerebene.

12.3.2 Implementierung von Semaphoren

Dijkstra [Dijkstra 65] zeigt, daß es möglich ist, Semaphore ohne spezielle Maschinenbefehle zu implementieren. Abbildung 12.6 stellt C-Funktionen zur Implementierung von Semaphoren vor. Die Funktion *Pprim* sperrt das Semaphor durch Prüfen der Werte des Arrays *val*. Jeder Prozessor im System verfügt über einen Eintrag in diesem Array. Sperrt ein Prozessor ein Semaphor, so überprüft er, ob andere Prozessoren dieses bereits gesperrt haben (ihr Eintrag in *val* würde den Wert 2 aufweisen), oder ob Prozessoren mit niedrigerer ID gerade versuchen, es zu sperren (ihr Eintrag in *val* würde den Wert 1 aufweisen). Ist eine der beiden Bedingungen erfüllt, so setzt der Prozessor seinen Eintrag in *val* auf 1 zurück und startet einen neuen Versuch. *Pprim* beginnt den Durchgang durch die äußere Schleife mit einem Wert der Schleifenvariablen, der um 1 größer ist als die Prozessor-ID des zuletzt zugreifenden Prozessors, wodurch sichergestellt wird, daß kein Prozessor das jeweilige Betriebsmittel blockieren kann (als Beweis hierfür siehe [Dijkstra 65] bzw. [Coffman 73]). Die Funktion *Vprim* gibt das Semaphor frei und gestattet anderen Prozessen durch Löschen des Eintrags für den ausführenden Prozessor in *val* und Rücksetzen von *lastid* exklusiven Zugriff auf das jeweilige Betriebsmittel. Die folgende Codesequenz dient zum Schutz eines Betriebsmittels.

```
Pprim(semaphore);
use resource here;
Vprim(semaphore);
```

```
struct semaphore
{
        int val[NUMPROCS];          /* lock---1 entry for each processor */
        int lastid;                 /* ID of last processor to get semaphore */
};
int procid;                         /* processor ID, unique per processor */
int lastid;                         /* ID of last proc to get the semaphore */

INIT(semaphore)
        struct semaphore semaphore;
{
        int i;
        for (i = 0;  i < NUMPROCS;  i++)
                semaphore.val[i] = 0;
}
Pprim(semaphore)
        struct semaphore semaphore;
{
        int i, first;

    loop:
        first = lastid;
        semaphore.val[procid] = 1;
        /* continued next page */
```

Abb. 12.6: Implementierung von Semaphorsperren in C

```
        forloop:
            for (i = first;  i < NUMPROCS;  i++)
            {
                    if (i == procid)
                    {
                            semaphore.val[i] = 2;
                            for (i = 1;  i < NUMPROCS;  i++)
                                    if (i != procid && semaphore.val[i] == 2)
                                            goto loop;
                            lastid = procid;
                            return;                 /* success! now use resource */
                    }
                    else if (semaphore.val[i])
                            goto loop;
            }
            first = 1;
            goto forloop;
    }
    Vprim(semaphore)
            struct semaphore semaphore;
    {
            lastid = (procid+1) % NUMPROCS;         /* reset to next processor */
            semaphore.val[procid] = 0;
    }
```

Abb. 12.6: Implementierung von Semaphorsperren (Fortsetzung)

Die meisten Rechner verfügen über einen Satz unteilbarer Anweisungen, die eine gleichwertige Sperroperation bequemer ausführen, denn die Schleifen in *Pprim* sind langsam und vermindern den Durchsatz. Beispielsweise unterstützt die IBM 370-Serie eine atomare Anweisung *Compare and Swap*, der AT&T 3B20-Rechner eine atomare Anweisung *Read and Clear*. Beim Ausführen der Anweisung *Read and Clear* liest der Rechner zum Beispiel den Inhalt einer Speicherstelle, löscht diesen (setzt ihn auf 0) und setzt den Bedingungscode in Abhängigkeit davon, ob der ursprüngliche Wert Null war oder nicht. Führt ein anderer Prozessor die Anweisung *Read and Clear* gleichzeitig auf dieselbe Speicherstelle aus, so ist sichergestellt, daß ein Prozessor den ursprünglichen Wert und der andere Prozessor den Wert 0 liest: Die Hardware garantiert den atomaren Ablauf der Anweisung. So kann die Funktion *Pprim* über die Anweisung *Read and Clear* wesentlich einfacher implementiert werden (Abbildung 12.7). Ein Prozeß läuft so lange in einer Schleife über *Read and Clear*, bis er einen Wert ungleich Null liest. Der Mechanismus zum Sperren eines Semaphors muß also mit 1 initialisiert werden.

Diese Semphorbehandlung kann so nicht im Kern verwendet werden, denn ein Prozeß läuft bis zum Auffinden des passenden Wertes in einer Schleife: Wird das Semaphor zum Sperren einer Datenstruktur verwendet, so sollte der Prozeß beim Antreffen des gesperrten Semaphors einschlafen, damit der Kern den Kontext auf einen anderen Prozeß wechseln und nützliche Arbeit verrichten kann. Über *Pprim* und *Vprim* ist es möglich, einen Satz ausgefeilterer Semaphoroperationen *P* und *V* für den Kern zu konstruieren, die den Definitionen in Abschnitt 12.3.1 entsprechen.

```
struct semaphore {
        int lock;
};

Init(semaphore)
        struct semaphore semaphore;
{
        semaphore.lock = 1;
}

Pprim(semaphore)
        struct semaphore semaphore;
{
        while (read_and_clear(semaphore.lock))
                ;
}

Vprim(semaphore)
        struct semaphore semaphore;
{
        semaphore.lock = 1;
}
```

Abb. 12.7: Semaphoroperationen mit der Anweisung *Read and Clear*

Zunächst wollen wir ein Semaphor definieren als eine Struktur aus einem Sperrfeld zum Steuern des Zugriffs auf das Semaphor, dem Wert des Semaphors und einer Queue von Prozessen, die bis zu einem Wechsel des Semaphors schlafen. Das Sperrfeld steuert den Zugriff auf das Semaphor und gestattet immer nur einem Prozeß die Bearbeitung der übrigen Felder der Struktur während einer *P*- oder *V*-Operation. Es wird beim Ende von *P*- oder *V*-Operation rückgesetzt. Das Feld für den Wert legt fest, ob ein Prozeß Zugriff auf die vom Semaphor geschützte kritische Region erhält. Am Anfang des *P*-Algorithmus (Abbildung 12.8) führt der Kern eine *Pprim*-Operation aus, um den exklusiven Zugriff auf das Semaphor zu gewährleisten, und erniedrigt dann den Wert des Semaphors. Ist der Semaphorwert nicht negativ, so erhält der ausführende Prozeß Zugang zu der kritischen Region: Er setzt mit *Vprim* die Semaphorsperre zurück, damit auch wieder andere Prozesse auf das Semaphor zugreifen können, und gibt eine Erfolgsmeldung zurück. Ist als Ergebnis des Verminderns der Semaphorwert negativ, so versetzt der Kern den Prozeß ähnlich dem regulären Schlafalgorithmus in Schlaf (Kapitel 6): Er prüft entsprechend dem Prioritätswert auf Signale, reiht den ausführenden Prozeß in eine FIFO-Warteschlange schlafender Prozesse ein und führt einen Kontextwechsel durch. Die *V*-Funktion (Abbildung 12.9) erhält über *Pprim* exklusiven Zugriff auf das Semaphor und erhöht dessen Wert. Befinden sich Prozesse in der Schlafqueue des Semaphors, so entnimmt der Kern den ersten daraus und bringt ihn in den Zustand „ablauffähig“.

Die Funktionen *P* und *V* ähneln den Funktionen sleep und wakeup: Der Hauptunterschied bei der Implementierung liegt darin, daß ein Semaphor eine Datenstruktur darstellt, während die für sleep und wakeup verwendeten Adressen nur eine passende Zahl darstellen.

Ein Prozeß wird beim Ausführen einer Semaphoroperation immer einschlafen, wenn der Anfangswert des Semaphors 0 ist, *P* kann also sleep ersetzen. Die *V*-Operation jedoch weckt nur einen Prozeß, wogegen die wakeup-Funktion auf Einprozessorsystemen alle Prozesse weckt, die bis zu einem Ereignis für eine bestimmte Adresse schlafen.

Semantisch bedeutet die Verwendung der wakeup-Funktion, daß eine gegebene Systembedingung nicht länger zutrifft, also müssen alle Prozesse, die wegen dieser Bedingung schliefen, aufwachen. Wird beispielsweise ein Puffer nicht mehr verwendet, so dürfen Pro-

```
algorithm P                    /* P semaphore operation */
input:  (1) semaphore
        (2) priority
output: 0 for normal return
        -1 for abnormal wakeup due to signals catching in kernel
        long jumps for signals not catching in kernel
{
    Pprim(semaphore.lock);
    decrement (semaphore.value);
    if (semaphore.value >= 0)
    {
        Vprim(semaphore.lock);
        return(0);
    }
    /* must go to sleep */
    if (checking signals)
    {
        if (there is a signal that interrupts sleep)
        {
            increment (semaphore.value);
            if (catching signal in kernel)
            {
                Vprim(semaphore.lock);
                return(-1);
            }
            else
            {
                Vprim(semaphore.lock);
                longjmp;
            }
        }
    }
    enqueue process at end of sleep list of semaphore;
    Vprim(semaphore.lock);
    do context switch;
    check signals, as above;
    return(0);
}
```

Abb. 12.8: Algorithmus zur Implementierung von P

zesse, die wegen der Belegung des Puffers schlafen mußten, dies nicht länger tun; der Kern weckt also alle Prozesse, die bis zum Eintritt dieses Ereignisses schliefen. Als zweites Beispiel kann ein Terminaltreiber, wenn mehrere Prozesse Daten mit *write* an das Terminal ausgeben, diese in Schlaf versetzen, weil er die große Datenmenge nicht bewältigen kann. Stellt der Treiber später fest, daß er wieder Daten für die Ausgabe annehmen kann, so weckt er alle Prozesse, die beim Warten auf die Datenausgabe schliefen. *P*- und *V*-Operationen sind dagegen eher für Sperrmaßnahmen geeignet, wenn Prozesse einer nach dem anderen Zugriff auf Betriebsmittel erhalten und auch anderen Prozessen dieser Zugriff in der Reihenfolge der jeweiligen Anforderungen gewährt wird. Dieses Vorgehen ist gewöhnlich wirkungsvoller als die Schlafsperre in Einprozessorsystemen, denn wenn alle Prozesse beim Eintreten eines Ereignisses aufwachen, werden die meisten feststellen, daß die Sperre noch gesetzt ist, und sofort wieder einschlafen. Andererseits ist die Verwendung von *P* und *V* in den Fällen schwieriger, in denen alle Prozesse gleichzeitig geweckt werden sollen.

Würde die folgende Operation der wakeup-Funktion entsprechen, wenn eine Funktion vorhanden wäre, die den Wert eines Semaphors zurückgibt?

```
while (value(semaphore) < 0)
  V(semaphore);
```

In der Annahme, daß keine Störungen von anderen Prozessen erfolgen, führt der Kern die Schleife aus, bis der Wert des Semaphors größer oder gleich 0 ist, was bedeutet, daß keine Prozesse wegen des Semaphors schlafen. Jedoch kann Prozeß A auf Prozessor A das Semaphor prüfen und seinen Nullwert feststellen, und Prozeß B auf Prozessor B unmittelbar nach dem Test von A eine *P*-Operation ausführen, die den Wert des Semaphors auf -1 erniedrigt (Abbildung 12.10). Prozeß A würde in der Annahme, jeden wegen des Semaphors schlafenden Prozeß geweckt zu haben, weiterarbeiten. Die Schleife stellt also, da sie nicht atomar ist, auch nicht sicher, daß jeder schlafende Prozeß aufwacht.

Bedenken wir noch ein weiteres Phänomen bei der Verwendung von Semaphoren in einem Einprozessorsystem. Wir nehmen an, zwei Prozesse A und B streiten sich um ein Semaphor: Prozeß A findet das Semaphor frei, Prozeß B schläft; der Wert des Semaphors ist -1. Gibt Prozeß A mit *V* das Semaphor frei, so weckt er Prozeß B und erhöht den Semaphorwert auf 0. Nehmen wir nun an, Prozeß A versucht, immer noch im Systemmodus, das Semaphor wieder zu sperren: Er wird in der *P*-Funktion einschlafen, da der Wert des Sema-

```
algorithm V                 /* V semaphore operation */
input:  address of semaphore
output: none
{
        Pprim(semaphore.lock);
        increment (semaphore.value);
        if (semaphore.value <= 0)
        {
                remove first process from semaphore sleep list;
                make it ready to run (wake it up);
        }
        Vprim(semaphore.lock);
}
```

Abb. 12.9: Algorithmus zur Implementierung von V

phors 0 ist, obwohl das entsprechende Betriebsmittel noch frei ist! Das System wird den Aufwand eines zusätzlichen Kontextwechsel benötigen. Wäre die Sperre andererseits über eine Schlafsperre implementiert, würde dem Prozeß die sofortige Wiederbenutzung des Betriebsmittels ermöglicht, denn kein anderer Prozeß könnte es in der Zwischenzeit sperren. In diesem Fall wäre also die Schlafsperre wirkungsvoller als ein Semaphor.

Werden mehrere Semaphore gesperrt, muß, um Deadlocks zu verhindern, die Reihenfolge des Sperrens gleich bleiben. Nehmen wir beispielsweise zwei Semaphore A und B, und gehen wir von zwei Algorithmen des Kerns aus, die beide Semaphore gleichzeitig sperren müssen. Sperren die beiden Algorithmen die Semaphore jeweils in entgegengesetzter Rei-

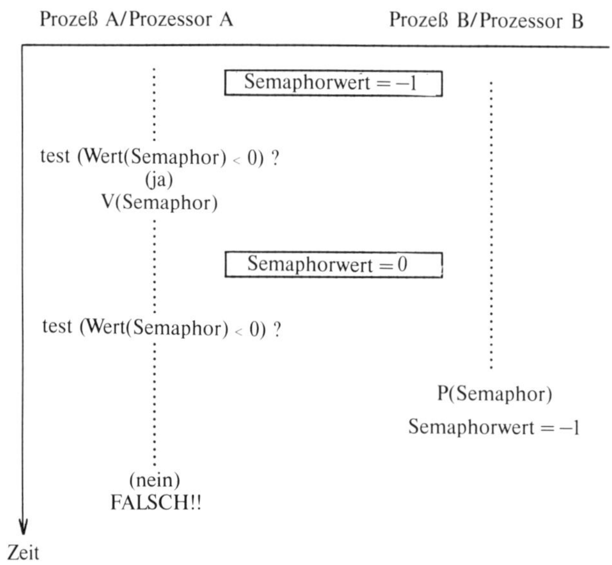

Abb. 12.10: Fehlgeschlagene Simulation von Wakeup durch V

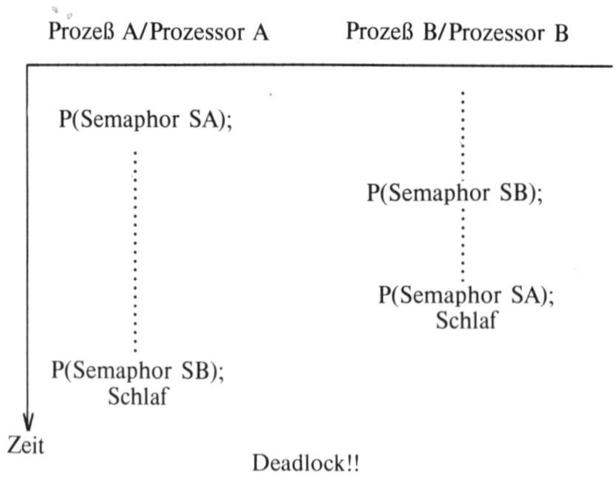

Abb. 12.11: Deadlock durch entgegengesetzte Sperrfolge

henfolge, so könnte, wie in Abbildung 12.11 gezeigt, eine Deadlocksituation entstehen; Prozeß A auf Prozessor A sperrt Semaphor SA, während Prozeß B auf Prozessor B Semaphor SB sperrt. Prozeß A versucht nun, Semaphor SB zu sperren, doch versetzt die *P*-Operation Prozeß A in Schlaf, da der Wert von SB höchstens 0 ist. In ähnlicher Weise versucht Prozeß B, das Semaphor SA zu sperren, doch seine *P*-Operation versetzt ihn in Schlaf. Keiner der beiden Prozesse kann weiterarbeiten.

Deadlocksituationen können durch das Implementieren von Algorithmen zum Aufspüren von Deadlocks verhindert werden, die feststellen, ob ein Deadlock existiert und, wenn ja, die Deadlockbedingung aufbrechen. Allerdings würde die Implementierung solcher Aufspüralgorithmen den Code des Kerns komplizieren. Da es nur eine endliche Anzahl von Stellen im Kern gibt, an denen ein Prozeß gleichzeitig mehrere Semaphore sperren muß, ist es einfacher, die Algorithmen des Kerns so zu implementieren, daß Deadlocksituationen verhindert werden, bevor sie überhaupt entstehen können. Wird beispielsweise ein bestimmter Satz von Semaphoren immer in der gleichen Reihenfolge gesperrt, kann die Deadlocksituation nie auftreten. Wenn es in bestimmten Situationen schon nicht möglich ist, das Sperren von Semaphoren in umgekehrter Reihenfolge zu verhindern, dann sorgt, wie in Abbildung 12.12 gezeigt, die *CP*-Operation für das Verhindern von Deadlocks: Schlägt *CP* fehl, so gibt Prozeß B zum Vermeiden einer Deadlocksituation seine Betriebsmittel frei und ruft den Algorithmus später, wenn Prozeß A wahrscheinlich seinen Gebrauch des Betriebsmittels schon beendet hat, wieder auf.

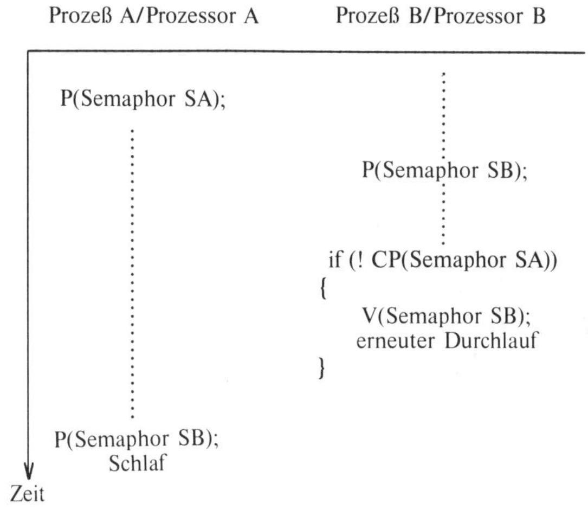

Abb. 12.12: Verwendung einer bedingten P-Operation zum Vermeiden von Deadlocks

Auch eine Interruptroutine muß nötigenfalls ein Semaphor sperren, um Prozesse am gleichzeitigen Gebrauch eines Betriebsmittels zu hindern, sie kann jedoch, wie in Kapitel 6 erläutert, nicht einschlafen, also auch die *P*-Operation nicht verwenden. Sie kann jedoch stattdessen wie folgt eine *Kreissperre* setzen, um das Einschlafen zu vermeiden:

```
while (!CP(semaphore));
```

Die Operation läuft, solange der Semaphorwert kleiner oder gleich 0 ist, in einer Schleife; die Routine schläft also nicht, und die Schleife wird erst dann beendet, wenn der Seamphorwert positiv wird; zu diesem Zeitpunkt erniedrigt *CP* dann den Semaphorwert.

Zum Vermeiden von Deadlocks muß der Kern Interrupts blockieren, deren Behandlunsroutinen Kreissperren ausführen. Anderenfalls könnte ein Prozeß ein Semaphor sperren und vor dessen Freigabe unterbrochen werden; versucht nun die Interruptroutine über eine Kreissperre dasselbe Semaphor zu sperren, dann blockiert sich der Kern selbst. In Abbildung 12.13 ist der Semaphorwert beim Auftreten des Interrupts beispielsweise höchstens 0, so daß *CP* in der Interruptroutine immer falsch ergibt. Diese Situation kann durch Blockieren der Interrupts verhindert werden, solange ein Prozeß das Semaphor gesperrt hält.

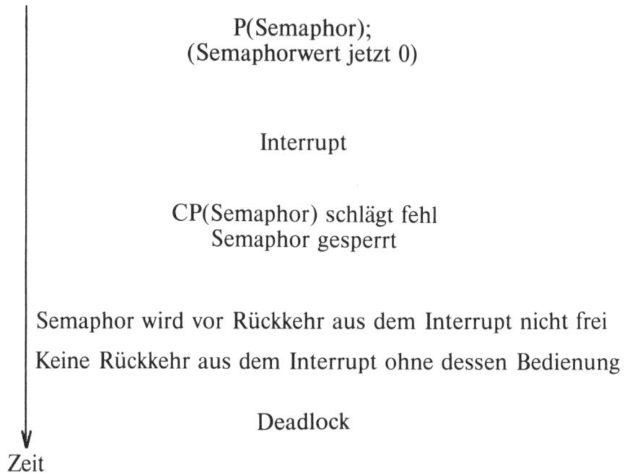

Abb. 12.13: Deadlock in einer Interruptroutine

12.3.3 Einige Algorithmen

Dieser Abschnitt behandelt vier Algorithmen des Kerns, wie sie für Semaphore implementiert sind. Der Algorithmus zur Pufferzuteilung zeigt ein kompliziertes Sperr-Szenario, der *wait*-Algorithmus zeigt die Prozeßsynchronisierung, ein Treiber-Sperrschema zeigt einen eleganten Weg zum Sperren von Gerätetreibern, und die Methode für das Ruhen des Prozessors schließlich zeigt, wie ein Algorithmus verändert wurde, um Streitsituationen zu vermeiden.

12.3.3.1 Pufferzuteilung

Erinnern wir uns an den Algorithmus *getblk* zur Pufferzuteilung in Kapitel 3. Die drei wichtigsten Datenstrukturen bei der Pufferzuteilung sind der Pufferheader, die Hashqueue für die Puffer, und die Liste der freien Puffer. Der Kern verbindet mit jedem Auftreten einer dieser Datenstrukturen ein Semaphor. In anderen Worten, enthält der Kern 200 Puffer, so enthält jeder Pufferheader ein Semaphor zum Sperren des Puffers; führt ein Prozeß eine *P*-Operation auf das Semaphor im Pufferheader aus, schlafen andere Prozesse, die eine *P*-Operation ausführen, bis der erste Prozeß eine *V*-Operation ausführt. Auch jede Puffer-Hashqueue besitzt ein Semaphor, das den Zugriff auf die Hashqueue sperrt. Ein Einprozessorsystem benötigt keine Sperre für die Hashqueue, denn ein Prozeß würde hier nie

```
algorithm getblk          /* multiprocessor version */
input:  file system number
        block number
output: locked buffer that can now be used for block
{
        while (buffer not found)
        {
                P(hash queue semaphore);
                if (block in hash queue)
                {
                        if (CP(buffer semaphore) fails)        /* buffer busy */
                        {
                                V(hash queue semaphore);
                                P(buffer semaphore);         /* sleep until free */
                                if (CP(hash queue semaphore) fails)
                                {
                                        V(buffer semaphore);
                                        continue;        /* to while loop */
                                }
                                else if (dev or block num changed)
                                {
                                        V(buffer semaphore);
                                        V(hash queue semaphore);
                                }
                        }
                        while (CP(free list semaphore) fails)
                                ;        /* spin loop */
                        mark buffer busy;
                        remove buffer from free list;
                        V(free list semaphore);
                        V(hash queue semaphore);
                        return buffer;
                }
                else        /* buffer not in hash queue */
                /* remainder of algorithm continues here */
        }
}
```

Abb. 12.14: Pufferzuteilung mit Semaphoren

einschlafen und die Hashqueue in einem inkonsistenten Zustand hinterlassen. In einem Multiprozessorsystem dagegen könnten zwei Prozesse die verkettete Liste der Hashqueue bearbeiten; das Semaphor für die Hashqueue erlaubt dann jeweils nur einem Prozeß die Bearbeitung der verketteten Liste. In ähnlicher Weise benötigt auch die freie Liste ein Semaphor, denn mehrere Prozesse könnten sie sonst beschädigen.

Abbildung 12.14 zeigt den ersten Teil des Algorithmus *getblk*, wie er mit Semaphoren in einem Multiprozessorsystem implementiert ist (erinnern wir uns an Abbildung 3.4). Um im Blockdepot nach einem bestimmten Block zu suchen, sperrt der Kern mit einer *P*-Opera-

tion das Semaphor der Hashqueue. Hat ein anderer Prozeß bereits eine *P*-Operation auf das Semaphor ausgeführt, so schläft der gerade laufende Prozeß bis zum Ausführen einer *V*-Operation durch den Vorgänger. Erst wenn er exklusive Kontrolle über die Hashqueue erhalten hat, sucht der Prozeß nach dem Puffer. Nehmen wir jetzt an, der Puffer befindet sich in der Hashqueue. Der Kern (Prozeß A) versucht, den Puffer zu sperren, doch würde er hier eine *P*-Operation verwenden und der Puffer ist bereits gesperrt, so würde er bei gesperrter Hashqueue schlafen und andere Prozesse am Zugriff auf die Hashqueue hindern, selbst wenn diese nach ganz anderen Puffern suchen. Stattdessen versucht Prozeß A, den Puffer mit einer *CP*-Operation zu sperren; ist *CP* erfolgreich, so kann er den Puffer benutzen. Prozeß A sperrt das Semaphor für die freie Liste über eine *CP*-Operation in einer Endlosschleife, denn die für die Sperre geplante Zeitspanne ist nur kurz, weshalb es sich nicht auszahlt, hier in einer *P*-Operation zu schlafen. Der Kern entnimmt jetzt den Puffer aus der freien Liste, gibt die freie Liste wieder frei, gibt die Hashqueue frei und den gesperrten Puffer zurück.
Nehmen wir an, die *CP*-Operation auf den Puffer schlägt fehl, weil ein anderer Prozeß das Puffersemaphor gesperrt hat. Prozeß A gibt jetzt das Hashqueuesemaphor frei und schläft dann in einer *P*-Operation auf das Puffersemaphor ein. Die *P*-Operation ist also für das Semaphor durchführbar, auf das *CP* gerade fehlschlug! Es spielt außerdem keine Rolle, ob Prozeß A wegen des Semaphors schläft: Nach Beendigung der *P*-Operation kontrolliert Prozeß A den Puffer. Da der übrige Algorithmus davon ausgeht, daß Puffer und Hashqueue gesperrt sind, versucht Prozeß A nun, die Hashqueue zu sperren[1]. Da die Reihenfolge des Sperrens (Puffersemaphor, dann Hashqueuesemaphor) hier der vorher erklärten Reihenfolge (Hashqueuesemaphor, dann Puffersemaphor) entgegengesetzt ist, wird die *CP*-Semaphoroperation verwendet. Ist die Sperre nicht durchführbar, erfolgt die übliche Verarbeitung. Ist die Sperre jedoch erfolgreich, kann der Kern noch nicht sicher sein, den richtigen Puffer zu besitzen, denn ein anderer Prozeß könnte den Puffer ja in der freien Liste gefunden und den Inhalt vor Freigabe des Puffersemaphors auf den eines anderen Blocks geändert haben. Prozeß A, der auf die Freigabe des Semaphors wartete, hat natürlich keine Ahnung davon, daß der Puffer, auf den er wartete, nicht mehr der ist, an dem er eigentlich interessiert war, und muß deshalb prüfen, ob der Puffer noch gültig ist; ist dies nicht der Fall, startet er den Algorithmus neu. Enthält der Puffer jedoch gültige Daten, vollendet Prozeß A den Algorithmus. Der Rest des Algorithmus bleibt Ihnen als Übung.

12.3.3.2 Wait

Wir wissen aus Kapitel 7, daß ein Prozeß im Systemaufruf *wait* schläft, bis ein Sohn *exit* ausgibt. Das Problem bei Multiprozessorsystemen liegt darin, sicherzustellen, daß ein Vater beim Ausführen des *wait*-Algorithmus kein Zombiekind vergessen darf; führt beispielsweise ein Sohn auf einem Prozessor *exit* aus, während der Vater auf einem anderen Prozessor *wait* ausführt, so darf der Vater beim Warten auf den *exit* eines zweiten Sohnes nicht schlafen. Jeder Prozeßtabelleneintrag enthält dazu ein Semaphor *zombie_semaphore*, das auf 0 initialisiert ist, und wegen dessen ein Prozeß in *wait* bis zum *exit* eines Sohnes schläft (Abbildung 12.15). Gibt ein Prozeß *exit* aus, so führt er eine *V*-Operation auf das Semaphor des Vaters aus und weckt diesen, falls er in *wait* schlief, auf. Gibt der Sohn *exit* aus, bevor der Vater *wait* ausführt, so findet der Vater den Sohn im Zombiezustand und kehrt zurück. Führen die zwei Prozesse *exit* und *wait* gleichzeitig aus, und gibt der Sohn *exit* aus, nachdem der Vater seinen Zustand geprüft hat, so wird die *V*-Operation des Sohns den Vater am Schlafen hindern. Schlimmstenfalls wird der Vater einen weiteren Schleifendurchlauf ausführen.

[1] Der Algorithmus könnte hier das Sperren der Hashqueue durch Setzen eines Flags und dessen Überprüfung vor dem späteren Durchführen von *V* vermeiden; wir erläutern hier jedoch die Technik zum Sperren von Semaphoren in der entgegengesetzten Reihenfolge.

```
multiprocessor algorithm wait
{
        for (;;)        /* loop */
        {
                search all child processes:
                if (status of child is zombie)
                        return;
                P(zombie_semaphore);        /* initialized to 0 */
        }
}
```

Abb. 12.15: Multiprozessor-Algorithmus für Wait / Exec

12.3.3.3 Treiber

Die Multiprozessorimplementierung für die 3B20A-Rechner von AT&T vermied den Einbau von Semaphoren in den Treibercode durch das Ausführen von *P*- und *V*-Operationen an den Einsprungpunkten der Treiber (siehe [Bach 84]). Wir wissen aus Kapitel 10, daß die Schnittstelle zu Gerätetreibern mit nur wenigen Einsprungpunkten (in der Praxis etwa 20) wohl definiert ist. Die Treiber sind durch Umschließen ihrer Einsprungpunkte geschützt:

```
P(driver_semaphore);
open(driver);
V(driver_semaphore);
```

Durch Verwendung des gleichen Semaphors für alle Einsprungpunkte in einen Treiber und verschiedener Semaphore für die einzelnen Treiber kann höchstens ein Prozeß zu einem bestimmten Zeitpunkt kritischen Code im Treiber ausführen. Die Semaphore können für einzelne Geräte, aber auch für ganze Geräteklassen konfiguriert werden. Beispielsweise kann mit jedem physikalischen Terminal ein Semaphor verbunden sein, es kann aber auch ein Semaphor mit allen Terminals verbunden sein. Der erste Fall ist im Prinzip schneller, denn die auf ein Terminal zugreifenden Prozesse sperren nicht wie im zweiten Fall das Semaphor auch für andere Terminals. Jedoch arbeiten einige Gerätetreiber intern mit anderen zusammen; in solchen Fällen ist die Angabe eines Semaphors für eine ganze Klasse von Geräten leichter zu verstehen. Alternativ gestattet es die Implementierung auf der 3B20A auch, bestimmte Geräte so zu konfigurieren, daß der Treibercode auf einem bestimmten Prozessor läuft.

Probleme können entstehen, wenn ein Gerät das System unterbricht und sein Semaphor gesperrt ist: die Interruptroutine kann nicht aufgerufen werden, denn es könnte die Gefahr einer Beschädigung bestehen. Andererseits muß der Kern sicherstellen, daß er keinen Interrupt verliert. Die 3B20A reiht dazu die Interrupts in eine Warteschlange ein, bis das Semaphor wieder frei und die Situation sicher genug ist, um die Interruptroutine auszuführen; nötigenfalls wird die Interruptroutine aus dem Code heraus aufgerufen, der den Treiber entsperrt.

12.3.3.4 Dummy-Prozesse

Führt der Kern auf einem Einprozessorsystem einen Kontextwechsel durch, so läuft er, wie in Kapitel 6 erläutert, im Kontext des Prozesses, der die Steuerung abgibt. Sind keine Prozesse ablauffähig, ruht der Kern im Kontext des zuletzt gelaufenen Prozesses. Wird er vom Zeitgeber oder von der Peripherie unterbrochen, so behandelt er den Interrupt im Kontext des Prozesses, in dem er sich in Ruhe befand.

In einem Multiprozessorsystem kann der Kern nicht im Kontext des zuletzt ausgeführten Prozesses ruhen. Denn bedenken Sie, was geschieht, wenn ein Prozeß auf Prozessor A einschläft und später wieder aufwacht: Er ist zwar lauffähig, läuft aber nicht sofort ab, obwohl sein Kontext bereits auf Prozessor A verfügbar ist. Wählt Prozessor B jetzt den Prozeß zur Bearbeitung aus, so führt er einen Kontextwechsel durch und fährt in der Bearbeitung fort. Kommt Prozessor A als Folge eines Interrupts wieder aus seiner Ruheschleife, so läuft er im Kontext von Prozeß A, bis er den Kontext wechselt. Dadurch könnten für kurze Zeit die beiden Prozessoren in den gleichen Adreßraum, besonders aber in den Systemstack, schreiben.

Die Lösung des Problems liegt im Erzeugen eines Dummy-Prozesses für jeden Prozessor; hat ein Prozessor keine Arbeit, so führt der Kern einen Kontextwechsel auf den Dummy-Prozeß durch, und der Prozessor ruht dann im Kontext seines Dummy-Prozesses. Der Dummy-Prozeß besteht nur aus einem Systemstack; er kann nicht zum Ablauf eingeteilt werden. Da immer nur ein Prozessor in seinem Dummy-Prozeß ruhen kann, können die Prozesse sich nicht gegenseitig schaden.

12.4 Das Tunis-System

Das Tunis-System hat eine zu UNIX-kompatible Benutzerschnittstelle, doch sein *nucleus* (Kern) ist in der Sprache Concurrent Euclid gechrieben und besteht aus Systemprozessen, die jeden Teil des Systems steuern. Das Tunis-System löst das Problem des gegenseitigen Ausschlusses, denn es kann immer nur ein Abbild eines Systemprozesses zu einem bestimmten Zeitpunkt ablaufen; außerdem verändern die Systemprozesse keine Datenstrukturen anderer Prozesse. Systemprozesse werden durch Ablegen von Nachrichten in Warteschlangen zur Eingabe aktiviert, Concurrent Euclid hat *Monitore* zum Verhindern von Beschädigungen an den Warteschlangen implementiert. Ein Monitor ist eine Prozedur, die gegenseitigen Ausschluß dadurch erzwingt, daß immer nur ein Prozeß zu einem bestimmten Zeitpunkt den Körper der Prozedur ausführen darf. Monitore unterscheiden sich von Semaphoren durch den Zwang zur Modularität (die *P*- und *V*-Operationen finden an den Ein- und Ausgangspunkten der Monitorroutine statt) und dadurch, daß der Compiler die zur Sychronisierung notwendigen Anweisungen erzeugt. Holt stellt fest, daß solche Systeme leichter mit einer Sprache zu konstruieren sind, die gleichzeitigen Ablauf und Monitore (siehe Seite 190 in [Holt 83]) unterstützt. Allerdings unterscheidet sich die interne Struktur des Tunis-Systems grundlegend von traditionellen UNIX-Implementierungen.

12.5 Leistungsbeschränkungen

In diesem Kapitel stellten wir zwei Methoden vor, die zur Implementierung von Multiprozessor-UNIX-Systemen Verwendung fanden: die Master-Slave-Konfiguration, bei der nur ein Prozessor im Systemmodus laufen kann, und die Semaphormethode, die allen Prozessoren gleichzeitig den Ablauf im Systemmodus gestattet. Die in diesem Kapitel beschriebenen Implementierungen von Multiprozessor-UNIX-Systemen können für jede Anzahl von Prozesoren verwendet werden, doch wird der Systemdurchsatz nicht linear mit der Zahl der eingesetzten Prozessoren steigen. Zum ersten führt der erhöhte Kampf um Speicher durch die Hardware zu einem Leistungsverlust, was längere Speicherzugriffszeiten bedeutet. Zum zweiten entsteht beim Semaphormodell erhöhter Kampf um Semaphore; Prozesse finden häufiger gesperrte Semaphore vor, mehr Prozesse reihen sich beim Warten auf das Freiwerden von Semaphoren in Warteschlangen ein, und folglich müssen Prozesse bis zum Zugriff auf ein Semaphor auch länger warten. In ähnlicher Weise wird beim Master-Slave-Modell mit steigender Anzahl von Prozessoren im System der Masterprozessor zum Engpaß, denn er ist der einzige Prozessor, der Systemcode ausführen kann. Obwohl sorgfältiges Hardwaredesign Streitfälle verringern kann und für bestimmte Belastungen ein fast lineares Anwachsen des Systemdurchsatzes mit steigender Prozessorzahl ermöglicht (für ein Beispiel siehe [Beck 85]), erreichen alle mit aktueller Technologie aufgebauten Mutliprozessorsysteme eine Grenze, über die hinaus die Verwendung zusätzlicher Prozessoren zu keiner Steigerung des Systemdurchsatzes mehr führt.

12.6 Übungen

1. Implementieren Sie eine Lösung des Multiprozessorproblems in der Art, daß zwar jeder Prozessor in einer Multiprozessorkonfiguration den Kern ausführen kann, jedoch immer nur ein Prozessor zu einem bestimmten Zeitpunkt. Dies unterscheidet sich von der ersten, im Text vorgestellten Lösung, bei der ein als Master ausgewählter Prozessor alle Systemdienste erfüllen muß. Wie kann das gesuchte System sicherstellen, daß nur ein Prozessor im Systemmodus läuft? Was wäre eine vernünftige Strategie, um Interrupts zu bearbeiten und dennoch sicherzustellen, daß nur ein Prozessor im Systemmodus läuft?
2. Verwenden Sie die Aufrufe für gemeinsamen Speicher, um den in Abbildung 12.6 gezeigten C-Code zur Implementierung von Semaphoren zu testen. Mehrere, voneinander unabhängige Prozesse sollten *P*-*V*-Operationsfolgen auf ein Semaphor ausführen. Wie würden Sie einen Fehler im Code aufzeigen?
3. Entwerfen Sie einen Algorithmus für eine *CP* Operation (bedingte *P*-Operation) anhand des Algorithmus der *P*-Operation.
4. Erklären Sie, warum die Algorithmen für *P* und *V* in den Abbildungen 12.8 und 12.9 Interrupts blockieren müssen. An welchen Stellen sollten die Interrupts blockiert werden?
5. Wird ein Semaphor in einer Kreissperre wie in

   ```
   while (!CP(semaphore));
   ```

   verwendet, warum kann dann der Kern *nie* eine unbedingte *P*-Operation darauf ausführen? (Hinweis: Was geschieht in der Kreissperre, wenn ein Prozeß in einer *P*-Operation einschläft?)
6. Gehen Sie zurück zum Algorithmus *getblk* in Kapitel 3 und beschreiben Sie eine Multiprozessor-Implementierung für den Fall, daß der Block sich nicht im Blockdepot befindet.

* 7. Nehmen wir an, im Algorithmus für die Pufferzuteilung herrsche zuviel Streit um das Semaphor für die freie Pufferliste. Implementieren Sie ein Schema zum Verringern dieser Streitigkeiten durch Aufteilen der freien Liste in zwei freie Listen.

* 8. Nehmen wir an, für einen Terminaltreiber sei ein auf 0 initialisiertes Semaphor vorhanden, das Prozesse zum Einschlafen bringt, wenn sie das Terminal mit Ausgaben überhäufen. Kann das Terminal wieder Daten annehmen, so weckt es jeden Prozeß, der wegen dieses Semaphors schläft. Entwerfen Sie ein Schema zum Wecken aller Prozesse über *P*- und *V*-Operationen. Definieren Sie, falls notwendig, zusätzliche

Flags und Treiber-Sperrsemaphore. Wie sicher kann dieses Schema sein, wenn das Wecken von einem Interrupt herrührt und ein Prozessor die Interrupts auf anderen Prozessoren nicht blockieren kann?

* 9. Beim Schützen von Treiber-Eingangspunkten durch Semaphore müssen Vorkehrungen getroffen werden, das Semaphor freizugeben, falls ein Prozeß im Treiber einschläft. Beschreiben Sie eine Implementation hierfür. Wie sollte der Treiber Interrupts behandeln, die auftreten, während das Treibersemaphor gesperrt ist?

10. Erinnern wir uns an die Systemaufrufe in Kapitel 8 zum Setzen und für den Zugriff auf die Systemzeit. Ein System kann dabei nicht von gleichen Zeitgebertakten für verschiedene Multiprozessoren ausgehen. Wie sollten die Systemaufrufe für die Zeit arbeiten?

13 Verteilte UNIX-Systeme

Das vorausgehende Kapitel untersuchte eng gekoppelte Multiprozessorsysteme, die Speicher und Datenstrukturen des Kerns gemeinsam benutzen und auch Prozesse von einer gemeinsamen Basis aus zum Ablauf einteilen. Es ist jedoch oft wünschenswert, Computer so zusammenzufassen, daß zwar die Betriebsmittel gemeinsam verwendet werden können, jeder Rechner aber die Verfügung über seine Umgebung behält. Beispielsweise möchte der Benutzer eines PC auf Dateien auf einem größeren Rechner zugreifen, gleichzeitig jedoch auch die Verfügung über den PC behalten. Obwohl einige Programme wie etwa *uucp* Dateitransfer und andere Anwendungen über ein Netzwerk hinweg gestatten, ist doch ihre Verwendung nicht transparent, denn der Benutzer erkennt das darunterliegende Netzwerk. Zudem arbeiten Programme wie etwa Texteditoren mit Fremddateien nicht so wie mit lokalen. Der Benutzer möchte gerne den normalen Satz von UNIX-Systemaufrufen verwenden und, abgesehen von einer möglichen Verringerung der Systemleistung, nicht wisssen, ob er die Grenze zu anderen Rechnern überschreitet. Besonders Systemaufrufe wie *open* und *read* sollten mit Dateien auf Fremdrechnern genauso arbeiten wie mit Dateien auf lokalen Systemen.

Abbildung 13.1 zeigt die Architektur eines verteilten Systems. Jeder in einem Kreis dargestellte Rechner ist eine autonome Einheit, bestehend aus CPU, Speicher und Peripherie. Ein Computer paßt sogar dann in dieses Modell, wenn er über keinen lokalen Speicherplatz für Dateien verfügt: Er muß zwar über eine Peripherie zur Kommunikation mit anderen Maschinen verfügen, doch alle seine regulären Dateien können sich auf einem anderen Rechner befinden. Höchst wichtig ist jedoch, daß der für jeden Rechner verfügbare physikalische Speicher unabhängig von den Aktivitäten auf den anderen Rechnern ist. Diese Eigenschaft unterscheidet verteilte Systeme von den im vorausgehenden Kapitel beschrie-

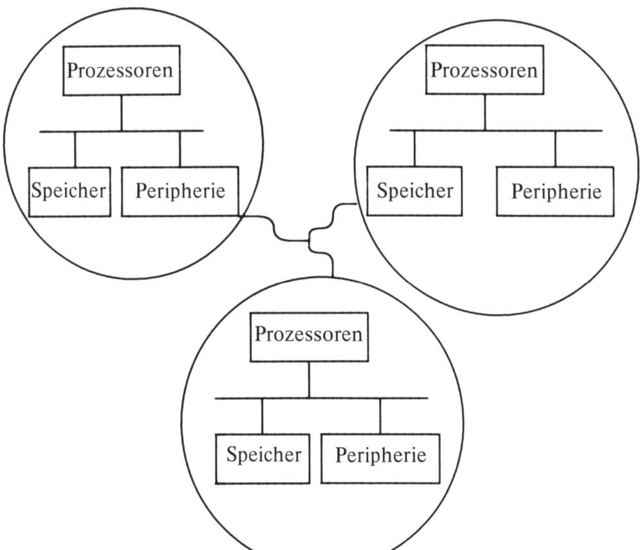

Abb. 13.1: Modell für verteilte Architekturen

benen eng gekoppelten Multiprozessorsystemen. Folglich sind die Systeme der einzelnen Rechner unabhängig und nur den äußeren Einschränkungen des Ablaufs in einer verteilten Systemumgebung unterworfen.

Viele Implementierungen verteilter Systeme wurden in der Literatur bereits beschrieben; sie verteilen sich auf die folgenden Kategorien.

- *Satellitensysteme* sind eng verbundene Gruppen von Rechnern, die sich um einen (gewöhnlich größeren) Hauptrechner scharen. Die Satellitenprozessoren teilen sich mit dem Zentralprozessor in die Prozeßlast und geben alle Systemaufrufe auf ihn ab. Zweck eines Satellitensystems ist die Steigerung des Systemdurchsatzes und, soweit möglich, auch das Zulassen der exklusiven Verwendung eines Prozessors für einen Prozeß in einer UNIX-Systemumgebung. Das System läuft dabei als eine Einheit; im Gegensatz zu anderen Modellen verteilter Systeme verfügen die Satelliten nicht über echte Autonomie, ausgenommen vielleicht in einigen Fällen hinsichtlich Prozeßscheduling und lokaler Speicherverwaltung.
- Verteilte „Newcastle"-Systeme erlauben den Zugriff auf entfernte Systeme durch das Erkennen der Namen von Fremddateien in der C-Bibliothek. (Der Name rührt von einem Arbeitspapier mit dem Titel „The Newcastle Connection" her - siehe dazu [Brownbridge 82].) Die Fremddateien sind durch im Pfadnamen enthaltene Sonderzeichen oder durch spezielle Pfadangaben, die der Wurzel des Dateisystems vorangehen, gekennzeichnet. Dieses Verfahren kann ohne Änderungen am Kern und damit einfacher als die anderen, in diesem Kapitel beschriebenen Verfahren implementiert werden, es ist jedoch auch weniger flexibel.
- Vollständig transparente verteilte Systeme erlauben die Verwendung von Standardpfadnamen für den Zugriff auf Dateien auf anderen Rechnern; der Kern erkennt dabei, daß es sich um Fremddateien handelt. Pfadnamen überschreiten Maschinengrenzen an Montagepunkten so wie sie auch die Montagepunkte von Dateisystemen auf der Platte durchqueren.

Dieses Kapitel untersucht nun die Architektur jedes Modells; die gegebenen Beschreibungen gründen sich *nicht* auf bestimmte Implementierungen, sondern auf in verschiedensten technischen Papieren veröffentlichte Informationen. Wir nehmen dazu an, daß Protokollmodule der unteren Ebene und Gerätetreiber für Adressierung, Leitung, Ablaufkontrolle, Fehlererkennung und -behebung zuständig sind, jedes Modell also unabhängig von dem darunterliegenden Netzwerk ist. Die im nächsten Abschnitt vorgestellten Beispiele für Systemaufrufe auf einem Satellitensystem arbeiten in ähnlicher Weise auch auf den in späteren Abschnitten erläuterten Newcastle- und transparenten Systemen; wir werden sie deshalb nur einmal im Detail erläutern, die Abschnitte über die anderen Systemmodelle werden sich dann auf spezielle, für das jeweilige System besonders typische Eigenschaften beschränken.

13.1 Satellitenprozessoren

Abbildung 13.2 zeigt die Architektur einer Satelitenprozessor-Konfiguration. Ziel einer solchen Konfiguration ist das Erhöhen des Systemdurchsatzes, indem Prozesse vom Zentralprozessor abgezogen und auf den Satellitenprozessoren ausgeführt werden. Kein Satellitenprozessor verfügt über lokale Peripherie, weshalb er dazu bei Bedarf Verbindung mit dem Zentralprozessor aufnehmen muß: Das Dateisystem und sämtliche Geräte befinden sich auf dem Zentralprozessor. Ohne die allgemeine Gültigkeit einzuschränken können wir davon ausgehen, daß alle Benutzerprozesse auf Satellitenprozessoren laufen, und daß Prozesse die Satellitenprozessoren nicht wechseln; ist ein Prozeß einmal einem Prozessor zugeteilt, so bleibt er bis zum *exit* auf diesem. Der Satellitenprozessor verfügt über ein vereinfachtes Betriebssystem für die Bearbeitung von lokalen Systemaufrufen, von Interrupts, zur Speicherverwaltung, für Netzwerkprotokolle und einen Treiber für das Gerät, das zur Kommunikation mit dem Zentralprozessor verwendet wird.

Bei der Initialisierung des Systems lädt der Kern des Zentralprozessors ein lokales Betriebssystem in jeden Satellitenprozessor, das dort dann bis zum Abschalten des Systems läuft. Jeder Prozeß auf einem Satellitenprozessor besitzt einen mit ihm verbundenen *Stub*-Prozeß auf dem Zentralprozessor (siehe dazu [Birell 84]); gibt ein Prozeß auf einem Satellitenprozessor einen Systemaufruf aus, der einen Systemdienst anfordert, den nur der Zentralprozessor ausführen kann, so nimmt der Satellitenprozeß zum Bedienen dieser Anforderung Verbindung mit seinem Stub-Prozeß auf dem Zentralprozessor auf. Der Stub-Prozeß führt den Systemaufruf aus und schickt die Ergebnisse zurück an den Satellitenprozeß. Satellitenprozeß und zugehöriger Stub-Prozeß stehen also zueinander in einem Kunden-Server-Bezug ähnlich dem in Kapitel 11 beschriebenen: Der Satellit ist Kunde des Stub-Prozesses, der dann die Dienste des Dateisystems verfügbar macht. Die Bezeichnung „*stub*" unterstreicht die Tatsache, daß der entfernte Serverprozeß jeweils nur einen Kundenprozeß bedient. Abschnitt 13.4 behandelt Serverprozesse, die auch mehrere Kundenprozesse bedienen können. Der Einfachheit halber werden wir im weiteren einen Prozeß, der auf einem Satellitenprozessor läuft, als *Satellitenprozeß* bezeichnen.

Gibt ein Satellitenprozeß einen Systemaufruf aus, der lokal bearbeitet werden kann, muß der Kern keine Anforderung an den Stub-Prozeß senden. Beispielsweise kann der Prozeß den Aufruf *sbrk* lokal ausführen, um mehr Speicher zu erhalten. Benötigt er aber eine Dienstleistung des Zentralprozessors wie etwa beim *open* auf eine Datei, so kodiert er die Parameter des Systemaufrufs und die Prozeßumgebung in eine Nachricht, die er dann an

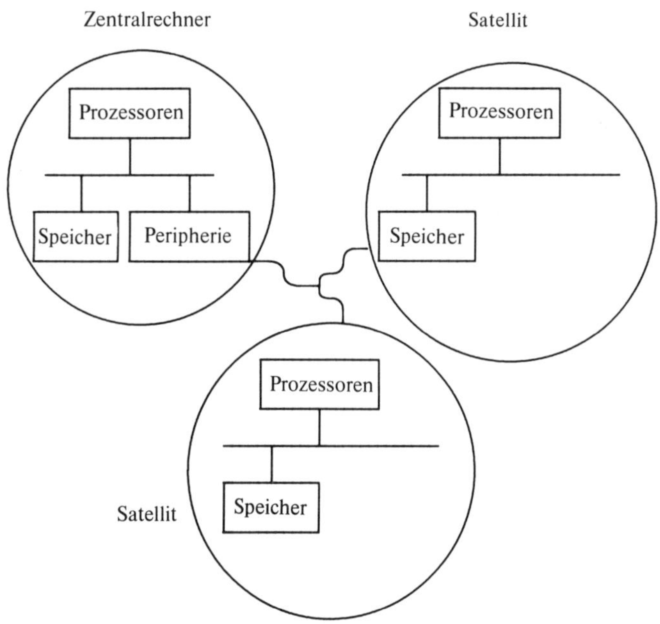

Abb. 13.2: Satellitenprozessor-Konfiguration

den Stub-Prozeß schickt (Abbildung 13.3). Die Nachricht besteht aus einem Kennzeichen, das den Systemaufruf angibt, den der Stub für den Kunden ausführen soll, aus Parametern für diesen Systemaufruf, und aus Daten der Prozeßumgebung wie Benutzer-ID und Gruppen-ID, die je nach Aufruf verschieden sein können. Der Rest der Nachricht enthält Daten variabler Länge wie etwa den Pfadnamen einer Datei oder Daten für einen *write*-Aufruf.

Der Stub wartet auf Anforderungen durch den Satellitenprozeß; empfängt er eine Anforderung, so dekodiert er die Nachricht, stellt fest, welchen Systemaufruf er ausführen soll, führt den Aufruf aus, und kodiert schließlich die Ergebnisse des Systemaufrufs in eine Antwort für den Satellitenprozeß. Die Antwort enthält die als Ergebnis des Systemaufrufs an den aufrufenden Prozeß zurückzugebenden Returncodes, einen Fehlercode zur Anzeige von Fehlern im Stub, eine Signalnummer und ein Datenarray variabler Länge zur Aufnahme von Daten, die beispielsweise mit *read* von einer Datei gelesen wurden. Der Satellitenprozeß schläft im Systemaufruf bis zum Empfang der Antwort, dekodiert sie und gibt die Ergebnisse an den Benutzer zurück. Dies ist das allgemeine Schema zum Bearbeiten von Systemaufrufen; der Rest dieses Abschnitts untersucht nun noch spezielle Systemaufrufe genauer.

Um zu erklären, wie das Satellitensystem arbeitet, denken Sie zunächst einmal an die folgenden Systemaufrufe: *getppid*, *open*, *write*, *fork*, *exit* und *signal*. Der Systemaufruf *getppid* ist einfach, denn er benötigt nur eine Anforderung und eine Antwort zwischen Satellit und Zentralprozessor. Der Kern des Satellitenprozessors bildet eine Nachricht mit einem Kennzeichen zur Angabe, daß es sich um den Systemaufruf *getppid* handelt, und sendet die Anforderung an den Zentralprozessor. Der Stub auf dem Zentralprozessor holt mit *read* die Nachricht vom Satellitenprozessor, dekodiert den Typ des Systemaufrufs, führt den Aufruf *getppid* aus und ermittelt die Prozeß-ID seines Vaters. Dann bildet er die Antwort und schickt sie mit *write* an den Satellitenprozeß, der bis dahin im *read* auf die Kommunikationslinie wartet. Empfängt der Satellit die Antwort des Stubs, so gibt er das Ergebnis an den Prozeß zurück, der ursprünglich den Systemaufruf *getppid* ausgegeben hat. Unterhält der Satellitenprozeß dagegen Daten wie die Prozeß-ID des Vaters lokal, so muß er mit seinem Stub überhaupt nicht in Verbindung treten.

Beim Systemaufruf *open* sendet der Satellitenprozeß eine *open*-Nachricht mit Dateinamen und weiteren Parametern an den Stub-Prozeß. Kann der Stub den *open*-Aufruf erfolgreich ausführen, so ordnet er eine Inode und einen Dateitabelleneintrag auf dem Zentralprozessor zu, weist einen Eintrag in der Benutzer-Filedeskriptorentabelle in seinem *u-Bereich* zu

Nachrichtenformat

Kennung f. Systemaufruf	Parameter f. Systemaufruf	Umgebungsdaten	.... Pfadname oder Datenstream ....

Antwort

Returncode aus Systemaufruf	Fehlercode	Signalnummer	.... Datenstream ....

Abb. 13.3: Nachrichtenformate

und gibt den Filedeskriptor an den Satellitenprozeß zurück. Währenddessen liest der Satellitenprozeß mit *read* die Kommunikationslinie und wartet auf die Antwort des Stub-Prozesses. Der Satellitenprozeß verfügt über keine Datenstrukturen des Kerns, die Informationen über die offene Datei festhalten; der von *open* zurückgegebene Filedeskriptor ist der Index in die Benutzer-Filedeskriptorentabelle des Stub-Prozesses. Abbildung 13.4 zeigt die Ergebnisse eines *open*-Aufrufs.

Beim Systemaufruf *write* bildet der Satellitenprozessor eine Nachricht aus *write*-Kennzeichen, Filedeskriptor und Datenzähler. Danach kopiert er die Daten aus dem Benutzerbereich des Satellitenprozesses und gibt sie mit *write* auf die Kommunikationslinie. Der Stub-Prozeß dekodiert die *write*-Nachricht, liest die Daten mit *read* von der Kommunikationslinie und schreibt sie mit *write* in die entsprechende Datei, wobei er dem Filedeskriptor zum Dateitabelleneintrag und zur Inode folgt, die sich alle auf dem Zentralprozessor befinden. Nach vollendeter Arbeit gibt der Stub mit *write* eine Quittungsnachricht an den Satellitenprozeß aus, die die Anzahl der erfolgreich geschriebenen Bytes enthält. Der *read*-Aufruf läuft ähnlich ab: Der Stub informiert den Satellitenprozeß, wenn er die geforderte Anzahl von Bytes nicht zurückgeben kann, etwa beim *read*-Aufruf auf ein Terminal oder eine Pipe. Sowohl *read*- wie *write*-Aufruf können, abhängig von der Datenmenge und der Paketgröße des Netzwerks, das Übertragen mehrerer Datennachrichten über das Netzwerk erforderlich machen.

Der einzige Systemaufruf, der auf dem Zentralprozessor intern modifiziert werden muß, ist *fork*. Führt ein Prozeß auf dem Zentralprozessor den Systemaufruf *fork* aus, so wählt der Kern einen Satelliten für die Ausführung des Prozesses aus und schickt eine Meldung an einen speziellen Serverprozeß auf diesem, die ihm mitteilt, daß er im Begriff ist, einen Prozeß in ihn zu laden. Wir gehen davon aus, daß der Server die *fork*-Anforderung annimmt; er führt jetzt seinerseits einen *fork*-Aufruf aus, um einen neuen Satellitenprozeß zu erzeugen, und initialisiert einen Prozeßtabelleneintrag und einen *u-Bereich*. Der Zentralprozessor lädt nun eine Kopie des Prozesses, der den ursprünglichen *fork*-Aufruf ausgab, in den Satellitenprozessor, überschreibt damit den Adreßraum des hier gerade erst erzeugten Prozesses, erzeugt mit *fork* einen lokalen Stub-Prozeß für die Kommunikation mit dem neuen Satellitenprozeß, und schickt schließlich eine Nachricht an den Satellitenprozessor, um den Befehlszähler des neuen Prozesses zu initialisieren. Der Stub-Prozeß (auf dem Zentralprozessor) ist nun der Sohn des Prozesses, der den ursprünglichen *fork*-Aufruf ausgab; der Satellitenprozeß ist technisch zwar ein Sohn des Serverprozesses, logisch jedoch ein Sohn des Prozesses, der den ursprünglichen *fork*-Aufruf ausgab; nach Beendigung des *fork*-Aufrufes hat der Server keinen logischen Bezug mehr zum Sohnprozeß; der einzige Zweck des Servers besteht darin, beim Laden des Sohns in den Satelliten Hilfestellung zu leisten. Wegen der engen Kopplung des Systems (die Satellitenprozessoren sind nicht autonom)

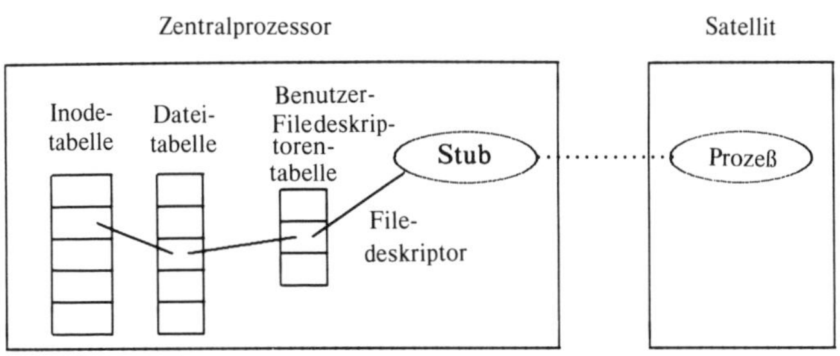

Abb. 13.4: Open-Aufruf aus einem Satellitenprozeß

haben Satelliten-und Stub-Prozesse die gleiche Prozeß-ID. Abbildung 13.5 zeigt die Beziehung zwischen den Prozessen: die durchgezogene Linie zeigt die Vater-Sohn-Bezüge, die punktierten Linien zeigen die paarweisen Kommunikationslinien zwischen Vaterprozeß und Server auf dem Satelliten sowie zwischen Sohnprozeß und seinem Stub auf dem Zentralprozessor.

Gibt ein Prozeß auf einem Satellitenprozessor *fork* aus, so sendet er eine Nachricht an seinen Stub auf dem Zentralprozessor, der dann eine ähnliche Operationsfolge durchläuft. Der Stub ermittelt einen neuen Satellitenprozessor und bereitet das Laden das alten Prozesses in diesen vor: Er schickt eine Nachricht an den Vaterprozeß auf dem Satelliten mit der Anforderung, den Prozeß zu lesen, der Satellit antwortet mit dem Schreiben des Prozeßabbilds auf die Kommunikationslinie. Der Stub liest nun das Prozeßabbild und schreibt es auf den Satelliten für den Sohnprozeß. Ist der Prozeß vollständig in den neuen Satelliten

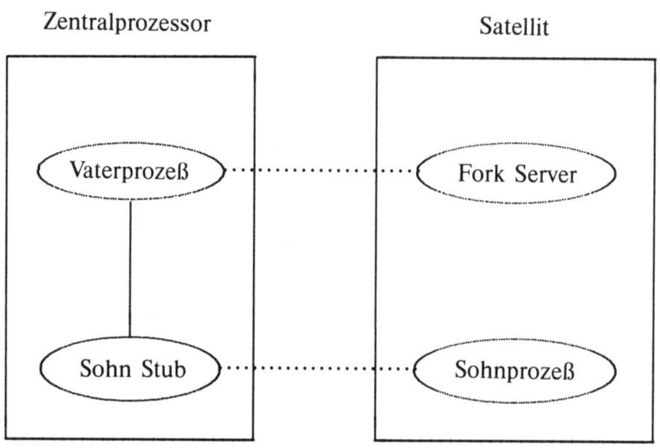

Abb. 13.5: Fork auf dem Zentralprozessor

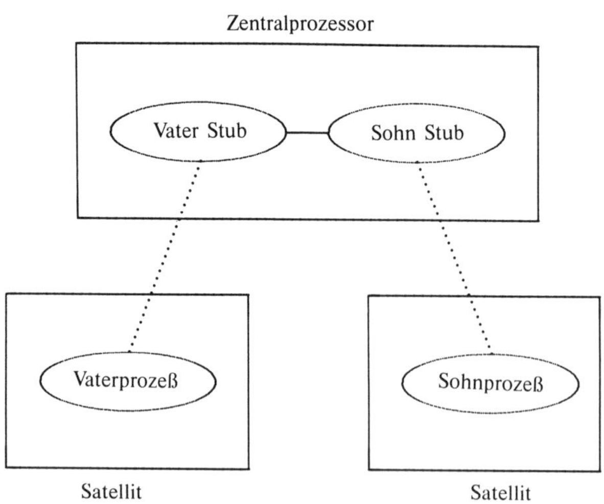

Abb. 13.6: Fork auf einem Satellitenprozessor

übertragen, gibt der Stub *fork* aus, erzeugt damit einen Stub-Sohn auf dem Zentralprozessor und schreibt den Befehlszähler in den Sohn-Satelliten, damit dieser weiß, wo mit der Ausführung zu beginnen ist. Eine offensichtliche Optimierung tritt ein, wenn der Sohn demselben Satelliten zugeteilt wird wie sein Vater, doch gestattet es dieses Schema Prozessen, außer auf dem ursprünglichen Prozessor, von dem der *fork*-Aufruf ausging, auch auf anderen Satellitenprozessoren abzulaufen. Abbildung 13.6 zeigt die Prozeßbezüge nach einem *fork*-Aufruf. Geht ein Satellitenprozeß in den *exit*, so schickt er eine *exit*-Meldung an den Stub, der dann ebenfalls *exit* ausgibt. Der Stub allein kann keine *exit*-Sequenz einleiten.

Ein Prozeß muß auf Signale wie in einem Einprozessorsystem reagieren: Entweder er beendet den Systemaufruf vollständig, bevor er auf das Signal prüft, oder er wacht in Abhängigkeit von der Priorität, auf der er schläft, unmittelbar aus seinem Schlaf auf und beendet sofort den Systemaufruf. Da ein Stub-Prozeß Systemaufrufe für einen Satelliten abwickelt, muß er auf Signale in Abstimmung mit diesem Satellitenprozeß reagieren. Bringt ein Signal auf einem Einprozessorsystem einen Prozeß zur abnormalen Beendigung eines Systemaufrufs, so sollte sich auch der Stub-Prozeß in dieser Art verhalten. Verursacht ein Signal den *exit* eines Prozesses, so muß in ähnlicher Weise der Satellit in den *exit* gehen und eine *exit*-Nachricht an den Stub-Prozeß senden, der dann auf natürliche Weise seinerseits *exit* ausgibt.

Führt ein Satellitenprozeß den Systemaufruf *signal* aus, so legt er die übliche Information in lokalen Tabellen ab und schickt eine Nachricht an den Stub-Prozeß, um diesen darüber zu informieren, ob er dieses spezielle Signal übergehen soll. Wie wir noch sehen werden, macht es für den Stub keinen Unterschied, ob ein Prozeß ein Signal abfängt oder die Standardbehandlung durchführt. Ein Prozeß reagiert auf Signale anhand einer Kombination von drei Faktoren (siehe Abbildung 13.7): a) Tritt das Signal auf, wenn der Prozeß sich mitten in einem Systemaufruf befindet, b) hat der Prozeß den Systemaufruf *signal* ausgegeben, um das Signal zu ignorieren, und c) kommt das Signal von einem Satellitenprozessor oder von einem anderen Prozessor. Sehen wir uns nun die verschiedenen Möglichkeiten an.

Wir nehmen an, ein Satellitenprozeß schläft, während der Stub-Prozeß einen Systemaufruf für ihn ausführt. Kommt von einem anderen Prozessor ein Signal, so sieht der Stub es vor dem Satellitenprozeß. Drei Fälle sind dabei möglich.

1. Schläft der Stub nicht bis zum Eintritt eines Ereignisses, wo er dann beim Eintreffen eines Signals aufwachen würde, so beendet er den Systemaufruf, schickt die jeweiligen Ergebnisse in einer Nachricht an den Satellitenprozeß und zeigt an, welches Signal er empfangen hat.
2. Hat der Prozeß das Signal ignoriert, so bearbeitet der Stub den Systemaufruf ohne Ausführen von *longjmp* aus einem unterbrechenbaren Schlaf heraus weiter – das übliche Vorgehen bei ignorierten Signalen. Bei der Antwort an den Satellitenprozeß zeigt der Stub nicht an, daß er ein Signal empfangen hat.
3. Hat der Stub-Prozeß wegen des Empfangs eines Signals *longjmp* aus einem Systemaufruf heraus ausgeführt, so informiert er den Satellitenprozeß, daß der Systemaufruf unterbrochen wurde, und gibt dabei die Signalnummer an.

Der Satellitenprozeß prüft die Antwort, um festzustellen, ob Signale aufgetreten sind, und bearbeitet sie, falls vorhanden, vor Rückkehr aus dem Systemaufruf in der üblichen Weise. Dadurch verhält sich ein Prozeß genauso wie auf einem Einprozessorsystem: Er geht ohne Rückkehr aus dem Kern in den *exit*, er ruft eine Signalbehandlungsfunktion des Benutzers auf, oder er ignoriert das Signal und kehrt aus dem Systemaufruf zurück.

```
algorithm sighandle              /* algorithm for handling signals */
input:  none
output: none
{
        if (clone process)
        {
                if (ignoring signal)
                        return;
                if (in middle of system call)
                        set signal against clone process;
                else
                        send signal message to satellite process;
        }
        else        /* satellite process */
        {
                /* whether in middle of system call or not */
                send signal to clone process;
        }
}

algorithm satellite_end_of_syscall        /* satellite end of system call */
input:      none
output:      none
{
        if (system call interrupted)
                send message to satellite telling about interrupt, signal;
        else        /* system call not interrupted */
                send system call reply: include flag indicating arrival
                                        of signal;
}
```

Abb. 13.7: Bearbeitung von Signalen auf einem Satellitensystem

Nehmen wir beispielsweise an, ein Satellitenprozeß gibt einen *read*-Aufruf auf ein Terminal aus, das mit dem Zentralprozessor verbunden ist, und schläft, während der Stub-Prozeß den Systemaufruf ausführt (Abbildung 13.8). Drückt ein Benutzer die Break-Taste, so sendet der Kern des Stub ein Interruptsignal an den Prozeß. Schläft der Stub beim Warten auf Eingabe, so wacht er augenblicklich auf und beendet den *read*-Aufruf. In seiner Antwort an den Satellitenprozeß setzt der Stub einen Fehlercode (Unterbrechung im Systemaufruf) und die Signalnummer für einen Interrupt. Der Satellitenprozeß prüft die Antwort und verbucht das Signal für sich, da die Nachricht anzeigt, daß ein Interruptsignal gesendet wurde. Vor der Rückkehr aus dem Systemaufruf prüft der Kern des Satelliten auf anliegende Signale, findet das vom Stub-Prozeß zurückgegebene Interruptsignal und bearbeitet es in der üblichen Weise. Gibt ein Satellitenprozeß als Folge eines Interruptsignals *exit* aus, so sorgt der *exit*-Aufruf auch dafür, daß der Stub-Prozeß beseitigt wird. Fängt der Prozeß Interruptsignale ab, so ruft er die Signalbehandlungsfunktion des Benutzers auf und kehrt später mit einer Fehleranzeige für den Benutzer aus dem *read*-Aufruf zurück. Führt der Stub-Prozeß dagegen einen *stat*-Aufruf für den Satellitenprozeß aus, so beendet er den Auf-

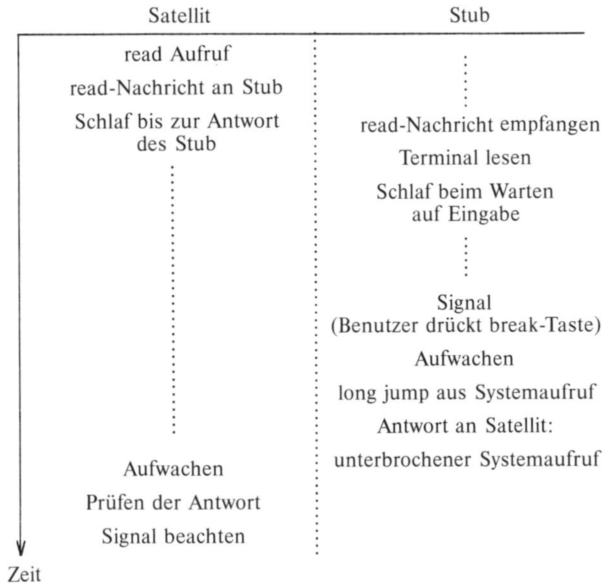

Abb. 13.8: Interrupt während eines Systemaufrufs

ruf bei Empfang eines Signals nicht (*stat* wacht immer aus jeder Art von Schlaf auf, denn der Aufruf muß nie endlos auf Betriebsmittel warten). Der Stub beendet den Systemaufruf und gibt die Signalnummer an den Satellitenprozeß zurück. Der Satellitenprozeß verbucht das Signal für sich und bemerkt es nach seiner Rückkehr aus dem Systemaufruf.

Befindet sich der Prozeß in einem Systemaufruf und auf dem Satellitenprozessor entsteht ein Signal, so weiß der Satellitenprozeß nicht, ob der Stub bald zurückkehrt oder aber endlos schläft. Der Satellitenprozeß sendet deshalb eine spezielle Nachricht an den Stub, um ihn über das Auftreten des Signals zu informieren. Der Kern des Zentralprozessors liest die Nachricht und schickt das Signal an den Stub, der jetzt wie in den vorausgehenden Abschnitten beschrieben reagiert: Entweder unterbricht er den Systemaufruf, oder aber er führt in vollständig zu Ende. Der Satellitenprozeß kann die Nachricht nicht direkt an den Stub senden, denn dieser befindet sich in einem Systemaufruf und liest nicht von der Kommunikationslinie. Der Kern des Zentralprozessors erkennt die spezielle Nachricht und übergibt das Signal an den jeweiligen Stub.

Kehren wir noch einmal zu dem bereits erläuterten *read*-Beispiel zurück: Der Satellitenprozeß ist nicht darüber informiert, ob der Stub-Prozeß auf Eingabe von einem Terminal wartet, oder ob er etwa andere Arbeiten ausführt. Er schickt dem Stub eine Signalnachricht: Schläft der Stub auf einer unterbrechenbaren Priorität, so wacht er sofort auf und beendet den Systemaufruf; andernfalls führt er den Systemaufruf vollständig und normal aus.

Bedenken wir nun abschließend noch die Fälle, in denen ein Signal ankommt und ein Prozeß sich nicht in einem Systemaufruf befindet. Kommt das Signal von einem anderen Prozessor, so empfängt der Stub das Signal als erster und schickt unabhängig davon, was der Satellitenprozeß mit dem Signal anfangen will, eine spezielle Signalnachricht an ihn. Der Kern des Satelliten entschlüsselt die Nachricht und schickt ein Signal an den Prozeß, der in der üblichen Weise reagiert. Ist das Signal auf dem Satellitenprozessor selbst entstanden, so führt der Satellitenprozeß die übliche Bearbeitung durch und benötigt keine besondere Kommunikation mit dem Stub-Prozeß.

Sendet ein Satellitenprozeß ein Signal an andere Prozesse, so baut er eine Nachricht für den Systemaufruf *kill* auf und schickt sie an den Stub, der dann lokal den *kill*-Aufruf ausführt. Sollen auch Prozesse auf anderen Satellitenprozessoren das Signal empfangen, so empfangen es deren Stubs und reagieren darauf wie bereits beschrieben.

13.2 Die Newcastle Connection

Der vorausgehende Abschnitt untersuchte eine eng gekoppelte Systemkonfiguration, bei der alle Dateisystemaufrufe auf einem Satellitenprozessor abgefangen und an einen entfernten (Zentral-) Prozessor weitergeleitet werden. Dieser Abschnitt befaßt sich nun mit lockerer gekoppelten Systemen, bei denen jeder Rechner auf Dateien auf anderen Rechnern zugreifen können soll. In einem Netzwerk aus PCs und Workstations wollen die Benutzer beispielsweise auf Dateien auf einem Großrechner zugreifen. Die nächsten beiden Abschnitte behandeln Systemkonfigurationen, bei denen die lokalen Systeme alle Systemaufrufe bearbeiten, die Aufrufe für das Dateisystem aber Dateien auf anderen Rechnern ansprechen können.

Diese Systeme verwenden jeweils eine von zwei Möglichkeiten, um die Fremddateien zu identifizieren. Einige Systeme fügen dazu ein Sonderzeichen in den Pfadnamen ein: Der dem Sonderzeichen vorangehende Teil des Pfadnamens bezeichnet den Rechner, der Rest des Pfadnamens dann die Datei auf dem Rechner. Der Pfadname

```
„sftig!/fs1/mjb/rje"
```

bezeichnet beispielsweise die Datei „/fs1/mjb/rje“ auf dem Rechner „sftig“. Dieses Dateibezeichnungsschema folgt der Konvention, die durch das Programm *uucp* für den Dateitransfer zwischen UNIX-Systemen aufgestellt ist. Andere Systeme zur Namensgebung identifizieren Fremddateien durch Voranstellen eines speziellen Präfixes wie:

```
/../sftig/fs1/mjb/rje
```

Dabei informiert die Zeichenfolge „/..“ den Parser, daß es sich um eine Fremddatei handelt, der nächste Teil des Namens bezeichnet den Fremdrechner. Letzteres Schema verwendet die Syntax gewöhnlicher Dateinamen unter UNIX, die Anwendersoftware muß also nicht besonders darauf eingestellt werden, mit „irregulär konstruierten Dateinamen“ wie im ersten Schema fertig zu werden (siehe [Pike 85]).

Der Rest dieses Abschnitts beschreibt ein der Newcastle Connection nachempfundenes System, bei dem der Kern nicht daran beteiligt ist, festzustellen, ob eine Datei entfernt ist; stattdessen ermitteln die C-Bibliotheksfunktionen, die die Systemschnittstelle bilden, ob der Zugriff auf eine Fremddatei erfolgt, und treffen dann die entsprechenden Maßnahmen. Bei beiden Namenskonventionen untersuchen die C-Bibliotheksroutinen die erste Komponente eines Pfadnamens, um festzustellen, ob eine Datei entfernt ist. Dies weicht von den üblichen Implementierungen ab, bei denen Bibliotheksroutinen keine Pfadnamen abarbeiten. Abbildung 13.9 zeigt, wie Anforderungen für Dateidienste formuliert werden. Handelt es sich um einen lokalen Dateinamen, so bearbeitet der Kern die Anforderung in der üblichen Weise. Bedenken Sie dagegen die Ausführung des folgenden Systemaufrufs:

```
open(„/../sftig/fs1/mjb/rje/file",O_RDONLY);
```

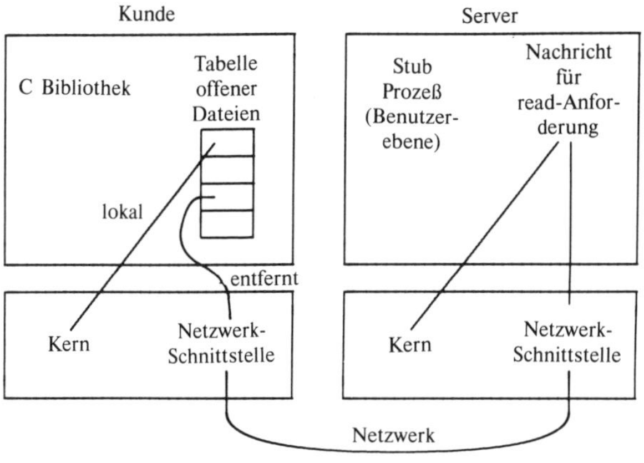

Abb. 13.9: Formulieren einer Anforderung für Dateidienste

Die C-Bibliotheksroutine für *open* bearbeitet die ersten beiden Komponenten des Pfadnamens und stellt fest, daß die Datei sich auf dem Fremdrechner „sftig" befinden müßte. Sie unterhält eine Datenstruktur zum Aufzeichnen, ob der Prozeß die Kommunikation mit dem Rechner „sftig" bereits aufgenommen hat, und baut, falls nicht, eine Kommunikationslinie zum Dateiserver des Fremdrechners auf. Führt ein Prozeß seine erste Fremdanforderung aus, so prüft der Server auf dem Fremdrechner die Anforderung, hält je nach Notwendigkeit Benutzer- bzw. Gruppen-ID fest und erzeugt einen Stub-Prozeß, der dann für den Kundenprozeß in Aktion tritt.

Der Stub, der die Anforderungen für den Kundenprozeß stellt, sollte dieselben Dateizugriffsrechte besitzen wie sie auch sein Kunde auf dem Fremdrechner besitzen würde. Das bedeutet, daß Benutzer „mjb" auf Fremddateien mit denselben Berechtigungen zugreifen sollte, die auch beim Zugriff auf lokale Dateien gelten. Dummerweise kann die Benutzer-ID des Kunden für „mjb" zugleich die eines anderen Benutzers auf dem Fremdrechner sein. Die Systemverwalter der verschiedenen Rechner müssen deshalb entweder für alle Benutzer im gesamten Netzwerk eindeutige IDs vergeben, oder sie müssen für eine Umwandlung der Benutzer-IDs zum Zeitpunkt der Anforderung eines Netzwerkdienstes sorgen. Werden diese Bedingungen nicht erfüllt, so sollte der Stub-Prozeß auf dem Fremdrechner mit „anderen" Berechtigungen arbeiten.

Das Zuteilen von Zugriffsrechten des Superusers für Fremddateien ist eine noch heiklere Situation. Einerseits sollte ein Superuser-Kunde auf dem Fremdsystem keine Rechte eines Superusers besitzen, denn er könnte dadurch Sicherheitsvorkehrungen auf dem fremden System unterlaufen; andererseits wird eine Großzahl von Programmen ohne die Rechte eines Superusers auf dem Fremdrechner nicht laufen. Erinnern wir uns beispielsweise an das Programm *mkdir* in Kapitel 7, das einen neuen Katalog erzeugt und als *Setuid*-Programm mit den Berechtigungen des Superusers läuft. Das fremde System wird keinem Kunden das Erzeugen eines Katalogs gestatten, denn es erkennt die Superuser-Berechtigungen eines anderen Systems nicht. Dieses Problem des Erzeugens eines Katalogs auf einem Fremdsystem ist ein starkes Argument für die Implementierung eines *mkdir*-Aufrufs, der dann alle notwendigen Katalogverweise automatisch herstellen würde. Dennoch bleibt das Ausführen von *Setuid*-Programmen, die auf Fremddateien als Superuser zugreifen, ein allgemeines Problem, das Behandlung erfordert. Es könnte vielleicht am besten dadurch gelöst werden, daß Dateien mit einem getrennten Satz von Zugriffsberechtigungen für den Zugriff durch fremde Superuser ausgestattet werden; unglücklicherweise würde dies jedoch Änderungen an der Struktur der Platteninode zum Unterbringen der neuen Berechtigungsfelder erfordern und damit zuviel Unordnung in bestehenden Systemen schaffen.

Wird ein *open*-Aufruf erfolgreich beendet, so macht die lokale Bibliotheksroutine einen entsprechenden Vermerk in einer in der Bibliothek definierten Datenstruktur auf Benutzerebene; dazu gehören eine Netzwerkadresse, Prozeß-ID des Stub, Filedeskriptor des Stub, und andere passende Informationen. Die Bibliotheksroutinen der *read*- und *write*-Aufrufe prüfen den Filedeskriptor, um festzustellen, ob der erste Dateizugriff auf eine Fremddatei erfolgte, und senden, wenn dem so war, eine Nachricht an den Stub. Der Kundenprozeß kommuniziert bei allen Systemaufrufen, die Bearbeitung auf diesem Rechner erfordern, mit seinem Stub. Greift ein Prozeß auf zwei Dateien auf einem Fremdrechner zu, so verwendet er einen Stub, greift er jedoch auf Dateien auf zwei verschiedenen Fremdrechnern zu, so benutzt er zwei Stubs: einen auf jedem Fremdrechner. In ähnlicher Weise verwenden zwei Prozesse, die auf eine Datei auf einem Fremdrechner zugreifen, zwei Stubs. Beim Ausführen eines Systemaufrufs über einen Stub bildet der Prozeß eine Nachricht, die ähnlich dem für Satellitenprozessoren beschriebenen Nachrichtentyp die Nummer des Systemaufrufs, den Pfadnamen und weitere wichtige Informationen enthält.

Veränderungen am aktuellen Katalog sind dagegen komplizierter. Wechselt ein Prozeß auf einen Fremdkatalog, so sendet die Bibliotheksroutine eine Nachricht an den Stub, der seinen aktuellen Katalog wechselt; die Bibliotheksroutine hält fest, daß der aktuelle Katalog ein Fremdkatalog ist. Sie schickt alle Pfadnamen, die nicht mit einem Schrägstrich beginnen, an den Fremdrechner, wo der Stub-Prozeß den Pfadnamen dann aus dem aktuellen Katalog abdeckt. Ist der aktuelle Katalog lokal, so gibt die Bibliotheksroutine den Pfadnamen einfach an den lokalen Kern weiter. Auch die Behandlung eines *chroot*-Aufrufs auf einen Fremdkatalog läuft ähnlich ab, doch bemerkt der lokale Kern nicht, daß der Prozeß *chroot* ausgeführt hat; genaugenommen kann ein Prozeß einen *chroot*-Aufruf auf einen Fremdkatalog ignorieren, denn nur die Bibliotheksroutine führt darüber Aufzeichnungen. Übung 13.9 berücksichtigt den Fall von „..“ über einen Montagepunkt hinweg.

Gibt ein Prozeß *fork* aus, so schickt die Bibliotheksroutine für *fork* an jeden Stub eine *fork*-Nachricht. Jetzt geben die Stub-Prozesse *fork* aus und senden die Prozeß-IDs ihrer Söhne an den jeweiligen Kunden-Vaterprozeß. Nun gibt der Kundenprozeß den (echten) *fork*- Aufruf aus, und die Bibliotheksroutine hält bei ihrer Rückkehr zum Sohnprozeß die entsprechende Adreßinformation über den Stub-Sohnprozeß fest; der lokale Sohnprozeß führt seinen Dialog mit dem entfernten Sohn-Stub fort. Diese Behandlung des *fork*-Aufrufs macht es den Stubs leicht, offene Dateien und aktuelle Kataloge festzuhalten. Geht ein Prozeß mit Fremddateien in den *exit*, so schickt die Bibliotheksroutine eine Nachricht an die entfernten Stubs, die als Antwort ebenfalls *exit* ausgeben. Die Übungen gehen auf *exec*- und *exit*-Aufruf noch genauer ein.

Der Vorteil der Newcastle-Strategie liegt darin, daß Prozesse transparent auf Fremddateien zugreifen können, also keine Änderungen am System vorgenommen werden müssen. Allerdings bringt diese Strategie auch einige Nachteile mit sich. So kann die Systemleistung abnehmen. Wegen der umfangreicheren C-Bibliotheksroutinen benötigt jeder Prozeß, auch wenn er keine Fremddateien oder -rechner anspricht, mehr Speicherplatz; die Bibliotheksroutinen duplizieren Funktionen des Kerns und erfordern deshalb mehr Platz. Größere Prozesse benötigen zum Start in *exec* mehr Zeit und können auch größeren Streit um Speicherplatz verursachen, was zu einer höheren Paging- bzw. Swappingrate in einem

System führen kann. Lokale Anforderungen werden langsamer ablaufen, denn sie benötigen mehr Zeit, um zum Kern zu gelangen, und auch Fremdanforderungen werden langsamer, denn sie erfordern zum Senden der Anforderungen über ein Netzwerk mehr Bearbeitung auf Benutzerebene. Die Mehrarbeit auf Benutzerebene schafft Möglichkeiten für Kontextwechsel, Paging und Swapping. Schließlich müssen alle Programme mit den neuen Bibliotheken kompiliert werden, damit sie auf Fremddateien zugreifen können; alte Programme und gekaufte Objektmodule können, solange sie nicht neu kompiliert sind, nicht mit Fremddateien arbeiten. Das im nächsten Abschnitt beschriebene Verfahren weist diese Nachteile dagegen nicht auf.

13.3 Transparente verteilte Dateisysteme

Der Ausdruck *transparente Verteilung* bedeutet, daß Benutzer auf einem Rechner auf Dateien auf einem anderen Rechner zugreifen können ohne dabei zu bemerken, daß sie eine Maschinengrenze überschreiten, ähnlich dem Überschreiten eines Montagepunktes von einem Dateisystem in ein anderes auf einem Rechner. Pfadnamen zum Zugriff auf Dateien des Fremdrechners sehen wie Pfadnamen für den Zugriff auf lokale Dateien aus: Sie enthalten keine Unterscheidungszeichen. Abbildung 13.10 zeigt eine Konfiguration, bei der der Katalog „/usr/src" auf Rechner B in den Katalog „/usr/src" auf Rechner A montiert ist. Diese Konfiguration ist für Systeme geeignet, die etwa eine Kopie des Systemquellcodes, wie er gewöhnlich in „/usr/src" enthalten ist, gemeinsam verwenden wollen. Benutzer auf Rechner A können mit der normalen Syntax für Dateinamen, also etwa „/usr/src/cmd/login.c", auf Dateien auf Rechner B zugreifen; der Kern stellt intern fest, ob es sich um eine lokale oder eine Fremddatei handelt. Benutzer auf Rechner B greifen auf lokale Dateien zu ohne zu bemerken, daß auch Benutzer von Rechner A auf diese zugreifen können, sie können selbst jedoch keine Dateien auf Rechner A ansprechen. Natürlich sind auch andere Szenarios möglich, etwa das Montieren aller Fremdsysteme an die Wurzel des lokalen Systems, was Benutzern den Zugriff auf alle Dateien in allen Systemen ermöglicht.

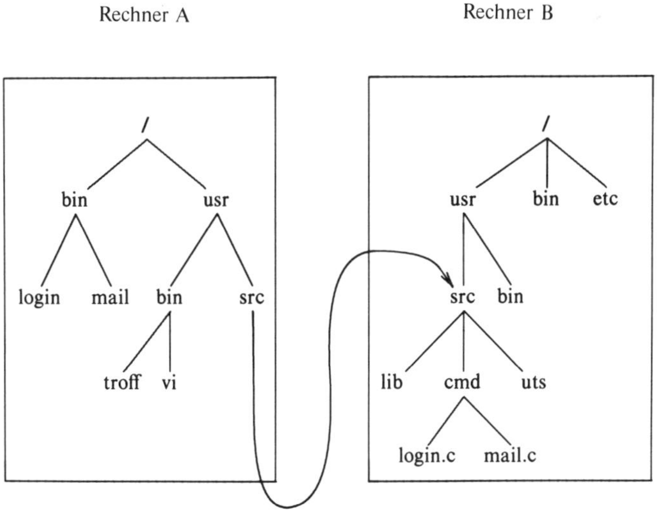

Abb. 13.10: Dateisysteme nach Fremdmontage

Wegen der Analogie zwischen *Montage* eines lokalen Dateisystems und dem Aufbau des Zugriffs auf entfernte Dateisysteme wird der Systemaufruf *mount* auf entfernte Dateisysteme angepaßt. Der Kern enthält eine erweiterte Montagetabelle: Beim Ausführen eines *mount*-Aufrufs auf einen entfernten Rechner errichtet der Kern eine Netzwerkverbindung zum Fremdrechner und legt die Verbindungsinformation in der Montagetabelle ab.

Ein interessantes Problem entsteht bei Pfadnamen, die „..“ enthalten: Wechselt ein Prozeß den Katalog auf ein entferntes Dateisystem, so sollte die nachfolgende Verwendung von „..“ den Prozeß zum lokalen Dateisystem zurückbringen, anstatt ihm den Zugriff auf Dateien oberhalb des montierten Fremdkatalogs zu ermöglichen. Gehen wir noch einmal auf Abbildung 13.10 zurück: Führt ein Prozeß auf Rechner A, dessen aktueller Katalog sich im (Fremd-) Katalog „/usr/src/cmd“ befindet, die Anweisung

```
cd ../../..
```

aus, so sollte sein neuer aktueller Katalog der Wurzelkatalog auf Rechner A und nicht auf Rechner B sein. Der Algorithmus *namei* im Fremdsystem prüft deshalb alle Zeichenfolgen „..“, um festzustellen, ob der aufrufende Prozeß für einen Kundenprozeß handelt; falls dem so ist, prüft er auch den aktuellen Arbeitskatalog, um festzustellen, ob der Kunde diesen Katalog als Wurzel eines fremdmontierten Dateisystems behandelt.

Die Kommunikation mit einem Fremdrechner kann auf eine von zwei Arten erfolgen: Aufruf einer Fremdprozedur oder Ausgeben eines Fremd-Systemaufrufs. Nach der Strategie für eine Fremdprozedur erkennt jede Prozedur des Kerns, die mit Inodes arbeitet, ob eine bestimmte Inode sich auf eine Fremddatei bezieht, und sendet, wenn dies zutrifft, eine Nachricht an den Fremdrechner, um eine spezifische Inodeoperation durchzuführen. Dieses Vorgehen paßt ganz natürlich in die abstrakten Typen von Dateisystemen, wie sie am Ende von Kapitel 5 vorgestellt wurden. Ein Systemaufruf zum Zugriff auf eine Fremddatei kann so, abhängig von der Anzahl der nötigen internen Inodeoperationen, mehrere Nachrichten über das Netzwerk hinweg auslösen, was wegen der Trägheit des Netzwerks zu einer entsprechend höheren Antwortzeit führt. Im Extremfall umfassen die Inodeoperationen Veränderungen an der Inodesperre, am Referenzzähler, und so fort. Verschiedene Optimierungen dieses Modells wurden bereits implementiert, etwa, um mehrere logische Inodeoperationen zu einer Nachricht zusammenzufassen und um wichtige Daten zu puffern (siehe [Sandberg 85]).

Bedenken wir einen Prozeß, der die Fremddatei „/usr/src/cmd/login.c“ eröffnet, wobei „src“ den Montagepunkt darstellt. Beim Abarbeiten des Pfadnamens in *namei* bzw. *iget* stellt der Kern fest, daß es sich um eine Fremddatei handelt, und schickt eine Anforderung für eine gesperrte Inode an den Fremdrechner. Bei Erhalt einer positiven Antwort ordnet der lokale Kern eine Speicherinode zu, die der Fremddatei entspricht. Durch Senden einer weiteren Nachricht an den Fremdrechner prüft er den Bearbeitungsmodus der Datei auf die nötigen Zugriffsrechte (beispielsweise Leserecht). Dann fährt er wie in Kapitel 5 erläutert mit der Abarbeitung des *open*-Algorithmus fort und schickt bei Bedarf Nachrichten an den Fremdrechner, bis er schließlich den Algorithmus vollständig abgearbeitet und die Inode entsperrt hat. Abbildung 13.11 zeigt die Beziehungen der Datenstrukturen des Kerns bei Beendigung des *open*-Aufrufs.

Bei einem *read*-Aufruf sperrt der Kern des Kunden die lokale Inode, gibt eine Nachricht zum Sperren der entfernten Inode ab, schickt eine Nachricht zum Lesen der Daten, kopiert die Daten in den lokalen Speicher, schickt eine Nachricht zum Entsperren der entfernten Inode und entsperrt diese schließlich. Das Schema entspricht der Semantik des bestehenden Codes für Einprozessorsysteme, doch mindern die häufigen Netzwerkzugriffe (möglicherweise mehrmals für einen einzigen Systemaufruf) den Durchsatz. Jedoch können, um den Verkehr über des Netzwerk zu reduzieren, mehrere Operationen zu einer Nachricht kombiniert werden. Im Beispiel für den *read*-Aufruf kann der Kunde eine einzige *read*-Nachricht an den Server senden, der dann weiß, daß er für die Dauer der *read*-Operation seine Inode zu sperren bzw. später wieder zu entsperren hat. Außerdem kann, wie bereits erwähnt, die Implementierung von Puffern auf dem Fremdrechner den Netzwerkverkehr weiter vermindern, doch muß dafür Sorge getragen werden, daß die Semantik der Aufrufe an das Dateisystem erhalten bleibt.

Nach der Strategie für einen Fremd-Systemaufruf erkennt der lokale Kern wie oben, daß ein Systemaufruf sich auf eine Fremddatei bezieht, und sendet die Parameter für den Aufruf an das Fremdsystem, das dann den *Aufruf* ausführt und die Ergebnisse an den Kunden zurückgibt. Der Rechner mit dem Kundenprozeß empfängt die Ergebnisse des Fremd-Systemaufrufs und führt *longjmp* aus dem Systemaufruf heraus aus. Die meisten Systemaufrufe können mit nur einer Netzwerknachricht ausgeführt werden, was zu einer verhältnismäßig guten Systemantwortzeit führt, einige Operationen des Kerns fügen sich jedoch nicht in dieses Modell ein. Beispielsweise erzeugt der Kern beim Empfang verschiedener Signale (siehe Kapitel 7) einen Speicherabzug für einen Prozeß. Das Erzeugen eines Speicherabzugs ist nicht mit einem einzigen Systemaufruf möglich, sondern benötigt mehrere Inodeoperationen wie Erzeugen der Datei, Prüfen der Zugriffsrechte und einige Schreibzugriffe.

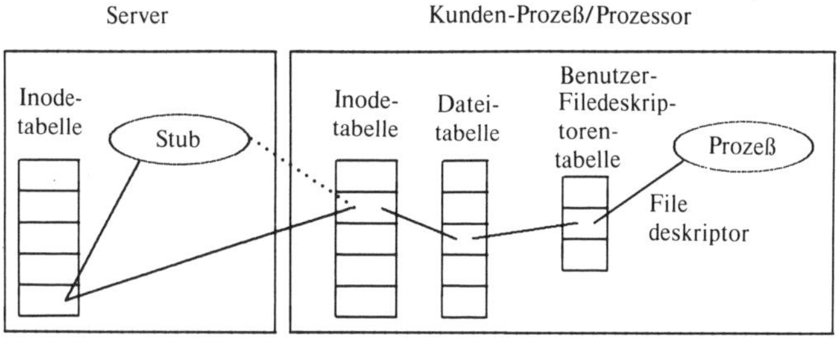

Abb. 13.11: Öffnen einer Fremddatei

Bei einem *open*-Aufruf besteht die Nachricht für den Fremd-Systemaufruf aus dem Rest des Pfadnamens (also dem Teil des Pfadnamens nach der Komponente, die zum Entdecken der Fremddatei führte) und verschiedenen Flags. Ausgehend von dem früheren Beispiel für einen Prozeß, der die Datei „/usr/src/cmd/login.c" öffnet, schickt der Kern den Pfadnamen „cmd/login.c" an den Fremdrechner. Die Nachricht enthält außerdem Informationen zur Benutzeridentifikation wie Benutzer-ID und Gruppen-ID, die nötig sind, um die Dateizugriffsrechte auf dem Fremdrechner zu bestimmen. Teilt der Fremdrechner mit, daß der *open*-Aufruf erfolgreich ausgeführt werden konnte, so ordnet der lokale Kern eine freie, lokale Speicherinode zu, kennzeichnet sie als „entfernt", stellt die zum Identifizieren des Fremdrechners und der Fremdinode notwendige Information sicher, und ordnet schließlich in der gewohnten Weise einen neuen Dateitabelleneintrag zu. Die Inode auf dem lokalen Rechner fungiert als Dummy für die echte Inode auf dem Fremdrechner, was schließlich zum selben Ergebnis führt wie nach der Strategie für den Aufruf einer Fremdprozedur (Abbildung 13.11). Gibt ein Prozeß einen Systemaufruf aus, der auf eine Fremddatei über ihren Filedeskriptor zugreift, so erkennt der lokale Kern durch Prüfen ihrer (lokalen) Inode, daß es sich um eine Fremddatei handelt, bildet für den Systemaufruf eine Nachricht und schickt diese an den Fremdrechner. Die Nachricht enthält den Index der Fremdinode, wodurch der Stub dann die Fremddatei identifizieren kann.

Bei allen Systemaufrufen kann der lokale Kern speziellen Code ausführen, um die Antwort zu berücksichtigen, und unter Umständen sogar den Systemaufruf mit *longjmp* verlassen, denn die nachfolgende lokale Verarbeitung für ein Einprozessorsystem ist möglicherweise bedeutungslos. Die Semantik der Algorithmen des Kerns kann sich deshalb ändern, wenn eine Strategie für Fremd-Systemaufrufe unterstützt werden soll. Der Verkehr über das Netzwerk wird jedoch minimal gehalten, was die Antworten des Systems so schnell wie möglich macht.

13.4 Ein transparentes und verteiltes Modell ohne Stub-Prozesse

Die Verwendung von Stub-Prozessen in einem transparenten und verteilten System macht es für das Fremdsystem leicht, die Fremddateien zu verwalten, doch wird die Prozeßtabelle des Fremdsystems mit Stubs vollgestopft, die die meiste Zeit arbeitslos sind. Andere Strategien verwenden spezielle Serverprozesse auf dem Fremdrechner zum Bearbeiten von Fremdanforderungen (siehe dazu [Sandberg 85] und [Cole 85]). Das Fremdsystem verfügt über einen Pool von Serverprozessen und weist diese temporär beim Auftreten von Fremdanforderungen zu deren Bedienung zu. Nach Bearbeiten der Anforderung kehrt der Serverprozeß in den Pool zurück und steht wieder zur Zuteilung auf neue Anforderungen zur Verfügung: Der Server hält zwischen Systemaufrufen den Benutzerkontext (wie etwa die Benutzer-ID) nicht fest, denn er kann ja für verschiedene Prozesse Systemaufrufe bedienen. Folglich muß jede Nachricht vom Kundenprozeß Daten über seine Umgebung, wie UIDs, aktuellen Katalog, Angaben über die Behandlung von Signalen, usw., enthalten. Stub-Prozesse dagegen erhalten diese Daten bei ihrem Start oder aber beim normalen Ausführen eines Systemaufrufs.

Eröffnet ein Prozeß eine Fremddatei, so ordnet das Fremdsystem eine Inode für den späteren Zugriff auf die Datei zu. Der lokale Rechner besitzt die üblichen Einträge in der Benutzer-Filedeskriptorentabelle, in der Dateitabelle und in der Inodetabelle; der Inodeeintrag identifiziert Fremdrechner und Fremdinode. Für Systemaufrufe, die einen Filedeskriptor verwenden, wie etwa *read*, sendet der Kern eine Nachricht, die die vorher zugeordnete Fremdinode identifiziert und prozeßspezifische Informationen wie Benutzer-ID, maximale Dateigröße, usw., übergibt. Teilt der Fremdrechner einen Server zu, läuft die Kommunikation mit dem Kundenprozeß ähnlich ab, doch besteht die Verbindung zwischen Kunde und Server nur für die Dauer des Systemaufrufs.

Das Handhaben von Ablaufsteuerung, Signalen und entfernten Geräten wird bei Verwendung von Serverprozessen anstelle von Stubs schwieriger. Wird ein Fremdrechner mit Anforderungen von vielen anderen Rechnern überflutet, so muß er diese, wenn er nicht über genügend Serverprozesse verfügt, in Warteschlangen einreihen. Dies erfordert ein Protokoll höherer Ebene als das vom bereits darunterliegenden Netzwerk dargestellte. In einem Stub-Modell dagegen kann ein Stub nicht mit Anforderungen überflutet werden, denn alle Transaktionen mit dem Kunden laufen synchron ab: Ein Kunde kann höchstens eine Anforderung ausstehend haben.

Auch die Bearbeitung von Signalen, die einen Systemaufruf unterbrechen, gestaltet sich bei der Verwendung von Serverprozessen schwieriger, denn der Fremdrechner muß den richtigen Serverprozeß finden, der den Systemaufruf gerade ausführt. Es ist sogar, falls gerade alle Server tätig sind, möglich, daß die Anforderung für den Systemaufruf immer noch auf Bedienung wartet. In ähnlicher Weise sind sogar Wettlaufbedingungen möglich, wenn ein Server das Ergebnis eines Systemaufrufs an den aufrufenden Prozeß zurückgibt und die Antwort die Signalnachricht übergeht, die sich noch auf dem Weg durch das Netzwerk befindet. Jede Nachricht muß gekennzeichnet sein, damit das Fremdsystem sie lokalisieren und nötigenfalls Serverprozesse unterbrechen kann. Bei der Verwendung von Stub-Prozessen ist der Prozeß, der den Systemaufruf des Kunden bedient, automatisch identifiziert; es kann einfach festgestellt werden, ob er beim Auftreten eines Signals einen Systemaufruf bereits vollständig bearbeitet hat.

Gibt ein Prozeß schließlich einen Systemaufruf aus, der den Server auf unbestimmte Zeit in Schlaf versetzt (beispielsweise das Lesen von einem entfernten Terminal), so kann der Server keine anderen Anforderungen bedienen, er wird also effektiv aus dem Serverpool entnommen. Greifen viele Prozesse auf entfernte Geräte zu und gibt es für die Zahl der Serverprozesse eine Obergrenze, so kann dadurch ein Serverengpaß entstehen. Mit Stub-Prozessen kann dies nicht geschehen, denn jedem Kunden ist ein Stub-Prozeß zugeordnet. Übung 13.14 untersucht noch ein weiteres Problem bei der Verwendung von Serverprozessen für entfernte Geräte.

Trotz der Vorteile bei der Verwendung von Stubs ist der Bedarf an Prozeßtabelleneinträgen in der Praxis so kritisch, daß die meisten Strategien zur Bearbeitung von Fremdanforderungen einen Pool von Serviceprozessen verwenden.

13.5 Zusammenfassung

Dieses Kapitel beschrieb drei Strategien, die es Prozessen ermöglichen, Dateien auf fremden Rechnern anzusprechen, wobei das fremde (entfernte) Dateisystem jeweils als Erweiterung des lokalen Dateisystems behandelt wird. Abbildung 13.12 zeigt die Unterschiede in der Architektur der einzelnen Strategien. Die Systeme unterscheiden sich von den im vorhergehenden Kapitel beschriebenen Multiprozessorsystemen, denn Prozessoren verwenden den physikalischen Speicher nicht gemeinsam. Das System mit Satallitenprozessoren besteht aus einem eng gekoppelten Satz von Prozessoren, die gemeinsam auf den Dateivorrat eines zentralen Prozessors zugreifen. Die Newcastle Connection vermittelt den Eindruck eines transparenten Zugriffs auf Fremddateien, doch erfolgt dieser Zugriff über eine spezielle Implementierung der C-Bibliotheksroutinen, nicht aber über den Kern. Für die Anwendung der Newcastle Connection müssen die Programme also neu kompiliert werden, was manchmal einen schwerwiegenden Nachteil bedeuten kann. Fremddateien werden durch spezielle Zeichenfolgen gekennzeichnet, die den Rechner angeben, der die Datei enthält; dies stellt einen weiteren Punkt dar, der die Portabilität einschränken kann.

Ein transparentes, verteiltes System verwendet eine Abart des *mount*-Aufrufs, um den Zugriff auf ein fremdes und entferntes Dateisystem herzustellen, so wie auch der normale *mount*-Aufruf das lokale Dateisystem auf die neu hinzumontierten Platteneinheiten ausdehnt. Inodes im lokalen System zeigen an, daß sie sich auf Fremddateien beziehen, der lokale Kern sendet Nachrichten an das Fremdsystem, die den auszuführenden Algorithmus (d.h. den Systemaufruf), seine Parameter, und die Fremdinode beschreiben. Zwei Strategien unterstützen transparente und verteilte Fremdoperationen: ein Modell für den Aufruf von Fremdprozeduren, bei dem die Nachrichten den Fremdrechner anweisen, Inodeoperationen auszuführen, und ein Modell zum Ausführen von Fremd-Systemaufrufen, bei dem die Nachrichten den Fremdrechner anweisen, Systemaufrufe auszuführen. Schließlich untersuchte das Kapitel noch die Probleme beim Bedienen von Fremdanforderungen über Stub-Prozesse bzw. über Serverprozesse aus einem allgemeinen Pool.

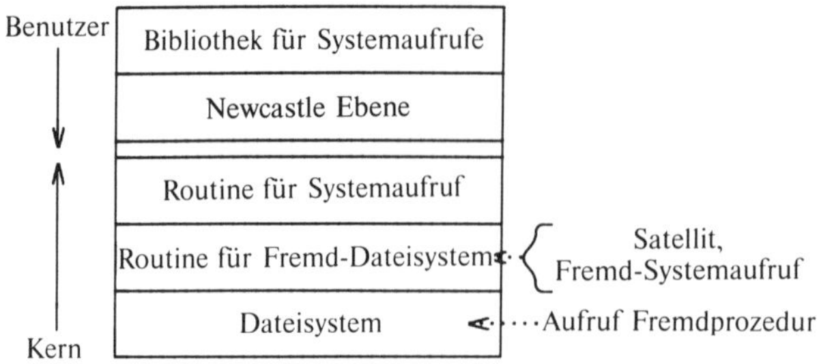

Abb. 13.12: Konzept der Systemebenen für Zugriff auf Fremddateien

13.6 Übungen

* 1. Beschreiben Sie eine Implementierung des Systemaufrufs *exit* auf einem Satellitenprozessorsystem. Wie unterscheidet diese sich vom Normalfall, wenn ein Prozeß als Folge auf den Erhalt eines nicht abgefangenen Signals *exit* ausgibt? Wie sollte der Kern den Speicherabzug ausdumpen?

2. Prozesse können das Signal *SIGKILL* nicht ignorieren; beschreiben Sie, was auf einem Satellitensystem geschieht, wenn ein Prozeß dieses Signal empfängt.

* 3. Beschreiben Sie eine Implementierung des Systemaufrufs *exec* auf einem Satellitenprozessorsystem.

* 4. Wie sollte ein zentraler Prozessor Prozesse auf Satelliten zuweisen, um die Ausführungslast möglichst gleich zu halten?

* 5. Was geschieht, wenn ein Satellitenprozessor nicht über genügend Speicherplatz verfügt, um die in ihn geladenen Prozesse aufzunehmen? Wie sollte er Swapping oder Paging über ein Netzwerk hinweg handhaben?

6. Bedenken Sie den Fall eines Systems, das den Zugriff auf entfernte Dateiserver-Rechner durch das Erkennen von Pfadnamen über spezielle Namensvorsätze gestattet. Nehmen wir an, ein Prozeß führt die folgende Anweisung aus:

```
execl("/../sftig/bin/sh","sh",0);
```

Die ausführbare Datei befindet sich auf dem Fremdrechner, soll aber auf dem lokalen Rechner ausgeführt werden. Beschreiben Sie, wie das lokale System die ausführbare Fremddatei zur Ausführung von *exec* zu sich überträgt.

7. Was wäre der beste Weg, die C-Bibliotheksroutinen zu informieren, wenn ein Systemverwalter neue Rechner in ein Newcastle-System einfügen möchte?

* 8. Bei der Ausführung von *exec* überschreibt der Kern den Adreßraum eines Prozesses einschließlich der Bibliothekstabellen, die eine Implementierung nach Newcastle verwendet, um Zugriffe auf Fremddateien aufzuzeichnen. Nach *exec* muß der Prozeß immer noch in der Lage sein, diese Dateien über ihre alten Filedeskriptoren anzusprechen. Beschreiben Sie eine Implementierung.

* 9. Wie in Abschnitt 13.2 beschrieben führt das Ausführen von *exit* auf einem Newcastle-System zu einer Nachricht an den Stub-Prozeß, die dessen *exit* verursacht. Dies wird auf der Ebene von Bibliotheksroutinen durchgeführt. Was geschieht, wenn der lokale Prozeß ein Signal empfängt, das seinen *exit* auf Systemebene verursacht?

*10. Wie sollte es einem Benutzer in einem Newcastle-System, bei dem Fremddateien durch spezielle Namensvorsätze gekennzeichnet sind, gestattet sein, die Angabe „..“ (Vaterkatalog) zum Überqueren eines Fremdmontagepunkts nach rückwärts anzuwenden?

11. Wir wissen aus Kapitel 7, daß verschiedene Signale einen Prozeß dazu veranlassen, einen Speicherabzug in seinem aktuellen Katalog abzulegen. Was sollte geschehen, wenn sich der aktuelle Katalog in einem entfernten Dateisystem befindet? Was geschieht auf einem Newcastle-System?
*12. Wie sollten lokale Prozesse davon erfahren, daß jemand auf einem Fremdrechner alle Stub- bzw. Serverprozesse vernichtet hat?
*13. Diskutieren Sie die Implementierungen von *link* mit zwei möglichen Fremdpfadnamen sowie von *exec* mit mehreren internen *read*-Operationen auf einem transparenten und verteilten System. Bedenken Sie die beiden Möglichkeiten: Aufruf von Fremdprozeduren und Fremd-Systemaufruf.
*14. Greift ein Serverprozeß (kein Stub-Prozeß) auf ein Gerät zu, so kann er möglicherweise einschlafen, bis der Gerätetreiber ihn wieder weckt. Bei einer festen Anzahl von Servern ist es denkbar, daß ein System keine weiteren Anforderungen von einem lokalen Rechner mehr bedienen kann, da alle Server beim Warten auf Gerätetreiber schlafen. Entwickeln Sie eine Strategie, die dahingehend sicher ist, daß beim Warten auf Geräte-I/O nicht alle Server einschlafen können. Ein Systemaufruf sollte nicht deswegen fehlschlagen, weil gerade alle Server tätig sind.
*15. Beim Einloggen eines Benutzers in ein System sichert die Zeilendisziplin des Terminals Informationen darüber, daß das Terminal ein Steuerterminal ist, und hält die Prozeßgruppe fest. Auf diese Weise empfangen Prozesse ein Interruptsignal, wenn ein Benutzer die Break-Taste am Terminal drückt. Bedenken Sie eine Systemkonfiguration, bei der alle Terminals physikalisch mit einem Rechner verbunden sind, Benutzer sich aber logisch auf anderen Rechnern einloggen (Abbildung 13.13). Insbesondere erzeugt ein System für ein entferntes Terminal einen *getty*-Prozeß. Werden Fremd-Systemaufrufe über einen Pool von Serverprozessen bedient, so schläft ein Server in der *open*-Prozedur des Treibers beim Warten auf eine Verbindung. Hat der Server den *open*-Aufruf vollständig ausgeführt, geht er zurück in den Prozeßpool und trennt seine Verbindung zum Terminal. Wie wird das Interruptsignal an in der Prozeßgruppe laufende Prozesse auf dem Kundenrechner geleitet, wenn ein Benutzer die Break-Taste drückt?

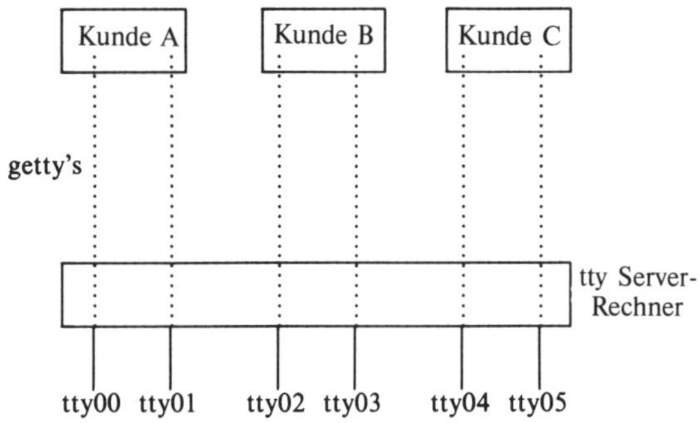

Abb. 13.13: Eine Konfiguration mit Terminalservern

*16. Die Möglichkeit gemeinsamer Speicherbenutzung ist gewöhnlich eine nur den lokalen Rechner betreffende Operation. Logisch wäre es jedoch möglich, daß Prozesse auf verschiedenen Rechnern auf ein gemeinsames Stück Speicher zugreifen, ganz gleich, ob dieses lokal oder entfernt ist. Beschreiben Sie eine Implementierung.

*17. Die in Kapitel 9 untersuchten Algorithmen für Demand-Paging und Swapping setzen die Verwendung eines lokalen Swapgeräts voraus. Welche Änderungen müssen an diesen Algorithmen vorgenommen werden, damit sie auch entfernte Swapgeräte unterstützen?

*18. Nehmen wir an, ein Fremdrechner (oder das Netzwerk) bricht zusammen, und das lokale Netzwerkprotokoll kann diesen Umstand feststellen. Skizzieren Sie eine Wiederherstellungsstrategie für ein lokales System, das seine Anforderungen an ein entferntes Serversystem stellt. Skizzieren Sie im Gegensatz dazu auch eine Wiederherstellungsstrategie für ein Serversystem, das seine Verbindung zu den Kundenrechnern verloren hat.

*19. Greift ein Prozeß auf eine Fremddatei zu, so kann der Pfadname sich über mehrere Rechner ausdehnen, bis er vollständig aufgelöst ist. Wenn wir zum Beispiel dem Pfadnamen „/usr/src/uts/3b2/os“ folgen, so kann „/usr“ sich auf Rechner A befinden, die Wurzel von Rechner B kann in „/usr/src“ montiert, und die Wurzel von Rechner C in „/usr/src/uts/3b2“ montiert sein. Das Wandern über mehrere Rechner bis zum endgültigen Zielpunkt bezeichnen wir als *multi-hop*. Besteht jedoch eine direkte Netzwerkverbindung zwischen A und C, so ist es nicht sehr effizient, die Daten zwischen den Rechnern auf dem Umweg über Rechner B zu transportieren. Beschreiben Sie eine Strategie für multi-hop auf einem Newcastle-System und auf einem transparenten verteilten System.

Anhang

Systemaufrufe

Dieser Anhang enthält einen kurzen Überblick über die UNIX-Systemaufrufe. Für eine vollständige Beschreibung dieser Aufrufe sehen Sie bitte im Handbuch für den Programmierer - UNIX System V User Programmer's Manual nach. Die hier angegebenen Spezifikationen reichen jedoch zum Lesen der verschiedenen Programmbeispiele in diesem Buch aus.

Die angegebenen Dateinamen sind mit einem Nullzeichen abgeschlossene Zeichenstrings, deren einzelne Bestandteile jeweils durch Schrägstriche voneinander getrennt sind. Alle Systemaufrufe geben bei Fehlern -1 zurück, die externe Variable errno gibt den spezifischen Fehler an. Soweit nicht anders angegeben, geben Systemaufrufe bei erfolgreicher Rückkehr 0 zurück. Einige Systemaufrufe stellen den Einsprungpunkt für verschiedene Funktionen dar: das bedeutet, daß die Assemblerschnittstelle für die Funktionen gleich ist. Die nachfolgende Zusammenstellung folgt den üblichen Regeln für UNIX-Systemhandbücher, der Programmierer sollte sich jedoch keine Gedanken darüber machen, ob ein Einsprungpunkt einen oder mehrere Systemaufrufe bedient.

access

```
access(filename,mode)
char *filename;
int mode;
```

Access prüft entsprechend dem Wert von *mode*, ob der aufrufende Prozeß Lese-, Schreib- oder Ausführungsrecht für die Datei besitzt. Der Wert von *mode* ist eine Kombination der Bitmuster 4 (Lesen), 2 (Schreiben) und 1 (Ausführen). Anstatt der effektiven Benutzer-ID wird die reale Benutzer-ID überprüft.

acct

```
acct(filename)
char *filename;
```

Acct schaltet den Abrechnungsmechanismus des Systems ein, wenn *Dateiname* nicht leer ist, ansonsten wird er ausgeschaltet.

alarm

```
unsigned  alarm(seconds)
unsigned seconds;
```

Alarm sorgt für das Auftreten eines Alarmsignals an den aufrufenden Prozeß nach Ablauf der in *seconds* angegebenen Anzahl von Sekunden. Der Aufruf gibt die zum Zeitpunkt des Aufrufs bis zum Signal verbleibende Zeit zurück.

brk

```
int brk(end_data_seg)
char *end_data_seg;
```

Brk setzt die höchste Adresse der Datenregion eines Prozesses auf den Wert *end_data_seg*. Eine weitere Funktion *sbrk* verwendet diesen Einsprungpunkt und ändert die höchste Adresse der Datenregion eines Prozesses um einen angegebenen Wert.

chdir

```
chdir(filename)
char *filename;
```

Chdir wechselt den aktuellen Katalog des aufrufenden Prozesses auf *filename*.

chmod

```
chmod(filename,mode)
char *filename;
```

Chmod ändert die Zugriffsrechte der angegebenen Datei auf den übergebenen Wert *mode*, der eine Kombination der folgenden Bits (oktal) ist:

```
04000 setuid bit
02000 set group ID bit
01000 Stickybit
00400 Lesen für Eigentümer
00300 Schreiben für Eigentümer
00100 Ausführen für Eigentümer
00040 Lesen für Gruppe
00020 Schreiben für Gruppe
00010 Ausführen für Gruppe
00004 Lesen für alle
00002 Schreiben für alle
00001 Ausführen für alle
```

chown

```
chown(filename,owner,group)
char *filename;
int owner, group;
```

Chown ändert Eigentümer und Gruppe der angegebenen Datei auf die übergebenen IDs *owner* und *group*.

chroot

```
chroot(filename)
char *filename;
```

Chroot setzt den privaten Wurzelkatalog des aufrufenden Prozesses auf *filename*.

close

```
close(fildes)
int fildes;
```

Close schließt einen Filedeskriptor, der von einem vorausgegangenen Aufruf *open*, *creat*, *dup*, *pipe* oder *fcntl* zurückgegeben oder von einem *fork*-Aufruf geerbt wurde.

creat

```
creat(filename,mode)
char *filename;
int mode;
```

Creat erzeugt eine neue Datei mit angegebenem Dateinamen und den entsprechenden Zugriffsberechtigungen. *Mode* wird wie bei *access* angegeben gebildet, außer daß das Stikkybit und die über *umask* gesetzten Bits gelöscht werden. Ist die Datei bereits vorhanden, so wird sie auf 0 verkürzt. *Creat* gibt einen Filedeskriptor zur Verwendung in anderen Systemaufrufen zurück.

dup

```
dup(fildes)
int fildes;
```

Dup dupliziert den angegebenen Filedeskriptor und gibt den niedrigsten verfügbaren Filedeskriptor zurück. Alter und neuer Filedeskriptor verwenden die gleichen Dateizeiger und teilen sich auch andere Attribute.

exec

```
execve(filename,argv,envp)
char *filename;
char *argv[];
char *envp[];
```

Execve führt die Programmdatei *filename* aus und überlagert dabei den Adreßraum des ausführenden Prozesses. *Argv* ist ein Array von Zeichenstringparametern für das mit *exec* auszuführende Programm, *envp* ist ebenfalls ein Array von Zeichenstrings, die die Umgebung des neuen Prozesses darstellen.

exit

```
exit(status)
int status;
```

Exit bewirkt die Beendigung des aufrufenden Prozesses und gibt die 8 niederwertigen Bits von status an den wartenden Vater weiter. Als Antwort auf bestimmte Signale kann der Kern exit auch intern aufrufen.

fcntl

```
fcntl(fildes,cmd,arg)
int fildes, cmd, arg;
```

Fcntl unterstützt einen Satz verschiedener Operationen auf offene Dateien, die über den Filedeskriptor *fildes* bestimmt sind. Die Interpretation von *cmd* und *arg* geschieht wie folgt (Manifestkonstanten sind in der Datei „/usr/include/fcntl.h“ definiert):

```
F_DUPFD Rückgabe des Filedeskriptors mit der
        niedrigsten Nummer >= arg
```

```
F_SETFD  Setzen des Flags close-on-exec auf das
         niederwertigste Bit von arg (falls = 1, wird
         die Datei in exec geschlossen)

F_GETFD  Rückgabe des Flags close-on-exec

F_SETFL  Setzen des Dateistatusflags (O_NDELAY für
         kein Schlafen beim Warten auf I/O und
         O_APPEND für das Schreiben von Daten nach
         dem Dateiende)

F_GETFL  Holen des Statusflags
```

fork

```
fork()
```

Fork erzeugt einen neuen Prozeß. Der Sohnprozeß ist eine logische Kopie des Vaterprozesses, abgesehen davon, daß der Returncode von *fork* an den Vater die Prozeß-ID des Sohns darstellt und der Returncode an den Sohn 0 ist.

getpid

```
getpid()
```

Getpid gibt die Prozeß-ID des aufrufenden Prozesses zurück. Andere Aufrufe, die diesen Einsprungpunkt benützen, sind *getpgrp*, der die Prozeßgruppe des aufrufenden Prozesses zurückgibt, sowie *getppid*, der die Prozeß-ID des Vaters des aufrufenden Prozesses zurückgibt.

getuid

```
getuid()
```

Getuid gibt die reale Benutzer-ID des aufrufenden Prozesses zurück. Andere Aufrufe, die diesen Einsprungpunkt benützen, sind *geteuid*, der die effektive Benutzer-ID zurückgibt, *getgid*, der die Gruppen-ID zurückgibt, sowie *getegid*, der die effektive Gruppen-ID des aufrufenden Prozesses zurückgibt.

ioctl

```
ioctl(fildes,cmd,arg)
int fildes, cmd;
```

Ioctl führt gerätespezifische Operationen auf offene Geräte durch, deren Filedeskriptor in *fildes* enthalten ist. *Cmd* gibt die auf das Gerät auszuführenden Befehle an, *arg* ist ein Parameter, dessen Typ vom jeweiligen Befehl abhängig ist.

kill

```
kill(pid,sig)
int pid, sig;
```

Kill sendet das Signal *sig* an durch *pid* identifizierte Prozesse.

```
pid positiv Signal an einen Prozeß, dessen Prozeß-
            ID = pid ist
```

```
pid = 0    Signal an Prozesse, deren Gruppen-ID =
           Prozeß-ID des Senders

pid = -1   falls effektive UID des Senders =
           Superuser, Signal an alle Prozesse,
           sonst Signal an alle Prozesse,
           deren reale UID = effektiver UID des
           Senders

pid < -1   Signal an Prozesse, deren Gruppen-ID =
           pid
```

Es muß entweder die effektive UID des Senders = Superuser sein oder die reale bzw. effektive UID des Senders muß gleich sein der realen oder effektiven UID des empfangenden Prozesses.

link

```
link(filename1,filename2)
char *filename1, *filename2;
```

Link gibt der Datei mit dem Namen *filename1* einen weiteren Namen *filename2*. Die Datei ist nun unter beiden Namen ansprechbar.

lseek

```
lseek(fildes,offset,origin)
int fildes, origin;
long offset;
```

Lseek ändert die Position des Schreib-Lesezeigers für den Filedeskriptor *fildes* und gibt den neuen Wert zurück. Der Wert des Zeigers hängt von *origin* ab:

```
0    Setzen des Zeigers auf offset Bytes vom
     Dateianfang

1    Erhöhen des aktuellen Zeigerinhalts um offset

2    Setzen des Zeigers auf Dateigröße + offset Bytes
```

mknod

```
mknod(filename,modes,dev)
char *filename;
int modes, dev;
```

Mknod erzeugt in Abhängigkeit von *modes* eine Spezialdatei, einen Katalog, oder eine FIFO-Datei:

```
010000 FIFO (benannte Pipe)
020000 Zeichen-Gerätespezialdatei
040000 Katalog
060000 Block-Gerätespezialdatei
```

Die 12 niederwertigen Bits von *modes* haben dieselbe Bedeutung wie bereits für *chmod* beschrieben. Handelt es sich um eine Block- oder Zeichenspezialdatei, so enthält *dev* die Major- und Minor-Gerätenummern des Geräts.

mount

```
mount(specialfile,dir,rwflag)
char *specialfile, *dir;
int rwflag;
```

Mount montiert das durch *specialfile* angegebene Dateisystem in den Katalog *dir*. Ist das niederwertige Bit von *rwflag* = 1, so wird das Dateisystem nur zum Lesen montiert.

msgctl

```
#include <sys/types.h>
#include <sys/ipc.h>
#include <sys/msg.h>

msgctl(id,cmd,buf)
int id, cmd;
struct msqid_ds *buf;
```

Msgctl gestattet es einem Prozeß, den Statuts der Nachrichtenqueue id zu setzen oder abzufragen, bzw. entsprechend dem Wert von *cmd* die Queue auch zu entfernen. Die Struktur *msquid_ds* ist wie folgt definiert:

```
struct ipc_perm {
     ushort  uid;     /* aktuelle Benutzer-ID */
     ushort  gid;     /* aktuelle Gruppen-ID */
     ushort  cuid;  /* Erzeuger Benutzer-ID */
     ushort  cgid;  /* Erzeuger Gruppen-ID */
     ushort  mode;  /* Zugriffsarten */
     short pad1; /* vom System verwendet */
     long   pad2; /* vom System verwendet */
     };

struct msqid_ds {
     struct ipc_perm msg_perm; /* Erlaubnisstruktur */
     short pad1[7];  /* vom System verwendet */
     ushort  sg_qnum; /* Anzahl Nachrichten in q */
     ushort  msg_qbytes;/* max. Anzahl Bytes in q */
     ushort  msg_lspid;/* pid d.letzten msgsnd-Op.*/
     ushort  msg_lrpid;/* pid d.letzten msgrcv-Op.*/
     time_t  msg_time; letzte msgsnd-Zeit */
     time_t  msg_rtime;/* letzte msgrcv-Zeit */
     time_t  msg_ctime;/* letzte Änderungszeit */
     };
```

Die Befehle und ihre Bedeutung sind:

```
IPC_STAT  Lesen des Kopfs der mit id verbundenen
          Nachrichtenqueue nach buf

IPC_SET   Setzen der Werte von msg_perm.uid,
          msg_perm.gid, msg_perm.mode (jeweils die 9
          niederwertigen Bits) und msg_qbytes auf die
          entsprechenden Werte in buf

IPC_RMID  Entfernen der Nachrichtenqueue für id
```

msgget

```
#include <sys/types.h>
#include <sys/ipc.h>
#include <sys/msg.h>

msgget(key,flag)
key_t key;
int flag;
```

Msgget gibt einen Bezeichner für die Nachrichtenqueue mit Namen *key* zurück. *Key* kann bestimmen, daß der zurückgegebene Bezeichner sich auf eine private Queue beziehen soll (*IPC_PRIVATE*), wozu dann eine neue Nachrichtenqueue erzeugt wird. *Flag* gibt an, ob die Queue erzeugt werden soll (*IPC_CREAT*), und ob ihre Erzeugung exklusiv erfolgen soll (*IPC_EXCL*). In letzterem Fall schlägt *msgget* fehl, falls die Queue bereits vorhanden ist.

msgsnd und msgrcv

```
#include <sys/types.h>
#include <sys/ipc.h>
#include <sys/msg.h>

msgsnd(id,msgp,size,flag)
int id, size, flag;
struct msgbuf *msgp;

msgrcv(id,msgp,size,type,flag)
int id, size, type, flag;
struct msgbuf *msgp;
```

Msgsnd sendet eine Nachricht der Größe size Bytes im Puffer *msgp* an die Nachrichtenqueue *id*. *Msgbuf* ist definiert als:

```
struct msgbuf {
     long mtype;
     char mtext[];
     };
```

Ist das Bit *IPC_NOWAIT* in *flag* gelöscht, so schläft *msgsnd* ein, wenn die Anzahl der Bytes in der Nachrichtenqueue oder die Anzahl der Nachrichten im System einen Maximalwert überschreitet. Ist *IPC_NOWAIT* gesetzt, so kehrt *msgsnd* in diesen Fällen sofort zurück.

Msgrcv empfängt Nachrichten aus der mit *id* bezeichneten Queue. Ist *type* = 0, so wird die erste Nachricht in der Queue empfangen; ist *type* positiv, so wird die erste Nachricht dieses Typs empfangen; ist *type* negativ, so wird die erste Nachricht mit dem niedrigsten Typ kleiner oder gleich der Angabe in *type* empfangen. *Size* gibt die maximale Länge des Nachrichtentextes an, den der Benutzer übernehmen will. Ist *MSG_NOERROR* in *flag* gesetzt, so verkürzt der Kern die empfangene Nachricht, falls sie länger als in *size* angegeben ist; anderenfalls wird ein Fehler zurückgegeben. Ist *IPC_NOWAIT* in *flag* nicht gesetzt, so schläft *msgrcv* bis zum Auftreten einer Nachricht, die *type* entspricht. Ist *IPC_NOWAIT* gesetzt, kehrt der Aufruf sofort zurück. *Msgrcv* gibt die Anzahl der Bytes im Nachrichtentext zurück.

nice

```
nice(increment)
int increment;
```

Nice addiert *increment* auf den nice-Wert des Prozesses. Ein höherer nice-Wert gibt dem Prozeß eine niedrigere Schedulingpriorität.

open

```
#include <fcntl.h>

open(filename,flag,mode)
char *filename;
int flag, mode;
```

Open eröffnet die angegebene Datei entsprechend dem Wert von *flag*. Der Wert von *flag* ist eine Kombination der folgenden Bits (genau eines der ersten drei Bits muß gesetzt werden).

```
O_RDONLY  Öffnen nur zum Lesen

O_WRONLY  Öffnen nur zum Schreiben

O_RDWR    Öffnen zum Lesen und Schreiben

O_NDELAY  Nur für Spezialdateien: Falls gesetzt, kehrt
          open zurück, ohne auf ein Trägersignal zu
          warten. Bei benannten Pipes kehrt open
          sofort (fehlerhaft, wenn O_WRONLY gesetzt
          ist) zurück, anstatt zu warten, bis ein
          anderer Prozeß die benannte Pipe eröffnet.

O_APPEND  Alle Daten werden an das Ende der Datei
          geschrieben.

O_CREAT   Falls nicht vorhanden, wird die Datei
          erzeugt. Mode gibt dabei die Zugriffsrechte
          wie bei creat an. Flag hat keine Bedeutung,
          falls die Datei bereits existiert.

O_TRUNC   Verkürzen der Dateilänge auf 0

O_EXCL    Der open-Aufruf schlägt fehl, falls dieses
          Bit und O_CREAT gesetzt sind und die Datei
          bereits existiert. Dieser Fall wird auch als
          exklusives Eröffnen bezeichnet.
```

Open gibt einen Filedeskriptor zur Verwendung in anderen Systemaufrufen zurück.

pause

```
pause()
```

Pause unterbricht die Ausführung des aufrufenden Prozesses bis zum Empfang eines Signals.

pipe

```
pipe(fildes)
int fildes[2];
```

Pipe gibt jeweils einen Filedeskriptor zum Lesen (*fildes[0]*) und zum Schreiben (*fildes[1]*) der Pipe zurück. Daten werden nach dem FIFO-Prinzip über die Pipe geleitet; sie können nicht zweimal gelesen werden.

plock

```
#include <sys/lock.h>

plock(op)
int op;
```

Plock sperrt und entsperrt Prozeßregionen im Speicher entsprechend dem Wert von *op*:

```
PROCLOCK Sperren von Text- u.Datenregion im Speicher
TXTLOCK  Sperren der Textregion im Speicher
DATLOCK  Sperren der Datenregion im Speicher
UNLOCK   Entsperren aller Regionen
```

profil

```
profil(buf,size,offset,scale)
char *buf;
int size, offset, scale;
```

Profil veranlaßt den Kern, ein Ausführungsprofil des Prozesses zu erzeugen. *Buf* ist ein Array innerhalb des Prozesses, das die Durchlaufzähler für verschiedene Adressen des Prozesses enthält. *Size* gibt die Größe des Arrays buf an, *offset* ist die Startadresse im Prozeß, der profiliert werden soll, und *scale* ist ein Skalierungsfaktor.

ptrace

```
ptrace(cmd,pid,addr,data)
int cmd, pid, addr, data;
```

Ptrace gestattet es einem Prozeß, entsprechend dem Wert von *cmd* die Ausführung eines anderen Prozesses *pid* zu überwachen.

```
0    Überwachung für Sohn einschalten (wird vom Sohn
     aufgerufen)

1,2  Ausgabe des Wortes an Adresse addr im überwachten
     Prozeß pid

3    Ausgabe des Wortes an Offset addr im u-Bereich
     des überwachten Prozesses

4,5  Schreiben von data an die Stelle addr im
     überwachten Prozeß

6    Schreiben von data an Offset addr im u-Bereich
     des überwachten Prozesses

7    Fortführen des überwachten Prozesses

8    Exit des überwachten Prozesses

9    maschinenabhängig: Setzen Bit für
     Einzelschrittbearbeitung im PSW
```

read

```
read(fildes,buf,size)
int fildes;
char *buf;
int size;
```

Read liest bis zu *size* Bytes aus der Datei *fildes* in den Benutzerpuffer *buf*. Der Aufruf gibt die Anzahl der gelesenen Bytes zurück. Bei Gerätespezialdateien und Pipes kehrt *read* sofort zurück, wenn beim Eröffnen *O_NDELAY* gesetzt wurde und keine Daten verfügbar sind.

semctl

```
#include <sys/types.h>
#include <sys/ipc.h>
#include <sys/sem.h>

semctl(id,num,cmd,arg)
int id, num, cmd;
union semun {
     int val;
     struct semid_ds *buf;
     ushort *array;
     } arg;
```

Semctl führt den Befehl *cmd* auf die Semaphorqueue *id* aus.

GETVAL	Rückgabe des Semaphors, dessen Index = num
SETVAL	Setzen des Semaphors, dessen Index = num, auf den Wert arg.val
GETPID	Rückgabe der PID, die zuletzt eine Operation auf das Semaphor ausführte, dessen Index = num
GETNCNT	Rückgabe der Anzahl von Prozessen, die darauf warten, daß der Wert des Semaphors positiv wird
GETZCNT	Rückgabe der Anzahl von Prozessen, die darauf warten, daß der Wert des Semaphors = 0 wird
GETALL	Rückgabe aller Semaphorwerte in das Array arg.array
SETALL	Setzen aller Semaphore auf die Werte im Array arg.array
IPC_STAT	Lesen des Semaphorkopfes von id nach arg.buf
IPC_SET	Setzen von sem_perm.uid, sem_perm.gid und sem_perm.mode (jeweils die 9 niederwertigen Bits) entsprechend dem Inhalt von arg.buf
IPC_RIMD	Entfernen der mit id verbundenen Semaphore

Num enthält die Anzahl der Semaphore im Satz, die bearbeitet werden sollen. Die Struktur *semid_ds* ist wie folgt definiert:

```
struct semid_ds {
     struct ipc_perm sem_perm; /* Erlaubnisstruktur */
     int * pad;   /* vom System verwendet */
     ushort  sem_nsems;/* Anz. Semaphore im Satz */
     time_t  sem_otime;/* letzte semop Zeit */
     time_t  sem_ctime;/* letzte Änderungszeit */
     };
```

Die Struktur *ipc_perm* wurde bereits in *msgctl* definiert.

semget

```
#include <sys/types.h>
#include <sys/ipc.h>
#include <sys/sem.h>

semget(key,nsems,flag)
key_t key;
int nsems, flag;
```

Semget erzeugt ein Array von Semaphoren für *key*. *Key* und *flag* haben die gleiche Bedeutung wie in *msgget*.

semop

```
semop(id,ops,num)
int id, num;
struct sembuf **ops;
```

Semop führt den Satz Semaphoroperationen im Strukturarray *ops* auf den über *id* angegebenen Satz von Semaphoren aus. *Num* enthält die Anzahl der Einträge in *ops*. Die Struktur *sembuf* ist wie folgt definiert:

```
struct sembuf {
     short sem_num; /* Semaphornummer */
     short sem_op; /* Semaphoroperation */
     short sem_flg; /* Flag */
     };
```

Sem_num enthält den Index in das Semaphorarray für die angegebene Operation, *sem_flg* gibt die Flags für die Operation an. Folgende Semaphoroperationen *sem_op* sind möglich:

```
negativ  Ist die Summe aus Semaphorwert und sem_op >=
         0, so wird sem_op auf den Semaphorwert
         addiert. Ansonsten schläft der Prozeß
         entsprechend dem Flag ein.

positiv  Sem_op wird auf den Semaphorwert addiert.

Null     Rückkehr, falls das Semaphor = 0 ist.
         Ansonsten schläft der Prozeß entsprechend
         Flag ein.
```

Ist für eine bestimmte Operation in *sem_flg IPC_NOWAIT* gesetzt, so kehrt *semop* in den Fällen sofort zurück, in denen der Prozeß sonst eingeschlafen wäre. Ist das Flag *SEM_UNDO* gesetzt, wird die Operation von der laufenden Summe für diese abgezogen. Geht der Prozeß in den exit, wird diese Summe auf den Wert des Semaphors addiert. *Semop* gibt den Wert der letzten Semaphoroperation zum Zeitpunkt des Aufrufs in *ops* zurück.

setpgrp

```
setpgrp()
```

Setpgrp setzt die Prozeßgruppen-ID des aufrufenden Prozesses auf seine Prozeß-ID und gibt den neuen Wert zurück.

setuid

```
setuid(uid)
int uid;

setgid(gid)
int gid;
```

Setuid setzt reale und effektive Benutzer-ID des aufrufenden Prozesses. Ist die effektive Benutzer-ID des Aufrufers der Superuser, so setzt *setuid* reale und effektive Benutzer-ID zurück. Ansonsten setzt *setuid* die effektive Benutzer-ID auf *uid*, wenn seine reale Benutzer-ID = *uid* ist. Schließlich setzt *setuid* noch, wenn die gesicherte Benutzer-ID (gesetzt durch Ausführen eines setuid-Programms in *exec*) = *uid* ist, die effektive Benutzer-ID auf *uid* zurück. *Setgid* arbeitet in der gleichen Weise mit realen und effektiven Gruppen-IDs.

shmctl

```
#include <sys/types.h>
#include <sys/ipc.h>
#include <sys/shm.h>

shmctl(id,cmd,buf)
int id, cmd;
struct shmid_ds *buf;
```

Shmctl führt verschiedene Steueroperationen auf die durch *id* bezeichnete gemeinsame Speicherregion durch. Die Struktur *shmid_ds* ist wie folgt definiert:

```
struct shmid_ds {
    struct ipc_perm shm_perm; /* Erlaubnisstruktur */
    int    shm_segsz;/* Segmentgröße */
    int * pad1; /* vom System verwendet */
    ushort  shm_lpid; /* PID d.letzten Operation */
    ushort  shm_cpid; /* PID des Erzeugers */
    ushort  shm_nattach;/* akt.verknüpfte Nummer */
    short pad2; /* vom System verwendet */
    time_t  shm_atime;/* letzte Verknüpfungszeit */
    time_t  shm_dtime;/* letzte Entknüpfungszeit */
    time_t  shm_ctime;/* letzte Änderungszeit */
    };
```

Die möglichen Operationen sind:

```
IPC_STAT  Lesen des gemeinsamen Speicherkopfes für id
          nach buf

IPC_SET   Setzen von shm_perm.id, shm_perm.gid und
          shm_perm.mode (jeweils die 9 niederwertigen
          Bits) im gemeinsamen Speicherkopf
          entsprechend den Werten in buf

PIC_RMID  Entfernen der gemeinsamen Speicherregion id
```

shmget

```
#include <sys/types.h>
#include <sys/ipc.h>
#include <sys/shm.h>

shmget(key,size,flag)
key_t key;
int size, flag;
```

Shmget erzeugt eine gemeinsame Speicherregion der Größe *size* Bytes oder greift auf diese zu. Die Parameter *key* und *flag* haben die gleiche Bedeutung wie bei *msgget.*

shmop

```
#include <sys/types.h>
#include <sys/ipc.h>
#include <sys/shm.h>

shmat(id,addr,flag)
int id, flag;
char *addr;

shmdt(addr)
char *addr;
```

Shmat verknüpft die gemeinsame Speicherregion *id* mit dem Adreßraum eines Prozesses. Ist *addr* = 0, so wählt der Kern eine geeignete Adresse zum Verknüpfen der Region. Ansonsten versucht er, die Region an die angegebene Adresse zu verknüpfen. Ist das Bit *SHM_RND* in *flag* gesetzt, so rundet der Kern nötigenfalls die Adresse ab. *Shmat* gibt die Adresse zurück, an die die Region verknüpft wurde.

Shmdt entknüpft die vorher an die Stelle *addr* verknüpfte gemeinsame Speicherregion.

signal

```
#include <signal.h>

signal(sig,function)
int sig;
void (*func)();
```

Signal gestattet dem aufrufenden Prozeß die Steuerung der Signalbearbeitung. Die Werte von *sig* können sein:

```
SIGHUP    Hangup
SIGINT    Interrupt
SIGQUIT   Quit
SIGILL    unzulässiger Befehl
SIGTRAP   Überwachungsfalle
SIGIOT    IOT-Befehl
SIGEMT    EMT-Befehl
SIGFPE    Gleitpunkt-Ausnahmezustand
SIGKILL   Kill
SIGBUS    Bus-Fehler
SIGSEGV   Segmentverletzung
SIGSYS    ungültiges Argument in Systemaufruf
SIGPIPE   Schreiben in eine Pipe ohne Leser
SIGALRM   Alarm
SIGTERM   Software-Beendigung
SIGUSR1   benutzerdefiniertes Signal
SIGUSR2   benutzerdefiniertes Signal (2)
SIGCLD    Tod eines Sohns
SIGPWR    Netzfehler
```

Die Interpretation von *function* geschieht wie folgt:

```
SIG_DFL  Default. Bei allen Signalen außer SIGPWR und
         SIGCLD wird der Prozeß beendet. Bei
         SIGQUIT, SIGILL, SIGTRAP, SIGIOT, SIGEMT,
         SIGFPE, SIGBUS, SIGSEGV und SIGSYS wird ein
         Speicherabzug erzeugt.

SIG_IGN  Das Auftreten des Signals wird ignoriert.

function Die Adresse einer Prozedur im Prozeß. Der
         Kern ruft bei Rückkehr in den Benutzermodus
         die Funktion mit der Signalnummer als
         Argument auf. Er setzt außerdem automatisch
         den Wert der Signalbehandlung auf SIG_DFL;
         dies gilt für alle Signale außer SIGILL,
         SIGTRAP und SIGPWR. Ein Prozeß kann jedoch
         keine SIGKILL-Signale abfangen.
```

stat

```
stat(filename,statbuf)
char *filename;
struct stat *statbuf;

fstat(fd,statbuf)
int fd;
struct stat *statbuf;
```

Stat gibt Statusinformationen über die angegebene Datei zurück. *Fstat* erfüllt denselben Zweck für eine offene Datei mit Filedeskriptor *fd*. Die Struktur *statbuf* ist wie folgt definiert:

```
struct stat {
    dev_t st_dev; /* Gerätenummer des Geräts
        mit der Datei */
    ino_t st_ino; /* Inodenummer */
    ushort st_mode; /* Dateityp (siehe mknod) u.
        Berechtigungen (s. chmod) */
    short  st_nlink; /* Anzahl der Verweise auf
        die Datei */
    ushort st_uid; /* Benutzer-ID des
        Dateibesitzers */
    ushort st_gid;/* Gruppen-ID d.Dateigruppe */
    dev_t   st_rdev; /* Major- u. Minor-
        Gerätenummern */
    off_t   st_size; /* Größe in Bytes */
    time_t  st_atime; /* letzte Zugriffszeit */
    time_t st_mtime; /* letzte Änderungszeit */
    time_t st_ctime; /* Zeit d. letzten
        Statusänderung */
    };
```

stime

```
stime(tptr)
long *tptr;
```

Stime setzt Systemzeit und -datum entsprechend dem durch *tptr* bezeichneten Wert. Die Zeitangaben erfolgen in Sekunden ab 1.Januar 1970 00:00:00 Uhr GMT.

sync

```
sync()
```

Sync gibt Daten des Dateisystems aus Systempuffern auf die Platte aus.

time

```
time(tloc)
long *tloc;
```

Time gibt die seit dem 1.Januar 1970 00:00:00 Uhr GMT verstrichene Zeit in Sekunden zurück. Auch wenn *tloc* nicht Null ist, wird darin dieser Wert zurückgegeben.

times

```
#include <sys/types.h>
#include <sys/times.h>

times(tbuf)
struct tms *tbuf;
```

Times gibt die verstrichene Echtzeit in Zeitgebertakten von einem beliebig festgesetzten Zeitpunkt in der jüngsten Vergangenheit an zurück und füllt *tbuf* mit Abrechnungsinformationen:

```
struct tms {
     time_t   tms_utime; /* CPU-Zeit im
         Benutzermodus */
     time_t   tms_stime; /* CPU-Zeit im
         Systemmodus */
     time_t   tms_cutime; /* Summe von tms_utime
         u. tms_cutime d.Söhne */
     time_t   tms_sutime; /* Summe von tms_stime
         u. tms_sutime d.Söhne */
     };
```

ulimit

```
ulimit(cmd,limit)
int cmd;
long limit;
```

Ulimit gestattet einem Prozeß das Setzen verschiedener Grenzwerte entsprechend dem Wert von *cmd*:

```
1    Rückgabe der maximalen Dateigröße (in 512 Byte-
     Blöcken), die ein Prozeß schreiben kann

2    Setzen der Dateigröße auf den Höchstwert

3    Rückgabe des höchstmöglichen Breakwertes (höchste
     mögliche Adresse in der Datenregion)
```

umask

```
umask(mask)
int mask;
```

Umask setzt eine Maske für die Zugriffsrechte beim Erzeugen von Dateien und gibt den bisherigen Wert zurück. Beim Erzeugen einer Datei werden die Berechtigungen gelöscht, für die die entsprechenden Bits in *mask* gesetzt sind.

umount

```
umount(specialfile)
*char *specialfile;
```

Umount demontiert das Dateisystem in der Blockgeräte-Spezialdatei *specialfile.*

uname

```
#include <sys/utsname.h>

uname(name)
struct utsname *name;
```

Uname gibt systemspezifische Informationen entsprechend der folgenden Struktur zurück:

```
struct utsname {
     char sysname[9];    /* Name */
     char nodename[9];   /* Netzwerk Knotenname */
     char release[9];    /* Systemversion */
     char version[9];/* Zusatz zur Systemversion */
     char machine[9];    /* Hardware */
     };
```

unlink

```
unlink(filename)
char *filename;
```

Unlink entfernt den Katalogeintrag für die angegebene Datei.

ustat

```
#include <sys/types.h>
#include <ustat.h>

ustat(dev,ubuf)
int dev;
struct ustat *ubuf;
```

Ustat gibt statistische Informationen über das durch *dev* (Major- und Minor-Gerätenummer) bezeichnete Dateisystem zurück. Die Struktur *ustat* ist wie folgt definiert:

```
struct ustat {
     daddr_t f_tfree; /* Anzahl freier Blöcke */
     ino_t f_tinode; /* Anzahl freier Inodes */
     char     f_fname[6];/* Name des Dateisystems */
     char     f_fpack[6];/* Name d.Plattenstapels */
     };
```

utime

```
#include <sys/types.h>

utime(filename,times)
char *filename;
struct utimbuf *times;
```

Utime setzt Zugriffs- und Änderungszeiten für die angegebene Datei entsprechend den Werten in *times*. Ist times = 0, so wird die aktuelle Zeit benutzt. Ansonsten zeigt *times* auf die folgende Struktur:

```
struct utimbuf {
     time_t  axtime; /* Zugriffszeit */
     time_t  modtime;  /* Änderungszeit */
     };
```

Alle Zeitenangaben erfolgen ab 1.Januar 1970 00:00:00 Uhr GMT.

wait

```
wait(wait_stat)
int *wait_stat;
```

Wait versetzt einen Prozeß in Schlaf, bis ein Sohn, der exit ausgegeben hat, oder ein Prozeß, der im Tracemodus eingeschlafen ist, angetroffen wird. Ist *wait_stat* nicht = 0, so wird dadurch eine Adresse angegeben, an der bei Rückkehr aus dem Systemaufruf Statusinformation abgelegt wird. Es werden nur die niederwertigen 16 Bits übergeben. Kehrt wait zurück, weil ein Sohn im exit angetroffen wurde, so sind die niederwertigen 8 Bits = 0, die höherwertigen 8 Bits enthalten die niederwertigen 8 Bits des Sohns, die dieser als Parameter in *exit* übergeben hat. Ging der Sohn wegen eines Signals in den exit, so sind die höherwertigen 8 Bits = 0, die niederwertigen 8 Bits enthalten die Signalnummer. Zusätzlich wird Bit 0200 gesetzt, wenn ein Speicherabzug erzeugt wurde. Kehrt *wait* zurück, weil ein überwachter Prozeß angetroffen wurde, so enthalten die höherwertigen 8 Bits die Nummer des Signals, das den Stop bewirkte, die niederwertigen 8 Bits enthalten den Oktalwert 0177.

write

```
write(fd,buf,count)
int fd, count;
char *buf;
```

Write schreibt *count* Bytes Daten vom Benutzerbereich *buf* in die Datei mit dem Filedeskriptor *fd*.

Bibliographie

[Babaoglu 81] Babaoglu, O., and W. Joy, „Converting a Swap-Based System to do Paging in an Architecture Lacking Page-Referenced Bits,“ *Proceedings of the 8th Symposium on Operating Systems Principles, ACM Operating Systems Review,* Vol. 15(5), Dec. 1981, pp. 78-86.

[Bach 84] Bach, M. J., and S. J. Buroff, „Multiprocessor UNIX Systems,“ *AT&T Bell Laboratories Technical Journal,* Oct, 1984, Vol 63, No. 8, part 2, pp. 1733-1750.

[Barak 80] Barak, A. B. and A. Shapir, „UNIX with Satellite Processors,“ *Software - Practice and Experience,* Vol. 10, 1980, pp. 383-392.

[Beck 85] Beck, B. and B. Kasten, „VLSI Assist in Building a Multiprocessor UNIX System,“ *Proceedings of the USENIX Association Summer Conference,* June 1985, pp. 255-275.

[Berkeley] *UNIX Programmer's Manual, 4.2 Berkeley Software Distribution, Virtual VAX-11 Version,* Computer Science Division, Department of Electrical Engineering and Computer Science, University of California at Berkeley, August 1983.

[Birrell 84] Birrell, A. D. and B. J. Nelson, „Implementing Remote Procedure Calls,“ *ACM Transactions on Computer Systems,* Vol. 2, No. 1, Feb. 1984, pp. 39-59.

[Bodenstab 84] Bodenstab, D. E., T. F. Houghton, K. A. Kelleman, G. Ronkin, and E. P. Schan, „UNIX Operating System Porting Experiences.“ *AT&T Bell Laboratories Technical Journal,* Vol. 63, No. 8, Oct. 1984, pp. 1769-1790.

[Bourne 78] Bourne, S.R., „The UNIX Shell,“ *The Bell System Technical Journal, July-August 1978,* Vol. 57, No. 6, Part 2, pp. 1971-1990.

[Bourne 83] Bourne, S.R., *The UNIX System,* Addison-Wesley, Reading, MA, 1983.

[Brownbridge 82] Brownbridge, D. R., L. F. Marshall, and B. Randell, „The Newcastle Connection or UNIXes of the World Unite!“ in *Software - Practice and Experience,* Vol. 12, 1982, pp. 1147-1162.

[Bunt 76] Bunt, R. B., „Scheduling Techniques for Operating Systems,“ *Computer,* Ocr. 1976, pp. 10-17.

[Christian 83] Christain, K., *The UNIX Operating System,* John Wiley & Sons Inc., New York, NY, 1983.

[Cole 85] Cole, C.T., P. B. Flinn, and A. B. Atlas, „An Implementation of an Extended File System for UNIX,“ *Proceedings of the USENIX Conference,* Summer 1985, pp. 131-149.

[Coffman 73] Coffman, E.G., and P.J. Denning, *Operating Systems Theory,* Prentice-Hall Inc., Englewood Cliffs, NJ, 1973.

[Denning 68] Denning, P.J., „The Working Set Model for Program Behavior, *Communications of the ACM,* Volume 11, No. 5, May 1968, pp. 323-333.

[Dijkstra 68] Dijkstra, E.W., „Cooperating Swquential Processes,“ in *Programming Languages,* ed. F. Genuys, Academic Press, New York, NY, 1968.

[Felton 84] Felton, W. A., G. L. Miller, and J. M. Milner, „A UNIX Implementation for System/370,“ *AT&T Bell Laboratories Technical Journal,* Vol. 63, No. 8, Oct. 1984, pp. 1751-1767.

[Henry 84] Henry, G. J., „The Fair Share Scheduler,“ *AT&T Bell Laboratories Technical Journal,* Oct. 1984, Vol. 63, No. 8, part 2, pp. 1845-1858.

[Holley 79] Holley, L.H., R.P. Parmelee, C.A. Salisbury, and D.N. Saul, „VM/370 Asymmetric Multiproccessing,“ *IBM System Journal,* Vol. 18, No. 1, 1979, pp. 47-70.

[Holt 83] Holt, R.C., *Concurrent Euclid, the UNIX System, and Tunis,* Addison-Wesley, Reading, MA, 1983.

[Horning 73] Horning, J. J., and B. Randell, „Process Structuring,“ *Computing Surveys,* Vol. 5, No. 1, March 1973, pp. 5-30.

[Hunter 84] Hunter, C. B. and E. Farquhar, „Introduction to the NS16000 Architecture,“ *IEEE Micro,* April 1984, pp. 26-47.

[Johnson 78] Johnson, S.C. and D.M. Ritchie, „Portability of C Programs and the UNIX System.“ *The Bell System Technical Journal,* Vol. 57, No. 6, Part 2, July-August, 1978, pp. 2021-2048.

[Kavaler 83] Kavaler, P. and A. Greenspan, „Extending UNIX to Local-Area Networks,“ *Mini-Micro Systems,* Sept. 1983, pp. 197-202.

[Kernighan 78] Kernighan, B. W.. amd D. M. Ritchie, *The C Programming Language,* Prentice-Hall, Englewood Cliffe, NH, 1978.

[Kernighan 84] Kernighan, B.W., and R. Pike, *The UNIX Programming Environment,* Prentice-Hall, Englewood Cliffs, NJ, 1984.

[Killian 84] Killian, T.J., „Processes as Files," *Proceedings of the USENIX Conference, Summer 1984,* pp. 203-207.

[Levy 80] Levy, H.M., and R.H. Eckhouse, *Computer Programming ans Architecture: The VAX-11,* Digital Press, Bedford, MA, 1980.

[Levy 82] Levy, H.M., and P.H. Lipman, „Virtual Memory Management in the VAX/VMS Operating System," *Computer,* Vol. 15, No. 3, March 1982, pp. 35-41.

[Lu 83] Lu, P.M., W.A. Dietrich, et. al., „Architecture of a VLSI MAP for BELLMAC-32 Microprocessor," *Proc. of IEEE Spring Compcon,* Feb. 28, 1983, pp. 213-217.

[Luderer 81] Luderer, G.W.R., H. Che, J.P. Haggerty, P.A. Kirslis, and W.T. Marshall, „A Distrubuted UNIX System Based on a Virtual Circuit Switch," *Proceedings of the Eighth Symposium on Operating Systems Principles,* Asilomar, California, December 14-16, 1981.

[Lycklama 78a] Lycklama, H. and D.L. Bayer, „The MERT Operating System," *The Bell System Technical Journal,* Vol. 57, No. 6, Part 2, July-August 1978, pp. 2049-2086.

[Lycklama 78b] Lycklama, H. and C. Christensen, „A Minicomputer Satellite Processor System," *The Bell System Technical Journal,*Vol. 57, No. 6, Part 2, July-August 1978, pp. 2103-2114.

[McKusick 84] McKusuck, M.K., W.N. Joy, S.J. Leffler, and R.S. Fabry, „A Fast File System for UNIX," *ACM Transactions on Cumputer Systems,* Vol. 2(3), August 1984, pp. 181-197.

[Mullender 84] Mullender, S.J. and A.S. Tanenbaum, „Immediate Files," *Software - Practice and Experience,* Vol. 14(4), April 1984, pp. 365-368.

[Nowitz 80] Nowitz, D.A. and M.E. Lesk, „Implementation of a Dial-Up Network of UNIX Systems," *IEEE Proceedings of Fall 1980 COMPCON,* Washington, D.C., pp. 483-486.

[Organick 72] Organick, E.J., *The Multics System: An Examination of Its Structure,* The MIT Press, Cambridge, MA, 1972.

[Peachey 84] Peachey, D.R., R. B. Bunt, C.L. Williamson, and T. B. Brecht, „An Experimental Investigation of Scheduling Strategies for UNIX," *Performance Evaluation Review, 1984 SIGMETRICS Conference on Measurement and Evaluation of Computer Systems,* Vol. 12(3), August 1984, pp. 158-166.

[Peterson 83] Peterson, James L. and A. Silberschatz, *Operating System Concepts,* Addison-Wesley, Reading, MA, 1983.

[Pike 84] Pike, R., „The Blit: A Multiplexed Graphics Terminal," *AT&T Bell Laboratories Technical Journal,* Oct. 1984, Vol. 63, No. 8, Part 2, pp. 1607-1632. [Pike 85] Pike, R., and P. Weinberger, „The Hideous Name," *Proceedings of the USENIX Conference, Summer 1985,* pp. 563-568.

[Postel 80] Postel, J. (ed.), „DOD Standard Transmission Control Protocol," *ACM Computer Communication Review,* Vol. 10, No. 4, Oct. 1980, pp. 52-132.

[Postel 81] Postel, J., C.A. Sunshine, and D. Cohen, „The ARPA Internet Protocol," *Computer Networks,* Vol. 5, No. 4, July 1981, pp. 261-271.

[Raleigh 76] Raleigh, T.M., „Introduction to Scheduling and Switching under UNIX," *Proceedings of the Digital Equipment Computer Users Society,* Atlanta, Ga., May 1976, pp. 867-877.

[Richards 69] Richards, M., „BCPL: A Tool for Compiler Writing and Systems Programming," *Proc. AFIPS SJCC 34,* 1969, pp. 557-566.

[Ritchie 78a] Ritchie, D.M. and K. Thompson, „The UNIX Time-Sharing System," *The Bell System Technical Journal,* July-August 1978, Vol. 57, No. 6, Part 2, pp. 1905-1930.

[Ritchie 78b] Ritchie, D.M., „A Retrospective," *The Bell System Technical Journal,* July-August 1978, Vol. 57, No. 6, Part 2, pp. 1947-1970.

[Ritchie 81] Ritchie, D.M. and K. Thompson, „Some Further Aspects of the UNIX Time-Sharing System," *Mini-Micro-Software,* Vol. 6, No. 3, 1981, pp. 9-12.

[Ritchie 84a] Ritchie, D.M., „The Evolution of the UNIX Time-sharing System," *AT&T Bell Laboratories Technical Journal,* Oct. 1984, Vol. 63, No. 8, Part 2, pp. 1577-1594.

[Ritchie 84b] Ritchie, D.M., „A Stream Input System," *AT&T Bell Laboratories Technical Journal,* Oct. 1984, Vol. 63, No. 8, Part 2, pp. 1897-1910.

[Rochkind 85] Rochkind, M.J., *Advanced UNIX Programming,* Prentice-Hall, 1985.

[Saltzer 66] Saltzer, J.H., *Traffic Control in a Multiplexed Computer System,* Ph.D. Thesis, MIT, 1966.

[Sandberg 85] Sandberg, R., D. Goldberg, S. Kleiman, D. Walsh, and B. Lyon, „Design and Implementation of the Sun Network Filesystem“ *Proceedings of the USENIX Conference,* Summer 1985, pp. 119-131.

[SVID 85] *System V Interface Definition,* Spring 1985, Issue 1, AT&T Customer Information Center, Indianapolis, IN.

[SystemV 84a] *UNIX System V User Reference Manual.*

[SystemV 84b] *UNIX System V Administrator's Manual.*

[Thompson 74] Thompson, K. and D.M. Ritchie, „The UNIX Time-Sharing System,“ *Communications of the ACM,* Vol. 17, No. 7, July, 1974, pp. 365-375 (revised and reprinted in [Ritchie 78a]).

[Thompson 78] Thompson, K., „UNIX Implemtation,“ *The Bell System Technical Journal,* Vol. 57, No. 6, Part 2, July-August, 1978, pp. 1931-1946.

[Weinberger 84] Weinberger, P.J., „Cheap Dynamic Instruction Counting,“ *The AT&T Bell Laboratories Technical Journal,* Vol. 63, No. 6, Part 2, October 1984, pp. 1815-1826.

Register